Abschlussprüfer und Börseneinführungspublizität

Schriften zu Theorie und Praxis der Rechnungslegung und Wirtschaftsprüfung

Herausgegeben von Hansrudi Lenz

Band 4

PETER LANG
Frankfurt am Main · Berlin · Bern · Bruxelles · New York · Oxford · Wien

Manuela Möller

Abschlussprüfer und Börseneinführungs-publizität

Eine empirische Untersuchung zur Beurteilung der Qualität von Wirtschaftsprüfungsleistungen auf der Basis eines Bewertungsmodells der Publizitätsgüte

PETER LANG
Europäischer Verlag der Wissenschaften

Bibliografische Information Der Deutschen Bibliothek
Die Deutsche Bibliothek verzeichnet diese Publikation in der Deutschen Nationalbibliografie; detaillierte bibliografische Daten sind im Internet über <http://dnb.ddb.de> abrufbar.

Zugl.: Würzburg, Univ., Diss., 2004

D 20
ISSN 1612-135X
ISBN 3-631-53323-3

www.peterlang.de

Meinen Eltern

Geleitwort

Als im März 1997 der Neue Markt als spezielles Handelssegment der Frankfurter Wertpapierbörse für junge, innovative, technologieorientierte Unternehmen gegründet wurden, war klar, dass damit besondere Chancen, aber auch hohe Risiken für Anleger verbunden waren. Vergleichsweise junge Unternehmen mit neuen Geschäftskonzepten sind für Anleger besonders schwierig zu beurteilen. Um diese Risikoeinschätzung vornehmen zu können, hat die Deutsche Börse als Betreiber des Neuen Marktes von Anbeginn versucht, hohe Ansprüche an Transparenz und Publizität der dort notierten Unternehmen zu stellen. So wurden z.B. Abschlüsse nach internationalen Rechnungslegungsgrundsätzen (IAS und US-GAAP) gefordert. Die vorliegende Dissertation von Frau Möller untersucht den Informationsgehalt des Anhanges von Abschlüssen, die Teil des Emissionsprospektes sind.

In der Arbeit von Frau Möller werden umfassende und vollständige Maßgrößen zur Erfassung des Grades der Normeinhaltung von Offenlegungsanforderungen nach HGB, IAS/IFRS und US-GAAP entwickelt. Damit kann die Publizitätsgüte von Anhängen zu Jahres- und Konzernabschlüssen, die in Emissionsprospekten offen gelegt werden, gemessen werden. HGB-Abschlüsse erreichten hier nur rd. 66 % eines auf 100 normierten Maßes der Offenlegungsgüte. Deutlich und signifikant besser hingegen schnitten US-GAAP- bzw. IAS-Abschlüsse mit 83 % bzw. 89 % ab. Weiter wurde u.a. der Einfluss des Abschlussprüfers auf die Qualität der Abschlusspublizität von Unternehmen des Neuen Marktes im Rahmen ihrer Emissionsprospekte empirisch untersucht. Die Hypothese, dass große Wirtschaftsprüfungsgesellschaften („Big 6") eine höhere Publizitätsqualität garantieren als sonstige Prüfungsgesellschaften, konnte bestätigt werden.

Der bei der Strukturierung der Checklisten sowie bei der Datenerhebung und -auswertung zu bewältigende Aufwand für Frau Möller war immens. Immerhin musste der Inhalt von 310 Anhängen von Jahres- bzw. Konzernabschlüssen mit Hilfe von Kriterienkatalogen, die mehrere Hundert Kriterien enthielten, analysiert und ausgewertet werden. Frau Möller hat diese Aufgabe mit Akribie und Sorgfalt gelöst. Wissenschaftsmethodisch vorbildlich ist, dass die intersubjektive Nachvollziehbarkeit jederzeit gewährleistet ist. Auch insoweit hat die Dissertation für empirische Arbeiten zur Rechnungslegung und Wirtschaftsprüfung Vorbildfunktion. Ich wünsche ihr eine gute Aufnahme in Wissenschaft und Praxis!

Würzburg, im Dezember 2004

Hansrudi Lenz

Vorwort

Zielsetzung der Jahresabschlussprüfung ist die Erarbeitung und Dokumentation eines vertrauenswürdigen Urteils über die Ordnungs-, Gesetz- und Satzungsmäßigkeit der Rechnungslegung eines Unternehmens. Die Vertrauenswürdigkeit des Urteils hängt dabei im Wesentlichen von der tatsächlichen und der wahrgenommenen Qualität der Prüfer, der Prüfungsprozesse und der Prüfungsergebnisse ab. Das Thema „Qualität von Wirtschaftsprüfungsleistungen" ist nicht zuletzt vor dem Hintergrund zahlreicher in den Medien bekannt gewordener Ereignisse in der jüngeren Vergangenheit zunehmend Gegenstand intensiver Diskussionen geworden.

Ziel der vorliegenden Monographie ist es, die tatsächliche Qualität von Wirtschaftsprüfungsleistungen messbar zu machen und zu analysieren. Hierzu wird auf ein eigens für diese Arbeit entwickeltes Scoring-Modell zur Messung der Qualität von Anhangsberichterstattungen nach den deutschen handelsrechtlichen Vorschriften des HGB, den International Accounting Standards (IAS) und den US-amerikanischen Generally Accepted Accounting Principles (US-GAAP) zurückgegriffen. Anwendung findet die entwickelte Messmethode in einer umfassenden empirischen Auswertung, welcher die Emissionsprospekte von 318 zum Listing am Börsensegment des Neuen Marktes zugelassenen Unternehmen zugrunde liegen.

Die vorliegende Arbeit wurde im Oktober 2003 von der Bayerischen Julius-Maximilians-Universität als Dissertation angenommen. Sie entstand während meines Doktorandenstudiums an der Universität Würzburg am Lehrstuhl für Wirtschaftsprüfungs- und Beratungswesen von Herrn Prof. Dr. Hansrudi Lenz. Im Juli 2004 konnte das Promotionsverfahren mit der mündlichen Doktorprüfung erfolgreich beendet werden.

An dieser Stelle möchte ich mich bei meinem akademischen Lehrer, Herrn Prof. Dr. Hansrudi Lenz, sehr herzlich bedanken. Er hat dieses Thema angeregt und die Entstehung dieser Arbeit über die gesamte Zeit mit Interesse und konstruktiver Kritik begleitet. Besonders danke ich ihm für seine wertvollen Anregungen und Verbesserungsvorschläge und sein stetes Vertrauen. Er hat hierdurch wesentlich zum Zustandekommen dieser Arbeit beigetragen. Wertvolle begleitende Anregungen für dieses Projekt gehen auch auf ein Doktoranden-Workshop unter der gemeinsamen Leitung von Prof. Dr. Hansrudi Lenz, Prof. Dr. Martin Richter und Prof. Dr. Wolf F. Fischer-Winkelmann zurück, der im Oktober 2002 an der Universität Potsdam stattfand. Mein Dank gilt weiterhin meinem akademischen Lehrer Herrn Prof. Dr. Stefan Winter für die Übernahme des Zweitgutachtens.

Viele Freunde haben mich, angefangen von der zeitraubenden Erhebung der Daten über konstruktive Diskussionen hinsichtlich der Problemstrukturierung bis hin zur Erstellung des Druckexemplars, die sich oft bis tief in die Nachtstunden hinzog, unterstützt. Ihnen allen danke ich hiermit ganz herzlich. Besonderen Dank gilt hierbei vor allem Oliver Stein, insbesondere für seine immerwährende Bereitschaft zuzuhören, für seine aufmunternden Worte und seine zahlreichen Ratschläge. Seine permanente Hilfsbereitschaft war für mich so bedeutend, dass ohne ihn die Untersuchung bis heute sicher noch nicht abgeschlossen wäre.

Nicht zuletzt möchte ich mich bei meinen Eltern bedanken, die jederzeit bereit waren, mir alle Unterstützung zu geben. Ohne sie wäre die Bewältigung der vorliegenden Arbeit kaum möglich gewesen. In Dankbarkeit widme ich deshalb das vorliegende Buch meinen Eltern.

Frankfurt am Main, Dezember 2004

Manuela Möller

Inhaltsverzeichnis

Abbildungsverzeichnis **14**
Tabellenverzeichnis **17**
Abkürzungsverzeichnis **19**

1 Einleitung **23**
1.1 Zum Gegenstand der Untersuchung 23
1.2 Zum Gang der Untersuchung 27

2 Entwicklung, Rechnungslegung und Bewertung der Neuen Markt-Unternehmen **31**
2.1 Zielsetzung und Entwicklung des Neuen Marktes 31
2.2 Rechnungslegungsspezifische Regelungen des Regelwerks Neuer Markt 41
2.2.1 Prospektanforderungen am Neuen Markt 43
2.2.2 Rechnungslegungsspezifische Folgepflichten am Neuen Markt 46
2.3 Bewertung von Wachstumsunternehmen am Neuen Markt 49
2.3.1 Vorgehensweise und Verfahren bei der Ermittlung des Emissionspreises 52
2.3.2 Pre-Marketing und Bookbuilding 54
2.3.3 Das Underpricing-Phänomen 56

3 Der Informationswert publizierter Unternehmensdaten – Ein theoretischer Ansatz **61**
3.1 Das spieltheoretische Modell von *Ewert* zur Analyse der Publikationsqualität 62
3.1.1 Prämissen des spieltheoretischen Ansatzes von *Ewert* 65
3.1.2 Analyse des spieltheoretischen Modells von *Ewert* 69
3.2 Kritische Würdigung des spieltheoretischen Modells von *Ewert* und seine Übertragung auf das vorliegende Bewertungsproblem 76

4 Unternehmenspublizität als Untersuchungsobjekt empirischer Untersuchungen **79**
4.1 Ausgewählte empirische Studien zur Unternehmenspublizität 83
4.1.1 Studie von *Frings (1975)* 87
4.1.2 Studien von *Adler (1976)* und *Sprißler (1976)* 91
4.1.2.1 Studie von *Adler (1976)* 92
4.1.2.2 Studie von *Sprißler (1976)* 94
4.1.3 Studie von *Berndsen (1979)* 96
4.1.4 Studie von *Haas (1975)* 101
4.1.5 Studie von *Wasser (1976)* 102

4.1.6 Studie von *Schneider (1985)* 106
4.1.7 Studie von *Kortmann (1989)* 109
4.1.8 Studie von *Krumbholz (1994)* 112
4.1.9 Studie von *Armeloh (1998)* 116
4.1.10 Studie von *Pellens (1989)* 119
4.1.11 Studie von *Bötzel (1993)* 122
4.1.12 Studie von *Müller (1976)* 125
4.1.13 Studie von *Schwarz (1988)* 127
4.2 Kritische Würdigung der vorliegenden Forschungsarbeiten zur Unternehmenspublizität und abschließende Betrachtung 131

5 Analyse der Publizitätspraxis in den Emissionsprospekten börsengehender Unternehmen des Neuen Marktes 141
5.1 Auswahl des Untersuchungssamples 142
5.2 Nutzwertanalytische Bewertung der Berichterstattungsqualität von Emissionsprospekten börsengehender Unternehmen des Neuen Marktes 149
5.2.1 Grundgedanke der Nutzwertanalyse und seine Übertragung auf das vorliegende Bewertungsproblem 149
5.2.2 Die nutzwertanalytischen Schritte zur Messung der Qualität von Emissionsprospekten börsengehender Unternehmen des Neuen Marktes 151
5.2.2.1 Überblick über die nutzwertanalytischen Schritte im Grundmodell 151
5.2.2.2 Konkretisierung des Modells zur Bewertung der Qualität von Emissionsprospekten börsengehender Unternehmen des Neuen Marktes 151
5.2.3 Beurteilung der Nutzwertanalyse als Methode zur Qualitätsmessung von Emissionsprospekten börsengehender Unternehmen des Neuen Marktes 163
5.2.4 Besondere Probleme bei der Qualitätsmessung der Anhangsberichterstattung in Emissionsprospekten börsengehender Unternehmen des Neuen Marktes 166
5.2.4.1 Problem der mangelnden Abgabe von Fehlanzeigen im Anhang 166
5.2.4.2 Weitere Probleme bei der Qualitätsmessung von Anhangsberichterstattungen 167
5.3 Empirische Befunde der Qualitätsmessung von Emissionsprospekten börsengehender Unternehmen des Neuen Marktes 170
5.3.1 Überblick über die Verteilung der Qualitätswerte der Anhangsberichterstattungen nach den deutschen handelsrechtlichen Vorschriften des HGB 170
5.3.2 Überblick über die Verteilung der Qualitätswerte der Anhangsberichterstattungen nach den International Accounting Standards (IAS) 174

5.3.3 Überblick über die Verteilung der Qualitätswerte der Anhangsberichterstattungen nach den US-amerikanischen Generally Accepted Accounting Principles (US-GAAP) 177
5.3.4 Abschließendes Gesamturteil über das Publizitätsverhalten börsengehender Unternehmen des Neuen Marktes 180
5.4 Abschlussprüfer und Publizitätspraxis in den Emissionsprospekten börsengehender Unternehmen des Neuen Marktes 185
5.5 Stabilität des Erklärungsmodells: Einfluss weiterer Determinanten des Publizitätsverhaltens börsengehender Unternehmen des Neuen Marktes 195
5.5.1 Das Problem der Konkretisierung von Determinanten des Publizitätsverhaltens börsengehender Unternehmen des Neuen Marktes 196
5.5.2 Determinanten des Publizitätsverhaltens börsengehender Unternehmen des Neuen Marktes 198
5.5.2.1 Hypothesen über Determinanten des Publizitätsverhaltens börsengehender Unternehmen des Neuen Marktes – Formulierung eines Regressionsmodells 199
5.5.2.2 Der Einfluss weiterer Determinanten des Publizitätsverhaltens börsengehender Unternehmen des Neuen Marktes – Prüfung der Regressionsfunktion 214
5.6 Publizitätspraxis in den Emissionsprospekten börsengehender Unternehmen des Neuen Marktes und das Phänomen des Underpricings 230

6 Zusammenfassung und Schlussfolgerungen 237

7 Anlagen 243
7.1 Empirische Untersuchungen zur Publizitätsbewertung mit Index-Modellen 245
7.2 Kriterienkatalog zur Beurteilung von Anhangsangaben nach den deutschen handelsrechtlichen Vorschriften des HGB nach *Armeloh* 253
7.3 Verzeichnis der Neuemissionen der Jahre 1997 bis 2000 im Marktsegment des Neuen Marktes 269
7.4 Kriterienkatalog zur Beurteilung von Pflichtangaben des Anhangs gemäß den deutschen handelsrechtlichen Vorschriften des HGB 291
7.5 Kriterienkatalog zur Beurteilung angabepflichtiger Informationen gemäß den International Accounting Standards (IAS) 311
7.6 Kriterienkatalog zur Beurteilung angabepflichtiger Informationen gemäß den US-amerikanischen Generally Accepted Accounting Principles (US-GAAP) 365

Literaturverzeichnis 451

Abbildungsverzeichnis

Abbildung 1-1:	Überblick über den Bearbeitungszusammenhang	28
Abbildung 2-1:	Expansionsphasen der Unternehmensentwicklung	32
Abbildung 2-2:	Neue Indexlandschaft ab 2003	40
Abbildung 2-3:	Bewertungsbandbreite und Berücksichtigung von Marktumfeld im Preisfindungsprozess	55
Abbildung 2-4:	Schematische Darstellung des Underpricings	57
Abbildung 3-1:	Konsequenzen der Handlungsmöglichkeiten von Manager und Prüfer	65
Abbildung 3-2:	Die kombinierte Ergebnismatrix für Manager und Prüfer im Modell von ***Ewert***	69
Abbildung 3-3:	Prüferstrategien im ***Ewert***-Modell	71
Abbildung 3-4:	Managerstrategien im ***Ewert***-Modell	72
Abbildung 3-5:	Publikationsqualität, Prüfungsqualität und Informationsgehalt der Unternehmenspublizität	75
Abbildung 4-1:	Empirische Untersuchungen zur Publizitätsbewertung mit Index-Modellen	83
Abbildung 4-2:	Aufbau der schrittweisen Zusammenfassung der Items zur Gesamtbeurteilung Q der Publizität – Studie von ***Berndsen (1979)***	97
Abbildung 4-3:	Systematik zur Bewertung der Berichtsqualität nach Berichtsklassen – Studie von ***Kortmann (1989)***	111
Abbildung 4-4:	Kriterien-Katalog und Kriterien-Gewichte zur Bewertung der Qualität von Lageberichten – Studie von ***Krumbholz (1994)***	113
Abbildung 4-5:	Die nutzwertanalytische Bestimmung des Gesamt-Qualitätswertes des Anhangs – Studie von ***Armeloh (1998)***	118
Abbildung 4-6:	Scoring-Modell zur Messung der Konsolidierungsgüte – Studie von ***Pellens (1989)***	121
Abbildung 4-7:	Qualifizierung des Publizitätsverhaltens in Abhängigkeit von verschiedenen Soll-Normen – Studie von ***Schwarz (1988)***	128
Abbildung 4-8:	Kriterien zur Beurteilung des Informationsgehaltes – Studie von ***Schwarz (1988)***	129

Abbildung 5-1:	Varianten der Rechnungslegung börsengehender Unternehmen des Neuen Marktes im Rahmen ihrer Emissionsprospekte (Teil I)	145
Abbildung 5-2:	Varianten der Rechnungslegung börsengehender Unternehmen des Neuen Marktes im Rahmen ihrer Emissionsprospekte (Teil II)	146
Abbildung 5-3:	Die Struktur des Kriterienkataloges nach den deutschen handelsrechtlichen Vorschriften des HGB	155
Abbildung 5-4:	Die Struktur des Kriterienkataloges nach den International Accounting Standards (IAS)	156
Abbildung 5-5:	Die Struktur des Kriterienkataloges nach den US-amerikanischen Generally Accepted Accounting Principles (US-GAAP)	157
Abbildung 5-6:	Die nutzwertanalytische Bestimmung des Gesamt-Qualitätswertes einer Anhangsberichterstattung – Überblick über die einzelnen Aggregationsschritte	163
Abbildung 5-7:	Überblick über die Qualitätswerte der Anhangsberichterstattungen nach den deutschen handelsrechtlichen Vorschriften des HGB	171
Abbildung 5-8:	Überblick über die Qualitätswerte der Anhangsberichterstattungen nach den deutschen handelsrechtlichen Vorschriften des HGB – Gewichtung nach Abschnitt 5.2, Gleichgewichtung und Gewichtungskonzept nach ***Armeloh (1998)***	172
Abbildung 5-9:	Überblick über die Qualitätswerte der Anhangsberichterstattungen nach den International Accounting Standards (IAS)	175
Abbildung 5-10:	Überblick über die Qualitätswerte der Anhangsberichterstattungen nach den International Accounting Standards (IAS) – Gewichtung nach Abschnitt 5.2 und Gleichgewichtung	176
Abbildung 5-11:	Überblick über die Qualitätswerte der Anhangsberichterstattungen nach den US-amerikanischen Generally Accepted Accounting Principles (US-GAAP)	178
Abbildung 5-12:	Überblick über die Qualitätswerte der Anhangsberichterstattungen nach den US-amerikanischen Generally Accepted Accounting Principles (US-GAAP) – Gewichtung nach Abschnitt 5.2 und Gleichgewichtung	179

Abbildung 5-13: Überblick über die Qualitätswerte der Anhangsberichterstattungen nach den deutschen handelsrechtlichen Vorschriften des HGB, den International Accounting Standards (IAS) und den US-amerikanischen Generally Accepted Accounting Principles (US-GAAP) – Gewichtung nach Abschnitt 5.2 182

Abbildung 5-14: Testdesign und Befunde beim Vergleich der nach Wirtschaftsprüfungs-Gruppen differenzierten Qualitäts-Mittelwerte 192

Tabellenverzeichnis

Tabelle 4-1:	Ableitungsschritte eines Scoring-Modells zur Beurteilung der Publizitätsgüte	80
Tabelle 4-2:	Übersicht über die Testergebnisse ausgewählter empirischer Studien zur Unternehmenspublizität	86
Tabelle 4-3:	Publizitätskatalog (erwünschte Informationen im Geschäftsbericht) – Studie von ***Frings (1975)***	88
Tabelle 4-4:	Publizitätskatalog - Prognosedaten – Studie von ***Frings (1975)***	89
Tabelle 4-5:	Informationsitems und Gewichte im Bereich Prognosepublizität – Studie von ***Berndsen (1979)***	99
Tabelle 4-6:	Informationsausprägungen und Werte im Bereich Prognosepublizität – Studie von ***Berndsen (1979)***	99
Tabelle 4-7:	Bewertungsschema für die erfassten Prognosen – Studie von ***Wasser (1976)***	105
Tabelle 4-8:	Scoring-Modell zur Bewertung von Kapitalflussrechnungen – Studie von ***Schneider (1985)***	109
Tabelle 4-9:	Überblick über die Berichterstattung der in die Stichprobe einbezogenen Unternehmen gem. § 285 Nr. 3 HGB – Studie von ***Kortmann (1989)***	111
Tabelle 4-10:	Bewertungsskalen für die Angaben im Lagebericht – Studie von ***Krumbholz (1994)***	115
Tabelle 4-11:	Der Qualitätsstandard der Zwischenberichtspublizität – Studie von ***Müller (1976)***	127
Tabelle 5-1:	Verteilung der Abschlussprüfer der Unternehmen des Untersuchungssamples und Gesamt-Verteilung der Abschlussprüfer der Unternehmen am Neuen Markt	148
Tabelle 5-2:	Teilberichte der Anhangsberichterstattung	154
Tabelle 5-3:	Korrelation zwischen den alternativen Publizitätswerten der Anhangsberichterstattungen nach den deutschen handelsrechtlichen Vorschriften des HGB	174
Tabelle 5-4:	Publizitätsindex der Berichterstattung differenziert nach Wirtschaftsprüfungs-Gruppen und Rechnungslegungsstandards	187

Tabelle 5-5:	Hypothesen über Determinanten der Einhaltung der Offenlegungsanforderungen nach den deutschen handelsrechtlichen Vorschriften des HGB, den International Accounting Standards (IAS) und den US-amerikanischen Generally Accepted Accounting Principles (US-GAAP)	212
Tabelle 5-6:	Determinanten der Einhaltung der Offenlegungspflichten nach den deutschen handelsrechtlichen Vorschriften des HGB	216
Tabelle 5-7:	Determinanten der Einhaltung der Offenlegungspflichten nach den International Accounting Standards (IAS)	220
Tabelle 5-8:	Determinanten der Einhaltung der Offenlegungspflichten nach den US-amerikanischen Generally Accepted Accounting Principles (US-GAAP)	223
Tabelle 5-9:	Korrelation zwischen den Publizitätswerten der Anhangsberichterstattungen und den empirischen Zeichnungsrenditen	232
Tabelle 5-10:	Korrelation zwischen den Approximationsgrößen für die ex-ante-Unsicherheit und den empirischen Zeichnungsrenditen	234

Abkürzungsverzeichnis

<u>Hinweis:</u>

Abkürzungen, die ausschließlich im Abschnitt 7 (Anlagen) sowie im Literaturverzeichnis verwendet wurden, sind in den entsprechenden Abschnitten erläutert.

abs.	absolut
Abs.	Absatz
AG	Aktiengesellschaft
AICPA	American Institute of Certified Public Accountants
AIM	Alternative Investment Market
AK	Anschaffungskosten
AktG	Aktiengesetz
Anm.	Anmerkung
Art.	Artikel
BiRiLiG	Bilanzrichtlinien-Gesetz
BörsG	Börsengesetz
BörsZulG	Börsenzulassungsgesetz
Bp.	Berichtsperiode
bspw.	beispielsweise
bzgl.	bezüglich
bzw.	beziehungsweise
Ch.	Chapter
Co.	Company
Corp.	Corporation
DAX	Deutscher Aktien Index
d.h.	das heißt
dt.	deutsch(e/er/en/es)
DVFA/SG	Deutsche Vereinigung für Finanzanalyse und Anlageberatung e.V. – Schmalenbach-Gesellschaft – Deutsche Gesellschaft für Betriebswirtschaft
EASDAQ	European Association of Securities Dealer Automated Quotation System
EG	Europäische Gemeinschaft(en)

EGAktG	Einführungsgesetz zum Aktiengesetz
EGHGB	Einführungsgesetz zum Handelsgesetzbuch
einschl.	einschließlich
et al.	et altera / et alii
etc.	et cetera
EuroEG	Euro-Einführungsgesetz
evtl.	eventuell
f. / ff.	folgende / fortfolgende (Seite(n))
FA	Finanzanalyst
FASB	Financial Accounting Standards Board
F&E	Forschung & Entwicklung
Fn.	Fußnote
FRRP	Financial Reporting Review Panel
gem.	gemäß
ggf.	gegebenenfalls
Gj.	Geschäftsjahr
GKV	Gesamtkostenverfahren
GmbH	Gesellschaft mit beschränkter Haftung
GmbHG	Gesetz betreffend die Gesellschaften mit beschränkter Haftung (GmbH-Gesetz)
GoB	Grundsätze ordnungsgemäßer Buchführung
G.u.V.	Gewinn- und Verlustrechnung
HGB	Handelsgesetzbuch
HK	Herstellungskosten
Hrsg.	Herausgeber
HS	Halbsatz
IAS	International Accounting Standards
IASC	International Accounting Standards Committee
i.d.R.	in der Regel
IDW	Institut der Wirtschaftsprüfer in Deutschland e.V.
i.e.S.	im engeren Sinne
i.H.v.	in Höhe von
Inc.	Incorporation
inkl.	inklusive
insb.	insbesondere
i.S.	im Sinne
i.S.d.	im Sinne der, des, dieser

i.S.v.	im Sinne von
i.V.m.	in Verbindung mit
i.w.S.	im weiteren Sinne
JA	Jahresabschluss
KA	Konzernabschluss
KapAEG	Kapitalaufnahmeerleichterungsgesetz
KapCoRiLiG	Kapitalgesellschaften und Co.-Richtlinie-Gesetz
KapG	Kapitalgesellschaft
KG	Kommanditgesellschaft
KGaA	Kommanditgesellschaft auf Aktien
KonTraG	Gesetz zur Kontrolle und Transparenz im Unternehmensbereich
Korr.	Korrektur
KWG	Gesetz über das Kreditwesen (Kreditwesengesetz)
lfd.	laufend(e/er/en/es)
LG	Landesgericht
Ltd.	Limited
max.	maximal
MD & A	Management, Discussion and Analysis
Mill./Mio.	Million(en)
Mrd.	Milliarden
MU	Mutterunternehmen
m.w.N.	mit weiteren Nachweisen
NASDAQ	National Association of Securities Dealers Automated Quotation System
NM	Neuer Markt
No.	Nummer
Nr.	Nummer
o.g.	oben genannt(e/er/en/es)
OHG	Offene Handelsgesellschaft
OLG	Oberlandesgericht
o.V.	ohne Verfasserangabe
PHG	Personenhandelsgesellschaft
PublG	Gesetz über die Rechnungslegung von bestimmten Unternehmen und Konzernen (Publizitätsgesetz)
RAP	Rechnungsabgrenzungsposten
RegE	Regierungsentwurf

rel.	relativ
resp.	respektive
Rn.	Randnummer
S.	Seite / in Bezug auf Angaben in Gesetzestexten: Satz
SEC	Securities and Exchange Commission
SIC	Standing Interpretations Committee (SIC)
sog.	sogenannt(e/er/en/es)
Sp.	Spalte(n)
SPSS	Superior Performing Software System
TU	Tochterunternehmen
u.	und
u.a.	und andere / unter anderem
u.ä.	und ähnliche(s)
US	United States
USA	United States of America
US-GAAP	United States Generally Accepted Accounting Principles
u.s.w.	und so weiter
u.U.	unter Umständen
u.v.a.	und viele andere
VFE-Lage	Vermögens-, Finanz- und Ertragslage
vgl.	vergleiche
Vj.	Vorjahr
Vol.	Volume
WP	Wirtschaftsprüfer/Wertpapier
WPG	Wirtschaftsprüfungsgesellschaft
WpHG	Wertpapierhandelsgesetz
WPK	Wirtschaftsprüferkammer
WPK-Mitt.	Wirtschaftsprüferkammer-Mitteilungen
z.B.	zum Beispiel
z.T.	zum Teil

1 Einleitung

1.1 Zum Gegenstand der Untersuchung

Am 26. September 2002 hat die ***Deutsche Börse AG*** ihre Absicht bekannt gegeben, den Neuen Markt zu schließen. Nach den Vorstellungen der ***Deutschen Börse AG*** soll der Aktienmarkt an der Frankfurter Wertpapierbörse fortan in zwei Segmente aufgeteilt und durch branchenorientierte Indices angereichert werden. Neben einem Premiumsegment mit besonders strengen Zulassungs- und Transparenzvorschriften – ähnlich denen des Neuen Marktes – soll es zukünftig ein Basissegment mit gesetzlichen Mindestanforderungen an die Transparenz geben. Das Handelssegment Neuer Markt wird im Zuge der Neuordnung bis spätestens Ende 2003 vollständig eingestellt. Alle Anforderungen von „General" und „Prime Standard" sollen in der öffentlich-rechtlichen Börsenordnung geregelt sein. Zielgruppe für den „General Standard" sind Emittenten mit eher nationaler Ausrichtung, während der „Prime Standard" den Emittenten den Zugang zum internationalen Kapitalmarkt öffnen soll. Die zusätzlichen, international üblichen Transparenzanforderungen im Premiumsegment umfassen Quartalsberichte, internationale Rechnungslegungsstandards, die Vorlage eines Unternehmenskalenders, mindestens eine Analystenkonferenz pro Jahr, Ad-hoc-Mitteilungen sowie laufende Berichterstattungen in englischer Sprache. Im General-Standard-Segment müssen die Firmen dagegen nur die gesetzlichen Mindesttransparenzanforderungen erfüllen, wodurch die Kosten für eine Notierung erheblich sinken. Ziel dieser Reform soll eine höhere Transparenz, eine größere Rechtssicherheit und eine bessere Durchsetzbarkeit der Regeln sein. Das soll die Attraktivität des Aktienmarktes, die durch die hohen Kursverluste der vergangenen Jahre stark gelitten hat, wieder erhöhen. Dieses Ziel soll erreicht werden, indem die neuen Pflichten in der Börsenordnung verankert werden, die damit einen öffentlich-rechtlichen Status bekommen. Diese Möglichkeit hat der Gesetzgeber der Börse im Vierten Finanzmarktförderungsgesetz gegeben, das im Juli 2002 in Kraft getreten ist.[1] Die demgemäß geänderte Börsenordnung der Frankfurter Wertpapierbörse tritt laut Beschluss des Börsenrates vom 19.11. 2002 sowie aufgrund der zwischenzeitlich erfolgten Genehmigung der Börsenaufsicht am 1.1.2003 in Kraft. Strenge Regeln, die bisher vor allem am Neuen Markt gefordert wurden und nun für alle Unternehmen des Premiumsegmentes gelten, mussten bisher in privaten Verträgen zwischen Unternehmen und Börse vereinbart werden. Dadurch waren die Sanktionsmöglichkeiten geringer und die Rechtsunsicherheit größer.[2]

Die vorgesehene Umstrukturierung des deutschen Aktienmarktes wird nach bisheriger Kenntnislage keine wesentlichen Veränderungen für die Rechnungslegung und Berichtspflichten börsennotierter Unternehmen des Neuen Marktes

---

[1] Vgl. Deutscher Bundestag, Viertes Finanzmarktförderungsgesetz, 2002, S. 2009-2072.

[2] Vgl. hierzu u. a. Deutsche Börse AG, reporter, 10/2002, S. 1; Hofmann, Neuer Markt, 2002, S. 9; o. V., Aktienmarkt, 2002, S. 1; Schnell, Neuer Markt, 2002, S. 26; Zielke/Kronner, Deutsche Börse, 2003, S. 44-49.

mit sich bringen. Unternehmen, die bislang am Neuen Markt gelistet waren und erweiterten Publizitätspflichten nachgekommen sind, werden künftig dem „Prime Standard" angehören. Damit wird der Neue Markt in neuem, größerem Gewand quasi „wieder auferstehen". Denn all das, was nun als Standards festgeschrieben wird, steht bereits im Regelwerk des Neuen Marktes. Was bleibt, sind also die erprobten Regeln des Neuen Marktes, die in Fachkreisen vergleichsweise als überdurchschnittlich streng eingestuft werden. Diese „Qualitätskriterien" werden nun auf eine Vielzahl von Unternehmen ausgeweitet. Am Neuen Markt hat dies weder Skandale noch Kurseinbrüche verhindert. Im Mittelpunkt der Vertrauenskrise steht das Misstrauen der Investoren gegenüber den Bilanzdaten der Unternehmen am Neuen Markt.
Der Neue Markt wurde am 10. März 1997 – dem Beispiel der ***NASDAQ*** folgend – als spezielles Handelssegment der Frankfurter Wertpapierbörse von der ***Deutschen Börse AG*** gegründet, um junge, innovative Wachstumsunternehmen anzuziehen. Bis zu diesem Zeitpunkt gab es in Deutschland keinen offiziellen Markt für Risikokapital.[3] „Der Neue Markt behob diese Vakanz und stellt für diese Unternehmen die Plattform dar, sich mit Eigenkapital zu versorgen, um damit neue Märkte zu erschließen oder neue Produktvarianten zu entwickeln oder zu vermarkten."[4] Beteiligungen an jungen Wachstumsunternehmen sind naturgemäß überdurchschnittlich riskant. Die ***Deutsche Börse AG*** war sich bewusst, dass die Akzeptanz des neuen Aktienmarktsegmentes daher stark von seiner Regulierung abhängen würde.[5]
Für Investoren sind Unternehmensdaten von hoher Bedeutung, um das mit jedem Aktienengagement verbundene Risiko besser einschätzen zu können. Von besonderem Gewicht ist dies insbesondere bei jungen Unternehmen mit neuen Geschäftskonzepten.[6] Am Neuen Markt werden daher hohe Ansprüche an die Publizität und Transparenz der dort notierten Gesellschaften gestellt. Da das Chancen-Risiken-Profil der Unternehmen am Neuen Markt deutlich ausgeprägter ist als in anderen Segmenten, verlangt das Regelwerk des Neuen Marktes hier zu Recht auch ein höheres Maß an Transparenz.[7] Die Verpflichtung zur Vorlage von Jahresabschlüssen auf Basis internationaler Rechnungslegungssysteme – also nach den International Accounting Standards (IAS) oder den US-amerikanischen Generally Accepted Accounting Principles (US-GAAP) – sollte

---

[3] Vgl. allgemein Küting, Neuer Markt, 2001, S. 1; Potthoff/Stuhlfauth, Neuer Markt, 1997, S. 3; Zwirner/Ranker/Wohlgemuth, Neuer Markt, 2001, S. 473 sowie die dort angegebene Literatur.

[4] Küting, Neuer Markt, 2000, S. 597 f.

[5] Vgl. u. a. Blättchen, Börsengang, 1997, S. 1550; Glaum/Street, Neuer Markt, 2002, S. 124; Küting, Neuer Markt, 2001, S. 2; Potthoff/Stuhlfauth, Neuer Markt, 1997, S. 3; Zwirner/Ranker/Wohlgemuth, Neuer Markt, 2001, S. 474.

[6] Vgl. Gierl, Neuer Markt, 2002, S. 400; Humbert, Investor Relations, 2000, S. B6.

[7] Vgl.Benz/Kiwitz, Neuer Markt, 1999, S. 1162; d'Arcy/Leuz, Rechnungslegung, 2000, S. 385; d'Arcy, Neuer Markt, 2001, S. 166; Küting, Neuer Markt, 2000, S. 598, 600; Potthoff/Stuhlfauth, Neuer Markt, 1997, S. 8.

maßgeblich dazu dienen, das Vertrauen der Investoren in die Unternehmen des Neuen Marktes zu stärken, denn während die deutsche Bilanzierung traditionell stark dem Ziel des Gläubigerschutzes verhaftet und in der Praxis häufig durch steuerpolitische Maßgaben verzerrt ist, verfolgen sowohl die IAS als auch die US-GAAP erklärtermaßen in erster Linie das Ziel, den Anleger mit entscheidungsrelevanten Informationen zu versorgen.[8] Daher enthalten die beiden internationalen Rechnungslegungssysteme auch deutlich umfangreichere Offenlegungsanforderungen als die deutsche Rechnungslegung.[9] Wesentliche Voraussetzung der Entscheidungsfähigkeit des Anlegers ist aber, dass die vom Rechnungswesen verlangten Informationen vollständig, richtig und frühzeitig geliefert werden.[10] „So richtig es ist, dass der Anleger ökonomische Risiken zu tragen hat und es keine Kursgarantie geben kann, so sehr muss er sich darauf verlassen können, dass die gesetzlichen oder privatrechtlichen Auflagen erfüllt werden."[11]

Die Berichterstattungspraxis bestätigte in der Vergangenheit jedoch Gegenteiliges: So weisen wissenschaftliche Beiträge und Studien bereits seit längerem darauf hin, dass die Unternehmen des Neuen Marktes bewusst oder unbewusst gegen Bilanzierungs- und Offenlegungsregeln verstoßen.[12] Im Zusammenhang mit Unternehmenskrisen und -zusammenbrüchen wurde in den vergangenen Jahren mehrfach deutlich, dass Unternehmen teilweise „aggressive" Bilanzierungspraktiken anwenden, um ihre Umsatz- und Ergebnissituation zu schönen und hierbei die Grenze des (noch) Zulässigen massiv überschreiten.[13] Beobachter weisen zudem darauf hin, dass die Rechnungslegungssysteme vieler „Neuer Markt"-Unternehmen inadäquat seien, dass die Prüfung der Abschlüsse in vielen Fällen nicht streng genug durchgeführt werde und die Durchsetzung der Rechnungslegungs- und Offenlegungsstandards aufgrund des Fehlens einer wirksamen Marktaufsicht generell problematisch sei.[14] Der tiefe Sturz des Neuen Marktes seit dem Frühjahr 2000[15] hat letztendlich zu einer fundamentalen Neu-

---

[8] Vgl. IAS Framework, Tz. 12 i. V. m. Tz. 10 sowie FASB Statement of Financial Accounting Concepts 1, Tz. 34. Vgl. hierzu des Weiteren Glaum/Street, Neuer Markt, 2002, S. 122; Glaum/Street, Rechnungslegung, 2002, S. 5, 12.

[9] Vgl. Glaum/Street, Neuer Markt, 2002, S. 122; Glaum/Street, Rechnungslegung, 2002, S. 12.

[10] Vgl. Humbert, Investor Relations, 2000, S. B6.

[11] Glaum/Street, Rechnungslegung, 2002, S. 5 (Vorwort).

[12] Vgl. u. a. Glaum/Street, Neuer Markt, 2002, S. 122; Glaum/Street, Rechnungslegung, 2002, S. 12; Küting, Neuer Markt, 2001, S. 32 ff.; Zwirner/Ranker/Wohlgemuth, Neuer Markt, 2001, S. 480 ff.

[13] Vgl. Glaum/Street, Neuer Markt, 2002, S. 122; Glaum/Street, Rechnungslegung, 2002, S. 12.

[14] Vgl. Ballwieser, Neuer Markt, 2001, S. 850 ff.; d'Arcy/Grabensberger, Quartalsberichte, 2001, S. 1468; Glaum/Street, Neuer Markt, 2002, S. 125; Glaum/Street, Rechnungslegung, 2002, S. 21.

[15] Vgl. hierzu allgemein Blättchen/Nespethal, Neuemissionen, 2002, S. 120; Zwirner/Ranker/Wohlgemuth, Neuer Markt, 2001, S. 473 als auch die Erläuterungen in Abschnitt 2 dieser Arbeit.

bewertung auch der Bilanzierung geführt.[16] Insgesamt wird die fragwürdige Qualität der Rechnungslegung heute wohl als eine der Ursachen für das mangelnde Vertrauen der Anleger am Neuen Markt angesehen.

Vor dem Hintergrund dieser Vorwürfe, die sich zum einen direkt an die Unternehmen des Neuen Marktes richten, zum anderen aber auch den Berufsstand der Wirtschaftsprüfer in die Kritik miteinbeziehen,[17] liegt die Zielsetzung der vorliegenden Arbeit darin, den Grad der Einhaltung der Offenlegungspflichten[18] nach den deutschen handelsrechtlichen Vorschriften des HGB, den International Accounting Standards (IAS) und den US-amerikanischen Generally Accepted Accounting Principles (US-GAAP) durch die Unternehmen des Neuen Marktes zu untersuchen. Hierbei bietet der Neue Markt die Möglichkeit, die Anwendung und Einhaltung sowohl der handelsrechtlichen Vorschriften des HGB als auch der beiden konkurrierenden internationalen Rechnungslegungssysteme vergleichend zu untersuchen. Darauf aufbauend soll analysiert werden, inwieweit der Einfluss des Abschlussprüfers das Ausmaß der Einhaltung bzw. der Nicht-Einhaltung der Offenlegungspflichten determiniert. Da nach herrschender Meinung ein betroffenes Unternehmen im Rahmen eines Going Public ganz besonders dazu aufgefordert ist, eine wirksame Öffentlichkeitsarbeit sowie eine vorbildliche externe Rechnungslegung zu praktizieren,[19] erscheint es durchaus interessant, die Unternehmenspublizität der Unternehmen des Neuen Marktes anhand des von ihnen veröffentlichten Emissionsprospektes – als das zentrale Kommunikationsmittel eines Emittenten im Zuge eines Börsenganges – zu untersuchen. Die vorliegende Arbeit stellt (nach Kenntnis der Autorin) die erste systematische Untersuchung dieser Art dar, die parallel die Einhaltung aller drei Rechnungslegungssysteme untersucht. Konkret werden im Rahmen der vorliegenden Arbeit folgende Fragestellungen analysiert:

- In welchem Maße befolgen die Unternehmen am Neuen Markt die Offenlegungspflichten nach den deutschen handelsrechtlichen Vorschriften des HGB, den International Accounting Standards (IAS) oder den US-amerikanischen Generally Accepted Accounting Principles (US-GAAP), in welchem Maße verstoßen sie gegen diese Anforderungen?
- Lässt sich ein Zusammenhang zwischen dem Grad der Einhaltung bzw. der Nicht-Einhaltung der Offenlegungspflichten nach den deutschen handelsrechtlichen Vorschriften des HGB, den International Accounting Stan-

---

[16] Vgl. Glaum/Street, Neuer Markt, 2002, S. 125; Küting, Neuer Markt, 2001, S. VIII; Meitner/Hüfner/Kleff et al., Bilanzskandale, 2002, S. 538.

[17] Vgl. hierzu u. a. Küting, Neuer Markt, 2001, S. 5.

[18] Der Begriff „Offenlegungspflichten" wird hier und im weiteren Verlauf dieser Arbeit synonym mit dem Begriff „Ausweis- bzw. Angabepflichten" verwandt. Mit Offenlegung sei dementsprechend hier nicht die Offenlegung im Sinne von § 325 HGB, also der Einreichung von Jahresabschlüssen zum Handelsregister bzw. ihre Bekanntmachung im Bundesanzeiger, gemeint.

[19] Vgl. hierzu u. a. DIB Deutsche Informations Börse AG, Der Neue Markt, 1999, S. 12; Kaden, Going Public, 1991, S. 5; Schulte, Börsenneulinge, 1987, S. 786.

dards (IAS) oder den US-amerikanischen Generally Accepted Accounting Principles (US-GAAP) und damit der Qualität der Abschlusspublizität, die zumindest bei vorliegenden Mängeln als Indikator für die Beurteilung der Prüfungsqualität herangezogen werden kann, und dem Abschlussprüfer feststellen?

Daneben soll im Rahmen dieser Arbeit das Ziel verfolgt werden, empirisch gehaltvolle Aussagen über Regelmäßigkeiten im Berichtsverhalten zu gewinnen, um dem Zweck, Handlungsempfehlungen und Verbesserungsmöglichkeiten der Berichterstattung für die Praxis – insbesondere im Hinblick auf eine strengere Durchsetzung von Rechnungslegungsstandards auch im Rahmen der neu eingeführten Aktienmarktsegmentierung – zu generieren, nachzukommen. Dazu soll die Informationsqualität der Prospektpublizität anhand der in ihnen veröffentlichten Jahres- bzw. Konzernabschlüsse bewertet und die jeweiligen Einzelergebnisse zueinander in Relation gesetzt werden. Daraus sollen zum Ersten Aussagen in Bezug auf erkennbare Schwerpunkte und Mängel der Emissionspublizität abgeleitet, zum Zweiten mögliche Zusammenhänge und Erklärungsansätze durch Prüfung zugrunde liegender Hypothesen aufgezeigt und zum Dritten die Wirkung der Publizität auf das individuelle bzw. aggregierte Verhalten der Kapitalmarktteilnehmer am Verhältnis, das sich durch den Kurswert am ersten Börsentag und dem Emissionspreis ergibt, bemessen werden.

Nachdem die wesentlichen Zielsetzungen dieser Arbeit festgelegt sind, ist der Leser in einem kurzen Überblick mit dem Gang der Untersuchung vertraut zu machen.

1.2 Zum Gang der Untersuchung

Die beiden folgenden Abschnitte dienen als theoretischer Rahmen für die zu bearbeitende Problematik bzw. die am Schluss dieser Arbeit stehende empirische Untersuchung. Im Rahmen der Ausführungen dieser Kapitel werden in der Schnittmenge der Themengebiete „Rechnungslegung der Unternehmen am Neuen Markt“ und „Informationswert publizierter Unternehmensdaten“ spezifische Probleme und Zusammenhänge zusammengetragen und daraus die dieser Arbeit zugrunde liegende Hypothese abgeleitet. Die nachfolgende Abbildung 1-1 zeigt den diesbezüglichen Bearbeitungszusammenhang.

Dabei wird im zweiten Kapitel zunächst der institutionelle Hintergrund und die Entwicklung des Neuen Marktes sowie die in diesem Segment der Frankfurter Wertpapierbörse herrschenden Anforderungen an die Rechnungslegung und Offenlegung – insbesondere im Hinblick auf die rechnungslegungsspezifischen Prospektanforderungen – beschrieben. Einige Fragen der technischen Durchführung eines Going Public, insbesondere die Emissionspreisbewertung, und die dabei auftretenden Kernprobleme werden ebenfalls Gegenstand dieses Abschnittes sein, wobei hinsichtlich spezieller Fragen der technischen Abwicklung sowie detaillierter Einzeldarstellungen spezifischer Problembereiche bereits an dieser Stelle auf die Werke der spezialisierten Literatur verwiesen werden muss. Mit dieser Beschränkung der Darstellung auf das Wesentliche soll insbesondere der Tatsache Rechnung getragen werden, dass grundlegendere, vollständigere und detailliertere Aussagen zu speziellen Fragestellungen zum Ablauf eines Börsenganges vom eigentlichen Untersuchungsgegenstand zu weit wegführen würden. Da in dieser Arbeit zudem Überlegungen im Rahmen und aus Sicht der volks- und betriebswirtschaftlichen Wissenschaft erfolgen sollen und die Problematik der Prospekthaftung stark juristisch geprägt ist, soll des Weiteren auch dieser Problemkreis außer Betracht bleiben. Dieses Kapitel wird speziell die in Bezug auf die Einflüsse der Publizität relevanten Sachverhalte zusammenfassen.

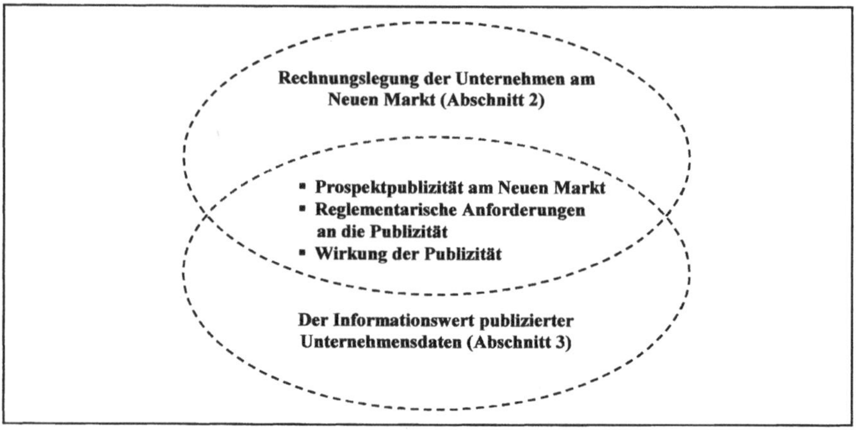

Abbildung 1-1: Überblick über den Bearbeitungszusammenhang

Anschließend wird im Gliederungspunkt 3 der Frage nachgegangen, worin der unterschiedliche Informationswert publizierter Unternehmensdaten begründet liegen kann. Dieser Frage wird im Rahmen dieses Kapitals modelltheoretisch nachgegangen. Hierzu wird auf ein spieltheoretisches Modell von ***Ewert***[20] zurückgegriffen, welchem der Charakter eines Erklärungsmodells zukommt, mit dem gezeigt werden kann, welche Faktoren in welcher Weise die Publizitätsqualität beeinflussen können. Hieraus wird sodann die dieser Arbeit zugrunde liegende Hypothese abgeleitet, mit der u. a. empirisch überprüft werden soll, inwieweit die externe Prüfung als Mittel zur Sicherstellung eines gewissen Informationsgehaltes einer kapitalmarktorientierten Unternehmensberichterstattung betrachtet werden kann.
Im Anschluss daran folgt im vierten Kapitel ein Überblick über den Stand der Forschung zur Unternehmenspublizität. Durch die Auswertung der Literatur soll

[20] Vgl. Ewert, Rechnungslegung, 1993, S. 715-747; vgl. weiterführend auch Wagenhofer/ Ewert, Externe Unternehmensrechnung, 2003, Kapitel 11, S. 469-510.

das Instrumentarium der Analysten untersucht werden. Grundlegend ist hierbei die Frage, welche Analyseinstrumente zur Verfügung stehen und ob für die Analyse der Börseneinführungspublizität differenzierte Vorschläge existieren. Nach einer kritischen Analyse der bisherigen Forschungsarbeiten erfolgt eine Abgrenzung der vorliegenden Untersuchung im Hinblick auf die methodische Vorgehensweise.
Der Gliederungspunkt 5 bildet sodann den Schwerpunkt dieser Arbeit: Nach einer Skizzierung der bei der Untersuchung angewandten Analysekriterien findet die Auswertung und Bewertung statt. Hierzu werden zunächst die Ziele und Anwendungsmöglichkeiten eines Scoring-Modells zur Beurteilung der Publizitätsgüte vorgestellt. Die Konkretisierung eines solchen Modells in Bezug auf die oben genannten Zielsetzungen schließt sich an. Als Datenquelle dienen die Emissionsprospekte der in die Untersuchung einbezogenen Unternehmen, wobei bei der Analyse ausschließlich auf die Abschlusserläuterungen der jüngsten im Emissionsprospekt veröffentlichten Abschlüsse zurückgegriffen wird. Auf der Grundlage des eigens für diese Arbeit entwickelten Scoring-Modells zur Beurteilung der Publizitätsgüte bzw. des erarbeiteten und objektivierten Messverfahrens werden die Emissionsprospekte 155 börsengehender Unternehmen des Neuen Marktes der Jahre 1997 bis 2000 ausgewertet. Die Darstellung des Publizitätsverhaltens dient weiterhin der Vorbereitung einer Analyse von Einflussfaktoren, die sich auf das Verhalten des bilanzierenden Personenkreises ausgewirkt haben können. Die Hypothesen über die Abhängigkeiten der Publizitätspolitik beziehen sich auf extern beobachtbare Größen, die nur mittelbar über die Berichterstattenden selbst auf das Berichtsverhalten wirken. Unmittelbare Einflussgrößen, wie beispielsweise die Ausbildung und Motivation der für die Publizität Verantwortlichen, sind einerseits nur schwer zu erheben, da sie bei den Rechnungslegenden ggf. einem Einstellungswandel unterworfen sind oder auch die Rechnungslegenden selbst im Zeitablauf wechseln. Andererseits darf darüber hinaus bezweifelt werden, dass die denkbaren Erhebungstechniken wie Fragebögen oder Interviews wegen der Operationalisierungsproblematik und der Angabe für wünschenswert gehaltener statt die tatsächlichen Verhältnisse wiedergebender Antworten zu validen Ergebnissen führen. Insofern ist davon auszugehen, dass die gewählte Vorgehensweise prinzipiell zu zuverlässigeren Resultaten führen kann. Zu diesem Zweck werden die Ergebnisse, die bei der Analyse der untersuchten Emissionsprospekte gewonnen wurden, mit Hilfe statistischer Methoden aufbereitet. Als der wohl wichtigste Einflussfaktor wird in dieser Arbeit der Abschlussprüfer zugrundegelegt. Weitere Einflussfaktoren ergeben sich aus Unternehmensmerkmalen, die Anhaltspunkte über das Verhältnis zu außenstehenden Personengruppen geben können. Die Analyse der Wirkung der Publizität auf das individuelle bzw. aggregierte Verhalten der Kapitalmarktteilnehmer schließt dieses Kapitel ab.
Das abschließende Kapitel 6 enthält eine Zusammenfassung und eine kritische Würdigung der wesentlichen Ergebnisse dieser Untersuchung. Im Rahmen dieses Bestandteiles der vorliegenden Arbeit wird der Absicht der Autorin, gehaltvolle

Aussagen über die Realität – durch das Wechselspiel zwischen theoretischem Räsonieren der Kapitel 2 und 3 und der abschließenden Betrachtung der empirischen Ergebnisse des Kapitels 5 – zu gewinnen und daraus Handlungsempfehlungen und Verbesserungsmöglichkeiten für die Praxis zu generieren, Rechnung getragen.

Die im Rahmen dieser Arbeit entwickelten Kriterienkataloge, die zur Beurteilung der Qualität der Berichterstattung im Rahmen der Börseneinführung am Neuen Markt herangezogen wurden, als auch ein alphabetisches Verzeichnis aller in die Untersuchung einbezogenen Unternehmen (Neuemissionen des Neuen Marktes der Jahre 1997-2000) werden in den Anlagen zur dieser Arbeit dokumentiert.

2 Entwicklung, Rechnungslegung und Bewertung der Neuen Markt-Unternehmen

2.1 Zielsetzung und Entwicklung des Neuen Marktes

Am Anfang stand die Vision „Ideen suchen Kapital, Kapital sucht Ideen".[1]

Innovative und wachstumsstarke kleine und mittlere Unternehmen sind die Schlüsselfaktoren einer sich positiv entwickelnden Volkswirtschaft.[2] Die zunehmende Integration der Märkte für fast alle Produkte und Dienstleistungen löst eine Marktsegmentierung aus und führt zu einer Verschärfung des Wettbewerbs. Dies zwingt gerade die kleinen und mittleren Unternehmen zu hohen Anpassungsgeschwindigkeiten und ständigen Innovationen mit entsprechendem Kapitalbedarf. Die Quelle der Fremdkapitalbeschaffung gerade für junge und wachstumsstarke Unternehmen ist jedoch schnell erschöpft. Die Anforderungen der traditionellen Kreditwürdigkeitsprüfung können von ihnen nicht oder nur z. T. erfüllt werden und die Kreditzinsen belasten die dringend benötigte Liquidität.[3] Infolgedessen entsteht ein ständig steigender Bedarf an Eigenkapital. Trotz der auch in Deutschland zunehmenden Bereitschaft von entsprechend finanzkräftigen und risikofreudigen Investorengruppen (*Venture Capitalists*)[4], dieses Kapital zu stellen, ist dies nur für die „Start-up"-Phase eines Unternehmens eine geeignete Hilfe, an das nötige Eigenkapital heranzukommen. Die Selbstfinanzierungskraft ist in der Anlaufphase jedoch zu gering, um das in der Expansionsphase benötigte Investitionsvolumen zu finanzieren.[5] Dies verdeutlicht die nachfolgende

---

[1] Vgl. Förschle/Helmschrott, Neuer Markt, 1997, S. 4 und Förschle/Helmschrott, Neuer Markt, 1999, S. 4.

[2] Vgl. Blättchen, Wachstumsunternehmen, 1998, S. 28; Blättchen, Going Public, 1999, S. 38; Gerke/Bank, Mittelständische Unternehmen, 1999, S. 10; Grundmann, Going Public, 1997, S. 67; Rauen, Mittelstand, 1999, S. 13; Veranneman, Neuer Markt, 1999, S. 50.

[3] Vgl. hierzu u. a. Gerke/Bank, Mittelständische Unternehmen, 1999, S. 10; Koch/Wegmann, Going Public, 1998, S. 289; Leven, Aktienkultur, 1999, S. 14.

[4] Unter „Venture Capital" ist die Bereitstellung von Risikokapital oder die Wagnisfinanzierung durch Finanziers zu verstehen, zu denen neben der wachsenden Zahl von Venture Capital-Gesellschaften immer häufiger auch vermögende Privatpersonen gehören, vgl. Hofmann, Eigenkapitalstrategien, 1999, S. 6. Venture Capital-Gesellschaften verfolgen dabei regelmäßig eine befristete Beteiligungsdauer mit dem Ziel der späteren gewinnbringenden Desinvestition (Exit). Eine Exitmöglichkeit stellt dabei die Veräußerung über die Börse dar. Erklärtes Ziel der ***Deutschen Börse AG*** mit der Etablierung des Neuen Marktes war auf Seiten der Emittenten insbesondere auch die Gewinnung von Venture Capital-finanzierten Unternehmen für den Börsengang. Der Neue Markt soll dabei als Abschlussfinanzierung fungieren, indem er Venture Capital-Gesellschaften eine Ausstiegsmöglichkeit aus ihren Beteiligungen bietet, vgl. Heitzer/Sohn, Venture Capital-Finanzierung, 1999, S. 399. Vgl. hierzu ferner Bell, Venture Capitalist, 1999, S. 372-377; Leopold, Venture Capital, 1999, S. 470-476.

[5] Vgl. hierzu u. a. Deibert/Serrar, Neuer Markt, 2000, S. 25; Martin, Neuer Markt, 1998, S. 223.

Abbildung, welche die Entwicklungsstufen eines Unternehmens auszugsweise wiedergibt. Während der Kapitalbedarf zu Beginn der Entwicklung eines Unternehmens noch gering ist, nimmt er mit dem Aufbau und der Ausweitung der Produktions- und Vertriebsstruktur noch zu.

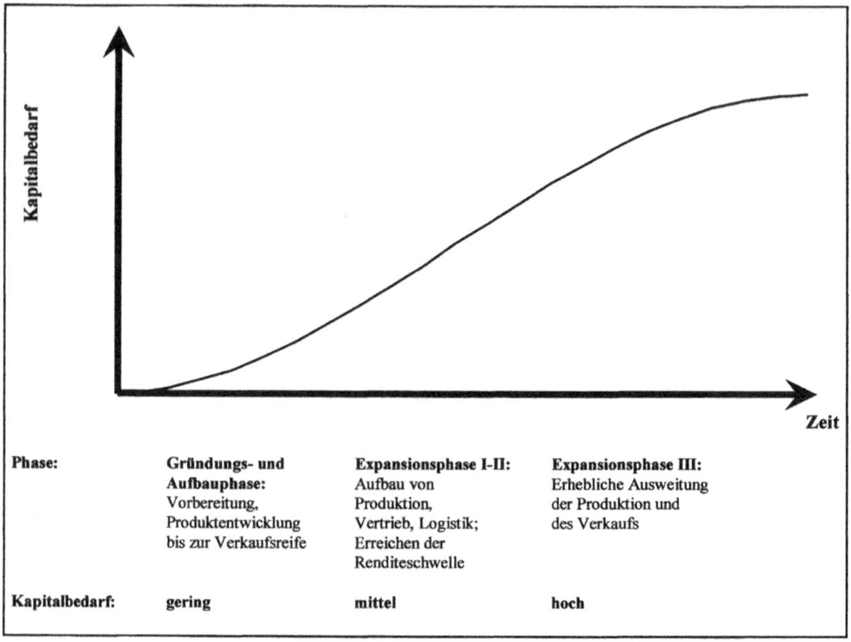

Abbildung 2-1: Expansionsphasen der Unternehmensentwicklung[6]

Die Folge ist, dass die Unterkapitalisierung häufig zum Engpass für den eingeschlagenen Expansionskurs wird. Kapitalmangel beengt das unternehmerische Handeln und den Wachstumsspielraum. Eine unzulängliche Eigenmittelausstattung stellt insbesondere für junge innovative und damit besonders risikobehaftete Unternehmen ein erhebliches Investitionshemmnis dar. Zusätzlich beeinträchtigt sie die Wettbewerbsfähigkeit. Eigenkapital hilft, unternehmerische Ideen zu verwirklichen. Es hält den Kapitalbedarf für Zins und Tilgung niedrig und beugt Liquiditätsengpässen vor. Gleichzeitig erhöht es die Kreditwürdigkeit des Unternehmens und erweitert den Spielraum für Fremdfinanzierung. „Eigenkapital ist das Lebenselixier des Unternehmens, aus dem es die Kraft zur Realisierung unternehmerischer Ziele schöpft.“[7]

---

[6] Diese Abbildung wurde entnommen: Förschle/Helmschrott, Neuer Markt (a), 1997, S. 188; siehe hierzu auch Ihlenfeldt, Biotech-Unternehmen, 2002, S. 74.

[7] Förschle/Helmschrott, Neuer Markt (a), 1997, S. 188.

Seit dem 10. März 1997 gibt es in Deutschland für diese jungen, innovativen Unternehmen die Chance, sich Kapital für ihr weiteres Wachstum zu beschaffen. Mit der Eröffnung des Neuen Marktes schlägt die ***Deutsche Börse AG*** ein neues Kapitel in der Geschichte der Eigenkapitalfinanzierung auf. Sie geht einen besonderen Weg, um die seit Jahren reklamierte Eigenkapitalschwäche junger Unternehmen zu beseitigen und den hohen Kapitalbedarf in der Expansionsphase der Unternehmensentwicklung zu decken.[8] Die besondere Zielsetzung des Neuen Marktes ist es, jungen Unternehmen eine Möglichkeit der Eigenkapitalbeschaffung über die Börse zu ermöglichen, gleichzeitig wird dem chancen- und risikobewussten Anleger eine neue Alternative der Geldanlage geboten.[9]
Die Idee zur Errichtung eines derartigen Börsensegmentes ist nicht neu. Ausgehend von der erfolgreichen Technologiebörse ***NASDAQ (National Association of Securities Dealers Automated Quotation)***[10] wurden in Europa bereits in den achtziger Jahren Foren für den Handel kleinerer Unternehmen gegründet. Diese scheiterten jedoch an zu niedriger Liquidität des Handels.[11] Die ***NASDAQ*** blieb über viele Jahre die einzige Börse, die für kleine innovative Unternehmen einen effizienten und liquiden Handel bereitstellte. Im Mai 1995 wurde in enger Zusammenarbeit mit der ***NASDAQ*** in Brüssel die ***EASDAQ (European Asso-***

---

[8] Vgl. im Einzelnen Ziffer 1 des 1. Abschnittes des Regelwerks NM (Deutsche Börse AG, Regelwerk Neuer Markt, 2002): „Emittenten sind insbesondere innovative Unternehmen, die neue Absatzmärkte erschließen, neue Verfahren etwa in der Beschaffung, Produktion oder beim Absatz verwenden, bzw. neue Produkte und/oder Dienstleistungen anbieten und ein überdurchschnittliches Umsatz- und Gewinnwachstum erwarten lassen." Als Wachstumsbranchen werden etwa die Bereiche Telekommunikation und Multimedia, Software und Informationstechnologie, Biotechnologie, neue Dienstleistungen, Spezialmaschinenbau, Umwelttechnik und ähnliche Branchen in Betracht kommen.
Wenngleich mit dem Neuen Markt ein Börsensegment speziell für mittelständische Unternehmen geschaffen worden ist, so heißt dies nicht, dass die bisher bestehenden Nachteile mittelständischer Unternehmen gegenüber Großunternehmen bei der Finanzierung durch Eigenkapital über die Börse gänzlich beseitigt sind. Börsengänge haben zwar in den vergangenen Jahren erheblich an Popularität gewonnen, dennoch scheuen immer noch viele Unternehmen den Gang an den Aktienmarkt. Der Verlust der Firmenidentität, Gefahren der Einflussnahme von außen oder auch Publizitätspflichten werden als Argument gegen ein Listing an der Börse ins Feld geführt, vgl. hierzu Frey, Börsengang, 1999, S. 294; Plewka/ Aymans, Die „Neuen Märkte", 1996, S. 2192; Walter, IPO-Markt, 1998, S. B2. Die Chancen, welche die Kapitalbeschaffung über die Börse bietet, beispielsweise die größere Unabhängigkeit bei der Finanzierung einer Expansionsstrategie oder auch eine bessere Eigenkapitalausstattung des Unternehmens, treten häufig in den Hintergrund. Trotz dieser Vorbehalte hat dennoch eine Vielzahl von Unternehmen aus dem mittelständischen Bereich in den vergangenen Jahren die Chance eines Börsenganges wahrgenommen.

[9] Vgl. Claussen, „Gläserne Unternehmen", 1998, S. B10; Letschert, Innovationen, 1999, S. B8.

[10] Hinsichtlich detaillierter Informationen zum Regelwerk und zum Zulassungsverfahren der ***NASDAQ (National Association of Securities Dealers Automated Quotation)***, auf die an dieser Stelle nicht näher eingegangen werden kann, vgl. insbesondere Harrer/Erwe, Neuer Markt, 1998, S. 663 ff.

[11] Vgl. Gerke/Bosch, Die Betreuer, 1999, S. 1.

ciation of Securities Dealers Automated Quotation)[12] mit dem Anspruch eines europäischen Aktienmarktes für innovative Wachstumsunternehmen ins Leben gerufen.[13] Ihr folgte im Juni 1995 der ***Alternative Investment Market (AIM)*** in London und im Februar 1996 ***Le Nouveau Marché*** in Paris.[14] ***EURO.NM*** wurde am 1. März 1996 als paneuropäisches Netzwerk von Wachstumsbörsen gegründet; Ziel des ***EURO.NM*** ist es, für die Wachstumsunternehmen internationale Investoren zu erschließen, indem die beteiligten Märkte elektronisch vernetzt und ihre Regeln harmonisiert werden.[15] Inzwischen gibt es an allen wichtigen nationalen Börsenplätzen in Europa (London, Frankfurt, Paris, Mailand, Zürich, Brüssel) spezielle Segmente für kleine bis mittlere, wachstumsorientierte Unternehmen.[16] Eine herausragende Rolle unter ihnen spielt zweifellos der Neue Markt an der Frankfurter Wertpapierbörse.

Beim 1997 eröffneten Neuen Markt handelt es sich um ein privatrechtlich geregeltes Handelssegment, so dass eine weitgehende Freiheit bei der Ausgestaltung der Marktbeziehungen zwischen dem Börsenträger und den Marktteilnehmern besteht.[17] Allerdings kann ein Unternehmen nur dann im Neuen Markt aufgenommen werden, wenn die entsprechenden Aktien zuvor das öffentlich-rechtliche Zulassungsverfahren des Geregelten Marktes durchlaufen haben.[18] Die

---

[12] Hinsichtlich detaillierter Informationen zum Regelwerk und zum Zulassungsverfahren der ***EASDAQ (European Association of Securities Dealers Automated Quotation)***, auf die an dieser Stelle nicht näher eingegangen werden kann, vgl. u. a. Gerke/Bank/Seitz, EASDAQ, 1999, S. 200; Harrer/Erwe, Neuer Markt, 1998, S. 668 ff.; Plewka/Aymans, Die „Neuen Märkte“, 1996, S. 2193 f.

[13] Vgl. Blättchen, Wachstumsunternehmen, 1998, S. 29; Gerke/Bank/Seitz, EASDAQ, 1999, S. 199.

[14] Hinsichtlich detaillierter Informationen zum Regelwerk und zum Zulassungsverfahren dieser Handelssysteme, auf die an dieser Stelle nicht näher eingegangen werden kann, vgl. Blättchen, Wachstumsunternehmen, 1998, S. 30; Gerke/Bank/Seitz, EASDAQ, 1999, S. 199.

[15] Vgl. Blättchen, Wachstumsunternehmen, 1998, S. 31.

[16] Zum Regelwerk und zum Zulassungsverfahren dieser speziellen Handelssegmente vgl. u. a. Plewka/Aymans, Die „Neuen Märkte“, 1996.

[17] Nur die beiden öffentlich-rechtlichen Marktsegmente, die das BörsG vorsieht, nämlich der Amtliche Handel und der Geregelte Markt, nicht jedoch der privatrechtlich organisierte Freiverkehr, sind geregelte Märkte im Sinne von Art. 16 der Wertpapierdienstleistungsrichtlinie, § 2 Abs. 1 WpHG und Art. 1 der Insiderrichtlinie. Hätte man den Neuen Markt als weiteres öffentlich-rechtlich ausgestaltetes Marktsegment einrichten wollen, hätte es hierzu einer Ermächtigungsgrundlage im Börsengesetz bedurft, da dieses die öffentlich-rechtlich organisierten Marktsegmente abschließend regelt. Durch die getroffene Regelung, nämlich dass die Zulassung im Neuen Markt einmal die Zulassung im Geregelten Markt voraussetzt, zum anderen aber die Aufnahme in den Neuen Markt selbst privatrechtlich geregelt ist, wurde erreicht, dass auch der Neue Markt als geregelter Markt im Sinne der vorgenannten Vorschriften gelten kann, ohne dass eine neue Ermächtigungsgrundlage im BörsG geschaffen werden musste, vgl. hierzu auch Kersting, Der Neue Markt, 1997, S. 223; Kunz/Tiede, Neuer Markt, 1999, S. B3; Potthoff/Stuhlfauth, Neuer Markt, 1997, S. 4.

[18] Vgl. Ziffer 2.3 Regelwerk NM.
Damit es nicht zu einer Doppelnotierung im Geregelten und im Neuen Markt kommt, verzichtet der Emittent mit der Stellung des Antrags auf Zulassung im Neuen Markt auf die

zentralen Bestimmungen für den Neuen Markt finden sich in dem von der ***Deutschen Börse AG*** herausgegebenen Regelwerk Neuer Markt.[19] Da die Unternehmen des Neuen Marktes ein vergleichsweise hohes Maß an Unsicherheit hinsichtlich ihrer zukünftigen Entwicklung aufweisen, stellt das Regelwerk Neuer Markt im Vergleich zu den für den Amtlichen Handel und den Geregelten Markt geltenden öffentlich-rechtlichen Bestimmungen (insbesondere des Börsengesetzes, der Börsenzulassungs-Verordnung, des Verkaufsprospektgesetzes und der Verkaufsprospekt-Verordnung) gesteigerte Anforderungen u. a. an die Publizität, um so Anlegerschutz und Transparenz zu gewährleisten.[20]
Der Antrag auf Zulassung zum Neuen Markt ist vom Emittenten zusammen mit einem Kreditinstitut, einem Finanzdienstleistungsinstitut oder einem nach § 53 Abs. 1 Satz 1 bzw. § 53b Abs. 1 Satz 1 KWG tätigen Unternehmen zu stellen, die jeweils an einer inländischen Wertpapierbörse mit dem Recht zur Teilnahme am Handel zugelassen sind und ein haftendes Eigenkapital im Gegenwert von mindestens Euro 730.000 nachweisen.[21] Für die Zulassung müssen bestimmte Voraussetzungen erfüllt sein, wobei der Emittent, anders als bei öffentlich-

---

Aufnahme der Notierung im Geregelten Markt. Unternehmen, die schon im Geregelten Markt gelistet sind, bedürfen dementsprechend keiner neuen Zulassung, wenn sie einen Wechsel zum Neuen Markt anstreben. Sie beantragen lediglich die Notierungsaufnahme im Neuen Markt und verzichten auf die Notierung im bisherigen Marktsegment. Vgl. hierzu u. a. Potthoff/Stuhlfauth, Neuer Markt, 1997, S. 5; Römer/Müller, Going Public, 2000, S. 1673.

[19] Seit der Gründung des Neuen Marktes wurde das Regelwerk wiederholt geändert; vgl. hierzu detailliert Küting, Neuer Markt, 2001, S. 7 ff. Ein Ziel der einzelnen Regelwerksänderungen war es stets, die Berichterstattung am Neuen Markt zu verbessern und den Unternehmen – aus Gründen einer internationalen Akzeptanz und einer zwischenbetrieblichen Vergleichbarkeit – konkrete Vorschriften bzgl. der Art und des Umfangs der Berichterstattung vorzugeben. Dabei ist auffallend, dass dieser Anspruch mit der Anzahl der Notierungen und Interessenten noch gestiegen ist, wobei dies nicht nur auf explizite Regelwerksänderungen, sondern auch auf eine rigidere Auslegung des Regelwerks durch die ***Deutsche Börse AG*** zurückzuführen ist, vgl. d'Arcy/Leuz, Rechnungslegung, 2000, S. 385, 390; Zwirner/Ranker/Wohlgemuth, Neuer Markt, 2001, S. 474, 476 ff. Im Rahmen dieser Arbeit ist es nicht möglich, sich abschließend und ins Einzelne gehend mit allen Bestimmungen des Regelwerks sowie den jeweiligen Änderungen und Anpassungen dieser Normen seit der erstmaligen Gültigkeit des Regelwerks des Neuen Marktes zum März 1997 auseinander zu setzen. Im Folgenden kann lediglich auf spezifische Besonderheiten dieses Reglements, die für die vorliegende Arbeit eine besondere Bedeutung erlangen, näher eingegangen werden. Die nachfolgenden Erläuterungen beziehen sich auf die zuletzt gültige Version des Regelwerks NM – Abschnitt 2 (Stand 01.07.2002), vgl. Deutsche Börse AG, Regelwerk Neuer Markt, 2002, wobei auf relevante Änderungen seit der erstmaligen Gültigkeit kurz eingegangen wird.

[20] Vgl. u. a. DG Bank, Sicherung der Zukunft, 1999, S. 27; Frey, Börsengang, 1999, S. 297, 299; Gerke, Der Neue Markt, 1999, S. 205; Humbert, Neuer Markt, 1999, S. B6; Potthoff/ Stuhlfauth, Neuer Markt, 1997, S. 8; Quick/Kayadelen, Neuer Markt, 2002, S. 949; Römer/ Müller, Going Public, 2000, S. 1674; Temporale/Ismann, Zulassungsvoraussetzungen, 1999, S. 264.

[21] Vgl. Ziffer 2.2 Abs. 1 Regelwerk NM.

rechtlichen Börsensegmenten, auch bei Erfüllung der Zulassungsvoraussetzungen keinen Anspruch auf Börsenzulassung hat.[22] Über die Zulassungsvoraussetzungen des Geregelten Marktes hinaus müssen im Neuen Markt folgende Kriterien erfüllt werden:

Der Gesamtnennbetrag der Aktien muss mindestens 250.000 Euro bei einer Mindeststückzahl von 100.000 (dies gilt auch bei der Emission von Stückaktien) und einem Emissionsvolumen (Kurswert) i. H. v. mindestens 5 Mio. Euro lauten.[23] Das Unternehmen soll mindestens seit 3 Jahren bestehen und die Jahresabschlüsse für die dem Antrag vorangegangenen Geschäftsjahre entsprechend den hierfür geltenden Vorschriften offen gelegt haben.[24] Der Emittent muss ein Eigenkapital von mindestens 1,5 Mio. Euro nachweisen.[25] Die Aktien sollen sich nach dem Going Public möglichst zu 25 % in Streubesitz befinden, ein Streubesitzanteil von 20 % darf nicht unterschritten werden.[26] Zum Streubesitz in diesem Sinne zählen nur außenstehenden Aktionären gehörende Aktien; Anteile aus bevorrechtigten Zuteilungen (Angehörige und verbundene Unternehmen) sowie aus Mitarbeiterprogrammen werden nicht zum Streubesitz gerechnet. Zum Neuen Markt werden ausschließlich Stammaktien zugelassen, die girosammelverwahrfähig sind.[27] Für die erstmalige Zulassung von Aktien am Neuen Markt ist eine Kapitalerhöhung gegen Bareinlagen erforderlich, die mindestens 50 % des zu platzierenden Emissionsvolumens ausmachen soll.[28] Damit wird sichergestellt, dass ein hinreichend großer Anteil des Emissionsvolumens tatsächlich dem Unternehmen zufließt und die über den Börsengang erfolgende Kapitalbeschaffung nicht lediglich den Altaktionären durch Verkauf von Aktien zugute kommt.[29]

Der Emissionsprospekt stellt das zentrale Dokument des Börsenganges dar und hat die wirtschaftlichen Verhältnisse und die rechtlichen Strukturen des Unternehmens richtig und vollständig wiederzugeben.[30] Er umfasst insbesondere Angaben über die für den Inhalt des Emissionsprospektes verantwortlichen Personen oder Gesellschaften, die Aktien, den Emittenten, sein Kapital und seine Geschäftstätigkeit, die Vermögens-, Finanz- und Ertragslage, Angaben aus der Rechnungslegung des Emittenten, eine Aufstellung über die Herkunft und die

---

[22] Vgl. hierzu u. a. Ziffer 2.1.1 Abs. 1 u. 2 Regelwerk NM als auch Potthoff/Stuhlfauth, Neuer Markt, 1997, S. 8; Quick/Kayadelen, Neuer Markt, 2002, S. 949.

[23] Vgl. Ziffer 3.7 Regelwerk NM.

[24] Vgl. Ziffer 3.2 Regelwerk NM.

[25] Vgl. Ziffer 3.1 Abs. 2 Regelwerk NM.

[26] Vgl. Ziffer 3.10 Regelwerk NM.

[27] Vgl. Ziffer 3.4 Regelwerk NM.

[28] Vgl. Ziffer 3.8 Regelwerk NM.

[29] Vgl. zur gesamten Bandbreite der formellen und materiellen Zulassungsvoraussetzungen zum Neuen Markt u. a. Benz/Kiwitz, Neuer Markt, 1999, S. 1162 ff.; Herfs, Zulassungsvoraussetzungen, 1998, S. B4-B5; Potthoff/Stuhlfauth, Neuer Markt, 1997, S. 9; Römer/Müller, Going Public, 2000, S. 1674 f.; Sandweg, Neues Marktsegment, 1998, S. B4; Wegmann, Going Public, 1999, S. 201; Ziegenhain/Helms, Going Public, 1998, S. 1427.

[30] Vgl. Ziffer 4.1.1 Abs. 1 Regelwerk NM.

Verwendung der Mittel, Angaben über Beteiligungsfirmen, Ergebnis und Dividende je Aktie, Geschäftsführungs- und Aufsichtsorgane des Emittenten, den jüngsten Geschäftsgang und die Geschäftsaussichten des Emittenten, diverse Risikofaktoren und über die Prüfung der Jahresabschlüsse[31] sowie weitere Angaben in Sonderfällen, wie beispielsweise im Fall der Aktienausgabe bei einer Verschmelzung, Spaltung oder Vermögensübertragung.[32]

Der Neue Markt gilt als Börsensegment für junge und wachstumsträchtige, kleine und mittelgroße Unternehmen sowie risikobewusste, chancenorientierte Anleger. In den ersten drei Jahren seines Bestehens war er ein geradezu spektakulärer Erfolg. Der Handel begann am 10. März 1997 mit nur zwei notierten Unternehmen (***Bertrandt AG*** und die ***MobilCom AG***). Nachdem die Anleger im Neuen Markt unmittelbar nach seiner Einführung im März 1997 in einen „Euphorietaumel" gerieten, erlebte dieser seine Hochphase. Das gesamte Handelsvolumen hatte sich bereits nach seiner Markteinführung im Jahr 1998 verfünffacht. Zum Millenniumswechsel erschienen bereits 201 Titel auf dem Kurszettel. Im Jahr 2000 ging die Super-Hausse ungebremst weiter. Am dritten Geburtstag des Neuen Marktes (am 10.3.2000) schloss der NEMAX-All-Share mit einem neuen Rekordhoch von 8.546,19 Punkten. Die Marktkapitalisierung der 229 Firmen machte rund 234 Mrd. Euro aus. Der Neue Markt erfüllte damals also den Zweck, Internet-, Technologie- und Biotechnologieunternehmen eine Finanzierungsquelle zu bieten. Im Laufe des Jahres 2000 waren die Kurse dann schon rückläufig. Im September 2000 alarmierte das Telekommunikationsunternehmen ***Gigabel*** die Anleger mit dem Gang zum Insolvenzrichter. Bereits zum Jahreswechsel 2000/2001 war der Börsenwert der insgesamt 338 Gesellschaften auf 120,9 Mrd. Euro geschrumpft. Unterdessen gibt es ca. 30 Insolvenzen am Neuen Markt. Börsennachrichten sind nunmehr vielfach zu Horrormeldungen verkommen. Zahlreiche Unternehmen verunsichern mit Gewinn- und Umsatzwarnungen, betrügerische Firmenvorstände kommen in Haft, gute Nachrichten werden Mangelware. Vielfach wird ein Verfall der Ideen, der Sitten, des Marktumfeldes und der Kurse beklagt. Ein „Crash auf Raten" folgte. Im Oktober 2001 unterschritt der NEMAX 50 erstmals sein Startguthaben von 1.000 Punkten, Anfang September 2002 lag der NEMAX 50 nur noch bei rund 470 Punkten. Rechtsprechung und Literatur haben sich in jüngster Zeit mehrfach mit Rechtsfragen – den Neuen Markt betreffend – auseinander gesetzt. Gegenstand einer Reihe von Entscheidungen war das Vorhaben der ***Deutschen Börse AG***, sog. „Penny-Stocks", d. h. Wertpapiere mit einem nur minimalen Wert, vom Neuen Markt auszuschließen.[33] Der ***5. Zivilsenat des OLG Frankfurt a. M.*** hat sich zuletzt in seiner Entscheidung vom 23. April 2002 in einem einstweiligen Verfügungsverfahren mit der (einseitigen) Abänderungsbefugnis der ***Deutschen Börse AG*** aus-

---

[31] Vgl. Ziffer 4.1.2 bis 4.1.17 Regelwerk NM.

[32] Vgl. Ziffer 4.1.18, 4.1.19 und 4.2 Regelwerk NM.

[33] Vgl. LG Frankfurt am Main, „Penny Stocks", 2001, S. 1969-1973; OLG Frankfurt am Main, Penny-Stocks-Regelung, 2002, S. 303-306.

einander gesetzt, welche diese für sich reklamiert hatte.[34] In seiner Entscheidung hat der ***5. Zivilsenat*** das Recht der ***Deutschen Börse AG***, am Neuen Markt notierten Unternehmen einseitig Vertragsabänderungen aufzuerlegen, grundsätzlich verneint. Zugleich hat das ***OLG Frankfurt a. M.*** ausgeführt, im Wege der ergänzenden Vertragsauslegung könne sich durch geänderte Umstände ein besonderes Kündigungsrecht für die ***Deutsche Börse AG*** ergeben. Dies, so das ***OLG Frankfurt a. M.***, könne beispielsweise der Fall sein, wenn die ***Deutsche Börse AG*** das Konzept des Neuen Marktes grundlegend ändern wolle. Die ***Deutsche Börse AG*** sei jedenfalls nicht verpflichtet, für alle Zeiten an dem bisherigen Konzept festzuhalten.[35]
Am 26. September 2002 hat die ***Deutsche Börse AG*** schließlich ihre Absicht bekannt gegeben, den Neuen Markt zu schließen. Nach den Vorstellungen der ***Deutschen Börse AG*** soll der Aktienmarkt an der Frankfurter Wertpapierbörse fortan in zwei Segmente aufgeteilt und durch branchenorientierte Indices angereichert werden. Neben einem Premiumsegment mit besonders strengen Zulassungs- und Transparenzvorschriften – ähnlich denen des Neuen Marktes – soll es zukünftig ein Basissegment mit gesetzlichen Mindestanforderungen an die Transparenz geben. Die Handelssegmente Neuer Markt und SMAX werden im Zuge der Neuordnung bis spätestens Ende 2003 vollständig eingestellt. Das neue Indexkonzept umfasst vorrangig die Aktien der Unternehmen, welche die erhöhten Transparenzanforderungen des „Prime Standard“-Segmentes erfüllen. Diese Werte werden künftig in einem Prime All Share-Index zusammengefasst. Lediglich der CDAX (Composite-Index), der wie bisher alle deutschen Aktien abbilden wird, enthält auch Unternehmen aus dem „General Standard“. Der DAX besteht unverändert fort und wird weiterhin die 30 größten deutschen Werte abbilden. Unterhalb des DAX führt die ***Deutsche Börse AG*** ein neues Branchensystem ein, das nach klassischen Branchen und Technologiebranchen unterscheidet. Während MDAX bzw. SDAX künftig nur noch Aktien aus traditionellen Branchen wie Industrie, Finanzen, Handel und Pharma beherbergen werden, wird für die 30 größten Technologiewerte erstmals ein neuer Index unter der Bezeichnung TecDAX berechnet. Parallel dazu wird der NEMAX 50 bis voraussichtlich Ende 2004 weiter geführt. Somit wird es für Technologieunternehmen vorübergehend zwei Indices geben, die zum Teil die gleichen Werte

---

[34] Vgl. OLG Frankfurt am Main, Regelwerk Neuer Markt, 2002, S. 1335 f.

[35] Zur Geschichte des Neuen Marktes und zum Zahlenmaterial vgl. Betz/Schwarz, Aktienkultur, 1999, S. B2; Bösl, Neuer Markt, 2001, S. 100; Deibert, Neuer Markt, 2002, S. 6-11; Francioni, Neuer Markt, 1998, S. 14-18; Gierl, Neuer Markt, 2002, S. 398-399; Glaum/Street, Neuer Markt, 2002, S. 124 f.; Harrer/Erwe, Neuer Markt, 1998, S. 661; Horn/Schubert, Neuer Markt, 1998, S. 128-136; Junge, Börsengang, 1999, S. B13; Kapfer, Börsenlandschaft, 2002, S. 32; Küting, Neuer Markt, 2001, S. VIII; Löhr, Neuer Markt, 1999, S. B10; o. V., Going Public, 1998, S. 38; o. V., Neuer Markt, 1998, S. 754; o. V., Massenhysterie am Neuen Markt, 2000, S. 82-83; o. V., Neuer Markt, 2002, S. 21; Quick/Kayadelen, Neuer Markt, 2002, S. 949; Specht/Weymann, Neuer Markt, 2001, S. 108; Witte/Rafiqpoor, Neuer Markt, 2002, S. 2616; Zschäpitz/Iken, Neuer Markt, 2000, S. 19.

enthalten, wenngleich der Neue Markt spätestens Ende 2003 geschlossen wird. Darüber hinaus soll der MDAX von 70 auf 50 Werte verkleinert werden. Der SDAX wird weiterhin 50 Werte umfassen und schließt als Auswahlindex für kleinere Unternehmen direkt unterhalb des MDAX an. Über die Mitgliedschaft in einem Index soll weiter nach den Kriterien Marktkapitalisierung und Börsenumsatz entschieden werden. Dieses Indexkonzept wird erweitert um einen „Classic-All-Share" sowie einen „Technology-All-Share"-Index, die sämtliche Unternehmen aus klassischen bzw. Technologiebranchen unterhalb des DAX abbilden sollen. Weiterhin sind sog. „Benchmark Indices" vorgesehen. Der HDAX[36] wird demnach die Unternehmen des DAX, MDAX und TecDAX umfassen. Darüber hinaus wird es den MDAX-Overall (Midcap Market Index) geben, welcher die Werte des MDAX und des TecDAX beinhalten wird.[37]

Alle Anforderungen von General und Prime Standard sollen in der öffentlich-rechtlichen Börsenordnung geregelt sein. Zielgruppe für den General Standard sind Emittenten mit eher nationaler Ausrichtung, während der Prime Standard den Emittenten den Zugang zum internationalen Kapitalmarkt öffnen soll. Die zusätzlichen, international üblichen Transparenzanforderungen im Premiumsegment umfassen Quartalsberichte, internationale Rechnungslegungsstandards, die Vorlage eines Unternehmenskalenders, mindestens eine Analystenkonferenz pro Jahr, Ad-hoc-Mitteilungen sowie laufende Berichterstattungen in englischer Sprache. Im General-Standard-Segment müssen die Firmen dagegen nur die gesetzlichen Mindesttransparenzanforderungen erfüllen, wodurch die Kosten für eine Notierung erheblich sinken. Ziel dieser Reform soll eine höhere Transparenz, eine größere Rechtssicherheit und eine bessere Durchsetzbarkeit der Regeln sein. Das soll die Attraktivität des Aktienmarktes, die durch die hohen Kursverluste der vergangenen Jahre stark gelitten hat, wieder erhöhen. Dieses Ziel soll erreicht werden, indem die neuen Pflichten in der Börsenordnung verankert werden, die damit einen öffentlich-rechtlichen Status bekommen. Diese Möglichkeit hat der Gesetzgeber der Börse im Vierten Finanzmarktförderungsgesetz gegeben, das im Juli 2002 in Kraft getreten ist.[38] Die demgemäß geänderte Börsenordnung der Frankfurter Wertpapierbörse tritt gemäß Beschluss des Börsenrates vom 19.11.2002 sowie aufgrund der zwischenzeitlich erfolgten Genehmigung der Börsenaufsicht am 1.1.2003 in Kraft. Strenge Regeln, die bisher vor allem am Neuen Markt gefordert wurden und nun für alle Unternehmen des Premiumsegmentes gelten, mussten bisher in privaten Verträgen zwischen den Unternehmen und der Börse vereinbart werden. Dadurch waren die Sank-

---

[36] H steht in diesem Zusammenhang für 110, was der Anzahl der in diesem Index enthaltenen Werte entspricht. Bislang umfasste dieser Index die DAX30-Werte sowie die 70 Werte des MDAX. Demgemäß repräsentierte der Buchstabe H in der Vergangenheit die Zahl 100.

[37] Vgl. zu diesem Abschnitt u. a. Kapfer, Börsenlandschaft, 2002, S. 32 f.; o. V., Aktienmarkt, 2002, S. 1; o. V., Deutsche Börse, 2002, S. 1; Schiffmacher, Indexwelt, 2002, S. 14-15; Witte/Rafiqpoor, Neuer Markt, 2002, S. 2615; Zielke/Kronner, Deutsche Börse, 2003, S. 44-49.

[38] Vgl. Deutscher Bundestag, Viertes Finanzmarktförderungsgesetz, 2002, S. 2009-2072.

tionsmöglichkeiten in geringerem Umfang standardisiert und daraus resultierend die Rechtsunsicherheit größer.[39]

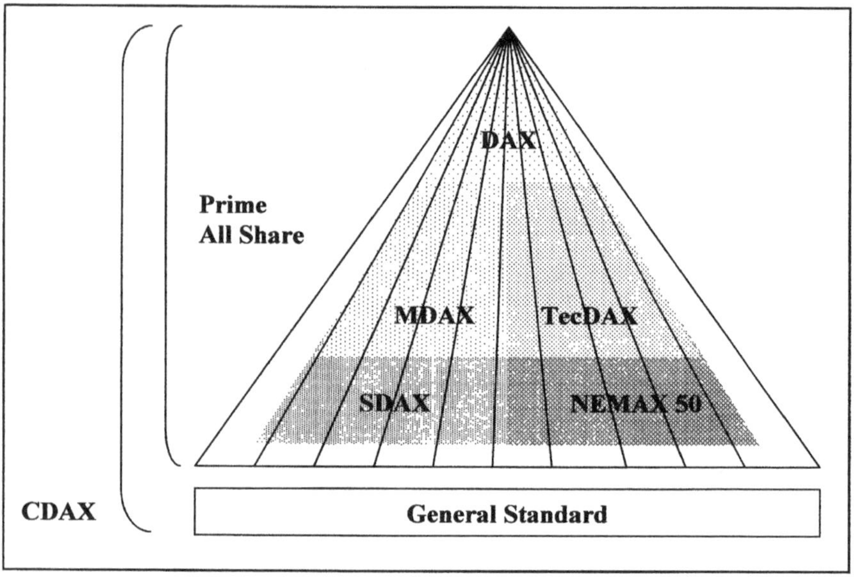

Abbildung 2-2: Neue Indexlandschaft ab 2003[40]

Die vorgesehene Umstrukturierung des deutschen Aktienmarktes wird nach bisheriger Kenntnislage keine wesentlichen Veränderungen für die Rechnungslegung und Berichtspflichten börsennotierter Unternehmen des Neuen Marktes mit sich bringen.[41] Unternehmen, die bislang am Neuen Markt bzw. SMAX gelistet waren und erweiterten Publizitätspflichten nachgekommen sind, werden künftig dem „Prime Standard" angehören. Damit wird der Neue Markt in neuem, größerem Gewand quasi „wieder auferstehen". Denn all das, was nun als Standards festgeschrieben wird, steht bereits im Regelwerk des Neuen Marktes. Was bleibt, sind also die erprobten Regeln des Neuen Marktes, die in Fachkreisen vergleichsweise als überdurchschnittlich streng eingestuft werden. Auf diese soll im Folgenden – insbesondere im Hinblick auf die rechnungslegungsspezifischen Regelungen – näher eingegangen werden.

---

[39] Vgl. zu diesem Abschnitt u. a. Deutsche Börse AG, reporter, 10/2002, S. 1; Hofmann, Neuer Markt, 2002, S. 9; o. V., Aktienmarkt, 2002, S. 1; Schnell, Neuer Markt, 2002, S. 26; Zielke/Kronner, Deutsche Börse, 2003, S. 44-49.

[40] Diese Abbildung wurde entnommen: Deutsche Börse AG, reporter, 12/2002, S. 5; Deutsche Börse AG, Aktienindices, 2003, S. 11.

[41] Einzige Ausnahme von den bisherigen Regeln des Neuen Marktes ist, dass die Unternehmen nicht mehr zwei Betreuerbanken (Designated Sponsors) zur Aufrechterhaltung des Handels brauchen; vgl. Schnell, Neuer Markt, 2002, S. 26.

2.2 Rechnungslegungsspezifische Regelungen des Regelwerks Neuer Markt

An die Unternehmen im Neuen Markt werden hohe Publizitätsanforderungen gestellt, um dem erhöhten Risiko aus einer Beteiligung an diesen jungen Unternehmen durch verstärkte Transparenz Rechnung zu tragen.[42] Der Emissionsprospekt stellt im Rahmen der Börseneinführung eines der zentralen Instrumente der Kommunikation zwischen dem Emittenten und den potentiellen Anlegern dar und unterliegt folgerichtig der Börsenprospekthaftung gemäß §§ 77, 45 ff. BörsG.[43] Danach haften der Herausgeber und der für den Inhalt Verantwortliche dem Erwerber der Wertpapiere als Gesamtschuldner für die Richtigkeit und Vollständigkeit derjenigen Angaben, die für die Beurteilung der Papiere wesentlich sind.[44] Informationspflichten besonderer Art enthält das Regelwerk Neuer Markt in Gestalt sog. Zulassungsfolgepflichten.[45] Im Wesentlichen handelt es sich

[42] Vgl. u. a. Benz/Kiwitz, Teilnahmebedingungen, 1999, S. 47; d'Arcy/Leuz, Rechnungslegung, 2000, S. 385; Küting, Rechnungslegung, 2001, S. 32; Quick/Kayadelen, Neuer Markt, 2002, S. 949; Zabel, Internationale Bilanzierungsgrundsätze, 2002, S. 131.

[43] Vgl. hierzu bereits Benz/Kiwitz, Neuer Markt, 1999, S. 1164; Benz/Kiwitz, Teilnahmebedingungen, 1999, S. 56; Potthoff/Stuhlfauth, Neuer Markt, 1997, S. 7; Römer/Müller, Going Public, 2000, S. 1675.
Speziell zur Prospekthaftung vgl. des Weiteren Assmann, Prospekthaftung, 1985, S. 349 ff.; Groß, Prospekthaftung, 1999, S. 199-209; Grundmann/Selbherr, Börsenprospekthaftung, 1996, S. 985-993; Kort, Börsenprospekthaftung, 1999, S. 9-21; Weimann, Prospekthaftung, 1998, S. 55 ff.

[44] Deshalb muss der Prospekt Auskunft über Namen und Stellung bzw. Firma und Sitz der Personen bzw. Gesellschaften geben, die sich inhaltlich verantwortlich zeichnen, und eine ausdrückliche Erklärung über die Richtigkeit und Vollständigkeit aller Angaben enthalten.

[45] Darüber hinaus bestehen über die oben genannten Informationspflichten weitere Zulassungsfolgepflichten, die jedoch an dieser Stelle nicht weiter aufgegriffen werden sollen. So hat der Emittent den Übernahmekodex der Börsensachverständigenkommission beim Bundesfinanzministerium (verbindliche Verhaltensvorschriften für Unternehmensübernahmen) anzuerkennen (vgl. Ziffer 7.3.10 Regelwerk NM). Darüber hinaus müssen sich der Emittent und die bisherigen Aktionäre, diese in formbedürftiger Erklärung, verpflichten, innerhalb einer lock-up-period von sechs Monaten ab dem Zulassungsdatum keine weiteren als die emittierten Aktien direkt oder indirekt anzubieten, zu veräußern, dies anzukündigen oder sonstige Maßnahmen zu ergreifen, die einer Veräußerung wirtschaftlich entsprechen (vgl. Ziffer 2.2 Abs. 1 Regelwerk NM). Mit dieser Marktschutzklausel wird verhindert, dass die Gründungsaktionäre sich unmittelbar nach dem Börsengang aus dem Geschäft zurückziehen; vgl. hierzu detailliert Harrer/Mölling, Veräußerungsverbot, 1999, S. 2521; Harrer/Mölling, Veräußerungsverbot, 2000, S. 129; Korfsmeyer, Lock-up agreements, 1999, S. 209. Ferner hat der Emittent vor Aufnahme des Handels seiner Aktien im Neuen Markt nachzuweisen, dass sich mindestens zwei Betreuer (Designated Sponsors) für mindestens zwölf Monate zur Betreuung der Aktien gemäß den Handelsbedingungen der ***Deutschen Börse AG*** verpflichtet haben (vgl. Ziffer 2.2 Abs. 1 Regelwerk NM). Als Betreuer kann jedes zum Handel an der Frankfurter Wertpapierbörse zugelassene Unternehmen beauftragt werden (z. B. Bank, Broker), das im Rahmen des elektronischen Handelssystems XETRA für die erforderliche Liquidität sorgt, indem dieser Aktienbestände des betreuten Unternehmens hält und damit in der Lage ist, Ungleichgewichte zwischen Angebot und Nachfrage auszugleichen. Diese erbringen für den Emittenten zumeist auch weitere wichtige Dienstleistungen. ***Francioni***, vgl. Francioni, Der Betreuer, 1997, S. 68 ff., unterteilt die

hierbei um ungewöhnlich strenge Veröffentlichungspflichten, die in den traditionellen Börsensegmenten und in diesem Umfang bislang keine Entsprechung gefunden haben:[46] Die Offenlegung des Jahresabschlusses nach IAS oder US-GAAP,[47] den regelmäßigen Quartalsbericht[48] sowie einen aktuellen Unternehmenskalender *(„corporate action time table"),*[49] die jeweils in deutscher und englischer Sprache zu veröffentlichen sind. Analystenveranstaltungen müssen mindestens einmal jährlich stattfinden.[50] Darüber hinaus sind die aufgrund des WpHG zu veröffentlichenden Ad-hoc-Meldungen in englischer Sprache vorzunehmen.[51] Die Zulassungsfolgepflichten führen damit in der Praxis zu einem erheblichen Arbeitsaufwand für die Unternehmen. Die ***Deutsche Börse AG*** stellt auf diese Weise aber klar, dass Offenheit und Transparenz der börsennotierten Unternehmen nicht einmalige Pflichtübungen darstellen, die lediglich für die Zulassung erforderlich sind und sich in der Ausgabe des Emissionsprospektes erschöpfen, sondern über den Tag der ersten Notierung hinaus gelten. Die eigentliche Innovation des Neuen Marktes liegt dabei weniger in der Strenge seiner Publizitätsvorschriften, als vielmehr in ihrer Fortschreibung für den gesamten

---

Aufgaben des Betreuers in zwei Gruppen, die Kernfunktion Liquiditätsunterstützung sowie zusätzliche Dienstleistungen für den Emittenten, die den Betreuer zu einer Art Coach eines Emittenten in allen Fragen des Aktienmarktes werden lassen. Vgl. hierzu auch Beike/Köttner/Schlütz, Neuer Markt, 2000, S. 9 f.; Bürkin/Weber, Betreuerfunktion, 1998, S. B2. Empirisch konnte bislang in zwei Studien nachgewiesen werden, dass der Betreuer zur Liquiditätssteigerung des Marktes beitragen kann. Siehe hierzu insbesondere die Studie von ***Theissen***, vgl. Theissen, Der Neue Markt, 1998, die den Neuen Markt und speziell die Funktion des Betreuers einer kritischen Bewertung unterzieht. In dieser Studie werden aufbauend auf einer detaillierten Darstellung des Handels im Neuen Markt zunächst Vor- und Nachteile des Betreuer-Konzeptes erarbeitet. Die daraus abgeleiteten Fragen werden empirisch untersucht. Für diese Untersuchung wurden Daten über sämtliche Transaktionen, Geld- und Briefpreise aller im Markt gehandelten Werte für den Zeitraum 10. März 1997 (erster Handelstag am Neuen Markt) bis 31.10.1997 verwendet. Dabei zeigt sich, dass der Neue Markt eine – gemessen am Verhältnis von Umsatz und in Streubesitz befindlichem Kapital – hohe Handelsintensität aufweist. Gleichzeitig sind Geld-Brief-Spannen deutlich niedriger als etwa im US-amerikanischen ***NASDAQ***-System. Ihre Größenordnung entspricht in etwa der, die sich auch für MDAX-Werte mit vergleichbarer Marktkapitalisierung ermitteln lässt. Auch die Studie von ***Gerke/Bosch***, vgl. Gerke/Bosch, Die Betreuer, 1999, kommt zu dem Ergebnis, dass die Betreuer einen nachweisbaren Liquiditätsbeitrag leisten. Diese Untersuchung umfasst zwei Beobachtungszeiträume: Vom 1. August 1997 bis 30. September 1997 sowie vom 1. August 1998 bis 30. September 1998. In diesen Zeiträumen wurden für die am Neuen Markt gehandelten Titel sowohl die Orders und Transaktionen der Betreuer als auch die Umsätze und Preise sowie die Geld- und Briefkurse der einzelnen Kursfeststellungen der Frankfurter Wertpapierbörse verwendet.

[46] Vgl. hierzu Benz/Kiwitz, Neuer Markt, 1999, S. 1166-1168; Benz/Kiwitz, Teilnahmebedingungen, 1999, S. 60-65; Römer/Müller, Going Public, 2000, S. 1675.

[47] Vgl. Ziffer 7.3.2 Regelwerk NM.

[48] Vgl. Ziffer 7.1 Regelwerk NM.

[49] Vgl. Ziffer 7.3.4 Regelwerk NM.

[50] Vgl. Ziffer 7.3.11 Regelwerk NM.

[51] Vgl. Ziffer 7.3.12 Regelwerk NM.

Zeitraum der Notierung.[52] Im Folgenden soll auf die einzelnen Publizitätsmedien kurz eingegangen werden, wobei die Konzentration auf den rechnungslegungsspezifischen Regelungen – insbesondere den Prospektanforderungen am Neuen Markt – liegt.

2.2.1 Prospektanforderungen am Neuen Markt

Bei der Darstellung von Rechnungslegungsinformationen geht das Regelwerk Neuer Markt[53] – beeinflusst von angloamerikanischen Gepflogenheiten – deutlich über die diesbezüglichen Regelungen des HGB, der Börsenzulassungsverordnung oder der Verkaufsprospektverordnung hinaus und stellt damit erhöhte Prospektanforderungen bei der Neuemission von Wertpapieren. Hierbei ist insbesondere die Ziffer 4.1.9 (3) des Regelwerks Neuer Markt zu nennen, wonach die Angaben über die Vermögens-, Finanz- und Ertragslage des Emittenten gem. Ziffer 4.1.8 auch der Rechnungslegung nach den International Accounting Standards (IAS) oder den US-amerikanischen Generally Accepted Accounting Principles (US-GAAP) entsprechen müssen. Konkret bedeutet dies, dass schon im Emissionsprospekt der aktuelle Jahresabschluss mit den Vergleichszahlen der beiden Vorjahre[54] auf internationale Rechnungslegungsprinzipien umgestellt werden muss.[55] Selbst wenn dies nicht explizit dem Regelwerk zu entnehmen ist, so müssen IAS oder US-GAAP nur für den Konzernabschluss angewendet werden; nur bei Emittenten ohne Konzernstruktur ist der Einzelabschluss zwingend nach internationalen Prinzipien aufzustellen.[56]
An der gleichen Stelle des Regelwerks Neuer Markt war explizit auch eine Überleitungsrechnung der nationalen Prinzipien nach IAS oder US-GAAP als Option

---

[52] Vgl. Benz/Kiwitz, Neuer Markt, 1999, S. 1167; Benz/Kiwitz, Teilnahmebedingungen, 1999, S. 61.

[53] Nach der erstmaligen Gültigkeit des Regelwerks des Neuen Marktes zum März 1997 wurden die Vorschriften wiederholt geändert. Die nachfolgenden Erläuterungen beziehen sich auf die zuletzt gültige Version des Regelwerks Neuer Markt – Abschnitt 2 (Stand 01.07.2002), vgl. Deutsche Börse AG, Regelwerk Neuer Markt, 2002, wobei auf relevante Änderungen seit der erstmaligen Gültigkeit kurz eingegangen wird.

[54] Da aber auch jüngeren Unternehmen der Gang an die Börse ermöglicht werden soll, reicht es bei Emittenten, die weniger als drei Jahre existieren, in den Emissionsprospekt die entsprechenden Zahlenangaben seit Bestehen aufzunehmen, vgl. Ziffer 4.1.8 Abs. 3 Regelwerk NM.

[55] Dies wurde allerdings in der Anfangszeit des Neuen Marktes 1997 und 1998 durchaus noch anders gehandhabt. Damals wurde noch von der Befreiungsmöglichkeit der Ziffer 4.1.9 Abs. 3 S. 3 Regelwerk NM relativ häufig Gebrauch gemacht und lediglich Abschlüsse nach handelsrechtlichen Grundsätzen in den Prospekt aufgenommen. Diese Befreiungsmöglichkeit galt auch für begrenzte Zeit für die Folgepflichten. In jüngster Zeit stellte sich das Bild etwas anders dar; die Unternehmen bilanzierten schon in den Emissionsprospekten nach internationalen Standards.

[56] Vgl. d'Arcy/Leuz, Rechnungslegung, 2000, S. 385. Zur Informationsversorgung des Kapitalmarktes über internationale Rechnungslegungsstandards vgl. des Weiteren Kahle, Internationale Rechnungslegungsstandards, 2002, S. 95-107.

zum Vollabschluss zugelassen, die mit dem Marktrundschreiben zur Regelwerksänderung im September 1999 dahingehend spezifiziert wurde, dass sie zumindest eine Überleitung des auf Grundlage von nationalen Rechnungslegungsregelungen ermittelten Jahresüberschusses und des Eigenkapitals nach IAS oder US-GAAP zeigen muss. Dabei sind die Korrekturposten im Einzelnen aufzuführen und zu erläutern. Darüber hinaus sind die Anhangsangaben qualitativ an die internationalen Standards anzupassen.[57] Nach dem Wortlaut des Regelwerks Neuer Markt wäre eine Überleitungsrechnung auch für nichtdeutsche Emittenten denkbar; die ***Deutsche Börse AG*** forderte jedoch in diesen Fällen angesichts der für deutsche Investoren wohl völlig fremden Standards einen Vollabschluss nach IAS oder US-GAAP.[58] Im Zuge einer Verschärfung des Regelwerks Neuer Markt wurde die Möglichkeit der Aufstellung einer HGB-Überleitungsrechnung stark eingeschränkt. Seit dem 01.01.2001 akzeptiert die ***Deutsche Börse AG*** für eingereichte Jahresabschlüsse nur noch sog. „reine" IAS- oder US-GAAP-Abschlüsse. Diese Verpflichtung betrifft nicht nur die Berichterstattung im Rahmen des Emissionsprospektes, sondern umfasst auch die jährliche Berichterstattung.[59] Nur noch in absoluten Ausnahmefällen akzeptiert die ***Deutsche Börse AG*** die einmalige Anwendung einer Überleitungsrechnung, sofern der Emittent glaubhaft darlegen kann, dass er sich nicht in der Lage sieht, der Verpflichtung zur Erstellung eines „reinen" internationalen Abschlusses nachzukommen.[60]

Gemäß § 292a Abs. 1 Satz 1 HGB kann ein nach internationalen Prinzipien aufgestellter Konzernabschluss befreiende Wirkung entfalten, wenn das Unternehmen einen organisierten Markt im Sinne des § 2 Abs. 5 des Wertpapierhandelsgesetzes durch von ihm oder einem seiner Tochterunternehmen ausgegebene Wertpapiere im Sinne des § 2 Abs. 1 Satz 1 des Wertpapierhandelsgesetzes in Anspruch nimmt; dies gilt gemäß § 292a Abs. 1 Satz 2 HGB auch für Unternehmen, welche die Zulassung zum Handel an einem organisierten Markt vorerst nur beantragt haben. Basierend auf dieser Gesetzesgrundlage sieht die ***Deutsche Börse AG*** für Unternehmen im Zulassungsverfahren von der Aufnahme eines HGB-Konzernabschlusses in den Emissionsprospekt ab, da dem Aufwand, zwei parallele Rechenwerke zu erstellen, nur ein vermutlich geringer Nutzen gegenübersteht bzw. der Prospekt mit einem nur unbedeutenden Informationsgewinn unnötig verlängert wird. Unabhängig davon sind die gesetzlich geforderten Abschlüsse (die HGB-Einzelabschlüsse und die in den Vorjahren eventuell erstellten HGB-Konzernabschlüsse) jedoch in jedem Fall bei der Zulassung einzureichen. Ist ein Unternehmen nach den Kriterien des HGB nicht zur Aufstellung eines Konzernabschlusses verpflichtet, gilt dies nicht automatisch auch für den Emissionsprospekt bzw. die Folgepflichten. Weder IAS noch US-GAAP sehen

---

[57] Diese Anforderungen sind somit mit Item 18 der Form 20-F der US-amerikanischen Securities and Exchange Commission (SEC), die für ausländische Emittenten gültig ist, vergleichbar.

[58] Vgl. d'Arcy/Leuz, Rechnungslegung, 2000, S. 385.

[59] Vgl. Ziffer 4.1.9 und 7.3.2 Regelwerk NM.

[60] Vgl. Ziffer 7.3.2 Abs. 1 Regelwerk NM.

eine größenabhängige Befreiung vor, so dass grundsätzlich bei Vorliegen einer Konzernstruktur Konzernabschlussinformationen in den Emissionsprospekt aufzunehmen sind.[61]

Gemäß Ziffer 4.1.8 (1) 1. des Regelwerks Neuer Markt ergibt sich ferner, dass die Bilanzen und die Gewinn- und Verlustrechnungen für die letzten drei Jahre in Form einer vergleichenden Darstellung aufzunehmen sind. Dies bedeutet, dass die historischen Vergleichsdaten im Sinne einer „Als-Ob"- bzw. „Pro-Forma"-Darstellung etwaige Konzernstrukturen und Rechtsverhältnisse so abbilden, als hätten sie von Anfang des Berichtszeitraumes an bestanden. Die zum Konzern hinzugekommenen Tochterunternehmen sind demnach so zu behandeln, als ob sie schon drei Jahre vorher zum Konzern gehört hätten. Die Entwicklung des Unternehmens bzw. des Konzerns wird dem Investor hierbei in einer Form gezeigt, die um Akquisitionen oder strukturelle Veränderungen, wie z. B. die Verschmelzung, Spaltung oder die Umwandlung von einer GmbH oder Personenhandelsgesellschaft in eine AG, bereinigt ist.[62]

Die Kombination aus „Als-Ob"-Darstellung und Umstellung auf internationale Rechnungslegungsprinzipien auch für die Vergangenheitszahlen macht ein offizielles Testat der Abschlüsse i. d. R. unmöglich bzw. unverhältnismäßig aufwendig. Daher verlangt die ***Deutsche Börse AG*** eine qualifizierende Bescheinigung der Abschlüsse. Darin beschreibt der Wirtschaftsprüfer zunächst, welche Annahmen für die „Als-Ob"-Darstellung getroffen wurden und auf welchen Abschlüssen aufgebaut wird. Weiterhin ist die ordnungsgemäße Anwendung der IAS bzw. US-GAAP zu bestätigen sowie zu bescheinigen, dass unter den getroffenen Prämissen die Vermögens-, Finanz- und Ertragslage im Wesentlichen richtig dargestellt ist. Auch eine Überleitungsrechnung ist in diesem Sinne zu bescheinigen.[63] Nach Ziffer 4.1.17 Abs. 1 des Regelwerks des Neuen Marktes muss der Emissionsprospekt auch eine Erklärung enthalten, dass die übrigen Jahres- bzw. Konzernabschlüsse geprüft worden sind, und den Abschlussprüfer benennen, welcher die Jahres- bzw. Konzernabschlüsse der letzten drei Geschäftsjahre des Emittenten nach Maßgabe der gesetzlichen Vorschriften geprüft hat.[64]

---

[61] Vgl. d'Arcy/Leuz, Rechnungslegung, 2000, S. 385 f.

[62] Vgl. d'Arcy/Leuz, Rechnungslegung, 2000, S. 386. Zur Erstellung von „Als-Ob"-Abschlüssen im Sinne des Regelwerks Neuer Markt vgl. des Weiteren Keitz/Grote, Als-ob-Abschlüsse, 2001, S. 25-38; Schlecht/Zinser, „Als-ob"-Jahresabschluss, 1999, S. 39-41. Zur prüferischen Durchsicht von Pro-Forma-Angaben vgl. IDW, Prüfungshinweis (IDW PH 9.400.4), 2000; IDW, Prüfungshinweis (IDW PH 9.900.1), 2002.

[63] Vgl. d'Arcy/Leuz, Rechnungslegung, 2000, S. 386.

[64] Der Wortlaut der Bestätigungsvermerke ist – einschließlich eventueller Einschränkungen oder Zusätze – ebenfalls in den Emissionsprospekt aufzunehmen. Sind sonstige Angaben des Emissionsprospektes von Abschlussprüfern geprüft worden, so ist gemäß Ziffer 4.1.17 Abs. 2 des Regelwerks des Neuen Marktes darauf hinzuweisen. Nach dem Wortlaut der Ziffer 4.1.17 Abs. 1 des Regelwerks des Neuen Marktes bezieht sich die Prüfungspflicht nur auf die Jahresabschlüsse der letzten drei Geschäftsjahre, die nach Maßgabe der gesetzlichen Vorschriften zu prüfen waren. Daraus ergibt sich, dass bei Gesellschaften, die

Auch wenn sich der Emittent für die Überleitungsrechnung entscheidet, sind grundsätzlich weitere rechnungslegungsspezifische Informationen aufzunehmen, die internationalen Rechnungslegungsgepflogenheiten entsprechen müssen. Diese schließen neben einer Kapitalflussrechnung,[65] die drei Geschäftsjahre umfassen muss, Informationen zum Ergebnis und der Dividende je Aktie[66] sowie Segmentinformationen[67] ein. Darüber hinaus ist in Anlehnung an die „Management, Discussion and Analysis" (MD&A) der US-amerikanischen Prospekte eine Übersicht sowie Erläuterungen wesentlicher Kennzahlen der letzten drei Geschäftsjahre gefordert.[68, 69]

Liegt der Stichtag des letzten, in den Emissionsprospekt aufgenommenen Jahresabschlusses zum Zeitpunkt des Antrags auf Zulassung mehr als vier Monate zurück, so ist gemäß Ziffer 4.1.9 (4) des Regelwerks Neuer Markt zusätzlich ein Zwischenabschluss in den Emissionsprospekt aufzunehmen oder ihm beizufügen, dessen Stichtag nicht länger als drei Monate zurückliegen darf.

2.2.2 Rechnungslegungsspezifische Folgepflichten am Neuen Markt

So wie die für den Emissionsprospekt notwendigen Jahresabschlüsse und – soweit ebenfalls aufzustellen – Konzernabschlüsse der vergangenen Jahre müssen auch die Abschlüsse der kommenden Jahre den Rechnungslegungsvorschriften nach den International Accounting Standards (IAS) oder den US-amerikanischen Generally Accepted Accounting Principles (US-GAAP) genügen.[70] Eine befristete Befreiung von internationalen Bilanzstandards ist zwar im Regelwerk noch vorgesehen, doch wurde sie in jüngster Zeit nicht mehr ausgesprochen. Da § 292a HGB i.V.m. § 2 Abs. 5 WpHG und § 3 Abs. 2 AktG für alle börsennotierten[71] Unternehmen gilt, müssen auf Konzernebene keine HGB-Ab-

---

nicht prüfungspflichtig waren (Personenhandelsgesellschaften, kleine Kapitalgesellschaften), für die Zulassung keine nachträglichen Prüfungen durch einen Wirtschaftsprüfer erforderlich sind. Dies gilt grundsätzlich auch für ggf. erstellte „Als-Ob"-(Konzern)-Abschlüsse, für die es ebenfalls keine gesetzliche Prüfungspflicht gibt. Es handelt sich hierbei vielmehr um „sonstige Angaben des Emissionsprospektes" i. S. von Ziffer 4.1.17 Abs. 2 des Regelwerks des Neuen Marktes.

65 Vgl. Ziffer 4.1.8 Abs. 1 Nr. 2 i. V. m. Ziffer 4.1.10 Regelwerk NM.

66 Vgl. Ziffer 4.1.8 Abs. 1 Nr. 4 und 5 i. V. m. Ziffer 4.1.12 Regelwerk NM.

67 Vgl. Ziffer 4.1.7 Abs. 1 Nr. 2 Regelwerk NM.

68 Vgl. Ziffer 4.1.8 Abs. 2 Regelwerk NM.

69 Vgl. hierzu auch d'Arcy/Leuz, Rechnungslegung, 2000, S. 386.

70 Vgl. Ziffer 7.3.2 Abs. 1 Regelwerk NM.

71 Als börsennotiert gelten nach § 3 Abs. 2 AktG Gesellschaften, deren Aktien an einem Markt gehandelt werden, der von staatlich anerkannten Stellen geregelt und überwacht wird, regelmäßig stattfindet und für das Publikum mittelbar oder unmittelbar zugänglich ist. Der Neue Markt erfüllt diese Voraussetzungen, so dass Unternehmen, die dort gelistet sind, zusätzlich die besonderen Rechnungslegungsvorschriften für börsennotierte Aktiengesellschaften beachten müssen. Vgl. hierzu bereits Eisolt/Verdenhalven, Börseneinführungskosten, 1999, S. 816; Naumann, Neuer Markt, 1998, S. B8 als auch die Erläuterungen in Gliederungspunkt 7.4 dieser Arbeit.

schlüsse mehr aufgestellt und veröffentlicht werden. Entgegen der Praxis im Prospekt unterliegen jedoch bei den Folgepflichten die Jahresabschlüsse prinzipiell einer Prüfungspflicht. Weiterhin ist zu beachten, dass die Abschlüsse spätestens drei Monate nach Geschäftsjahresende zu veröffentlichen sind.[72, 73]
Als weiteres Novum im deutschen Regulierungssystem ist die Pflicht gemäß Ziffer 7.1 Regelwerk Neuer Markt anzusehen, Quartalsberichte aufzustellen und zu veröffentlichen.[74] Diese sind spätestens zwei Monate nach Quartalsende vorzulegen und müssen den Rechnungslegungsstandards entsprechen, die für den Jahresabschluss angewendet werden.[75] Als Mindestangaben werden Zahlen über die Tätigkeit und die Ergebnisse des Emittenten im Berichtszeitraum in Form der Bilanz, der Gewinn- und Verlustrechnung, der Darstellung der Veränderung des Eigenkapitals, der Kapitalflussrechnung, des Jahresüberschusses bzw. -fehlbetrages je Aktie sowie die Anzahl der Mitarbeiter gefordert.[76] Darüber hinaus sind Erläuterungen aufzunehmen, die für die Beurteilung der Entwicklung der Geschäftstätigkeit und der Ergebnisse des Emittenten erforderlich sind.[77] Die Aufstellung der Quartalsberichte steht in der Verantwortung der Unternehmen; eine Prüfung bzw. eine prüferische Durchsicht („*review*") ist nicht erforderlich.
Die im Regelwerk des Neuen Marktes vorgesehenen Vertragsstrafen gelten grundsätzlich für alle im Regelwerk genannten Folgepflichten und somit auch für Quartals- und Jahresabschlüsse. Die Nichteinhaltung der Publizitätspflichten, z. B. einen verspäteten Quartalsbericht oder im Regelwerk geforderte, aber im konkreten Abschluss fehlende Bestandteile, können mit einer Vertragsstrafe von bis zu 100.000 Euro[78] bestraft werden.[79]
Allein die Höhe dieser Vertragsstrafen macht bereits deutlich, welche Bedeutung der Publizität und Transparenz in diesem Marktsegment zukommt. Dies zeigen auch die als Voraussetzungen für den Börsengang zu erfüllenden Verpflichtungen zur zeitnahen Rechnungslegung ggf. nach mehreren Rechnungslegungssystemen. Da der Gang an die Börse ein einmaliger Schritt in der Geschichte eines Unternehmens ist und dieser über die erhöhten Publizitäts- und Transparenzanforderungen hinaus fast immer gravierende gesellschaftsrechtliche, steuerrechtliche und oftmals organisatorische Veränderungen mit weitreichender Bedeutung für die Zukunft des Unternehmens beinhaltet, bedarf er einer präzisen und tiefgehenden Vorbereitung. Auf die Darstellung des gesamten Ablaufs und der im Rahmen einer Börseneinführung zu berücksichtigenden Elemente soll jedoch im Folgenden verzichtet werden. Diesbezüglich soll auf die Werke der spezialisierten Literatur verwiesen werden.[80]

---

[72] Vgl. Ziffer 7.3.2 Abs. 2 Regelwerk NM.
[73] Vgl. d'Arcy/Leuz, Rechnungslegung, 2000, S. 386.
[74] Vgl. u. a. d'Arcy/Leuz, Rechnungslegung, 2000, S. 386.
[75] Vgl. Ziffer 7.1.7 und 7.1.2 Abs. 1 Regelwerk NM.
[76] Vgl. Ziffer 7.1.2 Regelwerk NM.
[77] Vgl. Ziffer 7.1.3 Regelwerk NM.
[78] Vgl. Ziffer 2.1.4 Abs. 1 Regelwerk NM.
[79] Vgl. d'Arcy/Leuz, Rechnungslegung, 2000, S. 386.
[80] Vgl. zur Darstellung des gesamten Ablaufs einer Börseneinführung insbesondere Althaus, Emissionsberatung, 2001; Blättchen/Gutschlag, Börsengang, 1998; Knorr, Emissionsbera-

Um die Bedeutung der Publizität und Transparenz im Rahmen einer Börseneinführung für die weitere Unternehmensentwicklung zu verdeutlichen, soll im Folgenden dennoch auf ein spezifisches Element bei der Planung eines „Going Public“ eingegangen werden, bei dem die Publizität und Transparenz eine entscheidende Rolle spielt: Die Bestimmung des Emissionspreises. Diese hat eine elementare Bedeutung für den Erfolg des Börsengangs. Sie setzt wiederum eine umfassende Unternehmensbewertung und die damit verbundene indikative Ableitung des zukünftigen Aktienkurses voraus. Der nachfolgende Abschnitt widmet sich daher der Problematik der Emissionspreisfindung.

---

ter, 1999; Leven, Gang an die Börse, 2001; Roßmann, Neuer Markt, 1998; Schmid/Janssen, Emissionskonzept, 2001. Vgl. zu spezifischen Kriterien der Börsenfähigkeit von Unternehmen u. a. Francioni/Gutschlag, Der Neue Markt, 2000, S. 36; Hanft/Kretschmer, Börsengang, 2001, S. 98 ff.; Hansen, Börsengang, 2000, S. 55 f.; Harrer/Bösl, Börsenreife, 2001, S. 73 ff.; Koch/Wegmann, Going Public, 1998, S. 292 ff.; Koch/Wegmann, Emissionspreisfindung, 1999, S. 515 f.; Koch/Wegmann, Emissionskurs, 2000, S. 98 f.; Werner, Going Public, 1999, S. 223 f.

2.3 Bewertung von Wachstumsunternehmen am Neuen Markt

Die Bestimmung des Emissionspreises ist die schwierigste Aufgabe bei einer Börseneinführung. Am Ergebnis der Ermittlung des „richtigen“ Preises werden alle Parteien, die an der Emission beteiligt sind, gemessen. Der zahlenmäßige Wert des Emissionspreises bestimmt den Erfolg oder den Misserfolg einer Börseneinführung. Daher ist es verständlich, wenn die Emissionspreisermittlung im Spannungsfeld zwischen den Interessen des Börsenunternehmens, der beteiligten Banken und den potentiellen institutionellen und privaten Anlegern steht. Das Ergebnis eines Emissionspreisermittlungsprozesses wird wegen der unterschiedlichen Interessen der an der Emission beteiligten Parteien immer ein „Kompromisspreis“ sein. Der „Kompromisspreis“ kann das Ergebnis einer reinen analytischen Bewertung als auch einer umfangreichen Preisverhandlung sein.[81] Bei der Emissionspreisermittlung geht es grundsätzlich darum, mit den Methoden der Unternehmensbewertung einen Unternehmenswert zu ermitteln, der zu einem fairen Emissionspreis führt. Hierbei werden vom Börsenunternehmen, von den Konsortialbanken und von den potentiellen Anlegern grundsätzlich unterschiedliche Interessen verfolgt. Ziel des Börsenunternehmens ist die Realisierung eines möglichst hohen Emissionspreises, da die im Rahmen einer Kapitalerhöhung zufließenden liquiden Mittel das weitere Wachstum finanzieren und somit die Eigenkapitalbasis nachhaltig stärken sollen. Hinzu kommen die Interessen der Altaktionäre, die durch einen hohen Emissionspreis erhebliche private Liquiditätszuflüsse zu verzeichnen haben, wenn sie einen Teil oder sämtliche Anteile über die Börse veräußern. Die Konsortialbanken hingegen sind tendenziell eher an einem niedrigen Emissionspreis interessiert, da das Interesse im Vordergrund steht, mögliche Kursrückgänge unmittelbar nach der Börseneinführung zu vermeiden. Kursrückgänge könnten dem Image der Banken schaden und ihre Wettbewerbsposition nachhaltig verschlechtern. Durch den immer stärker werdenden Wettbewerbsdruck im Emissionsgeschäft geraten die Banken in eine Situation, die Zugeständnisse bei den Emissionspreisen erforderlich machen. Gleichzeitig besteht aber gerade dadurch die Gefahr, die Emissionspreise auszureizen und die Anleger bei Kursrückgängen zu verärgern. Bei den Anlegern lassen sich zwei Typen unterscheiden. Zum einen der Anlegertyp, der an kurzfristig zu realisierenden Spekulationsgewinnen interessiert ist, und zum anderen der Anlegertyp, für den eine langfristige Wertsteigerung und die Dividendenorientierung im Vordergrund steht. Während der erste Typ eher an einem niedrigen Emissionspreis interessiert ist, akzeptiert der zweite Typ auch etwas höhere Preise.[82]

---

[81] Vgl. Blättchen/Gutschlag, Platzierungsverfahren, 1999, S. B7; Bösl, Emissionskurs, 2001, S. 215; Dittmer, Unternehmensbewertung, 1999, S. 62; Heidemann/Mittermaier/Janssen, Due Diligence, 2001, S. 155-211; Killat, Neuemissionen, 2000, S. 217; Koch/Wegmann, Branchenstudien, 1999, S. 62; Koch/Wegmann, Emissionspreisfindung, 1999, S. 516; Maute, Due Diligence, 1999, S. 138-141; Schweinitz, Aktienemissionen, 1997, S. 100; Wegmann, Emissionspreis, 1999, S. 191.

[82] Vgl. Koch/Wegmann, Emissionskurs, 2000, S. 98; Schmitz-Esser/Stolz, Bookbuilding, 1998, S. 1039; Wegmann, Unternehmensbewertungsproblem, 1996, S. 150; Wegmann, Emissionspreis, 1999, S. 192 f.

Diese Interessenkonflikte versucht jede der Parteien, das Börsenunternehmen, die Konsortialbanken und die Anleger, durch die Ermittlung ihres Emissionspreises für sich zu entscheiden. Zur Lösung der Konflikte stehen als Argumentationshilfe unterschiedliche Methoden und Verfahren der Unternehmensbewertung zur Verfügung, die je nach Interessenlage zu unterschiedlichen Emissionspreisen führen können.[83]

[83] Die Unternehmensbewertung gehört seit Jahrzehnten zu den in Theorie und Praxis besonders stark diskutierten betriebswirtschaftlichen Gebieten. Die Entwicklung der Unternehmensbewertungslehre ist durch einen heute weitgehend überwundenen Methodenstreit gekennzeichnet. Dieser Methodenstreit bezieht sich auf einen Dissens zwischen Vertretern der objektiven und der subjektiven Unternehmensbewertung. Eine weiterführende Diskussion versucht die Divergenzen zwischen den objektiven und subjektiven Standpunkten durch eine Integration in eine Funktionenlehre der Unternehmensbewertung zu überwinden. Hierbei versucht der Unternehmensbewerter unabhängig von der Frage des Anlasses der Bewertung mit dem Auftraggeber zu klären, zu welchem Zweck er die Bewertung vornehmen soll. Dies ist erforderlich, weil in Abhängigkeit vom jeweiligen Bewertungszweck unterschiedliche Bewertungsverfahren zur Anwendung kommen können, die ihrerseits wieder einen Einfluss auf die Höhe des zu ermittelnden Wertes haben. Tatsächlich aber werden bei Übereinstimmung in einigen Grundfragen höchst unterschiedliche Funktionenlehren befürwortet. Zu unterscheiden ist zwischen der phasenorientierten Funktionenlehre und der entscheidungslogisch ausgerichteten Kölner Funktionenlehre (hinsichtlich eines detaillierten Vergleichs dieser beiden Funktionenlehren vgl. u. a. Lutz, Unternehmensbewertung, 1981, S. 146 ff.; Schildbach, Unternehmensbewertung, 1993, S. 25 ff.).
Nach der phasenorientierten Funktionenlehre wird in einer ersten Phase der Unternehmensbewertung – der Feststellungsphase – zunächst ein objektivierter Wert des Unternehmens bestimmt. Dieser von den speziellen Handlungsmöglichkeiten, Alternativen, Zielen der Parteien weitestgehend losgelöste Wert des Unternehmens kann dann in einer zweiten Phase – der Verhandlungsphase – durch Berücksichtigung subjektiver Pläne, Alternativen, Ziele einer oder mehrerer Parteien zu einem Entscheidungs- oder einem Schiedsspruchwert weiterentwickelt werden.
Die entscheidungslogisch ausgerichtete Kölner Funktionenlehre, die weitgehend in der Bewertungstheorie und -praxis anerkannt ist, unterscheidet drei Hauptfunktionen: Die Beratungsfunktion, die Vermittlungsfunktion und die Argumentationsfunktion (vgl. hierzu detailliert Matschke, Entscheidungswert, 1975 sowie Matschke, Arbitriumwert, 1979). Der Beratungsfunktion kommt die Aufgabe zu, den an einer Bewertung interessierten Parteien die Grenze ihrer individuellen Konzessionsbereitschaft aufzuzeigen. Die Parteien werden sich unter Berücksichtigung ihrer individuellen Werte auf einen für beide Seiten akzeptablen Preis einigen müssen. Die Vermittlungsfunktion dient dazu, zwischen den divergierenden Interessen der Parteien zu vermitteln. Ein Wert, der diese Aufgabe erfüllt, ist der Vermittlungswert. Er repräsentiert eine Größe, die in einer Entscheidungssituation einen gerechten Interessenausgleich zwischen den Parteien vorbereiten oder zu einem gerechten Interessenausgleich führen soll. Den Ergebnissen einer Bewertung im Sinne der Argumentationsfunktion kommt die Aufgabe zu, als Kommunikationsinstrument bestehende Gegensätze zu überbrücken und in einem Einigungswert zu transformieren. Argumentationswerte dienen dazu, die Verhandlungsposition der Parteien zu stärken; dies geschieht durch bewusste Beeinflussung der anderen Partei. Die jeweils andere Partei soll einem Ergebnis zustimmen, das möglichst nahe an ihrer Entscheidungsgrenze liegt, dem Argumentationswert. Hierbei muss der Argumentierende die von ihm in die Verhandlung eingebrachte

Durch die differierenden Interessenlagen werden bei der Ermittlung des Emissionspreises unterschiedliche Bewertungsverfahren zunächst zu stark subjektiv geprägten individuellen Emissionspreisen führen. Hierbei ist zu berücksichtigen, dass das emittierende Unternehmen auf interne Informationen zurückgreifen kann, die bei zielgerichteter Argumentation einen Vorteil gegenüber den zunächst externen Informationen, die den potentiellen Anlegern zur Verfügung stehen, bedeuten. Ebenso eingeschränkt ist in der Planungsphase eines Börsengangs die Informationsqualität für die potentiellen Konsortialbanken. Die Finanzanalysten der Konsortialbanken bedienen sich daher bei einer ersten Ermittlung eines Emissionspreises zumeist dem stark schematisierten Bewertungsverfahren nach den Empfehlungen der deutschen Vereinigung für Finanzanalyse und Anlageberatung (DVFA) und dem Arbeitskreis „Externe Unternehmensrechnung" der Schmalenbach-Gesellschaft (SG).[84] Erst im laufenden Prozess eines „Going Public" stehen den Konsortialbanken weitere interne Informationen über das Unternehmen zur Verfügung, womit die Informationsqualität steigt und zusätzliche Verfahren zur Anwendung gelangen können. Das emittierende Unternehmen kann sich zunächst über eine unternehmensinterne Ertragswertberechnung einen Überblick über seinen Emissionspreis verschaffen. Die potentiellen Anleger werden sich nach Branchen-Kurs-Gewinn-Verhältnissen und möglichen Kurssteigerungspotentialen ausrichten. Allen Bewertungsmethoden gemeinsam ist dabei die subjektive Betrachtungsweise. Jede Partei wird damit im Rahmen der Argumentationsfunktion[85] der Unternehmensbewertung seinen Argumentationswert ermitteln. Um eine Einigung über den „richtigen" Emissionspreis zu erzielen, müssen die Konsortialbanken und das emittierende Unternehmen im Verhandlungswege einen Kompromisspreis finden. Ob diese erzielte

---

Wertgröße mit hoher Überzeugungskraft ausstatten, sie aber gleichzeitig flexibel halten, um über einen notwendigen Verhandlungsspielraum zu verfügen.
In den beiden Funktionenlehren, der phasenorientierten und der entscheidungslogisch ausgerichteten Kölner Funktionenlehre, gibt es jedoch wichtige Gemeinsamkeiten in grundsätzlichen Fragen, obwohl die Aufgaben der Unternehmensbewertung nicht identisch bezeichnet werden. Gemeinsamer Bestandteil der Unternehmensbewertung in ihren Hauptfunktionen ist eine zukunftsorientierte, gesamtheitliche und subjektbezogene Unternehmensanalyse. Das Prinzip der Zukunftsbezogenheit bezieht sich auf die künftige Erfolgswirksamkeit, d. h. auf die künftige Entwicklung der Unternehmung. Dabei spielen auch Vergangenheitserfolge als Grundlage für die Fortschreibung der erwarteten Erfolge in der Zukunft eine Rolle. Das Prinzip der Bewertungseinheit ist eng mit dem Prinzip der Zukunftsbezogenheit verbunden. Die Prognose der zukünftigen Erfolge impliziert eine ganzheitliche Betrachtung, da eine Unternehmung als einheitliches Ganzes diesen Erfolg erzielt. Eine Unterscheidung hinsichtlich des zur Erfolgserzielung betriebsnotwendigen Vermögens und nichtbetriebsnotwendigen Vermögens ist erforderlich. Die Subjektbezogenheit bezieht sich auf das subjektive Zielsystem, auf subjektive Kapitalanlagemöglichkeiten sowie die subjektiven, die Unternehmung betreffenden Pläne derjenigen, die an der Ermittlung eines Unternehmenswertes interessiert sind. Vgl. hierzu Wegmann, Unternehmensbewertungsproblem, 1996, S. 151 f.

[84] Vgl. Wegmann, Unternehmensbewertungsproblem, 1996 m. w. N.

[85] Vgl. die Erläuterungen im Rahmen der Fn. 83.

Kompromisspreisfindung den „richtigen“ Emissionspreis darstellt, werden die potentiellen Anleger über ihre Kaufaufträge bewerten.[86]

2.3.1 Vorgehensweise und Verfahren bei der Ermittlung des Emissionspreises

Zur Bewertung einer Unternehmung steht eine große Auswahl von Verfahren zur Verfügung. Die Konsortialbanken wenden hier insbesondere Ertragswertverfahren, Discounted Cash-flow (DCF)-Methoden und mit untergeordneter Bedeutung Kapitalmarktbewertungen an. Ertragswert- und DCF-Verfahren stellen Ansätze der Kapitalwertverfahren dar, die den Wert des Unternehmens aus der zukünftigen Leistungsfähigkeit ableiten. Der Kapitalwert stellt dabei den Gegenwartswert aller zukünftigen Zahlungsströme des Unternehmens dar. Während bei der Ertragswertmethode der Unternehmenswert aus dem Barwert der diskontierten, zukünftig erwarteten Erträge ermittelt wird, wobei der Kalkulationszinssatz aus einer Alternativanlage abgeleitet wird, können die verschiedenen Ausprägungen des DCF-Ansatzes als Sonderformen der Ertragswertverfahren interpretiert werden. Neben der Definition von Zahlungsüberschüssen als bewertungsrelevante Komponente unterscheidet sich der DCF-Ansatz vom Ertragswertverfahren, indem der zur Ermittlung des Diskontierungsfaktors benötigte unternehmensspezifische Eigenkapitalkostensatz aus kapitalmarkttheoretischen Modellen wie etwa dem Capital Asset Pricing Model (CAPM) oder dem Arbitrage Pricing Model (APM) abgeleitet wird. Die Ausprägungen des DCF-Ansatzes – der Entity-Ansatz (Bruttoverfahren), der Equity-Ansatz (Nettoverfahren) sowie der Adjusted-Present-Value-Ansatz – führen bei konsistenter Anwendung theoretisch zu identischen Ergebnissen. Die Unterschiede aus Verfahrenssicht ergeben sich aus abweichenden Herleitungen der bewertungsrelevanten Cashflows und, daraus resultierend, unterschiedlichen Anwendungen der Diskontsätze.

Die sog. Kapitalmarktbewertung in Form von Vergleichsverfahren beruht auf der Prämisse der Kapitalmarkteffizienz und setzt implizit Arbitragefreiheit voraus, da der Marktwert des Eigenkapitals nichtgehandelter Unternehmen aus realisierten Marktpreisen abgeleitet wird. Da sich diese Form der Unternehmensbewertung an tatsächlich realisierten Marktpreisen vergleichbarer Unternehmen orientiert, wird dieser Ansatz auch als „Comparative Company Approach“ bzw. „Comparable Company Analysis“ (CCA) bezeichnet. Ausgangspunkt ist hierbei zunächst die Auswahl geeigneter Unternehmen mit vergleichbarer Risikostruktur in leistungswirtschaftlichen oder marktspezifischen Bereichen. Die Wertfindung erfolgt über bestimmte Performance-Daten (Umsätze, Periodengewinngrößen, Dividendenzahlungen, Cashflows etc.) und ihre Relation zu erhobenen Marktpreisen der Vergleichsunternehmen. Auf diese Weise gewonnene Multiplikatoren werden für das zu bewertende Unternehmen unter Betrachtung der Vergleichsgrößen zur Wertfindung eingesetzt.[87]

---

[86] Vgl. zu diesem Abschnitt Wegmann, Unternehmensbewertungsproblem, 1996, S. 152 f.

[87] Vgl. zu diesem Abschnitt insbesondere Nelles/Rojahn/Berner, Unternehmensbewertungsverfahren, 2001, S. 322 f.; Niezold, Emissionspreisfindung, 1999, S. 53-55.

Zur Bewertung von Wachstumsunternehmen wurden darüber hinaus in der Vergangenheit spezielle Modelle entwickelt bzw. bestehende Verfahren erweitert, da man zu der Auffassung gelangte, dass die Anwendung dieser traditionellen Bewertungsverfahren gerade bei den Unternehmen des Neuen Marktes teilweise mit Schwierigkeiten verbunden ist und die gängigen Verfahren speziell für diese Unternehmen nur eine eingeschränkte Fähigkeit aufweisen, die tatsächlich realisierten Preise für diese Unternehmen zu erklären.[88] Auf diese Verfahren kann jedoch im Rahmen dieser Arbeit nicht näher eingegangen werden. Diesbezüglich ist an dieser Stelle auf die Werke der spezialisierten Literatur zu verweisen.[89]

Vgl. darüber hinaus Beike/Köttner/Schlütz, Neuer Markt, 2000, S. 36-62; Bösl, Emissionskurs, 2001, S. 213-238; Drach, Wachstumsunternehmen, 1999, S. 56-58; Koch/Wegmann, Emissionskurs, 2000, S. 98-101; Manske, Peer Group Analyse, 1999, S. 59-60; o. V., Biotech-Aktien, 2000, S. 18-21; Strauch/Lütke-Uhlenbrock, Unternehmensbewertungsverfahren, 2002, S. 366-376; Volk, Bewertung von Unternehmen, 2000, S. 870-875; Wegmann, Unternehmensbewertungsproblem, 1996, S. 153-161; Wegmann, Emissionspreis, 1999, S. 198-208.

88 Die vordergründigsten Motive eines Börsengangs am Neuen Markt liegen in der Wachstumsfinanzierung sowie in dem Aufbau und der Akkumulation unternehmensinternen Know-hows. Bei der Einschätzung des Unternehmenswertes steht damit nicht die vorhandene ertragliche Leistungsfähigkeit im Mittelpunkt, sondern zukünftiges Wachstumspotential.

DCF-Verfahren sind auf das Vorhandensein von positiven Zahlungsüberschüssen angewiesen, da sie wesentlicher Bestandteil der Parameter sind, die in die Bewertung einfließen. Eine beträchtliche Anzahl von Firmen wird erst einige Jahre später diese positiven Zahlungsüberschüsse erwirtschaften, was sich in einem hohen prozentualen und deshalb kritisch zu betrachtenden Anteil des Terminal Values (Fn. 90) am Unternehmenswert äußert. Darüber hinaus fällt die Vernachlässigung anderer Ausprägungen des DCF-Ansatzes ins Auge. Der „Weighted Average Cost of Capital"-Ansatz (Fn. 91) ist vor allem aufgrund der Annahme einer über den Betrachtungszeitraum als konstant unterstellten Kapitalstruktur besonders bei jungen Wachstumsunternehmen realitätsfern und damit kritikfähig. Ein weiterer kritischer Faktor ist die mangelnde Berücksichtigung der Handlungsspielräume des Managements, sich an ändernde Umweltzustände anpassen zu können. Viele Geschäftsmodelle basieren gerade auf dieser Flexibilität, die eine wichtige Anforderung für Unternehmen des Neuen Marktes darstellt. Sie ist Grundvoraussetzung für unternehmerischen Erfolg, um auf dynamische Marktentwicklungen rechtzeitig und angemessen reagieren zu können.

Da sich junge Firmen oftmals durch mangelnde Vergleichbarkeit auszeichnen, stellt bei der Kapitalmarktbewertung die Auswahl der vergleichbaren Unternehmen die größte Herausforderung dar. Dies erschwert die am Kapitalmarkt orientierte Bewertung mit Hilfe der „Comparable Company Analysis" (CCA).

89 Vgl. beispielhaft Keiber/Kronimus/Rudolf, Neuer Markt, 2002, S. 735-764; Klein/Krämling/Andreas, IPO-Bewertung, 2000, S. 229-247; Krämling, Bewertung von Wachstumspotential, 1999, S. B2; Nelles/Rojahn/Berner, Unternehmensbewertungsverfahren, 2001, S. 325-327; Rocke/Nelles, Unternehmenswerte, 2000, S. 605-608; Sulzbach/Ehsen, Going Public, 1999, S. B15-B16.

90 Der Terminal Value bzw. Fortführungswert entspricht dem Barwert der Cashflows nach Ablauf des Detailprognosezeitraums und hängt wesentlich von dessen Länge und der Höhe der ab diesem Zeitpunkt unterstellten konstanten Wachstumsraten ab.

Bei allen Möglichkeiten, die durch die analytischen Verfahren zur Verfügung stehen, erfolgt die Kursfindung letztlich durch das richtige Fingerspitzengefühl. Die einzelnen Bewertungsmethoden werden bei einem „Going Public" häufig parallel angewandt, so dass man zu einer Reihe unterschiedlicher Bandbreiten für den Unternehmenswert gelangt. Diese Wertbandbreiten zeigen günstigenfalls einen überschneidenden Bereich. Diese Schnittmenge stellt die Bewertungsspanne für eine erste Preisindikation dar. Die auf diese Weise ermittelte Preisspanne bildet die Grundlage für einen Dialog zwischen Emittent und Konsortialbanken, in dem die Wertbandbreite für das Angebot der neuen Aktien an interessierte Investoren im Rahmen des sog. *Bookbuilding-Verfahrens* festgelegt wird. Aufgabe der Unternehmensbewertung ist es damit nicht, den einzig richtigen Wert zu ermitteln, sondern Argumente für die Emissionspreisverhandlung zur Verfügung zu stellen und die rationalen aber auch die emotional geprägten Argumente zur Preisfindung zu gewichten.[92]

2.3.2 Pre-Marketing und Bookbuilding

Dem Bookbuilding vorgeschaltet ist zunächst das sog. Pre-Marketing. Auf Basis der erstellten Research-Studien der Konsortialbanken wird das Kaufinteresse sowie die Preissensitivität von Kerninvestoren (ausschließlich institutionelle Investoren) abgetastet. Das Feedback aus dem Pre-Marketing geht als „Fine-Tuning" in die Festlegung der Preisspanne für das Bookbuilding ein. Das Bookbuilding-Verfahren ist ein abschließender, aber ebenso wichtiger Abschnitt in der Unternehmensbewertung bei einem „Going Public". Es geht hierbei um die Einbindung der (institutionellen) Investoren in den Bewertungs- und Preisfindungsprozess. Das Bookbuilding selbst umfasst in der Regel einen Zeitraum von 4-10 Tagen (je nach Größe des Platzierungsvolumens) und wird von einer Reihe wichtiger Marketingmaßnahmen flankiert. Im Rahmen der Road-Shows (Unternehmenspräsentationen sowie One-on-Ones vor institutionellen Großanlegern) ist vor allem das Management gefordert, sein Unternehmen als attraktive Equity-Story zu „verkaufen" und hierbei nicht zuletzt auch die angestrebte Bewertung gegenüber den Investoren glaubhaft darzulegen. Während der mehrtägigen Bookbuilding-Phase geben die Investoren, meist unter Nennung ihrer Preisvorstellungen (innerhalb der vorgegebenen Preisspanne) ihre Zeichnungswünsche auf. Diese laufen beim Bookrunner in einem Orderbuch zusammen. Das Orderbuch verschafft Transparenz hinsichtlich Investorentyp und regionaler Herkunft und ermöglicht eine Analyse der Preissensitivität der Gesamtnachfrage.

---

[91] Der Weighted Average Cost of Capital-Ansatz ist der am häufigsten in der Literatur diskutierte Ansatz. Bei diesem wird der Marktwert des Eigenkapitals ermittelt, indem in einem ersten Schritt der Unternehmensgesamtwert berechnet und dieser in einem zweiten Schritt um den Marktwert des Fremdkapitals vermindert wird. Der Unternehmensgesamtwert wird auf Basis der Free Cashflows bestimmt, welche mit Hilfe der gewogenen durchschnittlichen Kapitalkosten auf den Bewertungsstichtag abgezinst werden.

[92] Vgl. Koch/Wegmann, Emissionspreisfindung, 1999, S. 520; Wegmann, Emissionspreis, 1999, S. 207; Wegmann, Bewertung, 2001, S. 123.

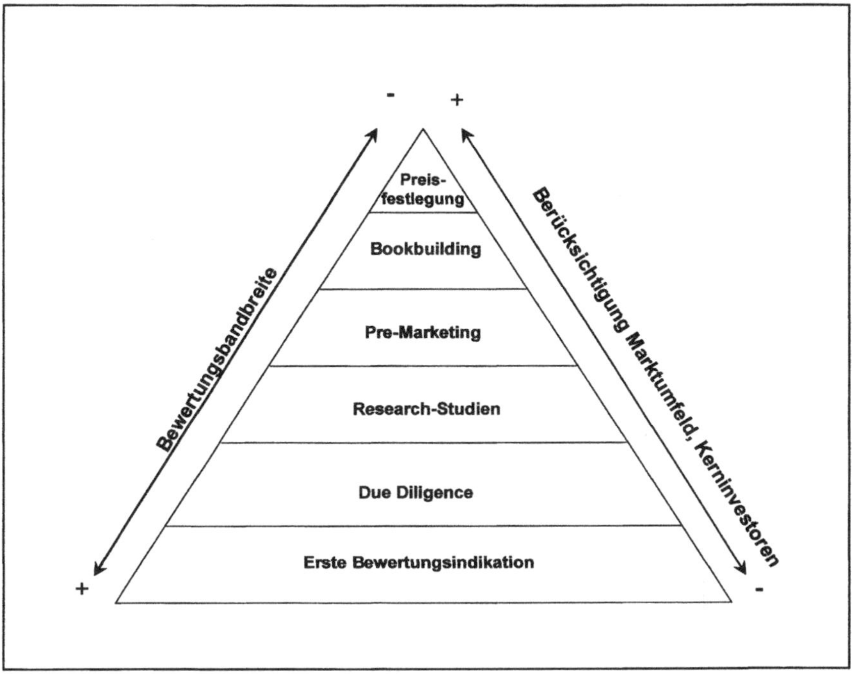

Abbildung 2-3: Bewertungsbandbreite und Berücksichtigung von Marktumfeld im Preisfindungsprozess[93]

Eine sorgfältige Analyse des Orderbuches bildet den Abschluss des Bookbuilding-Prozesses und führt zur endgültigen Festlegung des Platzierungspreises sowie anschließend zur Zuteilung der Aktien unter Berücksichtigung der Qualität der Investoren.[94] Die Festlegung des Emissionspreises am oberen Ende der Bookbuilding-Spanne signalisiert dem Markt in der Regel einen ersten Erfolg der Neuemission. Ob dieser auch nachhaltig anhält, zeigt sich natürlich erst in den nachfolgenden Wochen und Monaten an der Kursperformance der Aktien an der Börse.[95]

---

93 Diese Abbildung wurde entnommen: Bösl, Emissionskurs, 2001, S. 217.

94 Vgl. insbesondere zu den rechtlichen Rahmenbedingungen für die Zuteilung von Aktienemissionen Keitel, Aktienemissionen, 2000, S. 110-112; Pfüller/Maerker, Zuteilung von Aktien, 1999, S. 670-674; Rudolf, Transparenz, 2000, S. 5; Steffen, Aktienemissionen, 1999, S. 61-62.

95 Vgl. zu diesem Abschnitt Blättchen, Börse, 2000, S. 24; Brandt, Neuemissionen, 1999, S. 44-46; DG Bank, Sicherung der Zukunft, 1999, S. 50-54; Flach, Emissionskonzepte, 1999, S. V1; Flatten/Sykstus, Neuemissionen, 2000, S. 134-136; Groß, Bookbuilding, 1998, S. 318-339; Grundmann, Bookbuilding, 1995, S. 916-917; Hein, Bookbuilding, 1996, S. 1-7;

Unter den Marktteilnehmern besteht Einigkeit darüber, dass das Bookbuilding gegenüber dem Festpreisverfahren die Sicherheit und die Akzeptanz der Preisfindung erhöht hat und daher als Element einer marktmäßigen Unternehmensbewertung nicht mehr wegzudenken ist. Allerdings kann auch dieses Verfahren keine Garantie zur Vermeidung des am Kapitalmarkt vielfach beobachteten Phänomens des Underpricings geben, auf welches im Folgenden näher einzugehen ist. Denn bei einer freien Aktienkursbildung am Markt spielen vielfach weiche, rational nicht fassbare Faktoren eine Rolle. Zu denken ist hierbei etwa an die in der Vergangenheit überzogenen Erstnotierungen bei Neuemissionen gerade am Neuen Markt, wo eine „Goldgräberstimmung“ bei risikobereiten Anlegern auf zugleich sehr enge Märkte trifft. Andererseits steht die Emissionspreisfindung während der Dauer des Bookbuildings unter der Wechselwirkung des Graumarktes, über den ein vorbörslicher Handel mit naturgemäß nur sehr geringen Umsätzen stattfindet. „Dieser hat als Meinungsbildner in der jüngsten Vergangenheit nicht selten über das Wohl und Wehe einer Emission entschieden.“[96]

2.3.3 Das Underpricing-Phänomen

Der auch in der deutschsprachigen Literatur verwendete Begriff des „Underpricings“ beschreibt das Phänomen, dass die Emissionspreise in der Regel nicht unerheblich unter den Marktkursen am ersten Börsentag bzw. dem „wahren“ Wert der Titel liegen.[97] Diese Erscheinung stellt für die emittierende Unternehmung Opportunitätskosten dar, da sie in Höhe des Underpricings auf ein erzielbares Agio aus der Emission verzichten muss.[98] In Abbildung 2-4 sind die Konsequenzen des beschriebenen Sachverhalts schematisch dargestellt. Die Anzahl emittierter Aktien ist fest vorgegeben (vertikale Angebotskurve). Durch Multiplikation mit dem Emissionspreis ergibt sich das Emissionsvolumen. Der Schnittpunkt mit der Nachfragekurve führt zum theoretischen Gleichgewichtspreis (P*).

Killat, Neuemissionen, 2000, S. 215-228; Niezold, Emissionspreisfindung, 1999, S. 53-55; o. V., Bookbuilding, 1997, S. 26; o. V., Aktienemissionen, 1999, S. 120-121; Thiel, Bookbuilding, 1996, S. 30-31; Voigt, Bookbuilding, 1995, S. 339-343; Weiler, Bookbuilding, 2000, S. 267-278; Werner, Going Public, 1999, S. 227-230.

[96] Niezold, Emissionspreisfindung, 1999, S. 55. Vgl. des Weiteren Deibert/Serrar, Neuer Markt, 2000, S. 287 ff.

[97] Vgl. u. a. Kaden, Going Public, 1991, S. 38; Kaserer/Kempf, Bookbuilding, 1996, S. 184; Kunz, Underpricing, 1990, S. 202; Neus, Unterbewertung, 1994, S. 145; Schmidt/Dietz/Fellermann et al., Underpricing, 1988, S. 1193; Sprink, Underpricing, 1996, S. 202; Uhlir, Underpricing-Phänomen, 1989, S. 2.

[98] Vgl. u. a. Kaden, Going Public, 1991, S. 142; Kunz/Studer, Going Public, 1989, S. 473; Sprink, Underpricing, 1996, S. 202; Uhlir, Underpricing-Phänomen, 1989, S. 3; Wittleder, Going Public, 1989, S. 133.

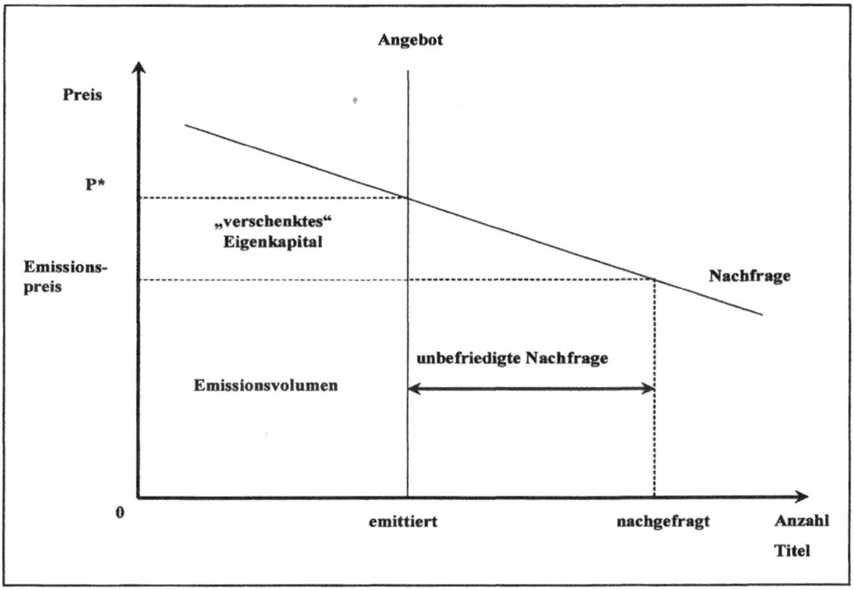

Abbildung 2-4: Schematische Darstellung des Underpricings[99]

Generell lassen sich diesbezüglich folgende Aussagen treffen:

- Je flacher die Nachfragekurve verläuft, desto größer ist die unbefriedigte Nachfrage. In der Realität hat sich diese aufgrund der x-fachen Überzeichnung von „*hot issues*“ als sehr elastisch herausgestellt.
- Je tiefer der Emissionspreis festgelegt wird, desto größer ist der Opportunitätsverlust in Form von „verschenktem Eigenkapital“ und desto stärker fällt die Übernachfrage aus.[100]

Zur Feststellung und Erklärung dieses Phänomens gibt es in der wissenschaftlichen Literatur eine ganze Reihe von Studien und Veröffentlichungen. Diese Studien gehen zurück auf Analysen des amerikanischen Kapitalmarktes. Sie sind durchweg in Form von Ergebnisstudien aufgebaut, analysieren die Verteilung der Zeichnungsgewinne sowie der nachfolgenden langfristigen Performance von Neuemissionen und versuchen Beobachtungen mit Theorien zur Bepreisung von Neuemissionen in Einklang zu bringen. In der Regel konstatieren diese Studien ein signifikantes Underpricing von Neuemissionen. Aus den entsprechenden Übersichten bei ***Kaserer/Kempf,***[101] ***Stehle/Ehrhardt***[102] und ***Wallmeier/Rösl***[103]

---

[99] Diese Abbildung wurde entnommen: Kunz, Going Public, 1991, S. 289; Kunz, Going Public in der Schweiz, 1991, S. 5.

[100] Vgl. Kunz, Going Public, 1991, S. 289 f. als auch Brühl/Oei, Underpricing, 2001, S. 680 f.

[101] Vgl. Kaserer/Kempf, Underpricing-Phänomen, 1995, S. 46.

[102] Vgl. Stehle/Ehrhardt, Börseneinführungen, 1999, S. 1399.

[103] Vgl. Wallmeier/Rösl, Underpricing, 1999, S. 136.

geht hervor, dass das Underpricing auf verschiedenen internationalen Kapitalmärkten und verschiedenen Perioden festgestellt werden konnte.
Neben verhaltensorientierten Ansätzen gibt es zahlreiche Ansätze, Underpricing als Ergebnis allseitigen Rationalverhaltens zu begründen. Im Mittelpunkt stehen Modelle, bei denen Informationsasymmetrien ursächlich für das Underpricing sind.[104] Einige Ansätze basieren auf Informationsasymmetrien zwischen Emittent und Anleger oder zwischen Emittent und Emissionsbank. Eine höhere Akzeptanz haben in der Literatur aber diejenigen Modelle gefunden, bei denen Underpricing aus unterschiedlichen Informationsständen verschiedener Anlegergruppen resultiert, wobei die Informationsasymmetrie mit der ex-ante-Unsicherheit über den fairen Preis der Neuemission zunimmt.[105] Diese Modelle differenzieren zwischen gut und weniger gut informierten Anlegern. Den besser informierten Anlegern gelingt es, über- und unterbewertete Emissionen zu unterscheiden und entsprechende Zeichnungsaufträge abzuleiten. Im Gegensatz dazu zeichnen die weniger gut informierten Anleger jede Neuemission auf gleiche Weise. Dadurch erhalten sie bei unterbewerteten Emissionen im Durchschnitt niedrigere Zuteilungsquoten als bei überbewerteten Emissionen, bei denen die besser informierten Anleger keine Anteile zeichnen. Um diese trotzdem als feste Abnehmer im Neuemissionsgeschäft halten zu können, ist es daher notwendig, dass der Ausgabepreis im Durchschnitt so tief festgelegt wird, dass die Zuteilung von erfolgreichen Emissionen trotz Rationierung kompensierend wirken kann. Im Gleichgewicht erhalten die uninformierten Anleger damit eine risikobereinigte Normalrendite auf ihr eingesetztes Kapitel, während die informierten Investoren Überschussrenditen erzielen, welche sie gerade für ihre Aufwendungen bei der Gewinnung ihres Wissensvorsprungs entschädigen. Eine weitere Konsequenz dieser Modelle besteht darin, dass die Höhe des Underpricings von der Unsicherheit über den künftigen Marktpreis abhängig ist: Je größer diese Unsicherheit ist, desto höher liegen die Informationskosten, welche durch das Underpricing entschädigt werden müssen. Der Vorteil der informierten Investoren ist dann besonders groß, wenn die Unsicherheit über den „wahren" Wert der Aktie hoch ist.[106]
Daraus kann gefolgert werden, dass die Unternehmen daran interessiert sein sollten, die Unsicherheit der Investoren zu reduzieren, indem ihnen möglichst umfassende Informationen zugänglich gemacht werden. Der Emittent sollte vorteilhafterweise eine umfassende Informationspolitik respektive Vermarktung seiner Emission verfolgen, um sowohl die Analysekosten der informierten Investoren als auch die negative Verzerrung der Erwartungsbildung der uninformierten Investoren zu minimieren und somit die Aktien zu höheren Emissionspreisen emittieren zu können. Angesichts des Wettbewerbs zwischen kapitalnachfragenden Unternehmen müssen bis dato relativ unbekannte junge Unter-

---

[104] Siehe hierzu insbesondere die Übersichten in Kaden, Going Public, 1991, S. 142 ff.
[105] Vgl. Kunz, Underpricing, 1990, S. 216.
[106] Diese Konzeption geht zurück auf ***Rock*** (vgl. Rock, New Issues, 1986, S. 187-212), Weiterentwicklungen stammen von ***Beatty/Ritter*** (vgl. Beatty/Ritter, Underpricing, 1986, S. 213-232) und ***Neus*** (vgl. Neus, Unterbewertung, 1994, S. 145-170).

nehmen vor allem ihren Bekanntheitsgrad steigern, um auf diese Weise die notwendige Vertrauensbasis für die Aktienemission zu schaffen. Der Vertrauensbildung dient die objektive Darstellung der Finanz- und Ertragskraft des Unternehmens im Rahmen einer aktiven und zielgerichteten Investor Relations-Politik.[107] Dabei sind die strategischen Zielvorstellungen des Unternehmens klar und eindeutig zu artikulieren sowie durch einen aussagefähigen Geschäftsplan für die kommenden Jahre zu ergänzen, der idealerweise auf Best-, Base- sowie Worst-Case-Szenarien basiert. Im Rahmen der Investor Relations-Politik werden beispielsweise die verstärkten Informationspflichten des Neuen Marktes nicht nur als Pflicht, sondern vor allem als Chance interpretiert. Ein wichtiger Bestandteil der aktionärsorientierten Informationspolitik ist dabei die externe Rechnungslegung, die sich an den Informationsinteressen internationaler Investoren orientieren sollte. Dieses wird durch einen nach den International Accounting Standards (IAS) oder den US-amerikanischen Generally Accepted Accounting Principles (US-GAAP) erstellten und veröffentlichten Jahresabschluss, durch Segmentberichterstattung, Aufstellung einer Kapitalflussrechnung sowie durch die Zwischenberichterstattung im Rahmen des Emissionsprospektes (finanzielle Berichterstattung) zum Börsengang erreicht. Die Ausgestaltung der Publizität spielt hierbei eine entscheidende Rolle. Sie wird als eine wesentliche Einflussgröße für den langfristigen Erfolg der Börseneinführung angesehen. Eine besonders intensive Öffentlichkeitsarbeit und eine vorbildliche externe Rechnungslegung ist hierbei wesentliche Voraussetzung.[108]

Diesen Ausführungen zufolge könnte also durch die notwendige Publizität und Transparenz im Vorfeld eines Börsengangs – insbesondere durch die Gestaltung und den Aussagewert publizierter Unternehmensdaten – zur Lösung einiger Kernprobleme im Rahmen einer Börseneinführung beigetragen werden. Eine Analyse dieser und anderer Wirkungsmaßnahmen erfolgt im weiteren Verlauf dieser Arbeit, wobei sich der nachfolgende Abschnitt dieser Arbeit zunächst einer modelltheoretischen Analyse des Informationswertes publizierter Unternehmensdaten widmet.

---

[107] Der Begriff der Investor Relations kommt ursprünglich aus den USA. Er wurde Anfang der sechziger Jahre von der *American Management Association* auf Vorschlag der *General Electric Company* propagiert und ist gleichbedeutend mit dem Terminus der „financial public relations“. In diesem Sinne stellten Investor Relations ursprünglich den auf die Finanzmärkte ausgerichteten Teilbereich der Public Relations börsennotierter Aktiengesellschaften dar. Unter den Investor Relations wird nach heutiger Sicht – in einem erweiterten und differenzierteren Sinne – ein im Rahmen des Finanzmarketing erfolgender zielgerichteter und an den Bedürfnissen der Kapitalgeber orientierter Einsatz von Kommunikationsinstrumenten zur Pflege der Beziehung zwischen Unternehmen und Investor-Öffentlichkeit verstanden. Vgl. hierzu Goebel/Ley, Handelsrechtlicher Jahresabschluss, 1993, S. 1679.

[108] Vgl. hierzu insbesondere Baessler, (Finanz-)Kommunikation, 1999, S. 74 f.; Bösl, Neuer Markt, 2001, S. 100-103; Delhougne/Menges, Börsengang, 1999, S. 71-73; Haubrok, Gang an die Börse, 2000, S. 65; Kaden, Going Public, 1991, S. 42; Koch, Due Diligence, 1999, S. 104; Koch/Wegmann, Due Diligence, 1999, S. 25; Link, Investor Relations, 1993, S. 105 ff.; Tschugg/Gleisner, Corporate Governance, 1999, S. B11.

3 Der Informationswert publizierter Unternehmensdaten – Ein theoretischer Ansatz

Die externe Rechnungslegung und damit auch die hier zu betrachtende finanzielle Berichterstattung im Rahmen der Prospektpublizität börsengehender Unternehmen des Neuen Marktes stellt, wie gezeigt, ein zentrales und wichtiges Instrument der kapitalmarktbezogenen Information dar.[1] Der ihr beigemessene Stellenwert spiegelt sich an dieser Stelle nicht zuletzt auch in der großen Aufmerksamkeit wider, die ihr durch eine Vielzahl gesetzlicher, gesetzesähnlicher und privatrechtlicher Regelungen zur Berichterstattung nach den deutschen handelsrechtlichen Vorschriften des HGB, den International Accounting Standards (IAS) und den US-amerikanischen Generally Accepted Accounting Principles (US-GAAP) zuteil wird.[2] Diese Regelungen legen dabei Mindeststandards hinsichtlich des Umfangs, der Form und des Inhaltes der Informationen fest, deren Publizierung grundsätzlich für unverzichtbar gehalten wird. Unternehmen steht es grundsätzlich frei, mehr und detaillierter zu publizieren als es das Gesetz verlangt, doch die darin enthaltenen (Mindest-)Anforderungen sollten keinesfalls unterschritten werden.

Unabhängig davon, ob man eine regulierte oder eine freiwillig publizierte Rechnungslegung betrachtet, besteht grundsätzlich die Fragestellung, welche „Qualität" die jeweiligen Informationen haben. Die Beantwortung dieser Fragestellung hängt naturgemäß von der inhaltlichen Konkretisierung der „Qualität" ab. Da die Rechnungslegung als Instrument zur Erfüllung bestimmter Funktionen[3] eingesetzt wird, lässt sich „Qualität" zweckmäßig als Grad der Funktionserfüllung auffassen und als die „Wahrscheinlichkeit einer zulässigen Rechnungslegung unter der Bedingung eines zur Erfüllung bestimmter Funktionen gesetzlich oder vertraglich gegebenen Regelwerks"[4] definieren.

Doch worin kann der unterschiedliche Informationswert publizierter Unternehmensdaten begründet liegen? Dieser Frage soll im Folgenden zunächst modelltheoretisch nachgegangen werden.

---

[1] Vgl. hierzu die Erläuterungen des Kapitels 2 dieser Arbeit.

[2] Siehe hierzu u. a. auch die Erläuterungen in Gliederungspunkt 7.4, 7.5 und 7.6 dieser Arbeit.

[3] Dem handelsrechtlichen Jahresabschluss werden zwei Aufgaben zugeordnet: Die Zahlungsbemessungsfunktion und die Informationsfunktion. Mangels einer eindeutig festgelegten Rangordnung ist zumindest für Kapitalgesellschaften von einer Gleichordnung dieser Aufgaben auszugehen. Eine Rechnungslegung nach den International Accounting Standards (IAS) oder den US-amerikanischen Generally Accepted Accounting Principles (US-GAAP) dient primär der Information der Abschlussadressaten über die wirtschaftliche Leistungsfähigkeit des Unternehmens. Vgl. hierzu u. a. Breker/Naumann/Tielmann, Rechnungslegung, 1999, S. 142 ff.; Küting/Hütten/Lorson, Externe Berichterstattung, 1995, S. 1806.

[4] Ewert, Rechnungslegung, 1993, S. 717. Vgl. hierzu u. a. auch Clemm, Jahresbilanzen, 1990, S. 783; Stefani, Forschungsmethoden im Prüfungswesen, 2002, S. 217; Volk, Informationsinteresse, 1987, S. 723 ff.

3.1 Das spieltheoretische Modell von *Ewert* zur Analyse der Publikationsqualität

Sieht man die materiellen Rechnungslegungsvorschriften als gegeben an, so ist die Publikationsqualität abhängig vom Verhalten der bilanzaufstellenden Personen als auch vom Verhalten der zur Bestätigung bestellten, unabhängigen Instanz (Abschlussprüfer), welche die Vertrauenswürdigkeit der offen gelegten Informationen sicherstellen soll.[5, 6] Darüber hinaus spielen die Marktteilnehmer als

---

[5] Vgl. Ewert, Rechnungslegung, 1993, S. 717 ff.; Ewert, Prüfungstheorie, 2002, Sp. 1908 f.; Ewert/Stefani, Wirtschaftsprüfung, 2001, S. 175; Köhler, Comfort Letters, 2003, S. 77; Lenz, Haftung, 1999, S. 27; Schildbach, Wirtschaftsprüfer, 1996, S. 1; Stefani, Forschungsmethoden im Prüfungswesen, 2002, S. 237.

[6] Ziel einer Jahresabschlussprüfung ist es, ein Urteil über den Grad der Normentsprechung des Prüfungsgegenstandes abzugeben. Sie wird innerhalb der ökonomischen Wirkungszusammenhänge von den Marktteilnehmern auch als Garant eines bestimmten Informationsgehaltes der Rechnungslegung betrachtet, der in geringstem Maße die Einhaltung der gesetzlichen Vorschriften umfasst.

Die Institution der handelsrechtlichen Jahresabschlussprüfung, aber auch der Berufsstand der Wirtschaftsprüfer sah sich in jüngster Vergangenheit häufig öffentlicher Kritik ausgesetzt, die sich auf zwei zentrale Problembereiche konzentrierte. Zum einen sind Zweifel an der Unabhängigkeit des Abschlussprüfers von seinen Auftraggebern erhoben und zum anderen ist das Bestehen einer ***„Erwartungslücke“*** beklagt worden, die als Diskrepanz zwischen den Vorstellungen der Jahresabschlussadressaten über Ziel und Inhalt der Prüfung einerseits sowie der Bedeutung des Testats und den diesbezüglichen gesetzlichen Regelungen andererseits definiert werden kann, vgl. hierzu Forster, Erwartungslücke, 1994, S. 789; Moos, Expectation Gap, 1998, S. 437; Stefani, Quasirenten, 1999, S. 1; Wüstemann, Abschlussprüfung, 2001, S. 1 f. Vgl. hierzu des Weiteren Böcking/Orth, Erwartungslücke, 1998, S. 351-364; Hakelmacher, Erwartungslücke, 1997, S. 85-92; Hommelhoff/Mattheus, Corporate Governance, 1998, S. 258; Kaminski/Marks, Abschlussprüfung, 1995, S. 247-282; Kühnberger, Wirtschaftsprüfer, 1987, S. 455-478; Marten, Wirtschaftsprüferleistungen, 1999, S. 1 f.; Ruhnke, Prüfungspraxis, 2002, S. 164 f.; Ruhnke/Deters, Erwartungslücke, 1997, S. 923-945; Wolz, Erwartungslücke, 1998, S. 122-135.

Sollte das Verhältnis zwischen Abschlussprüfer und breiter Öffentlichkeit tatsächlich durch eine solche „*Vertrauenskrise*“ belastet sein, hätte dies gravierende Auswirkungen auf die Funktionserfüllung der Pflichtprüfung: Ein Abschlussprüfer, den Außenstehende nicht für unabhängig halten, kann nur schwerlich die Glaubwürdigkeit der vom Management bereitgestellten Informationen erhöhen. Rational handelnde Investoren und Kreditgeber würden den Zahlen der Unternehmenspublizität kaum Informationswert beimessen oder gar zur Grundlage ihrer Vermögensdisposition machen. Eine derartige Einschränkung der *Informationseffizienz* des Kapitalmarktes würde wiederum dessen wichtigste Funktionen stören, nämlich Finanzmittel in ihre effizientesten Verwendungen zu lenken (*Allokationseffizienz*) sowie Risiko unter den Wirtschaftssubjekten optimal zu verteilen (*Risikoeffizienz*).

An Vorschlägen zur Schließung der Erwartungslücke und zur Sicherstellung der Unabhängigkeit des Abschlussprüfers mangelt es nicht. Diese Arbeit wird sich diesen Diskussionen weitgehend entziehen, dies würde vom eigentlichen Untersuchungsziel zu weit wegführen. Stattdessen soll diesbezüglich auf die einschlägige Literatur verwiesen werden; vgl. u. a. Haller/Reitbauer, Abschlussprüfer, 2002, S. 2229-2235; Ludewig, Qualitätssicherung, 2001, S. 388-392; Marks/Schmidt, Externe Qualitätskontrolle, 2000, S. 409-425; Marten, Externe Qualitätskontrolle, 1999, S. 1073-1076; Marten, Wirtschaftsprüferleistungen, 1999, S. 9-45; Marten/Köhler, Qualitätskontrollen, 2002, S. 241-251 m. w. N. Zur Diskussion um den

eigentliche Adressaten der Rechnungslegung (beispielsweise Aktionäre, Gläubiger etc.) eine wesentliche Rolle; die ausgewiesenen Zahlen bewirken bestimmte Reaktionen am Markt, die wiederum Anreize bestimmten Verhaltens bei Manager und Prüfer determinieren.[7] Insgesamt besteht damit ein Geflecht von ökonomischen Wirkungszusammenhängen und Interdependenzen zwischen Rechnungslegung, Prüfung und Marktverhalten,[8] zu dessen Analyse in der Literatur häufig auf Principal-Agent-Modelle bzw. auf spieltheoretische Ansätze zurückgegriffen wird.[9]

Die Principal-Agent-Modelle betrachten in der Regel zwei oder drei Vertragspartner in einem Optimierungskalkül. Die Modellbeziehung resultiert daraus, dass in ihrer Grundform die Vertragspartner Auftraggeber (Principal) und Manager (Agent) auftreten.[10] Dabei wird grundsätzlich von einer Trennung zwischen dem rechtlichen Eigentum an den Produktionsmitteln und der Verfügungsmacht über die damit einhergehenden Rechte ausgegangen.[11] Der Manager handelt im Auftrag des Auftraggebers, der seine Ressourcen zur produktiven Verwendung dem Agenten überlässt.[12] Dieses Vertragsverhältnis lässt dem Manager einen relativ großen Verhaltens- und Entscheidungsspielraum, was zu einem Interessenkonflikt zwischen Agent und Principal aufgrund des besseren Informationszuganges des Managers hinsichtlich wesentlicher Unternehmensdaten (asymmetrische Informationsverteilung) führen kann.[13]

In diese Modellwelt tritt nun der Abschlussprüfer (Auditor) als ebenfalls rational handelnder Akteur. Dabei wird unterstellt, dass der erste Agent in der Person des Managers und der zweite Agent in der Person des Abschlussprüfers gleiche Eigenschaften haben; sie handeln eigennützig, haben mit zunehmendem Arbeitseinsatz ein überproportional zunehmendes Arbeitsleid und sind risikoscheu.[14] Die

---

„***Sarbanes-Oxley Act of 2002***" vgl. ferner Lanfermann/Maul, Sarbanes-Oxley Act, 2002, S. 1725-1732; Lanfermann/Maul, Sarbanes-Oxley Act, 2003, S. 349-355; Lenz, Sarbanes-Oxley Act, 2002, S. 2270-2275; Marten/Köhler/Meyer, Sarbanes-Oxley Act, 2003, S. 10-17.

7 Vgl. Ewert, Rechnungslegung, 1993, S. 719; Ewert, Prüfungstheorie, 2002, Sp. 1908 f.

8 Vgl. hinsichtlich einer Darstellung der grundsätzlich vollständigen Interdependenz aller Maßnahmen und Reaktionen und damit zum essentiell spieltheoretischen Charakter von Problemen der Wirtschaftsprüfung Ewert/Stefani, Wirtschaftsprüfung, 2001, S. 176 f.

9 Vgl. Ewert, Rechnungslegung, 1993, S. 720 f.

10 Vgl. zur Principal-Agent-Theorie im Allgemeinen u. a. Breid, Agencytheoretische Ansätze, 1995; Eisenhardt, Agency Theory, 1989; Elschen, Agency-Theorie, 1991; Fischer, Agency-Theorie, 1995; Gedenk, Agency-Theorie, 1998; Karmann, Principal-Agent-Modelle, 1992; Kiener, Principal-Agent-Theorie, 1990; Kleine, Principal-Agent-Modelle, 1996; Müller, Agency-Theorie, 1995; Pfaff/Zweifel, Principal-Agent Theorie, 1998; Schmidt/Theilen, Prinzipal- und Agententheorie, 1995; Wagenhofer, Agency-Modelle, 1996; Wagenhofer/Ewert, Agency Modelle, 1993; Wenger/Terberger, Agent und Prinzipal, 1988 m. w. N.

11 Vgl. u. a. über die in Fn. 10 genannten Literaturnachweise hinaus Hartmann-Wendels, Agency-Theorie, 1992, S. 412 ff.; Neus, Agency Costs, 1989, S. 472 ff.

12 Vgl. über die Literaturnachweise in Fn. 10 hinaus u. a. Elschen, Agency-Theorie, 1991, S. 209 ff.; Neus, Agency Costs, 1989, S. 472 ff.

13 Vgl. hierzu detailliert Hartmann-Wendels, Asymmetrische Informationsverteilung, 1989, S. 714 ff.; Meyer, Asymmetrische Information, 1990, S. 25 ff.; Spremann, Information, 1988, S. 613 ff.; Spremann, Asymmetrische Information, 1990, S. 561 ff. m. w. N.

14 Vgl. hierzu ausführlich Ewert, Wirtschaftsprüfung, 1990, S. 140 ff.

Agency-Theorie zielt auf die modellendogene Analyse optimaler Kontrakte zwischen Auftraggeber, Manager und Abschlussprüfer unter den Aspekten der Risikoteilung und der Motivation ab.[15] Problematisch ist an diesen Ansätzen, dass sie regelmäßig von sämtlichen institutionellen Aspekten des Prüfungsbereiches abstrahieren.[16] So wird als Ergebnis dieser Modelle häufig eine Art erfolgsabhängige Prüferentlohnung abgeleitet, die aber den Grundsätzen des Berufsstandes der Wirtschaftsprüfer widerspricht.[17]
Einen Ausweg bieten hier spieltheoretische Ansätze[18], in denen man wichtige institutionelle Rahmenbedingungen des Prüfungsbereiches berücksichtigen kann.[19] In den USA sind seit Mitte der achtziger Jahre verschiedene Beiträge zur optimalen Prüfungsstrategie aus spieltheoretischer Sicht erschienen.[20] In Deutschland bauen die Arbeiten von ***Schildbach***[21] und ***Ewert***[22] auf diesen Ansätzen auf.[23] Insbesondere dem zuletzt genannten Beitrag kommt dabei der Charakter eines Erklärungsmodells zu, mit dem gezeigt werden kann, welche Faktoren in welcher Weise die Publizitätsqualität beeinflussen können.[24] Nachfolgend soll daher zunächst das Modell von ***Ewert*** vorgestellt werden (Abschnitt 3.1.1 und 3.1.2). Anschließend wird versucht, Aussagen über die Beeinflussung der Qualität der Berichterstattung – insbesondere der Anhangsberichterstattung im Rahmen der Prospektpublizität börsengehender Unternehmen des Neuen Marktes,

---

[15] Vgl. Ewert, Rechnungslegung, 1993, S. 720; Ewert, Prüfungstheorie, 2002, Sp. 1911; Mandler, Wirtschaftsprüfer, 1997, S. 100 ff.; Weißenberger, Wirtschaftsprüfer, 1997, S. 76 ff.

[16] Vgl. Ewert, Rechnungslegung, 1993, S. 720.

[17] Vgl. hierzu ausführlich Ewert, Wirtschaftsprüfung, 1990, S. 140-165; Ewert, Prüfungstheorie, 2002, Sp. 1912 f.; Stefani, Forschungsmethoden im Prüfungswesen, 2002, S. 226 f.

[18] Die Spieltheorie beschäftigt sich mit der Lösung von Konfliktsituationen, bei denen die einzelnen Parteien für die Erreichung ihrer Ziele mehrere Strategien zur Verfügung haben und bei denen das Ausmaß der Zielerreichung auch von den Strategien des Gegners abhängt. Zum Instrumentarium der Spieltheorie in den Wirtschaftswissenschaften vgl. insbesondere Illing, Spieltheorie, 1995 sowie Pfähler/Wiese, Spieltheorie, 1990 m. w. N. Natürlich lassen sich auch die besprochenen Agency-Modelle spieltheoretisch interpretieren, denn es handelt sich zweifellos um eine Mehrpersonenanalyse, wobei die Zielerreichung jedes Akteurs unter anderem vom Verhalten der jeweils anderen Akteure abhängt, vgl. hierzu detailliert Ewert, Rechnungslegung, 1993, S. 720; Ewert, Prüfungstheorie, 2002, Sp. 1908-1923.

[19] Vgl. Stefani, Forschungsmethoden im Prüfungswesen, 2002, S. 232.

[20] Vgl. u. a. Anderson/Young, Internal Audit Planning, 1988, S. 23-42; Antle, Auditing, 1989, S. 64-66; Fellingham/Newman, Auditing, 1985, S. 634-650; Newman/Noel, Auditing, 1989, S. 50-63.

[21] Vgl. Schildbach, Wirtschaftsprüfer, 1996, S. 1-30. ***Schildbach*** legt bei seinem Ansatz ein Entscheidungsmodell des Wirtschaftsprüfers bei Risiko zugrunde und wendet sich damit z. T. von spieltheoretischen Überlegungen ab, vgl. Schildbach, Wirtschaftsprüfer, 1996, S. 6. Hinsichtlich einer kritischen Würdigung dieses Ansatzes vgl. Ewert/Feess/Nell, Prüfungsqualität, 2000, S. 578 f.

[22] Vgl. Ewert, Rechnungslegung, 1993, S. 715-747. Vgl. darüber hinaus auch die Darstellung in Ewert/Stefani, Wirtschaftsprüfung, 2001, S. 180 ff.

[23] Zu weiteren Arbeiten, die auf spieltheoretischen Ansätzen beruhen, vgl. insbesondere Ewert, Wirtschaftsprüfung, 1999, S. 38 m. w. N.

[24] Vgl. Ewert, Rechnungslegung, 1993, S. 722 sowie Marten, Prüfungsleistungen, 1999, S. 126.

die im Rahmen dieser Untersuchung im Mittelpunkt der Betrachtung steht – abzuleiten (Abschnitt 3.2).

3.1.1 Prämissen des spieltheoretischen Ansatzes von *Ewert*

Dem Modell von ***Ewert*** liegt das in der folgenden Abbildung dargestellte zweistufige Szenario zugrunde, welches den Ausgangspunkt der Modellbetrachtung bildet. Hierbei stehen dem Manager als auch dem Prüfer jeweils zwei Strategien offen. Dieses Szenario ist gekennzeichnet durch Unbeobachtbarkeitsaspekte: Der Prüfer trifft seine Entscheidung unbeobachtbar und unabhängig von der Entscheidung des Managers und vice versa. Damit handelt es sich also um ein Spiel mit simultanen Zügen.[25] Der Ablauf ergibt sich aus der nachstehenden Abbildung.

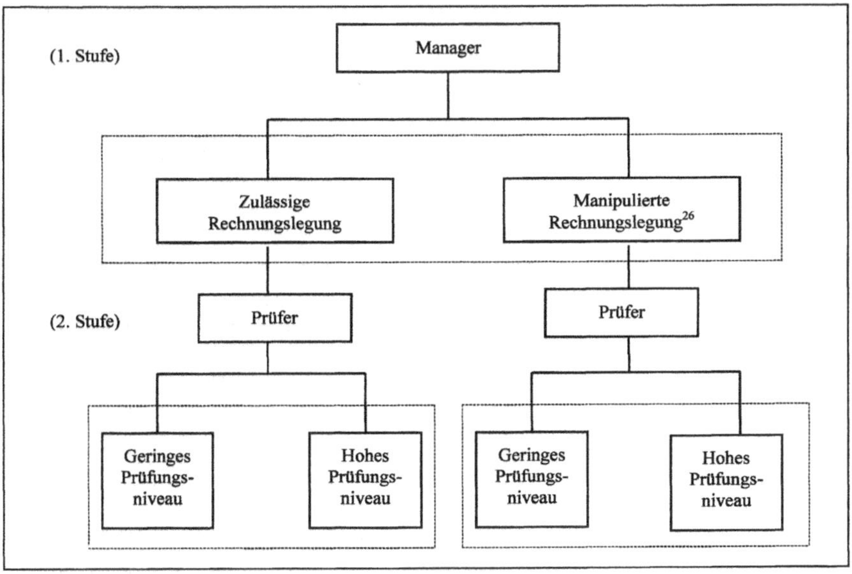

Abbildung 3-1: Konsequenzen der Handlungsmöglichkeiten von Manager und Prüfer[27]

---

[25] Vgl. Ewert, Rechnungslegung, 1993, S. 724.

[26] Neben bewusst verursachten Abweichungen von den Rechnungslegungsstandards sind aber auch unbeabsichtigte Fehler im Rahmen der Erstellung des Jahresabschlusses denkbar. Bilanzmanipulationen sind gezielt darauf gerichtet, die Adressaten unter Umgehung der gesetzlichen Bestimmungen zu einer für den Vorstand günstigen Einschätzung der künftigen Entwicklung des Unternehmens bzw. des in der betrachteten Periode erzielten Erfolges zu veranlassen. In weiten Bereichen des externen Rechnungswesens bestehen aber auch Wahlrechte und Interpretationsspielräume, bezüglich derer ebenfalls unterstellt werden kann, dass die bilanzerstellenden Personen diese Gestaltungsmöglichkeiten zu ihren Gunsten nutzen.

[27] Diese Abbildung wurde entnommen: Ewert, Rechnungslegung, 1993, S. 723.

Der tatsächliche Zustand der Rechnungslegung ist vom Prüfer naturgemäß nicht frei beobachtbar, d. h. ihm ist vor der Prüfung nicht bekannt, inwieweit ihm der opportunistisch handelnde Manager eine Rechnungslegung mit unzulässigen Bilanzierungen von Aktiva und Passiva und/oder mit nicht zutreffenden bzw. unterlassenen Angaben präsentiert. Der ebenfalls opportunistisch handelnde Prüfer muss dann entscheiden, ob er ein geringes oder ein hohes Prüfungsniveau wählt. Dabei wird unterstellt, dass ein geringes Prüfungsniveau zur Nichtaufdeckung einer fehlerhaften Bilanzierung führt, während ein hohes Prüfungsniveau jede Fehlbilanzierung mit Sicherheit aufdeckt (Annahme einer perfekten Prüfungstechnologie)[28] und anschließend berichtigt bzw. bei Nichtberichtigung des Fehlers zu einer entsprechenden Einschränkung oder Versagung des Testats führt.[29]

Welche Strategie für den Prüfer und den Manager optimal ist, hängt in einem spieltheoretischen Zusammenhang grundsätzlich von den ökonomischen Konsequenzen der eigenen Alternativenwahl ab und davon, welche Strategie der jeweils andere Akteur gewählt hat. Den Akteuren wird dabei unterstellt, dass sie sich ausschließlich von ihren Interessen leiten lassen, die ggf. zu einem opportunistischen Verhalten führen könnten.[30] So kann es im Interesse eines opportunistisch agierenden Managers sein, den Jahresabschluss zu manipulieren, weil er so zusätzlich einen Bonus realisieren kann (dieser Bonus wird nachfolgend mit ***B*** bezeichnet). Der Bonus wird ihm z. B. durch eine höhere erfolgsabhängige Bezahlung oder durch eine bessere Beurteilung der Managerqualität auf dem Markt für Führungskräfte zuteil.[31] Allerdings ist auch ein Abschlag (nachfolgend mit ***A*** bezeichnet) gegenüber der Basiszielerreichung[32] denkbar, wenn der Prüfer die Mängel aufdeckt und seine Berichterstattung über die Prüfung entsprechend anpasst bzw. die Testatserteilung einschränkt.[33]

Für die Situation des Prüfers haben die von der Unternehmung zu zahlenden Prüfungsgebühren naturgemäß eine besondere Bedeutung. Diese setzen sich in Deutschland üblicherweise aus Zeit- und Wertgebühren zusammen; allerdings wird in der Praxis zu Beginn der Prüfung zumeist eine Gebühr festgelegt, welche

---

[28] Vgl. zur Systematisierung einiger in der theoretischen Literatur häufig verwendeter Prüfungstechnologien Ewert, Wirtschaftsprüfung, 1990, S. 78-81 m. w. N.

[29] Vgl. Ewert, Rechnungslegung, 1993, S. 723 f.

[30] Vgl. Ewert, Rechnungslegung, 1993, S. 725.

[31] Vgl. Ewert, Rechnungslegung, 1993, S. 726.

[32] Dabei kann es sich sowohl um eine aktuelle Entlohnung als auch um den Barwert künftiger Zahlungen handeln, die von der Verhandlungsposition auf dem Managermarkt abhängen können; vgl. hierzu Ewert, Rechnungslegung, 1993, S. 726.

[33] Dieser Abschlag lässt sich beispielsweise mit signifikant negativen Kursreaktionen im Anschluss an die Veröffentlichung eingeschränkter oder versagter Bestätigungsvermerke und einem damit einhergehenden Vertrauensverlust gegenüber dem Manager begründen, der sich nicht zuletzt auch in Gehaltsänderungen, verschärften Kontrollen, Restriktionen etc. äußern kann. Vgl. Ewert, Rechnungslegung, 1993, S. 726 ff.

der Prüfer nur in Ausnahmefällen überschreiten kann.[34] Diese Prüfungsgebühr soll hier annahmegemäß dem Betrag entsprechen, welchen der Prüfer benötigt, um ein hohes Prüfungsniveau umzusetzen. Die wirkliche Prüfungsleistung ist allerdings nicht zweifelsfrei beobachtbar. Dem Prüfer steht damit die Handlungsalternative offen, ein niedriges Prüfungsniveau anzuwenden und trotzdem die zu Beginn vereinbarte Prüfungsgebühr zu vereinnahmen (der damit realisierte Gebührenüberschuss wird im Folgenden mit ***G*** bezeichnet). Ein hohes Prüfungsniveau würde hingegen zusätzliche Prüfungskosten (nachfolgend mit ***K*** bezeichnet), z. B. in der Form eines erhöhten Arbeitsleides[35], auslösen. Ein niedriges Prüfungsniveau hat aber zur Folge, dass der Prüfer annahmegemäß eine manipulierte Rechnungslegung nicht erkennen kann und trotzdem ein uneingeschränktes Testat erteilt. Der Prüfer läuft so Gefahr, dass diese fehlerhafte Bilanzierung zumindest mit einer bestimmten Wahrscheinlichkeit, z. B. durch die Tätigkeit von Insolvenzverwaltern oder Sonderprüfern, aufgedeckt wird. Der Abschlussprüfer muss dann sowohl mit Regressforderungen als auch mit Reputationsverlusten auf dem Prüfungsmarkt rechnen (im Folgenden mit ***R*** bezeichnet).[36]

Hat der Prüfer demgegenüber ordnungsgemäß geprüft und die Bilanzmanipulationen mithin entdeckt, so können nach ***Ewert*** zwei Faktoren zum Tragen kommen.[37] Zunächst kann der Prüfer durch eine entsprechende Berichterstattung sowie eine Einschränkung oder Versagung des Testats den Aufsichtsorganen und ggf. auch anderen Marktteilnehmern seine Leistungsfähigkeit demonstrieren. Daraus können dem Prüfer Reputationsvorteile (bestehend etwa aus der Möglichkeit, künftig höhere Prüfungsgebühren berechnen zu können) erwachsen, die im Modell durch die Größe ***V*** erfasst werden. Andererseits ist aber auch denkbar, dass der Manager dem Prüfer mit dem Mandatsverlust droht, falls er auf die Behebung der festgestellten Mängel drängt oder seine Berichterstattung und Testatserteilung entsprechend anpasst.[38] Auch wenn in Deutschland nicht der Manager unmittelbar für die Bestellung bzw. die Wahl des Abschlussprüfers zuständig ist,[39] so trifft dennoch in praxi häufig der Vorstand – de facto – die Auswahl

---

[34] Vgl. Ewert, Rechnungslegung, 1993, S. 728 ff.

[35] Diese Arbeitsleidfaktoren spielen insbesondere in agency-theoretischen Prüfungs-Modellen eine große Rolle, siehe hierzu insbesondere Ewert, Wirtschaftsprüfung, 1990, S. 140 ff.

[36] Vgl. Ewert, Rechnungslegung, 1993, S. 728-731.

[37] Vgl. Ewert, Rechnungslegung, 1993, S. 731-733.

[38] Mit dieser Annahme wird das Problem der sog. Kundenabhängigkeit angesprochen, das von ***Goldman/Barlev*** (Goldman/Barlev, The Auditor, 1974, S. 710) prägnant wie folgt charakterisiert wird: „Auditors usually operate in a buyer's market: clients can choose the auditor they prefer from a large group of professionals. The firm (the paying client) selects the auditor, determines his employment conditions, and displaces him at will."

[39] Der Abschlussprüfer wird bei einer Aktiengesellschaft gem. § 124 Abs. 3 Satz 1 AktG vom Aufsichtsrat vorgeschlagen und anschließend gem. § 318 Abs. 1 Satz 1 HGB von den Gesellschaftern gewählt. Die gesetzlichen Vertreter der Gesellschaft (bei Zuständigkeit des Aufsichtsrates) haben unverzüglich nach der Wahl des Prüfers den Prüfungsauftrag zu erteilen (§ 318 Abs. 1 Satz 4 HGB).

des Abschlussprüfers.[40] Die Drohung der Ablösung ist damit grundsätzlich als ein realer Tatbestand anzusehen, unterstützt durch den Nachweis empirischer Untersuchungen, dass Unternehmen, die eingeschränkte Testate erhielten, tatsächlich signifikant häufiger einen Prüferwechsel vollzogen haben als andere Unternehmen.[41] Zur Beschreibung der ökonomischen Konsequenzen eines Mandatsverlustes für den Prüfer im Fall eines Prüferwechsels greift ***Ewert*** auf eine zu Beginn der 80er Jahre von ***DeAngelo*** entwickelte Theorie zurück, die auf den Verlust sog. Quasirenten abstellt (nachfolgend mit ***Q*** bezeichnet).[42] Eine Quasirente bezeichnet den Umstand, dass die Prüfungsgebühren für die Erstprüfung niedriger angesetzt werden als die dabei entstehenden Kosten in der Erwartung, dass die Prüfungsgebühren in den Folgejahren über den variablen Kosten liegen.[43] Der Terminus Quasirente berücksichtigt, dass ex ante keine Rente vorhanden ist.[44] Für amerikanische Verhältnisse wird diese Konstellation als „common practice" eingestuft und ist auch in Deutschland nicht unüblich.[45] Diese Quasirenten gehen für einen amtierenden Prüfer verloren, wenn der Mandant zu einem neuen Prüfer wechselt. Hinsichtlich der Zielerreichung des Prüfers bei der Kombination „Manipulierte Rechnungslegung/Hohes Prüfungsniveau" wird daher unterstellt, dass sich der Überschuss ***G*** nicht nur um die Kosten ***K***, sondern ebenfalls um die erwarteten Verluste an Quasirenten ***Q*** vermindert, andererseits aber um die Vorteile ***V*** aus möglichen Reputationsgewinnen erhöht wird – vorausgesetzt, dass der Prüfer die aufgedeckten Mängel bei seiner Berichterstattung und Testatserteilung berücksichtigt.[46]

---

[40] Vgl. Ernsting, Publizitätsverhalten, 1997, S. 287 m. w. N. sowie Ewert, Rechnungslegung, 1993, S. 732 m. w. N.

[41] Vgl. hierzu u. a. die Darstellung des „state of the art" vorhandener empirischer Studien in Marten, Abschlussprüfer, 1994, S. 75 ff. Vgl. darüber hinaus Ewert, Rechnungslegung, 1993, S. 732 m. w. N.

[42] Vgl. DeAngelo, Low Balling, 1981, S. 113-127; DeAngelo, Auditor Size, 1981, S. 183-199. Vgl. darüber hinaus auch die Darstellungen in Ewert, Wirtschaftsprüfung, 1990, S. 182 ff.; Ewert, Wirtschaftsprüfung, 1999, S. 41 ff.; Lenz, Low-balling-Effekt, 1991, S. 181-184; Marten, Wirtschaftsprüferleistungen, 1999, S. 49 ff.; Ostrowski/Söder, Unabhängigkeit, 1999, S. 555 ff.

[43] Diese Preispolitik, bei der ein unter den Kosten für die Erstprüfung liegendes Prüfungshonorar die Renten in den Folgeperioden eliminiert, wird in der Literatur mit ***„Low Balling"*** bezeichnet. Während also ex ante – betrachtet über die gesamte Mandatsdauer – kein positiver Gewinn aus der Annahme des Prüfungsauftrages erzielt werden kann, ergibt sich für den Prüfer doch ex post – nach der Durchführung der Erstprüfung – ein echter Vorteil aus der Fortsetzung des Vertragsverhältnisses. Vgl. hierzu detailliert DeAngelo, Low Balling, 1981, S. 113 ff.

[44] Vgl. hierzu DeAngelo, Low Balling, 1981, S. 122.

[45] Vgl. Ernsting, Publizitätsverhalten, 1997, S. 287 sowie Ewert, Rechnungslegung, 1993, S. 732; Ewert, Wirtschaftsprüfung, 1999, S. 41 m. w. N.

[46] Vgl. Ewert, Rechnungslegung, 1993, S. 733.

Diese Ausführungen lassen sich in folgender Ergebnismatrix zusammenfassen, die in jeder Zelle die Konsequenzen des jeweiligen Strategiepaares zunächst für den Manager und dann für den Prüfer angibt.

Manager-Reaktionen / **Prüfungsniveau**	**Zulässige Rechnungslegung**	**Manipulierte Rechnungslegung**
Hoch	**(Z; G - K)**	**(Z - A; G - K - Q +V)**
Gering	**(Z; G)**	**(Z + B; G - R)**

Abbildung 3-2: Die kombinierte Ergebnismatrix für Manager und Prüfer im Modell von ***Ewert***[47]

Legende:

A: Abschlag für den Manager bei aufgedeckter Manipulation der Rechnungslegung
B: Bonus für den Manager bei (nicht entdeckter) Bilanzmanipulation
G: Gebührenüberschuss für den Prüfer beim geringen Prüfungsniveau
K: Zusätzliche Prüfungskosten für das hohe Prüfungsniveau
Q: Erwartete Einbußen des Prüfers an Quasirenten aus potentiellem Mandatsverlust
R: Erwartete Reputations- und Regressverluste für den Prüfer
V: Erwartete Vorteile des Prüfers aus potentiellen Reputationsgewinnen
Z: (Basis)-Zielerreichung des Managers bei zulässiger Bilanzierung

Bevor zur Analyse des Modells übergegangen werden kann, ist zunächst die Bedingung für die Relevanz des hohen Prüfungsniveaus zu definieren. Nach ***Ewert*** ist ein hohes Prüfungsniveau nur dann vorteilhaft, wenn die Ungleichung $\boldsymbol{Q - V < R}$ gilt, d. h. die erwarteten Nettoverluste bei wahrer Berichterstattung und Testatserteilung fallen für den Prüfer niedriger aus als die erwarteten Reputationsverluste. Andernfalls wäre es für den Prüfer günstiger, dem Druck des Managers nachzugeben; dann wäre ein niedriges Prüfungsniveau nicht nur ausreichend, sondern es könnten dabei auch die zusätzlichen Prüfungskosten ***K*** gespart werden. Die oben genannte Ungleichung muss somit noch um ***K*** ergänzt werden und lautet damit $\boldsymbol{K + Q - V < R}$.[48]

3.1.2 Analyse des spieltheoretischen Modells von *Ewert*

Ausgehend von diesen Prämissen soll nun untersucht werden, welche Aussagen sich aus dem beschriebenen Modell hinsichtlich des Verhaltens von opportunistisch agierenden Managern und Prüfern sowie der sich daraus ergebenden Publizitätsqualität ableiten lassen.

[47] Diese Abbildung wurde entnommen: Ewert, Rechnungslegung, 1993, S. 733.
[48] Vgl. Ewert, Rechnungslegung, 1993, S. 733 f.

Die Analyse des spieltheoretischen Modells von ***Ewert*** zeigt, dass kein Nash-Gleichgewicht in reinen Strategien existiert, d. h. es gibt auf der Basis der betrachteten ökonomischen Anreize keine Kombination der Handlungsmöglichkeiten von Manager und Prüfer, „... die in dem Sinne miteinander kompatibel sind, dass die Aktion des jeweils einen die optimale Antwort auf die Aktion des jeweils anderen ist.“[49] Betrachtet man beispielsweise zunächst den Manager und nimmt an, dieser antizipiere, dass der Prüfer das hohe Prüfungsniveau wählt, so muss er bei einer manipulierten Bilanzierung mit einer Einbuße ***A*** rechnen. Damit besteht kein Anreiz für eine manipulierte Rechnungslegung, was für den Prüfer die Frage aufwirft, ob dann ein hohes Prüfungsniveau sinnvoll ist, wenn er davon ausgehen kann, dass eine zulässige Rechnungslegung vorliegt. Sollte der Prüfer nun, um die zusätzlichen Prüfungskosten ***K*** zu sparen, auf ein niedriges Prüfungsniveau übergehen, entfällt für den Manager der Anreiz zu einer zuverlässigen Rechnungslegung. Bleiben seine Manipulationen annahmegemäß unentdeckt, so kann der Manager den Bonus ***B*** realisieren. In dieser Situation lohnt es sich für den Prüfer wiederum, seine Prüfungsstrategie zu ändern, womit dann wieder der Ausgangspunkt mit einem hohen Prüfungsniveau erreicht wäre.[50] Folglich untersucht ***Ewert***, wann ein Gleichgewicht in gemischten Strategien[51] besteht, bei denen die beschriebenen Handlungsalternativen von Manager und Prüfer nur mit einer gewissen Wahrscheinlichkeit gewählt werden. Hierbei leitet er die Wahrscheinlichkeit für die Manipulation der Rechnungslegung[52] durch den Manager „... aus dem Verhältnis der zusätzlichen Prüfungskosten zur Differenz aus erwarteten Reputations- bzw. Regressverlusten und erwarteten Nettoverlusten aus potentiellem Mandatswegfall“[53] ab. Folgendes wird deutlich: Je größer (bei gegebenem Wert ***V***) die erwarteten Reputationsverluste im Verhältnis zu den Quasirenten sind, umso schwerer wiegt für den Prüfer der Nachteil eines aufgedeckten Prüfungsmangels und desto mehr Gewicht hat für ihn ein hohes Prüfungsniveau. Dies wiederum „... induziert beim Manager eine tendenziell richtigere Rechnungslegung, gemessen an der Manipulationswahrscheinlichkeit.“[54] Betrachtet man nun die Strategie des Prüfers, so stellt man fest, dass die Wahrscheinlichkeit für ein hohes Prüfungsniveau von den Vorteilen des Managers bei einer in seinem Sinne beeinflussten Rechnungslegung abhängt und sich aus dem Verhältnis des Bonus ***B*** zur Summe aus diesem Bonus und dem Abschlag ***A*** im Falle einer vom Prüfer entdeckten Manipulation ergibt. Der Prüfer wendet umso

---

[49] Ewert, Rechnungslegung, 1993, S. 734. Vgl. hierzu auch Ewert, Prüfungstheorie, 2002, Sp. 1911, 1916.

[50] Vgl. Ewert, Rechnungslegung, 1993, S. 734.

[51] Voraussetzung für ein Gleichgewicht in gemischten Strategien ist jedoch, dass die Erwartungsnutzen der jeweiligen reinen Strategien gleich sind, vgl. hierzu Ewert, Prüfungstheorie, 2002, Sp. 1916.

[52] Die Einflussfaktoren für die Gegenwahrscheinlichkeit ergeben sich umgekehrt analog aus dieser Analyse.

[53] Ewert, Rechnungslegung, 1993, S. 736.

[54] Ewert, Rechnungslegung, 1993, S. 736.

eher ein höheres Prüfungsniveau an, je höher die relativen Vorteile aus der Bilanzmanipulation für den Manager sind. Eine höhere Wahrscheinlichkeit für den Einsatz des höheren Prüfungsniveaus erscheint auch unmittelbar einsichtig, denn bei eher hohen Anreizen zur Manipulation muss der Prüfer bei niedrigem Prüfungsumfang damit rechnen, dass die Reputations- und Regressverluste Bedeutung erlangen können. Diese Verluste sind annahmegemäß aber so groß, dass sie die zusätzlichen Prüfungskosten und Nettoverluste aus potentiellem Mandatswegfall überkompensieren, so dass in diesem Fall der Prüfer tendenziell umfangreicher prüft.[55]
Als Ergebnis seiner Modellanalyse resümiert ***Ewert***, dass bei opportunistisch handelnden Akteuren mit einer fehlerhaften und manipulierten Rechnungslegung gerechnet werden muss. Die Fehlerwahrscheinlichkeit f als Maß für die Publizitätsgüte erhält man durch die Multiplikation der Manipulationswahrscheinlichkeit mit der Wahrscheinlichkeit für das geringe Prüfungsniveau ($f = \alpha_m \cdot \beta_g$), wobei ein niedriger Wert für f eine hohe Publizitätsqualität ausdrückt und umgekehrt.[56] Wie ***Ewert*** ferner zeigt, kommt man nur dann zu einer völlig verlässlichen Rechnungslegung und damit zu einer maximalen Publizitätsgüte, wenn die Wahrscheinlichkeit für das Vorliegen zweifelsfrei seriöser Prüfer relativ hoch ist.[57]

Formal lassen sich die Strategien von Manager und Prüfer und ihre jeweiligen Konsequenzen wie folgt darstellen:[58]
Die Indifferenzbedingung[59] des Managers zwischen zulässiger und unzulässiger Rechnungslegung lautet: $Z = \beta_g \cdot (Z + B) + (1 - \beta_g) \cdot (Z - A)$.
Mit $\beta_h = 1 - \beta_g$ folgt daraus für die gleichgewichtigen Prüfungswahrscheinlichkeiten:

	Wahrscheinlichkeit für das geringe Prüfungsniveau	**Wahrscheinlichkeit für das hohe Prüfungsniveau**
Prüferstrategien	$\beta_g = \frac{A}{A+B}$	$\beta_h = \frac{B}{A+B}$

Abbildung 3-3: Prüferstrategien im ***Ewert***-Modell[60]

[55] Vgl. Ewert, Rechnungslegung, 1993, S. 736.
[56] Vgl. Ewert, Rechnungslegung, 1993, S. 736-738.
[57] Vgl. hierzu die an dieser Stelle nicht detailliert dargestellten Fallunterscheidungen des Modells von ***Ewert*** in Ewert, Rechnungslegung, 1993, S. 739-741.
[58] Vgl. Ewert, Rechnungslegung, 1993, S. 735.
[59] Die gleichgewichtigen Prüfungswahrscheinlichkeiten haben annahmegemäß die Eigenschaft, dass für den Manager jede Bilanzierungsalternative den gleichen Erwartungswert seiner Zielerreichung aufweist. Er ist also bezüglich seiner reinen Strategien indifferent (ansonsten wäre die Wahrscheinlichkeit für die Wahl einer reinen Strategie gleich 1, doch ist dies mit einem Nash-Gleichgewicht unvereinbar). Analoge Zusammenhänge gelten für den Prüfer, vgl. Ewert, Rechnungslegung, 1993, S. 735.
[60] Diese Abbildung wurde entnommen: Ewert, Rechnungslegung, 1993, S. 735.

Die Indifferenzbedingung des Prüfers zwischen hohem und geringem Prüfungsniveau lautet: $\alpha_z \cdot G + (1-\alpha_z) \cdot (G-R) = \alpha_z \cdot (G-K) + (1-\alpha_z) \cdot (G-K-Q+V)$.
Mit $\alpha_m = (1 - \alpha_z)$ folgt daraus für die gleichgewichtigen Bilanzierungswahrscheinlichkeiten:

	Wahrscheinlichkeit für eine manipulierte Rechnungslegung	**Wahrscheinlichkeit für eine zulässige Rechnungslegung**
Managerstrategien	$\alpha_m = \frac{K}{R-(Q-V)}$	$\alpha_z = \frac{R-(Q-V)-K}{R-(Q-V)}$

Abbildung 3-4: Managerstrategien im ***Ewert***-Modell[61]

Die Fehlerwahrscheinlichkeit f als Maß für die Publizitätsqualität ergibt sich letztlich wie folgt:

$$f = \alpha_m \cdot \beta_g = (1-\alpha_z) \cdot (1-\beta_h).$$ [62]

Vergegenwärtigt man sich noch einmal den Ausdruck für die Manipulationswahrscheinlichkeit α_m, so zeigt sich, dass Reputationsverluste (hier im Sinne von verlorenen Quasirenten aus anderweitigen Mandaten einer Prüfungsgesellschaft zu verstehen) ein entscheidender Faktor darstellen. Diese Wahrscheinlichkeit nimmt ceteris paribus mit höheren Reputations- und Regressverlusten ***R*** ab. Wird entdeckt, dass ein Prüfungsunternehmen eine niedrige Prüfungsqualität angesetzt hat und somit eine manipulierte Rechnungslegung nicht erkennen konnte, so verliert diese Prüfungsgesellschaft einen Teil ihrer bisherigen Mandate und damit auch die dort erzielbaren Quasirenten. Große Prüfungsunternehmen mit eher vielen Mandaten haben diesbezüglich aber mehr Quasirenten zu verlieren als kleinere Prüfungsgesellschaften. Demnach werden die Werte für ***R*** bei größeren Prüfungsgesellschaften tendenziell höher sein als bei kleineren Prüfungsgesellschaften, was sie grundsätzlich zu einem höheren Prüfungsniveau veranlasst. Die Antizipation dieses höheren Prüfungsniveaus durch die Manager führt zu einer größeren Wahrscheinlichkeit für das Vorliegen einer zulässigen Rechnungslegung im Ausgangsmodell, was unter sonst zunächst gleich bleibenden Verhältnissen mit einer niedrigeren Fehlerwahrscheinlichkeit und demnach einer höheren Publikationsqualität einhergeht. Dadurch ist auch aus der Sicht der Marktteilnehmer eine höhere Bonusgröße ***B*** gerechtfertigt, was zu einer Erhöhung der Wahrscheinlichkeit für ein hohes Prüfungsniveau führt und die Auffassung bestätigt, dass größere Prüfungsunternehmen tendenziell besser prüfen

[61] Diese Abbildung wurde entnommen: Ewert, Rechnungslegung, 1993, S. 735.
[62] Vgl. Ewert, Rechnungslegung, 1993, S. 736.

werden als kleinere Prüfungsunternehmen.[63] ***Ewert*** ergänzt damit die Argumentation von ***DeAngelo***[64] und bezeichnet die Hypothese als gerechtfertigt, dass – alleine bedingt durch ökonomische, nicht aber fachlich-technische Zusammenhänge – größere Prüfungsgesellschaften tendenziell besser prüfen als kleinere Prüfungsgesellschaften, was insgesamt mit einer höheren Publikationsqualität einhergeht.[65, 66] Inwieweit eine solche Argumentation in dem hier gewählten Untersuchungsbereich, der Berichterstattung im Rahmen der Börseneinführung am Neuen Markt – insbesondere der Anhangsberichterstattung im Rahmen der Prospektpublizität börsengehender Unternehmen des Neuen Marktes –, nachzuvollziehen ist, soll im weiteren Verlauf dieser Arbeit anhand der nachfolgend formulierten Hypothese getestet werden.[67]

---

[63] Implizit sind dabei natürlich folgende Prämissen zu beachten:
Es handelt sich grundsätzlich um vergleichbare Prüfungsmandate und auch die rein technischen und fachlichen Fähigkeiten zur Prüfungsdurchführung sind vergleichbar. Dadurch ergeben sich keine Unterschiede bezüglich ***K*** und ***Q*** für größere und kleinere Prüfungsgesellschaften. Hinsichtlich der Vorteile ***V*** muss angenommen werden, dass potentielle Unterschiede zwischen größeren und kleineren Gesellschaften keine Änderung der aus unterschiedlichen ***R***-Größen resultierenden Effekte hervorrufen. Solche Änderungen wären dann möglich, wenn kleinere Gesellschaften sehr viel mehr Vorteile aus Reputationsgewinnen ziehen könnten als größere Gesellschaften. Ob das tatsächlich der Fall ist, dürfte völlig offen sein. Vgl. hierzu Ewert, Rechnungslegung, 1993, S. 742.

[64] Vgl. DeAngelo, Auditor Size, 1981, S. 183-199.

[65] Vgl. Ewert, Rechnungslegung, 1993, S. 741-743.

[66] Die Vielzahl empirischer Studien, welche den Versuch einer Einflussfaktorenbestimmung des Publizitätsverhaltens unternehmen und explizit unterstellen, dass der jeweilige Abschlussprüfer über ein bestimmtes Beeinflussungspotential verfüge, welches das Informationsniveau des veröffentlichten Jahresabschlusses und die ihn begleitende Berichterstattung in erheblichem Maße präge, deuten darauf hin, dass dieser Zusammenhang in der herrschenden Literatur ebenfalls so gesehen wird.
Vgl. hierzu u. a. Adler, Rechnungslegung, 1976, S. 129; Ahmed/Nicholls, Mandatory Disclosure, 1994, S. 66; Craswell/Taylor, Disclosure, 1992, S. 300 f.; Dumontier/Raffournier, IAS, 1998, S. 225; Firth, Disclosure, 1979, S. 274; Forker, Disclosure Quality, 1992, S. 116; Frings, Berichterstattung, 1975, S. 294 f.; Glaum/Street, Rechnungslegung, 2002, S. 24; Haas, Berichterstattung, 1975, S. 148 ff.; Hossain/Perera/Rahman, Voluntary Disclosure, 1995, S. 74; Hossain/Tan/Adams, Voluntary Disclosure, 1994, S. 339; Inchausti, Information Disclosed, 1997, S. 55; Jäckel/Leker, Abschlussprüfer, 1994, S. 6; Jäckel/Leker, Abschlussprüfer, 1995, S. 294; Kortmann, Berichterstattung, 1989, S. 211 ff.; Malone/Fries/Jones, Corporate Financial Disclosure, 1993, S. 254; McNally/Eng/Hasseldine, Corporate Financial Reporting, 1982, S. 13; Singhvi/Desai, Disclosure, 1971, S. 133; Sprißler, Rechnungslegung, 1976, S. 160 ff.; Tai/Au-Yeung/Kwok/Lau, Disclosure Requirements, 1990, S. 106; Wallace/Naser, Disclosure, 1995, S. 325 f.; Wallace/Naser/Mora, Corporate Annual Reports, 1994, S. 47.

[67] Die modelltheoretische Annahme einer „manipulierten Rechnungslegung" im spieltheoretischen Modell von ***Ewert*** wird im Rahmen dieser Arbeit ausgeweitet auf sämtliche Unrichtigkeiten (unbeabsichtigt) und Verstöße (beabsichtigt), die zu fehlerhaften oder vorschriftsmäßig unterlassenen Angaben führen. Dieser Ansatz wurde gewählt, da eine externe Messbarkeit bzw. Kategorisierung von Unrichtigkeiten und Verstößen nicht möglich ist.

Hypothese:

Unternehmen des Neuen Marktes, die von großen Wirtschaftsprüfungsgesellschaften geprüft werden, halten die Offenlegungspflichten nach den deutschen handelsrechtlichen Vorschriften des HGB, den International Accounting Standards (IAS) bzw. den US-amerikanischen Generally Accepted Accounting Principles (US-GAAP) genauer ein als Unternehmen, die von anderen, kleinen Prüfungsgesellschaften geprüft werden.

Hierbei muss berücksichtigt werden, dass die Güte der Publizität in Unkenntnis des jeweiligen Unternehmenseinflusses nur mittelbar als Indikator für die Höhe des Prüfungsniveaus und damit der Prüfungsqualität[68] des Abschlussprüfers herangezogen werden kann.[69] Für den Fall einer niedrigen Publizitätsgüte lässt sich jedoch unstrittig auf ein zu niedriges Prüfungsniveau oder aber eine unzureichende Korrektur durch den Abschlussprüfer schließen. Der obigen Hypothese soll daher in Anbetracht dieser Einschränkung[70] auf Basis der zuvor dargelegten Theorie im weiteren Verlauf dieser Arbeit nachgegangen werden.

---

[68] Der Begriff ***„Prüfungsqualität"*** soll im Rahmen dieser Arbeit wie folgt definiert werden: Unter Prüfungsqualität ist der Grad der Einhaltung von Prüfungsnormen durch den Abschlussprüfer zu verstehen. Zu weiteren Begriffsbeschreibungen der „Prüfungsqualität" vgl. des Weiteren Marten, Wirtschaftsprüferleistungen, 1999, S. 183 ff. ***Marten*** ergänzt die hier vorgenommene Qualitätsbetrachtung beispielsweise um eine nachfragerorientierte Sichtweise der Qualität („externe Qualität"), die es ermöglicht, Erkenntnisse über die Erwartungen und die Wahrnehmung der Prüfungsqualität durch die Nachfrager zu erzielen, vgl. Marten, Wirtschaftsprüferleistungen, 1999, S. 190. Die Beschränkung des Qualitätsbegriffes auf die Einhaltung aller zur Durchführung der Abschlussprüfung relevanten gesetzlichen Bestimmungen und berufsständischen Fachgutachten, Stellungnahmen und sonstigen fachlichen Verlautbarungen (im Rahmen der Überarbeitung des Systems der fachlichen Verlautbarungen durch *IDW Prüfungsstandards (IDW PS)* und *IDW Prüfungshinweise (IDW PH)* ersetzt, vgl. Baetge/Sell, Prüfungsgrundsätze, 1999, S. 523), d. h. die überwiegend produktorientierte, objektive Qualitätssicht, ergab sich unmittelbar aus dem Untersuchungsziel dieser Arbeit.
Die Qualität der Prüfungsleistung wird – wie die obigen Ausführungen zeigen – von zwei Komponenten bestimmt: Den ersten Qualitätsfaktor stellt die erwartete Fähigkeit des Abschlussprüfers dar, sowohl zufällige Unregelmäßigkeiten als auch bewusst verursachte Fehler in der Rechnungslegung des geprüften Unternehmens zu entdecken. Diese Komponente der Prüfungsqualität bezieht sich auf die technischen Möglichkeiten oder die ***Urteilsfähigkeit*** des Abschlussprüfers, d. h. seine Prüfungstechnologie. Zum anderen wird die Prüfungsqualität aber auch maßgeblich durch die Bereitschaft des Abschlussprüfers beeinflusst, die Adressaten selbst entgegen einem evtl. vom Management ausgeübten Druck wahrheitsgemäß über aufgedeckte Mängel der Unternehmenspublizität zu informieren. In der ***Urteilsfreiheit*** bzw. Unabhängigkeit des Abschlussprüfers besteht daher die zweite Komponente der Prüfungsqualität. Vgl. hierzu Stefani, Forschungsmethoden im Prüfungswesen, 2002, S. 219.

[69] Vgl. hierzu bereits Marten, Wirtschaftsprüferleistungen, 1999, S. 107 f.

[70] Zur allgemeinen Problemstellung der Messung der Qualität von Wirtschaftsprüfungsleistungen vgl. u. a. Marten, Qualität von Wirtschaftsprüferleistungen, 1998, S. 416 ff.; Marten, Qualität von Jahresabschlussprüfungen, 1999, S. 29 ff.

Die folgende Abbildung stellt die im Rahmen dieses Abschnittes diskutierten Zusammenhänge der Einflussfaktoren des Wertes bzw. der Qualität publizierter Unternehmensdaten abschließend nochmals graphisch dar. Das Resultat dieser wechselseitigen Abhängigkeiten zwischen den an der Rechnungslegung und Prüfung beteiligten und interessierten Akteuren – der Wert bzw. die Qualität der Jahresabschlussinformationen – insbesondere deren Abhängigkeit von der Prüfungsqualität wird im weiteren Verlauf dieser Arbeit im Mittelpunkt der Betrachtung stehen und mit Hilfe der oben abgeleiteten Hypothese untersucht. Gegenstand dieser Arbeit wird aber auch – wie in der Einleitung zu dieser Arbeit bereits festgelegt – die Analyse sonstiger Einflussfaktoren der Qualität der Unternehmenspublizität sein. Darüber hinaus soll die Wirkung der Publizität auf das individuelle bzw. aggregierte Verhalten der Kapitalmarktteilnehmer am Verhältnis, das sich durch den Kurswert am ersten Börsentag und dem Emissionspreis ergibt, bemessen werden. Insofern werden durch die nachfolgende Untersuchung die maßgeblichen Bereiche dieses Geflechts von ökonomischen Wirkungszusammenhängen und Interdependenzen zwischen Rechnungslegung, Prüfung und Marktverhalten, welches durch die nachfolgende Abbildung wiedergegeben wird, abgedeckt.

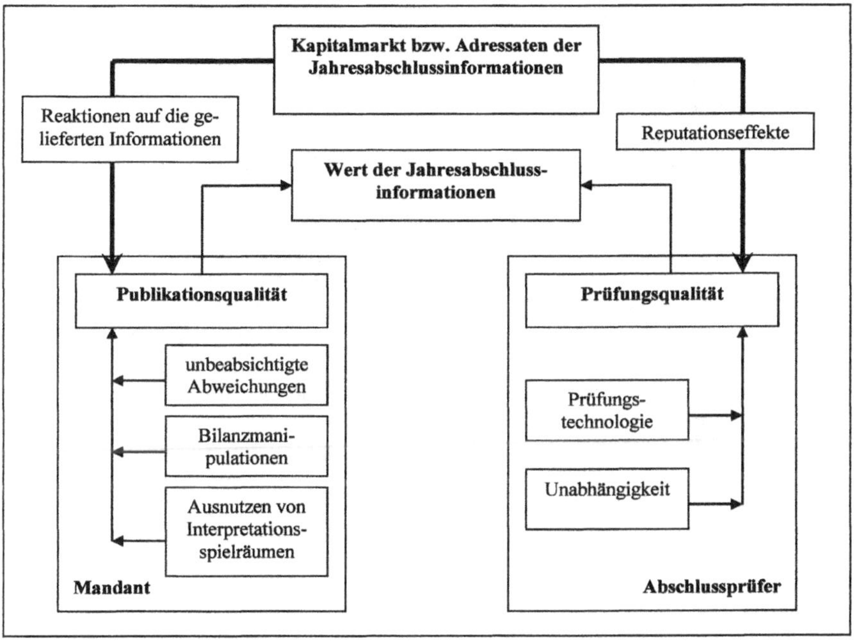

Abbildung 3-5: Publikationsqualität, Prüfungsqualität und Informationsgehalt der Unternehmenspublizität[71]

[71] Diese Abbildung wurde entnommen: Stefani, Forschungsmethoden im Prüfungswesen, 2002, S. 221. Vgl. hierzu insbesondere auch die Ausführungen in Fn. 26 und Fn. 67.

Abschließend soll nun sowohl der dargestellte Ansatz einer kritischen Würdigung unterzogen werden als auch der Frage nachgegangen werden, ob das spieltheoretische Modell von ***Ewert*** speziell auf den hier zu untersuchenden Bereich übertragbar ist. Hierzu sind Aussagen über die Beeinflussung der Qualität der Anhangsberichterstattung, die im Rahmen der nachfolgenden Analysen im Mittelpunkt der Betrachtung steht, abzuleiten.

3.2 Kritische Würdigung des spieltheoretischen Modells von *Ewert* und seine Übertragung auf das vorliegende Bewertungsproblem

Durch den vorangehend dargestellten Ansatz konnten die Wirkungen, die entstehen, weil der Manager seine Rechnungslegungsstrategie von der vermutlichen Intensität der Prüfung und der Wirtschaftsprüfer seine Prüfungs- und Testatsstrategie von der vermutlichen Fehlerhaftigkeit der Rechnungslegung des Managers abhängig macht, wobei jeder die Vor- und Nachteile der gegnerischen Handlungsweisen für den Gegner genau kennt und einkalkuliert, bereits sehr umfassend aufgedeckt werden. Ob diese spieltheoretischen Interdependenzen allerdings wirklich eine derart überragende Bedeutung haben, darf mit guten Gründen bezweifelt werden. ***Schildbach*** kritisiert an dem Modell von ***Ewert*** insbesondere die Annahme, dass die Manager die Qualität der Rechnungslegung primär an der erwarteten Intensität der Prüfung und an den Faktoren ausrichten, die ein hohes oder ein niedriges Prüfungsniveau für den Prüfer vorteilhaft machen; „Manager legen nicht Rechnung, um mit dem Prüfer Katz und Maus zu spielen."[72] Vielmehr werden die Manager eines gut gehenden Unternehmens, welche das von ihnen erstrebte Bilanzbild und die gewünschte Dividendenhöhe im Rahmen der üblichen Bilanzpolitik problemlos erreichen können und die auch keinerlei Druck zu besonderer Sparsamkeit unter Inkaufnahme entsprechender Fehleranfälligkeit der Rechnungslegung verspüren, die Rechnungslegung grundsätzlich nicht vernachlässigen oder verfälschen, nur weil die Kosten intensiver Prüfung für den Wirtschaftsprüfer und die aus dem Mandat zu erwartende Quasirente hoch, die Regressverluste wegen eines fehlerhaften Testats sowie die Vorteile aus einem potentiellen Reputationsgewinn bei mutiger und berechtigter Testatseinschränkung dagegen niedrig sind.[73]

Im Rahmen dieser Arbeit interessiert aber vor allem die Aussagefähigkeit des ***Ewert***-Modells hinsichtlich der Erklärung der Publizitätsqualität im Rahmen der Anhangsberichterstattung. In diesem Zusammenhang erscheint eine andere Prämisse als problematisch.[74] In diesem Modell wird unterstellt, dass für den Manager immer ein Abschlag von seiner Basiszielerreichung vorzunehmen ist, wenn der Prüfer die fehlerhafte Bilanzierung des Managers entdeckt. Fragwürdig erscheint diese Annahme insbesondere dann, wenn die aufgedeckten Bilanzierungsfehler durch den Prüfer behoben werden, indem z. B. bislang fehlende Anhangsangaben durch den Prüfer ergänzt werden. Für eine Einschränkung des

[72] Schildbach, Wirtschaftsprüfer, 1996, S. 6.
[73] Vgl. Schildbach, Wirtschaftsprüfer, 1996, S. 6.
[74] Vgl. hierzu bereits Ernsting, Publizitätsverhalten, 1997, S. 291 ff.

Testats oder eine negative Berichterstattung besteht in diesem Fall kein Anlass mehr. Nur wenn sich der Fehler nicht korrigieren lässt, ist eine Einschränkung des Testats angezeigt, was in der Realität grundsätzlich zu einem Abschlag von der Basiszielerreichung für den Manager führen dürfte. Dies dürfte bei einer fehlerhaften Berichterstattung im Anhang im Gegensatz zu Fehlern im Bereich der Bilanzierung aber gerade nicht der Regelfall sein.[75] Würde man hier von der modifizierten Modellprämisse ausgehen, bei welcher der Manager keinen Abschlag bei Aufdeckung seiner unvollständigen Berichterstattung zu befürchten hat *(**A** = 0; **B** > 0)*, so gelangt man zu Interpretationsschwierigkeiten dieses spieltheoretischen Ansatzes.[76] Der Prüfer wird in diesem Fall immer eine fehlerhafte Anhangsberichterstattung erwarten und folglich immer das hohe Prüfungsniveau anwenden, denn bei eher hohen Anreizen zur Manipulation muss der Prüfer bei niedrigem Prüfungsniveau damit rechnen, dass die Reputations- und Regressverluste Bedeutung erlangen können. „Diese Verluste sind aber annahmegemäß so groß, dass sie die zusätzlichen Prüfungskosten und Nettoverluste aus potentiellem Mandatswegfall überkompensieren, so dass in diesem Fall der Prüfer tendenziell umfangreicher prüft."[77] Insgesamt würde dies mit einer stets hohen Publikationsqualität einhergehen, die in der Realität erfahrungsgemäß aber nicht immer derart vorzufinden ist.

Eine geringe Publizitätsgüte wäre unter dieser modifizierten Prämisse nur in zwei Fällen erklärbar: Im ersten Fall wendet der Prüfer ein geringes Prüfungsniveau an, weil er den Reputations- und Regressverlust bei unzulänglicher Anhangsberichterstattung ***R*** geringer als die Nettoverluste aus dem Mandatsverlust zuzüglich der gesparten Prüfungskosten für ein höheres Prüfungsniveau einschätzt *(**R** < **Q** – **V** + **K**)*. Des Weiteren ist denkbar, dass der Prüfer die Fehler im Bereich der Anhangsberichterstattung im Jahresabschluss zwar entdeckt, sich aber mit seinen Änderungswünschen beim Manager nicht durchsetzen kann. Dies würde voraussetzen, dass der Prüfer den Reputations- und Regressverlust geringer als die Nettoverluste aus dem Mandatsverlust *(**R** < **Q** – **V**)* bewertet. Bei den Folgeprüfungen wird er in diesem Fall sein Prüfungsniveau absenken, um zumindest die zusätzlichen Prüfungskosten ***K*** zu sparen. In beiden dieser Fälle wäre damit folglich die von ***Ewert*** zugrunde gelegte Bedingung für die Relevanz des hohen Prüfungsniveaus in Form der Ungleichung ***R*** > ***Q*** – ***V*** außer Kraft gesetzt.[78] Die Anwendung des ***Ewert***-Modells bliebe damit insgesamt auf die Prüfung des Ansatzes und der Bewertung beschränkt.[79]

Die für das Vorliegen unterschiedlicher Publizitätsniveaus im Rahmen der Anhangsberichterstattung erhaltene Voraussetzung, dass die Reputations- und Regressverluste bei unzulänglicher Anhangsberichterstattung ***R*** für den Prüfer eine eher zu vernachlässigende Größenordnung haben, wird durch die Realität be-

---

[75] Vgl. Ernsting, Publizitätsverhalten, 1997, S. 291.

[76] Interpretationsschwierigkeiten bei einem Absinken von *A* auf Null sieht auch ***Schildbach***, vgl. Schildbach, Wirtschaftsprüfer, 1996, S. 7.

[77] Ewert, Rechnungslegung, 1993, S. 736.

[78] Vgl. hierzu Ewert, Rechnungslegung, 1993, S. 733.

[79] Vgl. bereits Ernsting, Publizitätsverhalten, 1997, S. 293.

stätigt. Den Wirtschaftsprüfern drohten in der Vergangenheit kaum Sanktionen, wenn die Anhangsangaben im testierten Jahresabschluss unvollständig sind.[80] In diesem Zusammenhang könnten vor allem empirische Analysen – wie die vorliegende Arbeit – mit dazu beitragen, einen Bewusstseinswandel bei den Wirtschaftsprüfern auszulösen und diese zu mehr Sorgfalt bei der Prüfung der Anhangsberichterstattung anzuhalten; eine größere Verbreitung von Beispielen einer wenig sorgfältigen Prüfung der Anhangsberichterstattung könnte vor allem bei der Übernahme durch Printmedien zu Reputationsverlusten der Prüfer führen und so Anreize für ein gesteigertes Prüfungsniveau schaffen. Eine Sanktionsstrategie, die eine Prüfung mit geringem Prüfungsniveau oder eine Nichtberichterstattung aufgedeckter Fehler durch den Prüfer unattraktiv macht, führt letztendlich zu einer Zunahme der Publizitätsgüte; der Jahresabschluss würde seiner Informationsfunktion besser gerecht werden. ***Schildbach*** argumentiert ähnlich, wenn er vorschlägt, dem Prüfer *de lege ferenda* die Erlaubnis zu erteilen, mit seinen Testatseinschränkungen zu werben, um damit die zu erwartenden Vorteile aus Reputationsgewinnen zu erhöhen. Umgekehrt müsste der Prüfer dann als Sanktionsstrategie verpflichtet werden, allen seinen Mandanten über ein zu Unrecht uneingeschränkt erteiltes Testat zu berichten, was seine Reputationsverluste steigern würde.[81] Unabhängig von der eingeschränkten Aussagefähigkeit dieses Modells und seiner Prämissen kann vor dem Hintergrund der obigen Überlegungen der nachfolgenden empirischen Untersuchung – insbesondere der Überprüfung der auf Basis der zuvor dargelegten Theorie abgeleiteten Hypothese – eine praktische Relevanz nicht abgesprochen werden.

Bevor diese Hypothese im Folgenden empirisch geprüft wird, soll zunächst ein Überblick über das Publizitätsverhalten börsengehender Unternehmen des Neuen Marktes gegeben werden. Hierzu ist ein Publizitätsindex zu bilden, der vergleichbar anzeigt, in welchem Ausmaß die bilanzierenden bzw. börsengehenden Unternehmen den rechtlich gebotenen Publizitätspflichten nachkommen. Mit der Bestimmung eines Publizitätsindex' beschreitet man einen Weg, der bereits von einer Vielzahl von Autoren vorgezeichnet wurde. Im folgenden Abschnitt soll daher zunächst ein Überblick über empirische Forschungsarbeiten zur Unternehmenspublizität gegeben werden.[82] Aus der Diskussion und der kritischen Würdigung der in diesen Arbeiten verwandten Vorgehensweisen zur Erfassung der Qualität publizierter Unternehmensdaten soll anschließend die methodische Verfahrensweise der vorliegenden empirischen Arbeit abgeleitet werden.

---

[80] Vgl. Ernsting, Publizitätsverhalten, 1997, S. 294 m. w. N.; Küting, Prüfungswesen, 2000, S. 23.

[81] Vgl. Schildbach, Wirtschaftsprüfer, 1996, S. 13.

[82] Hierbei liegt die Konzentration auf den empirischen Arbeiten, die auf das Verfahren der Nutzwertanalyse zurückgreifen. Lediglich die Verfahren der Nutzwertanalyse in der Investitionsrechnung stellen Ansätze zur Verarbeitung qualitativer Informationen dar, wie sie im Rahmen der hier zu untersuchenden Berichterstattung vorliegen. Dabei wird versucht, den Wert der imponderablen Faktoren zu quantifizieren, vgl. May, Informationsverarbeitung, 1991, S. 331 sowie die Erläuterungen in Kapitel 4 und 5 dieser Arbeit.

4 Unternehmenspublizität als Untersuchungsobjekt empirischer Untersuchungen

Nicht nur im anglo-amerikanischen Sprachraum, sondern auch in Deutschland hat die empirische Forschung zur Unternehmenspublizität eine lange Tradition. Deshalb ist dieses Forschungsgebiet mittlerweile in einer Reihe von Arbeiten aus unterschiedlichen Blickrichtungen und mit unterschiedlichen Schwerpunkten bearbeitet worden.[1] Auslösendes Element für empirische Untersuchungen dieser Art ist zumeist die Einführung neuer Rechnungslegungs- und Berichterstattungsvorschriften.[2] Während die Zielsetzung dieser empirischen Analysen zur Unternehmenspublizität überwiegend darin liegt, Aussagen über den Informationsgehalt und die Informationseffizienz von veröffentlichten Rechnungslegungsdaten zu treffen, unterscheiden sich diese jedoch zumeist hinsichtlich verschiedener Merkmale, etwa hinsichtlich des Gegenstands und des Umfangs der Untersuchung, des Untersuchungszeitraums oder auch des methodischen Vorgehens.[3] So beschränkt sich ein Teil der bislang vorliegenden Studien auf eine rein deskriptive Darstellung der Rechnungslegungs- bzw. Berichterstattungspraxis,[4] während in einigen wenigen weitergehenden Untersuchungen der Versuch unternommen wird, das Publizitätsverhalten von Unternehmen zu beurteilen, zu begründen und fernerhin auf mögliche Einflussfaktoren zurückzuführen,[5] indem zunächst innerhalb eines Soll-Ist-Vergleichs die unternehmensindividuelle Berichterstattungsqualität analysiert und in einem Messwert abgebildet wird.[6]

---

[1] Vgl. hierzu auch Armeloh, Berichterstattung, 1998, S. 33; Rolvering, Zwischenberichterstattung, 2002, S. 75.

[2] So sind z. B. für Deutschland die Neuregelungen der Rechnungslegung für Einzel-Aktiengesellschaften nach §§ 149 ff. AktG 1965, die Einführung von Konzernrechnungslegungsvorschriften nach §§ 329 ff. AktG, die Einführung von Rechnungslegungsvorschriften für Unternehmen und Konzerne bestimmter Größe nach dem sog. Publizitätsgesetz (PublG) von 1969, die Veröffentlichung von „Regeln für die Beurteilung von Zwischenberichten börsennotierter Gesellschaften" durch die Arbeitsgemeinschaft der deutschen Wertpapierbörsen, das Inkrafttreten des Bilanzrichtlinien-Gesetzes (BiRiLiG) am 19.12.1985 als auch das Inkrafttreten des Bankbilanzrichtlinien-Gesetzes (BaBiRiLiG) am 30.11.1990 zu nennen, die Anlass waren, das Publizitätsverhalten nach jeweils neuem Recht zu analysieren sowie das Publizitätsverhalten nach jeweils altem und neuem Recht miteinander zu vergleichen.

[3] Vgl. Armeloh, Berichterstattung, 1998, S. 33.

[4] In diesem Zusammenhang wurde der Autorin eine Reihe von Arbeiten bekannt, die sich aus unterschiedlichen Blickrichtungen unterschiedlichen Schwerpunkten widmen. Nahezu allen diesen Arbeiten ist gemein, dass sie mit der Darstellung des ermittelten Publizitätsausmaßes abschließen, ohne im Anschluss daran die Frage zu behandeln, von welchen Einflussfaktoren die mehr oder weniger umfangreiche Publizität des einen oder anderen untersuchten Unternehmens abhängen könnte. Aufgrund der Vielzahl derartiger Studien soll an dieser Stelle auf eine Darstellung dieser verzichtet werden. Einen detaillierten Überblick über deskriptive Studien zur Konzernpublizität in Deutschland nach Erlass des Aktiengesetzes 1965 findet man beispielsweise in Bötzel, Konzernkrisen, 1993, S. 185 ff.

[5] Vgl. Jäckel/Leker, Abschlussprüfer, 1994, S. 5.

[6] Vgl. hierzu auch Armeloh, Berichterstattung, 1998, S. 34 f.

Modelle zur Beurteilung der Publizität verwenden zur Erfassung zumeist die Inhalts- bzw. Dokumentenanalyse. Zur Bewertung werden Scoring-Modelle[7] in unterschiedlichen Varianten zum Einsatz gebracht. Durch Scoring-Modelle soll eine Reihe von quantitativen und qualitativen entscheidungsbeeinflussenden Bewertungsfaktoren in rechen- bzw. vergleichbare Größen transformiert werden.[8] Hierbei werden veröffentlichten Einzelinformationen Werte zugewiesen, deren Aggregation eine Güteaussage zur Publizitätsbeurteilung ermöglicht. Die einzelnen Ableitungsschritte eines Scoring-Modells als auch die entsprechenden Schritte bei einem Publizitätsscoring sind in der folgenden Tabelle zusammengefasst.

Schritt-nummer	„Reines Scoring-Modell"	Scoring-Modell zur Publizitätsgüte
1.	Auswahl von Merkmalen bzw. Alternativen, die zu bewerten sind	Auswahl einzelner Informationselemente (Items)
2.	Zusammenfassung zu Merkmalsgruppen	Zusammenfassung zu inhaltsähnlichen Aussagekomplexen
3.	Bewertung der Merkmale durch Zuweisung einer reellen Zahl zu einem realen Sachverhalt	Erfassung, ob ein Informationsitem gemäß rechtlicher Anforderung veröffentlicht wird (reelle Zahl = 1) oder (reelle Zahl = 0)
4.	Gewichtung von Einzelmerkmalen oder Gruppen	Entsprechend ihrer Bedeutung wird die Veröffentlichung bestimmter Items oder bestimmter Aussagekomplexe höher gewichtet als die Veröffentlichung anderer Items oder Aussagekomplexe
5.	Errechnung des Gesamtwertes eines Merkmales oder einer Alternative durch Summation aller gewichteten Bewertungen ($I=g_1 \cdot w_1+.......+g_n \cdot w_n$ mit I Gesamtwert, g Gewichte, w Einzelbewertung und n Alternativenzahl)	Berechnung des Publizitätsindex gemäß der Rechenvorschrift des „reinen Scoring-Modells"
6.	Aufstellen einer Rangreihe	Ggfs. Rangreihe oder Weiterverarbeitung der Befunde

Tabelle 4-1: Ableitungsschritte eines Scoring-Modells zur Beurteilung der Publizitätsgüte[9]

[7] Bei Scoring-Modellen werden die (positiven und negativen) Zielbeträge eines Bewertungsobjektes stets mit Hilfe sog. *Kriterien* beschrieben und mit Hilfe von Wertzahlen, Punkten, *„Scores"* in Nutzengrößen („Nutzwerte") transformiert. Daraus resultiert die Bezeichnung „Scoring"- oder auch „Nutzwert"-Modelle.

[8] Vgl. Bötzel, Publizitätsgüte, 1993, S. 205; Strebel, Scoring-Modelle, 1978, S. 2182.

[9] Diese Tabelle wurde entnommen: Bötzel, Konzernkrisen, 1993, S. 196. Siehe hierzu auch Bötzel, Publizitätsgüte, 1993, S. 206 sowie Bötzel/Hauschildt, Konzernbilanzen, 1995, S. 559. Hinsichtlich der Struktur von Scoring-Modellen vgl. des Weiteren Dreyer, Scoring-Modelle, 1974, S. 255 ff.; Strebel, Scoring-Methoden, 1969, S. 251 ff.; Strebel, Scoring-

Ein wesentliches Merkmal von Scoring-Modellen, das häufiger Kritik unterliegt, ist, dass bei ihrer Anwendung durch die Bestimmung der Items und der Gewichte eine stark subjektive Komponente in die Analyse einbezogen wird.[10] Insbesondere bei der Auswahl der in das Gesamturteil einzubeziehenden Teilaspekte und bei der Gewichtung besteht die nicht zu übersehende Gefahr, dass die Untersuchungsergebnisse stark von den Wertvorstellungen des Verfassers beeinflusst sind, obwohl eine empirische Untersuchung möglichst „objektiv", also frei von subjektiven Wertungen, vorgenommen werden sollte. Interessant erscheint daher vor allem, wie in bisherigen Untersuchungen diesem Sachverhalt Rechnung getragen wurde. Daher soll im Folgenden eine Auswahl[11] von Beiträgen unter-

---

Modelle, 1978, S. 2181 ff.; Zangemeister, Nutzwertanalyse, 1972, S. 264 ff. Hinsichtlich der Problematik der Nutzenbewertung von Informationen vgl. bereits Wild, Nutzenbewertung, 1971, S. 315 ff.

[10] Vgl. Strebel, Scoring-Modelle, 1978, S. 2186; Zangemeister, Nutzwertanalyse, 1972, S. 283.

[11] Da eine Darstellung sämtlicher publizierter Untersuchungen, die zum Erreichen ihres Untersuchungszieles auf Scoring-Modelle zurückgreifen, den Rahmen dieser Arbeit sprengen würde, kann im Folgenden nur eine bewusst gewählte Auswahl von Untersuchungen dargestellt werden.

Über die nachfolgend dargestellten Untersuchungen hinaus werden beispielsweise jedes Jahr Geschäftsberichte durch verschiedene Jurys bewertet. Dabei werden je nach dem Inhalt und/oder Gestaltung berücksichtigt, allerdings mit unterschiedlichen Gewichtungen, vgl. hierzu auch Fry, Geschäftsberichte, 1995, S. 58.

So veranstaltet beispielsweise das ***manager magazin*** seit 1995 (zuvor von der Management-Zeitschrift ***TopBusiness*** (ehemals „***Industriemagazin***") veranstaltet) den Wettbewerb „Der beste Geschäftsbericht" mit dem Ziel, die Unternehmen zu motivieren, die Qualität ihrer Geschäftsberichte im Hinblick auf die Interessen der Investoren zu optimieren; vgl. Baden/Wilhelm, Tadel verpflichtet, 1995, S. 160-174; Baden/Wilhelm, Reden ist Gold, 1996, S. 158-183; Balzer/Wilhelm, Stunde der Wahrheit, 1997, S. 82-98; Döhle/Seeger, Die neue Info-Elite, 1998, S. 148-181; Döhle/Seeger, Parade der Sieger, 1999, S. 146-186; Döhle/Seeger, Im Visier der Investoren, 2000, S. 168-191; Döhle/Papendick, Stunde der Wahrheit, 2001, S. 164-185; Papendick, Nur die Wahrheit zählt, 2002, S. 152-165. Vgl. darüber hinaus auch Baetge, Geschäftsbericht, 1992, S. 199-230; Baetge/Armeloh, Kriterienkatalog, 1997, S. 93-128; Baetge/Armeloh/Schulze, Geschäftsbericht, 1997, S. 285-303; Baetge/Armeloh/Schulze, Geschäftsberichterstattung, 1997, S. 176-180; Baetge/Armeloh/Schulze, Empirische Befunde, 1997, S. 212-219; Baetge/Schulze, Qualität der Geschäftsberichterstattung, 1997, S. 303-336. Im Zusammenhang mit der Erstellung der Kriterienkataloge, die diesem Wettbewerb zugrunde liegen, ist auf zwei weitere Arbeiten hinzuweisen, die hier nicht eingehend diskutiert werden: Die Studie von ***Rolvering*** zur Zwischenberichterstattung börsennotierter Kapitalgesellschaften und die Studie von ***Schulze*** zur Berichterstattung über Risiken der künftigen Entwicklung im Lagebericht nach dem KonTraG, vgl. Rolvering, Zwischenberichterstattung, 2002; Schulze, Berichterstattung, 2001. Hinsichtlich der in ihnen angewandten Verfahrensweise ähneln diese Studien stark den hier dargestellten Analysen von ***Krumbholz (1994)*** und ***Armeloh (1998).***

Auch in der Zeitschrift ***Capital*** finden sich Rankinglisten von Unternehmen hinsichtlich der Qualität ihrer Berichterstattung in Geschäftsberichten; vgl. hierzu Hillebrand, Summa cum laude, 1995, S. 58-70; Claßen/Enzweiler/Hillebrand, Geschäftsberichte, 1996, S. 36-70; Enzweiler/Friese/Nitschke, Bilanzen, 1997, S. 60-100; Jahn, Wert, 1998, S. 38-66; Voss, Wert, 1999, S. 38-60.

schiedlichen Untersuchungsgegenstandes dargestellt werden, welche derartige Scoring- bzw. Index-Modelle zur Publizitätsbeurteilung verwenden. Dabei konzentriert sich die nachfolgende Dokumentation bereits vorliegender Forschungsarbeiten auf den deutschsprachigen Raum (ein Überblick über die im Folgenden dokumentierten deutschsprachigen Forschungsarbeiten gibt vorangestellt die Abbildung 4-1). Analysen des angloamerikanischen Sprachraums werden thesenartig unter Gliederungspunkt 7.1 dargestellt. Um die Analysen dieser Arbeit von den bereits vorliegenden Forschungsarbeiten zur Unternehmenspublizität abgrenzen zu können, werden diese Studien in der folgenden Darstellung charakterisiert, systematisiert und die wichtigsten Befunde dargestellt. Dabei besteht die Zielsetzung nicht darin, die inhaltlichen Ergebnisse der Arbeiten im Einzelnen zu beschreiben, sondern dem Leser soll vielmehr ein Überblick über die untersuchten Berichtsinhalte und die dazu verwandten wissenschaftlichen Vorgehensweisen sowie ein Überblick über die untersuchten potentiellen Bestimmungsfaktoren der Publizität (Tabelle 4-2) gegeben werden. Aus der Diskussion der jeweiligen Vorgehensweisen und der kritischen Würdigung der hier dokumentierten Studien soll in Abschnitt 4.2 die methodische Vorgehensweise der vorliegenden empirischen Arbeit abgeleitet werden.

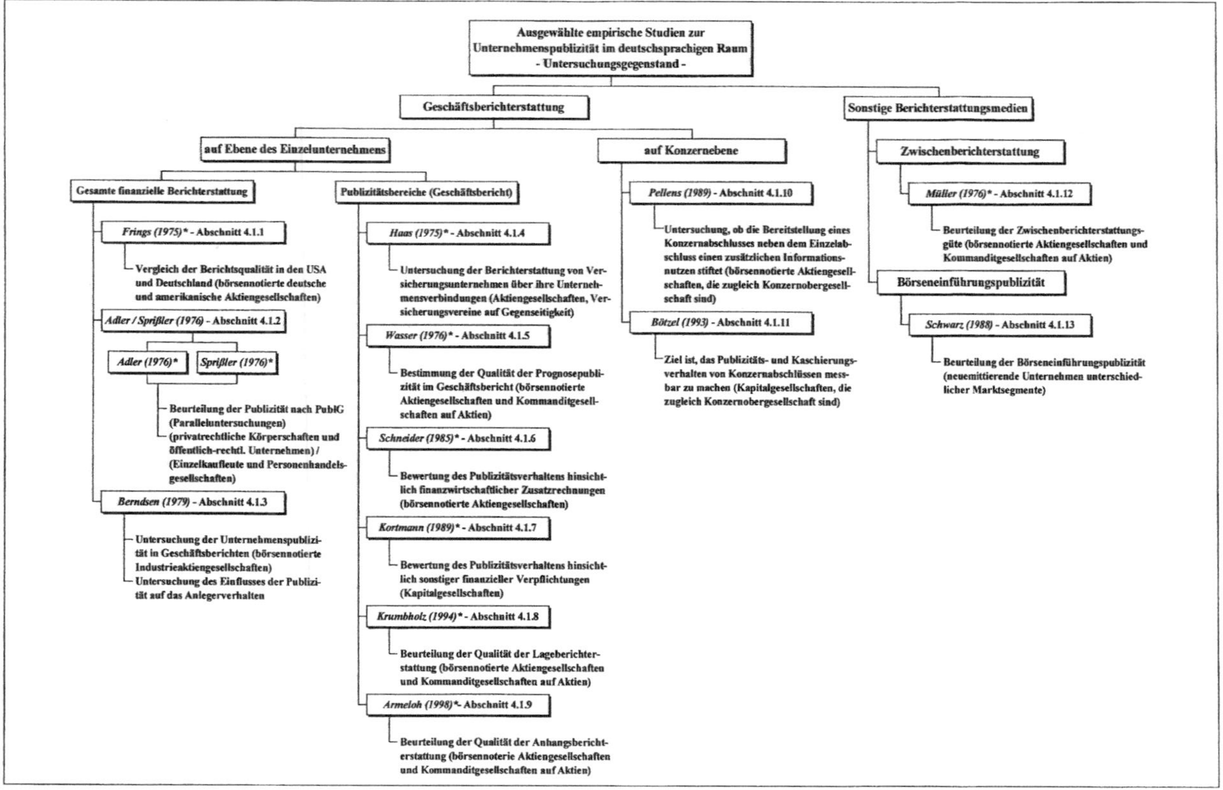

Abbildung 4-1: Empirische Untersuchungen zur Publizitätsbewertung mit Index-Modellen

* Autor bestimmt Einflussfaktoren der Publizitätsgüte; zu den Testergebnissen siehe Tabelle 4-2.

This figure can also be viewed here: https://www.peterlang.com/app/uploads/2024/08/9783631533239_Pg_83.pdf

Untersuchungsfeld	Berichterstattung deutscher und amerikanischer Aktiengesellschaften im jährlichen Geschäftsbericht		Nach dem PublG publizitätspflichtige Unternehmen				Versicherungen
Art der Erhebung	Stichprobenerhebung		Vollerhebung				Repräsentativerhebung
Verfasser	***Frings (1975)***		***Adler (1976)***		***Sprißler (1976)***		***Haas (1975)***
Unternehmensformen	börsennotierte Aktiengesellschaften		Kapitalgesellschaften, öffentlich-rechtliche Unternehmen		Einzelkaufleute, OHG, KG		AG, VVaG, öffentlich-rechtliche Anstalten
Getestete Hypothesen (Testverfahren)	Berichtsgüte deutscher Gesellschaften	Berichtsgüte amerikanischer Gesellschaften	Einhaltung gesetzlicher Vorschriften	freiwillige Publizität	Einhaltung gesetzlicher Vorschriften	freiwillige Publizität	Berichtsgüte
1. Unternehmensgröße und Publizitätsverhalten	(LR) 100; r=0,56; r^2=0,31	(LR) 100; r=0,44; r^2=0,19	(K) 59 ./.	(K) 206 ./.	(R) 28 ./.	(R) 45 ./.	(K) 64 ./.
2. Rechtsform und Publizitätsverhalten					Einzelkaufleute, OHG – KG: (R) 28 ./.	(R) 45 ./.	Aktiengesellschaften – andere: (R) 64 ./.
3. Wirtschaftszweig und Publizitätsverhalten	12 Industriezweige: (v. U.) 100 sig.	(v. U.) 100 sig.	7 Branchen (ohne Banken und Versicherungen): (K) 59; C=0,64 Banken – Versicherungen – Industrie/ Handel:	(K) 59 ./. (K) 206; C=0,39	Handel – Industrie: (R) 28; C=0,46 Handel – Industrie – Banken: Banken – Nichtbanken:	(K) 45 ./. (R) 45; C=0,28	Versicherungssparten: (K) 64 ./.
4. Konzerneinflüsse und Publizitätsverhalten							
5. Nationalität und Publizitätsverhalten			(R) 47 ./.	(R) 47 ./.			
6. Intensität der Auslandsbeziehungen und Publizitätsverhalten							
7. Erfolg und Publizitätsverhalten	Ertragslage (Jahresergebnis): (LR) 100; r=0,46	(LR) 100 ./.					
8. Verschuldungsgrad und Publizitätsverhalten	(LR) 100 ./.	(LR) 100 ./.					
9. Inanspruchnahme des Kapitalmarktes / Börsennotierung und Publizitätsverhalten							
10. Börsenplatz und Publizitätsverhalten							
11. Aktionärsstruktur und Publizitätsverhalten							
12. Versendungsbereitschaft und Publizitätsverhalten			(R) 59 ./.	(R) 59 ./.	(R) 28 ./.	(R) 45 ./.	
13. Publizitätserfahrung und Publizitätsverhalten			(R) 47 ./.	(R) 47; C=0,35	(R) 25 ./.	(R) 42; C=0,38	
14. Uniformität des Publizitätsverhaltens			Freiwillige – Pflichtpublizität: (B) 59 ./. Pflichtpublizität, Bericht über: • Abschreibungen – RHB (M) 58 ./. • Abschreibungen – Herstellungskosten der Erzeugnisse (M) 58 ./.		Freiwillige – Pflichtpublizität: (B) 28; C=0,64 Pflichtpublizität, Bericht über: • Abschreibungen – RHB (M) 28; C=0,46 • Abschreibungen – Herstellungskosten der Erzeugnisse (M) 28; C=0,29		
15. Abschlussprüfer und Publizitätsverhalten	Marktanteil: (v. U.) 20 ./.	(v. U.) 20 ./.	Marktanteil: (R) 58 ./.	(R) 96 ./.	Marktanteil: (R) 28 ./.	(R) 45 ./.	Marktanteil: (R) 64; C=0,2 Spezialisierung: (R) 64; C=0,17
16. Behördenaufsicht und Publizitätsverhalten			(R) 70; C=0,5				

This table can also be viewed here: https://www.peterlang.com/app/uploads/2024/08/9783631533239_Pg_84.pdf

Untersuchungsfeld	Berichterstattung im Rahmen freiwilliger Prognosepublizität	Finanzwirtschaftliche Nebenrechnungen		Berichterst. über die sonstigen finanz. Verpflichtungen (§ 285 Nr. 3 HGB)	Qualität publizierter Lageberichte
Art der Erhebung	Stichprobenerhebung	Stichprobenerhebung		Stichprobenerhebung	Stichprobenerhebung
Verfasser	***Wasser (1976)***	***Schneider (1985)***		***Kortmann (1989)***	***Krumbholz (1994)***
Unternehmensformen	börsennotierte Aktiengesellschaften	börsennotierte Aktiengesellschaften		Kapitalgesellschaften (ohne Banken und Versicherungen)	Kapitalgesellschaften
Getestete Hypothesen (Testverfahren)	Ausmaß freiwilliger Prognosepublizität	Berichts-bereitschaft	Berichtsgüte	Berichtsgüte	Berichtsgüte
1. Unternehmensgröße und Publizitätsverhalten	(T) n_g=26; n_k=74; t=9,696	P=0,40; C_{korr}=0,63	P=0,29; C_{korr}=0,55	(MW) 98; p=0,03	(T) n_g=35; n_k=37; t=3,27 (T) n_g=35; n_m=48; t=2,07 (T) n_m=48; n_k=37; t=1,32 ./.
2. Rechtsform und Publizitätsverhalten				Aktiengesellschaften – andere: (Ch) 98 ./.	Aktiengesellschaften – andere: (T) n_{AG}=106; n_{GmbH}=14; t=3,01
3. Wirtschaftszweig und Publizitätsverhalten	Diverse Branchen (ohne Banken und Versicherungen): (V) n=74; FG=7,66; F=5,178	Diverse Branchen (ohne Banken und Versicherungen): P=0,36; C_{korr}=0,63	P=0,26; C_{korr}=0,50		Diverse Branchen (ohne Banken und Versicherungen): (v. U.) 120 ./.
4. Konzerneinflüsse und Publizitätsverhalten				(Ch) 98 ./.	
5. Nationalität und Publizitätsverhalten					
6. Intensität der Auslandsbeziehungen und Publizitätsverhalten		P=0,25; C_{korr}=0,45	P=0,22; C_{korr}=0,44	(MW) 98; p=0,0052	
7. Erfolg und Publizitätsverhalten	Ertragslage (Rentabilitätskennziffern): (T) $n_{großer\ Branchen⌀}$ =34; $n_{kleiner\ Branchen⌀}$ =66; t=0,947	Ertragslage (Rentabilitätskennziffern): P=0,12; C_{korr}=0,23	./.	Ertragslage (Rentabilitätskennziffern): (MW) 98; p=0,0039	
8. Verschuldungsgrad und Publizitätsverhalten		P=0,14; C_{korr}=0,27	P=0,21; C_{korr}=0,42	(MW) 98; p=0,0116	
9. Inanspruchnahme des Kapitalmarktes / Börsennotierung und Publizitätsverhalten		Grundkapitalerhöhung: P=0,11; C_{korr}=0,18 Eigenkapitalerhöhung: P=0,09; C_{korr}=0,16 Genehmigtes Kapital: P=0,20; C_{korr}=0,37	 ./. ./. P=0,17; C_{korr}=0,32		Publikums-/Nicht-Publikumsgesellschaften: (T) $n_{Pub.}$=16; $n_{N.-Pub.}$=104; t=4,08
10. Börsenplatz und Publizitätsverhalten					
11. Aktionärsstruktur und Publizitätsverhalten	Zahl der Aktionäre: (T) $n_{>1000\ Aktionäre}$=20; $n_{\leq 1000\ Aktionäre}$=80; t=6,837	Streubesitzanteil: P=0,17; C_{korr}=0,33	P=0,18; C_{korr}=0,35		
12. Versendungsbereitschaft und Publizitätsverhalten					
13. Publizitätserfahrung und Publizitätsverhalten					
14. Uniformität des Publizitätsverhaltens				Freiwillige – Pflichtpublizität: (Ch) 98; p=0,0001	
15. Abschlussprüfer und Publizitätsverhalten				Marktanteil: (Ch) 98 ./.	
16. Behördenaufsicht und Publizitätsverhalten					

This table can also be viewed here: https://www.peterlang.com/app/uploads/2024/08/9783631533239_Pg_85.pdf

Untersuchungsfeld	Berichterstattung im Anhang	Freiwillige Zwischenberichterstattung	
Art der Erhebung	Stichprobenerhebung	Vollerhebung	
Verfasser	***Armeloh (1998)***	***Müller (1976)***	
Unternehmensformen	börsennotierte Aktiengesellschaften	*AG, KGaA*	
Getestete Hypothesen (Testverfahren)	Berichtsgüte	Berichts-bereitschaft	Berichtsgüte
1. Unternehmensgröße und Publizitätsverhalten	(T) n_g=21; n_k=89; t=6,40 (T) n_g=21; n_m=40; t=2,38 (T) n_m=40; n_k=89; t=5,70	(K) 176; C=0,51	(K) 176; C=0,42
2. Rechtsform und Publizitätsverhalten			
3. Wirtschaftszweig und Publizitätsverhalten	Diverse Branchen (ohne Banken und Versicherungen): (v. U.) 150 ./.	17 Branchen: (K) 176; C=0,40	(K) 176; C=0,64
4. Konzerneinflüsse und Publizitätsverhalten			
5. Nationalität und Publizitätsverhalten			
6. Intensität der Auslandsbeziehungen und Publizitätsverhalten			
7. Erfolg und Publizitätsverhalten		Erfolgslage: (K) 170; C=0,21 Erfolgstendenz (K) 170 ./.	 (K) 170 ./. (K) 170 ./.
8. Verschuldungsgrad und Publizitätsverhalten			
9. Inanspruchnahme des Kapitalmarktes / Börsennotierung und Publizitätsverhalten	Zugehörigkeit zu einem Aktienindex: • DAX 30/Nicht-DAX 30: (T) $n_{DAX\ 30}$=10; $n_{N.-DAX\ 30}$=140; t=7,73 • DAX 100/Nicht-DAX 100: (T) $n_{DAX\ 100}$=32; $n_{N.-DAX\ 100}$=118; t=7,01		
10. Börsenplatz und Publizitätsverhalten		(K) 176; C=0,27	(K) 176 ./.
11. Aktionärsstruktur und Publizitätsverhalten	Streubesitz: (T) $n_{25\ bis\ 50\%}$=54; $n_{75\%\ bis\ 100\%}$=11; t=2,60		
12. Versendungsbereitschaft und Publizitätsverhalten			(R) 176; C=0,42
13. Publizitätserfahrung und Publizitätsverhalten			
14. Uniformität des Publizitätsverhaltens			
15. Abschlussprüfer und Publizitätsverhalten			
16. Behördenaufsicht und Publizitätsverhalten			

Legende:

B	Vergleich zweier Verteilungen bei zwei Variablen (Symmetrie-Test nach ***Bowker***)
K	Vergleich zweier oder mehrerer Fallgruppen bei einer Variablen (***Kruskal-Wallis***-Test)
M	Vergleich zweier Verteilungen bei zwei dichotomen Variablen (***McNemar***-Test)
R	Vergleich zweier oder mehrerer Fallgruppen bei einer Variablen (Rangsummentest nach ***Raatz***)
C=0,..	Kontingenzkoeffizienten
Ch	Erstellung von zwei- oder mehrdimensionalen Tabellen und Prüfung von Hypothesen von Unterschieden und Zusammenhängen in Kontingenztabellen (Chi-Quadrat-Test)
P/C	Phi-Koeffizient bei 2 X 2-Tabellen bzw. Kontingenzkoeffizient bei Mehrfeldertafeln
C_{korr}	Aufwertungskorrektur des Kontingenzkoeffizienten nach ***Pawlik***
LR	Schätzung von Koeffizienten der linearen Gleichung unter Einbeziehung einer oder mehrerer unabhängiger Variablen (lineare Regression)
r	Pearsonscher Korrelationskoeffizient
r^2	Bestimmtheitsmaß (Gütemaß), das durch den Quotienten aus erklärter Streuung zur Gesamtstreuung angibt, wie gut die Anpassung der Regression an die empirischen Werte der abhängigen Variablen ist
MW	Vergleich zweier Fallgruppen bei einer Variablen (***Mann-Whitney***-U-Test)
p	Signifikanzniveau
T	Vergleich von Mittelwerten aus zwei Untergruppen und Prüfung auf signifikante Unterschiede (t-Test)
t	Testgröße des zweiseitigen t-Tests
n	Stichprobenumfang der unabhängigen Stichproben
V	Vergleich von Mittelwerten aus Untergruppen/ statistische Unterschiedsprüfung durch Varianzanalyse (F-Test)
F	errechnete Prüfgröße des F-Tests
FG	Freiheitsgrad des F-Tests
v. U.	lediglich deskriptive Statistiken
./.	der vermutete Zusammenhang besteht nicht / besteht nicht mit der erforderlichen Signifikanz ($p<0,05$)
–	nicht erhobene bzw. nicht erhebbare Daten

Tabelle 4-2: Übersicht über die Testergebnisse ausgewählter empirischer Studien zur Unternehmenspublizität

This table can also be viewed here: https://www.peterlang.com/app/uploads/2024/08/9783631533239_Pg_86.pdf

4.1.1 Studie von *Frings (1975)*[12]

Die Studie von ***Frings*** stellt eine rein empirische Untersuchung dar, deren Ziel in einem Vergleich der Publizitätsfreudigkeit bzw. Berichterstattungsqualität deutscher und amerikanischer Aktiengesellschaften im jährlichen Geschäftsbericht liegt. Ausgangspunkt dieser Untersuchung waren Behauptungen in zahlreichen amerikanischen Veröffentlichungen, dass die Publizität in Kontinentaleuropa bei weitem nicht das amerikanische Niveau erreiche und dass die Aktionäre amerikanischer Unternehmen mehr Informationen von ihren Gesellschaften erhalten als die Aktionäre deutscher Unternehmen.[13] Im Rahmen dieser Studie soll dementsprechend der Frage nachgegangen werden, ob Feststellungen darüber getroffen werden können, welche Unternehmen – deutsche oder amerikanische Gesellschaften – eine umfassendere Berichterstattung in Bezug auf die vom Investor benötigten Vergangenheits- und Zukunftsinformationen zur Verfügung stellen.[14] Aufgrund einer sehr intensiven Literaturauswertung stellt ***Frings*** hierzu einen Katalog von Informationsanforderungen auf, über die in jedem Geschäftsbericht berichtet werden sollte; insgesamt werden 54 verschiedene Fakten ausgewählt und mit einem Punktesystem bewertet.[15] Das Kriterium für die Gewichtung der Variablen ist, ob eine Information als wesentlich, wünschenswert oder nur nützlich angesehen werden kann. Auf die Einstufung der einzelnen Faktoren hat die Häufigkeit ihres Erscheinens in vorangegangenen Untersuchungen und die Gewichtung, die ihnen insbesondere bei Anlageberatern und deren Berichten und Veröffentlichungen beigemessen wurde, einen starken Einfluss; insgesamt können durch die zu untersuchenden Unternehmen 100 Punkte erreicht werden, wenn alle Informationselemente dieses Kataloges im publizierten Geschäftsbericht zur Verfügung stehen.[16] Der Kriterienkatalog ergibt sich insgesamt wie folgt:

Erwünschte Informationen im Geschäftsbericht
- Publizitätskatalog -

1) Wesentliche Informationen	**Bewertung in Punkten**
1. Detaillierte Gewinn- und Verlustrechnung (2 Jahre)	4
2. Detaillierte Bilanz (2 Jahre)	4
3. Bewegungsbilanz (2 Jahre)	3
4. Betriebsergebnis einzelner Divisionen oder Abteilungen	3
5. Investitionen	3
6. Netto-Umsatz	3
7. Jahresüberschuss oder -verlust	3
8. Produktionsmengen	3
9. Abschreibungen	3
10. Vorräte unterteilt in Roh-, Hilfs- und Betriebsstoffe, unfertige und fertige Erzeugnisse	3
11. Veränderungen der Bilanzierungsmethoden	3
	35

[12] Vgl. Frings, Berichterstattung, 1975.
[13] Vgl. Frings, Berichterstattung, 1975, S. 15.
[14] Vgl. Frings, Berichterstattung, 1975, S. 17.
[15] Vgl. Frings, Berichterstattung, 1975, S. 271.
[16] Vgl. Frings, Berichterstattung, 1975, S. 271, 274-276.

2) Wünschenswerte Informationen	**Bewertung in Punkten**
1. Umsatzaufgliederung nach mindestens zwei Gesichtspunkten	2
2. Aufgliederung des Jahresergebnisses nach mindestens zwei Gesichtspunkten	2
3. 10-Jahresübersicht	2
4. „Auf einen Blick" (2 Jahre)	2
5. Herstellungskosten der verkauften Erzeugnisse (USA)	2
6. Getrennter Ausweis von Personal-, Material- und sonstigen Kosten (BRD)	2
7. Werbekosten	2
8. Mietkosten (Leasing) - Betrag -	2
9. Leasing - genaue Beschreibung -	2
10. Forschungs- und Entwicklungskosten	2
11. Ausweis von einmaligen oder außerordentlichen Posten in der Gewinn- und Verlustrechnung oder den Erläuterungen	2
12. Bewertungsmethode der Wertpapiere des Umlaufvermögens	2
13. Detaillierter Anlagespiegel	2
14. Versicherungs- oder etwaiger Marktwert des Anlagevermögens	2
15. Etwaiger Marktwert der unkonsolidierten Beteiligungen	2
16. Prinzipien der Konsolidierung	2
17. Namen der bei der Konsolidierung berücksichtigten und nicht berücksichtigten Tochtergesellschaften	2
18. langfristige Verschuldung - Einzelheiten -	2
19. Klare Aussage über Rücklagen und Rückstellungen	2
20. Unternehmenspolitik und Zielvorstellungen des Managements	2
21. Beschreibungen der wichtigsten Divisionen und Betriebsstätten	2
22. Besprechung von Rohstoffreserven und Bodenschätzen einschließlich der Ergebnisse von Versuchsbohrungen	2
	44
3) Nützliche Informationen	
1. Umsatzaufgliederung nach nur einem Gesichtspunkt	1
2. Aufgliederung des Jahresergebnisses nach einem Gesichtspunkt	1
3. Marktwert der Wertpapiere des Umlaufvermögens	1
4. Ausführliche Beschreibung der Investitionen des laufenden Jahres	1
5. Betrag der bereits eingegangenen Verpflichtung für Investitionen des kommenden Jahres	1
6. Methode der Abschreibungen	1
7. Methode des Substanzverzehrs	1
8. Bewertungsmethode der Vorräte	1
9. Falls zu Lifo bewertet, Angabe des Marktwertes	1
10. Einzelheiten über Aktienemissionen	1
11. Anzahl der genehmigten und ausgegebenen Aktien	1
12. Angaben über die letzte Steuerprüfung und schwebende Prozesse	1
13. Namen der Vorstandsmitglieder	1
14. Namen der Aufsichtsratsmitglieder	1
15. Veränderungen im Management	1
16. Vorstandsverträge, Bezugsrechte für Aktien, usw.	1
17. Informationen über Tarifverträge, Lohn- und Gehaltserhöhungen	1
18. Informationen über Pensionsverpflichtungen	1
19. Anzahl der Beschäftigten	1
20. Anzahl der Aktionäre	1
21. Zusammenstellung der wichtigsten Produkte	1
	21
Zusammengefasst ergibt sich das folgende Bild der erreichbaren Punktzahlen:	
1) wesentliche Informationen	**35 Punkte**
2) wünschenswerte Informationen	**44 Punkte**
3) nützliche Informationen	**21 Punkte**
	100 Punkte

Tabelle 4-3: Publizitätskatalog (erwünschte Informationen im Geschäftsbericht) – Studie von ***Frings (1975)***[17]

[17] Diese Tabelle wurde entnommen: Frings, Berichterstattung, 1975, S. 274 ff.

Da der Informationsbedarf des Investors in erster Linie zukunftsorientiert ist, wird der dargestellte Katalog zu den „Fakten der Vergangenheit“ darüber hinaus um ein Prognoseprüftableau[18] ergänzt, mit dessen Hilfe geprüft werden soll, inwieweit die Firmen in ihren Geschäftsberichten Aussagen über die zukünftige Entwicklung ihres Unternehmens machen.[19] Als Gegenstand der Prognose wird ein Katalog von 24 Variablen definiert:

Prognosegegenstand
1. Umsatz
2. Aufwand
3. Forschung und Entwicklung
4. Investitionen: allgemein
5. Investitionen: Sachanlagen
6. Investitionen: Finanzanlagen
7. Finanzbedarf
8. Außenfinanzierung
9. Innenfinanzierung
10. Rückzahlung von Krediten
11. Jahresüberschuss / Gewinn
12. Dividende
13. Produktions-, Absatz- und Nachfragemengen
14. Auftragsbestand
15. a) Kapazität
b) Kapazitätsausnutzung
16. Marktanteile
17. Politik und Zielvorstellungen des Managements
18. Auslandsentwicklung
19. Langfristige Verträge / Leasing
20. Absatz- und Beschaffungspreise
21. a) Pensionszahlungen
b) Neue Produkte, neue Manager
c) Sonstige

Tabelle 4-4: Publizitätskatalog - Prognosedaten – Studie von ***Frings (1975)***[20]

Neben dem Prognosegegenstand bestimmt die Prognosegenauigkeit den Wert einer Vorhersage. Aus diesem Grund werden die Vorhersagen durch ***Frings*** wie folgt klassifiziert:

- Tendenzangaben,
- Angabe von Ober- oder Untergrenzen,
- Intervallschätzung,
- Punktschätzung.[21]

[18] ***Frings*** definiert den Begriff Prognose als „ ... Aussage, die sich auf einen Zeitpunkt oder Zeitraum nach dem Ende des betreffenden Geschäftsjahres bezieht ... .“ Hierbei werden auch die Ereignisse einbezogen, die sich nach Abschluss des Geschäftsjahres, aber noch vor der Veröffentlichung des Geschäftsberichtes ereignet haben. Damit sind auch die nach § 160 AktG 1965 berichtspflichtigen Vorgänge von besonderer Bedeutung, die nach dem Schluss des Geschäftsjahres eingetreten sind, mit erfasst; vgl. hierzu Frings, Berichterstattung, 1975, S. 278.

[19] Vgl. Frings, Berichterstattung, 1975, S. 277.

[20] Diese Tabelle wurde entnommen: Frings, Berichterstattung, 1975, S. 279.

[21] Vgl. Frings, Berichterstattung, 1975, S. 280.

Ein weiterer Bestimmungsfaktor für die Aussagekraft einer Vorhersage ist der Zeitpunkt oder Zeitraum, auf den sie sich bezieht. Die Prognose wird umso schwieriger, je weiter sie sich in die Zukunft erstreckt. ***Frings*** wählt diesbezüglich die folgenden vier Bezugsperioden:

- 1 Jahr (laufendes Geschäftsjahr),
- 2-5 Jahre,
- mehr als 5 Jahre,
- unbestimmt.[22]

Diese Prüftableaus werden anschließend zur Messung der tatsächlichen Publizitätsfreudigkeit sowohl der amerikanischen als auch der deutschen Gesellschaften herangezogen. Die in dieser Untersuchung verwendeten amerikanischen Geschäftsberichte werden mit Hilfe einer Zufallszahlentabelle aus den Ende 1968 an der NYSE notierten Gesellschaften ausgewählt; um eine repräsentative Stichprobe zu erhalten, werden 100 Firmen zugrunde gelegt.[23] Bzgl. der Vergleichsunternehmen für die Bundesrepublik Deutschland wird auf die 1961 von ***Albach*** gezogene Zufallsstichprobe von 100 börsennotierten deutschen Aktiengesellschaften aus ***Salings Aktienführer*** zurückgegriffen.[24] Der Untersuchungszeitraum umfasst die Geschäftsberichte der Jahre 1967 und 1968, d. h. zwei ganzjährige Berichtsperioden.[25] Als Ergebnis kann festgehalten werden, dass amerikanische Gesellschaften weit mehr Informationen über das abgelaufene Geschäftsjahr veröffentlichen als deutsche Gesellschaften: Von 100 möglichen Punkten erreichen die deutschen Gesellschaften im Durchschnitt 41,2 Punkte, während die amerikanischen Gesellschaften im Durchschnitt 56,5 Punkte erzielen. Die gesamte Punkteskala reicht von 11 bis 63 für Deutschland bzw. von 36 bis 75 für die USA.[26] Auch über die erwartete zukünftige Entwicklung der Unternehmen können aus den amerikanischen Geschäftsberichten mehr Hinweise entnommen werden: Von den insgesamt 24 dargestellten Prognosegegenständen sind in amerikanischen Geschäftsberichten durchschnittlich 10,7 (44,6 %) gegenüber 7,0 (29,2 %) in deutschen Geschäftsberichten zu finden.[27] Soweit die Gesellschaften im Geschäftsbericht Prognosen veröffentlichen, kann die Treffsicherheit (hinsichtlich der Prognosegenauigkeit und der Bezugsperiode) mit Ausnahme der Intervallschätzung als gut bezeichnet werden. Dabei genügen die deut-

---

[22] Vgl. Frings, Berichterstattung, 1975, S. 281.

[23] Vgl. Frings, Berichterstattung, 1975, S. 297.

[24] Vgl. Frings, Berichterstattung, 1975, S. 300 sowie Albach, Investitionspolitik, 1970, S. 44, S. 146.

[25] Als 1967/1968er Geschäftsberichte werden alle Berichte von Unternehmen betrachtet, deren Geschäftsjahr innerhalb des Jahres 1967/1968 bis einschließlich dem 31. Dezember endet; vgl. Frings, Berichterstattung, 1975, S. 303.

[26] Vgl. Frings, Berichterstattung, 1975, S. 305, 389. Die Ergebnisse der in einem weiteren Schritt durchgeführten Analysen möglicher Einflussfaktoren auf die Qualität der Berichterstattung in den Geschäftsberichten fasst die Tabelle 4-2 zusammen.

[27] Vgl. Frings, Berichterstattung, 1975, S. 350, 390.

schen und amerikanischen Gesellschaften in annähernd gleicher Weise den gestellten Ansprüchen.[28] Als Gesamtergebnis ist festzuhalten, dass deutsche und amerikanische Investoren bei weitem nicht alle notwendigen Informationen erhalten, um rationale Investitionsentscheidungen treffen zu können.[29]

4.1.2 Studien von *Adler (1976)*[30] und *Sprißler (1976)*[31]

Die beiden nachfolgend dargestellten Studien von ***Adler*** und ***Sprißler*** bilden einen Teil eines Forschungsprojektes am Institut für Wirtschaftsberatung und Revisionswesen der Universität München, das sich intensiv mit empirischen Untersuchungen zur Rechnungslegungspublizität von Konzernen und Einzelunternehmen beschäftigt.[32] Die einzelnen Untersuchungen dieses Forschungsprojektes[33] dienten vornehmlich dem Zweck einer Bestandsaufnahme der Rechnungslegungs- bzw. Berichterstattungsgepflogenheiten der untersuchten Unternehmen. Auslösendes Element für diese Untersuchungen war die Einführung neuer Rechnungslegungs- und Berichterstattungsvorschriften, so die Neuregelung der Rechnungslegung für Einzel-Aktiengesellschaften nach §§ 149 ff. AktG 1965, die Einführung von Konzernrechnungslegungsvorschriften nach §§ 329 ff. AktG, die Einführung von Rechnungslegungsvorschriften für Unternehmen und Konzerne bestimmter Größe nach dem sog. Publizitätsgesetz (PublG) von 1969 und die Veröffentlichung von „Regeln für die Beurteilung von Zwischenberichten börsennotierter Gesellschaften"[34] durch die Arbeitsgemeinschaft der deutschen Wertpapierbörsen.[35]

Untersuchungsobjekt der Studien von ***Adler*** und ***Sprißler*** sind speziell die Rechnungslegungs- bzw. Publizitätsgepflogenheiten der dem PublG unterliegenden Unternehmen.[36] Die Abgrenzung der Studie von ***Adler*** zur Paralleluntersuchung[37] von ***Sprißler*** ergibt sich durch die Beschränkung auf die publizitätspflichtigen

---

28 Vgl. Frings, Berichterstattung, 1975, S. 387, 390.

29 Vgl. Frings, Berichterstattung, 1975, S. 391.

30 Vgl. Adler, Rechnungslegung, 1976.

31 Vgl. Sprißler, Rechnungslegung, 1976.

32 Vgl. hierzu insbesondere Wysocki, Publizitätsverhalten, 1976, S. 744 ff.

33 Hinsichtlich der im Rahmen dieses Forschungsprojektes erschienenen Untersuchungen sei auf den Beitrag von Wysocki verwiesen, vgl. Wysocki, Publizitätsverhalten, 1976, S. 744.

34 Vgl. Arbeitsgemeinschaft der deutschen Wertpapierbörsen, Regeln, 1971, S. 16-19.

35 Vgl. Wysocki, Publizitätsverhalten, 1976, S. 744.

36 Vgl. Wysocki, Publizitätsverhalten, 1976, S. 745.

37 Insgesamt haben ***Adler*** und ***Sprißler*** eine Vollerhebung sämtlicher für das Geschäftsjahr 1971 bzw. 1971/1972 erstmalig nach dem Publizitätsgesetz publizitätspflichtigen Unternehmen vorgelegt, wobei jede dieser beiden Arbeiten nur einen Teil der vom PublG betroffenen Rechtsformen umfasst, vgl. Wysocki, Publizitätsverhalten, 1976, S. 745. Um in jedem Fall vergleichbare Ergebnisse zu gewährleisten und damit evtl. Unterschiede in der Rechnungslegung bzw. im Publizitätsverhalten zwischen den verschiedenen Rechtsformen aufzuspüren, erfolgte während des Entstehens dieser Arbeiten unter den Verfassern in jeder Phase eine enge Abstimmung in verfahrenstechnischer Hinsicht, vgl. Sprißler, Rechnungslegung, 1976, S. 3.

privatrechtlichen Körperschaften und öffentlich-rechtlichen Unternehmen.[38] Die Untersuchung von ***Sprißler*** umfasst dagegen sämtliche publizitätspflichtigen Einzelkaufleute und Personenhandelsgesellschaften.[39] Auf diese beiden Studien wird hinsichtlich des wissenschaftlichen Vorgehens im Folgenden näher eingegangen.
Zu dem genannten Forschungsprojekt gehören neben den Studien von ***Adler*** und ***Sprißler*** u. a. auch die im weiteren Verlauf dieser Arbeit noch darzustellende Untersuchung von ***Haas (1975)***[40], welche sich auf die Berichterstattung von Versicherungsunternehmen über ihre Unternehmensverbindungen konzentriert, sowie die Studie von ***Müller (1976)***[41], welche sich der Untersuchung der Zwischenberichtspublizität börsennotierter Aktiengesellschaften widmet.[42]

4.1.2.1 Studie von *Adler (1976)*[43]

Untersuchungsgegenstand der Studie von ***Adler*** ist das gegenüber der Öffentlichkeit gezeigte Informationsverhalten der dem PublG unterliegenden privatrechtlichen Körperschaften und öffentlich-rechtlichen Unternehmen, soweit es sich in der Bilanzierung, der Bewertung und im Erläuterungsteil des Geschäftsberichtes niederschlägt. Zu diesem Zweck nimmt der Autor eine Inhaltsanalyse der erstmals für das Geschäftsjahr 1971 bzw. 1971/1972 zu erstellenden Geschäftsberichte von insgesamt 206 Unternehmen[44] vor.[45]
Als Indikatoren zur Operationalisierung nicht direkt messbarer Rechnungslegungsqualität zieht ***Adler*** diejenigen Angaben zur Bewertungs- und Abschreibungsmethode heran, die von den Unternehmen über entweder berichterstattungspflichtige oder berichterstattungswürdige Tatbestände gemacht werden. Die Ausprägungen dieser Angaben werden hierbei als Maßstab für die Rechnungslegungsgüte verwendet.[46] Entsprechend dieser Unterscheidung zwischen berichterstattungspflichtigen und berichterstattungswürdigen Einzeltatbeständen unterscheidet der Autor auch bei der Beurteilung zwischen Tatbeständen, deren Berichterstattung vom Gesetz gefordert wird und dementsprechend eine „bloße“

---

[38] Im Einzelnen bezieht ***Adler*** in seine Untersuchung Unternehmen der Rechtsform der GmbH, der bergrechtlichen Gewerkschaft, des wirtschaftlichen Vereins, der rechtsfähigen Stiftung bürgerlichen Rechts und der Körperschaften, Stiftungen und Anstalten öffentlichen Rechts ein, vgl. Adler, Rechnungslegung, 1976, S. 8.
[39] Vgl. Sprißler, Rechnungslegung, 1976, S. 3.
[40] Vgl. Haas, Berichterstattung, 1975.
[41] Vgl. Müller, Zwischenberichtspublizität, 1976.
[42] Siehe hierzu Wysocki, Publizitätsverhalten, 1976, S. 744 ff.
[43] Vgl. Adler, Rechnungslegung, 1976.
[44] Vgl. Adler, Rechnungslegung, 1976, S. 14 ff.; untersucht werden: 64 GmbH, 1 bergrechtliche Gewerkschaft, 2 wirtschaftliche Vereine, 2 Stiftungen bürgerlichen Rechts, 6 öffentlich-rechtliche Körperschaften, 93 öffentlich-rechtliche Anstalten und 38 sonstige öffentlich-rechtliche Unternehmensformen.
[45] Vgl. Adler, Rechnungslegung, 1976, S. 2.
[46] Vgl. Adler, Rechnungslegung, 1976, S. 69.

Gesetzeseinhaltung bedeutet, und solchen Tatbeständen, die über die gesetzlichen Mindestvorschriften hinausgehen und somit als Indiz für die Publizitätsfreude der Unternehmen gelten können.[47] Das „Güteprofil" zur Bestimmung der Gesetzeseinhaltung besteht in der Studie von ***Adler*** aus den folgenden Indikatoren:

- ausreichende/nicht ausreichende Berichterstattung über die planmäßigen Abschreibungen,
- ausreichende/nicht ausreichende Berichterstattung über die bei der Bewertung der Roh-, Hilfs- und Betriebsstoffe angewandten Methoden,
- ausreichende/nicht ausreichende Berichterstattung über die Zusammensetzung der Herstellungskosten der fertigen und unfertigen Erzeugnisse,
- ausreichende/nicht ausreichende Berichterstattung über den Deckungsgrad der Pensionsrückstellungen.[48]

In das „Güteprofil" zur Erfassung der „Publizitätsfreude" werden darüber hinaus die folgenden Indikatoren aufgenommen:

- Angabe/Nichtangabe von Vorjahreszahlen,
- Angabe/Nichtangabe von Bewertungsänderungen,
- Angabe/Nichtangabe der angewandten Bewertungskonzeption.[49]

Die Verknüpfung dieser Einzeltatbestände zur Bildung der Indizes der Gesetzeseinhaltung und der Publizitätsfreude erfolgt im Rahmen dieser Studie additiv, d. h. ohne Gewichtung der unterschiedlichen Tatbestände.[50] Gemessen wird die Gesetzeseinhaltung bzw. die Publizitätsfreude durch die Anzahl der ausreichend erfüllten Tatbestände. Da vier (bzw. drei) Indikatoren verwendet werden, ergeben sich fünf (bzw. vier) Abstufungen der Gesetzeseinhaltung (bzw. der Publizitätsfreude):

4:0 (d. h. alle vier Tatbestände werden erfüllt),
3:1 (d. h. drei Tatbestände werden erfüllt, ein Tatbestand wird nicht erfüllt),
2:2 (d. h. zwei Tatbestände werden erfüllt),
1:3 (d. h. ein Tatbestand wird erfüllt),
0:4 (d. h. kein Tatbestand wird erfüllt)

und entsprechend für die Publizitätsfreude Abstufungen von 3:0 bis 0:3.[51]

Ein abschließendes Gesamturteil über das Ausmaß der Gesetzeseinhaltung und der Publizitätsfreude wird unter Berücksichtigung der Zurückweisungsregel wie folgt gefällt: Die Gesetzeseinhaltung der in die Untersuchung einbezogenen Unternehmen wird dann konstatiert, wenn 75 % der Unternehmen hinsichtlich

---

[47] Vgl. Adler, Rechnungslegung, 1976, S. 69 f.
[48] Vgl. Adler, Rechnungslegung, 1976, S. 71.
[49] Vgl. Adler, Rechnungslegung, 1976, S. 76.
[50] Vgl. Adler, Rechnungslegung, 1976, S. 98.
[51] Vgl. Adler, Rechnungslegung, 1976, S. 98 f.

75 % der Tatbestände ausreichende Angaben machen; Publizitätsbereitschaft wird in dem Fall bescheinigt, wenn 50 % der Unternehmen mindestens die Gruppierungen 3:0, 2:1 oder 1:2 im Rahmen des Güteprofils zur Erfassung der „Publizitätsfreude“ erreicht haben.[52]
Als Ergebnis dieser Analysen ist festzuhalten, dass die untersuchten Unternehmen weder als publizitätsfreudig bezeichnet werden können[53] noch das Gesetz vollständig einhalten[54], was ***Adler*** darauf zurückführt, dass die Unternehmen seines Erachtens einerseits zu einer restriktiven Informationsversorgung neigen und dass sie andererseits erfahrungsgemäß wissen, dass die Missachtung des Gesetzes keine negativen Folgen nach sich zieht.[55] In einem weiteren Schritt analysiert der Autor das Zustandekommen dieses Ergebnisses; dazu wird anhand der ermittelten rangtransformierten, gruppierten Messwerte untersucht, ob sich Einflussfaktoren finden lassen, die in signifikanter Weise auf die Rechnungslegungsqualität eingewirkt haben.[56] Die hierbei gewonnenen Erkenntnisse sind der Tabelle 4-2 zu entnehmen.

4.1.2.2 Studie von *Sprißler (1976)*[57]

Untersuchungsobjekt der Studie von ***Sprißler*** sind – wie bereits angesprochen – die Rechnungslegungs- bzw. Publizitätsgepflogenheiten der dem PublG unterliegenden Einzelkaufleute und Personenhandelsgesellschaften.[58] Hierzu nimmt der Autor eine Inhaltsanalyse der erstmals für das Geschäftsjahr 1971 bzw. 1971/1972 nach dem PublG zu erstellenden Jahresabschlüsse von insgesamt 45 Unternehmen vor.[59]
Diese Studie ist in engem Zusammenhang mit der vorangehend dargestellten Untersuchung von ***Adler*** zu sehen, welche die Rechnungslegung der verbleibenden Rechtsformen nach dem Publizitätsgesetz zum Untersuchungsgegenstand hat. Um vergleichbare Ergebnisse zu gewährleisten und eventuelle Unterschiede in der Rechnungslegung bzw. im Publizitätsverhalten zwischen den verschiedenen Rechtsformen aufzuspüren, erfolgte unter den Verfassern eine enge Abstimmung in verfahrenstechnischer Hinsicht.[60]

---

[52] Vgl. Adler, Rechnungslegung, 1976, S. 102 f.
[53] Im Rahmen der Studie zeigt sich, dass lediglich 24,3 % der untersuchten Unternehmen bereit sind, überhaupt auch nur eine derjenigen Angaben zu machen, die als Indiz für eine über das gesetzliche Mindestmaß hinausgehende Publizitätsbereitschaft gelten können, vgl. Adler, Rechnungslegung, 1976, S. 103.
[54] Die Kategorien 4:0 und 3:1 umfassen lediglich 62,7 % der untersuchten Unternehmen, vgl. Adler, Rechnungslegung, 1976, S. 102.
[55] Vgl. Adler, Rechnungslegung, 1976, S. 104.
[56] Siehe hierzu im Einzelnen Adler, Rechnungslegung, 1976, S. 106 ff.
[57] Vgl. Sprißler, Rechnungslegung, 1976.
[58] Vgl. Sprißler, Rechnungslegung, 1976, S. 3.
[59] Vgl. Sprißler, Rechnungslegung, 1976, S. 15 ff.; untersucht werden: 1 Einzelkaufmann, 7 Offene Handelsgesellschaften (OHG) und 37 Kommanditgesellschaften (KG).
[60] Vgl. hierzu Sprißler, Rechnungslegung, 1976, S. 3 als auch Wysocki, Publizitätsverhalten, 1976, S. 745.

Auch ***Sprißler*** zieht – analog zur vorangehend dargestellten Studie – zwei Indexkonstruktionen zur Beurteilung des Profils der Gesetzeseinhaltung und des Profils der Publizitätsfreudigkeit heran.[61] Das „Güteprofil“ zur Bestimmung der Gesetzeseinhaltung stimmt hinsichtlich der einbezogenen Indikatoren mit denen der vorangehend dargestellten Untersuchung von ***Adler*** überein.[62] In das Güteprofil zur Erfassung der „Publizitätsfreude“ werden dagegen aufgrund der Sondervorschriften des Publizitätsgesetzes für Einzelunternehmen und Personenhandelsgesellschaften abweichend[63] folgende Indikatoren aufgenommen:

- Angabe/Nichtangabe von Vorjahreszahlen,
- Angabe/Nichtangabe der angewandten Bewertungskonzeption,
- Veröffentlichung einer Gewinn- und Verlustrechnung,
- Veröffentlichung eines Jahresabschlusses vor Gewinnverwendung.[64]

Da sich im Rahmen der Studie von ***Sprißler*** sowohl das Profil der Gesetzeseinhaltung als auch das Profil der Publizitätsfreudigkeit aus vier Indikatoren konstituiert, ergeben sich sowohl hinsichtlich der Gesetzeseinhaltung als auch der Publizitätsfreude fünf Abstufungen der Berichterstattung von 4:0 bis 0:4.[65]

Im Rahmen der Vereinigung dieser Berichterstattungstatbestände zu einem Gesamturteil wird Gesetzesbefolgung dort konstatiert, wo:

„(1) ein Unternehmen mindestens drei von vier Indikatoren ausreichend erfüllt, also im Gesetzeseinhaltungsprofil die Kombination 4:0 bzw. 3:1 erhält;
(2) mindestens 75 % der erfassten Unternehmen über diese Merkmalskombination verfügen.“[66]

Publizitätsfreudigkeit wird in dem Fall bescheinigt, wenn 50 % der erfassten Unternehmen mindestens zwei von vier Indikatoren erfüllen bzw. die Gruppierungen 4:0, 3:1 oder 2:2 im Profil der Publizitätsfreudigkeit erreicht haben.[67]

Auch ***Sprißler*** hält als Ergebnis seiner Analysen fest, dass die untersuchten Unternehmen weder als publizitätsfreudig bezeichnet werden können[68] noch halten diese das Gesetz ein.[69] Dieses Ergebnis kann nach Ansicht des Autors an folgende Feststellungen geknüpft werden: Durch die Schaffung erheblicher Erleichterungen ergab sich speziell für Einzelkaufleute und Personenhandelsgesell-

---

[61] Vgl. hierzu detailliert Sprißler, Rechnungslegung, 1976, S. 129 f.

[62] Vgl. hierzu auch Wysocki, Publizitätsverhalten, 1976, S. 745.

[63] Zur näheren Begründung für die Auswahl dieser Indikatoren der Publizitätsfreudigkeit, insbesondere die beiden letztgenannten Indikatoren betreffend, sei auf die in der Studie von ***Sprißler*** enthaltenen Ausführungen verwiesen, vgl. Sprißler, Rechnungslegung, 1976, S. 107 ff.

[64] Vgl. Sprißler, Rechnungslegung, 1976, S. 103.

[65] Vgl. detailliert Sprißler, Rechnungslegung, 1976, S. 129 f.

[66] Sprißler, Rechnungslegung, 1976, S. 132.

[67] Vgl. Sprißler, Rechnungslegung, 1976, S. 133.

[68] Im Rahmen dieser Studie zeigt sich, dass lediglich 17,8 % der untersuchten Unternehmen den geforderten Schwellenwert von 50 % erreichen, vgl. Sprißler, Rechnungslegung, 1976, S. 133.

[69] Die Kategorien 4:0 und 3:1 umfassen anstatt der geforderten 75 % lediglich 50 % der untersuchten Unternehmen, vgl. Sprißler, Rechnungslegung, 1976, S. 132.

schaften im Vergleich zu den entschieden höheren Anforderungen des RegE zum PublG eine bereits in den „Fundamenten weiche Publizitätsstruktur". Bei den ohnehin nicht zur Publizität neigenden Gesellschaften dieser Rechtsformen sei daher der Glaube entstanden, „diese abschwächende Gesamttendenz auf die Intensität ihrer Berichterstattung übertragen zu können".[70]
Darüber hinaus wird auch in dieser Studie der Versuch unternommen, Gesetzmäßigkeiten im Publizitätsverhalten anhand der ermittelten rangtransformierten, gruppierten Messwerte zu analysieren und damit Einflussfaktoren des Publizitätsverhaltens zu identifizieren. Die hierbei gewonnenen Erkenntnisse sind der Tabelle 4-2 zu entnehmen.

4.1.3 Studie von *Berndsen (1979)*[71]

Diese Studie verfolgt zwei empirische Schwerpunkte: Einerseits geht es dem Autor darum, die Unternehmenspublizität in Form des Jahresabschlusses und der darüber hinausgehenden Zusatzinformationen im Geschäftsbericht systematisch zu dokumentieren, zu analysieren und zu bewerten, um daraus Schlüsse für die Normierung abzuleiten. Andererseits wird versucht, Art und Ausmaß der Verhaltenswirkung der Unternehmenspublizität auf die Adressatengruppe der Investoren zu messen.[72]
Zur Beurteilung der Publizitätsgüte und der anschließenden Messung der Verhaltenswirkung der Publizität auf die Investoren entwickelt der Verfasser ein Scoring-Modell, das die in Tabelle 4-1 genannten Schritte vorsieht und dessen Ziel in der Beurteilung der Publizität, ausgedrückt in einer reellen Zahl, liegt.[73] Hierbei soll ein Wert von 100 erreicht werden, wenn ein Unternehmen zu allen vom Autor festgelegten Informationsitems die geforderten Angaben macht. ***Berndsen*** geht dabei von 5 Publizitätsbereichen (Prognoseinformationen, Bewertungsinformationen, disaggregierende Informationen, bilanzanalytische Informationen und zielerweiternde Informationen)[74] aus, in denen die untersuchten Informationsitems zusammengefasst werden;[75] im Einzelnen werden hierbei 37 Einzelinformationen (Items) unterschieden, welche neben dem eigentlichen Rechenwerk (Bilanz und Gewinn- und Verlustrechnung) aufgrund gesetzlicher Vorschriften zur wirtschaftlichen und sozialen Situation zu veröffentlichen sind oder durch den Autor zur Veröffentlichung auf freiwilliger Basis vorgeschlagen werden (Zusatzinformationen).[76] Das messtheoretische Problem der Abbildung von qualitativen Unterschieden der Publizität auf einer Skala und der anschließenden Aggregation der Indikatoren der Publizitätsgüte wird im Rahmen dieser Studie wie nachfolgend dargestellt gelöst.

---

[70] Sprißler, Rechnungslegung, 1976, S. 134.
[71] Vgl. Berndsen, Unternehmenspublizität, 1979.
[72] Vgl. Berndsen, Unternehmenspublizität, 1979, S. 13, 15.
[73] Vgl. hierzu detailliert Berndsen, Unternehmenspublizität, 1979, S. 202 ff.
[74] Hinsichtlich der detaillierten Klassifizierung der zu untersuchenden Zusatzinformationen vgl. Berndsen, Unternehmenspublizität, 1978, S. 121 f.
[75] Vgl. Berndsen, Unternehmenspublizität, 1979, S. 203.
[76] Siehe hierzu im Einzelnen Berndsen, Unternehmenspublizität, 1979, S. 214 ff.

Zur Erfassung der qualitativen Unterschiede der Publizität wird jeder möglichen Ausprägung eines Items j nach folgender Zuordnungsregel ein Wert zugewiesen:

$$x_{ij} \begin{cases} = 0, \text{ falls Item j nicht vorhanden} \\ > 0, \text{ falls Item j vorhanden.} \end{cases}$$ [77]

Die Wertzuweisung für den Fall, dass das Item j vorhanden ist, wird durch die Definition von Kriterien, welche die verschiedenen Informationen hinsichtlich ihrer Ausprägung am Grad der Klarheit ($K_1^j, ..., K_{nj}^j$) und Vollständigkeit ($V_1^j, ..., V_{mj}^j$) unterscheiden, und die Zuordnung von reellen Zahlen zu diesen Kriterien erzielt, wobei die Verknüpfung dieser Kriterien multiplikativ erfolgt.[78] Der Gesamtpublizitätswert Q eines Unternehmens i ergibt sich im Rahmen des von ***Berndsen*** ermittelten Scoring-Modells durch die schrittweise Addition von Teilwerten in einem mehrstufigen Prozess, der sich wie folgt darstellen lässt: Die Gesamtzahl der n Items wird zunächst verschiedenen Bereichen B (B = 1, ..., 5) zugeordnet, die den oben genannten Publizitätsbereichen entsprechen. Jeder Bereich B wird dann in A_B Gruppen g (g = 1, ..., A_B) unterteilt. Für jede dieser Gruppen g werden S_{gB} (g = 1, ..., A_B; B = 1, ..., 5) entsprechend der Bedeutung gewichtete Items (mit den zugehörigen Informationsausprägungen bewertet) zusammengefasst.[79] Die folgende Abbildung verdeutlicht die Vorgehensweise:

G_B	Q_i														
B	Prognosepublizität 1			Bewertungs-informationen 2			disaggregierende Informationen 3			bilanzanalytische Informationen 4			zielerweiternde Informationen 5		
G_{gB}		Q_{i1}												Q_{i5}	
g	1	...	A_1	1	...	A_2	1	...	A_3	1	...	A_4	1	...	A_5
G_{igB}	Q_{i11}	...	$Q_{iA_1 1}$	....									Q_{i15}	...	$Q_{iA_5 5}$
x_{ijgB}	$1...s_{11}$	...	$1...s_{A_1 1}$	....									$1...s_{15}$	...	$1...s_{A_5 5}$
x_{ij}	1 .... n														

Abbildung 4-2: Aufbau der schrittweisen Zusammenfassung der Items zur Gesamtbeurteilung Q der Publizität – Studie von ***Berndsen (1979)***[80]

Die Qualität der Publizität Q des Unternehmens i setzt sich somit aus der gewichteten Summe der Bereichs- und Gruppenwerte sowie den bewerteten Informationsitems x_{ij} zusammen. Hierzu wird in einem ersten Schritt jeweils eine begrenzte Anzahl von bewerteten Items j zu den inhaltlichen Bedeutungen der Items entsprechenden Gruppenwerten Q_{igB} entsprechend folgender Formel zu-

[77] Vgl. Berndsen, Unternehmenspublizität, 1979, S. 207.
[78] Vgl. hierzu detailliert Berndsen, Unternehmenspublizität, 1979, S. 203 f., 207.
[79] Vgl. Berndsen, Unternehmenspublizität, 1979, S. 209.
[80] Diese Abbildung wurde entnommen: Berndsen, Unternehmenspublizität, 1979, S. 210.

sammengefasst:

$$Q_{igB} = \sum_{j=1}^{S_{gB}} G_{jgB} \bullet x_{ijgB} \quad (\text{mit } g = 1, ..., A_B; B = 1, ..., 5).$$

Hierbei legen die Gewichte G_{jgB} die relative Bedeutung einer begrenzten Anzahl von S_{gB} Items zueinander fest.[81] Die für jeden Publizitätsbereich B ermittelten gruppenbezogenen Zwischenwerte Q_{igB} werden in einem zweiten Schritt zu Bereichswerten Q_{iB} zusammengefasst:

$$Q_{iB} = \sum_{g=1}^{A_B} G_{gB} \bullet Q_{igB}.$$

Dabei legen die Gewichte G_{gB} die relative Bedeutung der verschiedenen Gruppen g eines Bereichs B zueinander fest. Im letzten Schritt schließlich werden die 5 Bereichswerte zum Gesamtwert Q_i entsprechend der für die Bereiche festgelegten Gewichte G_B aggregiert:

$$Q_i = \sum_{B=1}^{5} G_B \bullet Q_{iB}.$$ [82]

Zur abschließenden Normierung der Bewertung wird der in diesem Verfahren ermittelte Wert in Beziehung gesetzt zu dem Wert, der sich bei maximal möglicher Publizität ergibt. Der Publizitätswert lässt sich damit als gewogene durchschnittliche prozentuale Publizität in Bezug auf eine maximal mögliche Publizität interpretieren.[83]

Um diese abstrakte Darstellung nochmals zu konkretisieren und den subjektiven Charakter dieses Modells, der insbesondere in der Festlegung von Gewichten für die Informationsitems, die Gruppen und die Publizitätsbereiche als auch in der Ermittlung partieller Nutzenfunktionen für die Merkmalsausprägungen x_{ij} zum Tragen kommt, zu verdeutlichen, soll zur Illustration ein Publizitätsbereich, die Prognosepublizität, herausgegriffen werden und die Bewertung der Prognosepublizität anhand eines Beispiels dargestellt werden. Auf eine Gesamtbetrachtung dieser tiefgehenden, mehrstufigen Differenzierung der einzelnen Informationen wird an dieser Stelle verzichtet; dies würde den Rahmen der vorliegenden Arbeit überschreiten.

Die nachfolgende Tabelle enthält die zur Bewertung im Bereich Prognosepublizität herangezogenen Informationsitems und die zugehörigen Gewichte. Die Zuordnung dieser Gewichte erfolgt entsprechend der Eignung des jeweiligen Informationsitems, zur Abschätzung der zukünftigen investorbezogenen Zahlungen der Unternehmen beizutragen. Dementsprechend bewertet der Autor funktionale Teilaussagen geringer als Prognosen der Ertragslage bzw. der Dividende. Die hier nicht explizit erwähnten Gruppengewichte ergeben sich durch die Zusammenfassung gleichbewerteter Items. Demzufolge sind sechs Gruppen zu unterscheiden, die jeweils gleichbewertet sind.[84]

---

[81] Vgl. Berndsen, Unternehmenspublizität, 1979, S. 209.
[82] Vgl. hierzu Berndsen, Unternehmenspublizität, 1979, S. 211.
[83] Vgl. Berndsen, Unternehmenspublizität, 1979, S. 212.
[84] Vgl. Berndsen, Unternehmenspublizität, 1979, S. 214 Fn. 2).

Gruppe g	Informationsitems j	Gewicht I[85]	Gewicht II[85]
		G_{jgl}	
1	(1) Dividende (2) Ertragslage	1,0	1,0
2	(3) Umsatz	0,8	1,0
3	(4) Liquidität (5) Finanzierung (6) Investitionen	0,6	0,8
4	(7) Beschäftigung, Kapazitätsauslastung (8) Kosten im Personalbereich (9) Kosten im Produktionsbereich (10) Kosten im Absatzbereich	0,5	0,8
5	(11) Leistung im Personalbereich (12) Leistung im Produktionsbereich (13) Leistung im Absatzbereich	0,4	0,8
6	(14) Wettbewerbssituation (15) Preistendenzen im Absatzbereich (16) Forschung und Entwicklung	0,3	0,8

Tabelle 4-5: Informationsitems und Gewichte im Bereich Prognosepublizität – Studie von ***Berndsen (1979)***[86]

Die Anforderungen bzgl. der Klarheit und Vollständigkeit der Prognosen beziehen sich auf die Maßenge, Bezugsperiode und das Bezugsobjekt der Aussagen. Diesen Kriterien sind jeweils Werte zwischen 0 und 1 zuzuordnen, die multiplikativ miteinander zu verknüpfen sind.[87] Die nachfolgende Tabelle enthält die vom Autor ausgewählten Werte.

Informationsausprägungen	Wert I[88]	Wert II[88]
Maßenge K_1	$W(K_1)$	
• Punktprognose	1,0	1,0
• Intervallprognose	0,8	1,0
• Ordinalprognose	0,6	0,8
• Klassifizierung	0,4	0,6
• allgemeine Aussage	0,2	0,4
Bezugsperiode K_2	$W(K_2)$	
• kurzfristig (1 Jahr)	1,0	1,0
• mittelfristig (1-4 Jahre)	1,0	1,0
• langfristig (>4 Jahre)	0,8	1,0
• unbestimmt	0,3	0,6
Bezugsobjekt V	$W(V)$	
• Gesamtunternehmung	1,0	1,0
• Teilbereich	0,1	0,3

Tabelle 4-6: Informationsausprägungen und Werte im Bereich Prognosepublizität – Studie von ***Berndsen (1979)***[89]

85 Die verwendeten Bezeichnungen Gewicht I und Gewicht II beinhalten jeweils differenzierte (Gewicht I) bzw. tendenziell ungewichtete Bewertungen (Gewicht II), vgl. Berndsen, Unternehmenspublizität, 1979, S. 215.

86 Diese Tabelle wurde entnommen: Berndsen, Unternehmenspublizität, 1979, S. 215.

87 Vgl. Berndsen, Unternehmenspublizität, 1979, S. 214 ff.

88 Die verwendeten Bezeichnungen Wert I und Wert II beinhalten jeweils tendenziell stark differenzierte (Wert I) bzw. ungewichtete (Wert II) Funktionswerte für die Ausprägungen x_{ij}, vgl. Berndsen, Unternehmenspublizität, 1979, S. 216.

89 Diese Tabelle wurde entnommen: Berndsen, Unternehmenspublizität, 1979, S. 216.

Hinsichtlich der Maßenge legt der Autor die Werte entsprechend der Quantifizierbarkeit fest. Unbestimmte Bezugsperioden führen zur Abwertung der Prognosen. Die Bedeutung einer Prognose für einen Unternehmensbereich ist abhängig vom Ausmaß, in dem diese zur Gesamtunternehmenslage beiträgt. Werte zwischen 10 % und 30 % einer entsprechenden Gesamtunternehmensprognose dürften nach Ansicht des Verfassers eine plausible Nährung für die durchschnittliche Bedeutung von Teilbereichen darstellen.[90] So ergibt sich beispielsweise unter Berücksichtigung dieser Gewichtungen für den Fall einer Punktprognose mit eindeutigem zeitlichen Bezug, die sich auf das gesamte Unternehmen bezieht und sowohl die Ertragslage als auch die Dividende des Unternehmens betrifft, in der Gruppe 1 des Bereichs Prognosepublizität ein Wert von 1, so dass im Resultat auch $x_{ij} = 1$ ist. Wird die gleiche Prognose nur für einen Teilbereich des Unternehmens gemacht, so reduziert sich x_{ij} entsprechend dem für V zugewiesenen Wert.[91]

Dieses Modell wendet der Autor auf eine bewusste Auswahl der größten deutschen börsennotierten Industrieaktiengesellschaften an. Als Größenkriterien sind die Werte des § 1 Abs. 1 PublG zugrunde gelegt. Insgesamt werden 116 Gesellschaften ermittelt, die im Geschäftsjahr 1974 mindestens eines dieser Kriterien erfüllen.[92] Die Untersuchung basiert auf Auswertungen der Geschäftsberichte 1970 bis 1974, wobei jeweils der Geschäftsbericht, der in den Zeitraum 1.7.1970 (1.7.1974) - 30.6.1971 (30.6.1975) fällt, analysiert wird.[93] Das Ergebnis der Publizitätsbewertung lässt sich wie folgt zusammenfassen: Das Gesamtausmaß der durchschnittlichen Geschäftsberichtspublizität der untersuchten Unternehmen liegt zwischen 25 % und 33 % (1970) und zwischen 29 % und 39 % (1974) der maximal möglichen Publizität. Der Variationskoeffizient liegt 1970 zwischen 0,4 und 0,5, 1974 zwischen 0,3 und 0,4. Die maximal und minimal erreichten Werte verändern sich im Zeitablauf kaum und liegen zwischen 60 % und 80 % bzw. jeweils unter 10 % der Maximalwerte.[94] Damit ist festzuhalten, dass sich insgesamt ein relativ geringes Publizitätsausmaß ergibt.[95] Die Unterschiede in Inhalt und Qualität der Informationen führen den Autor abschließend zu der Frage nach dem Informationsgehalt verschiedener Publizitätsniveaus. Analysiert wird explizit der Einfluss der Publizität auf die Entscheidungen der Investoren, die sich aggregiert in den jeweiligen Börsenkursen der Unternehmen ausdrücken. Mit dem Nachweis, dass die Investoren auf unterschiedliche Publizitätsniveaus verschieden reagieren, kann der Autor eine Verhaltenswirkung der Publizität nachweisen. Das Ausmaß informationsbedingter Kursanpassungen und die Zeit-

---

[90] Vgl. Berndsen, Unternehmenspublizität, 1979, S. 216.

[91] Um die Vielzahl der Teilbereichsprognosen nicht überzubewerten, wird folgende Restriktion eingeführt: Teilbereichsprognosen können in ihrer Summe für ein bestimmtes Item j den Wert entsprechender Gesamtunternehmensprognosen nicht übersteigen. Damit ist eine Höchstgrenze für den Wert solcher Prognosen festgelegt. Vgl. hierzu Berndsen, Unternehmenspublizität, 1979, S. 217.

[92] Vgl. hierzu detailliert Berndsen, Unternehmenspublizität, 1979, S. 21 f.

[93] Vgl. Berndsen, Unternehmenspublizität, 1979, S. 23.

[94] Die genannten Werte beziehen sich hierbei auf die beiden vom Autor angewandten alternativen Gewichtungen (Gewicht I und Gewicht II).

[95] Vgl. Berndsen, Unternehmenspublizität, 1979, S. 231.

räume der Anpassung sind bei hoher Publizität deutlich geringer als bei zurückhaltender Publizität der Unternehmen.[96]

4.1.4 Studie von Haas (1975)[97]

Haas hat sich einem wegen des hohen Verflechtungsgrades in der Versicherungswirtschaft[98] wichtigen Teilproblem zugewandt: Der Untersuchung der Berichterstattung von Versicherungsunternehmen über ihre Unternehmensverbindungen.[99] Diese Studie umfasst die Berichterstattung von 210 Unternehmen in den Rechtsformen der AG, des Versicherungsvereins auf Gegenseitigkeit und der öffentlich-rechtlichen Anstalt über ihre Unternehmensverbindungen für das Geschäftsjahr 1969 bzw. 1969/1970.[100] Hierbei handelt es sich um eine Repräsentativerhebung, in die alle Versicherungsunternehmen einbezogen worden sind, deren Bruttoprämieneinnahmen mindestens 0,1 % bezogen auf die Gesamtprämieneinnahmen der inländischen, unter Bundesaufsicht stehenden Versicherungsunternehmen der einzelnen Sparten betragen.[101] Wegen der Vielzahl der möglicherweise zu berichtenden Einzeltatbestände, deren Gesetzeseinhaltung durch die untersuchten Unternehmen zunächst in einem ersten Schritt in Form einer deskriptiven Darstellung analysiert wird, legt der Autor in einem zweiten Schritt zur Analyse von Bestimmungsgründen der Berichtsgüte ein Güteprofil zugrunde, in das die folgenden Indikatoren (gleichgewichtig) Aufnahme gefunden haben:[102]

- Angabe/Nichtangabe wenigstens einer der nach § 15 AktG möglichen Unternehmensverbindungen,
- Berichterstattung/Nichtberichterstattung von abhängigen Unternehmen über die Konzernvermutungen nach § 18 AktG,
- Berichterstattung/Nichtberichterstattung über die nach §§ 20, 21 AktG mitgeteilten Beteiligungen.

Durch die Zusammenfassung der bei diesen Berichtstatbeständen festgestellten nominalen Einzelurteile zu einem Gesamturteil ergeben sich vier Güteklassen (3:0, 2:1, 1:2 und 0:3) der Berichterstattung:

3:0 (d. h. alle drei Tatbestände werden erfüllt),
2:1 (d. h. zwei Tatbestände werden erfüllt),

---

[96] Vgl. Berndsen, Unternehmenspublizität, 1979, S. 296.
[97] Vgl. Haas, Berichterstattung, 1975.
[98] Die Feststellung im „Bericht über das Ergebnis einer Untersuchung der Konzentration in der Wirtschaft", dass in der Versicherungswirtschaft „die Verflechtung untereinander so stark (ist), dass sich im Einzelfall meist nicht sagen lässt, welches Unternehmen das andere beherrscht" (vgl. Deutscher Bundestag, Konzentration, 1964, S. 63), veranlasste den Autor, diesen Teilbereich der Wirtschaft seiner Untersuchung der Berichterstattung der Unternehmen über ihre Unternehmensverbindungen zugrunde zu legen, vgl. Haas, Berichterstattung, 1975, S. 50.
[99] Vgl. Wysocki, Publizitätsverhalten, 1976, S. 746.
[100] Vgl. Haas, Berichterstattung, 1975, S. 50, 52.
[101] Vgl. Haas, Berichterstattung, 1975, S. 52.
[102] Vgl. Haas, Berichterstattung, 1975, S. 62, 144 als auch Wysocki, Publizitätsverhalten, 1976, S. 747.

1:2 (d. h. lediglich ein Tatbestand wird erfüllt),
0:3 (d. h. kein Tatbestand wird erfüllt).[103]

Mit Hilfe einer sehr aufwendigen sog. Querverbindungsuntersuchung, d. h. durch Einzelfeststellungen dazu, ob Hinweise über Unternehmensverbindungen sich korrespondierend auch bei den jeweiligen Partnerunternehmen finden, konnten aus dem gesamten Untersuchungsbereich 64 Gesellschaften ermittelt werden, die in den oben genannten Bereichen berichtspflichtig sind.[104] Die durch das obige Berichterstattungsprofil und die Publizitätsgüteklassen für diese Unternehmen ermittelten rangtransformierten, gruppierten Messwerte werden sodann als Prüffeld zur Analyse von Einflussfaktoren der Informationsversorgung durch die Unternehmen herangezogen.[105] Wie bereits Tabelle 4-2 zeigt, führt die Analyse der Einflussfaktoren der Informationsversorgung durch die Gesellschaften über ihre Unternehmensverbindungen zu dem Ergebnis, dass die Güte der Publizität durch den Marktanteil des Abschlussprüfers und die Spezialisierung des Abschlussprüfers auf Versicherungsunternehmen, nicht jedoch durch die Größe, die Sparte und die Rechtsform der Unternehmen bestimmt wird.[106]

4.1.5 Studie von Wasser (1976)[107]

Das Ziel dieser Studie liegt in der Ableitung und empirischen Überprüfung von Hypothesen über bestimmte Faktoren, von denen angenommen wird, dass sie bei der Entscheidung über Gestalt und Ausmaß freiwilliger Publizität einen messbaren Einfluss auf den Ausgang der Entscheidung auszuüben vermögen.[108] Hierzu entwickelt der Autor zunächst ein Modell zur Messung des Informationsgehaltes freiwilliger Unternehmenspublizität auf der Basis der vermuteten Präferenzen externer Anteilseigner (deduktiv aus ihrem Entscheidungsprozess abgeleitet).[109] Dabei geht der Autor davon aus, dass die externen Anteilseigner Informationen hinsichtlich der Höhe, der zeitlichen Verteilung und des Unsicherheitsgrades künftiger an sie fließender Zahlungsströme benötigen.[110] Allen diesen von den externen Anteilseignern zur Fundierung ihrer Mitgliedschaftsentscheidung benötigten Informationen ist gemein, dass sie in die Zukunft gerichtet sein müssen[111], d. h. es wird ausschließlich auf Prognosen abgestellt;[112, 113] insgesamt werden 40 Prognosegegenstände unterschieden.

---

[103] Vgl. Haas, Berichterstattung, 1975, S. 62, 144.
[104] Vgl. Haas, Berichterstattung, 1975, S. 144 sowie Wysocki, Publizitätsverhalten, 1976, S. 747.
[105] Vgl. Haas, Berichterstattung, 1975, S. 144 ff.
[106] Vgl. Haas, Berichterstattung, 1975, S. 156; siehe auch Tabelle 4-2.
[107] Vgl. Wasser, Prognosepublizität, 1976.
[108] Vgl. Wasser, Prognosepublizität, 1976, S. 9.
[109] Vgl. insbesondere Wasser, Prognosepublizität, 1979, S. 32 ff.
[110] Vgl. Wasser, Prognosepublizität, 1976, S. 30 f.
[111] Vgl. Wasser, Prognosepublizität, 1976, S. 31.
[112] Vgl. hierzu insbesondere die Erläuterungen in Wasser, Prognosepublizität, 1976, S. 37 ff.
[113] Als Prognosen werden im Rahmen dieser Studie alle publizierten Aussagen der in die Analyse einbezogenen Unternehmen angesehen, welche die folgenden Bedingungen erfüllen: Die Aussage muss sich auf einen Zeitpunkt oder Zeitraum beziehen, der vom Tage der

Der Konstruktion des Messmodells liegen die Nutzenvorstellungen des die Modellstruktur prägenden externen Anteilseigners zugrunde, nach denen Prognosen, die sich direkt auf Elemente des Zahlungsstroms beziehen, grundsätzlich höher bewertet werden als solche über Umweltparameter.[114] Voraussagen über Umweltparameter werden um so höher gewichtet, je enger die Verknüpfung zwischen Prognosegegenstand und Komponenten des Zahlungsstroms ist, d. h. je mehr dem jeweiligen Umweltparameter unmittelbare Einflüsse auf Elemente der Ergebniskonstellation zugeschrieben werden.[115] Um die Ausprägungen der verschiedenen Prognosemerkmale bei der Bewertung der Prognosepublizität berücksichtigen zu können, entwirft der Autor ein System von Gewichtungsfaktoren, das die Präferenzen des externen Anteilseigners in Bezug auf die einzelnen Prognosemerkmale zum Ausdruck bringen soll: Sofern sich eine Prognose auf die Gesamtgröße des Prognosegegenstandes bezieht, wird sie beim Prognosemerkmal „Bezugsobjekt“ mit 1,0 gewichtet, während Voraussagen über Teilgrößen den Gewichtungsfaktor 0,2 erhalten. Hierbei soll zum Ausdruck kommen, dass einer Prognose über eine Teilgröße bei isolierter Betrachtung vom externen Anteilseigner ein geringerer Informationswert zugeschrieben wird als einer Prognose über die entsprechende Gesamtgröße.[116]
Bei der Bewertung der Prognosen im Hinblick auf das Merkmal „Bezugsperiode“ geht der Autor von einer Interessenlage des externen Aktionärs aus, nach der eine Prognose trotz der in der Regel abnehmenden Prognosesicherheit um so höher zu bewerten ist, je weiter sie in die Zukunft reicht. Diese Prämisse erscheint dem Verfasser insofern gerechtfertigt, als der hier als Zielträger ausgewählte Aktionärstyp in der Regel möglichst frühzeitig über zu erwartende zukünftige Zahlungsströme informiert sein möchte, um deren Struktur durch die Wahl der Anlageobjekte optimal gestalten zu können.[117] Das verwendete Bewertungsschema enthält für die Gewichtung der Bezugsperioden Faktoren von 1,0 (für unbestimmte Bezugsperioden) bis 6,0 (für Bezugsperioden, die mehr als vier Jahre in die Zukunft reichen). Die verschiedenen Klassen der Maßenge werden mit Gewichtungsfaktoren von 1,0 bis 4,0 belegt. Dieser Gewichtung liegt die Annahme zugrunde, dass der Informationswert einer Prognose mit zunehmendem Bestimmtheitsgrad steigt.[118] Die nicht klassifizierenden Prognosen werden gleich gewichtet wie Intervallprognosen. Nach Ansicht des Autors lassen sich diese in das System verschiedener Maßengen nicht ohne weiteres einstufen. Unter Beachtung der spezifischen Prognosegegenstände, über die nicht klassifizierende Prognosen abgegeben werden, erscheint Wasser eine Gleichsetzung mit

---

Veröffentlichung an gerechnet mindestens einen Monat in der Zukunft liegt; die Aussage muss sich hinsichtlich ihres Bezugsobjekts, des Prognosegegenstandes, der Bezugsperiode und/oder des Publikationsdatums von einer anderen Aussage unterscheiden; vgl. hierzu Wasser, Prognosepublizität, 1976, S. 38.

[114] Vgl. Wasser, Prognosepublizität, 1976, S. 47.

[115] Vgl. Wasser, Prognosepublizität, 1976, S. 48.

[116] Vgl. Wasser, Prognosepublizität, 1976, S. 51.

[117] Vgl. Wasser, Prognosepublizität, 1976, S. 52.

[118] Vgl. Wasser, Prognosepublizität, 1976, S. 52.

den Intervallprognosen angezeigt.[119] Aufgrund der Annahme, dass die Mitteilung von Elementen des Prognosemodells eine zusätzliche Information für den Empfänger darstellt, werden Prognosen mit expliziter Nennung von Bedingungen mit 2,0 Punkten und Voraussagen ohne ergänzende Aussagen dieser Art mit 1,0 Punkten gewichtet.[120] Insgesamt ergibt sich das folgende Bewertungsschema:

A. Prognosegegenstände	
Lfd. Nr.	Bezeichnung
	I. Prognosen über Zahlungsstromkomponenten Punktzahl: 100
1	Dividende
2	Grundkapital
3	Abfindungen und Ausgleichszahlungen
	II. Prognosen über Umweltparameter
	a) Umweltparameter erster Ordnung Punktzahl: 40
4	Jahresüberschuss/Jahresfehlbetrag
5	Selbstfinanzierung
6	Liquidität
7	Finanzbedarf
8	Fremdfinanzierung
9	Umschichtungsfinanzierung
10	Rechtliche Unternehmungsstruktur
	b) Umweltparameter zweiter Ordnung Punktzahl: 20
11	Aufwand/Kosten gesamt
12	Ertrag/Leistung gesamt
13	Investitionen gesamt
14	Einzelne Investitionsobjekte
15	Umsatz
16	Ausgaben/Aufwand/Kosten für Personal (einschließlich Tarifänderungen)
17	Ausgaben/Aufwand/Kosten für Material (einschließlich Materialpreisänderungen)
18	Ausgaben/Aufwand/Kosten für Forschung und Entwicklung
19	Abschreibungen
20	Mehrheitsverhältnisse
21	Mitglieder der Unternehmensverwaltung
	c) Umweltparameter dritter Ordnung Punktzahl: 10
22	Sachanlageinvestitionen
23	Finanzanlageinvestitionen; einschließlich Konzentration, soweit diese nicht unter Nr. 20 zu erfassen war
24	Sonstige Ausgaben/Aufwendungen/Kosten
25	Sonstige Einnahmen/Erträge/Leistungen
26	Beschäftigungsgrad
27	Kapazitäten
28	Absatzmengen
29	Auftragslage
30	Produktionsmengen
31	Marktanteile
32	Absatzpreise
33	Wettbewerb
34	Sortiment
35	Produktivität
36	Rationalisierung
37	Versorgungslage, Materialeinsatzmengen
38	Kooperation mit anderen Unternehmungen
39	Bilanzstruktur, verschiedene Bilanzposten
40	Zahl und Zusammensetzung der Belegschaft

[119] Vgl. Wasser, Prognosepublizität, 1976, S. 53.
[120] Vgl. Wasser, Prognosepublizität, 1976, S. 53 f.

	B. Prognosemerkmale	
	I. Bezugsobjekt	**Gewichtungsfaktor**
a)	Gesamte Unternehmung	1,0
b)	Teilbereich (Tochterunternehmung, einzelnes Werk, Produktgruppe, Produkt, Region)[121]	0,2
	II. Bezugsperiode	
a)	Prognosen, die bis zu einem Jahr in die Zukunft reichen	2,0
b)	Prognosen, die bis zu zwei Jahre in die Zukunft reichen	3,0
c)	Prognosen, die bis zu drei Jahre in die Zukunft reichen	4,0
d)	Prognosen, die bis zu vier Jahre in die Zukunft reichen	5,0
e)	Prognosen, die weiter als vier Jahre in die Zukunft reichen	6,0
f)	Prognosen mit unbestimmter Bezugsperiode	1,0
	III. Genauigkeit	
a)	qualitative Prognosen	1,0
b)	komparative Prognosen	2,0
c)	Intervallprognosen	3,0
d)	Punktprognosen	4,0
e)	nicht klassifizierende Prognosen	3,0
	IV. Modellstruktur	
a)	Prognosen mit expliziter Angabe von Bedingungen und/oder Eintrittswahrscheinlichkeiten	2,0
b)	Prognosen ohne ergänzende Aussagen dieser Art	1,0

Tabelle 4-7: Bewertungsschema für die erfassten Prognosen – Studie von ***Wasser*** *(1976)*[122]

Anhand dieses Modells wertet der Verfasser sowohl die in den Jahren 1970 und 1971 veröffentlichten Jahresgeschäftsberichte von 100 zufällig ausgewählten börsennotierten Aktiengesellschaften und Kommanditgesellschaften auf Aktien als auch die Pressemeldungen über die ausgewählten Unternehmen in drei überregionalen Tageszeitungen aus,[123] indem zunächst alle veröffentlichten Aussagen, die dem definierten Prognosebegriff[124] entsprechen, für jede der ausgewählten Gesellschaften auf einem gesonderten Erhebungsbogen unter Berücksichtigung der verschiedenen Prognosemerkmale erfasst werden.[125] Aufgrund dieses Erhebungsbogens können anschließend die Prognosen durch eine multiplikative Verknüpfung der sich aus dem verwendeten Gewichtungsschema ergebenden Einzelpunktwerte für die Prognosegegenstände und die verschiedenen Klassen von

[121] Enthält eine Veröffentlichung Prognosen über mehrere Teilgrößen eines Prognosegegenstandes, so werden je Teilgröße 0,2 Gewichtungspunkte vergeben. Um jedoch zu verhindern, dass einer Unternehmung auf diese Weise für die gleichzeitige Abgabe von Prognosen über mehrere Teilgrößen eines Prognosegegenstandes eine gleiche oder höhere Punktzahl hätte zugeteilt werden müssen als für eine entsprechende Prognose der Gesamtgröße, führt ***Wasser*** eine Bewertungsrestriktion ein, die besagt, dass bei gleichzeitiger Publizierung von Prognosen mehrerer Teilgrößen eines Prognosegegenstandes maximal 0,8 Gewichtungspunkte vergeben werden können; vgl. Wasser, Prognosepublizität, 1976, S. 51.

[122] Diese Tabelle wurde entnommen: Wasser, Prognosepublizität, 1976, S. 53 f.

[123] Vgl. hierzu im Detail Wasser, Prognosepublizität, 1976, S. 39, 56.

[124] Vgl. hierzu Wasser, Prognosepublizität, 1976, S. 38 f.

[125] Vgl. Wasser, Prognosepublizität, 1976, S. 42, 46.

Prognosemerkmalen bewertet werden. Aus der Addition der für die einzelnen Prognosen vergebenen Punkte ergibt sich dann für jede Unternehmung der für sie ermittelte Wert als Ausdruck des Ausmaßes ihrer freiwilligen Publizität.[126]
Im Rahmen der Zielsetzung dieser Studie wird für acht ausgewählte Faktoren deren Charakter als Einflussgrößen des Ausmaßes freiwilliger Unternehmenspublizität – hier im Sinne von Prognosepublizität verstanden – deduktiv abgeleitet und jeweils im Anschluss daran unter Anwendung statistischer Auswertungsmethoden empirisch überprüft.[127] Wie bereits der Tabelle 4-2 zu entnehmen ist, zeigen sich bei isolierter Betrachtung und Überprüfung der als Einflussgrößen analysierten Parameter für die folgenden Indikatoren statistisch signifikante Zusammenhänge zwischen ihnen und der im Rahmen dieser Studie ermittelten Maßgröße für freiwillige Prognosepublizität:

- Bilanzsumme,
- Umsatz,
- Beschäftigtenzahl,
- Anzahl der Aktionäre,
- Marktanteil,
- Branchenzugehörigkeit.

Von den beiden getesteten Ertragskraftindikatoren – Eigenkapitalrentabilität und Umsatzrentabilität – zeigt zwar Letzterer eine schwache (negative) Korrelation mit dem Ausmaß freiwilliger Prognosepublizität, die aber nicht ausreicht, um nennenswert zur Erklärung eines unterschiedlich hohen Publizitätsumfangs der Unternehmen beizutragen.[128]

4.1.6 Studie von *Schneider (1985)*[129]

Einem Bereich der ausschließlich freiwilligen Publizität ist die Studie von ***Schneider*** über finanzwirtschaftliche Nebenrechnungen zum aktienrechtlichen Jahresabschluss gewidmet.[130] In diese Studie gehen die Geschäftsberichte einer Zufallsstichprobe von 152 börsennotierten deutschen Aktiengesellschaften für jeweils zehn Geschäftsjahre (1972 bis 1981 bzw. 1971/72 bis 1980/81) ein,[131] die einer inhaltlichen Analyse zur Bewertung des Publizitätsverhaltens der untersuchten Unternehmen hinsichtlich finanzwirtschaftlicher Zusatzrechnungen unterzogen werden. Bei der Bewertung des Publizitätsverhaltens sind durch die Autorin zwei Aspekte zu berücksichtigen: Zum einen ist die Publizitätsbereitschaft und zum anderen die Publizitätsgüte zu ermitteln. Die Publizitätsbereitschaft drückt aus, ob und wie viele finanzwirtschaftliche Nebenrechnungen die untersuchten Unternehmen überhaupt veröffentlichen. Im Rahmen der Bewertung der Publizitätsgüte sind sodann die qualitativen Unterschiede der ange-

---

126 Vgl. Wasser, Prognosepublizität, 1976, S. 46.
127 Vgl. hierzu im Einzelnen Wasser, Prognosepublizität, 1976, S. 69 ff.
128 Vgl. Wasser, Prognosepublizität, 1976, S. 109.
129 Vgl. Schneider, Finanzwirtschaftliche Nebenrechnungen, 1985.
130 Vgl. Schneider, Finanzwirtschaftliche Nebenrechnungen, 1985, S. 2.
131 Vgl. Schneider, Finanzwirtschaftliche Nebenrechnungen, 1985, S. 6 ff.

wandten Konzeptionen aufzuzeigen.[132] Zur Feststellung der Publizitätsgüte entwickelt die Verfasserin ein Scoring-Modell, welches von vier Publizitätsbereichen (vorgegeben durch die zu untersuchenden Nebenrechnungsarten: Kapitalfluss-, Umsatzüberschuss-, Wertschöpfungs- und Kapitalerhaltungsrechnung) ausgeht, in denen die untersuchten, aus der Literatur und den Determinanten „Entscheidungsrelevanz" und „Verständlichkeit" abgeleiteten Informationsitems zusammengefasst werden.[133] Hierbei werden im Einzelnen 24 Informationsitems[134] unterschieden, die spezifischen Oberkriterien der jeweiligen Kriterienkataloge der Einzelrechnungen zugeordnet sind.[135] Die Bewertung der Publizitätsgüte und damit die Gewichtung der jeweiligen Informationsitems und der den jeweiligen Informationsitems zugeordneten Informationsausprägungen erfolgt durch die Zuweisung von Messwerten, welche den Informationsgehalt der jeweiligen Informationen im Hinblick auf das Kriterium der „Entscheidungsverbesserung" aus der Sicht der Verfasserin zum Ausdruck bringen. Die Gewichtungen der Informationsitems als Endglieder der Kriterienketten erfolgt dabei jeweils im Hinblick auf das zugeordnete Oberkriterium, da nach der subjektiven Einschätzung der Autorin nicht alle Kriterien einer Stufe den gleichen Beitrag zur „Entscheidungsverbesserung" leisten.[136]
Für jedes Unternehmen ergibt sich der Gesamtwert jeder einzelnen Nebenrechnungsart dadurch, dass die mit den Faktoren der Kriterien und Informationsitems gewichteten Werte der Informationsausprägungen addiert und anschließend durch die maximal erreichbare Punktzahl dividiert werden.[137] Durch diese Vorgehensweise ergibt sich eine Normierung der Werte derart, dass sie als gewogene durchschnittliche prozentuale Publizität in Bezug auf eine maximal mögliche Publizität aufgefasst werden können.
Der Gesamtindex der Publizitätsgüte ergibt sich abschließend nicht durch eine eigenständige Bewertung, sondern durch die Addition der Güteindices der Einzelrechnungen.[138] Der maximal mögliche Wert beträgt somit 4,0. Auf eine Normierung mit diesem Wert verzichtet die Autorin bewusst, „um das Aggregationsniveau nicht weiter zu erhöhen und die Transparenz des Bewertungsganges zu erhalten."[139]
Da das Gesamtmodell eine ähnlich komplexe Struktur aufweist wie das Scoring-Modell der bereits dargestellten Studie von ***Berndsen,*** soll auch hier im Folgenden zur Konkretisierung dieses Scoring-Modells ein Publizitätsbereich, die Bewertung der Kapitalflussrechnung, herausgegriffen werden, um die zugrunde liegende Verfahrensweise der Autorin und den subjektiven Charakter dieses Mo-

---

[132] Vgl. Schneider, Finanzwirtschaftliche Nebenrechnungen, 1985, S. 39.
[133] Vgl. hierzu Schneider, Finanzwirtschaftliche Nebenrechnungen, 1985, S. 41, 79, 130, 181 und 223.
[134] Siehe hierzu im Einzelnen die jeweiligen Kriterienkataloge, vgl. Schneider, Finanzwirtschaftliche Nebenrechnungen, 1985, S. 79, 130, 181 und 223.
[135] Vgl. Schneider, Finanzwirtschaftliche Nebenrechnungen, 1985, S. 43.
[136] Vgl. hierzu detailliert Schneider, Finanzwirtschaftliche Nebenrechnungen, 1985, S. 43 f.
[137] Vgl. Schneider, Finanzwirtschaftliche Nebenrechnungen, 1985, S. 44.
[138] Vgl. Schneider, Finanzwirtschaftliche Nebenrechnungen, 1985, S. 230.
[139] Schneider, Finanzwirtschaftliche Nebenrechnungen, 1985, S. 231.

dells zu verdeutlichen. Die für die Bewertung der Kapitalflussrechnungen abgeleiteten Kriterien, Informationsitems, Informationsausprägungen, Kriteriengewichte und Ausprägungswerte sind der Tabelle 4-8 zu entnehmen.
Diesem Scoring-Modell liegen folgende Überlegungen der Autorin zugrunde: „Die Entscheidungsrelevanz für die Adressaten hängt maßgeblich von der Art der veröffentlichten Kapitalflussrechnung ab. Ihre Verständlichkeit wird im Wesentlichen durch Gestaltung und ergänzende Erläuterungen determiniert. Dabei dient die Wahl einer adäquaten Gliederung mit unterschiedlicher Gliederungstiefe der Klarheit, der Ausweis der Veränderung liquider Mittel und die Beachtung des Bruttoprinzips der Vollständigkeit der Darstellung.“[140] Bei der Bewertung eines Informationsitems genügt es der Autorin nicht, nur auf das Vorliegen oder Nicht-Vorliegen abzustellen. Es müssen ihrer Ansicht nach vielmehr qualitativ unterschiedliche Ausprägungen des Items berücksichtigt werden, da sie für das zu beurteilende Kriterium nicht denselben Grad der Zielerreichung besitzen. Der Art der Kapitalflussrechnung werden daher drei, den Kriterien „Gliederung“ und „Gliederungstiefe“ bei Vorliegen des Items zwei Ausprägungen zugeordnet.[141] Erst bei Vorliegen aller Informationsitems zur Gestaltung der Kapitalflussrechnung ist dieser die höchstmögliche Punktzahl zuzuerkennen. Mangels plausibler Anhaltspunkte für Unterschiede gewichtet die Autorin die Items jeweils gleich. Auch den Kriterien „Art der Kapitalflussrechnung“ und „Gestaltung der Kapitalflussrechnung“ werden gleiche Gewichte zugeordnet. Den verbalen Erläuterungen hingegen wird eine geringere Bedeutung zugemessen, da bei sinnvoller Gestaltung diesen nur ein untergeordneter Aussagewert zukommt. Damit kann eine Kapitalflussrechnung maximal den Wert 2,8 annehmen, der als Normierungsgröße dient.[142]

Kriterium	**Gewicht**	**Informationsitem**	**Gewicht**	**Informationsausprägung**	**Wert**
Art der Kapitalflussrechnung	1,0	Art der Kapitalflussrechnung	1,0	Beständedifferenzenbilanz	0,33
				Gesamt-Kapitalflussrechnung	0,66
				Kapitalflussrechnung mit ausgegliedertem Fonds	1,00
Gestaltung der Gesamt-Kapitalflussrechnung	1,0	Gliederung der Mittelherkunft	0,2	ungegliedert	0,00
				gegliedert ohne Umsatzüberschuss	0,80
				gegliedert mit Umsatzüberschuss	1,00
		Gliederung der Mittelverwendung	0,2	ungegliedert	0,00
				gegliedert ohne Ausschüttungen	0,80
				gegliedert mit Ausschüttungen	1,00
		Gliederungstiefe	0,2	ungegliedert	0,00
				eine Gliederungsstufe	0,80
				zwei und mehr Gliederungsstufen	1,00
		Veränderung liquider Mittel	0,2	nicht ausgewiesen	0,00
				ausgewiesen	1,00
		Beachtung des Bruttoprinzips	0,2	Saldierungen	0,00
				keine Saldierungen	1,00
				(alternativ)	

[140] Schneider, Finanzwirtschaftliche Nebenrechnungen, 1985, S. 79 f.
[141] Vgl. Schneider, Finanzwirtschaftliche Nebenrechnungen, 1985, S. 80.
[142] Vgl. Schneider, Finanzwirtschaftliche Nebenrechnungen, 1985, S. 80 f.

Gestaltung der Kapitalflussrechnung mit ausgegliedertem Fonds	1,0	Ausweis fondsinterner Vorgänge	0,25	nicht enthalten enthalten	0,00 1,00
		Gliederung	0,25	gegliedert ohne Umsatzüberschuss gegliedert mit Umsatzüberschuss	0,80 1,00
		Gliederungstiefe	0,25	ungegliedert eine Gliederungsstufe zwei und mehr Gliederungsstufen	0,00 0,80 1,00
		Beachtung des Bruttoprinzips	0,25	Saldierungen keine Saldierungen	0,00 1,00
Zusätzliche verbale Erläuterungen	0,8	Zusätzliche verbale Erläuterungen	1,00	nicht vorhanden vorhanden	0,00 1,00
Maximaler Wert	2,8				

Tabelle 4-8: Scoring-Modell zur Bewertung von Kapitalflussrechnungen – Studie von ***Schneider (1985)***[143]

Die Ergebnisse dieser Studie lassen sich wie folgt zusammenfassen: Der Gesamtwert der Publizitätsbereitschaft, der sich durch die Anzahl der pro Geschäftsjahr veröffentlichten Zusatzrechnungen ergibt, hat sich im gesamten Untersuchungszeitraum (1972 bis 1981) erhöht.[144] Insgesamt werden in diesem Zeitraum 815 Zusatzrechnungen in 507 Geschäftsberichten veröffentlicht, deren durchschnittliche Berichtsgüte bei nur 0,84 liegt und damit nicht als den Anforderungen entsprechend bezeichnet werden kann.[145] Um differenziertere Aussagen hinsichtlich der Unterschiede in der Publizitätsgüte aber auch hinsichtlich der Publizitätsbereitschaft der untersuchten Unternehmen machen zu können, versucht die Autorin in einem weiteren Schritt, Wirkungszusammenhänge zwischen dem Publizitätsverhalten und einzelnen Einflussfaktoren zu analysieren. Die Ergebnisse sind der Tabelle 4-2 zu entnehmen.

4.1.7 Studie von *Kortmann (1989)*[146]

Einem wichtigen Teilbereich der finanziellen Berichterstattung ist die Studie von ***Kortmann*** zur Publizität über die sonstigen finanziellen Verpflichtungen i. S. v. § 285 Nr. 3 HGB in den Jahres- bzw. Konzernabschlüssen von Kapitalgesellschaften gewidmet. Mit dieser Arbeit wird eine erste Bestandsaufnahme des Erscheinungsbildes der Berichterstattungspraxis der völlig neu mit Inkrafttreten des Bilanzrichtlinien-Gesetzes (BiRiLiG) geregelten Berichterstattung zu den sonstigen finanziellen Verpflichtungen vorgenommen.[147] Grundlage der Analysen sind die ersten 100 nach den Vorschriften des BiRiLiG aufgestellten Jahres- bzw. Konzernabschlüsse deutscher Kapitalgesellschaften[148] (ausgewählt in der Reihenfol-

[143] Diese Abbildung wurde entnommen: Schneider, Finanzwirtschaftliche Nebenrechnungen, 1985, S. 79.

[144] Vgl. hierzu die Tabelle in Schneider, Finanzwirtschaftliche Nebenrechnungen, 1985, S. 229.

[145] Vgl. hierzu Schneider, Finanzwirtschaftliche Nebenrechnungen, 1985, S. 232.

[146] Vgl. Kortmann, Berichterstattung, 1989.

[147] Vgl. Kortmann, Berichterstattung, 1989, S. 6.

[148] Kreditinstitute und Versicherungen bleiben hierbei unberücksichtigt, weil diese besonderen Rechnungslegungsvorschriften unterliegen. Ebenfalls nicht aufgenommen werden die Ab-

ge ihrer Offenlegung im Bundesanzeiger), welche im Hinblick auf die dort angetroffene Berichterstattung über die sonstigen finanziellen Verpflichtungen gemäß § 285 Nr. 3 HGB dokumentiert und analysiert werden.[149] Um die Berichterstattung einer weitergehenden Analyse etwaiger Einflussfaktoren zugänglich zu machen, wird sie ferner einer qualitativen Bewertung unter Zugrundelegung einer in fünf Klassen differenzierenden Güteskala unterzogen.[150] Der Aufbau dieser Skala ist in Abbildung 4-3 veranschaulicht.
Hierbei stellt die Berichtsklasse 3 (Informationskategorie B) innerhalb der Skala den logischen Nullpunkt dar, da in § 285 Nr. 3 HGB die Angabe des Gesamtbetrages der sonstigen finanziellen Verpflichtungen vorgeschrieben ist. Der Klasse 3 zugeordnete Berichterstattungen enthalten somit die gesetzliche Mindestinformation, welche durch ergänzende Berichterstattung in Form zahlenmäßiger Aufgliederungen nach Verpflichtungskategorien (Berichtsklasse 4 – Informationskategorie C) oder nach Verpflichtungskategorien und Fälligkeiten (Berichtsklasse 5 – Informationskategorie D) erweitert werden kann. Auch die den Berichtsklassen 4 und 5 zugeordneten Berichterstattungen können neben den Informationskategorien B, C und D weitere erläuternde Einzelangaben (Informationskategorie A) enthalten. Demgegenüber erfüllt eine in Klasse 2 fallende Berichterstattung, sofern es sich um eine Pflichtangabe gem. § 285 Nr. 3 HGB handelt, die gesetzlichen Anforderungen nicht, weil die dort gemachten Angaben (i. d. R. verbale Bezeichnung oder Betragsangabe von Verpflichtungskategorien sowie vereinzelt auch Angabe von Fälligkeiten) es nicht erlauben, den Gesamtbetrag der sonstigen finanziellen Verpflichtungen zu ermitteln; es werden somit ausschließlich Informationen der Kategorie A vermittelt. Die Zuordnung der nicht berichtenden Unternehmen zur Klasse 1 erfolgt dann, wenn sie von der Möglichkeit einer expliziten Fehlanzeige keinen Gebrauch gemacht haben.[151]
Entsprechend dem Informationsgehalt der Berichterstattung – differenziert nach Berichtsklassen – ergibt sich für die untersuchten Abschlüsse das in Tabelle 4-9 zusammengefasste Bild. Diese Klassifizierung der in der Stichprobe angetroffenen Berichterstattung nach Berichtsklassen, welche auf einer ordinalen Skala der Berichtsqualität angeordnet sind, bildet zugleich die Grundlage der Ermittlung von Determinanten der Berichterstattung bzw. der Untersuchung vermuteter Einflüsse auf das Verhalten der Unternehmen bei der Berichterstattung über die sonstigen finanziellen Verpflichtungen.[152] Die hierbei gewonnenen Erkenntnisse sind ebenfalls der Tabelle 4-2 zu entnehmen.

---

schlüsse konzerngebundener Unternehmen, wenn diese in einen nach deutschem Recht aufzustellenden Konzernabschluss einzubeziehen sind; damit ist die Stichprobe frei von Konzerneinflüssen (Mehrfachberücksichtigungen, etwaige Berichterstattung aufgrund von Konzernanweisungen). Vgl. hierzu Kortmann, Berichterstattung, 1989, S. 119.

149 Vgl. Kortmann, Berichterstattung, 1989, S. 6, 119.

150 Vgl. Kortmann, Berichterstattung, 1989, S. 120.

151 Vgl. Kortmann, Berichterstattung, 1989, S. 121.

152 Vgl. hierzu Kortmann, Berichterstattung, 1989, S. 185 ff.

Skala der Berichtsqualität (Berichtsklassen)	Informationskategorien:	verschiedene erläuternde Einzelangaben (A)	Angabe des Gesamtbetrags sonstiger finanzieller Verpflichtungen (B)	Aufgliederung des Gesamtbetrags nach Verpflichtungskategorien (C)	Aufgliederung des Gesamtbetrages oder eines bestimmbaren Teilbetrages nach Fälligkeiten (D)
5	um Kategorien und Fälligkeiten ergänzte gesetzliche Berichterstattung	x[a]	x	x	x
4	um Kategorien ergänzte gesetzliche Berichterstattung	x[a]	x	x	
3	gesetzeskonforme Berichterstattung (Mindestinformation)	x[a]	x		
2	Minderberichterstattung	x[b]			
1	keine Angaben				

a Nicht obligatorisch
b Einzelangaben zu Verpflichtungskategorien und Fälligkeiten, jedoch ohne die Möglichkeit, daraus den Gesamtbetrag der sonstigen finanziellen Verpflichtungen zu ermitteln

Abbildung 4-3: Systematik zur Bewertung der Berichtsqualität nach Berichtsklassen – Studie von ***Kortmann (1989)***[153]

	Berichtsklasse	Anzahl der Unternehmen	
Gesamtbetragsangabe mit Aufgliederung nach Fälligkeiten und Kategorien	5	33	
Gesamtbetragsangabe mit Aufgliederung nach Kategorien	4	24	
Gesamtbetragsangabe ohne Aufgliederung	3	10	
Unternehmen, die den Gesamtbetrag der sonstigen finanziellen Verpflichtungen angeben:			**67**
Einzelberichterstattung ohne Gesamtbetragsangabe	2	18	
Unternehmen, die sonstige finanzielle Verpflichtungen angeben:			**85**
Explizite Fehlanzeige		2	
Unternehmen, die über sonstige finanzielle Verpflichtungen berichten:			**87**
Keine Angaben	1	13	
Gesamt			**100**

Tabelle 4-9: Überblick über die Berichterstattung der in die Stichprobe einbezogenen Unternehmen gem. § 285 Nr. 3 HGB – Studie von ***Kortmann (1989)***[154]

[153] Diese Tabelle wurde entnommen: Kortmann, Berichterstattung, 1989, S. 120.
[154] Diese Tabelle wurde entnommen: Kortmann, Berichterstattung, 1989, S. 137.

4.1.8 Studie von ***Krumbholz (1994)***[155]

Die Zielsetzung der Studie von ***Krumbholz*** besteht darin, die Qualität publizierter Lageberichte zu analysieren, zu bewerten und damit eine Messmethode zu entwickeln, mit der die Qualität der Lageberichterstattung objektiv beurteilt werden kann.[156] Dieser Messmethode zur Beurteilung der Qualität publizierter Lageberichte liegen die gemittelten Urteile von Experten zugrunde. Stellvertretend für die schutzwürdigen Informationsinteressen der Lageberichtsadressaten hat der Verfasser 38 Wirtschaftsprüfer aus 15 renommierten, überwiegend international tätigen deutschen Wirtschaftsprüfungsgesellschaften sowie 29 Wertpapieranalysten aus 12 namhaften deutschen Investmentgesellschaften und Kreditinstituten befragt, wie sie die aus der Kommentar-Literatur zum Lagebericht entnommenen Kriterien zur Beurteilung der Lage eines Unternehmens einschätzen und gewichten und wie sie die Bedeutung verschiedener qualitätsbestimmender Ausprägungen von Lageberichtsangaben beurteilen.[157] Aus diesen Umfrageergebnissen extrahiert der Verfasser einen fein abgestuften Kriterien-Katalog und eine Bewertungsskala für die verschiedenen Ausprägungen von Lageberichtsangaben, mit dem die Lageberichtsqualität differenziert beurteilt werden kann: Während die Teilberichte eines Lageberichts, die sich in sachlicher und in zeitlicher Hinsicht unterscheiden, Oberkriterien repräsentieren, gelten die berichtspflichtigen bzw. die berichtsfähigen Sachverhalte innerhalb der einzelnen Teilberichte als Unterkriterien.[158] Die Struktur des zugrunde gelegten Kriterien-Katalogs zeigt die Abbildung 4-4. Die Oberkriterien, anhand derer die Qualität eines Lageberichts bemessen wird, sind der Wirtschaftsbericht, der Nachtragsbericht, der Prognosebericht, der Forschungs- und Entwicklungsbericht und der Zusatzbericht. Die Unterkriterien, anhand derer in dieser Studie die (Teil-)Qualität eines Teilberichts beurteilt wird, sind jeweils an den Ästen unter den fünf Oberkriterien aufgelistet. Die Qualität eines Lageberichts resultiert aus den gewichteten (Teil-)Qualitäten der fünf Teilberichte, während die (Teil-)Qualität eines Teilberichts jeweils aus den gewichteten, ermittelten Ausprägungen der Unterkriterien resultiert.[159] Die ebenfalls anhand der Befragungsergebnisse entwickelten Bewertungsskalen, die im Detail festlegen, wie viele Punkte jeweils für verschiedene Ausprägungen eines Unterkriteriums bzw. für unterschiedliche Qualitäten von Lageberichtsangaben vergeben werden[160], sind nachfolgend in der Tabelle 4-10 wiedergegeben. Hierbei handelt es sich um drei differenzierte Bewertungsskalen, die zur Bewertung jener Angaben herangezogen werden, die sich zum Ersten auf vergangene Sachverhalte, also Angaben im Wirtschaftsbericht, im Nachtragsbericht und im Forschungs- und Entwicklungsbericht, zum Zweiten auf künftige Sachverhalte, also Angaben im Prognosebericht, und zum Dritten auf Angaben im Zusatzbericht (bilanzanalytische Angaben) beziehen.[161]

---

[155] Vgl. Krumbholz, Lageberichte, 1994.
[156] Vgl. Krumbholz, Lageberichte, 1994, S. 3.
[157] Vgl. Krumbholz, Lageberichte, 1994, S. V, 4 ff.
[158] Vgl. Krumbholz, Lageberichte, 1994, S. VI.
[159] Vgl. hierzu Krumbholz, Lageberichte, 1994, S. 6.
[160] Vgl. Krumbholz, Lageberichte, 1994, S. 8.
[161] Vgl. hierzu detailliert Krumbholz, Lageberichte, 1994, S. 41 ff.

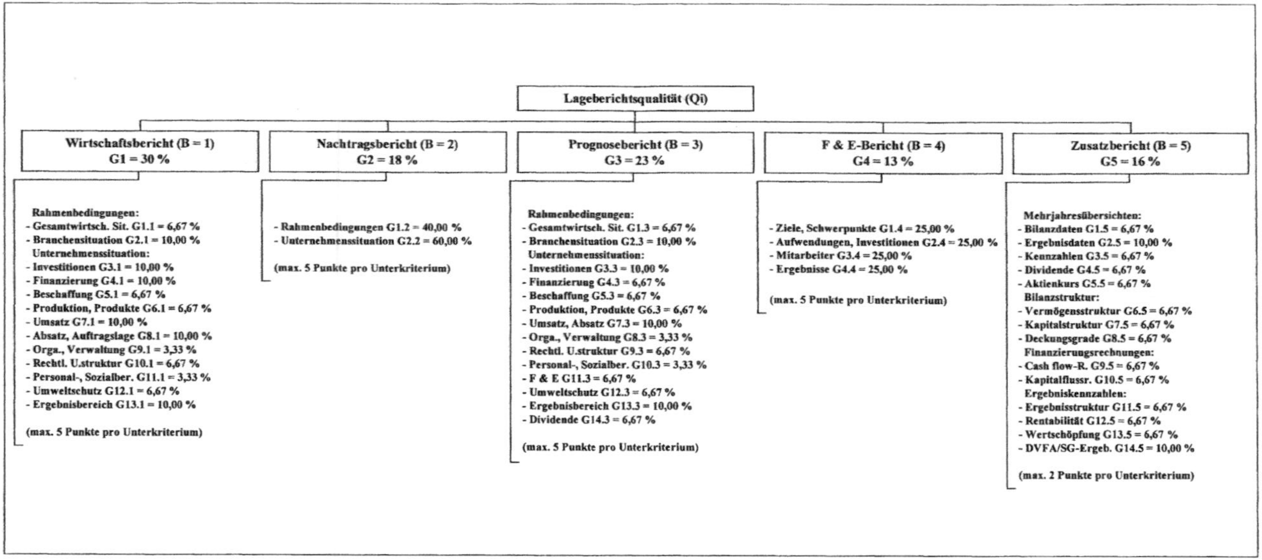

Abbildung 4-4: Kriterien-Katalog und Kriterien-Gewichte zur Bewertung der Qualität von Lageberichten – Studie von ***Krumbholz (1994)***[162]

[162] Diese Abbildung wurde entnommen: Krumbholz, Lageberichte, 1994, S. 51.

This figure can also be viewed here: https://www.peterlang.com/app/uploads/2024/08/9783631533239_Pg_113.pdf

Die Qualität von Lageberichtsangaben hängt bei Angaben, die sich auf das Berichtsjahr beziehen, vor allem von ihrem Genauigkeitsgrad ab. Bei Prognosen hängt die Qualität nicht nur vom Genauigkeitsgrad ab, sondern auch von der Möglichkeit für einen Lageberichtsadressaten, die Prognosesicherheit beurteilen zu können.[163] Hierbei werden in den beiden erstgenannten Bewertungsskalen jeweils neun Qualitätsstufen [(QS-8), (QS-7), ..., (QS-0)] unterschieden, während in der modifizierten Bewertungsskala für den Zusatzbericht drei Qualitätsstufen [(QS-2), (QS-1) und (QS-0)] die Grundlage der Bewertung bilden.[164] Den einzelnen Qualitätsstufen der Bewertungsskalen werden entsprechend den Antwort-Mittelwerten der befragten Fachleute folgende Punktwerte zugeordnet:

	Qualitätsstufen von Angaben im Wirtschafts-, Nachtrags- sowie Forschungs- und Entwicklungsbericht	**Punktwert (P_{ijB})**
(QS-8)	Punkt-Angabe und ergänzende Erläuterung oder Segmentierung	5 P.
(QS-7)	Punkt-Angabe	4 P.
(QS-6)	Intervall-Angabe und ergänzende Erläuterung oder Segmentierung	3,75 P.
(QS-5)	Intervall-Angabe	3 P.
(QS-4)	Komparative Angabe und ergänzende Erläuterung oder Segmentierung	2,5 P.
(QS-3)	Komparative Angabe	2 P.
(QS-2)	Qualitative Angabe und ergänzende Erläuterung oder Segmentierung	1,25 P.
(QS-1)	Qualitative Angabe	1 P.
(QS-0)	Keine oder nicht zu klassifizierende Angabe	0 P.

	Qualitätsstufen von Prognosen	**Punktwert (P_{ijB})**
(QS-8)	Intervall-Prognose und ergänzende Erläuterung oder Segmentierung	5 P.
(QS-7)	Intervall-Prognose	4 P.
(QS-6)	Punkt-Prognose und ergänzende Erläuterung oder Segmentierung	3,75 P.
(QS-5)	Punkt-Prognose	3 P.
(QS-4)	Komparative Prognose und ergänzende Erläuterung oder Segmentierung	2,5 P.
(QS-3)	Komparative Prognose	2 P.
(QS-2)	Qualitative Prognose und ergänzende Erläuterung oder Segmentierung	1,25 P.
(QS-1)	Qualitative Prognose	1 P.
(QS-0)	Keine oder nicht zu klassifizierende Prognose	0 P.

	Qualitätsstufen von Angaben im Zusatzbericht	**Punktwert (P_{ijB})**
(QS-2)	Angabe und Erläuterung oder Angabe und Darstellung	2 P.
(QS-1)	Angabe	1 P.
(QS-0)	Keine oder nicht zu klassifizierende Angabe	0 P.

Tabelle 4-10: Bewertungsskalen für die Angaben im Lagebericht – Studie von ***Krumbholz (1994)***[165]

Die Aggregation der vorangehend dargestellten Bewertungselemente erfolgt abschließend in zwei Schritten. Zunächst sind die Punktwerte (P_{ijB}), die für die Unterkriterien vergeben werden, für jeden Teilbericht eines Lageberichts zu aggregieren. Das Ergebnis dieses ersten Aggregationsschrittes ist der (Teil-)Qua-

[163] Vgl. Krumbholz, Lageberichte, 1994, S. 30.

[164] Da auf eine detaillierte Darstellung der Vorgehensweise zur Entwicklung dieser Bewertungsskalen an dieser Stelle verzichtet werden muss (dies würde den Rahmen dieser Arbeit sprengen), ist diesbezüglich auf die entsprechende Studie zu verweisen, vgl. hierzu Krumbholz, Lageberichte, 1994, S. 41 ff.

[165] Diese Tabellen wurden entnommen: Krumbholz, Lageberichte, 1994, S. 44, 47 und 48.

litätswert (Q_{iB}) für den Teilbericht (B) des Lageberichts (i). Formal lautet die Aggregationsvorschrift:

$$Q_{iB} = \sum_{j=1}^{m_B} G_{jB} \bullet P_{ijB} / P_{jB\,(max.)}.$$

Das Ergebnis des zweiten Aggregationsschrittes ist der (Gesamt-)Qualitätswert (Q_i) für einen Lagebericht (i). Die Aggregationsvorschrift lautet formal:

$$Q_i = \sum_{B=1}^{5} G_B \bullet \sum_{j=1}^{m_B} G_{jB} \bullet P_{ijB} / P_{jB\,(max.)}.$$

Der maximale Qualitätswert eines Lageberichts beträgt 100 %. Die Normierung auf 100 % wird zum einen dadurch erreicht, dass der realisierte Punktwert (P_{ijB}) durch den maximal möglichen Punktwert ($P_{jB\,(max.)}$) relativiert wird. Zum anderen addieren sich die Gewichte der einzelnen Unterkriterien und der Oberkriterien zur Beurteilung des Lageberichts zu jeweils 100 %.[166]
Mit der entwickelten Messmethode wird die Qualität von 120 publizierten Lageberichten ermittelt, die aus Geschäftsberichten des Geschäftsjahres 1991 bzw. 1990/1991 stammen. Die Geschäftsberichte werden aus insgesamt 256 Geschäftsberichten zufällig ausgewählt, die von Unternehmen freiwillig bei der Zeitschrift ***TopBusiness*** zum Wettbewerb „Der beste Geschäftsbericht" eingereicht wurden.[167] Die Ergebnisse der Bewertung zeigen, dass sich den lageberichterstattenden Unternehmen ein großes Potential bietet, die Qualität ihrer Lageberichte zu verbessern:[168] Die Verteilung der ermittelten Qualitätswerte der 120 Lageberichte ist dadurch gekennzeichnet, dass der minimale Qualitätswert 7,07 %, der maximale Qualitätswert 49,87 % sowie der mittlere Qualitätswert 26,35 % von maximal 100 % betragen.[169] Diese Studie wird letztlich durch eine fundierte statistische Analyse bereichert, bei der sich der Verfasser der Frage widmet, ob unternehmensspezifische Merkmale die Qualität publizierter Lageberichte beeinflussen. Die hierbei gewonnenen Erkenntnisse sind der Tabelle 4-2 zu entnehmen.

4.1.9 Studie von *Armeloh (1998)*[170]

Mit der Studie von ***Armeloh*** wird erstmals die Qualität publizierter Anhänge – und damit die Qualität dieses gesetzlich klar abgegrenzten Publizitätsbereichs – empirisch erhoben, analysiert und beurteilt. Aufbauend auf diesen Untersuchungsergebnissen wird in einem weiteren Untersuchungsschritt dieser Arbeit der Frage nachgegangen, ob in Anhängen von Unternehmen, die sich hinsichtlich be-

---

166 Vgl. Krumbholz, Lageberichte, 1994, S. 49 f.
167 Vgl. Krumbholz, Lageberichte, 1994, S. VI, 8.
168 Vgl. Krumbholz, Lageberichte, 1994, S. VI.
169 Vgl. Krumbholz, Lageberichte, 1994, S. 245.
170 Vgl. Armeloh, Berichterstattung, 1998.

stimmter Merkmale unterscheiden, qualitativ unterschiedlich berichtet wird.[171] Hierzu entwickelt der Verfasser ein Modell, mit dem die Berichterstattungsqualität im Anhang gemessen und beurteilt werden kann. Zur Entwicklung des Beurteilungsmodells der Berichterstattungsqualität im Anhang werden stellvertretend für Jahresabschlussadressaten in zwei Fragebogenaktionen insgesamt 3.028 Wirtschaftsprüfer und 270 Finanzanalysten angeschrieben, denen zum einen der aus den gesetzlichen Vorschriften des HGB, des EGHGB und des AktG als auch der systematischen Auswertung des einschlägigen Fach-Schrifttums abgeleitete Kriterienkatalog zur Beurteilung der Anhangsangaben zur Disposition gestellt wird, d. h. die Fachleute haben die Möglichkeit, den ihnen vorgelegten (vorläufigen) Kriterienkatalog ggf. um ihrer Ansicht nach fehlende Kriterien zu ergänzen, evtl. überflüssige Kriterien zu streichen oder vorgegebene Kriterien zu modifizieren. Die Fachleute werden zum anderen gebeten, die Bedeutung konkreter Anhangsangaben für die Vermittlung eines den tatsächlichen Verhältnissen entsprechenden Bildes einzuschätzen.[172] Die Rücklaufquoten sind in beiden Umfragen relativ hoch: An der ersten Umfrage beteiligen sich 442 Wirtschaftsprüfer und 34 Finanzanalysten, von diesen Fachleuten nehmen 133 Wirtschaftsprüfer und 14 Finanzanalysten auch am zweiten Teil der Umfrage teil.[173] In dieser sehr umfangreichen und repräsentativen Erhebung wird die Bedeutung einzelner Anhangsangaben für die Vermittlung eines den tatsächlichen Verhältnissen entsprechenden Bildes erstmals empirisch ermittelt.[174] Die dieser Umfrage zugrunde liegende große Anzahl von Anhangsangaben strukturiert der Verfasser im Rahmen des (vorläufigen) Kriterienkataloges in insgesamt acht Teilberichte.[175] Auf dieser Strukturierung aufbauend unterscheidet der Verfasser dann insgesamt drei Ebenen von Kriterien zur Bewertung von Anhangsangaben: sog. Hauptkriterien, Oberkriterien und Unterkriterien. Die Ebene der Hauptkriterien ergibt sich aus den gesetzlichen Vorschriften zur Berichterstattung im Anhang sowie aus freiwilligen Anhangsangaben.[176] Da die Ebene der Hauptkriterien in der Regel nicht ausreicht, konkrete Anhangsangaben angemessen zu beurteilen, konkretisiert der Verfasser die Ebene der Hauptkriterien durch die nächst tiefere Ebene der sog. Oberkriterien, indem er das Fach-Schrifttum zu allen konkretisierungsbedürftigen Anhangsangaben systematisch und vollständig auswertet.[177] Reicht die Ebene der Oberkriterien nicht aus, die Berichterstattung zu einem Hauptkriterium angemessen zu beurteilen, werden auf die gleiche Weise zu jedem Oberkriterium konkretisierende Unterkriterien gebildet.[178] Auf diese Weise ergibt sich ein umfassender, aus insgesamt acht Teilberichten, 108 Hauptkriterien, 291 Oberkrite-

[171] Vgl. Armeloh, Berichterstattung, 1998, S. V.
[172] Vgl. Armeloh, Berichterstattung, 1998, S. 36 ff., 84 ff.
[173] Vgl. Armeloh, Berichterstattung, 1998, S. 85 ff.
[174] Vgl. Armeloh, Berichterstattung, 1998, S. VI.
[175] Vgl. hierzu insbesondere die Übersicht in Armeloh, Berichterstattung, 1998, S. 43.
[176] Vgl. hierzu detailliert Armeloh, Berichterstattung, 1998, S. 43 f.
[177] Vgl. hierzu detailliert Armeloh, Berichterstattung, 1998, S. 44 f.
[178] Vgl. Armeloh, Berichterstattung, 1998, S. 46.

rien und 66 Unterkriterien bestehender Kriterienkatalog.[179] Mit den empirisch aus den Einschätzungen von Wirtschaftsprüfern und Finanzanalysten ermittelten Gewichtungen von Teilberichten, Hauptkriterien, Oberkriterien und Unterkriterien legt der Verfasser schließlich fest, in welchem Maße ein einzelnes Bewertungskriterium zum Gesamt-Qualitätswert des Anhangs beiträgt.[180] Die nachstehende Übersicht zeigt die einzelnen nutzwertanalytischen Aggregationsschritte und die hierarchische Struktur dieses Kriterienkataloges in einem systematischen Zusammenhang.
Der durch die Auswertung des Fach-Schrifttums ermittelte und unter Wirtschaftsprüfern und Finanzanalysten objektivierte abschließende Kriterienkatalog ist in Abschnitt 7.2 dieser Arbeit im Detail dargestellt.

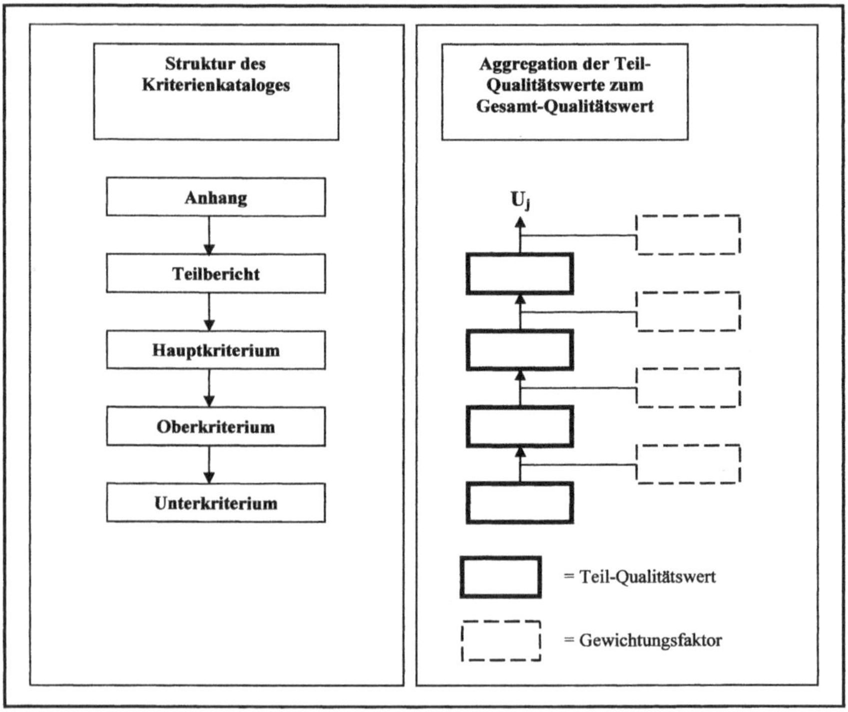

Abbildung 4-5: Die nutzwertanalytische Bestimmung des Gesamt-Qualitätswertes des Anhangs – Studie von ***Armeloh (1998)***[181]

[179] Vgl. hierzu insbesondere Armeloh, Berichterstattung, 1998, S. VI, 46.
[180] Hinsichtlich der genauen Vorgehensweise siehe Armeloh, Berichterstattung, 1998, S. 66 ff.
[181] Diese Abbildung wurde entnommen: Armeloh, Berichterstattung, 1998, S. 66.

Das dargestellte Bewertungsmodell wendet der Verfasser auf die Anhänge in den Geschäftsberichten für das Geschäftsjahr 1995 bzw. 1994/1995 von 150 zufällig ausgewählten börsennotierten Kapitalgesellschaften (Industrie- und Handelsunternehmen)[182] und zusätzlich auf die Anhänge aller 20 Börsenneulinge des Jahres 1995 an.[183]
Als Ergebnis dieser Analysen ist festzuhalten, dass bei einem Gesamt-Qualitäts-Mittelwert von 54,06 % und einer Standardabweichung von 10,34 %-Punkten nicht von einem als positiv zu bezeichnenden Befund gesprochen werden kann.[184] Die Ergebnisse der in einem weiteren Schritt durchgeführten Analysen möglicher Einflussfaktoren auf die Qualität der Berichterstattung im Anhang fasst die Tabelle 4-2 zusammen.

4.1.10 Studie von *Pellens (1989)*[185]

Pellens versucht im Rahmen einer empirischen Untersuchung der Frage nachzugehen, ob der Konzernabschluss für Aktienanleger einen zusätzlichen Informationswert gegenüber dem Einzelabschluss hat bzw. ob für die Anteilseigner einer Konzernobergesellschaft die Auswertung der Einzel- und Konzernabschlüsse entsprechend der Zielsetzung der aktienrechtlichen Rechnungslegungsvorschriften von 1965[186] nutzbringender ist als die ausschließliche Verwertung der Einzelabschlussdaten. Ferner wird untersucht, inwiefern durch die unterschiedliche Handhabung von Konsolidierungswahlrechten eine empirisch feststellbare Veränderung im Aussagegehalt der Konzernabschlüsse zu beobachten ist.[187] Hierzu entwickelt der Verfasser ein Scoring-Modell, durch welches die in den Konzernabschlüssen beobachteten Konsolidierungsunterschiede vergleichbar gemacht werden sollen. ***Pellens*** geht dabei von 5 Zielgrößen aus, die durch verschiedene Konzernmaßnahmen (Bilanzierungs- und Bewertungsdifferenzen (Z_1), Konsolidierungskreis (Z_2), Kapitalkonsolidierungsverfahren (Z_3), Zwischenerfolgseliminierung (Z_4) und Gliederungswahlrechte (Z_5)) substituiert werden. Diese Zielgrößen werden darüber hinaus untergliedert: So wird die Zielgröße „Konsolidierungskreis“ in die Unterziele „Einbeziehung aller Konzernunternehmen unabhängig vom Sitz des Konzernunternehmens (UZ_{21})“, „Einbeziehung von 50 %-Beteiligungen (UZ_{22})“ und „Einbeziehung von Minderheitsbeteiligungen (UZ_{23})“ unterteilt. Die Unterziele der Konsolidierungsmaßnahme „Zwischenerfolgseli-

---

[182] Die Stichprobe wurde aus dem Gesamtbestand jener 416 Geschäftsberichte von Industrie- und Handelsunternehmen gezogen, die 1996 am Wettbewerb „Der beste Geschäftsbericht“ teilnahmen. Dieser Wettbewerb wird seit 1995 von der Zeitschrift „manager magazin“ mit dem Ziel ausgeschrieben, die inhaltliche, gestalterische und sprachliche Qualität in den Geschäftsberichten der 500 größten börsennotierten deutschen Kapitalgesellschaften zu bewerten. Vgl. hierzu Armeloh, Berichterstattung, 1998, S. 97.

[183] Vgl. Armeloh, Berichterstattung, 1998, S. 97 f.

[184] Vgl. Armeloh, Berichterstattung, 1998, S. 230.

[185] Vgl. Pellens, Informationswert, 1989.

[186] Diese Studie bezieht sich im Gegensatz zur nachfolgend dargestellten Untersuchung von ***Bötzel (1993)*** auf die Analyse von Konzernbilanzen vor der Gesetzesnovellierung des Bilanzrichtliniengesetzes.

[187] Vgl. Pellens, Informationswert, 1989, S. 2.

minierung“ bestehen aus der „Zwischenverlusteliminierung (UZ_{41})“ und der „Zwischenerfolgseliminierung auf den konzerneinheitlichen Ansatz (UZ_{42})“.[188] Die Ausprägungen der untersuchten Konsolidierungsmaßnahmen x_i werden nach folgender Zuordnungsregel bewertet:

- Liegen zwei mögliche Ausprägungen vor, wie bei UZ_{21}, UZ_{22}, UZ_{23}, Z_3, UZ_{41} und UZ_{42}:

$$x_i \begin{cases} 0, & \text{wenn sich die Konsolidierung an den Mindestanforderungen des AktG 1965 orientiert.} \\ 1, & \text{wenn über die Mindestanforderungen hinausgehende Konsolidierungsmaßnahmen beobachtet werden.} \end{cases}$$

- Liegen drei mögliche Ausprägungen vor, wie bei Z_1 und Z_5:

$$x_i \begin{cases} 0, & \text{wenn sich die Konsolidierung an den Mindestanforderungen des AktG 1965 orientiert.} \\ 0{,}5, & \text{wenn die beobachtete Konsolidierung zwischen den Mindestanforderungen und dem max. zulässigen Konsolidierungsverhalten liegt.} \\ 1, & \text{wenn das max. zulässige Konsolidierungsverhalten beobachtet wird.}^{189} \end{cases}$$

Da nach Ansicht des Autors die einzelnen Konsolidierungsmaßnahmen (Z_i) unterschiedlich zum Gesamtqualitätsniveau (W_j) beitragen, werden diese zusätzlich gewichtet. Für die Fälle, in denen wegen der Vielzahl der untersuchten Konsolidierungskriterien noch Unterbereiche (UZ_{iK}) mit den Beobachtungen x_{iKj} als unterste Konsolidierungsqualitäten differenziert werden, wird vorab eine Transformation der x_{iKj} auf x_{ij} durch Festlegung einer Amalgamationsregel vorgenommen. Die hierzu verwendeten Gewichtungsfaktoren (g_{iK}) werden aus der materiellen Bedeutung der Unterbereiche (UZ_{iK}) für die jeweilige Konsolidierungsmaßnahme (Z_i) über Plausibilitätsüberlegungen abgeleitet. Dabei werden die Gewichte g_{iK} derart festgelegt, dass gilt:

$$\sum_{K=1}^{n} g_{iK} = 1.$$

Die Konsolidierungsqualitäten (W_j) werden anschließend über drei alternative Gewichtungsszenarien (GV(m)) für die unterschiedlichen Konsolidierungsmaßnahmen ermittelt, um die Sensitivität der Eingruppierungen der Konzernabschlüsse von den subjektiv festgelegten Gewichtungsfaktoren (G_i) zu überprüfen. Die unterschiedlichen Gewichtungsszenarien spiegeln eine jeweils unter-

---

[188] Vgl. Pellens, Informationswert, 1989, S. 140 ff.
[189] Vgl. Pellens, Informationswert, 1989, S. 142 f.

Untersuchungs-bereiche: Gewichte:	Anpassungs-maßnahmen ($G_1 = 4/3/3$)		Konsolidierungs-kreis ($G_2 = 4/5/8$)				Kapitalkon-solidierung ($G_3 = 4/2/3$)		Zwischenerfolgs-eliminierung ($G_4 = 4/5/4$)			Gliederung der G. u. V. ($G_5 = 4/5/2$)		Gesamtwert der Konsolidierungs-qualität
Unterbereich:	Anpassung	$x_{1j} =$	alle TG	BQ = 50 %	BQ < 50 %	$x_{2j} =$	KK-Verf.	$x_{3j} =$	ZG u. ZV	Umfang	$x_{4j} =$	Gliederung	$x_{5j} =$	
Part.-Gew.:	$g_1 = 1$	x_{1j}	$g_{21} = 0{,}9$	$g_{22} = 0{,}05$	$g_{23} = 0{,}05$	$\sum_{K=1}^{3} x_{2Kj}$	$g_3 = 1$	x_{3j}	$g_{41} = 0{,}6$	$g_{42} = 0{,}4$	$\sum_{K=1}^{2} x_{4Kj}$	$g_5 = 1$	x_{5j}	$W_j = \sum_{i=1}^{5} G_i * x_{ij}$
Ausprägungen:	0 0,5 1	$* g_1$	0 1	0 1	0 1	$* g_{2K}$	0 1	$* g_3$	0 1	0 1	$* g_{4K}$	0 0,5 1	$* g_5$	
a_1	x_{11}	x_{11}	x_{211}	x_{221}	x_{231}	x_{21}	x_{31}	x_{31}	x_{411}	x_{421}	x_{41}	x_{51}	x_{51}	W_1
•														•
($a_{27} = 303$)	0,5	0,5	1	0	0	0,9	1	1	0	0	0	1	1	$W_{27} =$ 13,6/13,0/13,7
•														•
a_n	x_{1n}	x_{1n}	x_{21n}	x_{22n}	x_{23n}	x_{2n}	x_{3n}	x_{3n}	x_{41n}	x_{42n}	x_{4n}	x_{5n}	x_{5n}	W_n

Abbildung 4-6: Scoring-Modell zur Messung der Konsolidierungsgüte – Studie von ***Pellens (1989)***[190]

schiedliche Einschätzung in der Bedeutung der einzelnen Konsolidierungswahlrechte wider; diese setzen sich wie folgt zusammen:

GV(1) mit $G_1 = 4$; $G_2 = 4$; $G_3 = 4$;
$G_4 = 4$; $G_5 = 4$,
GV(2) mit $G_1 = 3$; $G_2 = 5$; $G_3 = 2$;
$G_4 = 5$; $G_5 = 5$,
GV(3) mit $G_1 = 3$; $G_2 = 8$; $G_3 = 3$;
$G_4 = 4$; $G_5 = 2$,

(mit $1 < G_i < 20$ und $\sum_{i=1}^{n} G_i = 20$).[191]

Da die x_{ij} einheitlich im Wertbereich zwischen 0 und 1 liegen, ergibt sich für die Konsolidierungsqualität eines Konzernabschlusses (W_j) mit $0<W_j<20$ eine Wertskala, die als lineare Transformation einer (0; 1)-Skala anzusehen ist. Das gesamte entwickelte Scoring-Modell zur Messung und zum Vergleich der Konsolidierungsgüte der untersuchten Konzernabschlüsse (a_j) mit den einzelnen Merkmalsausprägungen (x_{ij} bzw. x_{iKj}) und den Gewichtungsfaktoren (g_{iK}; G_i) lässt sich zusammenfassend durch die Abbildung 4-6 aufzeigen. Dabei ist in der vorletzten Zeile exemplarisch für ein Unternehmen das Konsolidierungsniveau für alle drei Gewichtungsszenarien dargestellt. Dieses Modell wendet der Verfasser auf die Geschäftsberichte der Geschäftsjahre 1981 bis 1984 einer bewussten Auswahl von 50 wirtschaftlich und rechtlich selbständigen, börsennotierten deutschen Aktiengesellschaften an, die als Konzernobergesellschaft sowohl einen Einzelabschluss als auch einen Konzernabschluss für diesen Zeitraum veröffentlicht haben.[192] Es zeigt sich, dass die Ergebnisse nur wenig

[190] Diese Abbildung wurde entnommen: Pellens, Informationswert, 1989, S. 148.
[191] Vgl. Pellens, Informationswert, 1989, S. 144 ff.
[192] Vgl. Pellens, Informationswert, 1989, S. 108 ff.

durch die Wahl der subjektiven Gewichtungsfaktoren beeinträchtigt werden. Die veröffentlichten Konzernabschlüsse können in zwei homogene Gruppen unterschiedlicher Konsolidierungsgüte klassifiziert werden, wobei die durchschnittliche Konsolidierungsgüte für die verschiedenen Szenarien insgesamt bei nur 7,792 (GV(3)), 8,668 (GV(1)) und 9,155 (GV(2)) liegt.[193] Mit Hilfe von Kennzahlen[194] werden in einem weiteren Schritt jeweils Rangreihen für den Einzel- und den Konzernabschluss differenziert nach den Unternehmensgruppen mit unterschiedlichem Konsolidierungsniveau gebildet. Da die Unterschiedlichkeit der Rangreihen für die Gruppe der Unternehmen mit hohem Konsolidierungsniveau bemerkenswert zunimmt, sieht ***Pellens*** in der zusätzlichen Auswertung der Konzernabschlüsse eine Änderung des Informationsnutzens.[195] In einem letzten Untersuchungsschritt teilt der Verfasser die Unternehmen, je nachdem welche Merkmalsausprägung (positive bzw. negative bereinigte Rendite) sie ex post vorweisen, in zwei Gruppen. In univariaten und multivariaten Diskriminanzanalysen wird geprüft, ob die Verwendung der Einzel- oder der Konzernabschlusskennzahlen eine bessere Prognose der Rendite ermöglicht. Der Autor kommt hierbei zu dem Ergebnis, dass die multivariate Verknüpfung von Kennzahlen aus Einzel- und Konzernabschluss die beste Prognose der Aktienrendite ermöglicht. ***Pellens*** sieht hierin die Aussage bestätigt, dass die zusätzliche Verwendung von Konzernabschlussdaten eine Verbesserung des Informationsstandes externer Abschlussadressaten bedingt.[196]

4.1.11 Studie von *Bötzel (1993)*[197]

Ziel der Studie von ***Bötzel*** ist, eine Krisendiagnose spezifischer Konzernunternehmen unter Verwendung bewusst ausgewählter Informationen des Konzernabschlusses durchzuführen, indem der Versuch unternommen wird, das Publizitäts- und Kaschierungsverhalten in Konzernabschlüssen messbar zu machen.[198] Hierzu stellt der Autor ein Verfahren vor, mit dem die verbalen Erläuterungen des Konzernabschlusses und die Wahrnehmung von Wahlrechten quantifizierbar sind und damit ein Urteil über die Einhaltung der rechtlichen Vorschriften (*Publizitätsindex*) und das Ausmaß der ausweisverschönernden Bilanzpolitik (*Kaschierungsindex*) möglich wird.

Die Bestimmung des *Publizitätsindex'* erfolgt durch ein Scoring-Modell, das die in Tabelle 4-1 genannten Schritte vorsieht und dessen Ziel in der Beurteilung der Publizität, ausgedrückt in einer reellen Zahl, liegt. Hierbei soll ein Wert von 100

---

[193] Vgl. Pellens, Informationswert, 1989, S. 150 ff.

[194] ***Pellens*** ermittelt insgesamt 85 Einzel- und Konzernabschlusskennzahlen, anhand derer aus dem Blickwinkel der Anteilseigner einer Konzernobergesellschaft festgestellt werden soll, ob es für sie nutzbringend sein kann, neben dem aktienrechtlichen Einzelabschluss auch den konsolidierten Jahresabschluss auszuwerten, vgl. hierzu die Einzelaufstellung der Kennzahlen: Pellens, Informationswert, 1989, S. 163 ff.

[195] Vgl. Pellens, Informationswert, 1989, S. 200.

[196] Vgl. Pellens, Informationswert, 1989, S. 263 ff.

[197] Vgl. Bötzel, Konzernkrisen, 1993; Bötzel, Publizitätsgüte, 1993 sowie ergänzend Bötzel, Konzernabschlussanalyse, 1991 und Bötzel/Hauschildt, Konzernbilanzen, 1995.

[198] Vgl. hierzu insbesondere Bötzel, Konzernkrisen, 1993, S. 171 und S. VII.

erreicht werden, wenn zu allen Wahlrechten die gesetzlich erforderlichen Angaben gemacht werden. Der Autor geht dabei von 13 Objektbereichen aus, in denen die untersuchten Wahlrechte zusammengefasst werden; im Einzelnen werden hierbei 57 Wahlrechte (Items) unterschieden.[199] Für jeden dieser Objektbereiche legt der Autor im Detail fest, welche Informationen der Gesetzgeber verlangt. Insbesondere ist zu unterscheiden, ob eine „Angabe", eine „Aufgliederung", eine „Erläuterung" oder eine „Begründung" erforderlich ist. Die Bewertung der Einzelwahlrechte ist davon abhängig, ob die Publizität den Erfordernissen des Gesetzgebers nachkommt; die Bewertung geht von folgendem Maßstab aus:

Zuweisung des Wertes ...
1, wenn die gesetzlich geforderte Informationsklasse erfüllt wird,
0, wenn die erforderliche Information nicht gegeben wird,
2, wenn die geforderte Informationsklasse übererfüllt wird.

Braucht ein Konzern zu einem Informationsbereich keine Angaben zu machen, wird, um diesem ein entsprechendes Verhalten nicht negativ anzulasten, bei der Berechnung des Index' diejenige Punktzahl von der maximal erreichbaren Punktzahl abgezogen, die sich ergäbe, wenn zu dem entsprechenden Wahlrecht die gesetzlich erforderliche Angabe gemacht worden wäre („Korr.").[200]

Da aus der Sicht des Verfassers die genannten Objektbereiche bzgl. ihrer Aussagekraft nicht gleichbedeutend sind (einzelne Objektbereiche erscheinen inhaltlich bedeutsamer oder stellen mehr Wahlrechte zur Verfügung als andere Objektbereiche und bieten somit mehr Stellgrößen bei der Gestaltung des Konzernabschlusses), werden die Objektbereiche zusätzlich gewichtet. ***Bötzel*** wählt hierbei eine dreistufige Vorgehensweise:

- „In einem ersten Schritt wird das **Urteil der Fachwelt** dadurch operationalisiert, dass wir die literarischen Beiträge in den Zeitschriften ZfbF, ZfB, BFuP, DBW, WPg und BB zu den Objektbereichen im Zeitraum 1982 bis 1990 ausgezählt haben. Insgesamt wurden 150 Beiträge ermittelt. Sie ergeben das erste Gewichtungsäquivalent.
- In einem zweiten Schritt wird der **Stellgrößeneinfluss** aufgrund der 57 Einzelwahlrechte berücksichtigt. Die Verteilung liefert ein zweites Gewichtungsäquivalent. Beide Gewichtungen wurden so normiert, dass die Summe der Gewichte über alle Objektklassen 100 ergibt.
- In einer dritten Phase werden die einzelnen Wahlrechte noch einmal innerhalb der Objektklassen gewichtet. Das Ergebnis gibt den zusammenfassenden **subjektiven Eindruck des Verfassers** von der Sorgfalt der Erläuterungen und Begründungen in den analysierten Konzernabschlüssen und vom Inhalt der Argumentation in der Fachliteratur wieder."[201]

---

[199] Vgl. Bötzel, Konzernkrisen, 1993, S. 207; Bötzel, Publizitätsgüte, 1993, S. 207; Bötzel/Hauschildt, Konzernbilanzen, 1995, S. 559.

[200] Vgl. Bötzel, Konzernkrisen, 1993, S. 205; Bötzel, Publizitätsgüte, 1993, S. 206; Bötzel/Hauschildt, Konzernbilanzen, 1995, S. 559.

[201] Bötzel/Hauschildt, Konzernbilanzen, 1995, S. 560.

Der Publizitätsindex ermittelt sich im Rahmen dieser Studie in folgendem Prozess: Es wird für jede einzelne Berichtsklasse eines jeden Konzerns geprüft, welcher Wert (0, 1, 2 oder Korr.) zuzuweisen ist. Diese Primärdaten sind zu den Objektklassen zusammenzufassen und mit den genannten Gewichtungsäquivalenten zu multiplizieren. Aus der Summe der gebildeten Punktsummen ergibt sich der Ist-Publizitätswert. Dieser wird in Beziehung gesetzt zu einem Wert, der sich aus der Differenz von 100 mit der Summe der Korr.-Werte ableitet.[202]
Das dargestellte Verfahren wird auf insgesamt 119 Konzernabschlüsse[203] angewandt, deren Daten aus den Geschäftsberichten für jeweils drei Jahre (1986 bis 1988) erfasst werden.[204] Das Ergebnis seiner Untersuchung fasst ***Bötzel*** wie folgt zusammen: Die untersuchten Konzerne lassen sich insgesamt eher als publizitätsavers charakterisieren (der auf 100 normierte Publizitätsindex liegt im Durchschnitt bei 57,21).[205]
Da dieses publizitätsaverse Verhalten und damit ein niedriger Publizitätsindex durchaus als Indikator für eine krisenhafte Entwicklung gedeutet werden kann, wird im weiteren Verlauf der Studie versucht, die Kaschierungsmöglichkeit als auch die tatsächliche Kaschierung durch die Nutzung konzernbilanzpolitischer Wahlrechte unter Zuhilfenahme eines eigens entwickelten *Kaschierungsindex'* empirisch zu belegen. Der Kaschierungsindex ist dabei als Referenzsystem zu verstehen, das ein Urteil darüber erlaubt, ob der Bilanzierende seinen Abschluss durch die Nutzung von Wahlrechten „verschönert".[206] Diesbezüglich bedeutsame Bilanzpositionen und -relationen, die letztendlich die Bezugsbasis für die Bestimmung des Kaschierungsindex' bilden, werden anhand zweier empirischer Testansätze ((1) Zeitvergleich der Abschlüsse 1986 und 1987 sowie (2) Betriebsvergleich der Abschlüsse 1987), anhand derer die Wirkung der Nutzung von Wahlrechten auf die Vermögens-, Finanz- und Ertragslage überprüft wird, ermittelt.[207] Der Kaschierungsindex ergibt sich letztendlich aus dem Verhältnis

---

202 Vgl. Bötzel, Konzernkrisen, 1993, S. 208; Bötzel, Publizitätsgüte, 1993, S. 207; Bötzel/Hauschildt, Konzernbilanzen, 1995, S. 560.

203 Hierbei handelt es sich um alle deutschen Konzerne, die bereits freiwillig für 1987 einen Weltabschluss nach neuem Recht (d. h. den mit Inkrafttreten der Artikel 1 bis 10 des Bilanzrichtlinien-Gesetzes vom 19.12.1985 geltenden Vorschriften) vorlegten. Ausgeschlossen werden: Banken und Versicherungen, Unternehmen, die 1987 noch nach altem Recht bilanzierten, andere Rechtsquellen als das Aktiengesetz, das Handelsgesetz und das Publizitätsgesetz verwendeten, für das Geschäftsjahr 1986 keine Vergleichszahlen vorlegten sowie mit dem Vorjahr wegen eines stark geänderten Konsolidierungskreises nicht vergleichbar waren; vgl. hierzu Bötzel/Hauschildt, Konzernbilanzen, 1995, S. 560.

204 Vgl. Bötzel, Konzernkrisen, 1993, S. 180 und 278.

205 Vgl. Bötzel, Konzernkrisen, 1993, S. 213; Bötzel, Publizitätsgüte, 1993, S. 208; Bötzel/Hauschildt, Konzernbilanzen, 1995, S. 560.

206 Die Verschönerung besteht darin, dass nach Anwendung eines Wahlrechtes die Abschlussdaten oder die aus ihnen abgeleiteten Messwerte und Kennzahlen einen Wert annehmen, der die Bilanzleser zu einem „besseren" Urteil über die bilanzierende Unternehmung veranlasst, vgl. hierzu Bötzel/Hauschildt, Konzernbilanzen, 1995, S. 561.

207 Im Rahmen dieser Testansätze konnte aufgezeigt werden, dass 18 kritische Wahlrechte die Kaschierung gestatten. Vgl. hierzu im Detail Bötzel, Konzernkrisen, 1993, S. 263 ff. und Bötzel/Hauschildt, Konzernbilanzen, 1995, S. 561 f.

von tatsächlicher Nutzung kritischer Wahlrechte im Einzelfall zur Maximalzahl möglicher kritischer Wahlrechte.[208] Dieser trifft dementsprechend eine vergleichbare Aussage, zu wie viel Prozent ein Konzern die gebotenen kritischen Wahlmöglichkeiten tatsächlich nutzt. Für die von ***Bötzel*** untersuchten Konzerne gilt: Das Mittelmaß bzgl. der Wahlrechtsausnutzung liegt bei 18,36 % der kritischen Wahlrechte. Insgesamt nutzen letztendlich nur sehr wenige Konzerne die kritischen Wahlrechte extensiv.[209]

4.1.12 Studie von *Müller (1976)*[210]

Einem Bereich der ausschließlich freiwilligen Publizität[211] ist die Untersuchung von ***Müller*** über die Zwischenberichtspublizität gewidmet.[212] In die Vollerhebung werden 176 Aktiengesellschaften und Kommanditgesellschaften auf Aktien einbezogen, die im Kalenderjahr 1972 zumindest einen „Zwischenbericht" veröffentlicht haben, der nach den Feststellungen der jeweiligen „Heimatbörse" den durch die Arbeitsgemeinschaft der deutschen Wertpapierbörsen entwickelten und am 1.4.1971 in Kraft gesetzten „Regeln für die Beurteilung von Zwischenberichten börsennotierter Gesellschaften"[213] entspricht.[214] Nach diesem Kriterium gelangen insgesamt 310 Zwischenberichte in die Untersuchung.[215]

---

[208] Vgl. Bötzel, Konzernkrisen, 1993, S. 264; Bötzel/Hauschildt, Konzernbilanzen, 1995, S. 562.

[209] Vgl. hierzu Bötzel, Konzernkrisen, 1993, S. 265 und Bötzel/Hauschildt, Konzernbilanzen, 1995, S. 562.

[210] Vgl. Müller, Zwischenberichtspublizität, 1976.

[211] Erst im Jahre 1982 wurde vom Rat der EG die sog. Zwischenberichtsrichtlinie verabschiedet, die der europaweiten Vereinheitlichung der Publizitätspflichten bezüglich regelmäßiger unterjähriger Informationen durch amtlich notierte Unternehmen dienen sollte. Diese Richtlinie wurde vom deutschen Gesetzgeber durch das Börsenzulassungsgesetz (BörsZulG) im Rahmen einer Novellierung des Börsengesetzes (BörsG) in nationales Recht transformiert. Die Regelungen zur Zwischenberichterstattung (§§ 44 b Abs. 1 u. Abs. 2, 90 Abs. 1 u. Abs. 4, 97 Abs. 1 BörsG) traten in zwei Etappen zum 1.1.1987 bzw. 1.7.1988 in Kraft. Für deutsche Unternehmen begann die ***Pflicht zur Zwischenberichterstattung und -bekanntgabe*** erstmalig für nach dem 1. Juli 1988 beginnende Geschäftsjahre. Unternehmen, die bis zum Zeitpunkt der Verkündigung des Börsenzulassungsgesetzes keine Zwischenberichte auf freiwilliger Basis publizierten und auch nicht durch außerhalb des Geltungsbereiches des Börsengesetzes einschlägige Normen hierzu verpflichtet waren (d. h. als Folge einer Notierung an einer ausländischen Börse), wurde allerdings eine Übergangsfrist eingeräumt. In Umsetzung des Artikels 12 Abs. 2 der EG-Zwischenberichtsrichtlinie begann für diese Unternehmen die Pflicht zur Erstellung eines Halbjahresberichtes erstmals für nach dem 31.12.1989 beginnende Geschäftsjahre.

[212] Vgl. Müller, Zwischenberichtspublizität, 1976, S. 26; Wysocki, Publizitätsverhalten, 1976, S. 746.

[213] Diese als „Regeln" bezeichneten Richtlinien enthalten Mindestanforderungen an Häufigkeit, Aktualität, Form und Inhalt der Zwischenberichte, vgl. hierzu detailliert Arbeitsgemeinschaft der deutschen Wertpapierbörsen, Regeln, 1971. Als Grundlage der „Regeln" dient der von der Börsensachverständigen-Kommission angeregte und von der Arbeitsgemeinschaft unterstützte Aufruf vom 5.3.1969 zur freiwilligen Zwischenberichterstattung.

Im Rahmen dieser Studie werden nicht nur Einflussfaktoren auf die „Berichtsbereitschaft" der börsennotierten Aktiengesellschaften, d. h. auf die Bereitschaft von börsennotierten Aktiengesellschaften, überhaupt Zwischenberichte vorzulegen, sondern auch Einflussfaktoren der „Berichtsgüte" untersucht.[216] Das Untersuchungsmerkmal „Berichtsgüte" wird an der nachfolgend in Tabelle 4-11 dargestellten zehnstufigen Rangskala gemessen, in welche die Anzahl der jeweils eingehaltenen Einzelvorschriften der „Regeln für die Beurteilung von Zwischenberichten börsennotierter Gesellschaften" der Arbeitsgemeinschaft der deutschen Wertpapierbörsen ungewogen[217] Eingang gefunden hat.[218]
Ein abschließendes Gesamturteil über die Zwischenberichterstattungsgüte wird unter Berücksichtigung der Zurückweisungsregel wie folgt gefällt: Ein hoher Qualitätsstandard der Zwischenberichterstattung der börsennotierten Gesellschaften wird dann konstatiert, wenn mindestens 50 % der zwischenberichterstattenden Gesellschaften mindestens 50 % der Postulate der „Regeln" erfüllen.[219]
Die nachfolgende Tabelle gibt das Ergebnis der Analyse des Qualitätsstandards der Zwischenberichterstattung der untersuchten Unternehmen wieder. Es zeigt sich, dass lediglich 77 Gesellschaften (43,8 %) mindestens 50 % der Postulate der „Regeln" erfüllen.[220] Die Prüfschwelle ist damit nicht erreicht, womit die Hypothese, die Zwischenberichterstattung weise einen hohen Qualitätsstandard auf, abgelehnt werden muss.
Auf eine detaillierte Darstellung der Ergebnisse der anhand dieser rangtransformierten, gruppierten Messwerte vorgenommenen tiefergehenden Analyse möglicher Einflussfaktoren der Zwischenberichterstattungsgüte sowie darüber hinaus der Analyse möglicher Einflussfaktoren der „Berichtsbereitschaft" soll im Folgenden verzichtet werden. Die hierbei gewonnenen Erkenntnisse sind der Tabelle 4-2 zu entnehmen.

Die „Regeln" stellen eine Vervollständigung des Aufrufs dar, indem sie diesen ergänzen, erläutern und konkretisieren, vgl. hierzu im Detail Müller, Zwischenberichtspublizität, 1976, S. 19 f.

214 Vgl. Müller, Zwischenberichtspublizität, 1976, S. 26 ff.

215 Vgl. Müller, Zwischenberichtspublizität, 1976, S. 29.

216 Vgl. Wysocki, Publizitätsverhalten, 1976, S. 746.

217 D. h. die nominalen Einzelurteile werden in der Weise zu einem Gesamturteil zusammengefasst, dass für jede „Regel-Erfüllung" ein Punkt vergeben und dann die Gesamtpunktzahl durch Aufsummieren ermittelt wird. Die Gesamtpunktzahl, welche die Berichterstattungsgüte einer Gesellschaft repräsentiert, wird zur maximal erreichbaren Punktzahl in Beziehung gesetzt. Diese Vorgehensweise führt zur Ermittlung von Prozentzahlen zwischen null und einhundert. Das Kontinuum möglicher Werte wird in zehn gleich große Klassen („Güteklassen") eingeteilt. Damit liegen rangtransformierte, gruppierte Messwerte zur Charakterisierung der Zwischenberichterstattungsgüte der einzelnen Unternehmen vor. Vgl. hierzu Müller, Zwischenberichtspublizität, 1976, S. 34 f.

218 Vgl. Müller, Zwischenberichtspublizität, 1976, S. 83 ff. sowie Wysocki, Publizitätsverhalten, 1976, S. 746.

219 Vgl. Müller, Zwischenberichtspublizität, 1976, S. 83.

220 Vgl. Müller, Zwischenberichtspublizität, 1976, S. 83 f.

Güte-klasse	Anteil der eingehaltenen Normen an der Gesamtheit der Normen der „Regeln" (in %)	Anzahl der Gesellschaften abs.	in %
1	0 bis unter 10	6	3,4
2	10 bis unter 20	23	13,1
3	20 bis unter 30	33	18,8
4	30 bis unter 40	16	9,1
5	40 bis unter 50	21	11,9
6	50 bis unter 60	34	19,3
7	60 bis unter 70	28	15,9
8	70 bis unter 80	13	7,4
9	80 bis unter 90	2	1,1
10	90 bis 100	0	0,0
		176	100,0

Tabelle 4-11: Der Qualitätsstandard der Zwischenberichtspublizität – Studie von ***Müller (1976)***[221]

4.1.13 Studie von *Schwarz (1988)*[222]

Ziel dieser Studie ist die Analyse von Problembereichen der anlegerorientierten Publizität am Beispiel der Börseneinführungsberichterstattung neuemittierender Unternehmen.[223]

Der Autor geht hierbei davon aus, dass die anlegerorientierte Publizität, insbesondere im Rahmen der Börseneinführungspublizität, einen doppelten Zweck zu erfüllen hat: Sie ist zum einen als ein Anlegerschutz-Instrument zu interpretieren, zum anderen richtet sich eine zweite Zwecksetzung auf die Animation des Anlegers, d. h. die Publizitätsbemühungen orientieren sich dementsprechend nicht nur an gesetzlichen Vorschriften, sondern zugleich auch an den Forderungen potentieller Anleger.[224] Entsprechend entwickelt der Autor zwei Maßstäbe, an denen er im Rahmen einer Dokumentenanalyse das tatsächliche Publizitätsverhalten 43 neuemittierender Unternehmen unterschiedlicher Marktsegmente bundesdeutscher Börsen der Jahre 1980 bis 1985[225] misst: Den durch EG-Normen veränderten[226] Legal-Maßstab sowie einen aus dem Informationsbedarf von Anlegern und Analysten gewonnenen Maßstab,[227] welchem die im Rahmen spezifischer Erhebungen vorangegangener Studien ermittelten Informationsan-

---

[221] Diese Tabelle wurde entnommen: Müller, Zwischenberichtspublizität, 1976, S. 84.

[222] Vgl. Schwarz, Börseneinführungspublizität, 1988.

[223] Vgl. Schwarz, Börseneinführungspublizität, 1988, S. 286.

[224] Vgl. Schwarz, Börseneinführungspublizität, 1988, S. V, 286.

[225] Hierbei handelt es sich um 23 Unternehmen des „Amtlichen Handels", 11 Unternehmen des „Geregelten Freiverkehrs" und 9 Unternehmen des „Ungeregelten Freiverkehrs"; zur sachlichen und zeitlichen Abgrenzung des Untersuchungssamples siehe insbesondere Schwarz, Börseneinführungspublizität, 1988, S. 122 ff.

[226] Hiermit sind insbesondere die neu gefassten Börsenbestimmungen angesprochen, die EG-Richtlinien angesichts der Harmonisierungsbemühungen der europäischen Gemeinschaft (EG) in deutsches Recht transformieren. Dabei handelt es sich vor allem um die Richtlinie Nr. 12 („Börsenprospekt-Richtlinie").

[227] Vgl. hierzu auch Schwarz, Börseneinführungspublizität, 1988, S. VI.

forderungen von Anlegern und Finanzanalysten zugrunde liegt.[228] Das Kategoriensystem, anhand dem das tatsächliche Publizitätsverhalten (Publizitätsbereitschaft und Publizitätsgüte) der Neuemittenten – nach Börsensegmenten getrennt – gemessen wird, leitet der Autor an mehreren, abgestuften Soll-Maßstäben ab, die in der nachfolgenden Abbildung dargestellt sind.

Erfassungskategorien	**Qualifizierung des Publizitätsverhaltens**	
Anforderungen des Börsengesetzes[1)]	**Einhaltung der gesetzlichen Vorschriften**	**Anleger-Protektions-Gedanke**
Darüber hinausgehende Anforderungen der WP-Zulassungsbekanntmachung[1)]		
Darüber hinausgehende Anforderungen der EG-Richtlinie[1)]	**Freiwillige Befolgung anlegerschutzorientierter Bestimmungen**	
Darüber hinausgehende Anforderungen des BörsZulG[1)]		
Darüber hinausgehende Informationsbedürfnisse der Anleger[1)]	**Freiwillige, an den Informationsbedürfnissen orientierte Berichterstattung**	**Anleger-Animations-Gedanke**
Darüber hinausgehende Informationsabgaben der Neuemittenten[2)]	**Freiwillige, nicht anlegerorientierte Berichterstattung**	
1) Erfassungskategorien wurden abschließend aufgezählt (geschlossene Fragestellung)		
2) Hier wurde Platz für unternehmensindividuelle Eintragungen gelassen (offene Fragestellung)		

Abbildung 4-7: Qualifizierung des Publizitätsverhaltens in Abhängigkeit von verschiedenen Soll-Normen – Studie von ***Schwarz (1988)***[229]

Danach geht der Autor von insgesamt sechs Gegenstandsbereichen ((1.) Angaben über die zuzulassenden Aktien und das Emissionsverfahren, (2.) Allgemeine Angaben über den Emittenten und dessen Kapital, (3.) Angaben über die Geschäftstätigkeit des Emittenten, (4.) Angaben über die Vermögens-, Finanz- und Ertragslage des Emittenten, (5.) Angaben über die Organe des Emittenten und (6.) Angaben über den jüngsten Geschäftsgang und die Geschäftsaussichten des Emittenten)[230] aus, in denen die untersuchten Bestimmungen der Sollvorschriften (Informationsitems) zusammengefasst werden. ***Schwarz*** unterscheidet insgesamt 60 Informationsitems,[231] für die im Einzelnen abgefragt wird, ob eine Berichterstattung durch das jeweilige Unternehmen erfolgt. Werden durch die untersuchten Unternehmen eigenständige, über die im Sollmaßstab enthaltenen Informationen hinausgehende Angaben gemacht, werden diese der Gruppe „Darüber hinausgehende Informationsabgaben des Neuemittenten" zugeordnet und separat erfasst.[232]

---

[228] Vgl. hierzu insbesondere Schwarz, Börseneinführungspublizität, 1988, S. 221 ff.
[229] Diese Abbildung wurde entnommen: Schwarz, Börseneinführungspublizität, 1988, S. 201.
[230] Vgl. Schwarz, Börseneinführungspublizität, 1988, S. 202.
[231] Siehe hierzu auch die markierten Einträge in den Kriterienkatalogen der jeweiligen Gegenstandsbereiche, vgl. Schwarz, Börseneinführungspublizität, 1988, S. 221 ff.
[232] Vgl. Schwarz, Börseneinführungspublizität, 1988, S. 203.

Um über die Publizitätsqualität ein aggregiertes Gesamturteil pro Berichtsobjekt abgeben zu können, werden die einzelnen Einheiten zusätzlich gewichtet und mit Hilfe der ermittelten Gewichtungsäquivalente zusammengefasst. Hierzu arbeitet der Verfasser zunächst drei Dimensionen bzw. Kriterien zur Beurteilung des Informationsgehaltes der Aussagen zu Berichtsobjekten heraus, die aus der nachfolgenden Abbildung ersichtlich sind.

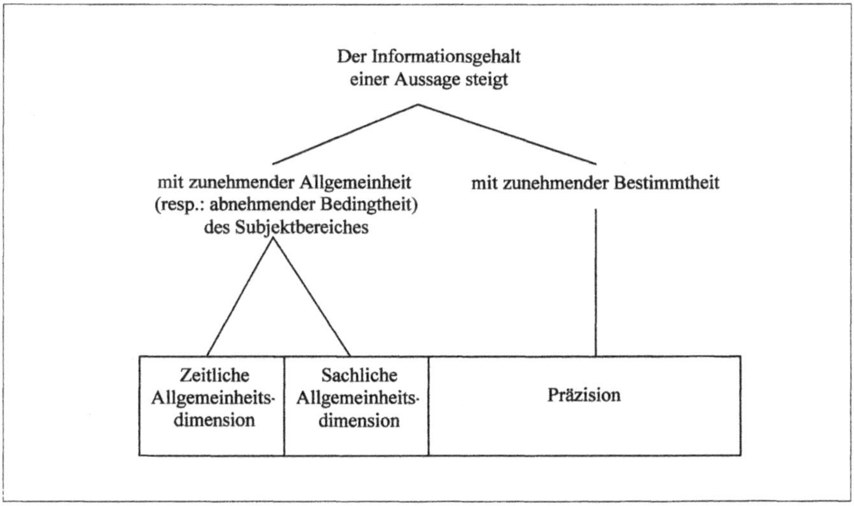

Abbildung 4-8: Kriterien zur Beurteilung des Informationsgehaltes – Studie von ***Schwarz (1988)***[233]

Diese Dimensionen bzw. Kriterien werden in einem Bewertungsschema wie folgt operationalisiert: Es werden Punkte (zwischen eins und sechs) pro Dimension nach der Maßgabe vergeben, dass eine Aussage umso höher bewertet wird, je umfangreicher die Angaben zum Bezugsobjekt bzw. zur Bezugsperiode sind (Informationsbreite).

Da es aus inhaltlichen Gründen nicht möglich ist, ein einheitliches Bewertungsschema über alle Gegenstandsbereiche ohne Modifikationen anzulegen, hat der Autor das einheitliche Grundschema für jedes Berichtsobjekt, bei dem die Publizitätsgüte erhoben wird, auf die spezifischen Gegebenheiten zugeschnitten, wodurch sich ein sehr umfangreiches Bewertungstableau ergibt.[234] Zusätzlich zu

[233] Diese Abbildung wurde entnommen: Schwarz, Börseneinführungspublizität, 1988, S. 208.

[234] Vgl. hierzu die einzelnen Bewertungstableaus im Anhang II dieser Arbeit. Die Anwendung dieser Bewertungstableaus soll anhand eines Gegenstandsbereiches, der Prognoseinformationen, verdeutlicht werden: Zur Bewertung des Informationsgehaltes werden die Angaben zum Bezugsobjekt und der Bezugsperiode bemessen. Zusätzlich wird der Präzisionsgrad der Angaben bewertet. Bezieht sich eine Angabe zum Bezugsobjekt auf das Ge-

diesem Bewertungsschritt wird der Detailliertheitsgrad der Angaben (Informationstiefe) berücksichtigt, indem die Punktzahl für die Informationsbreite einer sehr detailliert aufgesplitteten Angabe mit 1,5 multipliziert wird. Innerhalb des Unterkriteriums „Präzision" wird die zusätzliche Angabe von Begründungen oder Vergleichen unabhängig vom Präzisionsgrad durch einen Bonus belohnt, indem bei entsprechenden Angaben ein Punkt addiert wird.[235] Die anhand der dargestellten Maßstäbe ermittelten Ist-Informationswerte der jeweiligen Veröffentlichungen werden abschließend über alle berichtenden Unternehmen – allerdings nach Börsensegmenten getrennt – zu einem durchschnittlichen Wert aggregiert, um Aussagen zur Publizitätsgüte der Berichterstattung hinsichtlich einzelner Informationen oder Informationsgruppen machen zu können.[236] Das Ergebnis dieser Studie kann wie folgt zusammengefasst werden:

Hinsichtlich der finanziellen Informationen konnte festgestellt werden, dass einige der publizierten Prospekte die geltenden gesetzlichen Normen nicht erfüllen.[237] In den überwiegenden Fällen werden diese Anforderungen jedoch erfüllt und darüber hinaus auch weitestgehend die Pflichtangaben der Prospektrichtlinie der EG.[238] In Bezug auf die Anforderungskriterien der Anleger besteht jedoch ein informatorischer Nachholbedarf.[239] Darüber hinaus ist nach der Ansicht des Autors zu bemängeln, dass eine Tendenz zu „nackten Zahlen" ohne erläuternde Angaben besteht. Eine Abhängigkeit zwischen Unternehmensgröße bzw. Zugehörigkeit zu einem bestimmten Börsensegment und Informationsbereitschaft besteht nach den Ergebnissen dieser Studie nicht.[240] In Bezug auf die Prospektpublizität kommt ***Schwarz*** insgesamt zu der Einschätzung, dass sie aus Anlegersicht letztendlich nicht überzeugen kann.[241]

---

samtunternehmen werden dieser Angabe 6 Punkte zugeteilt. Bezieht sich die Angabe dagegen nur auf einen Teilbereich des Unternehmens oder auf ein Grundelement ist die Angabe nur mit 2 Punkten bzw. einem Punkt zu bewerten. Angaben zur Bezugsperiode sind zu unterscheiden in Angaben zu folgenden Zeiträumen: „Periode > die nächsten 2 Jahre", „Periode der nächsten 2 Jahre", „bis Ende des Geschäftsjahres", „bis zum Prospektstichtag" und „kleinste Zeiteinheit". Dementsprechend sind Punktwerte von fünf zur erstgenannten Kategorie von Angaben bis zu einem Punkt zur letztgenannten Kategorie von Angaben zuzuteilen. Hinsichtlich des Präzisionsgrades der Angaben unternimmt der Verfasser eine Unterscheidung in vier Kategorien von Angaben: Kardinale, ordinale (quantitative), ordinale (verbale) und nominale Angaben. Diesen Angaben sind Punktwerte von einem bis zu vier Punkten zuzuordnen, wobei den kardinalen Angaben (genaue Zahlenangaben) der höchste Punktwert (vier Punkte) zuzuteilen ist.

[235] Vgl. Schwarz, Börseneinführungspublizität, 1988, S. 208 ff.

[236] Vgl. hierzu Schwarz, Börseneinführungspublizität, 1988, S. 241.

[237] Vgl. Schwarz, Börseneinführungspublizität, 1988, S. 268.

[238] Vgl. insbesondere Schwarz, Börseneinführungspublizität, 1988, S. 269.

[239] Vgl. Schwarz, Börseneinführungspublizität, 1988, S. 270.

[240] Vgl. hierzu Schwarz, Börseneinführungspublizität, 1988, S. 271.

[241] Vgl. Schwarz, Börseneinführungspublizität, 1988, S. 289.

4.2 Kritische Würdigung der vorliegenden Forschungsarbeiten zur Unternehmenspublizität und abschließende Betrachtung

Die Analyse von Studien zur Unternehmenspublizität verdeutlichte, dass in der Mehrzahl der publizierten Arbeiten die Unternehmenspublizität zwar empirisch dokumentiert und analysiert wird, eine Beurteilung und Bewertung der Publizität in Form einer quantitativen, wertmäßigen Verknüpfung der Publizitätsinhalte jedoch nur in den wenigen in Kapitel 4.1 und 7.1 dargestellten Fällen vorgenommen wird. Der Verzicht auf jegliche Aggregation hat jedoch einen Informationsverlust in der Weise zur Folge, dass nur Aussagen über die jeweiligen Informationen, nicht aber über die untersuchten Unternehmen getroffen werden können und Anschlussuntersuchungen vollkommen unmöglich sind, da die Aussagen rein deskriptiv bleiben.[242]

Vor dem Hintergrund des Untersuchungszieles dieser Arbeit erscheint jedoch eine bloße Auszählung von einzelnen Verhaltensweisen unbefriedigend: Im Rahmen der vorliegenden empirischen Untersuchung soll zunächst der Grad der Gesetzeseinhaltung überprüft und darüber hinaus ermittelt werden, ob über das gesetzlich geforderte Mindestmaß hinausgehende freiwillige Informationen gewährt werden.[243] Hierbei soll es aber nicht nur bei der bloßen Analyse der Erfüllung, Nichterfüllung oder Übererfüllung der gesetzlichen Vorschriften bleiben. Darüber hinaus sind die möglichen Bestimmungsgründe für das so ermittelte Publizitätsverhalten von Interesse. Anzustreben ist damit vielmehr eine zusammenfassende Beurteilung der Publizität in Form eines Index'.

Die vorangegangene, bewusst sehr detailliert gestaltete Dokumentation ausgewählter Studien, die eine derartige Aggregation von Einzelaspekten zu einer publizitätsmäßigen Gesamtschau in Form eines Index' vornehmen, sollte aufzeigen, dass eine solche Zusammenfassung von Einzelurteilen zu einem Gesamturteil nicht unproblematisch ist. Insbesondere bei der Auswahl der in das Gesamturteil einzubeziehenden Teilaspekte und bei der Gewichtung besteht die nicht zu übersehende Gefahr, dass die Untersuchungsergebnisse stark von den Wertvorstellungen des Verfassers oder eines durch den Verfasser bestimmten Personenkreises beeinflusst sind. So sind beispielsweise in Untersuchungen des anglo-amerikanischen Sprachraums Befragungen der Adressaten verschiedentlich zur simultanen Ermittlung wesentlicher Publizitätsbereiche und zur Bestimmung der quantitativen Wertbeziehung verschiedener Items herangezogen worden.[244] Die von

---

242 Vgl. auch Berndsen, Unternehmenspublizität, 1978, S. 124; Wasser, Prognosepublizität, 1976, S. 12.

243 Über das gesetzlich geforderte Mindestmaß hinausgehende Informationen, beispielsweise Angaben, die aufgrund von Empfehlungen der Kommentarliteratur hinsichtlich der deutschen handelsrechtlichen Vorschriften des HGB, des ***International Accounting Standards Committee (IASC)*** oder des ***Financial Accounting Standards Board (FASB)*** gemacht wurden, sind in dieser Untersuchung zwar erfasst, aber aufgrund deren geringer Bedeutung nicht in den Index einbezogen worden.

244 Siehe hierzu insbesondere Gliederungspunkt 7.1.
In einigen Studien wurde die Beurteilung bzw. Auswertung der Publizitätsgüte sogar vollständig dem befragten Personenkreis überlassen, vgl. diesbezüglich beispielsweise die

den Adressaten angegebene quantitative Einstufung der Bedeutung bestimmter Publizitätsitems stellt hierbei das „Informations-Soll“ dar. Die Summe der für die Items ermittelten Gewichte ergibt den maximalen Informationsgehalt, dem das jeweilige „Informations-Ist“ gegenübergestellt wird. Der Vorteil dieser Vorgehensweise liegt darin, dass in einem Schritt wesentliche Publizitätsbereiche und Wertbeziehungen festgelegt werden. Der wesentliche Nachteil liegt in der Abhängigkeit der ermittelten quantitativen Beziehung vom Vorinformationsstand der Befragten als auch von der Fähigkeit der Befragten, Unternehmensinformationen zu verarbeiten. Dazu kommen die möglichen Ergebnisverzerrungen, die sich durch die neutral unverbindliche Einstellung des Befragten zur Befragung ergeben. Darüber hinaus besteht bei den ausschließlich verwendeten geschlossenen Fragebögen das Problem der Vorauswahl von Publizitätsbereichen, welche in die Beurteilung eingehen. Die formale Eindeutigkeit ermittelter Wertbeziehungen ist damit zu relativieren.

Entsprechend der Unterscheidung, ob die Bereitstellung von Informationen auf freiwilliger Basis oder aber aufgrund eines gesetzlichen Zwanges geschieht, werden zur Ableitung der Informationsitems darüber hinaus auch andere Wege beschritten: Neben der Expertenbefragung sind die Literaturauswertung (vgl. Abschnitt 7.1 als auch die Studien von *Frings (1975)*, *Wasser (1976)* und *Schneider (1985))*, die Übernahme aus Vorgängerstudien[245] und die Ableitung aus Rechtsvorschriften und entsprechender Kommentarliteratur (vgl. Abschnitt 7.1 als auch die Studien von *Haas (1975)*, *Adler* und *Sprißler (1976)*, *Müller (1976)*, *Berndsen (1979)*, *Schwarz (1988)*, *Kortmann (1989)*, *Pellens (1989)*, *Bötzel (1993)*, *Krumbholz (1994)* und *Armeloh (1998))* zu nennen.

Studien von ***Imhoff***, vgl. Imhoff, Accounting Quality, 1992, S. 97-118, und ***Lang/Lundholm***, vgl. Lang/Lundholm, Corporate Disclosures, 1993, S. 246-271; siehe hierzu auch Sengupta, Corporate Disclosure Quality, 1998, S. 463.

245 Siehe Gliederungspunkt 7.1 hinsichtlich Studien aus dem anglo-amerikanischen Sprachraum. Aber auch im deutschsprachigen Raum werden derartige Verfahrensweisen angewandt:
So wurde beispielsweise zur Untersuchung, ob sich ein Zusammenhang zwischen der Qualität der Abschlusspublizität und dem Abschlussprüfer feststellen lässt, durch ***Jäckel/Leker*** auf das oben dargestellte, von ***Bötzel*** entwickelte Scoring-Modell zurückgegriffen, wobei in Abänderung zu ***Bötzel's*** Modell die Objektbereiche in ihrer Anzahl von 13 auf 12 und die einzelnen Wahlrechte in ihrer Gesamtzahl von 40 auf 37 reduziert wurden. Diese Reduzierung basiert auf der Zielsetzung der Autoren, das Publizitätsverhalten gemessen an den Vorschriften des Gesetzes zu analysieren. Da bzgl. dieser Wahlrechte keine gesetzliche Vorschrift zur Angabe, Begründung oder Erläuterung bei Ausnutzung des Wahlrechtes festgestellt werden konnte und sich in der Kommentarliteratur ebenfalls keine diesbezüglich ausdrückliche Forderung der Berichterstattung im Konzernanhang finden ließ, wurden diese nicht in die Untersuchung einbezogen. Vgl. hierzu Jäckel/Leker, Abschlussprüfer, 1994, S. 19 f.; Jäckel/Leker, Abschlussprüfer, 1995, S. 298.
Auch in der hier nicht eingehend betrachteten Studie zur Untersuchung der Aussagefähigkeit von Zwischenberichten ausgewählter DAX- und „Neuer Markt“-Unternehmen wurden durch ***Rolvering/Stahl*** teilweise auf den in der Studie von ***Krumbholz (1994)*** erstellten Kriterienkatalog als auch auf die von ***Krumbholz*** entwickelte Bewertungsskala zurückgegriffen, vgl. Rolvering/Stahl, Zwischenberichte, 1999, S. 297.

Unabhängig von der Art der Ermittlung der wesentlichen Publizitätsbereiche besteht das schwerwiegendere Problem in der quantitativen Verknüpfung der Items zu einem Gesamturteil über die Publizität.[246] Diese Verknüpfung ist gleichzusetzen mit der Unterstellung bestimmter Prämissen über die Präferenzen der Adressaten.[247] Das daraus resultierende Problem liegt überwiegend darin, dass die Gewichtsermittlung in vielen Fällen einem stark subjektiven und nicht unmittelbar nachvollziehbaren Einfluss unterliegt. Als Beispiel seien hier insbesondere die Studien von ***Frings (1975)***, ***Wasser (1976)***, ***Berndsen (1979)***, ***Schneider (1985)***, ***Schwarz (1988)*** und ***Pellens (1989)*** genannt, welche in den Zielvorstellungen der Informationsinteressenten einen tauglichen Ansatz zur Ermittlung und Bewertung optimaler Informationsinstrumente sehen. Diese Zielsetzungen bilden in diesen Fällen die Basis zur Deduktion der Informationsbedürfnisse und damit auch der Gestaltungsanforderungen an das Informationsinstrument. Hieraus ergeben sich jedoch zahlreiche Schwierigkeiten. Zum einen handelt es sich bei den Informationsinteressenten um keine homogene Gruppe mit einheitlichen Zielsystemen, sondern vielmehr kann von einem Zielpluralismus gesprochen werden, der gewissen Veränderungen im Zeitablauf unterliegen könnte. Zum anderen sind die Zielsetzungen der einzelnen Interessenten nicht klar genug definiert, um eine eindeutige Deduktion zuzulassen. Es lassen sich daraus lediglich allgemeine Grundsätze ableiten, jedoch keine detaillierten Regelungen. Ein weiteres Problem liegt darin, aus der Vielzahl von Informations-Alternativen die zieladäquate auszuwählen. Infolge dieser Schwierigkeiten wurden die Informationsbedürfnisse der Informationsinteressenten und damit auch die Gestaltungsanforderungen an das Informationsinstrument und dessen Gewichtung in den oben genannten Studien durch die jeweiligen Autoren nach deren subjektiver Einschätzung schlicht postuliert. Der Versuch von ***Berndsen (1979)*** und ***Pellens (1989)***, die subjektive Wahl der Gewichte durch alternative Wertkonzepte zu mildern, wiegt das grundlegende Problem jedoch nicht auf. Betrachtet man speziell die Studien von ***Frings (1975)***, ***Wasser (1976)*** und ***Berndsen (1979)***, wird die angesprochene Problematik besonders deutlich: Diese Studien unternehmen in ein und demselben Publizitätsbereich, dem Bereich der Prognosepublizität, den Versuch, einen metrisch skalierten Indikator durch die Methode der deduktiven Ableitung aus dem Zielsystem der Interessenten zu bilden, indem Gewichtungen expliziert werden. Hierbei wird deutlich, dass von einer Übereinstimmung in der Vorgehensweise, insbesondere der Gewichtung, kaum die Rede sein kann. Zwar wird eine ganze Reihe von Ausprägungen gleich bewertet, es gibt aber auch zahlreiche Abweichungen, so dass selbst bei nur drei Autoren keine gleiche Bewertung vorliegt und sich folglich je nach Art der Methode im Ergebnis unterschiedliche Aussagen ergeben.

---

[246] Vgl. diesbezüglich auch Strebel, Scoring-Methoden, 1969, S. 260.

[247] Vgl. Berndsen, Unternehmenspublizität, 1979, S. 197; Strebel, Scoring-Methoden, 1969, S. 264.

Bei den Studien, die eine empirische Erhebungsmethodik, die Befragung, zur Gewichtsermittlung heranziehen (zu denken ist hierbei an die zahlreichen Studien des anglo-amerikanischen Sprachraums[248] als auch an die Studien von ***Krumbholz (1994)*** und ***Armeloh (1998)***), werden die einzelnen Informationsarten nach sog. „Ratingskalen" bewertet, mittels derer die Einstellung der Befragten zu den einzelnen Informationsarten erfasst werden. Das Skalenniveau reicht dabei von einer 3er Skala bis zu 7er Skalen. Aufgrund der errechneten Mittelwerte pro Informationsart wird eine Rangfolgenbildung vorgenommen; darüber hinaus werden die Standardabweichungen bei den einzelnen Informationsarten berechnet. Mit den Zielvorstellungen des Zielträgers (des Befragten) aber gehen situationsabhängige und subjektive Elemente in den Messprozess ein. Welchen Nutzen eine bestimmte Information für einen Informationsempfänger hat, hängt weitgehend von den persönlichen Eigenschaften und subjektiven Wertvorstellungen dieses Informationsempfängers ab. Ob und in welchem Grad eine Information im Einzelfall für einen Empfänger relevant ist, hängt auch vom aktuellen Informationsstand des Informationsempfängers vor Kenntnisnahme der Information, vom Zeitpunkt des Informationszuflusses, von der Vorliebe des Entscheidungssubjektes für bestimmte Informationsarten sowie von der Fähigkeit des Informationsempfängers ab, Informationen aufzunehmen und sachlich richtig zu verarbeiten. Auch vom Entscheidungsfeld des Informationsempfängers (von den möglichen Aktionen und Umweltzuständen) wird der Wert abhängen, welcher der Entscheidungsträger einer ihm zufließenden Information beimisst. Wegen der subjektiven Faktoren, die zwangsläufig über das Messziel in jeden Messprozess dieser Art einfließen, wird auch das Messergebnis weitgehend von der Individualität des Zielträgers beeinflusst. Aus diesem Grund können bei dem gleichen Objekt unter verschiedenen Zielsetzungen unterschiedliche Messresultate anfallen. Die Aussagefähigkeit des Messresultates wird dadurch begrenzt. Der Messprozess wird zum Modell, das streng genommen nur für den einzelnen Zielträger sowie für andere Individuen mit gleicher Präferenzstruktur gültige Resultate liefern kann.

Lösungen dieses Messproblems im Rahmen von Scoring-Modellen werden in der Literatur in zwei Richtungen gesehen: Zum Ersten wird auf eine Gewichtung der verschiedenen Publizitätsbereiche gänzlich verzichtet; in diesem Zusammenhang seien beispielsweise zahlreiche der hier nicht explizit diskutierten Studien aus dem anglo-amerikanischen Sprachraum[249] genannt, die im Rahmen einer inhaltsanalytischen Untersuchung den Versuch unternehmen, Aussagen über die Struk-

---

248 Siehe hierzu Abschnitt 7.1 dieser Arbeit.

249 Vgl. hierzu jedoch Abschnitt 7.1 dieser Arbeit.
Darüber hinaus sind auch zwei Untersuchungen aus dem deutschsprachigen Raum zu nennen, die sich speziell der Berichterstattungsgüte am Neuen Markt widmen, vgl. die Studie von ***d'Arcy/Grabensberger*** zur Qualität von Quartalsberichten am Neuen Markt (vgl. d'Arcy/Grabensberger, Quartalsberichte, 2001, S. 1472 und d'Arcy/Grabensberger, Quarterly Reports, 2002, S. 9) und die Studie von ***Glaum/Street*** zur Qualität von Geschäftsberichten am Neuen Markt (vgl. Glaum/Street, Rechnungslegung, 2002, S. 34).

tur des untersuchten Materials durch Errechnung einfacher Häufigkeiten zu formulieren. Als Begründung für diese Verfahrensweise wird beispielsweise von ***Wallace/Naser/Mora*** angeführt, dass „ … weights do not usually affect real economic consequences to the subjects whose opinions were pooled nor do they reflect stable perceptions on similar information items across subjects, over time and from similar subjects across countries.“[250] Darüber hinaus wurde in einigen Studien nachgewiesen, dass die Wahl der Gewichtung keinen maßgeblichen Einfluss auf die Untersuchungsergebnisse ausübt und daher durchaus auf eine Gewichtung verzichtet werden kann. So halten ***Robbins/Austin*** fest: „We found that the independent variables which were significantly associated with the simple index of disclosure quality were also significantly associated with the compound index, which captures both the importance of information and the extent of disclosure."[251] Gegen eine derartige Verfahrensweise kann dem ungeachtet jedoch eingewendet werden, dass auch die Nichtgewichtung die Annahme bestimmter Präferenzen der Adressaten bedeutet.

Zum Zweiten wird in einigen Studien ein Messniveau angewandt, das vollständig auf die Interpretation von Abständen der Werte verzichtet. So werden beispielsweise von ***Haas (1975), Adler*** und ***Sprißler (1976), Müller (1976)*** und ***Kortmann (1989)*** ordinal skalierte Indikatoren verwendet. Jedoch bezieht sich die Verwendung ordinaler Messniveaus in diesen Studien nur auf die Interpretation der Ergebnisse; bei der Ermittlung der Publizitätswerte wird dagegen auf Abstände Bezug genommen. In diesem Zusammenhang ist auch die Studie von ***Häger (1993)***[252] zu nennen, in welcher zur Untersuchung des Publizitätsverhaltens mittelgroßer Kapitalgesellschaften auf das Analyseverfahren der Clusteranalyse zurückgegriffen wird, um die oben genannte Problematik zu umgehen. Die Clusteranalyse stellt jedoch kein Verfahren dar, das dazu geeignet ist, eine Rangfolge aufzustellen. Vielmehr geht es in diesem Verfahren darum, Gruppen zu ermitteln, die sich untereinander scharf abgrenzen.

Insgesamt kann im Zusammenhang mit diesen Lösungsvorschlägen noch nicht von einer endgültigen Beseitigung dieses Messproblems gesprochen werden. Ein allgemeiner Konsens über die Bewertung einzelner Berichterstattungstatbestände liegt bislang nicht vor.

Die in den vorliegenden Studien zur Unternehmenspublizität ermittelten Indices weisen letztendlich unterschiedliche Gestalten auf: Gewichtet versus ungewichtet; relativiert versus absolut; additive versus multiplikative Verknüpfung; intervall- versus ordinalskaliert; korrigiert versus nicht korrigiert. Insbesondere die Korrektur solcher Informationsklassen, über die ein Unternehmen wegen Nichtvorliegen des entsprechenden Sachverhalts nicht berichten kann, ist bei Zugrundeliegen von rechtlich abgeleiteten Itemkatalogen bedeutsam. Eine derartige Korrektur wurde innerhalb der dargestellten Studien nur in einzelnen Fällen vorgenommen; siehe hierzu beispielsweise die Studie von ***Bötzel (1993)***.

---

250 Wallace/Naser/Mora, Corporate Annual Reports, 1994, S. 42.

251 Robbins/Austin, Disclosure Quality, 1986, S. 412 f.

252 Vgl. Häger, Publizitätsverhalten, 1993.

Aus den soeben vorgebrachten Kritikpunkten an den Ansätzen vorangegangener Studien zur Bewertung der Unternehmenspublizität werden für das hier vorliegende Forschungsvorhaben folgende Schlüsse gezogen:
Zur Erfassung der Publizitätsgüte und der sich anschließenden Bewertung soll ein willkürfreies Schema entwickelt werden, das objektiv nachprüfbare Regeln der Wertzuweisung bei Vorliegen bestimmter Informationen ermöglicht. Ebenso ist eine willkürfreie Ermittlung der Gewichtung der Informationen angezeigt, die keinem stark subjektiven und damit nicht unmittelbar nachvollziehbaren Einfluss unterliegt.
Aus Gründen der Objektivität und Willkürfreiheit erscheint daher eine Ableitung der Informationsitems aus Rechtsnormen angezeigt. In Übereinstimmung mit dieser Intention sollen für die Bildung von Gesamturteilen die „objektivierten" Normen des HGB, der International Accounting Standards (IAS) und der US-amerikanischen Generally Accepted Accounting Principles (US-GAAP) zugrunde gelegt werden. Das bedeutet, dass nur die Einzelaspekte der Berichterstattung berücksichtigt werden, die durch Postulate dieser Gesetzesgrundlagen gedeckt sind. Dabei soll sich die vorliegende Arbeit im Gegensatz zur überwiegenden Anzahl vorangegangener Studien, welche die Ableitung der zu untersuchenden Informationsitems aus Rechtsvorschriften vornehmen, nicht nur auf ausgewählte Informationen bzw. Berichtsgegenstände zur Beurteilung der Berichterstattungsqualität beschränken.[253] Diese soll sich vielmehr – wie bereits in der Einleitung zu dieser Arbeit festgelegt – umfassend einem gesetzlich klar abgegrenzten Publizitätsbereich widmen: Der Anhangsberichterstattung nach den deutschen handelsrechtlichen Vorschriften des HGB, den International Accounting Standards (IAS) und den US-amerikanischen Generally Accepted Accounting Principles (US-GAAP) im Rahmen publizierter Emissionsprospekte börsengehender Unternehmen des Neuen Marktes. Ein Urteil über das Publizitätsverhalten ist letztlich nur bei Betrachtung aller relevanten Informationen möglich; eine Beschränkung auf einzelne Informationsitems bzw. einzelne Berichtsgegenstände würde das Publizitätsniveau der Unternehmen nur unzureichend widerspiegeln.
Da nicht nur die Feststellung, sondern auch die Beurteilung der Berichterstattung im Rahmen des Emissionsprospektes beabsichtigt ist, muss den empirischen Ergebnissen ein „Soll" gegenübergestellt werden. Die Einhaltung der gesetzlichen Berichterstattungspflichten wird messbar, wenn die Kriterien für eine ausreichende bzw. nicht ausreichende Berichterstattung aus der Gesetzesformulierung abgeleitet werden können. Messen bedeutet im Allgemeinen eine Zuordnung von Zahlen oder Symbolen (Messwerten) zu Objekten (Maßgrößen) nach bestimmten Regeln.[254] Mit einer Messung, welche die untersuchten Unternehmen lediglich in

---

[253] Die – soweit ersichtlich – einzigen empirischen Arbeiten, die sich in Deutschland nicht lediglich ausgewählten Informationen bzw. Berichtsgegenständen widmen, sondern umfassend das Publizitätsverhalten in einem eindeutig abgegrenzten Publizitätsbereich beschreiben, messen und beurteilen, sind die Untersuchungen von ***Krumbholz (1994)*** zur Lageberichterstattung, ***Armeloh (1998)*** zur Berichterstattung im Anhang und ***Rolvering (2002)*** zur Zwischenberichterstattung.
[254] Vgl. Witte, Empirische Forschung, 1984, Sp. 1271.

ausreichend bzw. nicht ausreichend berichtende Unternehmen klassifiziert, also nur von einer Gleichgewichtung aller Informationsitems ausgeht, wird jedoch ein wesentliches Kriterium der Berichtsgüte negiert, nämlich die Bedeutung bzw. „Materiality“ des *Berichtsgegenstandes* (gesetzliche Angabepflichten zu einer spezifischen Bilanzposition) für den Bilanzadressaten. Der Grundsatz der „Materiality“, dem die gesetzliche Norm der Berichtspflichten zu entsprechen hat, würde in diesem Fall vollkommen ignoriert werden bzw. unberücksichtigt bleiben.

Dieser nicht kodifizierte Wesentlichkeitsgrundsatz, welcher im deutschen Bilanzrecht vornehmlich aus dem Grundsatz wirtschaftlicher Rechnungslegung abgeleitet worden ist, wird aus dem angelsächsischen Verständnis der „materiality“ interpretiert.[255] Danach beinhaltet der Grundsatz sowohl eine informationsbegrenzende Komponente (Weglassen von Informationen einerseits aus Wirtschaftlichkeitsgründen und andererseits zur Vermeidung eines Nebeneinanders von wichtigen und unwichtigen Informationen) als auch die Forderung, dass wesentliche Tatbestände nicht vernachlässigt werden dürfen.[256] Entscheidungskriterium ist dabei der Wert bzw. die „Nützlichkeit der Information“ für einen gedachten Bilanzadressaten.[257] Dieser wird im anglo-amerikanischen Rechtskreis vielfach mit der Figur des „average prudent investor“ besetzt.[258] Der „Materiality“-Grundsatz ist daher ein unmittelbares Postulat der Rechenschaftsfunktion und besagt für den Bilanzierenden, dass bei der Aufstellung des Jahres- bzw. Konzernabschlusses alle Tatbestände berücksichtigt werden müssen, die dem Bilanzempfänger als Information für seine Entscheidung wesentlich sein können, und entsprechend dass diese vernachlässigt werden können, wenn sie der Größenordnung nach nur einen unwesentlichen Einfluss auf das Jahresergebnis und die Rechenschaft im Einzelnen haben.[259] Ein Verzicht auf die Einhaltung des „Materiality“-Grundsatzes im Rahmen der Anhangsberichterstattung führt zu einer Informationsüberladung der externen Adressaten, die einer optimalen Gestaltung des Berichts entgegensteht und vom Gesetzgeber nicht gewollt ist.[260] Eine fehlende Berichterstattung ist somit nicht zwangsläufig mit nicht ausreichender Berichterstattung gleichzusetzen. Um den Grundsatz der „Materiality“ im Rahmen der hier vorliegenden Problemstellung, der Bewertung der Berichterstattungsqualität in Emissionsprospekten, nicht zu negieren, wird die nachfolgend dargestellte Vorgehensweise vorgeschlagen.

---

[255] Vgl. Quick, Materiality, 1992, S. 874.

[256] Vgl. Adler/Düring/Schmaltz, Rechnungslegung, 1995, § 252, Anm. 127-128 m. w. N.; Bourqui, Wesentlichkeitsbegriff, 1992, S. 381; Budde/Clemm/Ellrott, Beck'scher Bilanz-Kommentar, 2002, § 252, Anm. 70.

[257] Vgl. Bourqui, Wesentlichkeitsbegriff, 1992, S. 383; Copeland/Fredericks, Disclosure, 1968, S. 108; Hütten/Lorson, Internationale Rechnungslegung, 2000, S. 807.

[258] Vgl. Bourqui, Wesentlichkeitsbegriff, 1992, S. 388; Copeland/Fredericks, Disclosure, 1968, S. 108; Quick, Materiality, 1992, S. 874.

[259] Vgl. Adler/Düring/Schmaltz, Rechnungslegung, 1995, § 252, Anm. 127-128 m. w. N.; Bourqui, Wesentlichkeitsbegriff, 1992, S. 384; Budde/Clemm/Ellrott, Beck'scher Bilanz-Kommentar, 2002, § 252, Anm. 70; Quick, Materiality, 1992, S. 873.

[260] Vgl. Adler/Düring/Schmaltz, Rechnungslegung, 1995, § 284, Anm. 23; Budde/Clemm/Ellrott, Beck'scher Bilanz-Kommentar, 2002, § 284, Anm. 13.

Die quantitative Bedeutung des Berichtsgegenstandes wird entsprechend dem Grundsatz der „Materiality" berücksichtigt, indem sämtliche Informationen eines Berichtsgegenstandes mit dessen relativer Bedeutung bewertet werden. Als konkrete Bezugsgröße wird hierbei der Gesamtbetrag sämtlicher Bilanzpositionen und Erfolgsunsicherheiten (Haftungsverhältnisse und sonstige finanzielle Verpflichtungen) herangezogen.

Dem Tatbestand, dass der Gesetzgeber zu einzelnen *Berichtsobjekten* (nach sachlichen Gesichtspunkten geordnete gesetzliche Angabepflichten) grundsätzlich mehr Informationen verlangt und diese somit einen größeren Gestaltungsspielraum durch Abschlussverantwortliche aufweisen, wird zusätzlich durch die Berücksichtigung der Anzahl der jeweiligen Offenlegungsanforderungen innerhalb der Berichtsobjekte Rechnung getragen, d. h. sämtliche Informationen eines Berichtsobjektes werden zusätzlich mit dessen relativer Bedeutung gewichtet.

Die sich hieraus ergebenden Relationen stellen keinen absoluten Anhaltspunkt dar, können aber Hinweise darauf geben, welches Gewicht den jeweiligen Angaben im Verhältnis zu den vom Jahresabschluss vermittelten Informationen beizumessen ist. Die Wahl dieser Bezugsgrößen soll einen allgemeinen unverbindlichen Anhaltspunkt für die Beurteilung der Bedeutung der Berichtsgegenstände und Berichtsobjekte geben. Für die Normierung anhand des Wesentlichkeitsgrundsatzes spricht die erhöhte Vergleichbarkeit von Urteilen über die Ordnungsmäßigkeit von Jahresabschlüssen und die Sicherstellung einheitlicher Auslegungen gleichartiger Sachverhalte. Damit wird im Rahmen dieser Studie erstmals ein Bewertungskonzept vorgestellt, welches nicht auf der Annahme eines über sämtliche Unternehmensinformationen diverser Unternehmungen konstanten Informationszieles des Zielträgers beruht und damit nicht über sämtliche Untersuchungsobjekte (Berichtsgegenstände) unterschiedlicher Gesellschaften beibehalten wird. Ein so definierter Indikator der Berichtsgüte genügt nach eigener Einschätzung den Anforderungen einer möglichst nachprüfbaren und frei von jeglicher subjektiver Einschätzung ermittelten Gewichtung weit mehr als bislang angewandte Gewichtungsverfahren, die vorangehend diskutiert wurden.

Übertragen auf die Zielsetzung der vorliegenden Arbeit wird entsprechend der vorangestellten Argumentation für die Operationalisierung der Berichtsgüte letztlich ein Indikator gewählt, der zum Ausdruck bringt, ob die gesetzlichen Anforderungen erfüllt oder nicht erfüllt wurden. Die quantitative Bedeutung des Berichtsgegenstandes bzw. Berichtsobjektes wird entsprechend dem Grundsatz der „Materiality" anhand eines geeigneten und zweckmäßigen Bezugssystems gewichtet bzw. berücksichtigt. Hierzu wird der Indikator mit der relativen Bedeutung des Berichtsgegenstandes und Berichtsobjektes multipliziert. Insgesamt wird mit dem vorliegenden Bewertungskonzept sichergestellt, dass die zu untersuchenden Informationen mit einem willkürfrei aufgestellten Kriterienkatalog beurteilt werden, dessen Zusammenstellung, Gewichtung und Bewertungsskalen intersubjektiv nachprüfbar[261] sind.

---

[261] Hinsichtlich des Kriteriums der Nachvollziehbarkeit und Nachprüfbarkeit von Scoring-Modellen vgl. Strebel, Scoring-Modelle, 1978, S. 2186; Witte, Empirische Forschung, 1984, Sp. 1270.

Im folgenden Kapitel (Abschnitt 5.2) wird gezeigt, in welchen Schritten der Kriterienkatalog zur Beurteilung der Berichterstattungsqualität in Emissionsprospekten gewonnen wurde. Hierfür wird zunächst der Grundgedanke der Nutzwertanalyse erläutert. Anschließend wird der Grundgedanke der Nutzwertanalyse auf das hier vorliegende Problem, die Berichterstattungsqualität in Emissionsprospekten zu bewerten, angepasst.

5 Analyse der Publizitätspraxis in den Emissionsprospekten börsengehender Unternehmen des Neuen Marktes

Empirische Forschung in der Betriebswirtschaftslehre gewinnt aus der Realität Fakten, verarbeitet diese und versucht, hieraus eine Stützung ihrer Erkenntnisaussagen zu erfahren.[1] Grundlegend ist das Vorhandensein einer Theorie, aus der Hypothesen abgeleitet werden, die anschließend auf ihren Wahrheitsgehalt geprüft werden.[2] Nach dem bereits vorgestellten Theoriegebäude dieser Arbeit, der theoretischen Ableitung der dieser Arbeit zugrunde liegenden Hypothese sowie einer eingehenden Analyse vorliegender Forschungsarbeiten zu diesem Themengebiet schließt folglich nun die Hypothesenprüfung an. Hierzu soll aufgrund des Erfordernisses der „intersubjektiven Nachprüfbarkeit" zunächst das dieser Arbeit zugrunde liegende Untersuchungskonzept näher erläutert werden bevor die Befunde der Untersuchung dargestellt werden. Dabei finden zunächst die Auswahl des Untersuchungssamples (Abschnitt 5.1), die in der Untersuchung verwandten Instrumente sowie die einzelnen Auswertungsschritte (Abschnitt 5.2) nähere Beachtung. Gegenstand der vorliegenden empirischen Untersuchung ist eine „Ist"-Bestandsaufnahme der Prospektpublizität börsengehender Unternehmen anlässlich ihrer Börseneinführung am Neuen Markt. Hierbei sollen – wie in der Einleitung zu dieser Arbeit bereits festgelegt – im weiteren Verlauf dieser Arbeit über die Prüfung der in Kapitel 3 abgeleiteten Hypothese hinaus zwei weitere Ziele verfolgt werden:

- Im Rahmen der im Folgenden zu betrachtenden Fälle soll die Informationsqualität der Prospektpublizität anhand der in ihnen veröffentlichten Jahres- bzw. Konzernabschlüsse bewertet und die jeweiligen Einzelergebnisse zueinander in Relation gesetzt werden (Abschnitt 5.3).
- Hieraus sollen zum Ersten Aussagen in Bezug auf erkennbare Schwerpunkte und Mängel der Emissionspublizität abgeleitet, zum Zweiten mögliche Zusammenhänge und Erklärungsansätze durch Prüfung zugrunde liegender Hypothesen aufgezeigt (Abschnitt 5.4 und 5.5) und zum Dritten die Wirkung der Publizität auf das individuelle bzw. aggregierte Verhalten der Kapitalmarktteilnehmer am Verhältnis, das sich durch den Kurswert am ersten Börsentag und dem Emissionspreis ergibt, bemessen werden (Abschnitt 5.6).

Die folgende Untersuchung wird sich dementsprechend ausschließlich mit der einmaligen Prospektpublizität beschäftigen. Wie das vorangegangene Kapitel zeigte, gibt es im Gegensatz zum Gebiet der kontinuierlichen Rechnungslegung hierfür bislang kaum Ansätze in der empirischen Forschung. Daher soll vor dem Hintergrund des definierten Schwerpunktes dieser Arbeit im Folgenden versucht werden, einen Beitrag im Rahmen der gesteckten Grenzen zu leisten.

---

[1] Vgl. Witte, Empirische Forschung, 1984, Sp. 1264.

[2] Vgl. Popper, Historizismus, 1987, S. 29; Witte, Nutzungsanspruch, 1981, S. 14.

5.1 Auswahl des Untersuchungssamples

Die Studie basiert auf einer Untersuchung der in den Emissionsprospekten[3] veröffentlichten Jahres- bzw. Konzernabschlüsse des letzten Geschäftsjahres vor Börsengang von 155 Unternehmen des Neuen Marktes. Die Sample-Unternehmen wurden aus den insgesamt 318 Neuemissionen des Neuen Marktes ausgewählt, die in den Jahren 1997 bis 2000 zum Listing am Neuen Markt zugelassen wurden.[4] Dieser Vier-Jahres-Zeitraum wurde bewusst gewählt, um eine möglichst große Anzahl von Börseneinführungen zu gewährleisten. Aus dieser Grundgesamtheit wurden zunächst alle Unternehmen ausgeschlossen, die im Rahmen ihres Emissionsprospektes nicht gleichzeitig einen Jahresabschluss nach den deutschen handelsrechtlichen Vorschriften des HGB als auch einen „Vollabschluss"[5] (Jahres- bzw. Konzernabschluss) nach internationalen Bilanzierungsprinzipien (IAS oder US-GAAP) zum letzten Abschlussstichtag vor Börsengang publizierten (157 Unternehmen).[6] Des Weiteren wurde eine Einschränkung dahingehend vorgenommen, dass alle Finanzdienstleistungsunternehmen wegen der abweichenden für sie geltenden gesetzlichen Vorschriften unberücksichtigt blieben (4 Unternehmen); zwei weitere Unternehmen, die kurz vor Börsengang noch

---

[3] Die Emissionsprospekte wurden von der überwiegenden Anzahl der Unternehmen direkt zur Verfügung gestellt, einige Emissionsprospekte waren lediglich als Kopie von der ***Deutschen Börse AG*** erhältlich.

[4] Zur Bestimmung der einzubeziehenden Unternehmen wurden die IPO-Unternehmenslisten der Fact Book's der ***Deutschen Börse AG*** der Jahre 1997 bis 2000 herangezogen, vgl. Deutsche Börse AG, Fact Book 2000, S. 14 ff.; Deutsche Börse AG, Fact Book 1999, S. 15 ff.; Deutsche Börse AG, Fact Book 1998, S. 18 ff.; Deutsche Börse AG, Fact Book 1997, S. 12 f.

[5] In diesem Zusammenhang ist darauf hinzuweisen, dass zahlreiche Unternehmen (42 Unternehmen) von der Möglichkeit Gebrauch gemacht haben, keinen „reinen" Abschluss nach internationalen Rechnungslegungsgrundsätzen vorzulegen, sondern im Emissionsprospekt eine Überleitungsrechnung zu publizieren. Erst im Laufe des Jahres 2001 wurden Änderungen des Regelwerks des Neuen Marktes vorgenommen, welche die Anerkennung einer Überleitungsrechnung einschränken; vgl. hierzu die Erläuterungen in Kapitel 2 dieser Arbeit.

[6] Ein kleiner Anteil der Unternehmen veröffentlichte im Rahmen des Emissionsprospektes lediglich Abschlüsse nach den deutschen handelsrechtlichen Vorschriften des HGB. Dies ist darin begründet, dass die ***Deutsche Börse AG*** zu Beginn des Neuen Marktes zur Gewinnung von Emittenten noch relativ häufig bereit war, Unternehmen für maximal zwei Jahre von der Anforderung der internationalen Bilanzierung zu befreien. In der Anfangszeit wurden potentielle Emittenten sogar gezielt angesprochen und zu einem Listing am Neuen Markt eingeladen. Derartige Befreiungen sind im Laufe der Zeit deutlich zurückgegangen und werden heute generell nicht mehr ausgesprochen; vgl. hierzu bereits d'Arcy/Leuz, Rechnungslegung, 2000, S. 387. Unter den Unternehmen befinden sich außerdem zahlreiche Unternehmen mit Sitz im Ausland, die im Rahmen ihres Emissionsprospektes ausschließlich Abschlüsse nach internationalen Bilanzierungsprinzipien (IAS oder US-GAAP) publizierten.
Die dargestellten Tatbestände führten in allen Fällen zu einem Ausschluss der Unternehmen aus dem Untersuchungssample. Darüber hinaus ergaben sich einige weitere Ausschlussgründe, die der Abbildung 5-2 entnommen werden können. Zu den in die Untersuchung einbezogenen „Vollabschlüssen" zählen jedoch die im Rahmen des Emissionsprospektes publizierten Pro-Forma-Abschlüsse.

als Personenhandelsgesellschaft fungierten und aufgrund der zu diesem Zeitpunkt bestehenden Rechnungslegungs- und Publizitätsanforderungen nicht zur Erstellung und Offenlegung eines Anhangs nach den deutschen handelsrechtlichen Vorschriften des HGB verpflichtet waren, blieben ebenfalls unberücksichtigt. Die nachfolgenden Abbildungen 5-1 und 5-2 geben einen Überblick über die Varianten der Rechnungslegung börsengehender Unternehmen des Neuen Marktes im Rahmen ihrer Emissionsprospekte. Hierbei ist anhand der Abbildung 5-1 die Häufigkeitsverteilung der gewählten Rechnungslegungsstandards – unterteilt nach Unternehmen mit und ohne Konzernstruktur – zu ersehen, wobei die Abbildung 5-2 in einem zweiten Schritt zusätzlich zwischen „Vollabschlüssen" und solchen mit Überleitungsrechnungen differenziert und in Bezug auf die rechnungslegungsspezifischen Vorschriften des Regelwerks des Neuen Marktes, die bereits in Kapitel 2 nähere Beachtung gefunden haben, zu einer detaillierten Unterteilung bzw. Häufigkeitsverteilung der Standardwahl sämtlicher börsengehender Unternehmen des Neuen Marktes der Jahre 1997 bis 2000 kommt.

Von den verbleibenden 155 Unternehmen, welche die Basis für die geplante empirische Untersuchung bilden (Untersuchungssample), veröffentlichten 76 Unternehmen im Rahmen ihres Emissionsprospektes neben dem HGB-Abschluss einen IAS-Abschluss zum letzten Abschlussstichtag vor Börsengang, 79 Unternehmen publizierten demgegenüber einen nach US-GAAP erstellten Abschluss.[7] Damit ergibt sich im Hinblick auf die im Untersuchungssample gewählten bzw. angewandten internationalen Rechnungslegungsstandards eine ungefähre Gleichverteilung.[8]

---

[7] Für ***Unternehmen ohne Konzernstruktur*** wurde jeweils der Einzelabschluss nach den deutschen handelsrechtlichen Vorschriften des HGB sowie der Einzelabschluss nach internationalen Rechnungslegungsstandards (IAS oder US-GAAP) in die Untersuchung einbezogen. Grundlage der Untersuchung hinsichtlich ***Unternehmen mit Konzernstruktur*** bildete neben dem Einzelabschluss nach den deutschen handelsrechtlichen Vorschriften des HGB dagegen der Konzernabschluss nach internationalen Rechnungslegungsprinzipien (IAS oder US-GAAP). Der Grund dafür, dass im Rahmen dieser Untersuchung von Unternehmen mit Konzernstruktur ebenfalls der Einzelabschluss und nicht der Konzernabschluss nach den deutschen handelsrechtlichen Vorschriften des HGB zugrunde gelegt wurde, ist darin zu erblicken, dass nur eine geringe Anzahl von Unternehmen neben dem Konzernabschluss nach internationalen Bilanzierungsprinzipien einen Konzernabschluss nach den deutschen handelsrechtlichen Vorschriften des HGB veröffentlichte; siehe hierzu die Ausführungen in Kapitel 2 dieser Arbeit.

[8] Die Gründe, welche ein Unternehmen dazu veranlassen, sich für ein bestimmtes Rechnungslegungssystem (IAS oder US-GAAP) zu entscheiden, können vielschichtiger Natur sein. Ein bedeutendes Argument bei der Entscheidung für einen der beiden Standards stellt in vielen Fällen die Standardwahl der Wettbewerber dar, um eine erhöhte zwischenbetriebliche Vergleichbarkeit zu erreichen. Aber auch eine (geplante) Börseneinführung in den USA – beispielsweise an der Technologiebörse ***NASDAQ***, dem US-amerikanischen Pendant zum Neuen Markt – wiegt bei der Entscheidungsfindung schwer. Schließlich sind bestimmte Fragestellungen in den Rechnungslegungsnormensystemen unterschiedlich geregelt – beispielhaft erwähnt seien an dieser Stelle die Behandlung von Forschungs- und Entwick-

Bei den in die Untersuchung einbezogenen 310 Abschlüssen handelt es sich in 268 Fällen um geprüfte Abschlüsse, in den anderen Fällen liegen durch Abschlussprüfer erstellte „Als-Ob"-Abschlüsse oder lediglich einer kritischen Durchsicht („review") unterzogene Abschlüsse vor.[9] Für diese Abschlüsse ist

---

lungskosten oder die Bilanzierung in der Medienwirtschaft –, was ebenfalls regelmäßig in den Entscheidungsprozess einfließt. Siehe hierzu insbesondere die Ergebnisse der Studie von ***Peemöller/Finsterer/Neubert***, vgl. Peemöller/Finsterer/Neubert, Neuer Markt, 1999, in welcher Unternehmen des Neuen Marktes nach den Gründen für ihre Standardwahl befragt wurden, als auch die von ***Spanheimer/Koch*** durchgeführte Befragung zur Standardwahl „Neuer Markt"-Unternehmen, vgl. Spanheimer/Koch, Internationale Bilanzierungspraxis, 2000.

Weitere Anhaltspunkte lassen sich auch aus Studien zu den Determinanten freiwilliger Unternehmenspublizität gewinnen, vgl. hierzu beispielsweise Lang/Lundholm, Corporate Disclosures, 1993 sowie Saudagaran/Meek, Financial Reporting, 1997. Die Ergebnisse dieser Studien legen nahe, dass die freiwillige Offenlegung von mehr und präziseren Informationen mit der Unternehmensgröße, dem Kapitalbedarf, der Performance des Unternehmens sowie Notierungen an ausländischen Börsen verbunden ist.

Des Weiteren wurde in einigen Untersuchungen explizit die freiwillige Veröffentlichung von IAS- oder US-GAAP-Abschlüssen bzw. Überleitungsrechnungen untersucht, wobei die Vorstellung zugrunde liegt, dass eine internationale Rechnungslegung mehr und präzisere Informationen als die jeweilige nationale Rechnungslegung vermittelt; vgl. hierzu Harris/ Muller, IAS versus US-GAAP accounting, 1999; Leuz/Verrecchia, Increased Disclosure, 1999. Auch in diesen Studien zeigt sich, dass Unternehmensgröße, Finanzbedarf, Performance und Auslandslistings eine entscheidende Rolle spielen. Jedoch kann die Standardwahl im Neuen Markt nur sehr unvollkommen anhand von Unternehmenscharakteristika erklärt werden; vgl. hierzu die Studie von ***d'Arcy/Leuz***, vgl. d'Arcy/Leuz, Rechnungslegung, 2000. Die Ergebnisse dieser Studie legen die Vermutung nahe, dass die Entscheidung für ein Listing im Neuen Markt als ein „commitment" zu mehr Unternehmenspublizität und Transparenz interpretiert wird, die Wahl zwischen IAS oder US-GAAP aber sekundär ist.

Die Gründe für die Standardwahl sollen im Rahmen dieser Untersuchung für das hier vorliegende Untersuchungssample jedoch nicht weiter thematisiert werden.

[9] Nach ***Schindler/Böttcher/Roß*** sah das Regelwerk des Neuen Marktes in Ziffer 4.1.17 bei Emissionsprospekten keine Prüfungspflicht der IAS- und US-GAAP-Abschlüsse vor, sondern erkannte auch ungeprüfte, aber von Wirtschaftsprüfern erstellte Abschlüsse an. Das Regelwerk mit Stand vom 15.9.1999 wurde allerdings um zwei Hinweise ergänzt, wonach eine Überleitungsrechnung wie auch ein „Vollabschluss" nach IAS oder US-GAAP mindestens mit einer qualifizierenden Bescheinigung zu versehen sei. Hierbei muss es sich nach der Auffassung dieser Autoren um eine „positive assurance" aufgrund eines „audit", nicht eines „review" handeln; vgl. hierzu Schindler/Böttcher/Roß, Neuer Markt, 2001, S. 478 ff. Vgl. des Weiteren IDW, Prüfungshinweis (IDW PH 9.400.4), 2000. Nach Ziffer 4.1.17 des Regelwerks des Neuen Marktes (Stand 9.4.2001) muss der Emissionsprospekt eine Erklärung enthalten, dass die Jahres- bzw. Konzernabschlüsse geprüft worden sind.

Die hier vorliegenden Abschlüsse, die durch Wirtschaftsprüfer erstellt oder lediglich einer kritischen Durchsicht (und damit keiner „Vollprüfung") durch Wirtschaftsprüfer unterzogen wurden (insgesamt 42 Abschlüsse), wurden ebenfalls – aufgrund des ansonsten zu geringen Stichprobenumfangs für nachfolgende empirische Auswertungen – in die Untersuchung einbezogen. Hierbei handelt es sich in zwei Fällen um durch Wirtschaftsprüfer erstellte HGB-Abschlüsse, in 28 Fällen handelt es sich um Abschlüsse nach internationalen Bilanzierungsprinzipien (IAS/US-GAAP), welche durch Wirtschaftsprüfer erstellt wurden. Die übrigen

			Abschlüsse nach internationalen Bilanzierungsprinzipien						
			Unternehmen ohne Konzernstruktur		Unternehmen mit Konzernstruktur				Summe
			Einzelabschluss enthalten	Einzelabschluss nicht enthalten	Einzel- als auch Konzernabschluss enthalten	Einzel- als auch Konzernabschluss nicht enthalten	lediglich Konzernabschluss enthalten	lediglich Einzelabschluss enthalten	
Abschlüsse nach den deutschen handelsrechtlichen Vorschriften des HGB	Unternehmen ohne Konzernstruktur	Einzelabschluss enthalten	63 (6) A	5 1					74
		Einzelabschluss nicht enthalten	13 2	3 3					16
	Unternehmen mit Konzernstruktur	Einzel- als auch Konzernabschluss enthalten			2 B	8 4	33 C	0 5	43
		Einzel- als auch Konzernabschluss nicht enthalten			4 6	3 7	60 8	0 9	67
		lediglich Konzernabschluss enthalten			0 10	5 11	14 12	0 13	19
		lediglich Einzelabschluss enthalten			4 D	0 14	95 E	0 15	99
	Summe		82	8	10	16	202	0	318

Abbildung 5-1: Varianten der Rechnungslegung börsengehender Unternehmen des Neuen Marktes im Rahmen ihrer Emissionsprospekte (Teil I)

This figure can also be viewed here: https://www.peterlang.com/app/uploads/2024/08/9783631533239_Pg_145.pdf

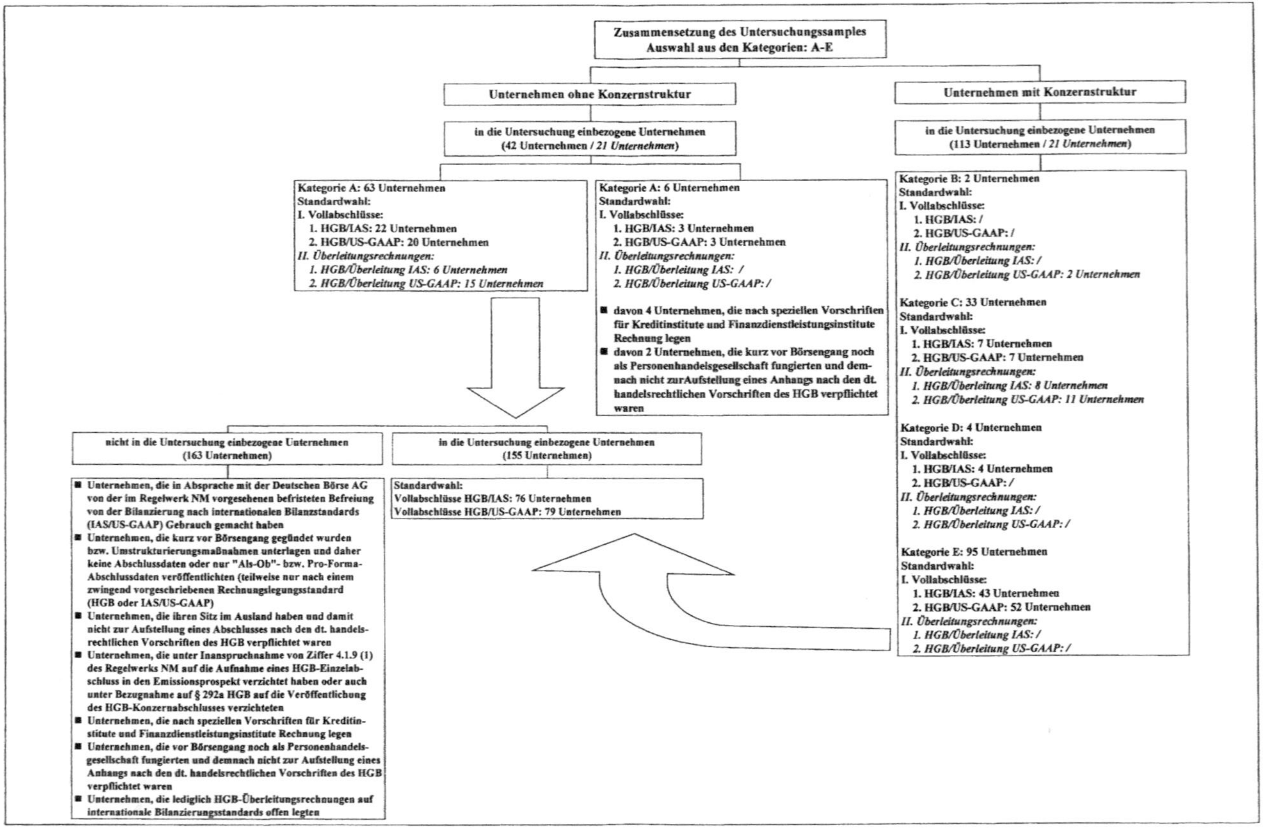

Abbildung 5-2: Varianten der Rechnungslegung börsengehender Unternehmen des Neuen Marktes im Rahmen ihrer Emissionsprospekte (Teil II)

This figure can also be viewed here: https://www.peterlang.com/app/uploads/2024/08/9783631533239_Pg_146.pdf

nachfolgend zu überprüfen, ob diese Unternehmen ihren gesetzlichen Publizitäts- und Offenlegungsanforderungen in aussagefähiger Weise nachgekommen sind. Zu diesem Zweck ist zunächst ein geeignetes Verfahren bzw. eine geeignete Messmethode zu entwickeln, mit der es möglich ist, die Qualität publizierter Jahres- bzw. Konzernabschlüsse hinsichtlich ihres Aussagegehaltes objektiv (intersubjektiv nachprüfbar) zu messen und zu beurteilen. Dieser Zielsetzung ist der nachfolgende Abschnitt (Abschnitt 5.2) gewidmet.
Die Tabelle 5-1 gibt zuvor einen Überblick über die Abschlussprüfer der in die Untersuchung einbezogenen Unternehmen sowie über die von ***Ballwieser*** ermittelte Gesamt-Verteilung der Abschlussprüfer am Neuen Markt.[10] Während der Markt für die Prüfung großer deutscher Aktiengesellschaften von nur zwei Gesellschaften (***PwC*** und ***KPMG***) dominiert wird,[11] verteilt sich die Prüfung am Neuen Markt auf eine Vielzahl von Abschlussprüfern, darunter auch zahlreiche mittelgroße und kleine Wirtschaftsprüfungsgesellschaften.[12] Die sechs großen Prüfungsgesellschaften in Deutschland (im Folgenden mit „Big 6" bezeichnet) decken zusammen nur 56 % der Unternehmen des Untersuchungssamples ab. Den größten Anteil hält ***Andersen*** (21 %), gefolgt von ***Ernst & Young*** (12 %), ***KPMG*** (11 %) und ***PwC*** (7 %); ***Deloitte & Touche*** als auch die ***BDO*** spielen eine relativ geringe Rolle mit einem Anteil von nur 2 % bzw. 3 %. Die Tabelle 5-1 dokumentiert, dass die Verteilung der Abschlussprüfer im Untersuchungssample sehr stark der Verteilung im gesamten Neuen Markt ähnelt. Betrachtet man die Prüfung der Abschlüsse nach internationalen Bilanzierungsprinzipien (IAS und US-GAAP) wird deutlich, dass die „Big 6"-Wirtschaftsprüfungsgesellschaften hier stärker engagiert sind. Insbesondere betrifft dies die Prüfung von Unternehmen, die US-GAAP-Abschlüsse vorlegen.
Eine Aufstellung der in die Untersuchung einbezogenen Unternehmen einschließlich des Geschäftsfeldes, in dem diese tätig sind, und des jeweiligen Status, der diesen in den Abbildungen 5-1 und 5-2 zukommt, enthält Gliederungspunkt 7.3 dieser Arbeit.

---

12 Fälle betreffen Abschlüsse nach internationalen Bilanzierungsprinzipien, welche lediglich einer kritischen Durchsicht durch Wirtschaftsprüfer unterzogen wurden. Hinsichtlich einer kritischen Betrachtung von Qualitätsmittelwert-Unterschieden zwischen geprüften, einer kritischen Durchsicht unterzogenen und durch Wirtschaftsprüfer erstellten Abschlüssen dieses Untersuchungssamples ist auf Abschnitt 5.4 (Fn. 66) zu verweisen.

[10] Siehe hierzu insbesondere die detaillierte Aufstellung in Ballwieser, Neuer Markt, 2001, S. 845.

[11] Vgl. Küting, Neuer Markt, 2000, S. 599; Küting, Neuer Markt, 2001, S. 38.

[12] Vgl. Ballwieser, Neuer Markt, 2001, S. 844; Ostrowski/Sommerhäuser, Going Public, 2000, S. 962.

Abschlussprüfer	Mandate im Untersuchungssample		Mandate im Neuen Markt (Studie *Ballwieser*)	
	abs.	rel.	abs.	rel.
Arthur Andersen	*66*	*21 %*	65	19 %
- davon HGB	*(31)*	*(20 %)*		
- davon IAS	*(9)*	*(12 %)*		
- davon US-GAAP	*(26)*	*(33 %)*		
KPMG	*34*	*11 %*	48	14 %
- davon HGB	*(17)*	*(11 %)*		
- davon IAS	*(8)*	*(11 %)*		
- davon US-GAAP	*(9)*	*(11 %)*		
PwC	*22*	*7 %*	44	13 %
- davon HGB	*(11)*	*(7 %)*		
- davon IAS	*(4)*	*(5 %)*		
- davon US-GAAP	*(7)*	*(9 %)*		
Ernst & Young	*37*	*12 %*	43	12 %
- davon HGB	*(17)*	*(11 %)*		
- davon IAS	*(4)*	*(5 %)*		
- davon US-GAAP	*(16)*	*(20 %)*		
Deloitte & Touche	*5*	*2 %*	10	3 %
- davon HGB	*(2)*	*(1 %)*		
- davon IAS	*(1)*	*(1 %)*		
- davon US-GAAP	*(2)*	*(3 %)*		
BDO	*11*	*3 %*	8	2 %
- davon HGB	*(5)*	*(3 %)*		
- davon IAS	*(5)*	*(7 %)*		
- davon US-GAAP	*(1)*	*(1 %)*		
Diverse WP und WPG	*135*	*44 %*	126	37 %
- davon HGB	*(72)*	*(47 %)*		
- davon IAS	*(45)*	*(59 %)*		
- davon US-GAAP	*(18)*	*(23 %)*		
Summe:	*310*	*100 %*	344	100 %
- davon HGB	*(155)*	*(100 %)*		
- davon IAS	*(76)*	*(100 %)*		
- davon US-GAAP	*(79)*	*(100 %)*		

Tabelle 5-1: Verteilung der Abschlussprüfer der Unternehmen des Untersuchungssamples und Gesamt-Verteilung der Abschlussprüfer der Unternehmen am Neuen Markt[13]

[13] ***Quellen:*** Emissionsprospekte (Untersuchungssample) und Ballwieser, Neuer Markt, 2001, S. 845; den Gesellschaften ***KPMG, PwC, Ernst & Young*** und ***Deloitte & Touche*** sind diverse Abschlussprüfer zugeordnet, die dem jeweiligen Konzern bzw. Netzwerk angehören. In diesem Zusammenhang ist darauf hinzuweisen, dass sich die deutschen Gesellschaften des Konzerns bzw. Netzwerkes von ***Ernst & Young*** und ***Arthur Andersen*** erst am 1. September 2002 zusammengeschlossen haben und an dieser Stelle daher noch als selbstständige Gesellschaften zu behandeln sind.

5.2 Nutzwertanalytische Bewertung der Berichterstattungsqualität von Emissionsprospekten börsengehender Unternehmen des Neuen Marktes

Die Emissionsprospekte der in das Untersuchungssample einbezogenen börsengehenden Unternehmen des Neuen Marktes sind in Bezug auf die in ihnen veröffentlichten Jahres- bzw. Konzernabschlüsse (Offenlegungsanforderungen im Rahmen der Anhangsberichterstattung) des letzten Geschäftsjahres vor Börsengang nachfolgend einer inhaltlichen Analyse zu unterziehen. Um das tatsächliche Informationsverhalten der Neuemittenten zu ermitteln, wird eine objektbezogene Erhebungsmethode – die der Dokumentenanalyse – gewählt, die Erhebungsbefunde aus schriftlichen („objektivierten") Informationsspeichern generiert. Hierbei handelt es sich um ein Verfahren, das wissenschaftlich akzeptiert ist und seine Fähigkeit in vorangegangenen Untersuchungen unter Beweis gestellt hat.[14] Dazu werden die von den Unternehmen veröffentlichten Informationen in Codierungsformularen für die Inhaltsanalyse niedergelegt. Die Vielfalt unternehmensindividueller Rechenschaftslegung verlangt darüber hinaus eine Normierung, welche den Vergleich und die Bewertung der Publizität verschiedener Unternehmen zulässt. Bei der vorliegenden Problemstellung, die Qualität publizierter Emissionsprospekte zu bewerten, wird – wie bereits in Kapitel 4 dieser Arbeit dargelegt – auf die Bewertungsmethode der Nutzwertanalyse (synonym zu „Scoring-Modell" oder „Punktbewertungsmodell")[15] zurückgegriffen. Die Nutzwertanalyse zeichnet sich vor allem dadurch aus, dass mit ihr qualitative Größen bzw. Qualitäten bewertet werden können; sie eignet sich immer dann zur Entscheidungsfindung, wenn eine Menge komplexer Handlungsalternativen unter Berücksichtigung eines mehrdimensionalen Zielsystems zu bewerten ist.[16] Nachfolgend wird der Grundgedanke der Nutzwertanalyse demonstriert und auf das hier vorliegende Bewertungsproblem übertragen. Anschließend werden die einzelnen Schritte der Nutzwertanalyse dargestellt.

5.2.1 Grundgedanke der Nutzwertanalyse und seine Übertragung auf das vorliegende Bewertungsproblem

Der Begriff der „Nutzwertanalyse" bezeichnet „eine Methodik mit dem Zweck, komplexe Projektalternativen entsprechend den Präferenzen des Entscheidungsträgers bezüglich eines multidimensionalen Zielsystems zu ordnen. Die Abbildung dieser Ordnung erfolgt durch die Angabe der Nutzwerte (Gesamtwerte) der Alternativen."[17]

---

[14] Siehe hierzu insbesondere Kapitel 4 dieser Arbeit. Vgl. darüber hinaus Kaden, Going Public, 1991, S. 175 sowie Witte, Nutzungsanspruch, 1981, S. 20.

[15] Vgl. hierzu Armeloh, Berichterstattung, 1998, S. 62; Rolvering, Zwischenberichterstattung, 2002, S. 82.

[16] Vgl. Dreyer, Scoring-Modelle, 1974, S. 255; Rolvering, Zwischenberichterstattung, 2002, S. 82; Strebel, Scoring-Methoden, 1969, S. 251; Strebel, Scoring-Modelle, 1978, S. 2181.

[17] Zangemeister, Nutzwertanalyse, 1972, S. 268.

Die Nutzwertanalyse ordnet den verschiedenen Handlungsalternativen Nutzwerte zu, die aus den Ausprägungen und den Gewichten der einzelnen Bewertungskriterien errechnet werden.[18] Der sich ergebende Nutzwert ist der wertmäßig verdichtete Ausdruck für die „Vorziehenswürdigkeit einer Handlungsalternative".[19] Mit der Nutzwertanalyse kann folglich eine Menge von Handlungsalternativen anhand ihres Nutzwertes beurteilt, geordnet und damit in eine Rangfolge gebracht werden.[20]
Die Nutzwertanalyse existiert – wie das vorangegangene Kapitel bereits zeigte – in einer Vielzahl von Varianten. Diese verschiedenen Varianten unterscheiden sich z. B. hinsichtlich ihrer Art und Weise, den Kriterienausprägungen Punkte zuzuweisen, Gewichte zu vergeben und die Kriterien miteinander zu verknüpfen.[21]
Die Grundvariante der Nutzwertanalyse geht von folgender Aggregationsvorschrift mit additiver Verknüpfung der Kriterien aus:[22]

$$Q_i = \sum_{j=1}^{n} g_j \cdot q_{ji}.$$

In dieser Formel steht q_{ji} für den Teilnutzen, den eine Handlungsalternative i bei einem bestimmten Bewertungskriterium j erzielt. Multipliziert mit dem Gewicht g_j, das diesem Bewertungskriterium beigemessen wird, und summiert über alle n Bewertungskriterien ergibt sich schließlich der Gesamtnutzen Q_i der betreffenden Handlungsalternative i.
Übertragen auf das Problem der inhaltlichen Bewertung der in den Emissionsprospekten veröffentlichten Jahresabschlüsse (Offenlegungsanforderungen im Rahmen der Anhangsberichterstattung) des letzten Geschäftsjahres vor Börsengang bedeutet dies, dass einzelnen Offenlegungsanforderungen bei der Nutzwertanalyse ein bestimmter Teil-Qualitätswert zugewiesen wird. Der Gesamt-Qualitätswert Q_i eines in den Emissionsprospekten veröffentlichten Jahresabschlusses (Anhangs) i ergibt sich aus der Summe der gewichteten Teil-Qualitätswerte aller Bewertungskriterien.

---

[18] Vgl. Strebel, Scoring-Methoden, 1969, S. 251; Strebel, Scoring-Modelle, 1978, S. 2182.
[19] Vgl. Dreyer, Scoring-Modelle, 1974, S. 255 ff.; Strebel, Scoring-Methoden, 1969, S. 251 f.
[20] Vgl. Strebel, Scoring-Methoden, 1969, S. 252; Strebel, Scoring-Modelle, 1978, S. 2182 ff.
[21] Vgl. hierzu des Weiteren Dreyer, Scoring-Modelle, 1974, S. 256 ff.; Strebel, Scoring-Methoden, 1969, S. 264 ff. Hinsichtlich spezifischer Probleme bei Entwurf und Anwendung von Scoring-Modellen vgl. – über die unter Kapitel 4 vorgebrachten Kritikpunkte hinaus – Strebel, Scoring-Methoden, 1969, S. 253 ff.; Strebel, Scoring-Modelle, 1978, S. 2182 ff.; Zangemeister, Nutzwertanalyse, 1972, S. 283.
[22] Vgl. Strebel, Scoring-Methoden, 1969, S. 269 ff. sowie die Tabelle 4-1 dieser Arbeit.

5.2.2 Die nutzwertanalytischen Schritte zur Messung der Qualität von Emissionsprospekten börsengehender Unternehmen des Neuen Marktes

5.2.2.1 Überblick über die nutzwertanalytischen Schritte im Grundmodell

Aus der soeben präsentierten Aggregationsvorschrift der Nutzwertanalyse im Grundmodell ergeben sich die nachstehenden nutzwertanalytischen Schritte:

Schritt 1: Auswahl von Merkmalen bzw. Alternativen, die zu bewerten sind,
Schritt 2: Zusammenfassung zu Merkmalsgruppen,
Schritt 3: Bewertung der Merkmale durch Zuweisung einer reellen Zahl zu einem realen Sachverhalt,
Schritt 4: Gewichtung von Einzelmerkmalen und/oder Merkmalsgruppen,
Schritt 5: Aggregation der Teil-Qualitätswerte zu einem Gesamt-Qualitätswert.[23]

Diese Schrittfolge kennzeichnet die Grundvariante der Nutzwertanalyse, die für den hier vorliegenden Fall – der Bewertung der in den Emissionsprospekten veröffentlichten Jahres- bzw. Konzernabschlüsse (Offenlegungsanforderungen im Rahmen der Anhangsberichterstattung) des letzten Geschäftsjahres vor Börsengang – im Folgenden zu spezifizieren und unter Berücksichtigung der unter Kapitel 4 dieser Arbeit abgeleiteten Anforderungen an das zu entwickelnde Scoring-Modell zu konkretisieren ist.

5.2.2.2 Konkretisierung des Modells zur Bewertung der Qualität von Emissionsprospekten börsengehender Unternehmen des Neuen Marktes

Die Zielsetzung im Folgenden ist, das Urteil über das Publizitätsverhalten in Emissionsprospekten möglichst zu einem Wert, dem Publizitätsindex, zu verdichten. Durch die Berechnung dieses unternehmensindividuellen Publizitätsindex' soll ausgesagt werden, in welchem Ausmaß ein Unternehmen den erforderlichen Anhangsangaben nach den deutschen handelsrechtlichen Vorschriften des HGB, den International Accounting Standards (IAS) oder den US-amerikanischen Generally Accepted Accounting Principles (US-GAAP) im Emissionsprospekt nachkommt. Hierbei erlaubt die Normierung auf 100 eine einfache Aussage, wobei ein Wert von 100 erreicht werden soll, wenn das bilanzierende bzw. börsengehende Unternehmen alle gesetzlichen Angabenerfordernisse im Rahmen der Anhangsberichterstattung erfüllt.
Die entsprechenden Soll-Informationen sind hierzu zunächst in Form eines Kriterienkataloges aufzustellen ***(1. Schritt der Nutzwertanalyse).*** Im Rahmen dieser Untersuchung wird hierbei von drei unterschiedlichen Kriterienkatalogen ausgegangen, in denen die zu untersuchenden Anhangsangaben nach den Rechtsvorschriften der deutschen handelsrechtlichen Vorschriften des HGB, der International Accounting Standards (IAS) sowie der US-amerikanischen Generally

---

[23] Vgl. hierzu insbesondere Strebel, Scoring-Methoden, 1969, S. 252 ff.; Strebel, Scoring-Modelle, 1978, S. 2182; Zangemeister, Nutzwertanalyse, 1972, S. 269, 271 ff.

Accepted Accounting Principles (US-GAAP) zusammengefasst werden; im Einzelnen werden in diese Modelle insgesamt 329 Informationselemente im Rahmen der Bestimmung des Publizitätsindex' zur Normenerfüllung der deutschen handelsrechtlichen Vorschriften des HGB, 763 Informationselemente im Rahmen der Bestimmung des Publizitätsindex' zur Normenerfüllung der International Accounting Standards (IAS) und letztlich 698 Items im Rahmen der US-GAAP-Checkliste einbezogen. Aus den jeweiligen Gesetzesnormen sowie der Kommentarliteratur hinsichtlich der deutschen handelsrechtlichen Vorschriften des HGB[24] werden für diese Items des Publizitätsindex' die geforderten „Soll-Informationen" (Informationsklassen) festgelegt. Dabei wird jeweils unterschieden, ob der Gesetzgeber eine Angabe, eine Aufgliederung, eine Erläuterung oder eine Begründung fordert. Aus Platzgründen bei der Darstellung des Gesamtmodells werden diese Kriterienkataloge im Anhang (Gliederungspunkte 7.4, 7.5 und 7.6) dokumentiert. Da im Rahmen dieser Gliederungspunkte auch detailliert auf die Erstellung und Strukturierung[25] dieser Checklisten eingegangen wird, soll an dieser Stelle auf derartige Erläuterungen verzichtet werden.

---

[24] Für den Pflichtteil des (Konzern-)Anhangs nach den deutschen handelsrechtlichen Vorschriften des HGB sind zum Ersten die gesetzlichen Vorschriften der mit „Anhang" und „Konzernanhang" überschriebenen §§ 284 bis 288 HGB sowie §§ 313 und 314 HGB von zentraler Bedeutung. Zum Zweiten enthält das HGB eine Fülle weiterer („verstreuter") Angabepflichten, die den gesetzlichen Pflichtteil des Anhangs bestimmen. Bei der Erstellung und Prüfung des Anhangs von Kapitalgesellschaften sind zum Dritten rechtsformspezifische Vorschriften des AktG und des GmbHG zu beachten. Insgesamt ergibt sich damit ein ganzes Bündel unterschiedlichster Anhangsangaben.
Da der Gesetzgeber viele dieser Angabepflichten jedoch nur verhältnismäßig pauschal formuliert hat, eröffnen sich dem Bilanzierenden teilweise weitreichende Auslegungsspielräume. So sind abhängig von der Publizitätsbereitschaft eines Unternehmens konkrete Anhangsangaben deshalb oft unterschiedlich ausgeprägt und damit unterschiedlich aussagekräftig. Insofern können konkrete Anhangsangaben nur mit einer detaillierteren Aufschlüsselung beurteilt werden. Hierzu wurde auf die Arbeit von ***Armeloh (1998)*** zurückgegriffen, in der für jene Angabepflichten, welche der Gesetzgeber nicht hinreichend konkretisiert hat, durch systematische Auswertung des einschlägigen Fach-Schrifttums Unterkriterien ermittelt wurden. Hierzu zog der Autor vor allem die Kommentierungen zu den §§ 284 bis 288 HGB (Anhang) sowie §§ 313 und 314 HGB (Konzernanhang), ferner die Kommentierungen zu den übrigen, nicht in den genannten Paragraphen geregelten Anhangsangabepflichen, die Stellungnahmen des ***Instituts der Wirtschaftsprüfer (IDW)*** zu einzelnen Bilanzierungsproblemen sowie die Beiträge des Schrifttums zu ausgewählten Fragen der Berichterstattung im Anhang heran; vgl. Armeloh, Berichterstattung, 1998, S. 44. Siehe hierzu des Weiteren die Erläuterungen zur Erstellung des Kriterienkataloges nach den deutschen handelsrechtlichen Vorschriften des HGB in Gliederungspunkt 7.4 dieser Arbeit.

[25] Trotz der Vielzahl gesetzlicher, gesetzesähnlicher und privatrechtlicher Regelungen zur Anhangsberichterstattung nach den deutschen handelsrechtlichen Vorschriften des HGB, den International Accounting Standards (IAS) und den US-amerikanischen Generally Accepted Accounting Principles (US-GAAP) ist eine konkrete Gliederung für die Anhangsberichterstattung nach diesen Rechtsvorschriften an keiner Stelle vorgegeben. Der Bilanzierende kann dementsprechend die Form der Darstellung im Anhang grundsätzlich frei wählen. Die Darstellung muss indes dem ***Grundsatz der Klarheit*** und ***Übersichtlichkeit*** entsprechen. Dieser verlangt u. a., dass die Anhangsberichterstattung übersichtlich abgefasst und sach-

Die Abbildungen 5-3, 5-4 und 5-5 vermitteln einen Eindruck von der Gliederung der hier zugrunde liegenden hierarchisch aufgebauten und sachlich strukturierten Kriterienkataloge zur inhaltlichen Bewertung der Anhangsberichterstattung nach den genannten Rechtsvorschriften. Wie anhand dieser Übersichten zu ersehen ist, wird die Anhangsberichterstattung in diverse Teilberichte (gegliedert in die Abschnitte A. bis K.) unterteilt, wobei jedem dieser Teilberichte die gesetzlichen Angabepflichten nach sachlichen Gesichtspunkten zugeordnet werden ***(2. Schritt der Nutzwertanalyse)***. Den Teilberichten (D.) bzw. (C. und D.) werden darüber hinaus, wie anhand dieser Abbildungen ebenfalls zu ersehen ist, speziell zur Gewichtung sog. „Objektbereiche" zugeordnet, welche schließlich Angaben zu einzelnen Bilanzpositionen zusammenfassen. Aus Gründen der Übersichtlichkeit werden in den Abbildungen 5-3, 5-4 und 5-5 nur die Teilberichte und die Objektbereiche abgebildet. Die Zahlen an den Ästen der Teilberichte und der Objektbereiche symbolisieren die einzelnen Gliederungspunkte, unter denen die jeweiligen Angabepflichten in den unter 7.4, 7.5 und 7.6 dargestellten Kriterienkataloge wieder zu finden sind. Insgesamt enthalten diese Checklisten sämtliche Offenlegungsanforderungen, welche für die im Rahmen dieser Studie zu untersuchenden Unternehmen erforderlich werden könnten. Sie erfassen zudem sämtliche Änderungen, Überarbeitungen und Ergänzungen der nach den Rechtsvorschriften des HGB, der IAS und der US-GAAP erforderlichen Offenlegungsanforderungen im gesamten Untersuchungszeitraum (Kalenderjahre 1996 bis 2000).
Die Bewertung der einzelnen Informationsitems im ***3. Schritt der Nutzwertanalyse*** ist schließlich davon abhängig, ob die Publizität der zu untersuchenden Unternehmen den Erfordernissen des Gesetzgebers nachkommt; sie geht von folgendem Maßstab aus: Zuweisung des Wertes ...

1, wenn die gesetzlich geforderte Informationsklasse erfüllt wird,
0, wenn die erforderliche Information nicht bzw. nicht im erforderlichen Umfang gegeben wird.

Braucht ein bilanzierendes bzw. börsengehendes Unternehmen zu einem Informationsbereich keine Angaben zu machen, darf ihm ein entsprechendes Verhal-

---

gerecht gegliedert sein muss; vgl. hinsichtlich der deutschen handelsrechtlichen Vorschriften des HGB u. a. Adler/Düring/Schmaltz, Rechnungslegung, 1995, § 284, Anm. 17. Darüber hinaus sollte das berichterstattende Unternehmen den ***Grundsatz der Stetigkeit*** (formelle Abschlusskontinuität) beachten, d. h. die einmal gewählte Darstellungsform des Anhangs sollte grundsätzlich beibehalten werden; vgl. hinsichtlich der deutschen handelsrechtlichen Vorschriften des HGB u. a. Adler/Düring/Schmaltz, Rechnungslegung, 1995, § 284, Anm. 27. Der hier erarbeitete Vorschlag zur sachlichen Gliederung der Anhangsberichterstattung orientiert sich an der in der Berichterstattungspraxis weit verbreiteten Strukturierung von Anhangsangaben nach den deutschen handelsrechtlichen Vorschriften des HGB, den International Accounting Standards (IAS) und den US-amerikanischen Generally Accepted Accounting Principles (US-GAAP). Insofern ist davon auszugehen, dass es sich hierbei um nach sachlichen Gesichtspunkten strukturierte Kriterienkataloge handelt, die dem Grundsatz der Klarheit und Übersichtlichkeit der Darstellung entsprechen; siehe hierzu die Erläuterungen in den Gliederungspunkten 7.4, 7.5 und 7.6.

ten nicht negativ angelastet werden. Bei der Berechnung des Index' ist dementsprechend diejenige Punktezahl von der maximal erreichbaren Punktezahl abzuziehen, die sich ergäbe, wenn zu den entsprechenden Offenlegungsanforderungen die gesetzlich erforderlichen Angaben gemacht worden wären. Diesem Zweck dient eine eigene Bewertungsklasse, die in der Modellbeschreibung mit (**„Korr.“**) bezeichnet wird.

Die in den jeweiligen Kriterienkatalogen enthaltenen Einzelinformationen werden – wie bereits oben dargelegt – im zweiten Schritt der Nutzwertanalyse in Teilberichte (nach sachlichen Gesichtspunkten zugeordnete „Informationsbündel“ der Anhangsberichterstattung) zusammengefasst, die nochmals durch die nachfolgende Tabelle wiedergegeben werden. Diese zeigt darüber hinaus die Anzahl der in den jeweiligen Teilberichten enthaltenen Informationsitems.

Teilberichte zur Erfassung der HGB-Offenlegungsanforderungen		**Teilberichte zur Erfassung der IAS-Offenlegungsanforderungen**		**Teilberichte zur Erfassung der US-GAAP-Offenlegungsanforderungen**	
A. Allgemeine Angaben zu Inhalt und Gliederung des Jahres-/Konzernabschlusses und zum Konzernabschlussstichtag	20	A. Allgemeine Unternehmensdaten	19	A. Qualitative und quantitative Angaben zu signifikanten Risiken und Unsicherheiten	21
B. Angaben zum Konsolidierungskreis (einschl. Anteilsbesitz)	36	B. Allgemeine Angaben zur Bilanz und zur Gewinn- und Verlustrechnung	77	B. Allgemeine Angaben zur Bilanz und zur Gewinn- und Verlustrechnung	60
C. Angaben zu den Konsolidierungsmethoden	17				
D. Angaben zu Bilanzierungs- u. Bewertungsmethoden/Angaben zur (Konzern)-Bilanz und zur (Konzern)-G.u.V.	209	C. Angaben zur Bilanz D. Angaben zur Gewinn- und Verlustrechnung	479	C. Angaben zur Bilanz D. Angaben zur Gewinn- und Verlustrechnung	419
E. Sonstige Angaben	47	E. Angaben zu Ereignissen nach dem Bilanzstichtag	19	E. Angaben zu Ereignissen nach dem Bilanzstichtag	3
		F. Angaben zum Konzernabschluss	53	F. Angaben zum Konzernabschluss	22
		G. Angaben zur Kapitalflussrechnung	20	G. Angaben zu nahestehenden Unternehmen und Personen	3
		H. Segmentberichterstattung	38	H. Angaben zur Kapitalflussrechnung	22
		I. Angaben zu Finanzinstrumenten	45	I. Segmentberichterstattung	46
		J. Angaben zu Kapitalbeteiligungsleistungen	13	J. Angaben zu Finanzinstrumenten	75
				K. Angaben zu Kapitalbeteiligungsleistungen	27
Einzelinformationen gesamt:	**329**		**763**		**698**

Tabelle 5-2: Teilberichte der Anhangsberichterstattung

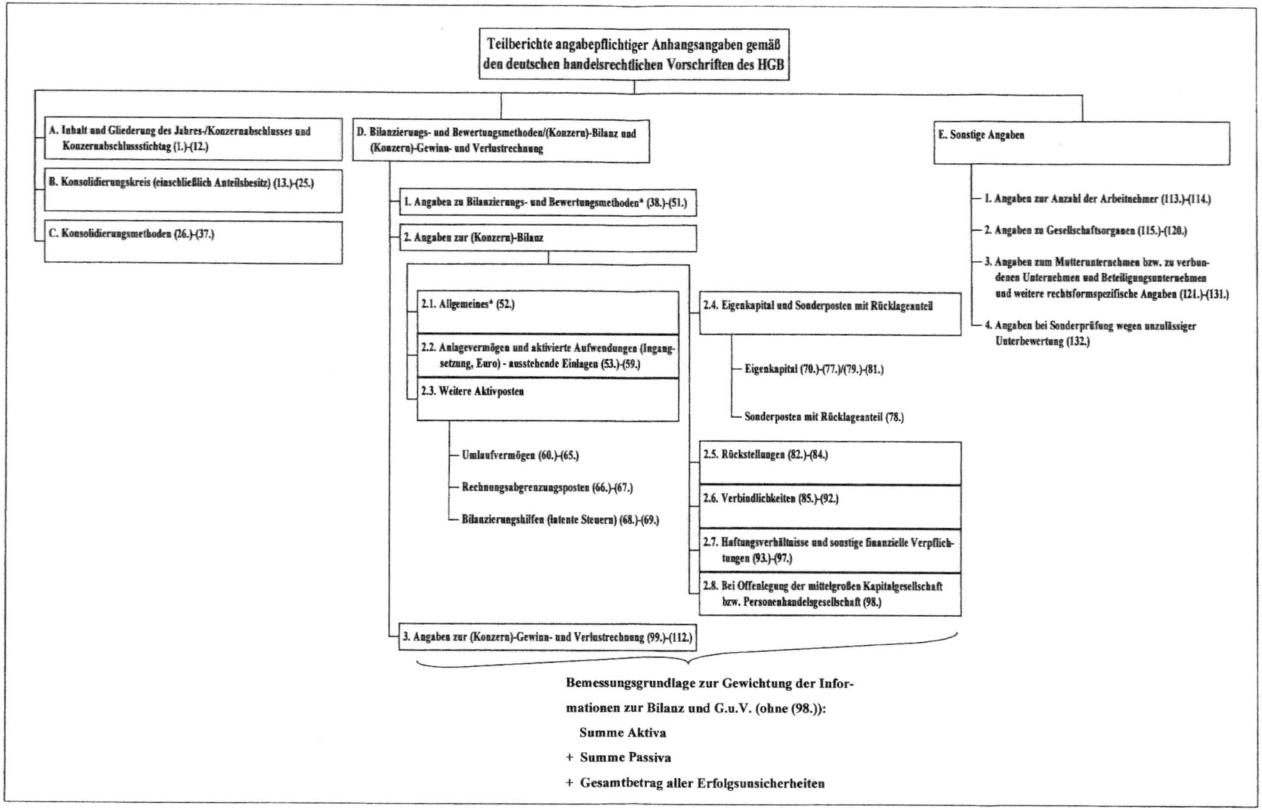

Abbildung 5-3: Die Struktur des Kriterienkataloges nach den deutschen handelsrechtlichen Vorschriften des HGB

* Angaben werden zur Gewichtung spezifischen Bilanzpositionen zugeordnet

This figure can also be viewed here: https://www.peterlang.com/app/uploads/2024/08/9783631533239_Pg_155.pdf

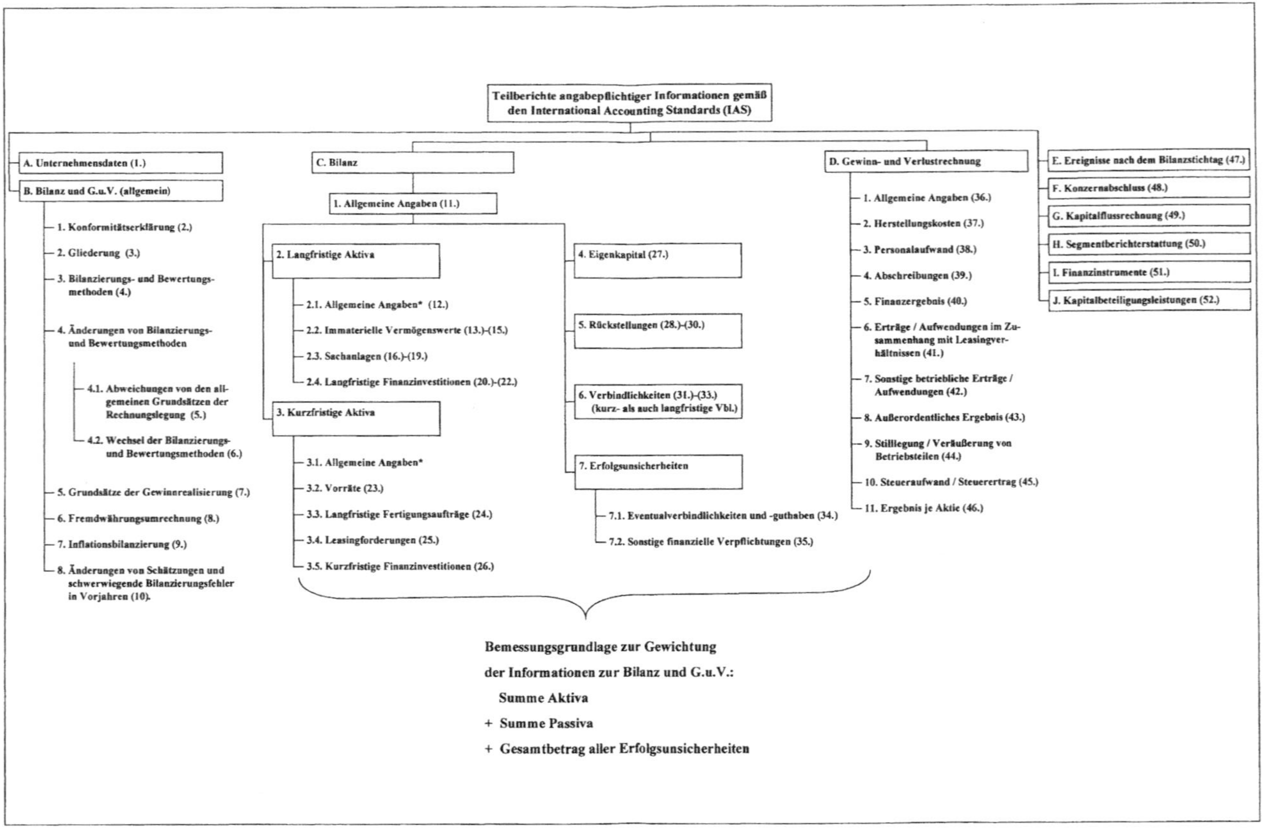

Abbildung 5-4: Die Struktur des Kriterienkataloges nach den International Accounting Standards (IAS) * Angaben werden zur Gewichtung spezifischen Bilanzpositionen zugeordnet

This figure can also be viewed here: https://www.peterlang.com/app/uploads/2024/08/9783631533239_Pg_156.pdf

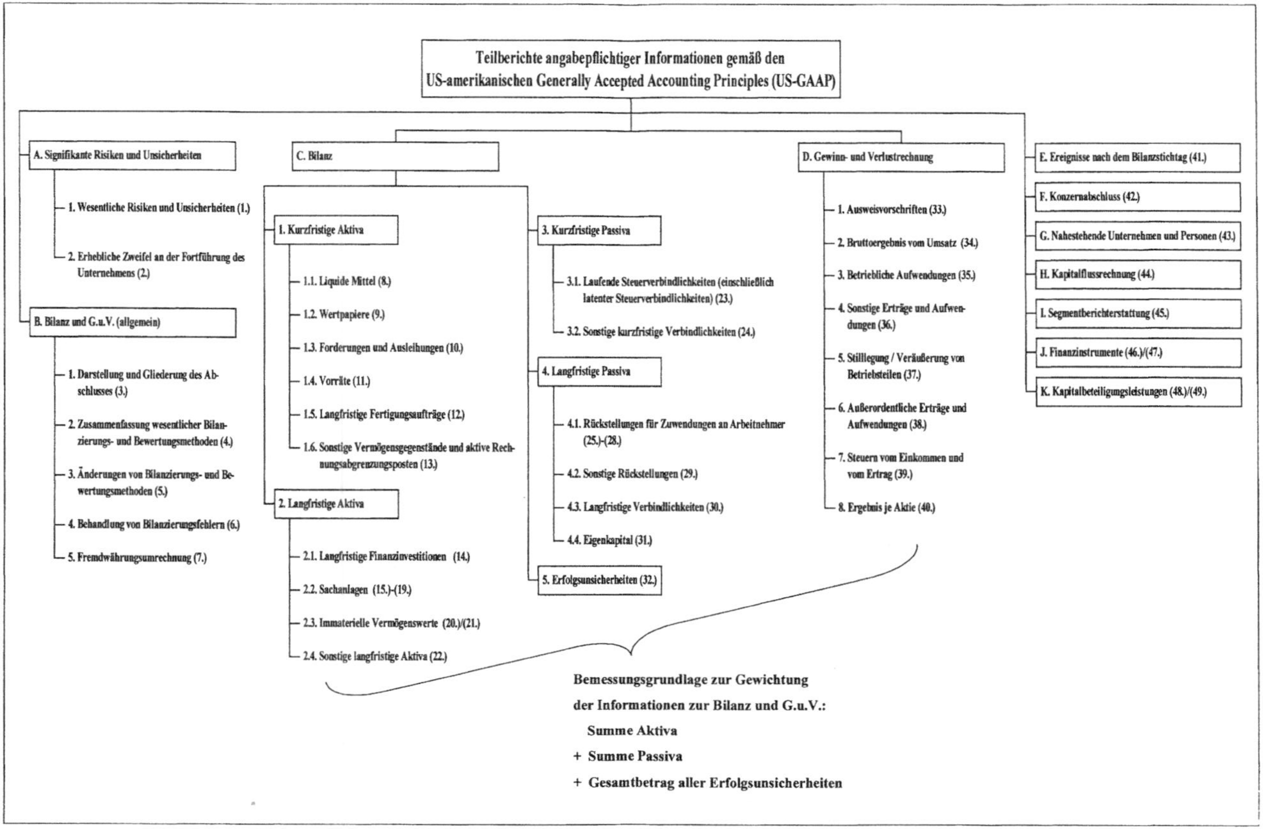

Abbildung 5-5: Die Struktur des Kriterienkataloges nach den US-amerikanischen Generally Accepted Accounting Principles (US-GAAP)

This figure can also be viewed here: https://www.peterlang.com/app/uploads/2024/08/9783631533239_Pg_157.pdf

Zusätzlich werden – wie ebenfalls oben dargelegt – im Rahmen dieses nutzwertanalytischen Schrittes die Teilberichte (D.) bzw. (C. und D.) der drei genannten Kriterienkataloge, welche die Angaben zur Bilanz und Gewinn- und Verlustrechnung umfassen, in Teilbereiche untergliedert, welche schließlich die Angabepflichten zu einzelnen Bilanzpositionen zusammenfassen, wobei die Angabepflichten zur Gewinn- und Verlustrechnung hierbei den Angabepflichten zum Eigenkapital zugeordnet werden. Für den weiteren Verlauf der Untersuchung werden diese – entsprechenden Bilanzpositionen zugeordnete – „Informationsbündel" als „Objektbereiche" bezeichnet. Die genannten Objektbereiche und Teilberichte sind bezüglich ihrer Aussagekraft nicht als gleichbedeutend einzustufen. Einzelne Teilberichte sind inhaltlich bedeutsamer oder stellen insgesamt mehr Informationen zur Verfügung als andere Teilberichte und besitzen somit mehr Stellgrößen bei der Gestaltung des Abschlusses. Den einzelnen Objektbereichen kommt ebenfalls eine unterschiedliche Aussagekraft zu, die u. a. von der Bedeutung bzw. Größe der zu erläuternden Bilanzpositionen abhängt. Um diesem Sachverhalt Rechnung zu tragen, werden die einzelnen Teilberichte bzw. Objektbereiche – wie in Kapitel 4 dieser Arbeit hergeleitet – nachprüfbar im Rahmen einer zweistufigen Vorgehensweise gewichtet ***(4. Schritt der Nutzwertanalyse):***

G_1: Zum Ersten werden die Objektbereiche, welche die Angaben zu den jeweiligen Bilanzpositionen der berichtenden Unternehmen umfassen, entsprechend der Bedeutung bzw. ***Materiality*** der jeweiligen Bilanzpositionen gewichtet. Hierbei wird als Bezugsgröße jeweils die Summe aus Aktiva, Passiva und Erfolgsunsicherheiten des berichtenden Unternehmens herangezogen. Dieses Gewichtungsmaß wird so normiert, dass die Summe der Gewichte über alle Objektbereiche 100 ergibt.

G_2: In einer zweiten Phase wird der ***Stellgrößeneinfluss,*** gemessen an der Anzahl der in den einzelnen Teilberichten enthaltenen Einzelinformationen,[26] berücksichtigt. Dieses Gewichtungsmaß wird ebenfalls so normiert, dass die Summe der Gewichte über alle Teilberichte 100 ergibt.

Insgesamt lässt sich der Publizitätsindex wie folgt ermitteln ***(5. Schritt der Nutzwertanalyse):*** Es wird für jedes Informationselement des zu untersuchenden Unternehmens geprüft, welcher Wert (0, 1, „Korr.") zuzuweisen ist. Diese Informationselemente sind zu Objektbereichen bzw. Teilberichten zusammenzufassen und mit den dargestellten Gewichtungsäquivalenten zu multiplizieren. Aus der Summe der so gebildeten Punktzahlen ergibt sich der Ist-Publizitätswert. Dieser wird in Beziehung gesetzt zu einem Wert, der sich aus der Differenz von 100 mit der Summe der „Korr."-Werte ableitet. Der letzte Bewertungsschritt der Nutzwertanalyse, welcher darin besteht, die auf den verschiedenen hierarchischen Ebenen erzielten Teil-Qualitätswerte von „unten" nach „oben" zu einem Gesamt-Qualitätswert Q_i zu verdichten, soll abschließend in Form einer spezifischen, für das vorliegende Scoring-Modell gültigen Aggregationsvorschrift festgehalten werden.

---

[26] Vgl. hierzu die Angaben in Tabelle 5-2.

Nach der allgemeinen Aggregationsvorschrift der Nutzwertanalyse ist der Beitrag einer bestimmten Hierarchieebene (Teilbericht, Objektbereich und Kriterium) zum Gesamt-Qualitätswert eines Anhangs Q_i von zwei Faktoren abhängig: Erstens von der Qualität der Berichterstattung auf dieser Hierarchieebene und zweitens vom relativen Gewicht dieser Hierarchieebene. So hängt der Beitrag eines Teilberichtes zum Gesamt-Qualitätswert Q_i des Anhangs i erstens von der Qualität der Berichterstattung in diesem Teilbericht und zweitens vom Gewicht dieses Teilberichtes im Verhältnis zum Gewicht der anderen Teilberichte ab. Ebenso gilt für einen bestimmten Objektbereich, dass sein Teil-Qualitätswert von der Berichterstattung in diesem Objektbereich und von seinem relativen Gewicht abhängt. Für ein einzelnes Kriterium gilt analog, dass dieses den Teil-Qualitätswert eines Objektbereiches bzw. Teilberichtes erstens durch sein Teil-Qualitätswert und zweitens durch sein relatives Gewicht (*bei Gleichgewichtung*) beeinflusst. Diese Überlegungen fasst die Abbildung 5-6 nochmals zusammen.

Wegen der unterschiedlich tiefen Gliederung des Kriterienkataloges kann eine einheitliche und für alle Ebenen des Kriterienkataloges gültige ***Aggregationsvorschrift*** jedoch nicht ohne weiteres hergeleitet werden. Stattdessen werden die abgeleiteten nutzwertanalytischen Bewertungselemente im Folgenden zunächst nur grob aggregiert und anschließend an die Besonderheiten des vorliegenden Bewertungsproblems angepasst.

Bezeichnet man mit:

- *Q_i den Gesamt-Qualitätswert eines Anhangs i,*
- *T die ermittelten Teilberichte eines Anhangs i,*
- *n die Zahl der zu einem Anhang i gehörenden Teilberichte T,*
- *G_T das relative Gewicht eines Teilberichtes T, gemessen an der Anzahl der in ihm enthaltenen Einzelinformationen (oben mit G_2 bezeichnet),*
- *j die ermittelten Objektbereiche des Teilberichtes (D.) bzw. (C. und D.),*
- *m die Zahl der zu dem Teilbericht (D.) bzw. (C. und D.) gehörenden Objektbereiche j,*
- *G_{jT} das relative Gewicht eines Objektbereiches j innerhalb des Teilberichtes (D.) bzw. (C. und D.) (oben mit G_1 bezeichnet),*
- *k die ermittelten Kriterien zur Bewertung der Qualität eines Anhangs i,*
- *r die Zahl der zu einem Objektbereich j bzw. einem Teilbericht T (mit $T \neq$ (D.) bzw. (C. und D.)) gehörenden Kriterien k,*
- *P_{kjTi} den Teil-Qualitätswert eines Kriteriums k innerhalb eines Objektbereiches j bzw. eines Teilberichtes T (mit $T \neq$ (D.) bzw. (C. und D.)), wobei $P_{kjTi\ (max.)}$ jeweils die für ein spezifisches Unternehmen geltende Offenlegungsanforderung symbolisiert,*

so ergibt sich der Gesamt-Qualitätswert eines Anhangs i im Rahmen der vorläufigen Aggregationsvorschrift formal wie folgt:

$$Q_i = \sum_{T=1}^{n} G_T \bullet \sum_{j=1}^{m} G_{jT} \bullet \sum_{k=1}^{r} P_{kjTi} / P_{kjTi\,(max.)}$$

$$\text{(mit } P_{kjTi} \in \{0, 1, \text{„Korr."}\}, \sum_{T=1}^{n} G_T = 1 \text{ und } \sum_{j=1}^{m} G_{jT} = 1).$$

Die Besonderheit des vorliegenden Bewertungsproblems liegt darin, dass die Teilberichte T teilweise lediglich durch Kriterien spezifiziert werden. In diesen Teilberichten existiert somit keine Ebene „Objektbereich". Damit lassen sich die unterschiedlichen Ausprägungen des Teil-Qualitätswertes Q_{Ti} eines Teilberichtes T in obiger Formel unter zwei Fälle subsumieren:

Fall 1: die Teilberichte T (mit T ≠ (D.) bzw. (C. und D.)) werden nicht durch Objektbereiche spezifiziert,
Fall 2: die Teilberichte T (mit T = (D.) bzw. (C. und D.)) werden durch Objektbereiche spezifiziert.

Im **Fall 1** wird unterstellt, dass der Bewerter auf der Hierarchieebene des Kriteriums k darüber entscheidet, ob ein Unternehmen seiner Berichtspflicht zu diesem Kriterium nachkommt oder nicht. Das einzelne Kriterium beeinflusst direkt den Teil-Qualitätswert eines Teilberichtes T (mit T ≠ (D.) bzw. (C. und D.)): Erstens durch sein Teil-Qualitätswert und zweitens durch sein relatives Gewicht. Bei der Bewertung der Teilberichte T (mit T ≠ (D.) bzw. (C. und D.)) nimmt G_{jT} als formaler Ausdruck für das Gewicht eines Objektbereiches j immer den Wert 1 an; der Teil-Qualitätswert Q_{Ti} entspricht hier dem Teil-Qualitätswert Q_{jTi}, d. h. dem Teil-Qualitätswert der Kriterien k innerhalb des Teilberichtes T (mit T ≠ (D.) bzw. (C. und D.)). Der Teil-Qualitätswert Q_{Ti} der Teilberichte T (mit T ≠ (D.) bzw. (C. und D.)) ergibt sich hier wie folgt:

$$Q_{Ti} = \sum_{k=1}^{r} P_{kjTi} / P_{kjTi\,(max.)}$$

(mit $P_{kjTi} \in \{0, 1, \text{„Korr."}\}$, d. h. der Teil-Qualitätswert eines Kriteriums k kann eine Ausprägung zwischen

$P_{kjTi} = 1$,	wenn die gesetzlich geforderte Informationsklasse erfüllt wird,
$P_{kjTi} = 0$,	wenn die erforderliche Information nicht gegeben wird, oder
$P_{kjTi} =$ „Korr.",	wenn das bilanzierende Unternehmen zu einem Informationsbereich keine Angaben zu machen braucht, annehmen).

Im **Fall 2** wird ebenfalls unterstellt, dass der Bewerter auf der Hierarchieebene des Kriteriums k darüber entscheidet, ob ein Unternehmen seiner Berichtspflicht zu diesem Kriterium nachkommt oder nicht, d. h. der Teil-Qualitätswert eines Kriteriums k besitzt auch in diesem Fall die Ausprägungen:

$P_{kjTi} = 1$, wenn die Berichterstattungspflicht erfüllt wird,
$P_{kjTi} = 0$, wenn die Berichterstattungspflicht nicht erfüllt wird, oder
P_{kjTi} =„Korr.“, wenn das bilanzierende Unternehmen zu einem Informationsbereich keine Angaben zu machen braucht.

Jedoch beeinflusst hier das einzelne Kriterium zunächst den Teil-Qualitätswert eines Objektbereiches. In diesem Fall orientiert sich das relative Gewicht G_{jT} der Objektklassen j (mit j = 1, ..., m) zur Beurteilung des Teilberichtes (D.) bzw. (C. und D.) an der Bedeutung bzw. Größe W_j der zu erläuternden Bilanzpositionen des zu untersuchenden Unternehmens.

Formal gilt: $$G_{jT} = \frac{W_j}{\sum_{j=1}^{m} W_j}.$$

Der gesuchte Teil-Qualitätswert Q_{iT} des zum Anhang i gehörenden Teilberichtes (D.) bzw. (C. und D.) ergibt sich damit im Fall 2 wie folgt:

$$Q_{iT} = \sum_{j=1}^{m} G_{jT} \bullet \sum_{k=1}^{r} P_{kjTi} / P_{kjTi\,(max.)}.$$

Die nachfolgend dargestellte Abbildung 5-6 stellt die einzelnen nutzwertanalytischen Aggregationsschritte abschließend in einen systematischen Zusammenhang mit der hierarchischen Struktur der hier zugrunde gelegten Kriterienkataloge zur Bewertung von Anhangsangaben.

Nachdem sämtliche Teil-Qualitätswerte zum Gesamt-Qualitätswert Q_i des Anhangs i aggregiert worden sind, lässt sich ein bewerteter Anhang hinsichtlich seines Gesamt-Qualitätswertes mit anderen bewerteten Anhangsberichterstattungen vergleichen. Die bewerteten Anhangsberichterstattungen können anhand ihres Gesamt-Qualitätswert Q_i in eine Rangfolge gebracht werden. Der bei der Bewertung maximal erreichbare Gesamt-Qualitätswert eines Anhangs i beträgt 100 %.

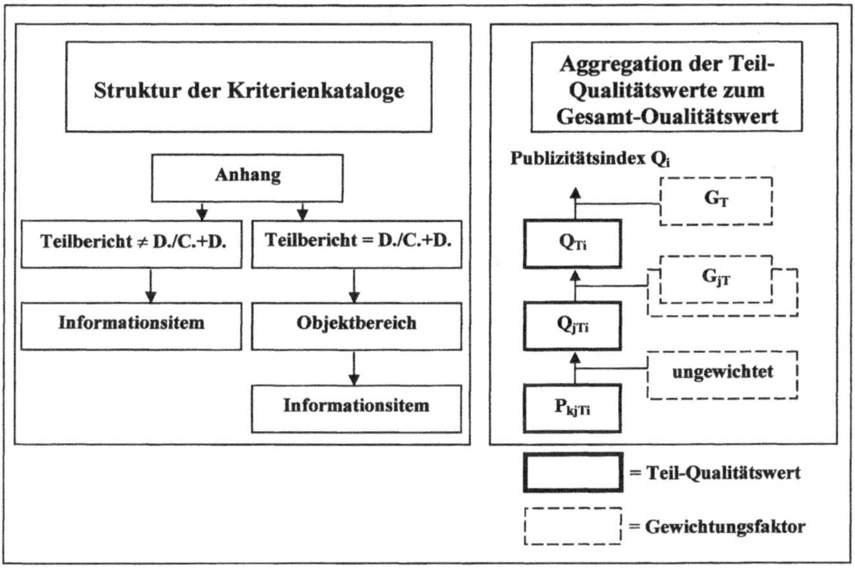

Abbildung 5-6: Die nutzwertanalytische Bestimmung des Gesamt-Qualitätswertes einer Anhangsberichterstattung – Überblick über die einzelnen Aggregationsschritte

5.2.3 Beurteilung der Nutzwertanalyse als Methode zur Qualitätsmessung von Emissionsprospekten börsengehender Unternehmen des Neuen Marktes

Das vorliegende Bewertungsproblem, die Qualität der Anhangsberichterstattung in Emissionsprospekten börsengehender Unternehmen des Neuen Marktes zu beurteilen, ist dadurch gekennzeichnet, dass *zahlreiche heterogene Beurteilungskriterien* zu bewerten sind, die sowohl *qualitativer* als auch *quantitativer Natur* sind. Hierbei zeichnet sich die Nutzwertanalyse als zweckadäquate und praktikable Bewertungsmethode aus, da mit ihr qualitative Größen bzw. Qualitäten bewertet werden können; sie eignet sich immer dann zur Entscheidungsfindung, wenn eine Menge komplexer Handlungsalternativen unter Berücksichtigung eines mehrdimensionalen Zielsystems zu bewerten ist.[27]

Die Nutzwertanalyse wird im Schrifttum gelegentlich jedoch wegen ihres subjektiven Charakters kritisiert.[28] Dieser Kritikpunkt wird indes dadurch relativiert, dass die Untersuchungsergebnisse dieser Studie weder von den Wertvorstellungen

---

[27] Vgl. Dreyer, Scoring-Modelle, 1974, S. 255; Strebel, Scoring-Methoden, 1969, S. 251; Strebel, Scoring-Modelle, 1978, S. 2181; Zangemeister, Nutzwertanalyse, 1972, S. 264.

[28] Vgl. hierzu die Erläuterungen in Kapitel 4 dieser Arbeit.

der Verfasserin noch durch einen von der Verfasserin bestimmten Personenkreis (z. B. in Form einer Expertenbefragung) beeinflusst sind, d. h. die Qualitätsbeurteilung wurde weitestgehend objektiviert.[29] Darüber hinaus lässt sich die Qualität des untersuchten Mediums intersubjektiv nachprüfbar festlegen, da alle nutzwertanalytischen Bewertungselemente dieser Untersuchung explizit angegeben sind und somit für Dritte transparent werden.[30] Sowohl die einzelnen Beurteilungskriterien als auch deren Gewichtung und die Aggregationsregeln können den vorangegangenen Ausführungen und dem Anhang zu dieser Arbeit[31] entnommen werden.

Das vorgestellte Bewertungsmodell ist letztlich hinsichtlich seiner Prämissen zu beurteilen. Die Nutzwertanalyse ist u. a. daran gebunden, dass die Beurteilungskriterien vollständig sowie redundanzfrei bzw. technologisch unabhängig sind.[32] Dem Aspekt der Vollständigkeit wird dadurch Rechnung getragen, dass sämtliche Anhangsangaben bzw. Offenlegungsanforderungen, welche gemäß den einschlägigen Gesetzesgrundlagen berichtspflichtig sind, in die Kriterienkataloge einbezogen werden und damit als Beurteilungskriterien dienen. Durch die enge Orientierung an den Gesetzesgrundlagen wird auch der Prämisse der Redundanzfreiheit, die auch als technologische Unabhängigkeit der Kriterien bezeichnet wird,[33] ausreichend Genüge getan. Durch diese Vorgehensweise bei der Kriterienermittlung ergeben sich inhaltlich sauber gegeneinander abgegrenzte Kriterien; technologische sowie nutzenmäßige Abhängigkeiten zwischen den Kriterien können vermieden werden. Würde ein Sachverhalt durch verschiedene Kriterien mehrfach erfasst werden, so würde ihm aufgrund der Mehrfachzählung ein zu hohes Gewicht beigemessen.

Die Nutzwertanalyse ist ferner daran gebunden, dass die Beurteilungskriterien voneinander nutzenunabhängig sind und der Teilnutzen einheitlich kardinal messbar ist.[34] Die Modellannahme einer vollkommenen Nutzenunabhängigkeit dürfte in konkreten Bewertungssituationen grundsätzlich kaum erfüllt sein.[35] Vollkommene Nutzenunabhängigkeit bedeutet, dass bereits ein hinreichend erfülltes Beurteilungskriterium für sich isoliert einen gewissen Teilnutzen liefert und – übertragen auf die Anhangsberichterstattung – einem Adressaten bei seinen Entscheidungsfindungen dient.[36] Ein Anhang dürfte für einen bestimmten Adressaten allerdings erst dann als Entscheidungsgrundlage dienlich sein, wenn er als

[29] Vgl. diesbezüglich die Erläuterungen in Abschnitt 4.2 dieser Arbeit.

[30] Hinsichtlich des Kriteriums der Nachvollziehbarkeit und Nachprüfbarkeit von Scoring-Modellen vgl. Strebel, Scoring-Modelle, 1978, S. 2186; Witte, Empirische Forschung, 1984, Sp. 1270.

[31] Vgl. Gliederungspunkte 7.4, 7.5 und 7.6 dieser Arbeit.

[32] Vgl. Strebel, Scoring-Methoden, 1969, S. 256; Strebel, Scoring-Modelle, 1978, S. 2182.

[33] Vgl. hierzu speziell Strebel, Scoring-Methoden, 1969, S. 256; Strebel, Scoring-Modelle, 1978, S. 2182.

[34] Vgl. Strebel, Scoring-Methoden, 1969, S. 256; Strebel, Scoring-Modelle, 1978, S. 2182; Zangemeister, Nutzwertanalyse, 1972, S. 275.

[35] Vgl. hierzu bereits Zangemeister, Nutzwertanalyse, 1972, S. 275.

[36] Vgl. Zangemeister, Nutzwertanalyse, 1972, S. 275.

Ganzes eine gewisse Mindestqualität aufweist, wozu allerdings mehr als ein einziges Beurteilungskriterium hinreichend erfüllt sein müsste. Folglich kann erst ab Erreichen einer gewissen Mindestqualität des Anhangs von einer bedingten Nutzenunabhängigkeit[37] der Beurteilungskriterien ausgegangen werden. Die Prämisse des kardinal messbaren Teilnutzens wird dadurch berücksichtigt, dass allen Bewertungselementen dieser Untersuchung Gewichtungen zugeordnet werden, die eine quantitative Beurteilung der Qualität der Anhangsberichterstattungen zulassen und damit eine von subjektiven Einflüssen freie Rangordnung der Anhangsberichterstattungen ermöglichen.

Das Fazit lautet daher, dass das hier vorgestellte nutzwertanalytische Bewertungsmodell sowohl zweckadäquat als auch akzeptabel dafür angesehen werden kann, die Qualität publizierter Anhänge in Emissionsprospekten zu beurteilen und zu vergleichen.

Mit Hilfe dieses Bewertungsmodells sollen nun die 155 zu untersuchenden Emissionsprospekte in Bezug auf die in ihnen veröffentlichten Jahresabschlüsse (Offenlegungsanforderungen im Rahmen der Anhangsberichterstattung) des letzten Geschäftsjahres vor Börsengang in eine Rangfolge gebracht werden, wobei der Gesamt-Qualitätswert den Rangplatz eines spezifischen, untersuchten Emissionsprospektes in der Rangfolge der Emissionsprospekte bestimmt. Dazu werden die in Abschnitt 5.1 dieser Arbeit ausgewählten 155 Emissionsprospekte in Bezug auf die in ihnen veröffentlichten Jahresabschlüsse (Offenlegungsanforderungen im Rahmen der Anhangsberichterstattung) des letzten Geschäftsjahres vor Börsengang nachfolgend mit der in diesem Abschnitt entwickelten Methode bewertet. Darüber hinaus werden zwei alternative Gewichtungskonzepte angewandt, um der Frage nachzugehen, ob die Wahl der Gewichtungsmethode einen signifikanten Einfluss auf die Untersuchungsergebnisse auszuüben vermag. Hierbei handelt es sich zum einen um das von ***Armeloh (1998)*** entwickelte Gewichtungskonzept[38], das zusätzlich auf die Anhangsberichterstattungen nach den deutschen handelsrechtlichen Vorschriften des HGB angewandt wird, und zum anderen um die „Gleichgewichtung sämtlicher Informationsitems", die zusätzlich auf die Anhangsberichterstattungen nach den Rechtsvorschriften der deutschen handelsrechtlichen Vorschriften des HGB, der International Accounting Standards (IAS) sowie der US-amerikanischen Generally Accepted Accounting Principles (US-GAAP) angewandt wird.

Zur Erreichung des gesetzten Zieles, das Publizitätsverhalten in Emissionsprospekten börsengehender Unternehmen des Neuen Marktes zu beurteilen, werden die in den Emissionsprospekten enthaltenen Anhangsangaben entsprechend den ermittelten Kriterienkatalogen systematisiert und zusammen mit einer Reihe von allgemeinen Unternehmensdaten sowie ausgewählter Bilanzkennzahlen in einer Datenbank zusammengetragen, welche die Grundlage der empirischen Auswer-

---

[37] Vgl. hierzu insbesondere Rolvering, Zwischenberichterstattung, 2002, S. 136; Zangemeister, Nutzwertanalyse, 1972, S. 275.

[38] Vgl. hierzu die Erläuterungen in Kapitel 4 dieser Arbeit.

tungen bildet. Die Ergebnisse dieser Untersuchung werden in Kapitel 5.3 präsentiert und bilden in den Kapiteln 5.4, 5.5 und 5.6 die Grundlage für weitergehende Untersuchungen. Im Folgenden soll zunächst allerdings noch auf besondere Probleme der Messung der Qualität der Anhangsberichterstattungen in Emissionsprospekten börsengehender Unternehmen des Neuen Marktes eingegangen werden.

5.2.4 Besondere Probleme bei der Qualitätsmessung der Anhangsberichterstattung in Emissionsprospekten börsengehender Unternehmen des Neuen Marktes

5.2.4.1 Problem der mangelnden Abgabe von Fehlanzeigen im Anhang

Der Jahresabschluss nach den deutschen handelsrechtlichen Vorschriften des HGB hat einer gewissenhaften und getreuen Rechenschaftslegung zu entsprechen, die an Rahmengrundsätze gebunden ist.[39] Rahmengrundsätze sind den Grundsätzen ordnungsgemäßer Buchführung entlehnte grundlegende Anforderungen, denen der Jahresabschluss zu genügen hat; hierzu gehören die Grundsätze der Richtigkeit, Willkürfreiheit, Vollständigkeit, Klarheit und Übersichtlichkeit.[40]
Für den externen Leser stellt sich allerdings bei der Wertung des Publizitätsverhaltens im handelsrechtlichen Jahresabschluss das Problem, dass er die Klarheit und Übersichtlichkeit der Berichterstattung recht gut, die Vollständigkeit eingeschränkt und die Willkürfreiheit sowie die Richtigkeit kaum beurteilen kann. Dieser Tatbestand erlangt gerade an dieser Stelle – bei der Messung der Qualität der Anhangsberichterstattung nach den deutschen handelrechtlichen Vorschriften des HGB – eine besondere Bedeutung: Die Abgabe von Fehlanzeigen[41] für Anhangsangaben nach den deutschen handelsrechtlichen Vorschriften des HGB ist im Gesetz nicht explizit verlangt,[42] so dass die Vollständigkeit der Anhangsangaben daher nur schwer beurteilbar ist. Der Gesetzgeber hat in diesem Punkt wohl keine Schwierigkeiten gesehen. Während einerseits in der Literatur Listen mit Sachverhalten, die eine Fehlanzeige erfordern, aufgestellt werden,[43] wird an anderer Stelle darauf verwiesen, dass ein nicht genannter Sachverhalt darauf schließen lässt, dass auch kein Sachverhalt vorliegt.[44]
Auch nach den Rechtsvorschriften der International Accounting Standards (IAS) und den US-amerikanischen Generally Accepted Accounting Principles (US-GAAP) besteht grundsätzlich keine Pflicht, Fehlanzeigen im Anhang abzugeben,

---

[39] Vgl. Adler/Düring/Schmaltz, Rechnungslegung, 1995, § 284, Anm. 16.
[40] Vgl. Adler/Düring/Schmaltz, Rechnungslegung, 1995, § 284, Anm. 16 und 17.
[41] Unter Fehlanzeigen werden hier Hinweise eines Unternehmens im Anhang verstanden, dass ein bestimmtes, regelmäßig vorgesehenes Berichtselement bei dem betrachteten Unternehmen nicht gegeben ist.
[42] Vgl. Adler/Düring/Schmaltz, Rechnungslegung, 1995, § 284, Anm. 21; Küting/Weber, Rechnungslegung, 1990, § 265, Anm. 96 ff.
[43] Vgl. Küting/Weber, Rechnungslegung, 1990, § 265, Anm. 100-102.
[44] Vgl. Adler/Düring/Schmaltz, Rechnungslegung, 1995, § 265, Anm. 95-96.

so dass hieraus gefolgert werden kann, dass nicht vorliegende Sachverhalte ebenfalls nicht angezeigt werden müssen.
Im vorliegenden Bewertungsmodell wird deshalb regelmäßig nach dem **Grundsatz „in dubio pro reo“** verfahren, d. h. zugunsten des berichterstattenden Unternehmens. Sofern das betreffende Unternehmen zu einem bestimmten Berichterstattungspunkt keine Angaben macht, wird angenommen, dass der entsprechende Sachverhalt auch nicht vorliegt. Der betreffende Berichterstattungspunkt wird folglich aus der Bewertung herausgenommen. Konkret bedeutet dies, dass die Bewertungsbasis um den Gewichtsanteil des jeweiligen (fehlenden) Berichterstattungspunktes am Gesamtgewicht reduziert wird. Auf diese Weise wird sichergestellt, dass ein Unternehmen im Vergleich zu anderen Unternehmen, die bei dem betreffenden Kriterium (bei vorliegendem Sachverhalt) berichten, nicht schlechter gestellt wird. Gibt das entsprechende Unternehmen zu dem nicht vorliegenden Sachverhalt indes einen Fehlbericht ab, so wird dieses Kriterium als „voll erfüllt“ gewertet; muss der Bewerter dagegen davon ausgehen, dass das betreffende Unternehmen zu einem offensichtlich vorhandenen Sachverhalt nicht berichtet, so wird das entsprechende Bewertungskriterium als „nicht erfüllt“ beurteilt.

5.2.4.2 Weitere Probleme bei der Qualitätsmessung von Anhangsberichterstattungen

Hinsichtlich der Datenerfassung ergeben sich ferner folgende Problemstellungen:

a) Problem der „größenabhängigen Erleichterungen bei der Erstellung und Offenlegung des Anhangs nach den deutschen handelsrechtlichen Vorschriften des HGB“ bei der Datenerfassung

Kapitalgesellschaften gelten als große Kapitalgesellschaften einerseits dann, wenn sie mit ihrer Geschäftstätigkeit zwei der in § 267 Abs. 2 HGB genannten Größenkriterien überschreiten (§ 267 Abs. 3 Satz 1 HGB), andererseits stets, wenn sie einen organisierten Markt im Sinne des § 2 Abs. 5 des Wertpapierhandelsgesetzes durch von ihnen ausgegebene Wertpapiere im Sinne des § 2 Abs. 1 Satz 1 des Wertpapierhandelsgesetzes in Anspruch nehmen oder die Zulassung zum Handel an einem organisierten Markt beantragt worden ist. Kapitalgesellschaften des vorliegenden Untersuchungssamples, welche diese Voraussetzungen zum letzten Abschlussstichtag vor Börsengang nicht erfüllen, sind je nach Größe entweder kleine (§ 267 Abs. 1 HGB) oder mittelgroße Kapitalgesellschaften (§ 267 Abs. 2 HGB).
Gemäß §§ 274a und 288 HGB dürfen kleine und mittelgroße Kapitalgesellschaften – die Berichterstattung des Anhangs betreffend – bestimmte größenabhängige Erleichterungen in Anspruch nehmen. Wird der vorliegende Kriterienkatalog zur Beurteilung von Pflichtangaben des Anhangs gemäß den deutschen handelsrechtlichen Vorschriften des HGB im vorliegenden Bewertungsmodell auf den Anhang kleiner und mittelgroßer Kapitalgesellschaften angewendet, ist

das „Berichterstattungs-Soll“ folglich um die betreffenden Vorschriften zu reduzieren. Konkret bedeutet dies, dass diese Vorschriften mit ihren zugehörigen Gewichten aus dem Kriterienkatalog zu streichen sind. Werden diese Vorschriften jedoch durch kleine und mittelgroße Kapitalgesellschaften erfüllt, ist dies mit der Vergabe zusätzlicher Punktwerte zu berücksichtigen.[45] Im vorliegenden Kriterienkatalog zur Beurteilung von Pflichtangaben des Anhangs gemäß den deutschen handelsrechtlichen Vorschriften des HGB (Gliederungspunkt 7.4 dieser Arbeit) sind diese Angaben entsprechend markiert und in der dieser Arbeit zugrunde liegenden Datenbank entsprechend berücksichtigt.

b) Problem der „Wahlpflichtangaben“ bei der Datenerfassung

Nach den deutschen handelsrechtlichen Vorschriften des HGB dürfen bestimmte Angaben – sog. Wahlpflichtangaben – wahlweise in der (Konzern-)Bilanz oder in der (Konzern-)Gewinn- und Verlustrechnung, im (Konzern-)Anhang oder in besonderen Aufstellungen, z. B. für die Entwicklung des Anlagevermögens oder des Anteilsbesitzes, gemacht werden.[46] Auf diese Weise wird die Bilanz und Gewinn- und Verlustrechnung von Angaben entlastet, so dass der Jahresabschluss klarer und übersichtlicher wird. Hinsichtlich der Erhebung der Berichterstattungsqualität im Anhang führt dies unmittelbar dazu, dass nicht nur die Informationsbereitstellung im Anhang untersucht werden muss, sondern darüber hinaus auch die wahlweise in Bilanz und Gewinn- und Verlustrechnung ausgewiesenen Angaben. Für diese Arbeit wird ferner festgelegt, dass Angaben, die weder unmittelbar in der Bilanz oder der Gewinn- und Verlustrechnung noch im Anhang ausgewiesen werden, gleichfalls aber zum Publizitätsbereich „Anhang“ zu zählen sind, ebenfalls zu berücksichtigen sind. Hierunter fallen beispielsweise die Kapitalflussrechnung, das Anlagegitter oder die Segmentberichterstattung, die oft zwischen den genannten Berichtsteilen ausgewiesen werden.
Dieser Tatbestand gilt sinngemäß für die Anhangsberichterstattung nach den International Accounting Standards (IAS) sowie den US-amerikanischen Generally Accepted Accounting Principles (US-GAAP).

c) Grundlegende Problemstellung im Rahmen der „Dokumentenanalyse“

Letztlich ist hervorzuheben, dass die gewählte Analysemethode – die der Dokumentenanalyse – nicht frei von Problemen ist. Eine Dokumentenanalyse kann in den überwiegenden Fällen grundsätzlich nicht den Gliederungs- und Kategorisierungsinteressen des Erhebers entsprechend durchgeführt werden, da die zu untersuchenden Dokumente zumeist unternehmensspezifisch zugeschnitten sind. Dies beruht auf dem Tatbestand, dass trotz der Vielzahl der im Anhang zu machenden Angaben der Gesetzgeber keine konkrete Gliederung der Anhangs-

---

[45] So über das gesetzlich geforderte Mindestmaß hinausgehende Informationen wurden im Rahmen dieser Untersuchung zwar erfasst, aber aufgrund deren geringen Bedeutung nicht in weitergehende Analysen einbezogen.

[46] Vgl. u. a. Adler/Düring/Schmaltz, Rechnungslegung, 1995, § 284, Anm. 2; Baetge/Kirsch/Thiele, Bilanzen, 2001, S. 671.

berichterstattung vorgegeben hat. Dies gilt sowohl für die Anhangsberichterstattung nach den deutschen handelsrechtlichen Vorschriften des HGB als auch für die Offenlegungsanforderungen nach den International Accounting Standards (IAS) sowie den US-amerikanischen Generally Accepted Accounting Principles (US-GAAP).[47] Daher müssen die Dokumente auf die Analysekriterien hin mitunter vielfach durchgesehen werden. Die Erhebungsmethode der Dokumentenanalyse stellt sich deshalb im Vergleich – beispielsweise zur Befragung – als eine sehr aufwendige Erhebungsmethode dar.

---

[47] Vgl. hierzu die Erläuterungen des Abschnittes 5.2.2.2 dieser Arbeit.

5.3 Empirische Befunde der Qualitätsmessung von Emissionsprospekten börsengehender Unternehmen des Neuen Marktes

Das in Abschnitt 5.2 entwickelte Modell zur Bewertung von Anhangsberichterstattungen in Emissionsprospekten börsengehender Unternehmen des Neuen Marktes wird im Folgenden auf die Emissionsprospekte der in Abschnitt 5.1 ausgewählten 155 Unternehmen des Untersuchungssamples angewandt. Um das Modell praktisch anzuwenden, sind die Anhangsberichterstattungen in den Emissionsprospekten der zu untersuchenden Unternehmen hinsichtlich der Einhaltung der Informationsvorschriften inhaltsanalytisch auszuwerten und nach dem vorgestellten Gewichtungskonzept zu messen bzw. zu beurteilen. Im Folgenden sollen die Messergebnisse bzw. die Befunde der Analyse vorgestellt werden. Auf eine Darstellung von Einzelbefunden der jeweiligen Unternehmen des Untersuchungssamples soll an dieser Stelle verzichtet werden. Nachstehend soll vielmehr eine Gesamtaussage zur Publizitätsbeurteilung der untersuchten Unternehmen getroffen werden, die anschließend in Abschnitt 5.4 dazu dient, die eingangs dieser Arbeit formulierte Haupt-Hypothese zu testen.
Um die Struktur der Ergebnisse besser beschreiben zu können, werden zehn Qualitätswertklassen – mit jeweils gleichen Abständen zwischen 0 % und 100 % – gebildet. Die im Untersuchungssample ermittelten Qualitätswerte der untersuchten Anhangsberichterstattungen werden diesen Qualitätswertklassen zugeordnet, wodurch sich entsprechende Häufigkeitsverteilungen ergeben. Die Verteilung der ermittelten Qualitätswerte auf die zehn Qualitätswertklassen wird mit Hilfe von Histogrammen visualisiert und verbal kommentiert. Nachfolgend wird das Publizitätsverhalten der Unternehmen des Untersuchungssamples unter Anwendung des nach Abschnitt 5.2 ermittelten Publizitätsindex' zunächst für die Anhangsberichterstattungen nach den deutschen handelsrechtlichen Vorschriften des HGB und anschließend jeweils separat für die nach internationalen Rechnungslegungsprinzipien aufgestellten Abschlüsse dargestellt.

5.3.1 Überblick über die Verteilung der Qualitätswerte der Anhangsberichterstattungen nach den deutschen handelsrechtlichen Vorschriften des HGB

Die Abbildung 5-7 zeigt in Form eines Histogrammes, wie sich die ermittelten Qualitätswerte der 155 untersuchten Anhangsberichterstattungen nach den deutschen handelsrechtlichen Vorschriften des HGB bei einem maximalen Qualitätswert von 100 % auf zehn gleichbreite Qualitätswertklassen verteilen. Hierbei sind auf der Abszisse die zehn Qualitätswertklassen abgetragen, während die Ordinate die Anzahl der Anhangsberichterstattungen, die auf eine Qualitätswertklasse entfallen, ausweist. Hierdurch lässt sich zeigen, wie viele Unternehmen jeweils wie viel Prozent der von ihnen verlangten Informationen publizieren. Wie der nachstehenden Darstellung zu entnehmen ist, ergibt die Verteilung der 155 Qualitätswerte der Anhangsberichterstattungen nach den deutschen handelsrechtlichen Vorschriften des HGB insgesamt nur ein knapp über Durchschnitt befindliches Bild der Berichterstattungsqualität.

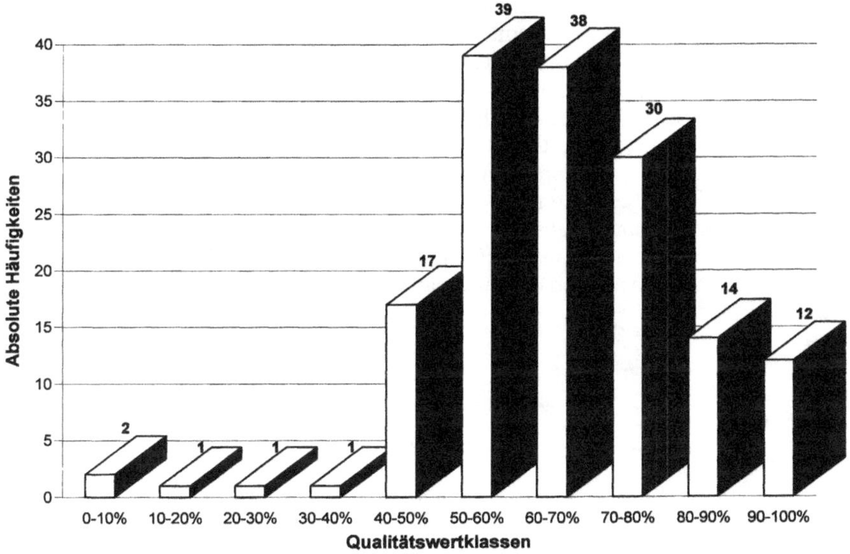

Abbildung 5-7: Überblick über die Qualitätswerte der Anhangsberichterstattungen nach den deutschen handelsrechtlichen Vorschriften des HGB

Rund 86 % (133 Unternehmen) der in das Untersuchungssample gelangten 155 Unternehmen erreicht im Anhang zwar Qualitätswerte von mehr als 50 %, allerdings erzielen von diesen 133 Unternehmen nur noch weniger als die Hälfte (56 Unternehmen) Qualitätswerte größer als 70 %. Lediglich 12 Unternehmen erreichen im Rahmen ihrer Anhangsberichterstattung einen Qualitätswert, welcher der höchsten Qualitätswertklasse [90 % bis 100 %] zuzuordnen ist, davon weisen 8 Unternehmen einen Qualitätswert von 100 % auf. 22 Unternehmen erzielen im Gegensatz dazu weniger als 50 % der Maximalpunkte, wobei 2 Unternehmen der Publizitätspflicht überhaupt nicht nachkommen und im Rahmen ihres Emissionsprospektes keinen Anhang zur Verfügung stellen; diese waren mit 0 % zu bewerten. Die überwiegende Zahl der in das Untersuchungssample gelangten Unternehmen (107 Unternehmen (≈ 69 %)) nimmt jedoch Qualitätswerte an, die zwischen 50 % und 80 % der Maximalpunkte liegen. Dieser Befund könnte zu der Interpretation führen, dass jeder Anhang bestimmte Mindestangaben enthält, während sich eine „gute" Anhangsberichterstattung durch deutlich weitergehende Informationen auszeichnet. Die hier erörterten Beobachtungen sind in einem Qualitäts-Mittelwert von 65,85 % und einem Median von 65,26 % bei einer Standardabweichung von 15,66 %-Punkten zusammenzufassen. Betrachtet man die Extremwerte für den Publizitätsindex und die vergleichsweise hohe Standardabweichung von 15,66 %, welche auf eine verhältnismäßig breite Streuung der Qualitätswerte hindeutet, zeigt sich, dass das Publizitätsverhalten im Hin-

blick auf die Anhangsberichterstattung nach den deutschen handelsrechtlichen Vorschriften des HGB insgesamt sehr uneinheitlich ist. Die Anhangsberichterstattung nach den deutschen handelsrechtlichen Vorschriften des HGB kann mit einem nur knapp über der 50 %-Marke befindlichen durchschnittlichen Publizitätsindex insgesamt nicht zufrieden stellen.
Ergänzend zur Verteilung der Qualitätswerte der Anhangsberichterstattungen nach den deutschen handelsrechtlichen Vorschriften des HGB ermittelt nach der in Abschnitt 5.2 hergeleiteten Methode soll im Folgenden in Form eines Histogrammes vergleichend dargestellt werden, wie die 155 ermittelten Qualitätswerte der Anhangsberichterstattungen nach den deutschen handelsrechtlichen Vorschriften des HGB nach den drei alternativ angewandten Gewichtungskonzepten verteilt sind.

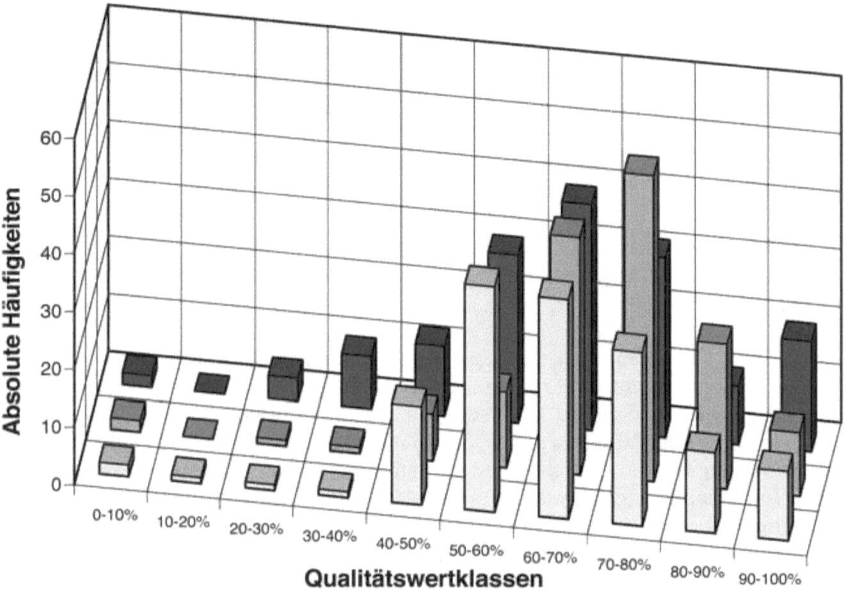

Qualitätswerte	0-10%	10-20%	20-30%	30-40%	40-50%	50-60%	60-70%	70-80%	80-90%	90-100%
■ Gewichtung nach Abschnitt 5.2	2	1	1	1	17	39	38	30	14	12
■ Gleichgewichtung	2	0	1	1	8	13	41	53	25	11
■ Gewichtungskonzept *Armeloh (1998)*	2	0	4	9	12	29	39	31	10	19

Abbildung 5-8: Überblick über die Qualitätswerte der Anhangsberichterstattungen nach den deutschen handelsrechtlichen Vorschriften des HGB – Gewichtung nach Abschnitt 5.2, Gleichgewichtung und Gewichtungskonzept nach ***Armeloh (1998)***

Als Grenzen der Qualitätswertklassen gelten hierbei die gleichen Grenzen, nach denen bereits zuvor die Qualitätswerte der Anhangsberichterstattung – gewichtet nach der in Abschnitt 5.2 hergeleiteten Methode – klassifiziert wurden. Dabei lässt sich für alle drei Gewichtungsszenarien ein ähnlich differenziertes Bild der Berichterstattungsqualität erkennen. Das Histogramm zeigt, dass die überwiegende Anzahl der Qualitätswerte der 155 untersuchten Unternehmen im Rahmen der drei Gewichtungsszenarien in der Qualitätswertklasse [50 % bis 80 %] liegt. Während es sich im Fall der Anwendung des Gewichtungskonzeptes nach Abschnitt 5.2 dieser Arbeit und im Fall der „Gleichgewichtung" um 69 % aller Unternehmen handelt, nimmt im Fall des „Gewichtungskonzeptes nach *Armeloh*" 64 % der in das Untersuchungssample gelangten Unternehmen Qualitätswerte an, die zwischen 50 % und 80 % der Maximalpunkte liegen. Die Verteilung der ermittelten Qualitätswerte der 155 untersuchten Anhangsberichterstattungen ist ferner dadurch gekennzeichnet, dass der minimale Qualitätswert aller drei Gewichtungsszenarien bei 0 % und der maximale Qualitätswert aller drei Gewichtungsszenarien bei 100 % liegt, d. h. die Spannweite zwischen dem niedrigsten und dem höchsten Qualitätsniveau ist für alle Gewichtungskonzepte gleich. Der mittlere Qualitätswert beträgt bei einer Gewichtung nach der in Abschnitt 5.2 dieser Arbeit entwickelten Methode 65,85 %, bei „Gleichgewichtung" 71,15 % und bei Gewichtung nach dem von *Armeloh* entwickelten Gewichtungskonzept 65,35 %. Die Qualitäts-Mittelwerte unterscheiden sich demnach nur in geringem Umfang. Die Standardabweichungen differieren ebenfalls nur in geringem Maße zwischen 15,66 % bei Gewichtung nach der in Abschnitt 5.2 dieser Arbeit entwickelten Methode, 15,26 % bei „Gleichgewichtung" und 19,28 % bei Gewichtung nach dem von *Armeloh* entwickelten Gewichtungskonzept. Die Tabelle 5-3 spiegelt diese Ergebnisse wider. Sie verdeutlicht, dass ein Test auf „statistische Abhängigkeit" zwischen den unterschiedlichen Ergebnissen bei Verwendung der alternativen Gewichtungsszenarien – entgegen der nach Abschnitt 4.2 dieser Arbeit zu erwartenden Resultate – zu statistisch signifikanten Ergebnissen führt. Die Pearsonschen Korrelationskoeffizienten zwischen den Qualitätswerten der alternativen Szenarien bestätigen damit die „statistische Unabhängigkeit" der ermittelten Ergebnisse von den Gewichtungsfaktoren.[48]

---

[48] Die Berechnungen wurden mit Hilfe des Statistikprogrammes SPSS für Windows (Version 11.0) durchgeführt. Die SPSS-Ausgabedatei unterscheidet drei Angaben pro Variablenpaar: Den Korrelationskoeffizient nach Pearson, die Irrtumswahrscheinlichkeit (Signifikanz – 2-seitig) und den Umfang der Stichprobe (N). Da mit Hilfe des ***Kolmogorov-Smirnov-Anpassungstests*** nachgewiesen werden konnte, dass jedes dieser Variablenpaare bivariat normalverteilt ist, wurde an dieser Stelle der Korrelationskoeffizient nach Pearson zugrunde gelegt. Unabhängig von der Frage, ob die Variablenpaare statistisch unabhängig voneinander sind, erfasst die Produktmomentkorrelation in erster Linie die Stärke des linearen Zusammenhangs zwischen zwei Variablen, vgl. hierzu detailliert Basler, Wahrscheinlichkeitsrechnung, 1994, S. 134 ff. sowie S. 226 ff. Bei sozialwissenschaftlichen Datenanalysen gelten zur Beurteilung der Stärke des Zusammenhangs folgende Faustregeln für Korrelationen: Korrelationen $|r_{xy}| > 0{,}5$ sind als hoch einzuschätzen, wobei $|r_{xy}| > 0{,}7$ als sehr hoch einzuschätzen sind, vgl. Kühnel/Krebs, Statistik, 2001, S. 404 f. Insofern liegen hier als hoch bzw. sehr hoch einzuschätzende Korrelationen vor. Hierbei ist jedoch anzumerken, dass man aufgrund dieses Ergebnisses nicht zu der Schlussfolgerung gelangen darf, dass

		Gewichtung nach Abschnitt 5.2	Gleichge-wichtung	Gewichtungs-konzept *Armeloh (1998)*
Gewichtung nach Abschnitt 5.2	Korrelation nach Pearson	1	,834**	,689**
	Signifikanz (2-seitig)	,	,000	,000
	N	155	155	155
Gleichgewichtung	Korrelation nach Pearson	,834**	1	,859**
	Signifikanz (2-seitig)	,000	,	,000
	N	155	155	155
Gewichtungs-konzept *Armeloh (1998)*	Korrelation nach Pearson	,689**	,859**	1
	Signifikanz (2-seitig)	,000	,000	,
	N	155	155	155

** Die Korrelation ist auf dem Niveau von 0,01 (2-seitig) signifikant.

Tabelle 5-3: Korrelation zwischen den alternativen Publizitätswerten der Anhangsberichterstattungen nach den deutschen handelsrechtlichen Vorschriften des HGB

Daher erfolgen die weiteren Auswertungen vor allem anhand der Daten, die mit dem in Abschnitt 5.2 dieser Arbeit entwickelten Gewichtungskonzept errechnet wurden.[48]

5.3.2 Überblick über die Verteilung der Qualitätswerte der Anhangsberichterstattungen nach den International Accounting Standards (IAS)

Einen zusammenfassenden Überblick über die Praxis der Anhangsberichterstattung nach den International Accounting Standards (IAS) gibt die nachstehende Abbildung 5-9. Das Histogramm für die Qualitätswerte der 76 untersuchten Anhangsberichterstattungen nach den International Accounting Standards (IAS) zeigt, dass die Häufigkeiten der Qualitätswerte stark rechtsschief verteilt sind, d. h. vielen guten Anhangsberichterstattungen stehen nur wenige schlechte Anhangsberichterstattungen gegenüber. Etwas mehr als die Hälfte der ermittelten Qualitätswerte liegt in der höchsten Qualitätswertklasse [90 % bis 100 %], wobei jedoch in keinem einzigen Fall ein Qualitätswert von 100 % erreicht wurde, d. h. im Untersuchungssample waren keine Unternehmen enthalten, die ordnungsgemäß allen auf sie zutreffenden Offenlegungserfordernissen nachkamen. Die andere Hälfte der Qualitätswerte verteilt sich mit abnehmenden Häufigkeiten auf die Qualitätswertklassen [80 % bis 90 %], [70 % bis 80 %], [60 % bis 70 %] und [50 % bis 60 %].

---

sich im Rahmen weiterführender Analysen unter Verwendung der hier ermittelten alternativen Gewichtungsszenarien gleiche Resultate ergeben müssten. Dennoch liegt die Konzentration im Rahmen weiterer Auswertungen – insbesondere vor dem Hintergrund der Ausführungen in Abschnitt 4.2 dieser Arbeit – auf den Daten, die mit dem in Abschnitt 5.2 dieser Arbeit entwickelten Gewichtungskonzept errechnet wurden. Weitergehende Analysen, ob die alternativ verwendeten Gewichtungsszenarien ggf. zu unterschiedlichen Ergebnissen hinsichtlich der Bestimmung von Einflussfaktoren auf die Publizitätsgüte führen, werden in Abschnitt 5.5 dieser Arbeit angestellt.

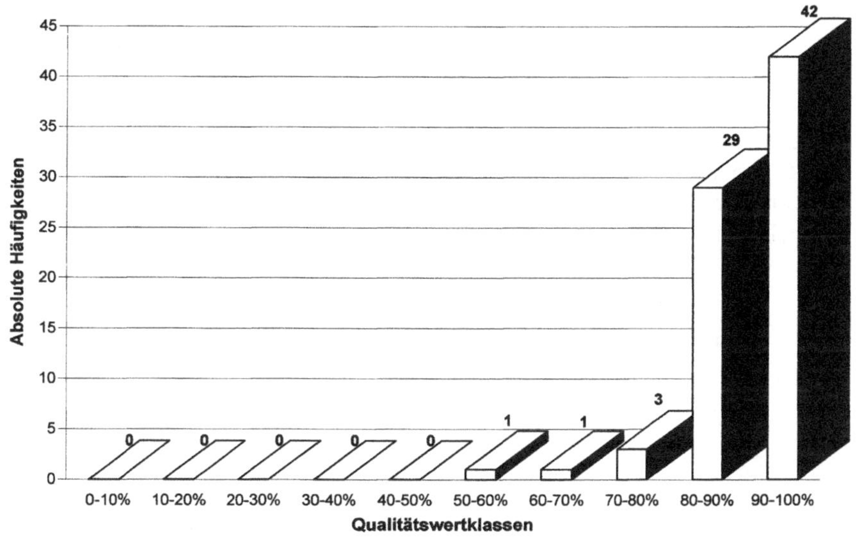

Abbildung 5-9: Überblick über die Qualitätswerte der Anhangsberichterstattungen nach den International Accounting Standards (IAS)

Der Qualitäts-Mittelwert der Anhangsberichterstattung nach den International Accounting Standards (IAS) beträgt 89,12 % (Median: 90,31 %). Die Standardabweichung ist mit 7,28 % die kleinste aller untersuchten Anhangsberichterstattungen. Die Streuung der Qualitätswerte ist demnach gering. Die Verteilung der ermittelten Qualitätswerte der 76 untersuchten Anhangsberichterstattungen ist dadurch gekennzeichnet, dass der minimale Qualitätswert 52,12 % und der maximale Qualitätswert 97,82 % von maximal 100 % beträgt. Verglichen mit den zuvor dargestellten Qualitätswerten der Anhangsberichterstattung nach den deutschen handelsrechtlichen Vorschriften des HGB ergibt sich bzgl. der Berichterstattung nach den International Accounting Standards (IAS) ein deutlich besseres Bild der Publizitätspraxis.

Betrachtet man wiederum simultan das Ergebnis der Analysen der Anhangsberichterstattung nach den beiden alternativ angewandten Gewichtungskonzepten – der Gewichtung nach der in Abschnitt 5.2 dieser Arbeit entwickelten Methode sowie der „Gleichgewichtung“ – in Form eines Histogrammes, so ergibt sich das in Abbildung 5-10 dargestellte Bild. Während bei der Gewichtung nach der in Abschnitt 5.2 entwickelten Methode etwas mehr als die Hälfte der ermittelten Qualitätswerte in der obersten Qualitätswertklasse [90 % bis 100 %] liegen, sind im Rahmen der „Gleichgewichtung sämtlicher Informationsitems“ mehr als die Hälfte der ermittelten Qualitätswerte in der Qualitätswertklasse [80 % bis 90 %]

einzustufen. Die Verteilung der ermittelten Qualitätswerte der 76 untersuchten Anhangsberichterstattungen nach dem in Abschnitt 5.2 entwickelten Gewichtungskonzept ist dadurch gekennzeichnet, dass bei einer Standardabweichung von 7,28 %-Punkten der minimale Qualitätswert 52,12 %, der maximale Qualitätswert 97,82 % sowie der mittlere Qualitätswert 89,12 % beträgt. Im Fall der Anwendung des Gewichtungskonzeptes der „Gleichgewichtung“ beträgt der minimale Qualitätswert 40,38 %, der maximale Qualitätswert 95,57 % und der Qualitäts-Mittelwert 84,18 %. Die Standardabweichung beträgt bei „Gleichgewichtung sämtlicher Informationsitems“ 9,61 %-Punkte.

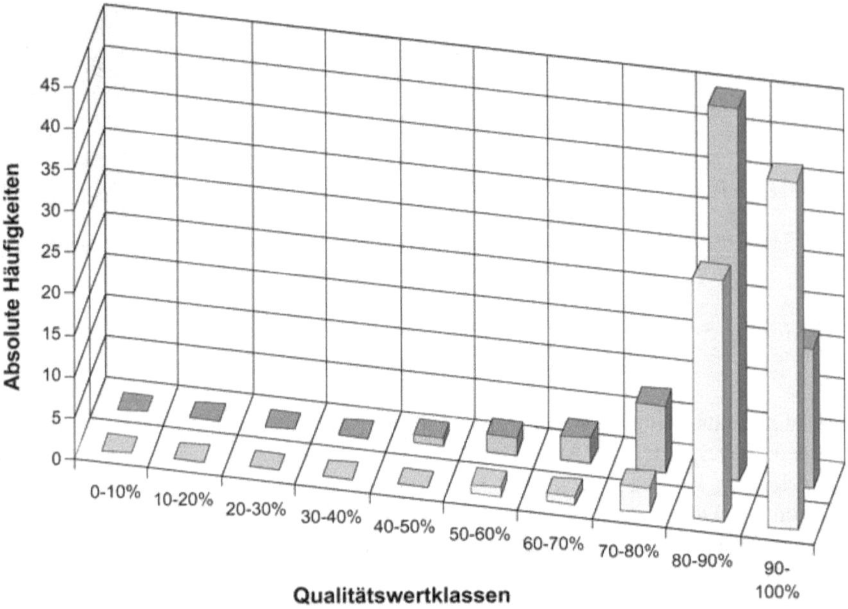

Qualitätswerte	0-10%	10-20%	20-30%	30-40%	40-50%	50-60%	60-70%	70-80%	80-90%	90-100%
■ Gewichtung nach Abschnitt 5.2	0	0	0	0	0	1	1	3	29	42
■ Gleichgewichtung	0	0	0	0	1	2	3	8	45	17

Abbildung 5-10: Überblick über die Qualitätswerte der Anhangsberichterstattungen nach den International Accounting Standards (IAS) – Gewichtung nach Abschnitt 5.2 und Gleichgewichtung

Das vorangehend dargestellte Histogramm zeigt, dass sich die Verteilung in den drei oberen Qualitätsstufen im Rahmen der „Gleichgewichtung“ im Vergleich zu den bereits vorgestellten Ergebnissen bei Anwendung des in Abschnitt 5.2 entwickelten Gewichtungskonzeptes geringfügig nach unten verschoben hat. So verringert sich in der höchsten Qualitätswertklasse [90 % bis 100 %] die Häufigkeit der ermittelten Qualitätswerte von 42 auf 17, während sich in der Qualitätswertklasse [80 % bis 90 %] die Häufigkeit der ermittelten Qualitätswerte von 29 auf 45 erhöht. Die absolute Anzahl der in den oberen drei Qualitätswertklassen ermittelten Unternehmen fällt hierbei jedoch nur um 4 auf 70. Der Spearmansche Korrelationskoeffizient zwischen den Qualitätswerten der alternativen Gewichtungsszenarien bestätigt auch hier die „statistische Unabhängigkeit" der ermittelten Ergebnisse von den Gewichtungsfaktoren.[49] Daher erfolgen die weiteren Auswertungen vor allem anhand der Daten, die mit dem in Abschnitt 5.2 dieser Arbeit entwickelten Gewichtungskonzept errechnet wurden.

5.3.3 Überblick über die Verteilung der Qualitätswerte der Anhangsberichterstattungen nach den US-amerikanischen Generally Accepted Accounting Principles (US-GAAP)

Bei der Auswertung der Emissionsprospekte ergab sich für die Anhangsberichterstattung nach den US-amerikanischen Generally Accepted Accounting Principles (US-GAAP) die in Abbildung 5-11 dargestellte Verteilung der Qualitätswerte. Der Durchschnittswert des Publizitätsindex' über die 79 in die Untersuchung einbezogenen Unternehmen beträgt in diesem Fall 82,91 % (Median: 85,41 %), d. h. die Publizitätsanforderungen nach US-GAAP werden im Durchschnitt zu 82,91 % erfüllt. Die Standardabweichung beträgt 10,32 % und deutet damit auf eine relativ geringe Streuung der Qualitätswerte hin. Auch im Rahmen der Anhangsberichterstattung nach US-GAAP erfüllt kein einziges Unternehmen ordnungsgemäß alle zutreffenden Offenlegungsanforderungen, der maximale Qualitätswert beträgt 96,63 %. Nur insgesamt 18 Unternehmen kommen zu 90 % oder mehr ihren Ausweispflichten nach. Auf der anderen Seite des Spektrums findet sich ein Unternehmen, dessen Jahresabschluss nur 38,46 % der erforderlichen Angaben enthält. In zwei weiteren Fällen liegen die Werte unter 60 % und insgesamt vier Unternehmen weisen einen Publizitätsindex auf, welcher der Qualitätswertklasse [60 % bis 70 %] zuzuordnen ist. Fast die Hälfte der Unternehmen publiziert zwischen 80 % und 90 % der nach US-GAAP verlangten Angaben. Die Berichterstattungspraxis nach den US-amerikanischen Generally Accepted Accounting Principles (US-GAAP) stellt sich insgesamt gesehen etwas schlechter dar als die Berichterstattungspraxis nach den International Accounting Standards (IAS), jedoch ergibt sich auch hier ein durchweg besseres Bild der Publizitätspraxis im Vergleich mit der zu Beginn betrachteten Berichterstattung nach den deutschen handelsrechtlichen Vorschriften des HGB. Die Abbildung 5-13 verdeutlicht dies abschließend.

---

[49] Die Berechnungen wurden mit Hilfe des Statistikprogrammes SPSS für Windows (Version 11.0) durchgeführt. Hierbei ergab sich bei einem Stichprobenumfang von 76 Unternehmen ein Korrelationskoeffizient r von 0,898. Die Korrelation ist auf dem Niveau von 0,01 (2-seitig) signifikant. Da an dieser Stelle nicht davon ausgegangen werden konnte, dass jedes Variablenpaar bivariat normalverteilt ist, war an dieser Stelle der Korrelationskoeffizient nach Spearman zugrunde zu legen. ***Vgl. sinngemäß auch die Erläuterungen in Fn. 48 (Abschnitt 5.3).***

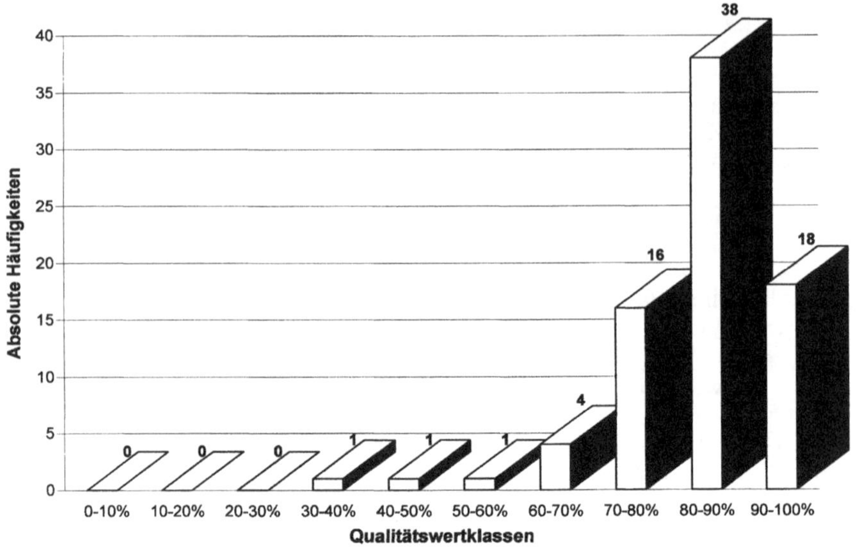

Abbildung 5-11: Überblick über die Qualitätswerte der Anhangsberichterstattungen nach den US-amerikanischen Generally Accepted Accounting Principles (US-GAAP)

Zuvor soll allerdings nun wiederum das Ergebnis der Analysen der Anhangsberichterstattung nach den beiden alternativ angewandten Gewichtungskonzepten (der Gewichtung nach der in Abschnitt 5.2 dieser Arbeit entwickelten Methode und der „Gleichgewichtung") betrachtet werden. Hierbei ergibt sich im Rahmen der „Gleichgewichtung" ein nahezu unverändertes Bild der Berichterstattungsqualität der Anhangsberichterstattung nach den US-amerikanischen Generally Accepted Accounting Principles (US-GAAP) im Vergleich zu den in Abbildung 5-11 dargestellten Ergebnissen, wie anhand des nachstehenden Histogrammes zu ersehen ist.

Die Verteilung der ermittelten Qualitätswerte der 79 untersuchten Anhangsberichterstattungen nach dem Gewichtungskonzept der „Gleichgewichtung" ist dadurch gekennzeichnet, dass bei einer Standardabweichung von 11,06 %-Punkten der minimale Qualitätswert 28,05 %, der maximale Qualitätswert 96,40 % sowie der mittlere Qualitätswert 81,25 % beträgt. Diese Ergebnisse entsprechen damit nahezu den zuvor dargestellten Befunden, die nach dem in Abschnitt 5.2 entwickelten Bewertungskonzept ermittelt wurden.

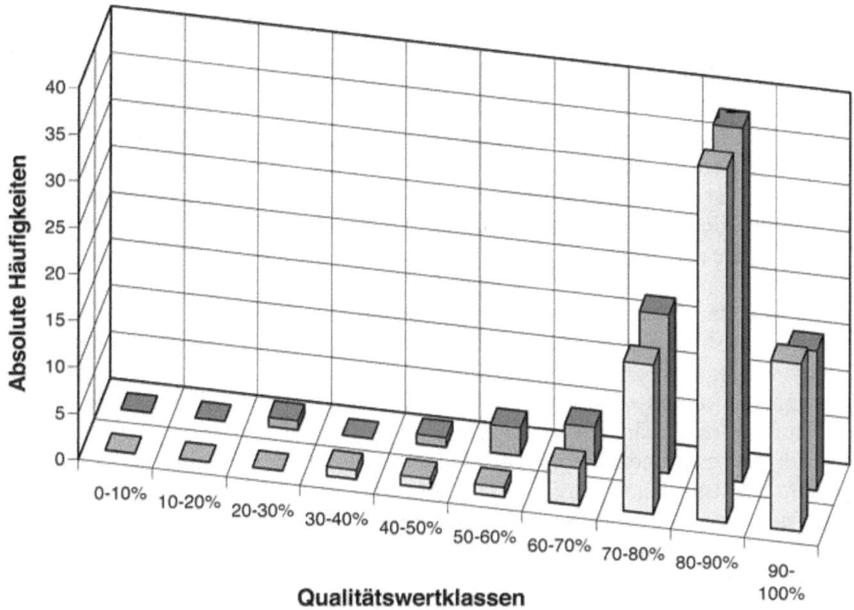

Qualitätswerte	0-10%	10-20%	20-30%	30-40%	40-50%	50-60%	60-70%	70-80%	80-90%	90-100%
Gewichtung nach Abschnitt 5.2	0	0	0	1	1	1	4	16	38	18
Gleichgewichtung	0	0	1	0	1	3	4	17	38	15

Abbildung 5-12: Überblick über die Qualitätswerte der Anhangsberichterstattungen nach den US-amerikanischen Generally Accepted Accounting Principles (US-GAAP) – Gewichtung nach Abschnitt 5.2 und Gleichgewichtung

Der Spearmansche Korrelationskoeffizient zwischen den Qualitätswerten der beiden Gewichtungsszenarien bestätigt auch hier die „statistische Unabhängigkeit" der ermittelten Ergebnisse von den Gewichtungsvektoren.[50] Daher erfolgen auch im Rahmen der Anhangsberichterstattungen nach den US-amerikanischen Generally Accepted Accounting Principles (US-GAAP) alle weiteren Auswertungen vor allem anhand der Daten, die mit dem in Abschnitt 5.2 dieser Arbeit entwickelten Gewichtungskonzept errechnet wurden.

[50] Die Berechnungen wurden mit Hilfe des Statistikprogrammes SPSS für Windows (Version 11.0) durchgeführt. Hierbei ergab sich bei einem Stichprobenumfang von 79 Unternehmen ein Korrelationskoeffizient r von 0,867. Die Korrelation ist auf dem Niveau von 0,01 (2-seitig) signifikant. Da an dieser Stelle nicht davon ausgegangen werden konnte, dass jedes Variablenpaar bivariat normalverteilt ist, war an dieser Stelle der Korrelationskoeffizient nach Spearman zugrunde zu legen. ***Vgl. sinngemäß auch die Erläuterungen in Fn. 48 (Abschnitt 5.3).***

5.3.4 Abschließendes Gesamturteil über das Publizitätsverhalten börsengehender Unternehmen des Neuen Marktes

Als Ergebnis der vorangehenden Analysen kann festgehalten werden, dass das Publizitätsverhalten in Emissionsprospekten börsengehender Unternehmen des Neuen Marktes – speziell im Hinblick auf die Anhangsberichterstattung nach den deutschen handelsrechtlichen Vorschriften des HGB – insgesamt sehr uneinheitlich ist und im Ganzen nicht zufrieden stellen kann. Die vorliegende Untersuchung liefert einen weiteren Beitrag[51] dafür, dass die vom Gesetzgeber vorgeschriebenen Erläuterungen zum handelsrechtlichen Jahresabschluss in vielen Fällen nicht mit der Klarheit und Übersichtlichkeit erfolgen, die für einen Außenstehenden zur Gewinnung eines hinreichenden Einblicks in die Vermögens-, Finanz- und Ertragslage erforderlich wäre, da die gesetzlichen Berichtsvorgaben in vielen Fällen nur unzureichend erfüllt, teilweise aber auch gar nicht eingehalten werden. So kommt es gelegentlich vor, dass die Angaben innerhalb des Emissionsprospektes nicht durchgängig als konsistent zu beurteilen sind. Vielfach werden Informationen, die mit Blick auf eine kapitalmarktorientierte Rechnungslegung als entscheidungsrelevant einzustufen sind, entweder nicht vermittelt oder nicht eindeutig kommuniziert. Hiervon sind insbesondere die Teilbereiche der Berichterstattung stark betroffen, welche der Gesetzgeber nicht hinreichend konkretisiert hat und daher dem Bilanzierenden weitreichende Auslegungsspielräume eröffnen.[52] Die Folge ist, dass bei der Erfüllung der Mindeststandards eine anspruchsvolle aber auch eine weniger anspruchsvolle Begriffsauslegung zugrunde gelegt werden kann. So zeigt sich im Rahmen dieser empirischen Untersuchung, dass den Berichtspflichten in der Praxis teilweise nur mit standardisierten Berichtsformeln entsprochen wird oder es werden unverbindliche Aussagen getroffen. Häufig erfolgt hierbei lediglich die schlichte Wiederholung der vom Gesetzgeber verwendeten unbestimmten Rechtsbegriffe. In diesem Zusammenhang stellt sich für den Betrachter unmittelbar die Frage, ob dieses Ergebnis mit Blick auf die Anhangsberichterstattung nach den deutschen handelsrechtlichen Vorschriften des HGB in der Publizitätsaversion der untersuchten Sample-Unternehmen begründet liegt oder ob auch der Gesetzgeber aufgrund der zum Teil nur sehr pauschal formulierten Berichtsnormen eine Mitschuld an diesem Ergebnis trägt.[53] Würde das Ergebnis möglicherweise besser ausfallen, wenn der Ge-

---

[51] Siehe hierzu insbesondere die Ergebnisdarstellungen der unter Kapitel 4 dieser Arbeit dokumentierten Studien (vgl. insbesondere die Studien von ***Adler und Sprißler (1976), Krumbholz (1994), Armeloh (1998)*** und ***Bötzel (1993).***

[52] Hierunter sind insbesondere die in Abbildung 5-3 unter den Teilbericht D.1. gefassten Angaben zu den Bilanzierungs- und Bewertungsmethoden zu subsumieren.

[53] Diese Problematik war bereits Gegenstand zahlreicher vorangegangener Beiträge. Hierbei wurde explizit der Gesetzgeber aufgrund des hohen Ausmaßes auslegungsbedürftiger Vorschriften für die mangelhafte Berichterstattung verantwortlich gemacht. Wenn die Kommentierung die Lücken nicht ausfülle, resultiere daraus ein deutlich schlechteres Publizitätsverhalten als bei genau formulierten Anforderungen, vgl. Schulte, Publizitätspraxis, 1988, S. 46. Vgl. hierzu auch die Erläuterungen in Kapitel 4 (Studie von ***Sprißler (1976)***).

setzgeber zukünftig mehr Wert auf operationale Normen legen würde, also Art und Umfang der durch die Unternehmen offen zu legenden Informationen eindeutig und unmissverständlich präzisiert wären und nicht zunächst einer Auslegung durch das berichterstattende Unternehmen bedürften? Neigen die berichtenden Unternehmen möglicherweise dazu, Informationen zurückzuhalten, wenn die Aufforderung zur Informationsversorgung durch den Gesetzgeber mit nichtoperationalen Berichterstattungsnormen erfolgt?

Diese Fragen können und sollen im Rahmen dieses Beitrages nicht endgültig beantwortet werden, da mit dieser Studie kein Beitrag zur Diskussion um das „inhaltlich bessere“ System der Rechnungslegung geleistet werden soll. Doch erscheinen diese Fragestellungen durchaus berechtigt, denn es konnte an dieser Stelle gezeigt werden, dass im Rahmen der Berichterstattung nach den Vorschriften der International Accounting Standards (IAS) und den US-amerikanischen Generally Accepted Accounting Principles (US-GAAP), die transparente und unmissverständliche Anforderungen an die Berichterstattung formulieren und kaum Ermessensspielräume über das „Wie“ oder das „Ob überhaupt“ einer Berichterstattung offen lassen,[54] tendenziell besser berichtet wird, vgl. hierzu auch die Abbildung 5-13.

Diese Aussage mag vor dem Hintergrund, dass die stärker kapitalmarktorientierten anglo-amerikanischen Rechnungslegungssysteme die Berichterstattung – speziell die Anhangsberichterstattung – im Vergleich zur Berichterstattung nach den kontinentaleuropäischen Vorschriften grundsätzlich noch auf weitere Berichtsobjekte ausdehnen,[55] verwundern. Die Berichterstattung hinsichtlich dieser Berichtsobjekte zeichnet sich im Wesentlichen sogar durch sehr detaillierte und aussagekräftige Angaben aus, obwohl dies zu einem erhöhten Publizitätserfordernis und damit zu einem gesteigerten Erstellungsaufwand bei den berichterstattenden Unternehmen führt.[56]

Aber auch im Rahmen der Anhangsberichterstattung nach den International Accounting Standards (IAS) und den US-amerikanischen Generally Accepted Accounting Principles (US-GAAP) musste festgestellt werden, dass die Publizität teilweise deutliche Defizite aufweist und nicht ein einziges Unternehmen alle vom jeweiligen Rechnungslegungssystem geforderten Angaben vollständig erfüllt. Darüber hinaus musste man häufig auf Bilanzierungsweisen stoßen, die nicht mit den internationalen Normen im Einklang stehen. So werden in IAS- und US-GAAP-Konzernabschlüssen beispielsweise Minderheitenanteile in der Bilanz anstatt zwischen dem Eigenkapital und den Verbindlichkeiten weiterhin im Eigenkapital ausgewiesen. In der Gewinn- und Verlustrechnung werden diese

---

[54] Vgl. hierzu auch Glaum, Rechnungslegung, 1998, S. 340, 357; Küting/Hayn, Rechnungslegung, 1995, S. 1643; Müller/Wulf, Jahresabschlusspolitik, 2001, S. 2206; Scheffler, Internationale Rechnungslegung, 1999, S. 1286; Schildbach, Rechnungslegung, 1998, S. 3; Schildbach, Externe Rechnungslegung, 1999, S. 1813.

[55] Vgl. hierzu insbesondere Auer, US-GAAP und IAS, 1999, S. 982, 994.

[56] Vgl. hierzu auch Hütten/Lorson, Internationale Rechnungslegung, 2000, S. 523, 526, 610.

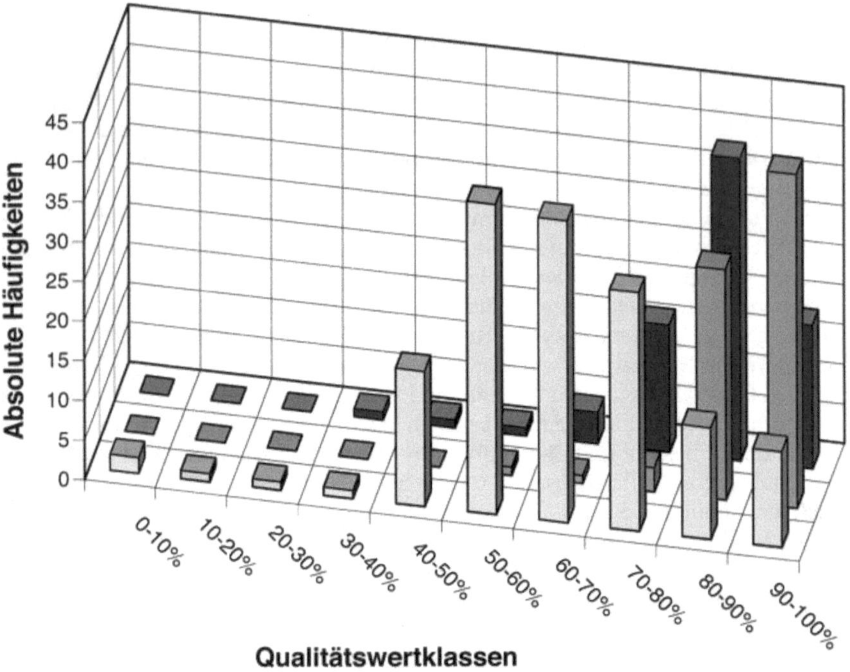

Qualitätswerte	0-10%	10-20%	20-30%	30-40%	40-50%	50-60%	60-70%	70-80%	80-90%	90-100%
Qualitätswerte HGB	2	1	1	1	17	39	38	30	14	12
Qualitätswerte IAS	0	0	0	0	0	1	1	3	29	42
Qualitätswerte US-GAAP	0	0	0	1	1	1	4	16	38	18

Abbildung 5-13: Überblick über die Qualitätswerte der Anhangsberichterstattungen nach den deutschen handelsrechtlichen Vorschriften des HGB, den International Accounting Standards (IAS) und den US-amerikanischen Generally Accepted Accounting Principles (US-GAAP) – Gewichtung nach Abschnitt 5.2

anstatt vor dem Jahresergebnis nach dem Jahresüberschuss/-fehlbetrag ausgewiesen. So werden in IAS- und US-GAAP-Abschlüssen nach wie vor Sonderposten mit Rücklageanteil ausgewiesen, obwohl dieser deutschsprachige Posten Ausdruck der umgekehrten Maßgeblichkeit ist und steuerliche Verzerrungen enthält. Zur Ermittlung der Pensionsrückstellungen wenden Unternehmen nach wie vor das steuerspezifische Teilwertverfahren an, obwohl nach IAS- und US-GAAP-Regeln nur das Anwartschaftsbarwertverfahren zum Ansatz gelangen darf. Die angeführten Beispiele ließen sich problemlos um Weitere ergänzen. Aus Platzgründen soll hier jedoch auf weitere Beispiele nicht im Einzelnen eingegangen werden. Diese sollten lediglich verdeutlichen, dass auch über die Informationsbereitstellung im Anhang hinaus erhebliches Verbesserungspotential der Jahresabschlussinformationen der Abschlüsse nach den International Accounting Standards (IAS) und den US-amerikanischen Generally Accepted Accounting Principles (US-GAAP) besteht.

Auch in der bereits vorliegenden Studie von ***Glaum/Street***, in der Geschäftsberichte der „Neuer Markt"-Unternehmen auf die Vollständigkeit der Erfüllung ihrer Offenlegungspflichten nach den International Accounting Standards (IAS) und den US-amerikanischen Generally Accepted Accounting Principles (US-GAAP) untersucht wurden,[57] konnte festgestellt werden, dass im untersuchten Bereich noch ein erhebliches Verbesserungspotential vorhanden ist und geboten

[57] Im Rahmen dieser Studie wurden auf der Grundlage detaillierter Checklisten die Konzernabschlüsse des Geschäftsjahres 2000 von insgesamt 200 Unternehmen des Neuen Marktes analysiert. 100 der Unternehmen erstellten Abschlüsse nach IAS, die andere Hälfte bilanzierte nach US-GAAP. Hierbei konnte festgestellt werden, dass die Unternehmen des Neuen Marktes im Durchschnitt nur 83,7 % der nach IAS bzw. US-GAAP geforderten Angaben publizieren, vgl. Glaum/Street, Rechnungslegung, 2002, S. 36. Auf einen direkten Vergleich der Ergebnisse der vorliegenden Untersuchung mit den Ergebnissen der Studie von ***Glaum/Street*** soll an dieser Stelle aufgrund der erheblich voneinander abweichenden Verfahrensweisen dieser beiden Studien verzichtet werden. Dieser könnte möglicherweise zu falschen Aussagen und Fehlinterpretationen führen. Unterschiedliche Verfahrensweisen lassen sich insbesondere hinsichtlich der beiden folgenden Punkte festhalten:

- ***Auswahl des Untersuchungssamples und des Untersuchungszeitraumes:***
  Die Studie von ***Glaum/Street*** basiert auf einer Untersuchung der Konzernabschlüsse des Geschäftsjahres 2000 von 200 ausgewählten Unternehmen des Neuen Marktes, die nicht in Übereinstimmung stehen mit den Unternehmen, welche im Rahmen der vorliegenden Untersuchung in das Untersuchungssample gelangten. Zudem bezieht sich die hier vorliegende Studie auf ein abweichendes Publizitätsmedium, den Emissionsprospekt, und auf einen Untersuchungszeitraum, der mehrere Jahre umfasst (1996-2000).
- ***Untersuchungsmethodik bzw. Ableitung des Publizitätsindex':***
  Zur Entwicklung der Checklisten mit den jeweiligen Offenlegungsanforderungen nach IAS und US-GAAP wurde im Rahmen der Studie von ***Glaum/Street*** auf die von ***Ernst & Young*** herausgegebene Publikation ***IAS/US GAAP Comparison***, vgl. Ernst & Young, IAS/US GAAP Comparison, 2000, zurückgegriffen. Die dieser Publikation zu entnehmenden Ausweisvorschriften, die nach IAS bzw. US-GAAP für das Geschäftsjahr 2000 anzuwenden waren, wurden allerdings nicht vollständig in die der Untersuchung zugrunde liegenden Checklisten übernommen, vgl. Glaum/Street, Rechnungslegung, 2002, S. 32. Insofern handelt es sich hier um Checklisten, die nur einen Teilbereich der erforderlichen Ausweisvorschriften nach IAS bzw. US-GAAP umfassen. Die Checkliste der Ausweispflichten nach IAS umfasst insgesamt nur 153 geforderte Einzelangaben, die entsprechende US-GAAP-Liste besteht aus 144 geforderten Angaben, vgl. Glaum/Street, Rechnungslegung, 2002, S. 32.
  Der Publizitätsindex errechnet sich im Rahmen der Studie von ***Glaum/Street*** dadurch, dass die Gesamtzahl der tatsächlich publizierten Angaben durch die Gesamtzahl der jeweils offen zu legenden Einzelangaben dividiert wird, d. h. der Index beruht folglich auf einer Gleichgewichtung aller nach IAS bzw. US-GAAP geforderten Einzelangaben (vgl. Glaum/Street, Rechnungslegung, 2002, S. 34), während der hier vorliegenden Studie ein spezifisch für diese Untersuchung entwickeltes Gewichtungsmaß zugrunde liegt.

werden muss und kaum ein Unternehmen alle vom jeweiligen Rechnungslegungssystem geforderten Angaben vollständig erfüllt.[58] Zudem zeigte sich im Rahmen dieser Studie, dass Unternehmen, die nach US-GAAP bilanzieren, nicht aber in den USA zur Börse zugelassen sind, ohne den Druck einer starken ***SEC*** an Vollständigkeit der Offenlegung nachlassen.[59] Vor dem Hintergrund der europaweiten Einführung der International Accounting Standards (IAS) als Standard für börsennotierte Gesellschaften stellt dies ein bedenkenswertes Ergebnis dar, das in der Diskussion um eine verstärkte europäische Kapitalmarktaufsicht bedacht werden sollte.[60]

Vergleicht man das festgestellte Gesamturteil bezüglich der Einhaltung der gesetzlich vorgeschriebenen Berichterstattung – insbesondere nach den deutschen handelsrechtlichen Vorschriften des HGB – mit dem von den Abschlussprüfern in ihren uneingeschränkten Bestätigungsvermerken zum Ausdruck kommenden Gesamturteil[61], so muss man zumindest bei den Abschlüssen, die zu wichtigen Teilbereichen eine nicht gesetzeskonforme Berichterstattung aufweisen, skeptisch werden. Auch in vorangegangenen Studien wurde bereits mehrfach darauf hingewiesen, dass die zum Teil gravierenden Verstöße gegen die Berichterstattungsvorschriften in keinem einzigen Fall zur Einschränkung eines Bestätigungsvermerks geführt haben.[62] Daher sollte die Frage erlaubt sein, inwieweit fehlende oder unzureichende Informationen innerhalb der Anhangsberichterstattung toleriert werden dürfen und ob die Sanktionsmechanismen der Abschlussprüfer immer in der vom Gesetzgeber gewünschten Weise funktionieren. Da sich diese Untersuchung nur auf Sachverhalte erstreckt, die ein externer Bilanzleser den publizierten Abschlüssen entnehmen kann, dürfte ein Prognose für nicht bemerkte oder vom Prüfer stillschweigend geduldete Verstöße in tiefergehenden Bereichen angesichts dessen nicht besonders ermutigend ausfallen.

---

[58] Vgl. Glaum/Street, Rechnungslegung, 2002, S. 10.

[59] Vgl. Glaum/Street, Rechnungslegung, 2002, S. 53.

[60] Vgl. Glaum/Street, Rechnungslegung, 2002, S. 6. Vgl. hierzu auch Hütten/Lorson, Internationale Rechnungslegung, 2000, S. 992.

[61] Alle 155 untersuchten Unternehmen wiesen ein Testat ohne Einschränkungen oder Zusätze für ihren Abschluss nach den deutschen handelsrechtlichen Vorschriften des HGB auf. Bei fünf der Sample-Unternehmen war der Bestätigungsvermerk hinsichtlich des IAS- bzw. US-GAAP-Abschlusses eingeschränkt. In drei Fällen erfolgte die Einschränkung aufgrund von Unsicherheiten über die Konsolidierung von Tochterunternehmen im Konzernabschluss (Erstkonsolidierungszeitpunkt und Behandlung des Geschäfts- oder Firmenwertes); die beiden anderen Einschränkungen bezogen sich auf Unsicherheiten über die Bewertung von Vorräten und Pensionsrückstellungen.

[62] Vgl. hierzu beispielsweise d'Arcy, Neuer Markt, 2001, S. 175; Glaum/Street, Rechnungslegung, 2002, S. 10, 55; Jäckel/Leker, Abschlussprüfer, 1994, S. 25; Jäckel/Leker, Abschlussprüfer, 1995, S. 300; Küting, Neuer Markt, 2000, S. 600; Schulte, Publizitätspraxis, 1988, S. 46. Vgl. hierzu auch Ewert, Rechnungslegung, 1993, S. 718 f.

5.4 Abschlussprüfer und Publizitätspraxis in den Emissionsprospekten börsengehender Unternehmen des Neuen Marktes

Die bereits vorgestellten Ergebnisse belegen, dass das Ausmaß der Einhaltung bzw. Nicht-Einhaltung der Offenlegungspflichten durch die Unternehmen des Neuen Marktes im Rahmen ihrer Emissionsprospekte sehr unterschiedlich ist und keinesfalls als uniform bezeichnet werden kann. Hierbei reicht das Spektrum von einigen wenigen Unternehmen, die allen Ausweispflichten – im Rahmen der Anhangsberichterstattung nach den deutschen handelsrechtlichen Vorschriften des HGB – nachkommen, bis hin zu Unternehmen, die weniger als die Hälfte der von ihnen geforderten Angaben publizieren. Dieser Tatbestand wirft unmittelbar die Frage auf, welche Einflussfaktoren ein solch unterschiedliches Publizitätsverhalten bedingen können. Der folgende Abschnitt dieser Arbeit konzentriert sich diesbezüglich zunächst ausschließlich auf die Untersuchung eines möglichen Bestimmungsfaktors: Den Abschlussprüfer. Im Zusammenhang mit der in Kapitel 3 dieser Arbeit formulierten Hypothese soll im Rahmen der nachfolgenden Ausführungen der Frage nachgegangen werden: Beeinflusst die Größe des Abschlussprüfers die Qualität der Berichterstattung in den Emissionsprospekten börsengehender Unternehmen des Neuen Marktes?

Für die Untersuchung dieser Fragestellung bzw. der unter Kapitel 3 abgeleiteten Hypothese wird auf die in Abschnitt 5.1 getroffene Differenzierung der Wirtschaftsprüfer bzw. Wirtschaftsprüfungsgesellschaften in die zwei Klassen der international tätigen „Big 6-WPG" und der „Diversen WP und WPG" zurückgegriffen, wobei in Anlehnung an ***Ostrowski***[63] die Gruppe der „Diversen WP und WPG" nochmals in zwei Größenklassen, „Second-Tier-WPG"[64] und „kleine Prüfer", unterteilt werden soll. Die Gruppe der als „Second-Tier-WPG" eingestuften Wirtschaftsprüfungsgesellschaften definiert ***Ostrowski*** wie folgt: „Diese Unternehmen sind im Vergleich zu den anderen Nicht-Big 6-WPG größer, national tätig und bieten eine breitere Leistungspalette an."[65]

Bevor die entsprechenden Größenklassen auf signifikante Unterschiede hinsichtlich der festgestellten Publizitätsgüte untersucht werden, sollen zunächst einige

---

[63] Vgl. Ostrowski, Wirtschaftsprüfer, 2003.

[64] Den „Second-Tier-WPG" werden folgende Wirtschaftsprüfungsgesellschaften zugeordnet: *AWT Allgemeine Wirtschaftstreuhand GmbH, Dr. Ebner, Dr. Stolz und Partner GmbH, Dr. Lipfert GmbH, Dr. Rödl & Partner GmbH, Gellert-Wirtschaftsprüfung GmbH, Grant Thornton GmbH, Haarmann, Hemmelrath & Partner GmbH, Pannell Kerr Forster GmbH, Susat & Partner OHG und Warth & Klein GmbH.*
Der Ermittlung dieser Gesellschaften liegen Marktstrukturuntersuchungen für Abschlussprüfungsmandate bei deutschen Aktiengesellschaften verschiedener Jahre zugrunde, vgl. Ostrowski, Wirtschaftsprüfer, 2003, S. 207. Derartige Untersuchungen verschaffen eine genauere Vorstellung über die relative Größe der einzelnen Anbieter und damit über die Berechtigung dieser Einteilung der Wirtschaftsprüfer bzw. Wirtschaftsprüfungsgesellschaften bzgl. ihrer Größe.

[65] Ostrowski, Wirtschaftsprüfer, 2003, S. 207.

statistische Maßzahlen der betrachteten Gruppen diskutiert werden. Die Tabelle 5-4 zeigt die Ergebnisse des nach Abschnitt 5.2 dieser Arbeit entwickelten Publizitätsindex' differenziert nach Wirtschaftsprüfungs-Gruppen und Rechnungslegungsstandards.

Wirtschaftsprüfungs-Gruppen	**Anzahl[66] analysierte Abschlüsse**	**Mittel-wert**	**Standard-abweichung**	**Min.-Wert**	**Max.-Wert**	**Spann-weite**
			HGB-Abschlüsse			
Ernst & Young	*17*	*73,13*	*11,02*	*58,82*	*97,36*	*38,54*
BDO	*5*	*67,35*	*19,67*	*40,42*	*92,69*	*52,27*
Arthur Andersen	*31*	*67,23*	*12,50*	*44,39*	*100,00*	*55,61*
KPMG	*17*	*64,63*	*16,46*	*42,71*	*100,00*	*57,29*
PwC	*11*	*63,64*	*13,59*	*43,45*	*88,03*	*44,58*
Deloitte & Touche	*2*	*58,06*	*9,58*	*51,28*	*64,83*	*13,55*
Big 6-WPG – total	***83***	***67,21***	***13,74***	***40,42***	***100,00***	***59,58***
Diverse WP und WPG *- davon:*	***70***	***64,23***	***17,64***	***15,11***	***100,00***	***84,89***
Second-Tier-WPG	*18*	*64,51*	*18,35*	*36,75*	*100,00*	*63,25*
kleine WP und WPG	*52*	*64,14*	*17,57*	*15,11*	*100,00*	*84,89*
Total	***153[67]***	***65,85***	***15,66***	***15,11***	***100,00***	***84,89***

[66] Wie bereits in Abschnitt 5.1 dieser Arbeit dargestellt worden ist, wurden nicht alle 310 analysierten Abschlüsse einer gesetzlichen Jahresabschlussprüfung unterzogen, sondern in 42 Fällen lagen durch Wirtschaftsprüfer erstellte Jahres- bzw. Konzernabschlüsse oder lediglich einer kritischen Durchsicht unterzogene Abschlüsse vor. Betrachtet man speziell die nach internationalen Bilanzierungsprinzipien aufgestellten Abschlüsse, so lassen sich hinsichtlich der „geprüften", „einer kritischen Durchsicht unterzogenen" und durch „Wirtschaftsprüfer erstellten" Jahres- bzw. Konzernabschlüssen statistisch signifikante Qualitätsmittelwert-Unterschiede feststellen (ANOVA: $F = 3{,}668$; $df = 154$; $p = 0{,}028$). Hierbei ergibt sich für die durch Wirtschaftsprüfer geprüften Abschlüsse ein Qualitätsmittelwert von 87,13 % und eine Standardabweichung von 7,37 %, für Abschlüsse, die einer kritischen Durchsicht durch den Wirtschaftsprüfer unterzogen wurden, ein Qualitätsmittelwert von 81,48 % und eine Standardabweichung von 13,22 % und für die durch Wirtschaftsprüfer erstellten Jahres- bzw. Konzernabschlüsse ein Qualitätsmittelwert von 83,06 % und eine Standardabweichung von 13,65 %. Da durch die Eliminierung der beiden zuletzt genannten Kategorien von Abschlüssen der Stichprobenumfang für weitergehende Analysen zu klein ausfallen würde, werden diese Abschlüsse in die nachfolgenden Analysen einbezogen und mit den – einer Jahresabschlussprüfung unterzogenen – Abschlüssen zusammengefasst. Um die Lesbarkeit und Übersichtlichkeit zu wahren, wird im Folgenden auf eine gesonderte Bezeichnung/Kennzeichnung dieser Abschlüsse verzichtet.

[67] Nicht in die Analyse einbezogen wurden die beiden Abschlüsse, die keinen Anhang beinhalteten und damit hinsichtlich der Publizitätsgüte mit 0 % bewertet wurden.

Wirtschaftsprüfungs-Gruppen	Anzahl[66] analysierte Abschlüsse	Mittel-wert	Standard-abweichung	Min.-Wert	Max.-Wert	Spann-weite
			IAS-Abschlüsse[68]			
Arthur Andersen	*9*	*95,84*	*1,63*	*93,06*	*97,82*	*4,76*
PwC	*4*	*93,40*	*2,49*	*91,58*	*97,06*	*5,48*
KPMG	*8*	*91,54*	*1,99*	*89,59*	*95,68*	*6,09*
BDO	*5*	*90,86*	*4,09*	*84,93*	*96,41*	*11,48*
Deloitte & Touche	*1*	*89,68*	*/*	*89,68*	*89,68*	*0,00*
Ernst & Young	*4*	*85,79*	*4,08*	*80,38*	*89,26*	*8,88*
Big 6-WPG – total	***31***	***92,12***	***4,05***	***80,38***	***97,82***	***17,44***
Diverse WP und WPG *- davon:*	***45***	***87,06***	***8,28***	***52,12***	***96,83***	***44,71***
Second-Tier-WPG	*12*	*87,25*	*5,61*	*77,68*	*94,73*	*17,05*
kleine WP und WPG	*33*	*86,99*	*9,13*	*52,12*	*96,83*	*44,71*
Total	***76***	***89,12***	***7,28***	***52,12***	***97,82***	***45,70***
			US-GAAP-Abschlüsse[68]			
Arthur Andersen	*26*	*87,05*	*5,71*	*71,51*	*96,63*	*25,12*
PwC	*7*	*85,46*	*9,54*	*69,38*	*95,52*	*26,14*
Ernst & Young	*16*	*85,37*	*5,31*	*74,68*	*95,07*	*20,39*
Deloitte & Touche	*2*	*85,01*	*5,21*	*81,32*	*88,69*	*7,37*
KPMG	*9*	*80,86*	*16,80*	*38,46*	*92,81*	*54,35*
BDO	*1*	*46,28*	*/*	*46,28*	*46,28*	*0,00*
Big 6-WPG – total	***61***	***84,78***	***9,86***	***38,46***	***96,63***	***58,17***
Diverse WP und WPG *- davon:*	***18***	***76,58***	***9,51***	***58,79***	***92,50***	***33,71***
Second-Tier-WPG	*8*	*81,21*	*7,46*	*73,24*	*92,50*	*19,26*
kleine WP und WPG	*10*	*72,87*	*9,65*	*58,79*	*86,75*	*27,96*
Total	***79***	***82,91***	***10,32***	***38,46***	***96,63***	***58,17***

Tabelle 5-4: Publizitätsindex der Berichterstattung differenziert nach Wirtschafts-prüfungs-Gruppen und Rechnungslegungsstandards

[68] Fasst man die Ergebnisse aus der Ermittlung des Publizitätsindex der Berichterstattung nach den International Accounting Standards (IAS) und den US-amerikanischen Generally Accepted Accounting Principles (US-GAAP) zu einem Publizitätsindex in Bezug auf die Berichterstattung nach internationalen Rechnungslegungsprinzipien zusammen, so ergeben sich für die Gruppe der durch „Big 6"-WPG geprüften Abschlüsse folgende statistische Maßzahlen für die Publizitätsgüte: Mittelwert: 87,25 %, Standardabweichung: 9,04 %, Min.-Wert: 38,46 %, Max.-Wert: 97,82 % und Spannweite: 59,36 %. Für die Gruppe der durch „Diverse WP und WPG" geprüften Abschlüsse ergeben sich im Gegensatz dazu folgende statistische Maßzahlen für den Publizitätsindex: Mittelwert: 84,06 %, Standardabweichung: 9,81 %, Min.-Wert: 52,12 %, Max.-Wert: 96,83 % und Spannweite: 44,71 %.
Interessant würde in diesem Zusammenhang ein direkter Vergleich dieser Ergebnisse mit den Untersuchungsergebnissen der unter Abschnitt 5.3 dieser Arbeit dargestellten Studie von ***Glaum/Street*** erscheinen. Da allerdings die Ergebnisse in dieser Studie in anonymisierter Form präsentiert sind, ist ein solcher Vergleich leider nicht möglich, vgl. Glaum/Street, Rechnungslegung, 2002, S. 42.

Die Ergebnisse zeigen zunächst, dass sich die Mittelwerte der von den Wirtschaftsprüfungs-Gruppen testierten[69] Jahres- bzw. Konzernabschlüsse innerhalb der Emissionsprospekte zwischen den jeweiligen Wirtschaftsprüfungs-Gruppen unterscheiden.[70] Hierbei wird ersichtlich, dass in den „Big 6"-Klientengruppen die Ausweispflichten im Durchschnitt genauer beachtet bzw. eingehalten werden als im Teilsample jener „Neuer Markt"-Unternehmen, die von den kleineren und nur regional bzw. national tätigen Wirtschaftsprüfungsgesellschaften („Diverse WP und WPG") geprüft werden. Während die von „Big 6"-Wirtschaftsprüfungsgesellschaften testierten Abschlüsse einen durchschnittlichen Publizitätsindex von 67,21 % (HGB), 92,12 % (IAS) und 84,78 % (US-GAAP) aufweisen, erreichen die von kleineren Wirtschaftsprüfungsgesellschaften geprüften Abschlüsse nur einen durchschnittlichen Publizitätsindex von 64,23 % (HGB), 87,06 % (IAS) und 76,58 % (US-GAAP). Innerhalb der Gruppe der „Diversen WP und WPG" erreicht die Gruppe der „Second-Tier-WPG" im Rahmen aller betrachteten Rechnungslegungsstandards durchgängig bessere Werte als die Gruppe der „kleinen WP und WPG"; dies betrifft insbesondere die Berichterstattung nach den US-amerikanischen Generally Accepted Accounting Principles (US-GAAP). Die Ergebnisse der dazugehörigen Standardabweichungen unterstreichen im Wesentlichen diese zu beobachtende Dreiteilung.

Betrachtet man dagegen die Spannweite als Indikator für die Prüfungsleistung der einzelnen Wirtschaftsprüfungs-Gruppen, im Sinne eines Maßes für die Konsistenz der Berichterstattung, wird deutlich, dass die Publizitätsindices innerhalb der einzelnen Gruppen nicht homogen sind. Es zeigen sich vielmehr auch erhebliche Unterschiede im Publizitätsindex der von großen Wirtschaftsprüfungsgesellschaften testierten Abschlüsse. Diesbezüglich zeigt die Tabelle 5-4, dass sich bei den „Big 6"-Wirtschaftsprüfungsgesellschaften sowohl hinsichtlich des durchschnittlichen Publizitätsindex' der von ihnen geprüften Unternehmen als auch hinsichtlich der Standardabweichung der Ergebnisse eine signifikant unterschiedliche Performance ergibt.[71] Darüber hinaus wird aber deutlich, dass die „Big 6"-Wirtschaftsprüfungsgesellschaften im Vergleich zu kleineren Wirtschaftsprüfern bzw. Wirtschaftsprüfungsgesellschaften – mit Ausnahme der US-GAAP-Berichterstattung[72] – bei einem höheren durchschnittlichen Publizitätsin-

---

[69] Vgl. hierzu die Erläuterungen in Fn. 66 (Abschnitt 5.4).

[70] Hierzu ist grundsätzlich anzumerken, dass Rückschlüsse aus den Ergebnissen der Qualitäts-Mittelwertunterschiede hinsichtlich der ökonomischen Relevanz bei derartigen Indexmodellen nur schwerlich möglich sind. So könnten bei dem hier gewählten Indexmodell in Ausnahmefällen z.B. Informationen zu Bilanzpositionen mit geringem quantitativem Umfang (und damit geringem Einfluss auf den Publizitätsindex) durchaus von erheblicher Relevanz für einzelne Jahresabschlussadressaten sein.

[71] Die Mittelwert-Unterschiede zwischen den Publizitätsindices der sechs Gruppen sind hinsichtlich der IAS- und US-GAAP-Abschlüsse statistisch signifikant (ANOVA (IAS): $F = 8{,}344$; $df = 30$; $p = 0{,}000$ bzw. ANOVA (US-GAAP): $F = 4{,}768$; $df = 60$; $p = 0{,}001$), während sich hinsichtlich der HGB-Abschlüsse im Rahmen der einfaktoriellen Varianzanalyse kein statistisch signifikantes Ergebnis ermitteln lässt.

[72] Im Spektrum der US-GAAP-Berichterstattung befinden sich zwei Abschlüsse, die weniger als 50 % der erforderlichen Angaben enthalten. Hierbei handelt es sich um Abschlüsse, die der „Big 6"-Klientengruppe zuzuordnen sind, wie aus Tabelle 5-4 ersichtlich wird. Da sich

dex auch eine relativ geringere Spannweite der ermittelten Werte aufweisen, was auf ein homogeneres Prüfungsniveau innerhalb dieser Wirtschaftsprüfungs-Gruppe bzw. auf geringere Unterschiede hinsichtlich der Publizitätsqualität der von ihnen geprüften Abschlüsse schließen lässt.

Der Vergleich der Qualitäts-Mittelwerte der durch die einzelnen Wirtschaftsprüfungs-Gruppen geprüften Abschlüsse erlaubt allerdings noch keine statistisch signifikante Aussage darüber, ob der eingangs vermutete Zusammenhang zufällig ist oder nicht. Ob zwischen den Qualitäts-Mittelwerten der durch die einzelnen Wirtschaftsprüfungs-Gruppen geprüften Unternehmen ein statistisch signifikanter Unterschied besteht, kann mit Hilfe des Zweistichprobentests für die Differenz zweier arithmetischer Mittelwerte geprüft werden.[73] Der Zweistichprobentest geht von den folgenden zwei Voraussetzungen aus: Erstens müssen die Stichproben unabhängig voneinander sein; zweitens müssen beide Stichproben aus normalverteilten Grundgesamtheiten stammen oder sie müssen so groß sein, dass der „Zentrale Grenzwertsatz der Wahrscheinlichkeitsrechnung" ($n > 30$) gilt und deshalb von einer Normalverteilung der Grundgesamtheit ausgegangen werden darf.[74]

Aus der Tabelle 5-4 geht hervor, dass für alle betrachteten Rechnungslegungsstandards der Stichprobenumfang für $n_{\text{Big 6-WPG}}$ jeweils > 30 ist, so dass hier der „Zentrale Grenzwertsatz der Wahrscheinlichkeitsrechnung" gilt und für $n_{\text{Big 6-WPG}}$ von einer normalverteilten Grundgesamtheit ausgegangen werden darf. Dies gilt ebenfalls für $n_{\text{kleine WP/WPG}}$ im Rahmen der betrachteten Abschlüsse nach den deutschen handelsrechtlichen Vorschriften des HGB und den International Accounting Standards (IAS). Dagegen beträgt der Stichprobenumfang für $n_{\text{Second-Tier-WPG}}$ für alle betrachteten Rechnungslegungsstandards und für $n_{\text{kleine WP/WPG}}$ im Rahmen der Anhangsberichterstattung nach den US-amerikanischen Generally Accepted Accounting Principles (US-GAAP) jeweils $n < 30$, so dass in diesen Fällen die Annahme, die Grundgesamtheit ist normalverteilt, vorab geprüft werden muss. Diese Normalverteilungsannahme wird im Folgenden mit Hilfe des ***Kolmogorov-Smirnov***-Anpassungstests geprüft, welcher die Anpassung einer beobachteten Verteilung an eine theoretische Verteilung prüft.[75] Der Vorteil des ***Kolmo-***

---

diese hinsichtlich der Qualität deutlich von den übrigen Abschlüssen der von den „Big 6"-Wirtschaftsprüfungsgesellschaften geprüften Unternehmen unterscheiden, handelt es sich hierbei um „Ausreißer" dieses Teilsamples.

[73] Vgl. zu diesem Testverfahren beispielsweise Regionales Rechenzentrum für Niedersachsen/Universität Hannover und Rechenzentrum der Universität des Saarlandes, Saarbrücken, SPSS Grundlagen, 2000, S. 105 ff. und Regionales Rechenzentrum für Niedersachsen/Universität Hannover und Fachrichtung Psychologie der Universität des Saarlandes, Saarbrücken, SPSS Fortgeschrittene, 2000, S. 6-40 ff.

[74] Hinsichtlich des „Zentralen Grenzwertsatzes der Wahrscheinlichkeitsrechnung" vgl. Toutenburg, Statistik, 2000, S. 99 f.; Vogel, Statistik, 1999, S. 190 ff. Siehe hierzu auch Basler, Wahrscheinlichkeitsrechnung, 1994, S. 132; Bohley, Statistik, 2000, S. 475.

[75] Vgl. Regionales Rechenzentrum für Niedersachsen/Universität Hannover und Rechenzentrum der Universität des Saarlandes, Saarbrücken, SPSS Grundlagen, 2000, S. 105 und Regionales Rechenzentrum für Niedersachsen/Universität Hannover und Fachrichtung Psychologie der Universität des Saarlandes, Saarbrücken, SPSS Fortgeschrittene, 2000, S. 6-54.

gorov-Smirnov-Anpassungstests gegenüber anderen Anpassungstests, etwa dem Chi-Quadrat-Anpassungstest, liegt vor allem darin, dass er auch schon bei kleinen Stichprobenumfängen Abweichungen von der Normalverteilung entdeckt.[76] Bei diesem Parametertest wird für die Entscheidung, ob die Nullhypothese „die Grundgesamtheit ist normalverteilt" abzulehnen ist oder nicht, eine kritische Irrtumswahrscheinlichkeit von 5 % ($\alpha = 0{,}05$) zugrunde gelegt. Die Irrtumswahrscheinlichkeit ist die Wahrscheinlichkeit für den Fehler 1. Art, dass die zutreffende Nullhypothese „die Grundgesamtheit ist normalverteilt" abgelehnt wird.[77] Ist das Signifikanzniveau kleiner als 0,05, muss die Nullhypothese verworfen werden. Die ***Kolmogorov-Smirnov***-Anpassungstests als auch die nachfolgenden statistischen Auswertungen dieser Arbeit werden mit Hilfe des Statistikprogrammes SPSS für Windows durchgeführt, wobei hier die Version 11.0 zur Anwendung gelangt. Das zur Prüfgröße des ***Kolmogorov-Smirnov***-Anpassungstests gehörige kritische Signifikanzniveau α kann direkt der SPSS-Ausgabedatei entnommen werden. Die berechneten Signifikanzwerte der zu betrachtenden Stichproben liegen alle deutlich über dem kritischen Signifikanzniveau von $\alpha = 0{,}05$, womit die Nullhypothese „die Stichproben stammen aus normalverteilten Grundgesamtheiten" nicht abgelehnt werden kann.[78]

Die Signifikanzwerte betragen:

- *für die Stichprobe der durch „kleine WP und WPG" geprüften Abschlüsse nach den US-amerikanischen Generally Accepted Accounting Principles (US-GAAP):* $\alpha =$ ***0,932,***
- *für die Stichprobe der durch „Second-Tier-WPG" geprüften Abschlüsse nach den deutschen handelsrechtlichen Vorschriften des HGB:* $\alpha =$ ***0,998,***
- *für die Stichprobe der durch „Second-Tier-WPG" geprüften Abschlüsse nach den International Accounting Standards (IAS):* $\alpha =$ ***0,720*** *und*
- *für die Stichprobe der durch „Second-Tier-WPG" geprüften Abschlüsse nach den US-amerikanischen Generally Accepted Accounting Principles (US-GAAP):* $\alpha =$ ***0,710.***

---

[76] Vgl. Bleymüller/Gehlert/Gülicher, Statistik, 2000, S. 133 und Hartung/Elpelt/Klösener, Statistik, 1999, S. 183.

[77] Als Fehler 2. Art bezeichnet man dagegen den (hier schwerwiegenderen) Fehler, dass die Nullhypothese nicht abgelehnt wird, obwohl sie tatsächlich nicht zutrifft.

[78] Müssen für den ***Kolmogorov-Smirnov***-Anpassungstest Mittelwert und Varianz wie hier aus der Stichprobe geschätzt werden, dann sind die nach ***Kolmogorov-Smirnov*** ermittelten Resultate als sehr konservativ zu bezeichnen; exakte Schranken liefert der Anpassungstest nach ***Lilliefors*** und bei einem $n < 50$ zusätzlich der ***Shapiro-Wilks***-Test, vgl. hierzu Regionales Rechenzentrum für Niedersachsen/Universität Hannover und Fachrichtung Psychologie der Universität des Saarlandes, Saarbrücken, SPSS Fortgeschrittene, 2000, S. 6-37. Diese beiden Testverfahren wurden zusätzlich zum ***Kolmogorov-Smirnov***-Anpassungstest durchgeführt. Diese führten in allen Fällen zum gleichen Testergebnis.

Die Voraussetzungen zur Anwendung des Zweistichprobentests für die Differenz zweier arithmetischer Mittelwerte sind folglich für alle Stichproben erfüllt. Die ermittelten Qualitäts-Mittelwerte der von den einzelnen Wirtschaftsprüfungs-Gruppen testierten Abschlüsse werden nun paarweise miteinander verglichen,[79] d. h. die Nullhypothese „die Qualitäts-Mittelwerte der von den einzelnen Wirtschaftsprüfungs-Gruppen testierten Abschlüsse sind gleich" wird gegen die Alternativhypothese „die Qualitäts-Mittelwerte der von den einzelnen Wirtschaftsprüfungs-Gruppen testierten Abschlüsse sind unterschiedlich" getestet. Hierbei wird in allen Fällen ein 5 %-Niveau zugrunde gelegt, d. h. bei der Prüfung der Hypothesen wird eine Irrtumswahrscheinlichkeit von höchstens $\alpha = 5$ % (Wahrscheinlichkeit für den Fehler 1. Art, dass die zutreffende Nullhypothese „die Qualitäts-Mittelwerte in der Grundgesamtheit sind gleich" abgelehnt wird) in Kauf genommen.

Da die Berechnung der Prüfgröße des Zweistichprobentests für die Differenz zweier arithmetischer Mittelwerte von den Varianzen der Variablenverteilungen abhängig ist, wird darüber hinaus zunächst ein ***Levene***-Test zur Überprüfung der Varianzhomogenität durchgeführt, um dann in Abhängigkeit von diesem Testergebnis entweder die errechnete Prüfgröße für gleiche oder für ungleiche Varianzen (Prüfgröße des üblichen t-Tests oder Prüfgröße der nach ***Welch*** entwickelten Variante des t-Tests (häufig auch als ***Aspin-Welch***-Test bezeichnet)) zu berücksichtigen.[80] Dieser Test ergibt für die hier zugrunde liegenden Daten, dass die Varianzen aller betrachteten Gruppen von Unternehmungen bei einer Irrtumswahrscheinlichkeit von 5 % nicht signifikant voneinander verschieden sind. Die unter diesen Voraussetzungen anzuwendende statistische Prüfgröße (t) lautet damit wie folgt:

$$t = \frac{Q_1 - Q_2}{\sqrt{\dfrac{(n_1 + n_2) \cdot ((n_1 - 1) \cdot s_1^2 + (n_2 - 1) \cdot s_2^2)}{n_1 \cdot n_2 \cdot (n_1 + n_2 - 2)}}},$$

hierbei bezeichnen

- *Q_1 und Q_2 die empirischen Mittelwerte zweier unabhängiger, normalverteilter zufälliger Variablen,*
- *n_1 und n_2 die Stichprobenumfänge zweier unabhängiger, normalverteilter zufälliger Variablen und*
- *s_1^2 und s_2^2 die empirischen Varianzen zweier unabhängiger, normalverteilter zufälliger Variablen.*[81]

[79] Nach den Regeln der Kombinatorik ergeben sich bei drei Klassen drei Paarvergleiche (3! / (2! · 1!)), wobei zusätzlich die Kombination „Big 6-WPG" – „Diverse WP und WPG" getestet wird, so dass sich insgesamt für alle untersuchten Rechnungslegungsstandards 12 Paarvergleiche ergeben.

[80] Vgl. zu diesem Testverfahren beispielsweise Regionales Rechenzentrum für Niedersachsen/ Universität Hannover und Rechenzentrum der Universität des Saarlandes, Saarbrücken, SPSS Grundlagen, 2000, S. 106 und Regionales Rechenzentrum für Niedersachsen/Universität Hannover und Fachrichtung Psychologie der Universität des Saarlandes, Saarbrücken, SPSS Fortgeschrittene, 2000, S. 6-42.

[81] Vgl. Basler, Wahrscheinlichkeitsrechnung, 1994, S. 224.

Die nachstehende Abbildung verdeutlicht das hier zugrunde liegende Testdesign und zeigt gleichzeitig die ermittelten Befunde. Hierbei werden bei Vorliegen eines signifikanten Ergebnisses die Prüfgröße (t), die Anzahl der Freiheitsgrade (df) und die errechnete Irrtumswahrscheinlichkeit (p) des Zweistichprobentests (zweiseitigen t-Tests) angezeigt.

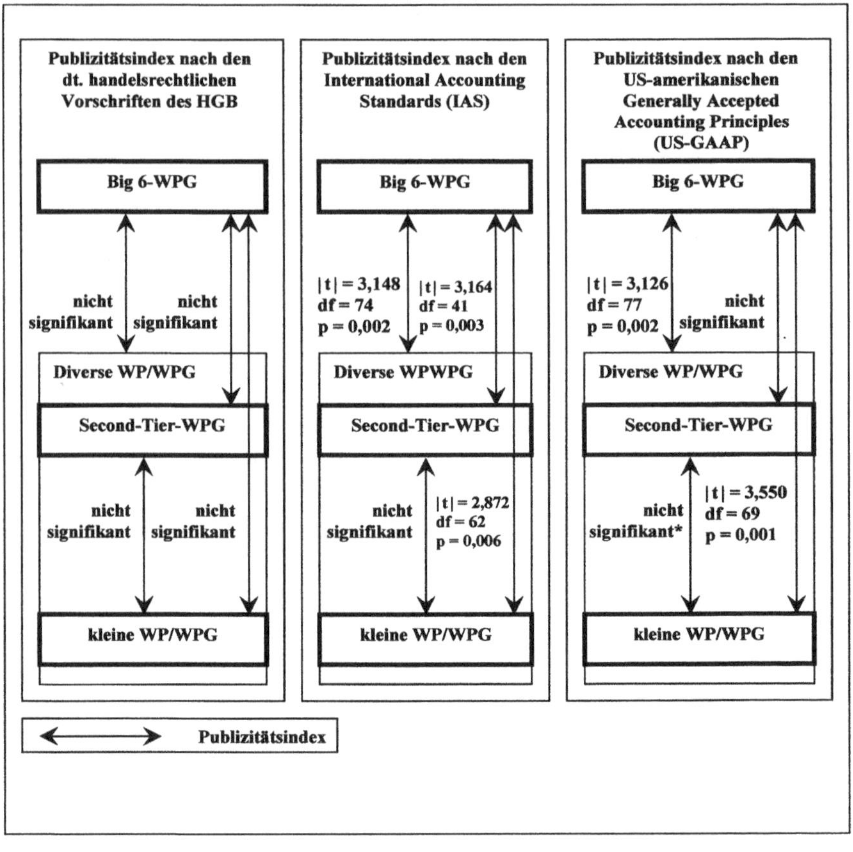

Abbildung 5-14: Testdesign und Befunde beim Vergleich der nach Wirtschaftsprüfungs-Gruppen differenzierten Qualitäts-Mittelwerte

Im Ergebnis zeigt sich, dass die von großen Wirtschaftsprüfungsgesellschaften („Big 6-WPG") testierten Abschlüsse nach internationalen Bilanzierungsprinzipien einen signifikant höheren Grad der Einhaltung der geforderten Informationspflichten aufweisen als die von kleineren Wirtschaftsprüfungsgesellschaften („Diverse WP und WPG") testierten Jahres- bzw. Konzernabschlüsse. Die im voran-

stehenden Abschnitt dargestellte Studie von ***Glaum/Street***, in der Geschäftsberichte der „Neuer Markt"-Unternehmen auf die Vollständigkeit der Erfüllung ihrer Offenlegungspflichten nach den International Accounting Standards (IAS) und den US-amerikanischen Generally Accepted Accounting Principles (US-GAAP) untersucht wurden, kam bereits zu dem gleichen Ergebnis. Auch in dieser Studie konnte festgestellt werden, dass die „Neuer Markt"-Unternehmen, die von den fünf großen Prüfungsgesellschaften (Arthur Andersen, Ernst & Young, Deloitte & Touche, KPMG und PwC) geprüft werden, die Offenlegungsanforderungen nach den International Accounting Standards (IAS) und den US-amerikanischen Generally Accepted Accounting Principles (US-GAAP) genauer befolgen als Unternehmen, die von kleineren Abschlussprüfern geprüft werden.[82]
Die in der deskriptiven Analyse festgestellten Unterschiede bei den durchschnittlich erreichten Publizitätsindexwerten der „Big 6-WPG"-Klientengruppen im Vergleich zur Klientengruppe der „Diversen WP und WPG", die für die Abschlüsse nach den deutschen handelsrechtlichen Vorschriften des HGB ermittelt wurden, erweisen sich im Gegensatz dazu an dieser Stelle als nicht signifikant. Keine signifikanten Unterschiede ergeben sich auch im Rahmen der Zweistichprobentests für die Differenz zweier arithmetischer Mittelwerte im Publizitätsniveau der durch „Second-Tier-WPG" geprüften Abschlüsse zum einen und der durch „kleine WP/WPG" geprüften Abschlüsse zum anderen. Damit kann die in der deskriptiven Analyse festgestellte Zweiteilung im Publizitätsniveau der durch die „Diversen WP und WPG" geprüften Abschlüsse, in welcher die Klientengruppe der „Second-Tier-WPG" im Rahmen aller betrachteten Rechnungslegungsstandards durchgängig bessere Werte im Publizitätsniveau erreicht als die Klientengruppe der „kleinen WP und WPG", nicht auf statistisch signifikantem Niveau bestätigt werden.

Insgesamt zeigt sich damit, dass der theoretisch abgeleitete Einfluss der Größe der Wirtschaftsprüfungs-Gruppe auf das Publizitätsniveau der Abschlüsse im Rahmen der unterschiedlich angewandten Rechnungslegungsstandards zu unterschiedlichen Ergebnissen führt. Im Rahmen der testierten Abschlüsse nach internationalen Bilanzierungsprinzipien bestätigt sich tendenziell der unterstellte Zusammenhang; der Befund der Signifikanzprüfung ist zumindest in Bezug auf die Größenklasseneinteilung „Big 6" – „Diverse WP und WPG" hypothesenkonform.[83] So weisen die von den „Big 6-WPG" testierten Abschlüsse im hier betrachteten Untersuchungsfeld signifikant höhere Werte auf als die von den „Diversen WP und WPG" testierten Abschlüsse. Die eingangs aufgestellte Hypothese, wonach die großen Wirtschaftsprüfungsgesellschaften eine höhere Publizitätsgüte erreichen als kleinere Wirtschaftsprüfungsgesellschaften, konnte an

---

[82] Vgl. Glaum/Street, Rechnungslegung, 2002, S. 41 f.

[83] Allerdings ergeben sich in isolierter Betrachtung der Berichterstattung nach den US-amerikanischen Generally Accepted Accounting Principles (US-GAAP) keine signifikanten Mittelwert-Unterschiede im Publizitätsniveau der von den „Big 6-WPG" testierten Abschlüsse im Vergleich zu den von den „Second-Tier-WPG" testierten Abschlüsse, wie die Abbildung 5-14 dokumentiert.

dieser Stelle jedoch nur in Bezug auf diesen Teilbereich der Berichterstattung, in isolierter Betrachtung der Abschlüsse nach internationalen Bilanzierungsprinzipien, bestätigt werden. Die Falsifikation der Hypothese in Bezug auf die Anhangsberichterstattung nach den deutschen handelsrechtlichen Vorschriften des HGB könnte einerseits die Vermutung nahe legen, dass – entgegen der in Kapitel 3 hergeleiteten theoretischen Zusammenhänge – keine oder keine von der Größe der Prüfungsgesellschaft beeinflusste Kundenabhängigkeit vorliegt[84] und der nachgewiesene Zusammenhang in isolierter Betrachtung der Abschlüsse nach internationalen Bilanzierungsprinzipien lediglich darauf zurückzuführen ist, dass den „Big 6-WPG“ besondere Kenntnisse in der Prüfung von nach internationalen Rechnungslegungsnormen aufgestellten Abschlüssen zuzusprechen sind.[85] Andererseits könnten diese Ergebnisse aber auch eine Bestätigung dafür sein, dass – wie bereits in Kapitel 3 dieser Arbeit dargelegt – die Aussagefähigkeit des Modells von ***Ewert***, welches zur Herleitung der hier zugrunde liegenden Hypothese herangezogen wurde, gerade hinsichtlich der Erklärung der Publizitätsqualität im Anhang als problematisch betrachtet werden kann. Des Weiteren könnten die in diesem Abschnitt vorgestellten Ergebnisse bei Gültigkeit des theoretisch abgeleiteten Zusammenhangs jedoch auch durch Drittvariablen beeinflusst oder verzerrt sein.

Im weiteren Verlauf dieser Arbeit soll insbesondere der letztgenannten Überlegung und damit der Frage nachgegangen werden: Gibt es speziell unter Berücksichtigung relevanter Unternehmenseigenschaften einen Unterschied zwischen dem durchschnittlichen Grad der Einhaltung der Offenlegungspflichten nach den deutschen handelsrechtlichen Vorschriften des HGB, aber auch nach den International Accounting Standards (IAS) und den US-amerikanischen Generally Accepted Accounting Principles (US-GAAP) von börsengehenden Unternehmen des Neuen Marktes? Hierzu werden im Folgenden zunächst Hypothesen über die wichtigsten in der Literatur diskutierten Einflussfaktoren der Einhaltung von Offenlegungsvorschriften abgeleitet. Die Ausführungen stützen sich dabei auf eine Reihe von Studien zur Offenlegungspolitik von Unternehmen in verschiedenen Ländern sowie auf Studien zur Unternehmenspublizität bzw. Einhaltung von Bilanzierungs- und Offenlegungsvorschriften.[86] Die abgeleiteten Hypothesen werden im weiteren Verlauf der Untersuchung mit Hilfe einer multiplen Regressionsrechnung getestet.

---

[84] Würde man diese Überlegung fortführen, so würde folglich die Beschränkung der Mandantenwahl, falls das Auftragshonorar einen bestimmten Anteil der Gesamthonorare übersteigt, als Maßnahme zur Sicherung der Unabhängigkeit der Abschlussprüfer fraglich erscheinen. Da diese Überlegungen einer empirischen Überprüfung nicht zugänglich sind, werden diese im Folgenden nicht weitergeführt.

[85] Vgl. hierzu beispielsweise auch die Umfrageergebnisse einer Befragung von IPO-Unternehmen zu den Motiven für die Wahl des Abschlussprüfers in der Studie von ***Ostrowski/ Sommerhäuser***, vgl. Ostrowski/Sommerhäuser, Going Public, 2000, S. 964.

[86] Vgl. hierzu auch die Erläuterungen in Kapitel 4 dieser Arbeit.

5.5 Stabilität des Erklärungsmodells: Einfluss weiterer Determinanten des Publizitätsverhaltens börsengehender Unternehmen des Neuen Marktes

Mit der Deskription und Beurteilung des Publizitätsverhaltens in Abschnitt 5.3 dieser Arbeit wurde gezeigt, wie die gesetzlichen Offenlegungspflichten nach den deutschen handelsrechtlichen Vorschriften des HGB, den International Accounting Standards (IAS) und den US-amerikanischen Generally Accepted Accounting Principles (US-GAAP) von börsengehenden Unternehmen des Neuen Marktes in der Realität befolgt werden, womit ein Anspruch erfahrungs- bzw. realwissenschaftlicher Forschung bereits erfüllt wird.[87] Ein darüber hinausgehendes Ziel ist darin zu erblicken, das Verhalten nicht nur zu beschreiben und zu beurteilen, sondern auch zu erklären. In der Literatur, die sich mit dem Publizitätsverhalten von Unternehmen auseinandersetzt, werden Vermutungen geäußert, wonach die Informationsversorgung durch die Unternehmen von bestimmten Einflussfaktoren bestimmt wird. So halten beispielsweise ***Singhvi/ Desai*** fest, „... that the quality of disclosure in annual reports is not an independent variable; rather it is likely to be influenced by several variables."[88]

Im vorangegangenen Abschnitt wurde im Zusammenhang mit der in Kapitel 3 dieser Arbeit formulierten Hypothese bereits der Frage nachgegangen: Beeinflusst die Größe des Abschlussprüfers die Qualität der Berichterstattung in den Emissionsprospekten börsengehender Unternehmen des Neuen Marktes? Da diese Hypothese jedoch nur partiell bestätigt werden konnte, soll im weiteren Verlauf dieser Arbeit nun der Frage nachgegangen werden: Gibt es unter Berücksichtigung weiterer Einflussfaktoren einen Unterschied zwischen dem durchschnittlichen Grad der Einhaltung der Offenlegungspflichten nach den deutschen handelsrechtlichen Vorschriften des HGB, den International Accounting Standards (IAS) und den US-amerikanischen Generally Accepted Accounting Principles (US-GAAP) von börsengehenden Unternehmen des Neuen Marktes?

Diesem Ziel entsprechend sind im Folgenden Hypothesen, welche sich aus vermuteten Zusammenhängen zwischen dem Publizitätsverhalten und möglichen weiteren Einflussfaktoren ergeben, aufzustellen und an der Realität zu prüfen. Mit dieser Vorgehensweise wird ein Forschungsansatz gewählt, der auf dem von ***Popper*** initiierten kritischen Rationalismus[89] beruht und dessen Schwerpunkt in der Entwicklung und empirischen Prüfung von Theorien liegt, welche nomologische Hypothesen (generelle Gesetzmäßigkeiten) über das in den Betriebswirtschaften stattfindende reale Geschehen enthalten.[90] Hypothesen müssen dementsprechend entweder geeignet sein, eine bestehende Theorie, im Sinne einer Sammlung allgemeiner gesetzmäßiger Aussagen, zu überprüfen oder die Entwicklung einer Theorie zu unterstützen.[91] Die Ableitung allgemeingültiger Hy-

---

[87] Vgl. Witte, Nutzungsanspruch, 1981, S. 27.
[88] Singhvi/Desai, Disclosure, 1971, S. 131.
[89] Vgl. Popper, Logik, 1994, S. 31 ff.
[90] Vgl. Schmidle, Publizitätsverhalten, 1981, S. 30; Witte, Nutzungsanspruch, 1981, S. 15.
[91] Vgl. Häger, Publizitätsverhalten, 1993, S. 133.

pothesen über das Berichtsverhalten ist jedoch nur begrenzt möglich, da im Bereich der Unternehmensberichterstattung nicht von einer bestehenden allgemeingültigen Theorie gesprochen werden kann.[92] Das Fehlen einer derartigen Theorie schließt jedoch nicht aus, zumindest nach stochastischen Gesetzen für das Berichtsverhalten zu suchen. So dient die im Folgenden vorgenommene Überprüfung von Zusammenhängen zwischen dem Publizitätsverhalten börsengehender Unternehmen des Neuen Marktes und vermuteten Bestimmungsfaktoren vielmehr der Entwicklung von Bausteinen für Erklärungsmodelle des Publizitätsverhaltens.
Bevor entsprechende Hypothesen formuliert und am ermittelten Datenmaterial auf empirische Signifikanz getestet werden, sind in Abschnitt 5.5.1 zunächst spezifische Probleme der Konkretisierung von Bestimmungsfaktoren des Publizitätsverhaltens von Unternehmen anzusprechen. Welche Faktoren, die möglicherweise die Qualität der Berichterstattung in den Emissionsprospekten börsengehender Unternehmen des Neuen Marktes beeinflussen, ausgewählt und in die Analysen einbezogen wurden, wird im Anschluss daran in Abschnitt 5.5.2 erläutert.

5.5.1 Das Problem der Konkretisierung von Determinanten des Publizitätsverhaltens börsengehender Unternehmen des Neuen Marktes

Die Hauptschwierigkeit einer empirischen Analyse von Bestimmungsfaktoren des Publizitätsverhaltens von Unternehmen dürfte in der Vielfalt der möglichen Einflussgrößen und vor allem in der Messung solcher Faktoren zu suchen sein.[93] Die Frage nach messbaren Abhängigkeiten dessen, was die Unternehmensleitungen bereit sind, an Informationen bzw. Daten einer breiten Öffentlichkeit zugänglich zu machen, von bestimmten Einflussfaktoren wird sich einer generellen und prinzipiellen Beantwortung weitgehend entziehen. Das Ausmaß der Informationsbereitstellung ist Resultat eines Entscheidungsprozesses der mit der Leitung der Unternehmung betrauten Personen, in den neben Faktoren sozio-psychologischer Art auch betriebswirtschaftliche Bestimmungsfaktoren eingehen.[94] Während die sozio-psychologischen Einflüsse einer Messung kaum zugänglich sind und über sie lediglich beschreibende und erklärende Aussagen gemacht werden können, sind betriebswirtschaftliche Bestimmungsfaktoren demgegenüber einer Messung zwar zugänglich, diese können aber nicht unmittelbar als Einflussfaktoren für menschliches Verhalten angesehen werden.[95] Dennoch

---

[92] Vgl. Adler, Rechnungslegung, 1976, S. 107; Armeloh, Berichterstattung, 1998, S. 232; Berndsen, Unternehmenspublizität, 1978, S. 130; Müller, Zwischenberichtspublizität, 1976, S. 33; Rolvering, Zwischenberichterstattung, 2002, S. 15; Schneider, Finanzwirtschaftliche Nebenrechnungen, 1985, S. 9.

[93] Vgl. bereits Wasser, Prognosepublizität, 1976, S. 12.

[94] Vgl. Wasser, Prognosepublizität, 1976, S. 12.

[95] Vgl. Schneider, Finanzwirtschaftliche Nebenrechnungen, 1985, S. 9; Wasser, Prognosepublizität, 1976, S. 62 ff.

können diese durchaus indirekt etwas über möglicherweise zu erwartendes Verhalten aussagen.[96] Aufgabe der folgenden Analysen soll es daher sein, solche wirtschaftlich begründbaren Einflussfaktoren des Ausmaßes der Informationsbereitstellung bzw. der Publizitätsgüte mit empirisch statistischen Methoden festzustellen. Durch die Beschränkung auf beobachtbare Variablen geht jedoch zwangsläufig ein Teil der denkbaren Einflussfaktoren für die Untersuchung verloren.[97] Insgesamt erscheint es aber sinnvoller, sich mit messbaren Bestimmungsgründen zu beschäftigen, als angesichts dieser Problematik ganz auf eine Analyse zu verzichten. Die so ermittelten und getesteten Einflussgrößen können damit keineswegs als letzte Erklärungen verstanden werden. Hier kann vielmehr nur versucht werden, verschiedene Hypothesen über Einflussgrößen aufzustellen und sie empirischen Tests unter der Voraussetzung zu unterziehen, dass der als unabhängige Variable getestete Parameter den Bestimmungsfaktor, auf den sich die Erklärungen beziehen, hinreichend isomorph abbildet.[98] Eine Bestätigung der Hypothesen schließt aber keinesfalls aus, dass die betrachteten Einflussgrößen ihrerseits wiederum von anderen Faktoren determiniert werden, die im Rahmen der vorliegenden Untersuchung nicht erkannt oder zwar erkannt aber nicht gemessen werden konnten. Andererseits sind auch Fälle denkbar, in denen Parameter als logisch deduzierte Bestimmungsfaktoren im empirischen Test nicht als statistisch signifikant nachgewiesen werden können, weil bei einem bedeutenden Teil der in die Untersuchung einbezogenen Unternehmen die der Deduktion zugrunde gelegten Zielsetzungen vom entgegengerichteten Einfluss anderer Ziele überlagert werden.

Insgesamt muss daher darauf hingewiesen werden, dass mit einer Beschränkung auf ausgewählte, beobachtbare Variablen im Rahmen der folgenden empirischen Analyse möglicherweise Zusammenhänge, welche die Richtung des Publizitätsverhaltens bestärken oder abschwächen, untergehen können und die empirischen Befunde hinsichtlich einzelner Bestimmungsfaktoren folglich nur als vorläufige Ergebnisse anzusehen sind, die in jedem Fall Ansätze zu weiteren Analysen bieten. Denn stimmt man der Auffassung von ***Popper*** zu, so lässt sich jede Erklärung ihrerseits wiederum durch eine Theorie höherer Universalität erklären: „... es kann keine Erklärung geben, die nicht einer weiteren Erklärung bedarf, denn keine kann eine sich selbst erklärende Beschreibung einer wesentlichen Eigenschaft sein ... ."[99]

---

[96] Vgl. Schneider, Finanzwirtschaftliche Nebenrechnungen, 1985, S. 9 f.; Wasser, Prognosepublizität, 1976, S. 12.

[97] Vgl. hierzu bereits Berndsen, Unternehmenspublizität, 1978, S. 130.

[98] Vgl. hierzu bereits Wasser, Prognosepublizität, 1976, S. 67.

[99] Popper, Erfahrungswissenschaft, 1964, S. 77.

5.5.2 Determinanten des Publizitätsverhaltens börsengehender Unternehmen des Neuen Marktes

Aus der Literatur, die sich mit dem Publizitätsverhalten von Unternehmen auseinandersetzt, kann eine umfängliche Sammlung möglicher Einflussfaktoren entnommen werden.[100] In der vorliegenden Untersuchung wird auf die am häufigsten genannten möglichen Einflussfaktoren zurückgegriffen. Hierfür können zwei Gründe angeführt werden: Zum einen werden die Ergebnisse mit denen anderer Untersuchungen vergleichbar und können damit zur Entwicklung von empirisch gehaltvollen Aussagen beitragen, zum anderen werden „exotische“ Einflussfaktoren, wie beispielsweise die „Versendungsbereitschaft der Jahresabschlüsse“,[101] hier nicht näher betrachtet. Aus der Vielzahl der in der Literatur genannten (vermuteten) Einflussfaktoren werden für die hier vorliegende Arbeit neben der „Größe des Abschlussprüfers“ die folgenden Determinanten für die zu untersuchenden Unternehmen herausgegriffen:

- die Unternehmensgröße,
- die Inanspruchnahme des Kapitalmarktes,
- die Aktionärsstruktur,
- die Konzernbindung,
- das Unternehmensalter,
- die Finanzlage und
- die Ertragslage.

In den folgenden Ausführungen (Abschnitt 5.5.2.1) wird für jeden der vermuteten Einflussfaktoren hergeleitet und begründet, in welcher Weise dieser die Berichterstattungsqualität in den Emissionsprospekten börsengehender Unternehmen des Neuen Marktes möglicherweise beeinflusst. Die Begründung für die Verwendung der beobachtbaren unabhängigen Variablen als potentielle Einflussfaktoren erfolgt durch Plausibilitätsüberlegungen. Auf den Plausibilitätsüberlegungen aufbauend werden sodann Arbeitshypothesen gebildet, die anschließend in Abschnitt 5.5.2.2 am ermittelten Datenmaterial auf empirische Signifikanz getestet werden. Die Vielzahl möglicher Faktoren, deren Wirkungsrichtung a priori weitgehend unbekannt ist, da eine empirisch fundierte Theorie der Unternehmensberichterstattung nicht existiert, gebietet, von einer Analyse monokausaler Zusammenhänge abzusehen und stattdessen insbesondere die mehrfachen Abhängigkeiten und Zusammenhänge zwischen den Variablen im Rahmen des gesamten Unternehmensgeschehens zu untersuchen. Die Relevanz der zu untersuchenden Variablen wird daher ausschließlich mit Hilfe einer multiplen Regressionsrechnung getestet.

---

[100] Siehe hierzu beispielsweise Tabelle 4-2.

[101] Siehe hierzu beispielsweise die Studien von ***Adler, Müller, Schmidle*** und ***Sprißler***, vgl. Adler, Rechnungslegung, 1976, S. 135 ff.; Müller, Zwischenberichtspublizität, 1976, S. 102 ff.; Schmidle, Publizitätsverhalten, 1981, S. 42 ff.; Sprißler, Rechnungslegung, 1976, S. 166 ff.

5.5.2.1 Hypothesen über Determinanten des Publizitätsverhaltens börsengehender Unternehmen des Neuen Marktes – Formulierung eines Regressionsmodells

Im Folgenden werden nun Hypothesen über die bereits genannten Einflussfaktoren begründet, die im weiteren Verlauf der Untersuchung mit Hilfe eines Regressionsansatzes getestet werden sollen. Die folgenden Ausführungen stützen sich dabei auf eine Reihe von Studien zur Offenlegungspolitik von Unternehmen in verschiedenen Ländern sowie auf Studien zur Unternehmenspublizität bzw. Einhaltung von Bilanzierungs- und Offenlegungsvorschriften.

- ***Die Unternehmensgröße als Determinante des Publizitätsverhaltens***

Die Unternehmensgröße wird in den Studien zur Unternehmenspublizität bzw. Einhaltung von Bilanzierungs- und Offenlegungsvorschriften als ein entscheidender Einflussfaktor des allgemeinen Publizitätsniveaus von Unternehmen betrachtet.[102] Es kann folglich auch für den hier vorliegenden Fall davon ausgegangen werden, dass die Unternehmensgröße das Publizitätsniveau bzw. die Qualität der Berichterstattung in den Emissionsprospekten börsengehender Unternehmen des Neuen Marktes beeinflusst. Für die (vermutete) positive Korrelation zwischen der Unternehmensgröße und dem allgemeinen Publizitätsniveau von Unternehmen spricht eine Vielzahl von Plausibilitätsüberlegungen:
Zum Ersten nimmt mit wachsender Unternehmensgröße die Komplexität der im Rechnungswesen zu verarbeitenden Informationen zu, was dazu führt, dass große Unternehmen im Vergleich zu den kleineren Unternehmen in der Regel über ein breiter ausgebautes und leistungsfähigeres Informations- und Kontrollsystem verfügen.[103] Vorausgesetzt, die Kosten etwa der Informationsbeschaffung und Informationsverarbeitung enthalten auch fixe Kostenbestandteile, werden mit wachsender Unternehmensgröße steigende Informationskosten ein großes Unternehmen demzufolge relativ weniger belasten als ein kleines Unternehmen (Fixkostendegression).[104] Für große Gesellschaften ist es aus diesem Grund verhält-

---

[102] Vgl. u. a. Adler, Rechnungslegung, 1976, S. 124; Armeloh, Berichterstattung, 1998, S. 239; Craswell/Taylor, Disclosure, 1992, S. 302; Dumontier/Raffournier, IAS, 1998, S. 228; Haas, Berichterstattung, 1975, S. 144; Müller, Zwischenberichtspublizität, 1976, S. 85; Schmidle, Publizitätsverhalten, 1981, S. 52; Schneider, Finanzwirtschaftliche Nebenrechnungen, 1985, S. 13; Schulte/Müller, Berichterstattung, 1994, S. 559; Sprißler, Rechnungslegung, 1976, S. 152.

[103] Vgl. Armeloh, Berichterstattung, 1998, S. 239; Coenenberg/Henes, Zwischenberichtspublizität, 1995, S. 989; Frings, Berichterstattung, 1975, S. 286; Krumbholz, Lageberichte, 1994, S. 246.

[104] Vgl. hierzu bereits Armeloh, Berichterstattung, 1998, S. 239; Buzby, Financial Disclosure, 1975, S. 18; Dumontier/Raffournier, IAS, 1998, S. 221; Firth, Disclosure, 1979, S. 273; Hossain/Tan/Adams, Voluntary Disclosure, 1994, S. 336; Schwarz, Börseneinführungspublizität, 1988, S. 214; Singhvi/Desai, Disclosure, 1971, S. 131; Stanga, Disclosure, 1976, S. 47; Tai/Au-Yeung/Kwok/Lau, Disclosure Requirements, 1990, S. 105; Wallace/Naser, Disclosure, 1995, S. 322; Wallace/Naser/Mora, Corporate Annual Reports, 1994, S. 44; Wasser, Prognosepublizität, 1976, S. 71 f.

nismäßig weniger aufwendig, Rechnungsweseninformationen, die im Unternehmen bereits vorhanden und verfügbar sind, einer breiten Öffentlichkeit zugänglich zu machen bzw. zu veröffentlichen.[105]
Ein zweites Argument, das in der Literatur starke Beachtung findet und in engem Zusammenhang mit dem ersten Argument steht, ist, dass mit zunehmender Größe des Unternehmens durch das damit verbundene größere Aufgabenvolumen zwangsläufig eine stärkere Delegation von Entscheidungen und damit auch eine verstärkte Spezialisierung erfolgt.[106] Dieses auch auf dem Gebiet des Rechnungswesens zunehmende Spezialistentum könnte sich mit der Zeit zugleich positiv auf die veröffentlichten Jahresabschlüsse und die damit verbundene Berichterstattungsqualität auswirken.[107]
Zum Dritten wird in der Literatur argumentiert, dass kleinere Unternehmen von den möglichen negativen Folgen der Veröffentlichung unternehmensspezifischer Daten ungleich stärker betroffen sind als große Unternehmen und insofern fürchten, ihre Wettbewerbsposition durch eine zu weitgehende Berichterstattung zu beeinträchtigen.[108] Für kleine Unternehmen besteht insbesondere die Gefahr, dass die Konkurrenz durch eine zu umfangreiche Informationspolitik die Ziele und Strategien des betreffenden Unternehmens ausloten und diese damit bei der eigenen Strategiefestlegung berücksichtigen kann.[109] Das Selbstschutzinteresse kleiner Unternehmen könnte deshalb zu einer eingeschränkten Berichterstattung führen.[110]

---

[105] Vgl. hierzu bereits Adler, Rechnungslegung, 1976, S. 125; Ahmed/Nicholls, Mandatory Disclosure, 1994, S. 65; Armeloh, Berichterstattung, 1998, S. 239; Hossain/Perera/Rahman, Voluntary Disclosure, 1995, S. 73; Krumbholz, Lageberichte, 1994, S. 246; Malone/Fries/Jones, Corporate Financial Disclosure, 1993, S. 253; Rolvering, Zwischenberichterstattung, 2002, S. 17; Schneider, Finanzwirtschaftliche Nebenrechnungen, 1985, S. 13 f.; Sprißler, Rechnungslegung, 1976, S. 153; Wagenhofer/Ewert, Externe Unternehmensrechnung, 2003, S. 361.

[106] Vgl. Cooke, Disclosure, 1989, S. 119; Cooke, Voluntary Corporate Disclosure, 1989, S. 178; Sprißler, Rechnungslegung, 1976, S. 152.

[107] Vgl. hierzu bereits Cooke, Voluntary Disclosure, 1991, S. 176; Schneider, Finanzwirtschaftliche Nebenrechnungen, 1985, S. 14.

[108] Vgl. Adler, Rechnungslegung, 1976, S. 125; Armeloh, Berichterstattung, 1998, S. 240; Buzby, Financial Disclosure, 1975, S. 19; Firth, Disclosure, 1979, S. 274; Hossain/Perera/Rahman, Voluntary Disclosure, 1995, S. 73; Hossain/Tan/Adams, Voluntary Disclosure, 1994, S. 337; Malone/Fries/Jones, Corporate Financial Disclosure, 1993, S. 253; Schwarz, Börseneinführungspublizität, 1988, S. 215; Wallace/Naser/Mora, Corporate Annual Reports, 1994, S. 44; Wasser, Prognosepublizität, 1976, S. 72.

[109] Vgl. hierzu insbesondere Rolvering, Zwischenberichterstattung, 2002, S. 17.

[110] Vgl. hierzu bereits Armeloh, Berichterstattung, 1998, S. 240; Dumontier/Raffournier, IAS, 1998, S. 221; Frings, Berichterstattung, 1975, S. 285, 287; Krumbholz, Lageberichte, 1994, S. 246; Schneider, Finanzwirtschaftliche Nebenrechnungen, 1985, S. 14; Singhvi/Desai, Disclosure, 1971, S. 131; Sprißler, Rechnungslegung, 1976, S. 153; Stanga, Disclosure, 1976, S. 47; Tai/Au-Yeung/Kwok/Lau, Disclosure Requirements, 1990, S. 105; Wagenhofer/Ewert, Externe Unternehmensrechnung, 2003, S. 361.

Als viertes Argument wird des Weiteren angeführt, dass es die volkswirtschaftliche Bedeutung großer Unternehmen bereits mit sich bringe, dass die Öffentlichkeit ein gesteigertes Interesse an der allgemeinen Publizität und vor allem an der Veröffentlichung des Jahresabschlusses dieser Unternehmen hat.[111] Hierbei würden sich große, marktbeherrschende Gesellschaften einer öffentlichen Kontrolle durch Externe und durch die Wirtschaftspresse ausgesetzt sehen, der sie sich nicht entziehen könnten, und seien somit von der Öffentlichkeit gezwungen, die gesetzlichen Publizitätsanforderungen zu erfüllen.[112] Andererseits ist jedoch anzunehmen, dass Großunternehmen schon von sich aus wegen des größeren interessierten Personenkreises die Veröffentlichung des Jahresabschlusses bewusst als Public-Relations-Instrument einsetzen und deshalb u. U. auch ein „Mehr" an Berichterstattung bieten.[113] In der Unternehmensführung kann mit zunehmender Größe des Unternehmens dem Wunsch nach Dokumentation der „eigenen" Bedeutung, dem Prestigestreben, ein wachsender Stellenwert zukommen.[114] Zwar kann dies auch für kleinere Unternehmen gelten, große Unternehmen werden jedoch häufiger nicht von den Eigentümern selbst, sondern von einem hierfür eingesetzten Management geleitet. Dieses muss die Kosten der Informationsbeschaffung und Informationsverarbeitung als auch die Offenlegungskosten nicht selbst tragen, sondern lediglich vor den Eigentümern des Unternehmens rechtfertigen. Folglich darf man vermuten, dass das Management großer Unternehmen tendenziell stärker motiviert sein wird, engagierter und damit zumeist qualitativ besser zu publizieren als das Management kleiner Unternehmen.[115]

Schließlich wird in der Literatur argumentiert, dass die bessere gewerkschaftliche Organisation der Arbeitnehmer in Großbetrieben zu einer verstärkten Machtposition der Mitarbeiter gegenüber der Geschäftsleitung mit der Möglichkeit führe, durch die Arbeitnehmervertreter aktiv das Publizitätsverhalten der Unternehmen zu beeinflussen.[116] Informationen über die wirtschaftliche Entwicklung des Unternehmens und die Sicherheit der Arbeitsplätze seien für die

---

[111] Vgl. Cooke, Disclosure, 1989, S. 119; Cooke, Voluntary Disclosure, 1991, S. 176; Hossain/Tan/Adams, Voluntary Disclosure, 1994, S. 337; Müller, Zwischenberichtspublizität, 1976, S. 85; Rolvering, Zwischenberichterstattung, 2002, S. 16, 18; Singhvi/Desai, Disclosure, 1971, S. 131; Stanga, Disclosure, 1976, S. 47; Wallace/Naser, Disclosure, 1995, S. 322.

[112] Vgl. Adler, Rechnungslegung, 1976, S. 125; Buzby, Financial Disclosure, 1975, S. 19; Cushing/Deakin, Accounting Changes, 1974, S. 104; Firth, Disclosure, 1979, S. 274; Sprißler, Rechnungslegung, 1976, S. 153; Wagenhofer/Ewert, Externe Unternehmensrechnung, 2003, S. 361.

[113] Vgl. Ahmed/Nicholls, Mandatory Disclosure, 1994, S. 65; Kaden, Going Public, 1991, S. 218; Sprißler, Rechnungslegung, 1976, S. 153; Wallace/Naser, Disclosure, 1995, S. 322.

[114] Vgl. Armeloh, Berichterstattung, 1998, S. 240; Krumbholz, Lageberichte, 1994, S. 247; Schneider, Finanzwirtschaftliche Nebenrechnungen, 1985, S. 14; Wasser, Prognosepublizität, 1976, S. 73.

[115] Vgl. hierzu bereits Rolvering, Zwischenberichterstattung, 2002, S. 18.

[116] Vgl. Kaden, Going Public, 1991, S. 158.

Arbeitnehmer von primärem Interesse. Eine Beurteilung der zukünftigen wirtschaftlichen Entwicklung des Unternehmens sei jedoch gerade ohne die quantitativen Angaben aus dem Jahresabschluss nicht möglich, so dass nur eine gesetzeskonforme Berichterstattung den Arbeitnehmerinteressen entspricht.
Während ein Teil der in der Literatur vorgebrachten und soeben aufgegriffenen Argumente nicht so recht zu überzeugen vermag, sprechen doch andere Argumente für die Richtigkeit der Größenhypothese. So erscheint insbesondere zweifelhaft, ob die relative Stärke der Arbeitnehmervertretungen in Großunternehmen zwingend zu einer umfangreicheren Berichtspublizität führt, da sich die Durchsetzung dieser spezifischen Informationsinteressen primär auf andere unternehmensinterne Medien bezieht und die Bedeutung quantitativer Angaben aus dem Jahresabschluss als Einflussgröße auf das Verhalten der Mitarbeiter als gering einzuschätzen ist. Ob darüber hinaus das Management von Großunternehmen die Interessen und Wünsche der Aktionäre und der Öffentlichkeit besser kennt und daher im Rahmen der Public-Relations-Tätigkeit zielgruppengerichteter informiert, erscheint zumindest im Hinblick auf die Aktionäre fraglich. Unternehmensleitungen von Gesellschaften mit kleinem Aktionärskreis dürften hier, unabhängig von ihrer Größe, im Hinblick auf die Informationsbedürfnisse durchaus besser orientiert sein.
Die angeführten Plausibilitätsüberlegungen geben dennoch Anlass zu prüfen, ob die Größenhypothese auch für den Bereich der Berichterstattung im Rahmen der Börseneinführung am Neuen Markt Gültigkeit besitzt. Deshalb soll folgende Hypothese formuliert werden:

***H_1*: Das Maß der Einhaltung der Offenlegungspflichten im Rahmen der Prospektpublizität ist positiv mit der Größe der börsengehenden Unternehmen des Neuen Marktes korreliert.**

- ***Die Inanspruchnahme des Kapitalmarktes als Determinante des Publizitätsverhaltens***

In der Literatur wird vermehrt auch die Vermutung geäußert, dass das Streben nach Vertrauenswürdigkeit zwecks Sicherung von Kapitalbeschaffungsmöglichkeiten zu einer umfangreicheren Publizität führt.[117] Ein Zusammenhang könnte dabei zwischen dem Umfang der geplanten Inanspruchnahme des Kapitalmarktes und der Qualität der gelieferten Informationen bestehen.[118] So könnte ein großes Platzierungsvolumen besondere Informationsbemühungen erwarten lassen, um den Erfolg der Emission/Platzierung zu gewährleisten.[119] Mit anderen Worten ist ein Anstieg der kommunikationspolitischen Aktivitäten zu erwarten, je mehr Aktien emittiert werden.[120] Um zu untersuchen, inwieweit sich der Umfang der

---

[117] Vgl. Schneider, Finanzwirtschaftliche Nebenrechnungen, 1985, S. 23.
[118] Vgl. Schwarz, Börseneinführungspublizität, 1988, S. 217.
[119] Vgl. Kaden, Going Public, 1991, S. 219.
[120] Vgl. Schwarz, Börseneinführungspublizität, 1988, S. 217.

tatsächlichen Inanspruchnahme des Kapitalmarktes auf das Publizitätsniveau in den Emissionsprospekten börsengehender Unternehmen des Neuen Marktes ausgewirkt hat, wird folgende Hypothese aufgestellt:

H_2: Das Maß der Einhaltung der Offenlegungspflichten im Rahmen der Prospektpublizität ist positiv mit dem Emissionsvolumen der börsengehenden Unternehmen des Neuen Marktes korreliert.

▪ ***Die Aktionärsstruktur als Determinante des Publizitätsverhaltens***

Der Anteil breit gestreuter Aktien am Aktienkapital des Unternehmens, die nicht in festem Besitz sind (Streubesitzanteil oder *„free float"*), ist ein wesentliches Kennzeichen der Aktionärsstruktur eines Unternehmens.[121] Je größer der Streubesitzanteil eines Unternehmens ist, desto höher ist im Allgemeinen seine Abhängigkeit vom Kapitalmarkt.[122] Für die Vermutung, dass der Streubesitzanteil als Ausdruck der Eigentümerstruktur eines Unternehmens das Publizitätsverhalten beeinflusst, sprechen diverse Gründe:

Zum Ersten kann angeführt werden, dass Unternehmen mit einer großen und vielfach wechselnden Anzahl von Aktionären in höherem Maße auf das Vertrauen der breiten Öffentlichkeit angewiesen sind als Unternehmen mit einer begrenzten und festen Anzahl von Aktionären.[123] Vertrauen zum Unternehmen kann nur durch eine stetige, langfristig ausgerichtete und vor allem offene Finanzkommunikation mit den Unternehmensbeteiligten aufgebaut werden.[124]

Zum Zweiten verfügen Unternehmen mit breit gestreutem Kapital in der Öffentlichkeit meist über einen hohen Bekanntheitsgrad, weshalb Nachrichten und Berichte über die wirtschaftliche Lage des Unternehmens einen hohen Aufmerksamkeitswert erzielen und Informationen über das Unternehmen einen wesentlichen Bestandteil einer wirksamen Investor-Relations-Politik darstellen.[125] Wird dem Informationsbedürfnis der breiten Öffentlichkeit nicht entsprochen, so wird sich u. U. ein negativer Effekt auf den Börsenkurs ergeben, der von Jahresabschlussdaten nicht unbeeinflusst bleibt.[126] Der Börsenkurs wird zudem in „manager firms" als Maßstab für die Eigen- und Fremdeinschätzung der Qualität der Geschäftsführung herangezogen, so dass über dieses Kontrollinstrument ebenfalls Impulse in Richtung einer umfassenden Publizität ausgehen können.[127]

---

[121] Vgl. Armeloh, Berichterstattung, 1998, S. 249; Rolvering, Zwischenberichterstattung, 2002, S. 18.

[122] Vgl. Schneider, Finanzwirtschaftliche Nebenrechnungen, 1985, S. 28.

[123] Vgl. Armeloh, Berichterstattung, 1998, S. 249 f.; Cooke, Disclosure, 1989, S. 119; Cooke, Voluntary Corporate Disclosure, 1989, S. 179; Dumontier/Raffournier, IAS, 1998, S. 222; Platzer, Publizitätsverhalten, 1981, S. 89; Wasser, Prognosepublizität, 1976, S. 82.

[124] Vgl. hierzu bereits Armeloh, Berichterstattung, 1998, S. 250; Schneider, Finanzwirtschaftliche Nebenrechnungen, 1985, S. 28 f.

[125] Vgl. Armeloh, Berichterstattung, 1998, S. 250; Glaum/Street, Rechnungslegung, 2002, S. 47; Rolvering, Zwischenberichterstattung, 2002, S. 19; Singhvi/Desai, Disclosure, 1971, S. 132; Wasser, Prognosepublizität, 1976, S. 82 f.

[126] Vgl. Singhvi/Desai, Disclosure, 1971, S. 137.

[127] Vgl. hierzu bereits Schneider, Finanzwirtschaftliche Nebenrechnungen, 1985, S. 29.

Als drittes Argument wird in der Literatur häufig angeführt, dass einerseits der Einfluss des einzelnen Aktionärs auf Entscheidungen der Unternehmensleitung umso geringer ist, je mehr Aktionäre an einer Aktiengesellschaft beteiligt sind, andererseits jedoch die Rechenschaft der Unternehmensleitung über das wirtschaftliche Gebaren im Unternehmen bei Aktiengesellschaften – und hier vor allem bei Gesellschaften mit einem hohen Anteil breit gestreuter Aktien am Aktienkapital – eine besondere Bedeutung[128] erlangt.[129] Ob die Unternehmensleitung jedoch diesem – gesetzlich auch als schutzwürdig befundenen – Bedürfnis nach Rechenschaft (§ 264 Abs. 1 Satz 1 HGB) in angemessener Weise nachkommt, ist grundsätzlich in Frage zu stellen. So ist es denkbar, dass für Publikumsaktionäre die Informationen aus dem Emissionsprospekt oder auch dem Geschäftsbericht häufig die einzige Entscheidungsgrundlage – entweder im Wege der direkten Auswertung dieser Quellen oder durch auf diesen Medien basierenden Empfehlungen von Analysten und Anlageberatern – darstellen, während das Unternehmen einem einzelnen Großaktionär nach Maßgabe der aus seinem Aktienbesitz resultierenden Rechte (oder etwa durch einen Sitz im Aufsichtsrat des betreffenden Unternehmens) sogar interne Unterlagen des Unternehmens zur Verfügung stellt.[130] Aus diesem Grund sollte das Argument, dass Aktiengesellschaften, die im Besitz einer großen Anzahl von Aktionären stehen, einem größeren Rechenschaftsdruck ihrer Gesellschafter ausgesetzt sind als Aktiengesellschaften mit einem kleineren Aktionärskreis, grundsätzlich einer kritischen Würdigung unterzogen werden.[131] Der unterstellte positive Zusammenhang zwischen der Anzahl der Aktionäre und der Bereitschaft, Informationen über das Unternehmen zu veröffentlichen, ist indes plausibel, wenn Kleinaktionäre ihre Interessen beispielsweise Schutzvereinen oder Verbänden übertragen und sich von diesen Institutionen beraten und vertreten lassen.[132] Aufbauend auf diesen Argumentationen lautet die Hypothese für die hier zu untersuchende Fragestellung demnach wie folgt:

> ***H_3*: Das Maß der Einhaltung der Offenlegungspflichten im Rahmen der Prospektpublizität ist positiv mit der Streuung des Aktienkapitals der börsengehenden Unternehmen des Neuen Marktes korreliert.**

---

[128] Unternehmen mit vielen Eigentümern geben eher Informationen öffentlich bekannt, weil dies kostengünstiger ist, da sie den Eigentümern private Informationssuche ersparen wollen oder weil sie eher im Blickpunkt von Finanzanalysten und einer größeren Öffentlichkeit stehen; vgl. Wagenhofer/Ewert, Externe Unternehmensrechnung, 2003, S. 362.

[129] Vgl. Armeloh, Berichterstattung, 1998, S. 249; Schneider, Finanzwirtschaftliche Nebenrechnungen, 1985, S. 29; Singhvi/Desai, Disclosure, 1971, S. 132; Wallace/Naser, Disclosure, 1995, S. 323; Wasser, Prognosepublizität, 1976, S. 81.

[130] Vgl. hierzu bereits Armeloh, Berichterstattung, 1998, S. 249; Rolvering, Zwischenberichterstattung, 2002, S. 20.

[131] Vgl. hierzu bereits Armeloh, Berichterstattung, 1998, S. 249.

[132] Vgl. hierzu bereits Armeloh, Berichterstattung, 1998, S. 249; Rolvering, Zwischenberichterstattung, 2002, S. 20.

▪ ***Die Konzernbindung als Determinante des Publizitätsverhaltens***

Die Untersuchung konzentriert sich hierbei auf die Fragestellung, ob Unterschiede in der Berichtsqualität zwischen den im Untersuchungssample vertretenen Konzernabschlüssen einerseits und den erfassten Jahresabschlüssen andererseits bestehen.

Anknüpfungspunkt für unterschiedliche Berichterstattung könnte die besondere Rechtsnatur des Konzernabschlusses sein.[133] Der Konzernabschluss ist weder Grundlage für Ausschüttungsansprüche der Anteilseigner, noch knüpfen die gesetzlichen Insolvenzkriterien (Zahlungsunfähigkeit, Insolvenz) an den Konzernabschluss an. Der Konzern kann keine Gläubiger- oder Schuldnerfunktion im zivilrechtlichen Sinn einnehmen und dementsprechend weder klagen noch verklagt werden. Kreditsicherungsrechtliche Maßnahmen knüpfen deswegen an das Vermögen der im Konzernabschluss erfassten Einzelgesellschaften an, welches in deren Jahresabschlüssen erfasst ist. Unter rechtlichen Gesichtspunkten hat der Konzernabschluss für das Verhältnis zwischen Konzerngesellschaften und deren Bezugsgruppen somit eine gegenüber dem Jahresabschluss nachrangige Bedeutung. Dieser Aspekt würde für eine umfassendere Berichterstattung in den Jahresabschlüssen von Nichtkonzernen gegenüber den Abschlüssen der Konzerne sprechen, jedoch könnte dies bei bilanzpolitischer Dominanz von Finanzierungsgesichtspunkten auch Veranlassung zu einer vergleichsweise großzügigeren Berichterstattung im Konzern geben, um Informationsbereitschaft zu demonstrieren, ohne unmittelbare Reaktionen der wesentlichen Abschlussadressaten befürchten zu müssen.

Der Konzernabschluss kann jedoch aus wirtschaftlichen Gesichtspunkten, welche primär auf die Vermögens-, Finanz- und Ertragslage des Konzerns als wirtschaftlicher Einheit abstellen, in den Mittelpunkt der Bezugsgruppen-Erwartungen treten und – der Einheitstheorie entsprechend – innerhalb des bilanzpolitischen Rollenverhaltens bezüglich des Konzerns dieselbe Informationsfunktion wie der Jahresabschluss von Kapitalgesellschaften, die keinen Konzern leiten, übernehmen. In diesem Fall dürfte sich das Berichtsverhalten grundsätzlich nicht unterscheiden. Diese Überlegung gilt vermutlich auch für den rentabilitätsorientierten Anleger – insbesondere den Anteilseigner der Obergesellschaft –, da das Kursentwicklungspotential und das zukünftige Ausschüttungsverhalten auf längere Sicht unauflöslich mit der Lage des Konzerns verbunden sind.[134]

Wie die in der Literatur vorgebrachten Argumentationen zeigen, ist das Erwartungsbild über etwaige Unterschiede in der Berichtsqualität undeutlich.[135] Neben Gesichtspunkten, die gegen einen Unterschied sprechen, bestehen gewichtige Anhaltspunkte für eine umfassendere Berichterstattung in Konzernabschlüssen. Deshalb soll die nachfolgend dargestellte Hypothese H_4 formuliert werden.

---

133 Vgl. hierzu bereits Kortmann, Berichterstattung, 1989, S. 204.

134 Vgl. hierzu bereits Kortmann, Berichterstattung, 1989, S. 204.

135 Vgl. hierzu auch Cooke, Disclosure, 1989, S. 119; Cooke, Voluntary Corporate Disclosure, 1989, S. 180.

H_4: Das Maß der Einhaltung der Offenlegungspflichten im Rahmen der Prospektpublizität ist in den Konzernabschlüssen börsengehender Unternehmen des Neuen Marktes höher als in den Jahresabschlüssen börsengehender Unternehmen des Neuen Marktes, die keinen Konzern leiten.

▪ ***Das Unternehmensalter als Determinante des Publizitätsverhaltens***

Ein Faktor, der ebenfalls bestimmend für die Qualität der Bilanzierung und Offenlegung der börsengehenden Unternehmen des Neuen Marktes sein kann, ist ihr Alter und ihre Reife. Einige dieser Unternehmen existieren bereits seit vielen Jahren, andere Unternehmen wurden hingegen erst kurz vor ihrer Notierung am Neuen Markt gegründet. Das Management vieler Unternehmen ist daher unerfahren und mit den Herausforderungen der Führung börsennotierter Unternehmen nicht vertraut. Als Konsequenz sind die Rechnungslegungssysteme unterentwickelt, die Qualität von Bilanzierung und Offenlegung leidet.[136] Es könnte daher ein positiver Einfluss des Alters und der Reife der Unternehmen auf die Einhaltung der Offenlegungsanforderungen nach den deutschen handelsrechtlichen Vorschriften des HGB, den International Accounting Standards (IAS) und den US-amerikanischen Generally Accepted Accounting Principles (US-GAAP) in den Emissionsprospekten erwartet werden. Mit anderen Worten könnte die Berichterstattungsqualität also davon abhängig sein, ob ein Unternehmen zum ersten Mal mit seiner Bilanzveröffentlichung an die Öffentlichkeit tritt oder bereits seit längerer Zeit Daten aus dem Unternehmensbereich publiziert.[137] In der Literatur wird diesbezüglich die Vermutung geäußert, dass Unternehmen, die in punkto Publizität Neuland betreten, der bestehenden Unsicherheit durch Zurückhaltung begegnen werden, um sich „durch die eigene Übung nicht vorzeitig zu binden".[138] Doch könnte auch genau das Gegenteil der Fall sein, falls das junge Wachstumsunternehmen feststellt, dass es mit einer besseren Informationspolitik leichter Kapital anzieht und seine Aktienkurse folglich steigen.[139] Dem ist jedoch entgegenzuhalten, dass in einem etablierten Unternehmen, das über ein ausgebautes und leistungsfähiges Informations- und Kontrollsystem verfügt, wahrscheinlich auch die Informationsbeschaffung leichter sein wird, was sich zugleich positiv auf die veröffentlichten Jahresabschlüsse und die damit verbundene Berichterstattungsqualität auswirken kann. Insgesamt wird daher der folgende Zusammenhang vermutet:

H_5: Das Maß der Einhaltung der Offenlegungspflichten im Rahmen der Prospektpublizität ist positiv mit dem Unternehmensalter der börsengehenden Unternehmen des Neuen Marktes korreliert.

---

[136] Vgl. Glaum/Street, Rechnungslegung, 2002, S. 47.

[137] Vgl. hierzu bereits Frings, Berichterstattung, 1975, S. 293; Sprißler, Rechnungslegung, 1976, S. 164.

[138] Vgl. Sprißler, Rechnungslegung, 1976, S. 164.

[139] Vgl. hierzu bereits Frings, Berichterstattung, 1975, S. 293.

- ***Der Verschuldungsgrad – als Kennzahl der Finanzlage – als Determinante des Publizitätsverhaltens***

Mit der Einbeziehung von bilanziellen Kennzahlen als mögliche Bestimmungsfaktoren für das Publizitätsverhalten von Unternehmen werden stark angreifbare Aspekte in die Untersuchung eingebracht. Solche Kennzahlen können nur als schwacher Indikator für die Lage und das wirtschaftliche Gebaren eines Unternehmens angesehen werden. Da sich aus Bilanzkennzahlen möglicherweise Erwartungshaltungen Außenstehender ergeben können, sollen in diese Untersuchung dennoch spezifische Kennzahlen einbezogen werden:
Der statische Verschuldungsgrad und spezifische Rentabilitätskennziffern als Ausdruck für die bilanzielle Ertragslage. Hierbei handelt es sich um traditionell für die Bilanzanalyse bedeutsame Größen, die sich auch in empirischen Untersuchungen als allgemein akzeptierte Kennzahlen herausgestellt haben.[140] Unabhängig von der Frage, ob dem Verschuldungsgrad tatsächlich ein Erkenntniswert über die Vermögens- und Finanzlage zugesprochen werden kann, hängt die Beschaffung von Fremdkapital durch Kreditinstitute von der Einhaltung empirisch-deduktiv ermittelter Bilanzrelationen ab; dem Verschuldungsgrad ist damit der Charakter einer vom Unternehmen einzuhaltenden Spielregel zuzuschreiben.[141] Die sich im Verschuldungsgrad offenbarende Kreditstruktur kann als Indiz für die Inanspruchnahme des Kapitalmarktes und das Risiko für neue Kredite angesehen werden.[142] Die Annahme, die Höhe der Kennziffer beeinflusse das Publizitätsverhalten, lässt sich unterschiedlich begründen:
Für einen positiven Zusammenhang spricht, dass durch eine überdurchschnittliche finanzwirtschaftlich orientierte Publizität die Ursachen eines hohen Verschuldungsgrades transparent gemacht werden können.[143] Sind diese nicht auf Managementfehler zurückzuführen, kann durch eine überdurchschnittliche Berichtsqualität das Vertrauen von Eigen- und Fremdkapitalgebern trotz eines negativ beurteilten hohen Fremdkapitalanteils gefestigt werden.[144] Andererseits kann argumentiert werden, dass die Kreditinstitute, insbesondere die Hausbanken, regelmäßig über ergiebigere Informationsquellen als den Jahresabschluss verfügen, so dass bei einem aufgrund von Bankkrediten hohen Verschuldungsgrad umfangreiche Berichterstattung nicht erforderlich wäre.[145] Demgegenüber sind diese unternehmensinternen Daten anderen Gläubigern und insbesondere den Anlegern zumeist nicht zugänglich, so dass diese für ihre Entscheidungen auf

---

[140] Vgl. hierzu auch die Ausführungen in Kapitel 4 dieser Arbeit.
[141] Vgl. Schneider, Finanzwirtschaftliche Nebenrechnungen, 1985, S. 25.
[142] Vgl. Frings, Berichterstattung, 1975, S. 290 f.
[143] Vgl. hierzu bereits Ahmed/Nicholls, Mandatory Disclosure, 1994, S. 65; Wallace/Naser, Disclosure, 1995, S. 321.
[144] Vgl. hierzu bereits Kortmann, Berichterstattung, 1989, S. 218 f.; Schneider, Finanzwirtschaftliche Nebenrechnungen, 1985, S. 26.
[145] Vgl. hierzu bereits Frings, Berichterstattung, 1975, S. 291; Schneider, Finanzwirtschaftliche Nebenrechnungen, 1985, S. 26; Wagenhofer/Ewert, Externe Unternehmensrechnung, 2003, S. 362.

die Informationen des Jahresabschlusses angewiesen sind.[146] Somit wiegen die Gründe für eine positive Korrelation schwerer als die für eine negative Korrelation, insbesondere vor dem Hintergrund, dass im Rahmen dieser Untersuchung die Thematik der Börseneinführung und damit die Anleger im Mittelpunkt der Argumentation stehen. Aus der oben genannten Annahme folgt demnach die folgende Hypothese:

> ***H_6: Das Maß der Einhaltung der Offenlegungspflichten im Rahmen der Prospektpublizität ist positiv mit dem Verschuldungsgrad der börsengehenden Unternehmen des Neuen Marktes korreliert.***

▪ ***Die Ertragslage als Determinante des Publizitätsverhaltens***

Die Einwände gegen die Einbeziehung bilanzieller Kennzahlen gelten gleichermaßen für den Verschuldungsgrad wie für die bilanzielle Ertragslage. Die Begründung für einen Einfluss der Ertragslage auf das Publizitätsverhalten ist jedoch weniger offenkundig als die des Einflusses des Verschuldungsgrades. Der Frage, ob die Ertragslage eines Unternehmens die Berichterstattungsqualität beeinflusst, wurde bisher auch nur in wenigen empirischen Untersuchungen nachgegangen.[147] Dies resultiert vermutlich daraus, dass sich sowohl Gründe für einen positiven als auch für einen negativen Zusammenhang zwischen der Ertragslage und der Berichterstattungsqualität finden lassen.[148]

Hat ein Unternehmen eine günstige, über dem Branchendurchschnitt liegende Ertragslage, so kann man annehmen, dass dieser Tatbestand zu ausführlicher Berichterstattung Anlass gibt.[149] Es sprechen jedoch auch Gründe dafür, dass bei guter Ertragslage die Berichterstattung restriktiv gehandhabt wird, um aus Konkurrenzgründen die tatsächliche Erfolgslage zu vertuschen oder um die Dividendenansprüche der Aktionäre sowie die Gehaltsanforderungen der Arbeitnehmer möglichst niedrig zu halten.[150] Eine schlechte Ertragslage könnte dagegen ebenso zu einer eingeschränkten Berichterstattung führen, um Externen, beispielsweise den Aktionären, der Belegschaft oder den Gläubigern, den Einblick in die gegenwärtige Situation des Unternehmens zu erschweren.[151] Umgekehrt lassen

---

[146] Vgl. hierzu bereits Schneider, Finanzwirtschaftliche Nebenrechnungen, 1985, S. 26.

[147] Vgl. hierzu auch Tabelle 4-2.

[148] Vgl. Schneider, Finanzwirtschaftliche Nebenrechnungen, 1985, S. 19; Wasser, Prognosepublizität, 1976, S. 99; Wagenhofer/Ewert, Externe Unternehmensrechnung, 2003, S. 363.

[149] Vgl. hierzu bereits Frings, Berichterstattung, 1975, S. 292; Inchausti, Information Disclosed, 1997, S. 54; Kortmann, Berichterstattung, 1989, S. 229; Malone/Fries/Jones, Corporate Financial Disclosure, 1993, S. 254; Schneider, Finanzwirtschaftliche Nebenrechnungen, 1985, S. 19; Schwarz, Börseneinführungspublizität, 1988, S. 215; Singhvi/Desai, Disclosure, 1971, S. 134; Wallace/Naser/Mora, Corporate Annual Reports, 1994, S. 45 f.; Wallace/Naser, Disclosure, 1995, S. 319; Wasser, Prognosepublizität, 1976, S. 100.

[150] Vgl. hierzu bereits Wasser, Prognosepublizität, 1976, S. 103.

[151] Vgl. hierzu bereits Frings, Berichterstattung, 1975, S. 292; Kortmann, Berichterstattung, 1989, S. 230; Malone/Fries/Jones, Corporate Financial Disclosure, 1993, S. 254; Schnei-

sich ebenso Gründe dafür finden, warum die Berichterstattung bei schlechter Ertragslage besonders ausführlich sein könnte.[152] Denn gerade bei einer schlechten Ertragslage möchten die außenstehenden Koalitionsmitglieder erfahren, auf welche Ursachen diese zurückzuführen ist.[153] Insbesondere wird sich das Interesse auf die Frage richten, ob und inwieweit die Unternehmensleitung möglicherweise für die ungünstige wirtschaftliche Lage des Unternehmens verantwortlich ist.[154] Ob die Unternehmensleitung dem Informationsbedürfnis der Externen in Krisenzeiten nachkommt, ist jedoch fraglich. Zu vermuten wäre eher, dass die Unternehmensleitung bei schlechter Ertragslage eine restriktive Berichtspolitik ausübt, um eigene Misserfolge möglichst lange zu vertuschen und um dadurch der Gefahr des Abflusses finanzieller Mittel durch die Anteilseigner zu begegnen.[155]
In der vorliegenden Untersuchung wird der Einfluss, den die Ertragslage auf das allgemeine Publizitätsniveau von Unternehmen ausüben kann, trotz der divergierenden Ansätze für eine Begründung untersucht, obwohl von vorneherein über die Art des Zusammenhangs zwischen den genannten Variablen keine eindeutige Annahme gemacht werden kann. Folglich soll die Hypothese aufgestellt werden, dass die Ertragslage einen Einfluss auf das Maß der Einhaltung der Offenlegungspflichten hat, ohne a priori eine Annahme über die Richtung dieses Einflusses zu treffen. Im Folgenden wird damit die Hypothese getestet:

H_7: Die Ertragslage hat einen Einfluss auf das Maß der Einhaltung der Offenlegungspflichten im Rahmen der Prospektpublizität börsengehender Unternehmen des Neuen Marktes.

Die Hypothesen über die Determinanten der Einhaltung der Offenlegungsanforderungen im Rahmen der Prospektpublizität börsengehender Unternehmen des Neuen Marktes sind in Tabelle 5-5 nochmals im Überblick dargestellt. Angegeben ist dabei auch, mit Hilfe welcher Variablen die Hypothesen in der empirischen Untersuchung operationalisiert werden. Die letzte Spalte enthält die Bezeichnungen der Variablen, die in den Regressionsrechnungen verwendet werden.

---

der, Finanzwirtschaftliche Nebenrechnungen, 1985, S. 19; Schwarz, Börseneinführungspublizität, 1988, S. 215; Singhvi/Desai, Disclosure, 1971, S. 134; Wallace/Naser/Mora, Corporate Annual Reports, 1994, S. 46; Wasser, Prognosepublizität, 1976, S. 101.

152 Vgl. hierzu bereits Inchausti, Information Disclosed, 1997, S. 54; Müller, Zwischenberichtspublizität, 1976, S. 95; Schneider, Finanzwirtschaftliche Nebenrechnungen, 1985, S. 19 f.

153 Vgl. hierzu bereits Frings, Berichterstattung, 1975, S. 292; Wasser, Prognosepublizität, 1976, S. 100.

154 Vgl. hierzu bereits Wasser, Prognosepublizität, 1976, S. 100.

155 Vgl. hierzu bereits Wasser, Prognosepublizität, 1976, S. 102.

Hypothese	Determinante des Publizitätsverhaltens	Operationalisierung[156]	Bezeichnung in Regression
H_1	*Unternehmensgröße*	***Bilanzsumme, Eigenkapital, Umsatzerlöse und durchschnittliche Arbeitnehmerzahl***[157] Bilanzsumme, Eigenkapital, Umsatzerlöse und durchschnittliche Arbeitnehmerzahl des letzten vor dem Börsengang endenden Geschäftsjahres	*SIZE*
H_2	*Inanspruchnahme des Kapitalmarktes*	***Emissionsvolumen***[158] Anzahl der bei Börsengang ausgegebenen Stückaktien sowie Produkt aus Anzahl der Stückaktien und Emissionspreis	*ISSUE*

156 Zu den Quellen der verwendeten Daten: Wie bereits erwähnt, wurden die in dieser Untersuchung verwendeten Daten den Emissionsprospekten der Unternehmen des Untersuchungssamples entnommen. Die Daten zum Platzierungsvolumen und der Aktionärsstruktur bei Notierungsaufnahme wurden von der ***Deutschen Börse AG*** bereitgestellt, vgl. Deutsche Börse AG, Neuer Markt-Stammdaten, 2001. In einigen wenigen Fällen konnten Unternehmen wegen fehlender Daten nicht in die hier zu untersuchende Stichprobe aufgenommen werden. Folglich gehen nicht alle 155 Unternehmen des Untersuchungssamples in die nachfolgenden Analysen ein; im Folgenden wird daher der in die Analyse einbezogene Stichprobenumfang (N) angegeben.

157 Obwohl die Unternehmensgröße als ein entscheidender Einflussfaktor der Publizität gilt, hat sich für die Operationalisierung der Unternehmensgröße kein zwingendes Kriterium finden lassen. Ausgehend vom Handelsgesetz und Publizitätsgesetz wurden in einer Vielzahl empirischer Untersuchungen zur Unternehmenspublizität alternativ die Größenmerkmale Eigenkapital, Bilanzsumme, Umsatzerlöse oder Zahl der Arbeitnehmer herangezogen. Teilweise wurden den Hypothesentests aber auch eine an den Schwellenwerten des HGB oder des PublG orientierte Methodik der Größenmessung zugrunde gelegt, welche die Höhe der Bilanzsumme und der Umsatzerlöse sowie die durchschnittliche Anzahl der Arbeitnehmer simultan berücksichtigt. Zur Klassifikation der Unternehmen nach ihrer Größe dienten in anderen Untersuchungen als Bezugsgrößen die Schwellenwerte des Publizitätsgesetzes oder des HGB, aus denen sodann zur Vermeidung von Informationsverlusten durch Klassenbildung ein Gesamtindikator errechnet wurde. Dies zeigt, dass es keine allgemein gültigen objektiven Maßstäbe gibt, so dass die Fixierung von Größenkriterien immer in gewissem Maße „willkürlich" sein muss. Daher kann auch für diese Untersuchung kein „richtiger", sondern bestenfalls ein „zweckmäßiger" Größenmaßstab gewählt werden:

Die Relevanz der Determinante „Unternehmensgröße" wird im Rahmen der hier vorgenommenen Regressionsrechnungen untersucht, indem neben der Bilanzsumme zusätzlich auch die Mitarbeiter-, Umsatz- und Eigenkapitalzahlen einzeln in das nachfolgend dargestellte Grundmodell der Determinanten der Einhaltung von Offenlegungsanforderungen im Rahmen der Prospektpublizität börsengehender Unternehmen des Neuen Marktes eingeführt werden.

158 Das Emissionsvolumen wird entsprechend der vorangehenden Begründung dieser Hypothese alternativ anhand zwei verschiedener Größen gemessen: Der Anzahl der bei Börsengang ausgegebenen Stückaktien und dem Produkt aus Stückaktien und Emissionspreis. Der Einbezug dieser beiden Größen in das nachfolgend dargestellte Regressionsmodell erfolgt unter der Annahme, dass dem bilanzierenden Personenkreis bereits bei Aufstellung der (untersuchten) Abschlüsse bekannt gewesen ist, in welchem Umfang der Kapitalmarkt

Hypothese	Determinante des Publizitätsverhaltens	Operationalisierung	Bezeichnung in Regression
H_3	*Aktionärsstruktur*	*Aktionärsstruktur bzw. Streubesitzanteil bei Notierungsaufnahme*[159]	*FREE FLOAT*
H_4	*Konzernbindung*	*Dummy-Variable:* ▪ Emittent mit Konzernstruktur = 1, ▪ Emittent ohne Konzernstruktur = 0	*GROUP*
H_5	*Unternehmensalter*	*Anzahl der Jahre seit Gründung des Unternehmens*	*AGE*
H_6	*Finanzlage*	*Verschuldungsgrad* (Verhältnis von Verbindlichkeiten zu Bilanzsumme) des letzten vor dem Börsengang endenden Geschäftsjahres	*DER*
H_7	*Ertragslage*	*Eigenkapitalrentabilität* (Verhältnis von Jahresergebnis vor Steuern zu Eigenkapital) des letzten vor dem Börsengang endenden Geschäftsjahres[160]	*ROE*
H_8[161]	*Größe des Abschlussprüfers* Größenklasseneinteilung: Variante A, B, C und D	*Dummy-Variable:*[162] *Alternative A, B, C und D*	*AUDITOR*

in Anspruch genommen wird bzw. wie viele Aktien im Rahmen des Börsenganges ausgegeben werden; darüber hinaus wird angenommen, dass die Unternehmensleitung genaue Kenntnisse vom Unternehmenswert ihres Unternehmens hat. ***Die beiden genannten Größen werden einzeln in das nachfolgend dargestellte Grundmodell der Determinanten der Einhaltung von Offenlegungsanforderungen im Rahmen der Prospektpublizität börsengehender Unternehmen des Neuen Marktes eingeführt.***

159 Zu vermuten wäre, dass vor allem auch Beteiligungen von institutionellen Anlegern oder von Investoren aus dem Ausland für die Qualität der Rechnungslegung von Bedeutung sind. Es ist jedoch nicht möglich, diese Vermutung empirisch zu überprüfen, da über die Daten zum Streubesitz hinaus keine detaillierten Daten zur Aktionärsstruktur der „Neuen Markt"-Unternehmen vorliegen.

160 Um der Frage nachgehen zu können, ob das Jahresergebnis durch „bilanzkosmetische Maßnahmen" kurzfristig auf eine für das Going Public adäquate Höhe korrigiert wurde, müsste man darüber hinaus konsequenterweise auch eine Zeitreihenanalyse anregen. Da das letzte Jahresergebnis nicht unbedingt die tatsächliche Ertragskraft des Unternehmens widerspiegeln muss, ist eine gewisse Ertragskontinuität wesentlich aussagefähiger als die absolute Höhe des Jahresüberschusses oder -fehlbetrages. Auf eine mehrperiodische Durchschnittsermittlung für die verwendete Rentabilitätskennziffer ist an dieser Stelle jedoch verzichtet worden, und zwar aufgrund der Annahme, die Unternehmensleitungen seien mittels ausgleichender bilanzpolitischer Maßnahmen bemüht, die Jahresergebnisse der von ihnen geführten Gesellschaften im Zeitablauf über mehrere Perioden möglichst nicht zu stark voneinander abweichen zu lassen, so dass die Verwendung mehrjähriger Durchschnitts-Kennziffern für die vorliegende Analyse, in der es weniger auf die absolute Höhe der Kennziffer, sondern vielmehr auf deren Relation zu den entsprechenden Werten der anderen Unternehmen ankommt, keine nennenswerten Abweichungen erbracht hätte.

161 Diese Hypothese entspricht der in Kapitel 3 dieser Arbeit abgeleiteten Hypothese.

162 ***Die Relevanz der Determinante „Größe des Abschlussprüfers" wird im Rahmen der hier vorgenommenen Regressionsrechnungen untersucht, indem die für diese Determinante zur Verfügung stehenden Alternativen zu deren Operationalisierung einzeln in das nachfolgend dargestellte Grundmodell der Determinanten der Einhaltung von Offenlegungsanforderungen im Rahmen der Prospektpublizität börsengehender Unterneh-***

Hypothese	Determinante des Publizitätsverhaltens	Operationalisierung	Bezeichnung in Regression
H_8	***Größe des Abschlussprüfers*** Größenklasseneinteilung: Variante A, B, C und D	***Alternative A:*** *(3 Größenklassen)* ▪ „Big 6-WPG" = 2, ▪ „Second-Tier-WPG" = 1, ▪ „kleine WP/WPG" = 0	***$AUDITOR_A$***
		Alternative B: *(2 Größenklassen: Die „Second-Tier-WPG" werden den kleineren WP/WPG zugeordnet.)* ▪ „Big 6-WPG" = 1, ▪ „Diverse WP/WPG" = 0	***$AUDITOR_B$***
		Alternative C: *(2 Größenklassen: Die „Second-Tier-WPG" werden den größeren WP/WPG zugeordnet.)* ▪ große WPG („Big 6-WPG" und „Second-Tier-WPG") = 1, ▪ „kleine WP/WPG" = 0	***$AUDITOR_C$***
		Alternative D: *(2 Größenklassen: Es werden nur die zwei Gruppen: „Big 6-WPG" und „kleine WP/WPG" betrachtet.)* ▪ „Big 6-WPG" = 1, ▪ „kleine WP/WPG" = 0	***$AUDITOR_D$***

Tabelle 5-5: Hypothesen über Determinanten der Einhaltung der Offenlegungsanforderungen nach den deutschen handelsrechtlichen Vorschriften des HGB, den International Accounting Standards (IAS) und den US-amerikanischen Generally Accepted Accounting Principles (US-GAAP)

men des Neuen Marktes eingeführt werden. Hierbei wird zunächst für die Variablen SIZE und ISSUE die „Bilanzsumme" bzw. das „Emissionsvolumen gemessen anhand der bei Börsengang ausgegebenen Stückaktien" zur Operationalisierung verwandt, da diese in vorangegangenen Untersuchungen von den zur Auswahl stehenden Determinanten die größte Beachtung gefunden haben. Im Rahmen der Darstellung der Prüfung der Regressionsfunktion findet dabei nachfolgend insbesondere die Modellierung nähere Beachtung, in welche die Variante „D" Eingang gefunden hat, da diese aufgrund der theoretischen Überlegungen des Abschnittes 3 dieser Arbeit als nahe liegend zu betrachten ist. Da diese Alternative in allen Fällen jedoch nicht zu der Modellierung mit dem höchsten Erklärungsgehalt zur Begründung unterschiedlichen Publizitätsniveaus in HGB-, IAS- und US-GAAP-Abschlüssen führte, findet darüber hinaus jeweils die Modellierung nähere Beachtung, welche den höchsten Erklärungsgehalt zur Begründung unterschiedlichen Publizitätsverhaltens aufweist; diese wird in den nachfolgend dargestellten Tabellen 5-6, 5-7 und 5-8 jeweils kursiv dargestellt. In den nachfolgenden Ausführungen wird dabei ausschließlich auf die zuletzt genannte Modellvariante eingegangen. Die Ergebnisse zusätzlicher Auswertungen bei Berücksichtigung der alternativen Varianten für die Variablen SIZE und ISSUE (Eigenkapital, Umsatzerlöse und durchschnittliche Arbeitnehmerzahl bzw. Emissionsvolumen gemessen anhand des Produkts aus der Anzahl der Stückaktien und dem Emissionspreis) werden ergänzend in den Fußnoten dargestellt.

Die dargestellten Hypothesen werden im Folgenden mit Hilfe multipler linearer Regressionsrechnungen getestet. Die abhängige Variable ist dabei der Publizitätsindex, welcher separat für die Abschlüsse nach den deutschen handelsrechtlichen Vorschriften des HGB, den International Accounting Standards (IAS) und den US-amerikanischen Generally Accepted Accounting Principles (US-GAAP) auf Basis der in Abschnitt 5.2 dieser Arbeit entwickelten Methode für das zugrunde liegende Untersuchungssample ermittelt wurde. Die unabhängigen Variablen werden durch die acht Hypothesen H_1 bis H_8 bestimmt (siehe Tabelle 5-5). Die mit Hilfe der „Methode der kleinsten Quadrate"[163] zu schätzende Testgleichung hat somit folgendes Aussehen:

$$\text{Index}_{(\text{HGB/IAS/US-GAAP})i} = \beta_0 + \beta_1\,\text{SIZE}_i + \beta_2\,\text{ISSUE}_i + \beta_3\,\text{FREE FLOAT}_i + \beta_4\,\text{GROUP}_i + \beta_5\,\text{AGE}_i + \beta_6\,\text{DER}_i + \beta_7\,\text{ROE}_i + \beta_8\,\text{AUDITOR}_{A/B/C/D\;i} + \varepsilon_i,$$

wobei Index_i sowie SIZE_i, ISSUE_i etc. die Ausprägungen der abhängigen und der unabhängigen Variablen für die Unternehmen des Samples symbolisieren (mit i = 1, 2, 3, ..., 155) und β_0 bis β_8 die Regressionsparameter und ε_i den Störterm darstellen.

Die empirische Anwendung der multiplen linearen Regressionsanalyse setzt zunächst die Überprüfung der Einhaltung deren Prämissen voraus.[164] Hierzu existieren im Programmpaket SPSS für Windows entsprechende Tests und graphische Unterstützungen, die hinsichtlich der hier vorliegenden Datenbasis keine Hinweise auf eine Prämissenverletzung dieses Analyseverfahrens erbrachten.[165] Da

---

163 Vgl. hierzu im Detail Backhaus/Erichson/Plinke et al., Multivariate Analysemethoden, 2000, S. 10 ff.; Ezekiel/Fox, Regression Analysis, 1963, S. 279 ff.; Makridakis/Wheelwright, Interactive Forecasting, 1978, S. 363 ff.

164 Die empirische Anwendung der Regressionsanalyse, bei der es sich i. d. R. um die Analyse von Stichprobendaten handelt, erfordert, dass ein stochastisches Modell zugrunde gelegt wird. Dieses stochastische Modell ist mit einer Reihe von Annahmen verbunden, woraus sich für die Anwendung der linearen Regressionsanalyse folgende Prämissen ergeben: (a) Linearität in den Parametern, (b) Vollständigkeit des Modells (Berücksichtigung aller relevanten Variablen), (c) Homoskedastizität der Störgrößen, (d) Unabhängigkeit der Störgrößen, (e) keine lineare Abhängigkeit zwischen den unabhängigen Variablen und (f) Normalverteilung der Störgrößen. Aufgrund der Vielzahl der Annahmen, die der Regressionsanalyse zugrunde liegen, mag deren Anwendbarkeit sehr eingeschränkt erscheinen. Das aber ist nicht der Fall. Die Regressionsanalyse ist recht unempfindlich gegenüber kleineren Verletzungen der obigen Annahmen und bildet ein äußerst flexibles und vielseitig anwendbares Analyseverfahren. Hinsichtlich der Bedeutung der einzelnen Annahmen und der Konsequenzen ihrer Verletzung vgl. im Detail Backhaus/Erichson/Plinke et al., Multivariate Analysemethoden, 2000, S. 33 ff. Vgl. darüber hinaus Norušis, SPSS 10.0, 2000, S. 455 ff.; Regionales Rechenzentrum für Niedersachsen/Universität Hannover und Fachrichtung Psychologie der Universität des Saarlandes, Saarbrücken, SPSS Fortgeschrittene, 2000, S. 6-50 f.

165 Beispielsweise waren die Korrelationen zwischen den acht unabhängigen Variablen mit einem durchschnittlichen Korrelationskoeffizienten von 0,140 (HGB), 0,136 (IAS) und 0,147 (US-GAAP) und einem maximalen Wert von 0,376 (HGB/IAS) und 0,381 (US-GAAP) eher unauffällig. Zu beachten ist dabei, dass es sich bei einigen der Variablen um

somit die Voraussetzungen geschaffen sind, um in das Stadium der Hypothesenprüfung eintreten zu können, werden nun die oben aufgeführten Hypothesen mit der Realität konfrontiert. Dazu werden eine Reihe von Regressionen durchgeführt, deren Ergebnisse im Folgenden dargestellt werden sollen. Wie bereits oben näher ausgeführt wurde, finden in den folgenden Ausführungen insbesondere die Modellierungen nähere Beachtung, welche den höchsten Erklärungsgehalt zur Begründung unterschiedlichen Publizitätsverhaltens aufweisen.

5.5.2.2 Der Einfluss weiterer Determinanten des Publizitätsverhaltens börsengehender Unternehmen des Neuen Marktes – Prüfung der Regressionsfunktion

Die Ergebnisse der Regressionsschätzungen hinsichtlich der Determinanten der Einhaltung der Offenlegungsanforderungen nach den deutschen handelsrechtlichen Vorschriften des HGB, den International Accounting Standards (IAS) und den US-amerikanischen Generally Accepted Accounting Principles (US-GAAP) sind in den Tabellen 5-6, 5-7 und 5-8 zusammengefasst. Für jede der erklärenden Variablen sind der Regressionskoeffizient (b), der t-Wert (t) und der Signifikanz-Wert (p) angegeben.[166] Der im unteren Teil der Tabellen aufgeführte F-Wert[167] von 2,975 (HGB), 1,802 (IAS) und 2,833 (US-GAAP) erweist sich in den Regressionsmodellen zur Erklärung des Publizitätsniveaus in HGB- und US-GAAP-Abschlüssen bei Zugrundelegen einer Irrtumswahrscheinlichkeit von 5 % ($\alpha = 0{,}05$) als signifikant, was darauf hindeutet, dass diese Modelle in ihrer Gesamtheit gut spezifiziert sind. Der entsprechende F-Wert des Regressionsmodells zur Erklärung des Publizitätsniveaus in IAS-Abschlüssen ist nur noch bei Zugrundelegen einer Irrtumswahrscheinlichkeit von 10 % ($\alpha = 0{,}10$) als statistisch signifikant anzusehen, d. h. insgesamt kann der durch die Regressionsbeziehung postulierte Zusammenhang empirisch nicht auf hochsignifikantem Niveau bestätigt werden. Dies bedeutet allerdings nicht, dass keine Zusammenhänge zwischen der abhängigen und den erklärenden Variablen bestehen können. Diese könnten hier jedoch möglicherweise durch andere Einflüsse, die im Rah-

---

dichotome Variablen (Dummy-Variablen) handelt und dass Korrelationskoeffizienten, die zwischen zwei dichotomen Variablen (Phi-Koeffizienten) oder zwischen dichotomen und kardinal skalierten Variablen (punkt-biserielle Koeffizienten) berechnet werden, bestimmte Besonderheiten aufweisen. Insbesondere sind derartige Koeffizienten nicht notwendigerweise um Null symmetrisch und ihr Vorzeichen ist irrelevant, da es von der Kodierung der dichotomen Variablen abhängt. Zu Einzelheiten siehe Diehl/Kohr, Statistik, 1994, S. 259 ff. und Fn. 180 (Abschnitt 5.5).

166 Durch den t-Test wird die Frage überprüft, ob die unbekannten Regressionskoeffizienten der Grundgesamtheit β_j ($j = 1, 2, ..., 8$) sich von Null unterscheiden. Hierfür wird ein Annahmebereich für b_j (Regressionskoeffizient der Stichprobe) bzw. die Transformation von b_j in einen t-Wert konstruiert. Vgl. hierzu im Detail Backhaus/Erichson/Plinke et al., Multivariate Analysemethoden, 2000, S. 29 ff.

167 Mit Hilfe des F-Wertes wird der lineare Zusammenhang in der Grundgesamtheit gemessen, der für die hier vorliegenden Regressionsmodelle relativ stark ausgeprägt ist. Zu diesem Testverfahren vgl. im Detail Backhaus/Erichson/Plinke et al., Multivariate Analysemethoden, 2000, S. 24 ff.

men dieses Modells nicht berücksichtigt wurden bzw. berücksichtigt werden konnten (siehe hierzu auch die Erläuterungen in Abschnitt 5.5.1 dieser Arbeit), überlagert sein.[168] Der Wert von 0,148 (HGB), 0,184 (IAS) und 0,259 (US-GAAP) für das Bestimmtheitsmaß (r^2), welches die Güte der Anpassung der Regressionsfunktion an die empirischen Daten („goodness of fit") misst,[169] ist angesichts der explorativen Natur der vorliegenden Forschungsarbeit und der in Abschnitt 5.5.1 aufgezeigten Problemstellung im Rahmen dieser Forschungsrichtung als zufrieden stellend zu bezeichnen.[170]

	Regressions-koeffizient (b)	*t-Wert (t)*	*Signifikanz-Wert (p)*
(Konstante)	68,097 *67,167*	11,740 *11,932*	0,000 *0,000*
SIZE[171]	5,228E-05 *5,680E-05*	1,085 *1,225*	0,280 *0,223*
ISSUE[172]	-8,166E-07 *-8,325E-07*	-0,994 *-1,033*	0,322 *0,304*

168 Vgl. hierzu auch Backhaus/Erichson/Plinke et al., Multivariate Analysemethoden, 2000, S. 28.

169 Diese Maßgröße gibt an, welcher Anteil an der Varianz der abhängigen Variablen durch die unabhängigen Variablen erklärt werden kann. Hierbei handelt es sich um eine normierte Größe, deren Wertebereich zwischen Null und Eins liegt. Sie ist umso größer, je höher der Anteil der erklärten Streuung an der Gesamtstreuung ist. Im Extremfall, wenn die gesamte Streuung erklärt wird, ist $r^2 = 1$, im anderen Extremfall entsprechend $r^2 = 0$. Die Erklärungskraft dieser Modelle ist dementsprechend nicht als sehr hoch einzuschätzen, d. h. bei einem Bestimmtheitsmaß (r^2) von 0,148 (HGB), 0,184 (IAS) und 0,259 (US-GAAP) lassen sich bei isolierter Betrachtung dieser Ergebnisse 14,8 %, 18,4 % und 25,9 % der Unterschiede in der Qualität der Berichterstattung durch die differierenden unabhängigen Variablen erklären. Vgl. hierzu im Detail Backhaus/Erichson/Plinke et al., Multivariate Analysemethoden, 2000, S. 20 ff.

170 Das korrigierte Bestimmtheitsmaß (r^2_{korr} – dieses Maß vermindert das einfache Bestimmtheitsmaß um eine Korrekturgröße, die umso größer ist, je größer die Zahl der Regressoren und je kleiner die Zahl der Freiheitsgrade ist) fällt zwar im Vergleich ab, ist aber, besonders im Vergleich zu anderen Untersuchungen, ebenfalls noch als zufrieden stellend anzusehen. Mindestanforderungen bzgl. dieses Wertes können nicht allgemeingültig formuliert werden. Vgl. hierzu im Detail Backhaus/Erichson/Plinke et al., Multivariate Analysemethoden, 2000, S. 24, 47. Vgl. darüber hinaus auch Wagenhofer, Informationspolitik, 1990, S. 252.

171 Es sei nochmals darauf hingewiesen, dass die Variable SIZE in der oben dargestellten Modellierung durch die Bilanzsumme des letzten Geschäftsjahres vor Börsengang der börsengehenden Unternehmen des Neuen Marktes (des Untersuchungssamples) operationalisiert wird. Alternativ durchgeführte Regressionsrechnungen mit Umsatzzahlen oder der Größe „Eigenkapital" erbrachten niedrigere F-Werte, die auf eine insgesamt geringere Aussagefähigkeit dieser Modellierungen hindeuten. Zudem führten diese zu geringeren Bestimmtheitsmaßen (r^2) und damit zu einer geringeren Güte der Anpassung der Regressionsfunktionen an die empirischen Daten („goodness of fit"). Lediglich die alternativ durchgeführte Regressionsrechnung mit Mitarbeiterzahlen führte zu einem Anstieg des F-Wertes ($F = 3,009$) und zu einem r^2 in Höhe von 0,152. Hierbei ergab sich bei Zugrundelegen einer Irrtumswahrscheinlichkeit von höchstens 5 % ein signifikanter Einfluss der Variablen DER und GROUP auf den ermittelten Publizitätsindex.

FREE FLOAT	0,132 ***0,134***	0,815 ***0,862***	0,417 ***0,390***
GROUP	3,343 ***5,006***	1,099 ***1,728***	0,274 ***0,086***
AGE	-0,247 ***-0,279***	-1,504 ***-1,752***	0,135 ***0,082***
DER	-0,209 ***-0,207***	-3,764 ***-4,064***	0,000 ***0,000***
ROE	0,006 ***2,073E-03***	0,792 ***0,538***	0,430 ***0,592***
$AUDITOR_D$ ***$AUDITOR_C$***	3,602 ***3,445***	1,317 ***1,300***	0,190 ***0,196***
Bestimmtheitsmaß (r^2)	0,138 ***0,148***		
ANOVA (F-Wert)	2,436 ***2,975***		
Stichprobenumfang (N)	131 ***146***		
Signifikanz (p)	0,018 ***0,004***		

Tabelle 5-6: Determinanten der Einhaltung der Offenlegungspflichten nach den deutschen handelsrechtlichen Vorschriften des HGB[173]

---

[172] Es sei nochmals darauf hingewiesen, dass die Variable ISSUE in der oben dargestellten Modellierung durch das Emissionsvolumen gemessen anhand der Stückzahl der bei Börsengang ausgegebenen Aktien operationalisiert wird. Eine alternativ durchgeführte Regressionsrechnung mit dem Platzierungsvolumen gemessen anhand des Produkts aus der Stückzahl der bei Börsengang ausgegebenen Aktien und dem Emissionspreis erbrachte einen niedrigeren F-Wert, welcher auf eine insgesamt geringere Aussagefähigkeit dieser Modellierung hindeutet. Zudem führte diese zu einem geringeren Bestimmtheitsmaß (r^2) und damit zu einer geringeren Güte der Anpassung der Regressionsfunktion an die empirischen Daten („goodness of fit"). Die Ergebnisse dieser Regressionsrechnung stimmen jedoch mit dem Befund der in Tabelle 5-6 dargestellten Regressionsbeziehung überein, in der sich lediglich der „Verschuldungsgrad" als statistisch hoch signifikante Einflussgröße erweist.
Eine alternativ durchgeführte Regressionsrechnung, in welche sowohl für die Variable SIZE als auch die Variable ISSUE logarithmierte Werte für die Bilanzsumme bzw. das Emissionsvolumen (gemessen anhand des Produkts aus der Anzahl der bei Börsengang ausgegebenen Stückaktien und dem Emissionspreis) eingeführt wurden, führte dagegen zu einem Anstieg des F-Wertes (F = 3,217) und zu einem r^2 in Höhe von 0,158. Hierbei ergab sich bei Zugrundelegen einer Irrtumswahrscheinlichkeit von höchstens 5 % ein signifikanter Einfluss der Variablen DER und GROUP auf den ermittelten Publizitätsindex.

[173] Es sei nochmals darauf hingewiesen, dass im Rahmen der in Tabelle 5-6 dargestellten Modellierung die Einhaltung der Offenlegungspflichten nach den deutschen handelsrechtlichen Vorschriften des HGB nach dem in Abschnitt 5.2 entwickelten Bewertungskonzept gemessen wurde. Eine alternativ durchgeführte Regressionsrechnung ohne Einbeziehung sog. „Ausreißer", d. h. ohne Berücksichtigung der Abschlüsse, die hinsichtlich ihrer Qualität den Qualitätswertklassen „0 bis 40%" zuzuordnen sind (vgl. Abbildung 5-7), führte zu einem Anstieg des F-Wertes (F = 3,045) und zu einem r^2 in Höhe von 0,154. Hierbei ergab sich bei Zugrundelegen einer Irrtumswahrscheinlichkeit von höchstens 5 % ein signifikanter Einfluss der Variablen DER und GROUP auf den ermittelten Publizitätsindex.

Wie der Tabelle 5-6 zu entnehmen ist, erweist sich im Hinblick auf das Publizitätsniveau der Berichterstattung nach den deutschen handelsrechtlichen Vorschriften des HGB lediglich der Verschuldungsgrad als statistisch (hoch) signifikant. Für diese Variable ergibt sich ein T-Verteilungswert, der selbst bei Zugrundelegen einer Irrtumswahrscheinlichkeit von nur 1 % (α = 0,01) signifikant ist. Dagegen sind die Faktoren „Vorliegen einer Konzernbindung" und „Unternehmensalter" erst bei Zugrundelegen einer Irrtumswahrscheinlichkeit von 10 % (α = 0,10) statistisch signifikant und wären erst dann als weitere Determinanten des Publizitätsverhaltens im Hinblick auf die Offenlegungsanforderungen nach den deutschen handelsrechtlichen Vorschriften des HGB im Rahmen der Emissionsprospekte börsengehender Unternehmen des Neuen Marktes anzusehen.[174] Hinsichtlich der übrigen unabhängigen Variablen ergeben sich keine feststellbaren Zusammenhänge mit dem Publizitätsniveau der Berichterstattung nach den deutschen handelsrechtlichen Vorschriften des HGB, womit sich hinsichtlich der Variable AUDITOR[175] die Ergebnisse der univariaten Analysen des Ab-

---

Alternativ durchgeführte Regressionsrechnungen mit den Publizitätsindexwerten, die unter Heranziehung des von ***Armeloh*** entwickelten Gewichtungskonzeptes und des Gewichtungskonzeptes der „Gleichgewichtung" ermittelt wurden, führten ebenfalls zu einem Anstieg des F-Wertes (F = 3,809 („Gewichtung nach ***Armeloh***") und F = 4,321 („Gleichgewichtung")) und zu einem r^2 in Höhe von 0,182 („Gewichtung nach ***Armeloh***") und 0,201 („Gleichgewichtung"). Hierbei ergab sich in beiden Fällen bei Zugrundelegen einer Irrtumswahrscheinlichkeit von höchstens 5 % ein signifikanter Einfluss der Variablen DER, GROUP, AGE und AUDITOR auf den ermittelten Publizitätsindex. Da diese Gewichtungskonzepte – wie die Ausführungen in Abschnitt 4.2 zeigen sollten – durchaus als anfechtbar angesehen werden können, werden die sich daraus ergebenden Resultate nicht weiter ausgeführt.

[174] Während sich hinsichtlich der Variable GROUP, wie in Abschnitt 5.5.2.1 vorhergesagt, ein positiver Zusammenhang mit der abhängigen Variablen ergab, ließ sich hinsichtlich der Variable AGE unerwartet ein negativer Zusammenhang mit der abhängigen Variablen feststellen. Unter den Unternehmen des Untersuchungssamples befinden sich einige Gesellschaften, die erst kurz vor ihrer Notierung am Neuen Markt gegründet wurden, aber trotzdem äußerst ausweisfreudig agierten, was die negative Korrelation erklärt. Es entsteht damit der Eindruck, dass für die Börseneinführungspublizität nicht so sehr das Alter und die Reife der Unternehmen, als vielmehr die unternehmensinterne Einstellung zum Kapitalmarkt und zu den Investoren entscheidend für das Publizitätsverhalten ist.

[175] Hierbei sei nochmals darauf hingewiesen, dass der Faktor AUDITOR$_C$ in der oben dargestellten Modellierung durch die Dummy-Variablen „1" für die Gruppe der „Big 6-WPG und Second-Tier-WPG" und „0" für die Gruppe der „kleinen WP/WPG" operationalisiert wird, d. h. zur Operationalisierung dieses Faktors wird lediglich zwischen großen und kleinen Abschlussprüfern unterschieden, wobei die Gruppe der „Second-Tier-WPG" der Gruppe der großen WPG zugeordnet wird. Alternativ durchgeführte Regressionsrechnungen mit AUDITOR$_A$ und AUDITOR$_B$ erbrachten niedrigere F-Werte, was auf eine insgesamt geringere Aussagefähigkeit dieser Modellierungen hindeutet. Zudem führten diese zu geringeren Bestimmtheitsmaßen (r^2) und damit zu einer geringeren Güte der Anpassung der Regressionsfunktionen an die empirischen Daten („goodness of fit"). Die Ergebnisse der Regressionsrechnungen der genannten Modellierungen stimmen jedoch mit

schnittes 5.4 bestätigen, d. h. die unterschiedliche Qualität der Berichterstattung nach den deutschen handelsrechtlichen Vorschriften des HGB in den Emissionsprospekten börsengehender Unternehmen des Neuen Marktes steht in keinem Zusammenhang mit der Größe des jeweilig testierenden Abschlussprüfers, sondern hängt vielmehr von anderen Einflüssen ab, wie beispielsweise dem Verschuldungsgrad.
Dieser steht hier in signifikant negativem Zusammenhang mit der abhängigen Variablen. Je niedriger also der Verschuldungsgrad ist, desto mehr Informationen erhalten die Investoren über das Unternehmen. Dies deckt sich allerdings nicht mit den vorangehend aufgegriffenen Plausibilitätsüberlegungen und der in diesem Zusammenhang abgeleiteten Hypothese. Die Ursache für dieses Ergebnis könnte darin bestehen, dass hochverschuldete Unternehmen eher zu einer eingeschränkten Berichterstattung neigen, um Externen, beispielsweise den Aktionären, der Belegschaft oder den Gläubigern, den Einblick in die gegenwärtige Situation des Unternehmens zu erschweren. Das Ziel der börsengehenden Unternehmen des Neuen Marktes besteht also – vermutlich – nicht darin, durch eine überdurchschnittliche, finanzwirtschaftlich orientierte Publizität die Ursachen ihres hohen Verschuldungsgrades transparent zu machen und damit das Vertrauen von Eigen- aber auch Fremdkapitalgebern trotz eines negativ beurteilten hohen Fremdkapitalanteils zu festigen, sondern die Ursachen ihres hohen Verschuldungsgrades eher zu „verschleiern“, um dadurch möglicherweise der Gefahr des Abflusses finanzieller Mittel durch die Anteilseigner zu begegnen.

---

dem Befund der in Tabelle 5-6 dargestellten Regressionsbeziehung überein, in der sich lediglich der „Verschuldungsgrad“ als statistisch hoch signifikante Einflussgröße erweist.

	Regressions-koeffizient (b)	***t-Wert (t)***	***Signifikanz-Wert (p)***
(Konstante)	81,345 ***80,575***	19,477 ***22,380***	0,000 ***0,000***
SIZE[176]	3,188E-05 ***2,840E-05***	0,877 ***0,848***	0,384 ***0,400***
ISSUE[177]	3,433E-07 ***3,997E-07***	0,376 ***0,485***	0,709 ***0,630***
FREE FLOAT	0,134 ***0,137***	1,109 ***1,317***	0,272 ***0,192***
GROUP	1,691 ***2,062***	0,744 ***1,062***	0,460 ***0,292***
AGE	0,007 ***2,049E-02***	0,055 ***0,196***	0,957 ***0,845***
DER	-0,032 ***-2,622E-02***	-0,825 ***-0,798***	0,413 ***0,428***
ROE	0,001 ***-8,701E-05***	0,257 ***-0,021***	0,798 ***0,983***

176 Es sei nochmals darauf hingewiesen, dass die Variable SIZE in der oben dargestellten Modellierung durch die Bilanzsumme des letzten Geschäftsjahres vor Börsengang der börsengehenden Unternehmen des Neuen Marktes (des Untersuchungssamples) operationalisiert wird. Alternativ durchgeführte Regressionsrechnungen mit Mitarbeiter- oder Umsatzzahlen erbrachten niedrigere F-Werte, die auf eine insgesamt geringere Aussagefähigkeit der Modellierungen hindeuten. Zudem führten diese zu geringeren Bestimmtheitsmaßen (r^2) und damit zu einer geringeren Güte der Anpassung der Regressionsfunktionen an die empirischen Daten („goodness of fit"). Lediglich die alternativ durchgeführte Regressionsrechnung mit der Größe „Eigenkapital" führte zu einem merklichen Anstieg des F-Wertes (F = 1,982) und zu einem r^2 in Höhe von 0,199. Das Ergebnis der Regressionsrechnung der genannten Modellierung stimmt jedoch mit dem Befund der in Tabelle 5-7 dargestellten Regressionsbeziehung überein, in der sich lediglich die „Größe des Abschlussprüfers" als statistisch signifikante Einflussgröße erweist.

177 Es sei nochmals darauf hingewiesen, dass die Variable ISSUE in der oben dargestellten Modellierung durch das Emissionsvolumen gemessen anhand der Stückzahl der bei Börsengang ausgegebenen Aktien operationalisiert wird. Eine alternativ durchgeführte Regressionsrechnung mit dem Platzierungsvolumen gemessen anhand des Produkts aus der Stückzahl der bei Börsengang ausgegebenen Aktien und dem Emissionspreis führte zu einem Anstieg des F-Wertes (F = 1,845) und zu einem r^2 in Höhe von 0,187. Das Ergebnis dieser Regressionsrechnung stimmt jedoch mit dem Befund der in Tabelle 5-7 dargestellten Regressionsbeziehung überein, in der sich lediglich die „Größe des Abschlussprüfers" als statistisch signifikante Einflussgröße erweist.
Eine alternativ durchgeführte Regressionsrechnung, in welche sowohl für die Variable SIZE als auch die Variable ISSUE logarithmierte Werte für die Bilanzsumme bzw. das Emissionsvolumen (gemessen anhand des Produkts aus der Anzahl der bei Börsengang ausgegebenen Stückaktien und dem Emissionspreis) eingeführt wurden, erbrachte dagegen einen niedrigeren F-Wert, welcher auf eine insgesamt geringere Aussagefähigkeit der Modellierung hindeutet. Zudem führte diese zu einem geringeren Bestimmtheitsmaß (r^2) und damit zu einer geringeren Güte der Anpassung der Regressionsfunktion an die empirischen Daten („goodness of fit"). Das Ergebnis dieser Regressionsrechnung stimmt jedoch mit dem Befund der in Tabelle 5-7 dargestellten Regressionsbeziehung überein, in der sich lediglich die „Größe des Abschlussprüfers" als statistisch signifikante Einflussgröße erweist.

AUDITOR$_D$ ***AUDITOR$_A$***	4,751 ***2,276***	2,447 ***2,489***	0,018 ***0,015***
Bestimmtheitsmaß (r^2)	0,179 ***0,184***		
ANOVA (F-Wert)	1,468 ***1,802***		
Stichprobenumfang (N)	63 ***73***		
Signifikanz (p)	0,191 ***0,093***		

Tabelle 5-7: Determinanten der Einhaltung der Offenlegungspflichten nach den International Accounting Standards (IAS)[178]

Die Ergebnisse der Regressionsrechnung zu den Determinanten der Einhaltung der Offenlegungspflichten nach den International Accounting Standards (IAS) zeigen, dass sich lediglich der Faktor AUDITOR[179] als statistisch signifikant

---

[178] Es sei nochmals darauf hingewiesen, dass im Rahmen der in Tabelle 5-7 dargestellten Modellierung die Einhaltung der Offenlegungspflichten nach den International Accounting Standards (IAS) nach dem in Abschnitt 5.2 entwickelten Bewertungskonzept gemessen wurde. Eine alternativ durchgeführte Regressionsrechnung ohne Einbeziehung sog. „Ausreißer", d.h. ohne Berücksichtigung der Abschlüsse, die hinsichtlich ihrer Qualität den Qualitätswertklassen „0 bis 80%" zuzuordnen sind (vgl. Abbildung 5-9), führte zu einem niedrigeren F-Wert, welcher auf eine insgesamt geringere Aussagefähigkeit der Modellierung hindeutet. Zudem führte diese zu einem geringeren Bestimmtheitsmaß (r^2) und damit zu einer geringeren Güte der Anpassung der Regressionsfunktion an die empirischen Daten („goodness of fit"). Das Ergebnis dieser Regressionsrechnung stimmt jedoch mit dem Befund der in Tabelle 5-7 dargestellten Regressionsbeziehung überein, in der sich lediglich die „Größe des Abschlussprüfers" als statistisch signifikante Einflussgröße erweist.
Eine alternativ durchgeführte Regressionsrechnung mit den Publizitätsindexwerten, die mittels des Gewichtungskonzeptes der „Gleichgewichtung" errechnet wurden, führte dagegen zu einem Anstieg des F-Wertes (F = 2,201) und zu einem r^2 in Höhe von 0,216. Aber auch hierbei stimmte das Ergebnis der Regressionsrechnung mit dem Befund der in Tabelle 5-7 dargestellten Regressionsbeziehung überein.

[179] Hierbei sei nochmals darauf hingewiesen, dass der Faktor AUDITOR$_A$ in der oben dargestellten Modellierung durch die Dummy-Variablen „2" für die Gruppe der „Big 6-WPG", „1" für die Gruppe der „Second-Tier-WPG" und „0" für die Gruppe der „kleinen WP/WPG" operationalisiert wird, d. h. zur Operationalisierung dieses Faktors wird von einer Klassifizierung der Wirtschaftsprüfer bzw. Wirtschaftsprüfungsgesellschaften in drei Größenklassen ausgegangen. Alternativ durchgeführte Regressionsrechnungen mit AUDITOR$_B$ und AUDITOR$_C$ erbrachten niedrigere F-Werte, was auf eine insgesamt geringere Aussagefähigkeit dieser Modellierungen hindeutet. Zudem führten diese zu geringeren Bestimmtheitsmaßen (r^2) und damit zu einer geringeren Güte der Anpassung der Regressionsfunktionen an die empirischen Daten („goodness of fit"). Dieses Resultat steht in gewissem Widerspruch zu den im Rahmen univariater Testverfahren ermittelten Ergebnissen des Abschnittes 5.4, wonach in isolierter Betrachtung der Berichterstattung nach den International Accounting Standards (IAS) kein signifikanter Mittelwert-Unterschied im Publizitätsniveau der von „kleinen WP/WPG" testierten Abschlüsse und der von „Second-Tier-WPG" testierten Abschlüsse besteht, während sich jedoch der Mittelwert der von „Big 6-WPG" testierten Abschlüsse signifikant von den Mittelwerten der

erweist. Wie in Kapitel 3 dieser Arbeit vorhergesagt (Hypothese H_8) werden die Offenlegungsanforderungen von börsengehenden Unternehmen des Neuen Marktes, die von großen Wirtschaftsprüfungsgesellschaften geprüft werden, deutlich genauer beachtet als von den Unternehmen, deren Abschlüsse von kleineren Wirtschaftsprüfungsgesellschaften geprüft werden. In der multivariaten Regression, in der neben dem $AUDITOR_A$ auch andere Variablen berücksichtigt sind, zeigt sich, dass mit der Wahl einer größeren Wirtschaftsprüfungsgesellschaft im Durchschnitt ein um 2,28 % höherer Publizitätsindex verbunden ist.[180] Dieses Ergebnis unterstreicht damit tendenziell[181] den Befund der univariaten Analysen des Abschnittes 5.4 dieser Arbeit.

---

von den beiden anderen Wirtschaftsprüfungs-Gruppen testierten Abschlüsse unterscheidet (siehe Abbildung 5-14). Demzufolge wäre hier der Faktor $AUDITOR_B$ als Surrogat für die „Größe des Abschlussprüfers" zu wählen. Das Ergebnis der Regressionsrechnung zeigte jedoch, dass der Faktor $AUDITOR_A$ zu dem Modell mit der höchsten Aussagefähigkeit (dem höchsten F-Wert) und dem höchsten Bestimmtheitsmaß führt. Die Ergebnisse der Regressionsrechnungen der genannten Modellierungen (unter Einbezug von $AUDITOR_B$ und $AUDITOR_C$) stimmen jedoch mit dem Befund der in Tabelle 5-7 dargestellten Regressionsbeziehung überein.

[180] Zur Interpretation der Regressionskoeffizienten bei Regressionsrechnungen mit Dummy-Variablen siehe Hardy, Dummy Variables, 1993, S. 18 ff. Vgl. hierzu auch die Erläuterungen in Fn. 70 (Abschnitt 5.4).

[181] Vgl. hierzu auch Fn. 179 (Abschnitt 5.5).

	Regressions-koeffizient (b)	*t-Wert (t)*	*Signifikanz-Wert (p)*
(Konstante)	72,770 ***71,946***	11,611 ***11,984***	0,000 ***0,000***
SIZE[182]	9,447E-05 ***9,058E-05***	2,032 ***2,107***	0,047 ***0,039***
ISSUE[183]	-1,665E-06 ***-1,563E-06***	-2,346 ***-2,376***	0,022 ***0,020***
FREE FLOAT	0,152 ***0,177***	0,949 ***1,198***	0,346 ***0,235***
GROUP	-4,417 ***-4,400***	-1,567 ***-1,625***	0,123 ***0,109***
AGE	0,075 ***7,889E-02***	0,466 ***0,514***	0,643 ***0,609***

182 Es sei nochmals darauf hingewiesen, dass die Variable SIZE in der oben dargestellten Modellierung durch die Bilanzsumme des letzten Geschäftsjahres vor Börsengang der börsengehenden Unternehmen des Neuen Marktes (des Untersuchungssamples) operationalisiert wird. Alternativ durchgeführte Regressionsrechnungen mit Mitarbeiter- oder Umsatzzahlen erbrachten im Gegensatz hierzu keine signifikanten Ergebnisse hinsichtlich dieses Faktors, niedrigere F-Werte deuten zudem auch auf eine insgesamt geringere Aussagefähigkeit der Modellierungen hin. Lediglich die alternativ durchgeführte Regressionsrechnung mit der Größe „Eigenkapital" führte zu einem merklichen Anstieg des F-Wertes (F = 3,122) und zu einem r^2 in Höhe von 0,278. In diesem Fall ergab sich ein signifikanter Einfluss der Variablen SIZE, ISSUE und AUDITOR auf das Maß der Einhaltung der US-GAAP-Offenlegungspflichten durch die börsengehenden Unternehmen des Neuen Marktes, was hinsichtlich der Gesamtaussage der in Tabelle 5-8 dargestellten Modellierung entspricht.

183 Es sei nochmals darauf hingewiesen, dass die Variable ISSUE in der oben dargestellten Modellierung durch das Emissionsvolumen gemessen anhand der Stückzahl der bei Börsengang ausgegebenen Aktien operationalisiert wurde. Eine alternativ durchgeführte Regressionsrechnung mit dem Platzierungsvolumen gemessen anhand des Produkts aus der Stückzahl der bei Börsengang ausgegebenen Aktien und dem Emissionspreis führte zu einem Anstieg des F-Wertes (F = 3,312) und zu einem r^2 in Höhe von 0,290. Hierbei ergab sich bei Zugrundelegen einer Irrtumswahrscheinlichkeit von höchstens 5 % ein signifikanter Einfluss der Variablen ISSUE und AUDITOR auf den ermittelten Publizitätsindex. Dagegen ergab sich für die Variable SIZE erst bei Zugrundelegen einer Irrtumswahrscheinlichkeit von 10 % ($\alpha = 0{,}10$) ein statistisch signifikantes Ergebnis. Hinsichtlich der Vorzeichen der Regressionskoeffizienten bzw. der Richtung der festgestellten Wirkungszusammenhänge ergaben sich hierbei keine abweichenden Resultate.
Eine alternativ durchgeführte Regressionsrechnung, in welche sowohl für die Variable SIZE als auch die Variable ISSUE logarithmierte Werte für die Bilanzsumme bzw. das Emissionsvolumen (gemessen anhand des Produkts aus der Anzahl der bei Börsengang ausgegebenen Stückaktien und dem Emissionspreis) eingeführt wurden, erbrachte dagegen einen niedrigeren F-Wert, welcher auf eine insgesamt geringere Aussagefähigkeit der Modellierung hindeutet. Zudem führte diese zu einem geringeren Bestimmtheitsmaß (r^2) und damit zu einer geringeren Güte der Anpassung der Regressionsfunktion an die empirischen Daten („goodness of fit"). Das Ergebnis dieser Regressionsrechnung stimmt allerdings nicht mit dem Befund der in Tabelle 5-8 dargestellten Regressionsbeziehung überein. Hierbei ergab sich bei Zugrundelegen einer Irrtumswahrscheinlichkeit von höchstens 5 % lediglich ein signifikanter Einfluss der Variable AUDITOR auf den ermittelten Publizitätsindex.

DER	-0,035 ***-4,804E-02***	-0,607 ***-0,948***	0,546 ***0,347***
ROE	-0,016 ***-4,364E-03***	-0,857 ***-1,504***	0,395 ***0,138***
AUDITOR$_D$ ***AUDITOR***$_C$	12,715 ***12,729***	3,598 ***3,712***	0,001 ***0,000***
Bestimmtheitsmaß (r^2)	0,258 ***0,259***		
ANOVA (F-Wert)	2,561 ***2,833***		
Stichprobenumfang (N)	68 ***74***		
Signifikanz (p)	0,018 ***0,009***		

Tabelle 5-8: Determinanten der Einhaltung der Offenlegungspflichten nach den US-amerikanischen Generally Accepted Accounting Principles (US-GAAP)[184]

Im Einzelnen erweisen sich im Hinblick auf das Publizitätsniveau der Berichterstattung nach den US-amerikanischen Generally Accepted Accounting Principles (US-GAAP) drei der acht unabhängigen Variablen als statistisch signifikant. Hierbei handelt es sich um die „Größe des Abschlussprüfers“, den „Umfang der Inanspruchnahme des Kapitalmarktes“ und die „Unternehmensgröße“. Für diese Faktoren ergeben sich T-Verteilungswerte, die bei Zugrundelegen einer Irrtumswahrscheinlichkeit von 5 % ($\alpha = 0{,}05$) signifikant sind. Die übrigen Bestimmungsfaktoren liefern dagegen keinen signifikanten Beitrag zur Erklä-

---

184 Es sei nochmals darauf hingewiesen, dass im Rahmen der in Tabelle 5-8 dargestellten Modellierung die Einhaltung der Offenlegungspflichten nach den US-amerikanischen Generally Accepted Accounting Principles (US-GAAP) nach dem in Abschnitt 5.2 entwickelten Bewertungskonzept gemessen wurde. Eine alternativ durchgeführte Regressionsrechnung ohne Einbeziehung sog. „Ausreißer“, d.h. ohne Berücksichtigung der Abschlüsse, die hinsichtlich ihrer Qualität den Qualitätswertklassen „0 bis 70%“ zuzuordnen sind (vgl. Abbildung 5-11), führte zu einem niedrigeren F-Wert, welcher auf eine insgesamt geringere Aussagefähigkeit der Modellierung hindeutet. Zudem führte diese zu einem geringeren Bestimmtheitsmaß (r^2) und damit zu einer geringeren Güte der Anpassung der Regressionsfunktion an die empirischen Daten („goodness of fit“). Hierbei ergab sich bei Zugrundelegen einer Irrtumswahrscheinlichkeit von höchstens 5 % ein signifikanter Einfluss der Variablen SIZE und AUDITOR auf den ermittelten Publizitätsindex. Dagegen ergab sich für die Variable ISSUE erst bei Zugrundelegen einer Irrtumswahrscheinlichkeit von 10 % ($\alpha = 0{,}10$) ein statistisch signifikantes Ergebnis. Hinsichtlich der Vorzeichen der Regressionskoeffizienten bzw. der Richtung der festgestellten Wirkungszusammenhänge ergaben sich hierbei keine abweichenden Resultate.
Eine alternativ durchgeführte Regressionsrechnung mit den Publizitätsindexwerten, die mittels des Gewichtungskonzeptes der „Gleichgewichtung“ ermittelt wurden, führte dagegen zu einem Anstieg des F-Wertes (F = 3,237) und zu einem r^2 in Höhe von 0,285. Hierbei stimmte allerdings das Ergebnis dieser Regressionsrechnung hinsichtlich der festgestellten Signifikanzen und Vorzeichen der Regressionskoeffizienten mit dem Befund der in Tabelle 5-8 dargestellten Regressionsbeziehung überein.

rung des Maßes der Einhaltung der US-GAAP-Offenlegungspflichten durch die börsengehenden Unternehmen des Neuen Marktes.[185]

Der mit Abstand wichtigste erklärende Faktor ist $AUDITOR_C$.[186] Wie bereits in Abschnitt 5.4 als Ergebnis der univariaten Analysen festzuhalten war, befolgen börsengehende Unternehmen des Neuen Marktes, die von großen Abschlussprüfern („Big 6-WPG“ und „Second-Tier-WPG“) geprüft werden, die Offenlegungsanforderungen nach US-GAAP genauer als Unternehmen, die von kleineren Abschlussprüfern („kleine WP/WPG“) geprüft werden. Den Ergebnissen dieser Studie zufolge ist ein Wechsel von einer kleinen Prüfungsgesellschaft (Gruppe „kleine WP/WPG“) zu einer großen Prüfungsgesellschaft (Gruppe der „Big 6-WPG“ und „Second-Tier-WPG“) unter sonst gleichen Bedingungen im Durchschnitt mit einem Anstieg des Publizitätsindex um 12,73 % verbunden.[187]

Die in Abschnitt 5.5.2.1 abgeleitete Hypothese H_2 besagt, dass das Maß der Einhaltung der Offenlegungspflichten höher ist, wenn der Umfang der tatsächlichen Inanspruchnahme des Kapitalmarktes steigt. Diese Hypothese wird durch die Untersuchungsergebnisse nicht bestätigt. Zwar erweist sich die Variable ISSUE in der Regression als signifikant, der zugehörige Regressionskoeffizient hat je-

---

185 Fasst man die Publizitätsindexwerte für die Berichterstattung nach den International Accounting Standards (IAS) und den US-amerikanischen Generally Accepted Accounting Principles (US-GAAP) zu einem Publizitätsindex für die Berichterstattung nach internationalen Bilanzierungsprinzipien zusammen und führt alternative Regressionsrechnungen jeweils unter Einbezug der einzelnen Varianten für die Variable AUDITOR durch, so kommt man zu dem Ergebnis, dass hier die Modellierung zum höchsten Erklärungsgehalt des Regressionsmodells führt, in welche die Variable $AUDITOR_A$ einbezogen wurde. Hierbei ergibt sich bei Zugrundelegen einer Irrtumswahrscheinlichkeit von höchstens 5 % ein signifikanter Einfluss der Variablen SIZE und ISSUE. Dagegen ergibt sich für die Variable AUDITOR (bei alternativem Einbezug sämtlicher Varianten für die Variable AUDITOR) erst bei Zugrundelegen einer Irrtumswahrscheinlichkeit von 10 % ($\alpha = 0{,}10$) ein statistisch signifikantes Ergebnis. Hinsichtlich der Vorzeichen der Regressionskoeffizienten bzw. der Richtung der festgestellten Wirkungszusammenhänge ergeben sich hierbei keine abweichenden Resultate von der in Tabelle 5-8 dargestellten Modellierung.

186 Hierbei sei nochmals darauf hingewiesen, dass der Faktor $AUDITOR_C$ in der oben dargestellten Modellierung durch die Dummy-Variablen „1“ für die Gruppe der „Big 6-WPG und Second-Tier-WPG“ und „0“ für die Gruppe der „kleinen WP/WPG“ operationalisiert wird, d. h. zur Operationalisierung dieses Faktors wird lediglich zwischen großen und kleinen Abschlussprüfern unterschieden, wobei die Gruppe der „Second-Tier-WPG“ der Gruppe der großen WPG zugeordnet wird. Alternativ durchgeführte Regressionsrechnungen mit $AUDITOR_A$ und $AUDITOR_B$ erbrachten niedrigere F-Werte, was auf eine insgesamt geringere Aussagefähigkeit dieser Modellierungen hindeutet. Zudem führten diese zu geringeren Bestimmtheitsmaßen (r^2) und damit zu einer geringeren Güte der Anpassung der Regressionsfunktionen an die empirischen Daten („goodness of fit“). Dieses Resultat bestätigt das in Abschnitt 5.4 im Rahmen univariater Testverfahren ermittelte Ergebnis, wonach in isolierter Betrachtung der Berichterstattung nach den US-amerikanischen Generally Accepted Accounting Principles (US-GAAP) kein signifikanter Mittelwert-Unterschied im Publizitätsniveau der von „Big 6-WPG“ testierten Abschlüsse und der von „Second-Tier-WPG“ testierten Abschlüsse besteht (siehe Abbildung 5-14).

187 Vgl. hierzu die Erläuterungen in Fn. 180 (Abschnitt 5.5).

doch ein negatives Vorzeichen, d. h. entgegen der Vorhersage ist der Publizitätsindex der börsengehenden Unternehmen des Neuen Marktes tendenziell niedriger, je mehr Aktien das börsengehende Unternehmen emittiert. Hierbei ist anzumerken, dass das Emissionsvolumen der in das Untersuchungssample einbezogenen Unternehmen zwar stark differiert, aber sich unter diesen einige Gesellschaften befinden, die den Kapitalmarkt im Rahmen ihres Börsenganges in relativ geringem Maße in Anspruch genommen haben, die aber trotzdem äußerst ausweisfreudig agierten, was die negative Korrelation erklärt. Es entsteht damit der Eindruck, dass für die Börseneinführungspublizität nicht so sehr der „Umfang der Inanspruchnahme des Kapitalmarktes“, als vielmehr die unternehmensinterne Einstellung zum Kapitalmarkt und zu den Investoren entscheidend für das Publizitätsverhalten ist.

Die Ergebnisse der Regressionsrechnung zu den Determinanten der Einhaltung der Offenlegungspflichten nach den US-amerikanischen Generally Accepted Accounting Principles (US-GAAP) zeigen weiter, dass das Maß der Einhaltung der Offenlegungspflichten umso höher ist, je größer das börsengehende Unternehmen ist. Für den Faktor SIZE ergibt sich ein T-Verteilungswert, der bei Zugrundelegen einer Irrtumswahrscheinlichkeit von 3,9 % signifikant ist. Diese Ergebnisse führen auf den ersten Blick zu einem etwas widersprüchlichen Resultat, wenn man bisher davon ausgegangen ist, dass größere Unternehmen im Rahmen ihres Börsenganges auch mehr Aktien emittieren. Dieser Zusammenhang lässt sich jedoch für das hier vorliegende Untersuchungssample mit den zur Operationalisierung dieser Faktoren herangezogenen Variablen nicht bestätigen. Eine nähere Untersuchung der Daten ergibt, dass zwischen den Faktoren SIZE und ISSUE keine auffällige bivariate Korrelation besteht. Der Korrelationskoeffizient beträgt r = 0,376.[188]

Greift man die Argumentation von ***Glaum/Street*** auf, dass die US-GAAP ein sehr umfassendes und ausgefeiltes Rechnungslegungssystem seien, während die IAS im Vergleich zu den US-GAAP ein weniger strenges, „weiches“ Regelwerk darstellten,[189] erscheint plausibel, warum sich gerade im Rahmen der Berichterstattung nach den US-amerikanischen Generally Accepted Accounting Principles (US-GAAP) die „Unternehmensgröße“ als eine signifikante Einflussgröße auf das Publizitätsniveau erweist. Vermutlich kommt gerade hier der Tatbestand zum Tragen, dass mit zunehmender Größe des Unternehmens durch das damit

---

[188] Hierbei war zunächst zu prüfen, ob die Werte dieser beiden Faktoren aus hinreichend normalverteilten Grundgesamtheiten stammen, da die Überprüfung der Abhängigkeitsmerkmale (Korrelation) zwischen den Variablen in der Form der parametrischen Produktmoment-Korrelation Normalverteilung der Residuen verlangt, die ihrerseits bei gegebener Normalität der Merkmalswerte vorausgesetzt werden kann, vgl. Regionales Rechenzentrum für Niedersachsen/Universität Hannover und Fachrichtung Psychologie der Universität des Saarlandes, Saarbrücken, SPSS Fortgeschrittene, 2000, S. 6-46. Da hier keine Normalverteilung der Merkmalswerte nachgewiesen werden konnte, war der Korrelationskoeffizient von ***Spearman*** zugrunde zu legen.

[189] Vgl. Glaum/Street, Rechnungslegung, 2002, S. 22.

verbundene größere Aufgabenvolumen zwangsläufig eine stärkere Delegation von Entscheidungen und damit auch eine verstärkte Spezialisierung erfolgt, die sich gerade im Rahmen dieses umfassenden und ausgefeilten Rechnungslegungssystems der US-GAAP positiv auf die veröffentlichten Jahresabschlüsse und die damit verbundene Berichterstattungsqualität auswirkt.

Insgesamt zeigen diese Ergebnisse, dass – wie aufgrund der theoretischen Überlegungen nicht anders zu erwarten – über umweltbezogene Parameter nur ein Teil der Gründe für das Publizitätsverhalten ermittelt werden kann. Dies bestätigen zum Ersten die Werte für das Bestimmtheitsmaß (r^2) der hier getesteten Regressionsbeziehungen, welche angesichts der explorativen Natur der vorliegenden Forschungsarbeit noch zufrieden stellend sind, aber dennoch eine relativ geringe Erklärungskraft dieser Regressionsmodelle bescheinigen. Zum Zweiten konnte ein erheblicher Teil der üblichen Anschauungen über die Bestimmungsgründe des Publizitätsverhaltens, soweit es die hier betrachteten Untersuchungsfelder angeht, in der Realität nicht bestätigt werden. So erwiesen sich im Rahmen der Berichterstattung nach den deutschen handelsrechtlichen Vorschriften des HGB lediglich der „Verschuldungsgrad", im Rahmen der Berichterstattung nach den International Accounting Standards (IAS) lediglich die „Größe des Abschlussprüfers" und im Rahmen der Berichterstattung nach den US-amerikanischen Generally Accepted Accounting Principles (US-GAAP) neben der „Größe des Abschlussprüfers" lediglich die „Unternehmensgröße" sowie der „Umfang der Inanspruchnahme des Kapitalmarktes" als statistisch signifikante Variablen. Insgesamt bestätigt sich damit aber die als Ergebnis des vorangegangenen Abschnittes 5.4 festgehaltene Aussage, dass der theoretisch abgeleitete Einfluss der „Größe des Abschlussprüfers" auf das Publizitätsniveau der Abschlüsse im Rahmen der unterschiedlich angewandten Rechnungslegungsstandards zu unterschiedlichen Ergebnissen führt. Die eingangs aufgestellte Hypothese, wonach die großen Wirtschaftsprüfungsgesellschaften eine höhere Publizitätsgüte erreichen als kleinere Wirtschaftsprüfungsgesellschaften, konnte auch hier nur in isolierter Betrachtung der Abschlüsse nach internationalen Bilanzierungsprinzipien bestätigt werden.

Interessant erscheint in diesem Zusammenhang, dass sich im Rahmen der Berichterstattung nach den International Accounting Standards (IAS) der Faktor $AUDITOR_A$ und im Rahmen der Berichterstattung nach den US-amerikanischen Generally Accepted Accounting Principles (US-GAAP) der Faktor $AUDITOR_C$ als das Surrogat für die Größenklassifizierung der Abschlussprüfer ermitteln ließ, welches zum höchsten Bestimmtheitsmaß (r^2) und damit zur höchsten Erklärungskraft des jeweiligen Regressionsmodells führte. Dies zeigt, dass die grobe dichotome Klassifizierung der Wirtschaftsprüfungsgesellschaften in „Big 6-WPG" und „Nicht-Big 6-WPG" als Surrogat für die Größe des Abschlussprüfers in der Realität nicht unbedingt zu einem hohen bzw. dem höchsten Erklärungsgehalt für unterschiedliches Publizitätsverhalten von Unternehmen bzw. für eine unterschiedliche Berichterstattungsqualität führt, die ihrerseits zumindest bei vorliegenden Mängeln gleichzeitig auch als Indikator für die Beurteilung der Prüfungsqualität herangezogen werden kann. Damit kann diese Klassifizierung der Wirtschaftsprüfungsgesellschaften als Surrogat für ihre Größe nicht gleichzeitig als Surrogat für die unterschiedliche Qualität von Wirtschaftsprüfungsleistungen verwandt werden.

Nahezu alle bekannten empirischen Arbeiten – insbesondere aus dem angloamerikanischen Sprachraum –, die beispielsweise versuchen, einen Zusammenhang zwischen Agency-Kosten und einer davon abhängigen, nach Qualität differierenden Nachfrage nach Abschlussprüfungen nachzuweisen, unterstellen einen Zusammenhang zwischen der Größe der Prüfungsunternehmung und der Prüfungsqualität.[190] Die abhängige Variable „Prüfungsleistungen unterschiedlicher Qualität" muss operationalisiert werden. Hierbei wird zunächst einmal unterstellt, dass die Prüfungsleistungen eines bestimmten Prüfers homogen sind, d. h. es wird ausgeschlossen, dass ein und derselbe Anbieter Prüfungsleistungen unterschiedlicher Qualität anbietet. Überwiegend wird dann weiter vereinfacht und nur noch eine dichotome Einteilung in zwei Qualitätsklassen „Big Eight"- bzw. „Big Six"-Anbieter (auf internationaler Ebene) und „non Big Eight"- bzw. „non Big Six"-Anbieter[191] vorgenommen, wobei angenommen wird, dass die sog. „Big Eight"-WPG bzw. „Big Six"-WPG Prüfungsleistungen höherer Qualität anbieten.

Anhand der hier gewonnenen Erkenntnisse lässt sich diese Klassifikation jedoch nicht tragen. Zum Ersten konnte in Abschnitt 5.4 gezeigt werden, dass die Prüfungsleistungen bestimmter Prüfer bzw. Prüfungsgesellschaften keinesfalls als homogen zu betrachten sind (siehe hierzu insbesondere die in Tabelle 5.4 ermittelten Werte hinsichtlich der Spannweiten des Publizitätsindex' der Bericht-

---

[190] Vgl. hierzu u. a. die Darstellung des „state of the art" vorhandener empirischer Studien in Lenz, Abschlussprüfer, 1993, S. 265 ff., 301, 471; Marten, Abschlussprüfer, 1994, S. 75 ff., 227; Marten, Prüferwechsel, 1995, S. 711. Vgl. auch Ewert, Wirtschaftsprüfung, 1990, S. 242 f., 275.

[191] In empirischen Studien jüngeren Datums bezog sich diese Einteilung entsprechend auf „Big Eight"-Gesellschaften (die acht größten internationalen Wirtschaftsprüfungsgesellschaften der 80er Jahre) und „non Big Eight"-Gesellschaften. Zu den „Big Eight" zählten bis ca. 1990: Arthur Andersen; Arthur Young; Coopers & Lybrand; Deloitte, Haskins & Sells; Ernst & Whinney; Peat Marwick; Price Waterhouse; Touche Ross. Zu den im Rahmen des Konzentrationsprozesses in Richtung auf ein Angebotsoligopol aus den ehemals „Big Eight"-Gesellschaften entstandenen „Big Six" (auf internationaler Ebene) zählten bis Juni 1998 (im Juli 1998 erfolgte der Zusammenschluss von Coopers & Lybrand mit Price Waterhouse zu PricewaterhouseCoopers): Arthur Andersen; Coopers & Lybrand, Deloitte & Touche; Ernst & Young; KPMG Peat Marwick, Price Waterhouse.
Zur Anbieterkonzentration auf dem Markt für Jahresabschlussprüfungen und zu ihrer Veränderung im Zeitablauf siehe des Weiteren u. a. Helmenstein, Anbieterkonzentration, 1996, S. 41 ff.; Hüllweck/Ostrowski, Abschlussprüfer, 2000, S. 2 ff.; Lenz, Abschlussprüfungsmandate, 1996, S. 269 ff.; Lenz, Prüferkonzentration, 1998, S. 189 ff.; Lenz, Wirtschaftsprüfung, 1999, S. 541 f.; Lenz/Ostrowski, Abschlussprüfungen, 1999, S. 397 ff.; Mandler, Wirtschaftsprüfung, 1994, S. 167 ff.; Mandler, Wirtschaftsprüfungsorganisationen, 1995, S. 31 ff.; Marten/Schultze, Konzentrationsentwicklungen, 1998, S. 360 ff.

erstattung differenziert nach Wirtschaftsprüfungs-Gruppen). Zum Zweiten ließ sich im Rahmen der vorangehenden Analysen – gestützt auf eine empirische Untersuchung von ***Ostrowski***[192] – eine Gruppe von Wirtschaftsprüfungsgesellschaften, die „Second-Tier-WPG", ermitteln, deren testierte Abschlüsse zumindest einen höheren Publizitätsindex aufwiesen als die Abschlüsse, die von anderen „kleinen WP/WPG" geprüft wurden. Im Rahmen der Berichterstattung nach den US-amerikanischen Generally Accepted Accounting Principles (US-GAAP) unterschied sich der durchschnittliche Publizitätsindex der von diesen Gesellschaften geprüften Abschlüsse kaum vom durchschnittlichen „Score" der von „Big 6-WPG" geprüften Abschlüsse (der zugehörige t-Test führte zu keinem signifikanten Mittelwert-Unterschied, siehe Abbildung 5-14). Deshalb sind Feststellungen und Schlussfolgerungen vor allem in empirischen Untersuchungen, welche diese grobe dichotome Klassifikation von Wirtschaftsprüfungsgesellschaften als Surrogat für ihre Größe und damit gleichzeitig auch als Surrogat für die unterschiedliche Qualität von Wirtschaftsprüfungsleistungen heranziehen, mit aller Vorsicht zu betrachten.[193] Die obenstehenden Ausführungen belegen, dass diese Klassifikation zwar nicht willkürlich ist, jedoch auch mit guten Argumenten – insbesondere für den hier untersuchten Bereich – bestritten werden kann. Zukünftig müssten daher sowohl die relevanten Märkte für Abschlussprüfungen als auch die Qualitätsdifferenzierung der Anbieter detaillierter untersucht werden, z. B. – wie bereits ***Lenz*** vorschlägt[194] – durch Unterscheidung des Marktes für internationale Mandanten, nationale Mandanten und lokale/regionale Mandanten sowie durch eine Differenzierung nach Branchen, möglicherweise auch Rechtsformen. Es erscheint durchaus möglich, dass sich auch kleinere und mittlere Anbieter von Prüfungsleistungen erfolgreich auf ein regionales Marktsegment oder auf eine bestimmte Branche spezialisieren und deshalb in diesem Marktsegment Abschlussprüfungen hoher Qualität anbieten können.[195]

Die Falsifikation der Hypothese H_8 in Bezug auf die Anhangsberichterstattung nach den deutschen handelsrechtlichen Vorschriften des HGB könnte vor dem Hintergrund, dass im Rahmen der multiplen Regressionsrechnung zwischen dem Verschuldungsgrad und der Informationsqualität ein signifikanter Zusammenhang ermittelt werden konnte, die Vermutung nahe legen, dass für die Publizität nach den deutschen handelsrechtlichen Vorschriften des HGB börsengehender Unternehmen des Neuen Marktes nicht so sehr der Abschlussprüfer ausschlaggebend sein dürfte, sondern vielmehr andere Faktoren hier eine entscheidende Rolle spielen. Die Ergebnisse des Regressionsmodells zu den Determinanten der Einhaltung der Offenlegungspflichten nach den deutschen handelsrechtlichen Vorschriften des HGB, insbesondere das Bestimmtheitsmaß (r^2), lassen zudem den

---

[192] Vgl. hierzu die Erläuterungen in Abschnitt 5.4 dieser Arbeit.

[193] Vgl. hierzu bereits Ewert, Wirtschaftsprüfung, 1990, S. 275.

[194] Vgl. Lenz, Abschlussprüfer, 1993, S. 272 f.

[195] Vgl. bereits Coenenberg/Marten, Abschlussprüfer, 1993, S. 106; Lenz, Abschlussprüfer, 1993, S. 273, 458; Marten, Abschlussprüfer, 1994, S. 260 ff.; Marten, Wirtschaftsprüfer, 1996, S. 25.

Eindruck entstehen, dass für die Prospektpublizität der untersuchten börsengehenden Unternehmen des Neuen Marktes insbesondere die unternehmensinterne Einstellung zum Kapitalmarkt und zu den Investoren und damit die Informations- und Unternehmenspolitik eine entscheidende Rolle für das Publizitätsverhalten spielen, die vermutlich einen maßgeblichen Anteil der Qualitätsunterschiede der Berichterstattung erklären könnten.

Als Ergebnis der Analysen dieses Abschnittes bleibt somit festzuhalten, dass es sich gerade bei den hier untersuchten Kapitalmarktinformationen um eine sehr komplexe Thematik handelt, die einer Reihe von Einflussfaktoren unterliegt, welche sich gerade in einer externen Untersuchung kaum vollständig erfassen lassen. Trotzdem konnte gezeigt werden, dass vorwiegend die Zielsetzungen, welche die Unternehmen am Kapitalmarkt verfolgen, das Informations- und Publizitätsverhalten beeinflussen und nicht so sehr die im Rahmen dieser Arbeit ausgewählten und untersuchten Standardgrößen – wie beispielsweise das Emissionsvolumen – als bestimmend angesehen werden können.

5.6 Publizitätspraxis in den Emissionsprospekten börsengehender Unternehmen des Neuen Marktes und das Phänomen des Underpricings

Die vorangegangenen Ergebnisse werfen die Frage nach den ökonomischen Konsequenzen der Publizitätsgüte bzw. der Berichterstattungsqualität im Rahmen der Börseneinführung auf. Der Überblick über die Vision und Voraussetzungen sowie über die technischen Indikationen bei einem Going Public – im Rahmen des 2. Abschnittes dieser Arbeit – haben deutlich gemacht, dass der Gang an die Börse mit einer Reihe von Problemen behaftet ist. Die Informationspolitik der Unternehmen spielt dabei insofern eine wesentliche Rolle, als dass Literatur und Praxis in ihrer optimalen Ausgestaltung eine bedeutende Determinante für den kurz- und langfristigen Erfolg der Unternehmung an der Börse sehen.[196] Als einen geeigneten Parameter zur Beurteilung des Erfolges einer Neuemission in der ex-post-Betrachtung kann die Börsenkursentwicklung angesehen werden. In der sog. „Kurs-Performance" neuemittierender Unternehmen spiegelt sich die Einschätzung des Anlegerpublikums zu den Unternehmen wider.[197] Die Daten der neuemittierenden Unternehmen ließen sich nun nach allen Regeln der Zeitreihenanalyse auswerten. Für die weitere Untersuchung wird als Maßstab das nahe liegendste Kriterium gewählt: Das Verhältnis zwischen dem ersten Börsenkurs und dem Emissionspreis. Aus einer Vielzahl empirischer Untersuchungen ist bekannt, dass die Emissionspreise bei erstmaligen Aktienplatzierungen an der Börse systematisch unter ihren späteren Sekundärmarktpreisen liegen. Diese Differenz wird – wie bereits in Abschnitt 2 dieser Arbeit dargelegt – als „Underpricing" bezeichnet.

Im Abschnitt 2 dieser Arbeit wurde diesbezüglich bereits ein Erklärungsansatz für das Underpricing-Phänomen als Marktgleichgewichtsphänomen diskutiert, welcher von Informationsasymmetrien zwischen den verschiedenen Marktteilnehmern ausgeht. Hierbei wird ein Zusammenhang zwischen der ex-ante-Unsicherheit über den Sekundärmarktpreis am Emissionstag und der Höhe des Underpricings unterstellt. Dabei ist Underpricing als Risikoprämie für die Unsicherheit anzusehen, den tatsächlichen Marktwert richtig einzuschätzen. Der Argumentation dieses Erklärungsansatzes folgend müsste Underpricing umso höher sein, je größer die ex-ante-Unsicherheit ist. Wenn nun unterstellt wird, dass die ex-ante-Unsicherheit durch die Verfügbarkeit von Informationen über die Emission reduziert wird, müsste das Underpricing bei den Emissionen durchschnittlich geringer ausfallen, die sich durch besonders qualitative Informationen auszeichnen. Deshalb soll folgende Hypothese formuliert werden:

> ***Hypothese:***
> ***Das Maß der Einhaltung der Offenlegungspflichten im Rahmen der Prospektpublizität ist negativ mit der Höhe der Zeichnungsrendite der börsengehenden Unternehmen des Neuen Marktes korreliert.***

---

196 Vgl. u. a. Kaden, Going Public, 1991, S. 42 m. w. N.

197 Vgl. Coenenberg/Henes, Zwischenberichtspublizität, 1995, S. 992; Schwarz, Börseneinführungspublizität, 1988, S. 128.

Die Untersuchung dieser Hypothese beruht wiederum auf dem in Abschnitt 5.1 ausgewählten Untersuchungssample. Die Kursnotierungen stammen aus der ***Karlsruher-Kapitalmarktdatenbank***. Emissionspreise und andere Termindaten wurden von der ***Deutschen Börse AG*** zur Verfügung gestellt.[198] Als Untersuchungsvariable wird die Zeichnungsrendite (Z) verwendet, die ein Anleger aus dem Kauf einer neuen Aktie zum Emissionskurs – K_0 – und ihrem Verkauf zum Kassakurs am ersten und am zwanzigsten Handelstag – $K_{1/20}$ – erzielt:

$$\mathbf{Z_{0,1/0,20} = (K_{1/20} - K_0) / K_0}\ .$$ [199]

Die Gültigkeit dieses in der oben abgeleiteten Hypothese formulierten Zusammenhangs wird nun für das vorliegende Datenmaterial untersucht. Als Maß zur Berechnung eines möglichen statistischen Zusammenhangs zwischen der Publizitätsgüte und der nach obiger Formel ermittelten Zeichnungsrendite (Z) dient der Korrelationskoeffizient nach ***Spearman***.[200] Mit Hilfe des Korrelationskoeffizienten als Streuungsmaß lässt sich die Stärke und Richtung eines linearen (statistischen) Zusammenhangs für metrische Merkmale beschreiben. Die Korrelationskoeffizienten zwischen den beiden Faktoren, Publizitätsindex und durchschnittlicher Zeichnungserfolg, sind der nachstehenden Tabelle 5-9 zu entnehmen.

---

[198] Vgl. Deutsche Börse AG, Neuer Markt-Stammdaten, 2001.

[199] Um zu prüfen, ob sich abnormale Renditen durch den Erwerb neuer Aktien erzielen lassen, ist es grundsätzlich erforderlich, für die Zeit von der Zahlung des Emissionspreises bis zur ersten Börsennotiz eine Bereinigung der Zeichnungsrendite um die erwartete Renditekomponente vorzunehmen. Die erwartete („normale“) Rendite wird meist aus der Veränderung eines Marktindex' abgeleitet. Da in der Gründungsphase des Neuen Marktes zum einen jedoch in Deutschland kein Index für das Segment technologieorientierter, wachstumsstarker Unternehmen existierte und zum anderen frühere Studien einen nur geringen Einfluss der Marktbereinigung auf die durchschnittliche Höhe der Zeichnungsrenditen ergaben (vgl. Wallmeier/Rösl, Underpricing, 1999, S. 139), wird in dieser Arbeit daher auf eine Bereinigung der Zeichnungsrenditen verzichtet.

[200] Hierbei war zunächst zu prüfen, ob die Werte dieser beiden Faktoren aus hinreichend normalverteilten Grundgesamtheiten stammen, da die Überprüfung der Abhängigkeitsmerkmale (Korrelation) zwischen den Variablen in der Form der parametrischen Produktmoment-Korrelation Normalverteilung der Residuen verlangt, die ihrerseits bei gegebener Normalität der Merkmalswerte vorausgesetzt werden kann, vgl. Regionales Rechenzentrum für Niedersachsen/Universität Hannover und Fachrichtung Psychologie der Universität des Saarlandes, Saarbrücken, SPSS Fortgeschrittene, 2000, S. 6-46. Da hier keine Normalverteilung der Merkmalswerte nachgewiesen werden konnte, ist der Korrelationskoeffizient von ***Spearman*** zugrunde zu legen.

		Zeichnungsrendite am 1. Börsentag $Z_{0,1}$	Zeichnungsrendite am 20. Börsentag $Z_{0,20}$
Publizitätsindex der Berichterstattung nach den deutschen handelsrechtlichen Vorschriften des HGB	Korrelation nach Spearman	,055	,049
	Signifikanz (2-seitig)	,495	,545
	N	155	155
Publizitätsindex der Berichterstattung nach den International Accounting Standards (IAS)	Korrelation nach Spearman	,132	,085
	Signifikanz (2-seitig)	,256	,464
	N	76	76
Publizitätsindex der Berichterstattung nach den US-amerikanischen Generally Accepted Accounting Principles (US-GAAP)	Korrelation nach Spearman	-,090	-,099
	Signifikanz (2-seitig)	,431	,387
	N	79	79
**/* Die Korrelation ist auf dem Niveau von 0,01/0,05 (2-seitig) signifikant.			

Tabelle 5-9: Korrelation zwischen den Publizitätswerten der Anhangsberichterstattungen und den empirischen Zeichnungsrenditen

Aus den in Tabelle 5-9 dargestellten Ergebnissen folgt, dass ein statistisch linearer Zusammenhang zwischen der Publizitätsgüte und dem am Kapitalmarkt vielfach beobachteten Phänomen des Underpricings nicht nachgewiesen werden kann. Da die Korrelationskoeffizienten gegen Null tendieren, ist weder ein positiver noch ein negativer Zusammenhang erkennbar. Die Hypothese, dass ein Unternehmen einen zum ersten Börsenkurs relativ höheren Emissionspreis durch eine relativ höhere Publizitätsgüte erzielt, muss somit verworfen werden. Daraus ist zu schließen, dass der Grund für das am Markt beobachtete Phänomen des Underpricings nicht in der Qualität der Jahresabschlussberichterstattung im Rahmen publizierter Emissionsprospekte zu suchen ist. Doch welche Erklärungsansätze bieten sich für das hier gewonnene Ergebnis, d. h. für die Ablehnung der oben abgeleiteten Hypothese zum einen und die für das Untersuchungssample festzuhaltende durchschnittliche Zeichnungsrendite von $Z_{0,1} = 0{,}54$ und $Z_{0,20} = 0{,}53$ zum anderen? Hierzu soll abschließend kurz auf die wichtigsten in der Literatur aufgegriffenen Erklärungsansätze für das Underpricing-Phänomen eingegangen werden.

Die wichtigsten Erklärungsansätze für das Underpricing-Phänomen lassen sich in zwei Gruppen einteilen: Ansätze auf Basis von asymmetrisch verteilten Informationen und Ansätze auf Basis von Marktunvollkommenheiten. Erstere versuchen, eine theoretische Erklärung für das Phänomen zu liefern. Letztere be-

mühen sich, die Mängel zu identifizieren, damit das Underpricing durch ihre Verbesserung letztlich zum Verschwinden gebracht werden kann.
Zur ersten Gruppe gehören die bereits in Kapitel 2 dieser Arbeit aufgegriffenen und zur Herleitung der vorangehend überprüften Hypothese herangezogenen Ansätze, die auf Informationsasymmetrien zwischen den einzelnen Investorengruppen basieren.[201] In diesen Modellen existieren Anleger, die zwischen unterbewerteten und überbewerteten Emissionen unterscheiden können (informierte Investoren), sowie Anleger, denen diese Fähigkeit nicht zu Eigen ist (uninformierte Investoren). Die informierten Anleger zeichnen demzufolge nur die unterbewerteten Emissionen, die uninformierten Anleger hingegen alle. Dies hat zur Folge, dass der Anteil, den die letztgenannte Gruppe an den überbewerteten Emissionen hält, überproportional hoch ist. Da der Emissionsmarkt ohne die uninformierten Anleger zusammenbrechen würde, müssen sie mittels Underpricing für die Verluste, die sie durch die Zeichnung überbewerteter Emissionen erleiden, kompensiert werden. Ein Underpricing ist damit aufgrund des negativ verzerrten Erwartungswertes der uninformierten Investoren nötig. Da diese Verzerrung umso größer ist, je geringer die Informationen respektive je größer die ex-ante-Unsicherheit der uninformierten Investoren ist, sollte zwischen dem Underpricing und der ex-ante-Unsicherheit ein positiver Zusammenhang beobachtet werden können. Ein Problem ist, dass dieser Zusammenhang nicht empirisch beobachtbar ist. Daher sind geeignete Approximationen für die ex-ante-Unsicherheit zu definieren: So kann unter der Annahme, dass kleine Unternehmen in der Regel unbekannter sind und aufgrund einer oft nicht vorhandenen oder nur sehr kurzen Geschäftsvergangenheit die Informationsbeschaffung schwieriger ist als bei großen Unternehmen, die Größe des Emittenten als eine Approximation der ex-ante-Unsicherheit angesehen werden. Die Größe des Emittenten kann sich in der Bilanzsumme, dem Umsatz, dem Firmenalter wie auch dem Emissionsvolumen ausdrücken. Betrachtet man hingegen mit Vorteil Variablen der Unternehmensqualität anstatt der Unternehmensgröße als Approximation von ex-ante-Unsicherheit, so können die Kennzahlen Eigenkapitalrentabilität und der „Return on Investment“ des Gesamtkapitals verwendet werden.[202] Alle diese Variablen sind mit der ex-ante-Unsicherheit negativ korreliert, so dass zwischen ihnen und dem Underpricing ein negativer Zusammenhang erwartet wird, der im Folgenden einer näheren Untersuchung unterzogen werden soll. Die Ergebnisse hierzu gibt die nachfolgende Tabelle wieder.

---

201 Diese Konzeptionen gehen zurück auf ***Rock*** (vgl. Rock, New Issues, 1986, S. 187-212); Weiterentwicklungen stammen von ***Beatty/Ritter*** (vgl. Beatty/Ritter, Underpricing, 1986, S. 213-232) und ***Neus*** (vgl. Neus, Unterbewertung, 1994, S. 145-170).

202 Die Approximationen für die ex-ante-Unsicherheit wurden in Anlehnung an ***Wittleder*** (vgl. Wittleder, Going Public (b), 1989, S. 216) definiert.

		Zeichnungsrendite am 1. Börsentag $Z_{0,1}$	Zeichnungsrendite am 20. Börsentag $Z_{0,20}$
Bilanzsumme	Korrelation nach Spearman	,070	,083
	Signifikanz (2-seitig)	,388	,304
	N	155	155
Umsatz	Korrelation nach Spearman	,088	,189*
	Signifikanz (2-seitig)	,280	,019
	N	154	154
Firmenalter	Korrelation nach Spearman	,111	,199*
	Signifikanz (2-seitig)	,171	,013
	N	155	155
Emissionsvolumen	Korrelation nach Spearman	-,237**	-,216**
	Signifikanz (2-seitig)	,003	,007
	N	155	155
Eigenkapitalrentabilität	Korrelation nach Spearman	,162*	,203*
	Signifikanz (2-seitig)	,049	,013
	N	147	147
„Return on Investment" des Gesamtkapitals	Korrelation nach Spearman	,117	,144
	Signifikanz (2-seitig)	,150	,074
	N	154	154
**/* Die Korrelation ist auf dem Niveau von 0,01/0,05 (2-seitig) signifikant.			

Tabelle 5-10: Korrelation zwischen den Approximationsgrößen für die ex-ante-Unsicherheit und den empirischen Zeichnungsrenditen[203]

Eine Analyse der Resultate zeigt, dass für die Korrelationen die Approximationen der ex-ante-Unsicherheit bis auf das Emissionsvolumen nicht die erwarteten Vorzeichen im Sinne der obigen Ausführungen haben und sich auch zwischen

[203] In einigen wenigen Fällen konnten Unternehmen wegen fehlender Daten nicht in die hier zu untersuchende Stichprobe aufgenommen werden. Folglich gehen nicht alle 155 Unternehmen des Untersuchungssamples gemäß Abschnitt 5.1 dieser Arbeit in diese Analyse ein. Vgl. des Weiteren Fn. 156 (Abschnitt 5.5).

dem Emissionsvolumen und den Zeichnungsrenditen keine auffälligen bivariaten Korrelationen ergeben, die auf einen linearen Zusammenhang zwischen den Faktoren schließen lassen. Damit kann die Gültigkeit der oben aufgegriffenen Argumentation, dass zwischen dem Underpricing und der ex-ante-Unsicherheit ein negativer Zusammenhang bestehen müsse, mit den hier verwandten Approximationen nicht bestätigt werden. Der oben abgeleiteten und empirisch überprüften Hypothese, welche einen negativen Zusammenhang zwischen dem Maß der Einhaltung der Offenlegungspflichten im Rahmen der Prospektpublizität und der Höhe der Zeichnungsrenditen der börsengehenden Unternehmen des Neuen Marktes unterstellt, ist somit die Grundlage für ihre Herleitung entzogen. Da dieser erste Erklärungsansatz für das Underpricing-Phänomen im hier verwandten Sinne keine Gültigkeit besitzt, kann die Ursache für die hier festgestellten hohen durchschnittlichen Zeichnungsrenditen von $Z_{0,1} = 0{,}54$ und $Z_{0,20} = 0{,}53$ lediglich in weiteren in der Literatur aufgegriffenen Erklärungsansätzen für dieses Phänomen gesucht werden, die jedoch an dieser Stelle keiner weiteren empirischen Analyse unterzogen werden sollen.

So kann beispielsweise ein weiterer Erklärungsansatz in den Informationsasymmetrien zwischen dem Emittenten und der Emissionsbank begründet liegen. Hier wird davon ausgegangen, dass die Emissionsbank die Nachfrage der Anleger nach einer bestimmten Neuemission besser einschätzen kann als das zu emittierende Unternehmen. Dadurch wird die Emissionsbank in die Lage versetzt, bei der Emissionspreisfindung ein Underpricing zu berücksichtigen. Um ihr Platzierungsrisiko zu reduzieren, wird sie von dieser Möglichkeit auch Gebrauch machen.[204]

Des Weiteren können auch Informationsasymmetrien zwischen dem Emittenten und den (potentiellen) Investoren bestehen. Dieser Ansatz geht davon aus, dass die Investoren den wahren Wert eines Unternehmens und dessen Zukunftsaussichten schlechter einschätzen können als der Emittent selbst. Dieser versucht nun durch entsprechend glaubwürdige Signale die Informationsasymmetrien zu reduzieren und auf die Qualität seines Unternehmens aufmerksam zu machen. Ein solches glaubwürdiges Signal kann zum Beispiel das Underpricing im Rahmen des Börsenganges darstellen, da es nur qualitativ hochwertigen Unternehmen möglich sein wird, die durch das Underpricing verursachten Kosten durch spätere Kapitalerhöhungen zu neutralisieren.[205]

Im Gegensatz zu den gerade besprochenen Ansätzen liegen den auf Marktunvollkommenheiten basierenden Erklärungsansätzen keine modelltheoretischen Überlegungen zugrunde. Die *Monopson-Hypothese* besagt dabei, dass die Emissionshäuser aufgrund mangelnden Wettbewerbs in der Lage sind, bei den Emissionen ein bewusstes Underpricing herbeizuführen und dies auch tun, um ihr Platzierungsrisiko zu reduzieren. Die *Kurspflege-Hypothese* führt das Underpri-

---

[204] Vgl. Baron, New Issues, 1982, S. 955-976.

[205] Vgl. Allen/Faulhaber, Underpricing, 1989, S. 303-323; Grinblatt/Hwang, New Issues, 1989, S. 393-420.

cing von Neuemissionen auf kursstützende Maßnahmen der Emissionsbanken im Sekundärmarkt zurück. Die *Speculative-Bubble-Hypothese* und die *Fads-Hypothese* gehen davon aus, dass die Kurse im Sekundärmarkt durch eine fundamental nicht gerechtfertigte spekulative Nachfrage über dem Emissionspreis liegen.[206]

Insgesamt bleibt festzuhalten, dass das bei Neuemissionen des Neuen Marktes zu beobachtende Phänomen des Underpricings durch ein einzelnes Erklärungsmodell nicht schlüssig begründet werden kann. Bei jungen Wachstumsunternehmen können Bewertungsunsicherheiten seitens der den Börsengang begleitenden Emissionsbanken, Ineffizienzen des Kapitalmarktes, asymmetrische Informationsverteilungen zwischen Unternehmensleitung und Investoren sowie irrationales Verhalten der Anleger jeweils Erklärungsbeiträge für das Underpricing leisten. Hinsichtlich der Ursachen für das Underpricing besteht jedoch noch weiterer Forschungsbedarf, um die bei Neuemissionen zu beobachtenden Kapitalmarktanomalien auch im hier vorliegenden Fall des Neuen Marktes erklären zu können. Maßnahmen für eine verbesserte Emissionspreisfindung betreffen nach bisherigen Erkenntnissen – trotz des hier gewonnenen Ergebnisses – in jedem Fall die aktive Investor-Relations-Politik seitens des Börsenkandidaten bzw. die Unternehmenskommunikation im Vorfeld eines Börsenganges, bei welcher der Berichterstattung im Emissionsprospekt – als das zentrale Kommunikationsmittel eines Emittenten im Zuge eines Börsenganges – eine entscheidende Rolle zukommt. Aber auch auf „... lange Sicht können nur solche Gesellschaften ihren Eigenkapitalbedarf an der Börse decken, die sich das Vertrauen der Anleger durch vorbildliche Publizität erwerben" *(Karl-Oskar Koenigs, Mitinhaber des Bankhauses B. Metzler seel. Sohn & Co., Präsident der Frankfurter Wertpapierbörse am XI. Deutschen Bankiertag 1968).*[207]

---

[206] Vgl. zu den einzelnen Erklärungsansätzen für das Underpricing-Phänomen im Detail Gerke/Fleischer, Neuer Markt, 2001, S. 828 f.; Göppl/Sauer, Börsenneulinge, 1990, S. 164; Kaserer/Kempf, Underpricing-Phänomen, 1995, S. 47-50; Kunz, Underpricing, 1990, S. 207 ff.; Schiereck/Wagner, Kursentwicklung, 2002, S. 825 f.; Serfling/Pape/Kressin, Underpricing, 1999, S. 294 f.; Stehle/Ehrhardt, Börseneinführungen, 1999, S. 1399-1404; Theissen, Underpricing, 2002, S. 1025-1044; Uhlir, Underpricing-Phänomen, 1989, S. 3-6; Wallmeier/Rösl, Underpricing, 1999, S. 136-138; Wittleder, Going Public (b), 1989, S. 157-213.

[207] Vgl. o. V., Mehr Publizität, 1970, S. 134.

6 Zusammenfassung und Schlussfolgerungen

> ***„Erkenntnisfortschritt heißt, dass wir von den realen Phänomenen, die uns interessieren, immer mehr über die Struktur der Wirklichkeit sagen können.“*** [1]

Die wesentlichen Erkenntnisse, die sich aus der vorliegenden Arbeit gewinnen ließen, lassen sich wie folgt zusammenfassen:
Das Ziel der vorliegenden Arbeit bestand im Wesentlichen darin, den Einfluss des Abschlussprüfers auf die Qualität der Abschlusspublizität neuemittierender Unternehmen des Neuen Marktes im Rahmen ihrer Emissionsprospekte empirisch zu untersuchen. Ausgangspunkt hierfür war einerseits die Feststellung, dass das Publizitätsverhalten der untersuchten Unternehmen in Teilbereichen weder als gesetzeskonform noch als uniform bezeichnet werden konnte, zum anderen bot die in der Literatur vorgebrachte Kritik am Berufsstand in Verbindung mit der fragwürdigen Qualität der Berichterstattung am Neuen Markt dazu Anlass. Die eingangs anhand theoretischer Ansätze aufgestellte Hypothese, dass größere Wirtschaftsprüfungsgesellschaften eine höhere Publizitätsqualität garantieren als kleinere Prüfungsgesellschaften, konnte jedoch nur partiell bestätigt werden.
Für die Berichterstattung nach den deutschen handelsrechtlichen Vorschriften des HGB erwies sich der vermutete Zusammenhang sowohl im (univariaten) direkten Vergleich als auch unter Berücksichtigung weiterer Variablen im Rahmen einer multivariaten Analyse als nicht signifikant. Im Rahmen der deskriptiven Analyse konnte man diesbezüglich bereits auf sehr hohe Spannweiten der Publizitätsgüte der analysierten Abschlüsse innerhalb der betrachteten Wirtschaftsprüfergruppen aufmerksam werden, die bereits darauf hindeuteten, dass die unbefriedigende Publizitätsqualität gerade in diesem Bereich durch den Einfluss des testierenden Abschlussprüfers nur unzureichend erklärt werden kann. Vor dem Hintergrund, dass im Rahmen der multiplen Regressionsrechnung zwischen dem Verschuldungsgrad und der Informationsqualität der Anhangsberichterstattung nach den deutschen handelsrechtlichen Vorschriften des HGB ein signifikanter Zusammenhang ermittelt werden konnte, liegt die Vermutung nahe, dass für die Publizität nach den deutschen handelsrechtlichen Vorschriften des HGB börsengehender Unternehmen des Neuen Marktes nicht so sehr der Abschlussprüfer ausschlaggebend sein dürfte, sondern vielmehr andere Faktoren hier eine entscheidende Rolle spielen.
Im Hinblick auf die Einhaltung der IAS- und US-GAAP-Offenlegungsanforderungen am Neuen Markt erweist sich demgegenüber sowohl im (univariaten) direkten Vergleich als auch unter Berücksichtigung weiterer Variablen im Rahmen einer multiplen Regressionsrechnung die Qualität und Stringenz der Ab-

[1] Albert, Kritischer Rationalismus, 1971, S. 189.

schlussprüfung als eine wichtige, wenn nicht sogar als die entscheidende Determinante. Es konnte gezeigt werden, dass Unternehmen, deren IAS- oder US-GAAP-Abschlüsse von großen, internationalen Prüfungsgesellschaften („Big 6") geprüft werden, die Ausweispflichten im Durchschnitt genauer befolgen als Unternehmen, deren Abschlüsse von kleineren, national bzw. regional tätigen Abschlussprüfern geprüft werden, wobei an dieser Stelle nochmals darauf hinzuweisen ist, dass diese grobe dichotome Klassifizierung der Wirtschaftsprüfungsgesellschaften in „Big 6-WPG" und „Nicht-Big 6-WPG" als Surrogat für die Größe des Abschlussprüfers in der Realität nicht unbedingt zu einem hohen bzw. dem höchsten Erklärungsgehalt für unterschiedliches Publizitätsverhalten von Unternehmen bzw. für eine unterschiedliche Berichterstattungsqualität führt: Zum einen erbrachte die vorliegende Untersuchung eindeutige Hinweise auf systematische Unterschiede in der durchschnittlichen Publizitätsgüte von „Neuer-Markt"-Unternehmen, die von unterschiedlichen „Big 6"-Gesellschaften geprüft werden, zum anderen ließ sich eine Gruppe von Wirtschaftsprüfungsgesellschaften, die „Second-Tier-WPG", ermitteln, deren testierte Abschlüsse zumindest einen höheren Publizitätsindex aufwiesen als die Abschlüsse, die von anderen „kleinen WP/WPG" geprüft wurden. Im Rahmen der Berichterstattung nach den US-amerikanischen Generally Accepted Accounting Principles (US-GAAP) unterschied sich der durchschnittliche Publizitätsindex der von diesen Gesellschaften geprüften Abschlüsse kaum vom durchschnittlichen „Score" der von „Big 6-WPG" geprüften Abschlüsse.

Die vorliegenden Ergebnisse belegen damit einerseits, dass die Qualität der Abschlussprüfer am Neuen Markt sehr heterogen ist. Sie belegen andererseits aber auch, dass Prüfungen in sehr vielen Fällen nicht streng genug durchgeführt werden. Da die im Rahmen dieser Studie untersuchten Jahresabschlüsse beinahe ohne Ausnahme uneingeschränkte Bestätigungsvermerke erhielten und in keinem einzigen Fall eine Testatseinschränkung aufgrund fehlender Angaben erfolgte, werfen diese Ergebnisse ernsthafte Fragen nach der Qualität der Abschlussprüfung im Allgemeinen auf. Darüber hinaus belegen die vorliegenden Befunde, dass das „Regelwerk Neuer Markt" mit seiner Verpflichtung zur Publikation von IAS- oder US-GAAP-Abschlüssen für Investoren nur von sehr begrenztem Nutzen ist, solange diese hochwertigen Rechnungslegungsstandards von den Unternehmen nicht tatsächlich befolgt werden und die angestrebte Transparenz im Sinne des angloamerikanischen *full disclosure principle* nur eine Zielsetzung bleibt. Nicht nur die bereits börsennotierten Unternehmen des Neuen Marktes – belegt durch die Ergebnisse der Studie von ***Glaum/Street***[2] –, sondern auch Börsenneulinge dieses Marktsegmentes – wie die vorliegende Arbeit zeigen konnte – tendieren zu einer zurückhaltenden Informationspolitik, wobei nach herrschender Meinung ein betroffenes Unternehmen gerade im Rahmen eines Going Public ganz besonders dazu aufgefordert ist, eine wirksame Öffentlich-

---

[2] Vgl. hierzu die Darstellung in Abschnitt 5.3 dieser Arbeit.

keitsarbeit sowie eine vorbildliche externe Rechnungslegung zu praktizieren.[3] Abgesehen von der gesetzlich vorgeschriebenen Abschlussprüfung, deren Qualität nach den Ergebnissen dieser Untersuchung allerdings in Frage zu stellen ist, gibt es in Deutschland zur Zeit faktisch keine Institution, welche die Einhaltung der Vorschriften zur Bilanzierung und Offenlegung überwacht und Verletzungen sanktioniert. Diese Situation wird von ***d'Arcy/Leuz*** wie folgt umschrieben: „Die *Deutsche Börse AG* ... versteht sich nicht als Durchsetzer oder Kommentator spezifischer Rechnungslegungsstandards. Vielmehr wird im Rahmen des Zulassungsverfahrens eine Plausibilitäts- und Vollständigkeitsüberprüfung der Rechenwerke als ganzes vorgenommen. ... Eine inhaltliche Prüfung im engeren Sinne findet nicht statt. ... Alle Fragen der Auslegung von IAS und US-GAAP bezüglich spezieller Bilanzierungsprobleme obliegen aus o. g. Gründen dem Wirtschaftsprüfer. Generell erkennt die *Deutsche Börse AG* das Testat oder die qualifizierende Bescheinigung eines Wirtschaftsprüfers an. IAS oder US-GAAP sind – etwas überspitzt formuliert – somit das, was ein Wirtschaftsprüfer als solches testiert. Es darf daher nicht verwundern, dass von Rechnungslegern und Prüfern genutzte Interpretationsspielräume, die in den USA womöglich die *SEC* schließen würde, zu einer gewissen Heterogenität in den Abschlüssen führen.“[4]
Vor dem Hintergrund der Befunde dieser Untersuchung ist zum einen zu befürchten, dass die Wirtschaftsprüfer, die sich in einem Spannungsverhältnis zwischen öffentlichem Auftrag und kommerziellen Interessen bewegen, mit der ihnen im gegenwärtigen Kapitalmarktsystem zugeschriebenen Rolle[5] etwas überfordert sind, zum anderen muss befürchtet werden, dass das gegenwärtige System bei Anlegern Enttäuschung und Verunsicherung hervorruft und in analoger Weise die geplante Einführung der IAS-Rechnungslegung für alle börsennotierten Gesellschaften in Deutschland und in der EU die angestrebte Verbesserung der Information und Transparenz verfehlen dürfte, solange keine durchsetzungsfähige Marktaufsicht existiert, welche sicherstellt, dass diese hochwertigen Rechnungslegungsstandards von den Unternehmen auch tatsächlich befolgt werden.[6] Des Weiteren erscheint fraglich, ob das mit der Neuordnung des deutschen Aktienmarktes gesetzte Ziel einer höheren Transparenz, einer größeren Rechtssicherheit und einer besseren Durchsetzbarkeit der Regeln im Hinblick auf das neu geschaffene Premiumsegment überhaupt erreicht werden kann, wenn die im Regelwerk des Neuen Marktes festgeschriebenen Regeln nun noch auf eine Vielzahl von Unternehmen ausgeweitet werden, ohne das geltende Bilanzrecht im konkreten Einzelfall effektiv durchzusetzen. Bekanntlich wird seit geraumer Zeit darüber debattiert, ob in Deutschland eine staatliche oder eine private Instanz

---

[3] Vgl. Kaden, Going Public, 1991, S. 226 sowie Schwarz, Börseneinführungspublizität, 1988, S. 293.

[4] d'Arcy/Leuz, Rechnungslegung, 2000, S. 390.

[5] Vgl. hierzu insbesondere Hommelhoff, Durchsetzungssystem, 2001, S. S39; Küting, Neuer Markt, 2000, S. 683; Küting, Neuer Markt, 2001, S. 547; Schindler/Böttcher/Roß, Neuer Markt, 2001, S. 479.

[6] Vgl. hierzu bereits Glaum/Street, Rechnungslegung, 2002, S. 57.

zur Durchsetzung der Rechnungslegungsstandards eingerichtet werden sollte – nach dem Vorbild der US-amerikanischen Börsenaufsichtsbehörde ***SEC*** im Wege öffentlich-rechtlicher Aufsicht oder nach britischem Beispiel im Wege privater Selbstbereinigung durch eine privatwirtschaftliche Kontrollinstanz nach dem Vorbild des britischen ***Financial Reporting Review Panel (FRRP)***.[7] Im Rahmen dieser Debatte deutet sich an, dass die Einrichtung einer *Enforcement*-Institution zwar grundsätzlich auf breite Zustimmung bei den interessierten Kreisen trifft, dass aber starke Vorbehalte gegenüber einer Überwachungsbehörde in Form einer „deutschen SEC" bestehen und eine privatwirtschaftliche Lösung bevorzugt wird. So hat die ***Regierungskommission Corporate Governance*** empfohlen, „ ... nach dem Vorbild des britischen *Financial Reporting Review Panel* eine privatwirtschaftlich getragene und organisierte Einrichtung vorzusehen, die nach von ihr entwickelten Verfahrensvorschriften im Einvernehmen mit den betroffenen Unternehmen behaupteten groben Verstößen gegen Rechnungslegungsvorschriften nachgeht, und die im Weigerungsfall das Recht hat, Klage gemäß §§ 256, 257 AktG zu erheben."[8] Dieser Vorschlag wurde mit dem am 25.2.2003 im Rahmen einer Pressemitteilung veröffentlichten „Maßnahmenkatalog zur Stärkung der Unternehmensintegrität und des Anlegerschutzes" durch die ***Bundesregierung*** aufgegriffen; auch das ***Institut der Wirtschaftsprüfer*** hat sich dieser Empfehlung angeschlossen.[9] Insgesamt bleibt jedoch abzuwarten, ob eine private Kontrollinstanz tatsächlich unabhängig und stark genug sein wird, um künftig eine genauere Einhaltung der Bilanzierungs- und Offenlegungsvorschriften durch deutsche Unternehmen – und vor allem die Unternehmen des neu geschaffenen Premiumsegmentes – sicherzustellen. Doch sollte diese Diskussion im Ganzen wirklich allein auf die Frage „Staatliches Aufsichtsamt oder privates Review Panel" verengt werden? Zu bedenken ist in jedem Fall, dass es eine Fülle an alternativen Mitteln gibt, um die Rechnungslegungsnormen durchzusetzen, z. B. durch die Stärkung der Klagerechte von Aktionären, die Defizite in der Rechnungslegung vermuten.

Hierbei könnte ein Vorschlag der ***Regierungskommission Corporate Governance,*** welcher bereits durch die ***Bundesregierung*** im Rahmen des „Maßnahmenkataloges zur Stärkung der Unternehmensintegrität und des Anlegerschutzes" aufgegriffen wurde, von grundlegender Bedeutung sein. Diese schlägt vor, dass der Gesetzgeber eine zivilrechtliche Haftung von Vorstands- und Aufsichtsrats-

---

[7] Vgl. hierzu u. a. Böckem, Durchsetzung von Rechnungslegungsstandards, 2000; Böckem, Rechnungslegungsstandards, 2000; d'Arcy, Neuer Markt, 2001; Hommelhoff, Durchsetzungssystem, 2001; Hütten/Brakensiek, Deutsche US-GAAP, 2000; Hütten/Lorson, Enforcement, 2002; Hulle van, Rechnungslegungsgrundsätze, 2001; Janssen, Rechnungslegung, 2001; Lenz/Bauer, Rechnungslegungsnormen, 2002; Tielmann, Rechnungslegung, 2001. Zur theoretischen Begründbarkeit dieser Debatte vgl. auch Feldhoff, Informationen, 1992; Feldhoff, Rechnungslegung, 1994.

[8] Baums, Corporate Governance, 2001, Rn. 278.

[9] Vgl. IDW, Corporate Governance, 2000, S. 1029 ff.; IDW, Maßnahmenkatalog der Bundesregierung vom 25.2.2003, 2003, S. 129.

mitgliedern börsennotierter Gesellschaften für vorsätzliche und grobfahrlässige Falschinformation über die Verhältnisse der Gesellschaft vorsehen möge. Um die Durchsetzung von Haftungsansprüchen für Kleinaktionäre zu erleichtern und das Problem der „rationalen Apathie" zu überwinden, wird empfohlen, für eine gemeinschaftliche Vertretung geschädigter Anleger bei bewusster oder grobfahrlässiger Falschinformation zu sorgen. Erfolgshonorare für Anwälte – als ein wirksames Mittel der Anreizsteigerung und Risikoteilung – sollen allerdings ausgeschlossen werden.[10] Insgesamt stellt sich in diesem Zusammenhang damit die Frage, ob nicht eine solche Regelung in Bezug auf die Durchsetzung von Rechnungslegungsnormen in Deutschland eine größere Wirkung zeigen könnte als ein privatrechtlich organisiertes Review Panel, dessen Sanktionswirkung im Rahmen der sog. adversen Publizität (Sanktionierung durch die Veröffentlichung von Detailinformationen aus abgeschlossenen Untersuchungsverfahren) stark eingeschränkt bewertet werden muss.[11] Insofern erscheint es zweckmäßig, die Position in Deutschland noch einmal zu überdenken, um nicht nur eine Minimallösung zu realisieren, um kurz darauf bereits über „Nachbesserungen und Verschärfungen" zu diskutieren.

[10] Vgl. Baums, Corporate Governance, 2001, Rn. 181 ff.

[11] Vgl. hierzu bereits Lenz/Bauer, Rechnungslegungsnormen, 2002, S. 260.

Anlagen

7.1 Empirische Untersuchungen zur Publizitätsbewertung mit Index-Modellen

Autor	Umfang	Gegenstand der Untersuchung	Informationsitems	Indexbildung und Bewertung	Kritik
Archibald (1971)[1]	59 (USA)	Berichtsqualität bei Wechsel der Abschreibungsmethode von degressiver zu linearer Abschreibung	13 Items mit unerwähnter Herkunft	* Erfüllung (Nichterfüllung) einer geforderten Information führt zu einem positiven (negativen) Wert je Item; die Summe ergibt den unternehmensindividuellen Wert; diese Werte ergeben eine Rangfolge * eine Gewichtung erfolgt nicht	* objektiver Nachvollzug der Bewertung ist nicht möglich * relativer Publizitätsindex wird nicht ermittelt
Singhvi/Desai (1971)[2]	155 (USA)	in einem Regressionsansatz wird geprüft, welche von 6 vermuteten Einflussfaktoren das Ausmaß der Publizität beeinflussen	34 Items aus der Vorgängeruntersuchung von ***Cerf (1961)***[3] übernommen	* jedes der 34 Items wird mit einem Gewicht zwischen 1 und 4 gewichtet; diese Gewichtung ergibt sich aus eigener Einschätzung der Autoren und einer Diskussion mit Fachleuten * der Publizitätsindex ergibt sich aus der Summe der Gewichte; die maximal erreichbare Punktezahl beträgt 68	* die als Gewichte bezeichneten Werte stellen nur Sammelpunkte dar * subjektiv bestimmte Gewichte * relativer Publizitätsindex wird nicht ermittelt
Choi (1972/1973)[4]	36 (11 Länder)	Zusammenhang zwischen dem Eintritt eines Unternehmens in den Euro-Bond-Markt und der Publizitätsgüte	36 teilweise untergliederte Items aus der Literatur und der Studie von ***Cerf (1961)***[3]	* alle Items sind gleichgewichtet; der Publizitätsindex ergibt sich als Anteil der veröffentlichten Informationen an der Gesamtzahl aller Items	* nur Gleichgewichtung; es erfolgt jedoch keine Verzerrung durch subjektiv bestimmte Gewichte
Buzby (1974/1975)[5]	88 (USA)	Zusammenhang zwischen der Publizitätsgüte und der Unternehmensgröße sowie der Börsennotierung	39 Items, die aus der Literatur abgeleitet wurden	* die Items wurden durch 131 Finanzanalysten bewertet (Fragebogen); aus den Werten zwischen 0 und 4, welche diese für die Items vergeben konnten, wird der Mittelwert berechnet und als Gewichtung verwendet * Ist-Erhebung durch Summation * relativer Publizitätsindex durch Quotientenbildung aus Ist-Wert und dem für ein Unternehmen spezifischen Maximalwert	* die als Gewichte bezeichneten Werte stellen nur Sammelpunkte dar * subjektiv bestimmte Gewichte * vorteilhaft erscheint die Korrektur; es wird ein unternehmensspezifischer Maximalwert verwendet, so dass es dem Unternehmen nicht angelastet wird, wenn es zu einem Item keine Information geben kann
Stanga (1976)[6]	80 (USA)	Zusammenhang zwischen der Publizitätsgüte und der Unternehmensgröße sowie der Branche	79 Items, die aus der Literatur abgeleitet wurden	* die Items wurden durch 275 Finanzanalysten bewertet (Fragebogen); aus den Werten zwischen 0 und 4, welche diese für die Items vergeben konnten, wird der Mittelwert berechnet und als Gewichtung verwendet	* die als Gewichte bezeichneten Werte stellen nur Sammelpunkte dar * subjektiv bestimmte Gewichte * vorteilhaft erscheint die Korrektur; es wird ein unternehmensspezifischer Maximalwert verwendet, so

Autor	Umfang	Gegenstand der Untersuchung	Informationsitems	Indexbildung und Bewertung	Kritik
			* Ist-Erhebung durch Summation * relativer Publizitätsindex durch Quotientenbildung aus Ist-Wert und dem für ein Unternehmen spezifischen Maximalwert	dass es dem Unternehmen nicht angelastet wird, wenn es zu einem Item keine Information geben kann
Barrett (1975/1976/ 1977)[7]	103 (7 Länder)	Beurteilung der Publizitätsgüte bei Einbezug konsolidierter Bilanzen; Feststellung der Vollständigkeit des Konsolidierungskreises und der Kapitalkonsolidierungsmethoden	17 Items aus Vorgängerstudien zur Publizität allgemein, 8 Items zur Beurteilung der Konsolidierung sowie 5 weitere Informationsitems	* 17 Publizitätsitems werden mit Punkten gewichtet (teilweise entsprechend Vorgängerstudien); hieraus wird der Publizitätsindex ermittelt (erreichte Punktzahl/maximale Punktzahl); die übrigen Items werden lediglich aufgezählt und gehen nicht in den Index ein	* die als Gewichte bezeichneten Werte stellen nur Sammelpunkte dar * subjektiv bestimmte Gewichte * Items gehen nur teilweise in die Bewertung ein
Firth (1979)[8]	180 (UK)	Zusammenhang zwischen der Publizitätsgüte und der Unternehmensgröße, der Börsennotierung sowie dem Abschlussprüfer	48 Items aus Literatur und Vorgängerstudien	* die Items wurden durch 46 Finanzanalysten bewertet (Fragebogen); aus den Werten zwischen 1 und 5, welche diese für die Items vergeben konnten, wird der Mittelwert berechnet und als Gewichtung verwendet * Ist-Erhebung durch Summation * relativer Publizitätsindex durch Quotientenbildung aus Ist-Wert und dem Maximalwert	* die als Gewichte bezeichneten Werte stellen nur Sammelpunkte dar * subjektiv bestimmte Gewichte
Firth (1980)[9]	278 (UK)	Beurteilung der Publizitätsgüte im Vorfeld einer Börseneinführung bzw. Kapitalerhöhung	48 Items aus Literatur und Vorgängerstudien	* die Items wurden durch 46 Finanzanalysten bewertet (Fragebogen); aus den Werten zwischen 1 und 5, welche diese für die Items vergeben konnten, wird der Mittelwert berechnet und als Gewichtung verwendet * Ist-Erhebung durch Summation * relativer Publizitätsindex durch Quotientenbildung aus Ist-Wert und dem Maximalwert	* die als Gewichte bezeichneten Werte stellen nur Sammelpunkte dar * subjektiv bestimmte Gewichte
Kahl/Belkaoui (1981)[10]	70 (18 Länder)	Bankenpublizität	30 Items aus Literatur und Vorgängerstudien	* die Items wurden durch 15 Professoren bewertet (Fragebogen); aus den Werten zwischen 0 und 4, welche diese für die Items vergeben konnten, wird der Mittelwert berechnet und als Gewichtung verwendet	* die als Gewichte bezeichneten Werte stellen nur Sammelpunkte dar * subjektiv bestimmte Gewichte

Autor	Umfang	Gegenstand der Untersuchung	Informationsitems	Indexbildung und Bewertung	Kritik
				* Ist-Erhebung durch Summation * relativer Publizitätsindex durch Quotientenbildung aus Ist-Wert und dem Maximalwert	
McNally/Eng/ Hasseldine (1982)[11]	103 (Neuseeland)	Zusammenhang zwischen der Publizitätsgüte und diversen unternehmensspezifischen Merkmalen sowie dem Abschlussprüfer	41 Items aus Vorgängerstudien, ausgewählten Items aus Abschlüssen diverser Unternehmen und Diskussion mit Fachleuten	* die Items wurden durch 83 Börsenmitglieder/Finanzredakteure bewertet (Fragebogen); aus den Werten zwischen 1 und 5, welche diese für die Items vergeben konnten, wird der Mittelwert berechnet und als Gewichtung verwendet * der Publizitätsindex ergibt sich aus der Summe der Gewichte	* die als Gewichte bezeichneten Werte stellen nur Sammelpunkte dar * subjektiv bestimmte Gewichte * relativer Publizitätsindex wird nicht ermittelt
Firer/Meth (1986)[12]	36 (Südafrika)	Zusammenhang zwischen der Publizitätsgüte und dem Informationsbedarf von Finanzanalysten	49 Items aus Literatur, ausgewählten Items aus Abschlüssen diverser Unternehmen	* alle Items sind gleichgewichtet; der Publizitätsindex ergibt sich als Anteil der veröffentlichten Informationen an der Gesamtzahl aller Items	* nur Gleichgewichtung; es erfolgt jedoch keine Verzerrung durch subjektiv bestimmte Gewichte
Robbins/Austin (1986)[13]	99 (USA)	Publizitätsgüte der jährlichen Berichterstattung öffentlicher Haushalte in Abhängigkeit unterschiedlicher Gewichtungsmethoden in Scoring-Modellen	27 Items aus Literatur	* Erfassung, ob ein Informationsitem gemäß rechtlicher Anforderung veröffentlicht wird (reelle Zahl = 1), nur teilweise veröffentlicht wird (reelle Zahl = 1 > Score > 0) oder nicht veröffentlicht wird (reelle Zahl = 0) * die Items wurden durch 77 Finanzanalysten bewertet (Fragebogen); aus den Werten, welche diese für die Items vergeben konnten, wird der Mittelwert berechnet und als Gewichtung verwendet * zusätzlich Gleichgewichtungsmethode * Ist-Erhebung durch Summation * relativer Publizitätsindex durch Quotientenbildung aus Ist-Wert und dem Maximalwert	* erstmalig nicht nur dichotome Erfassung der Publizitätsgüte * subjektiv bestimmte Gewichte (nur Gleichgewichtung; es erfolgt jedoch keine Verzerrung durch subjektiv bestimmte Gewichte)
Chow/Wong-Boren (1987)[14]	52 (Mexiko)	in einem Regressionsansatz wird geprüft, welche von drei vermuteten Einflussfaktoren das Ausmaß der Publizität beeinflussen	24 Items aus Literatur, Vorgängerstudien und Diskussion mit Fachleuten	* die Items wurden durch 67 Angestellte 16 mexikanischer Banken bewertet (Fragebogen); aus den Werten zwischen 1 und 7, welche diese für die Items vergeben konnten, wird der Mittelwert berechnet und als Gewichtung verwendet	* die als Gewichte bezeichneten Werte stellen nur Sammelpunkte dar * subjektiv bestimmte Gewichte * relativer Publizitätsindex wird nicht ermittelt

Autor	Umfang	Gegenstand der Untersuchung	Informationsitems	Indexbildung und Bewertung	Kritik
				* der Publizitätsindex ergibt sich aus der Summe der Gewichte	
Wallace (1988)[15]	87 (Nigeria)	Publizitätsgüte in Entwicklungsländern anhand verschiedener Indices	185 Items aus Vorgängerstudien, *Rechtsvorschriften,* Kommentarliteratur	* alle Items sind gleichgewichtet (*zusätzliche Gewichtung anhand Befragung 6 verschiedener Personengruppen (470 Personen)*) * Ist-Erhebung durch Summation * relativer Publizitätsindex durch Quotientenbildung aus Ist-Wert und dem für ein Unternehmen spezifischen Maximalwert	* nur Gleichgewichtung; es erfolgt jedoch keine Verzerrung durch subjektiv bestimmte Gewichte (*subjektiv bestimmte Gewichte)* * vorteilhaft erscheint die Korrektur; es wird ein unternehmensspezifischer Maximalwert verwendet, so dass es dem Unternehmen nicht angelastet wird, wenn es zu einem Item keine Information geben kann
Cooke (1989a, b)[16]	90 (Schweden)	in einem Regressionsansatz wird geprüft, welche von fünf vermuteten Einflussfaktoren das Ausmaß der Publizität beeinflussen	146 Items aus Vorgängerstudien sowie Kommentarliteratur (224 Items aus Vorgängerstudien, *Rechtsvorschriften*, Kommentarliteratur sowie Diskussion mit Fachleuten)	* alle Items sind gleichgewichtet * Ist-Erhebung durch Summation * relativer Publizitätsindex durch Quotientenbildung aus Ist-Wert und dem für ein Unternehmen spezifischen Maximalwert	* nur Gleichgewichtung; es erfolgt jedoch keine Verzerrung durch subjektiv bestimmte Gewichte * vorteilhaft erscheint die Korrektur; es wird ein unternehmensspezifischer Maximalwert verwendet, so dass es dem Unternehmen nicht angelastet wird, wenn es zu einem Item keine Information geben kann
Cooke (1991/1992/ 1993)[17]	48 (davon 35 börsennotiert) / (davon 35 börsennotiert) / (davon 35 börsennotiert) (Japan)	in einem Regressionsansatz wird geprüft, welche von drei vermuteten Einflussfaktoren das Ausmaß der Publizität beeinflussen / Zusammenhang zwischen der Publizitätsgüte und der Börsennotierung	106 Items aus Vorgängerstudien sowie Kommentarliteratur (165 Items aus Vorgängerstudien, *Rechtsvorschriften*, Kommentarliteratur sowie Diskussion mit Fachleuten) (195 Items aus Vorgängerstudien, *Rechtsvorschriften*, Kommentarliteratur sowie Diskussion mit Fachleuten)	* alle Items sind gleichgewichtet * Ist-Erhebung durch Summation * relativer Publizitätsindex durch Quotientenbildung aus Ist-Wert und dem für ein Unternehmen spezifischen Maximalwert	* nur Gleichgewichtung; es erfolgt jedoch keine Verzerrung durch subjektiv bestimmte Gewichte * vorteilhaft erscheint die Korrektur; es wird ein unternehmensspezifischer Maximalwert verwendet, so dass es dem Unternehmen nicht angelastet wird, wenn es zu einem Item keine Information geben kann
Malone/Fries/ Jones (1993)[18]	125 (USA)	in einem Regressionsansatz wird geprüft, welche von zehn vermuteten Einflussfaktoren	129 ausgewählte Items aus Form 10-K und den Jahresabschlüssen der	* die Items wurden durch 115 Finanzanalysten bewertet (Fragebogen); aus den Werten zwischen 0 und 2, welche	* die als Gewichte bezeichneten Werte stellen nur Sammelpunkte dar * subjektiv bestimmte Gewichte

Autor	Umfang	Gegenstand der Untersuchung	Informationsitems	Indexbildung und Bewertung	Kritik
		das Ausmaß der Publizität beeinflussen	in das Untersuchungssample einbezogenen Unternehmen	diese für die Items vergeben konnten, wird der Mittelwert berechnet und als Gewichtung verwendet * Ist-Erhebung durch Summation * relativer Publizitätsindex durch Quotientenbildung aus Ist-Wert und dem für ein Unternehmen spezifischen Maximalwert	* vorteilhaft erscheint die Korrektur; es wird ein unternehmensspezifischer Maximalwert verwendet, so dass es dem Unternehmen nicht angelastet wird, wenn es zu einem Item keine Information geben kann
Ahmed/Nicholls (1994)[19]	63 (Bangladesch)	in einem Regressionsansatz wird geprüft, welche von fünf vermuteten Einflussfaktoren das Ausmaß der Publizität beeinflussen	94 Items aus *Rechtsvorschriften*	* alle Items sind gleichgewichtet * Ist-Erhebung durch Summation * relativer Publizitätsindex durch Quotientenbildung aus Ist-Wert und dem für ein Unternehmen spezifischen Maximalwert	* nur Gleichgewichtung; es erfolgt jedoch keine Verzerrung durch subjektiv bestimmte Gewichte * vorteilhaft erscheint die Korrektur; es wird ein unternehmensspezifischer Maximalwert verwendet, so dass es dem Unternehmen nicht angelastet wird, wenn es zu einem Item keine Information geben kann
Hossain/Tan/Adams (1994)[20]	67 (Malaysia)	in einem Regressionsansatz wird geprüft, welche von 6 vermuteten Einflussfaktoren das Ausmaß der Publizität beeinflussen	78 Items aus Vorgängerstudien	* alle Items sind gleichgewichtet * Ist-Erhebung durch Summation * relativer Publizitätsindex durch Quotientenbildung aus Ist-Wert und dem für ein Unternehmen spezifischen Maximalwert	* nur Gleichgewichtung; es erfolgt jedoch keine Verzerrung durch subjektiv bestimmte Gewichte * vorteilhaft erscheint die Korrektur; es wird ein unternehmensspezifischer Maximalwert verwendet, so dass es dem Unternehmen nicht angelastet wird, wenn es zu einem Item keine Information geben kann
Wallace/Naser/Mora (1994)[21]	50 (Spanien)	in einem Regressionsansatz wird geprüft, welche von 9 vermuteten Einflussfaktoren das Ausmaß der Publizität beeinflussen	16 teilweise untergliederte Items aus *Rechtsvorschriften* (insgesamt 79 Einzelinformationen)	* alle Items sind gleichgewichtet; der Publizitätsindex ergibt sich als Anteil der veröffentlichten Informationen an der Gesamtzahl aller Items (79)	* nur Gleichgewichtung; es erfolgt jedoch keine Verzerrung durch subjektiv bestimmte Gewichte
Gray/Meek/Roberts (1995)[22]	180 (USA, UK)	Zusammenhang zwischen der Publizitätsgüte und der Börsennotierung (Notierung an einer inländischen Börse oder darüber hinaus zusätzlich Notierung am internationalen Kapitalmarkt)	128 Items aus Vorgängerstudien	* alle Items sind gleichgewichtet * Ist-Erhebung durch Summation * relativer Publizitätsindex durch Quotientenbildung aus Ist-Wert und dem für ein Unternehmen spezifischen Maximalwert	* nur Gleichgewichtung; es erfolgt jedoch keine Verzerrung durch subjektiv bestimmte Gewichte * vorteilhaft erscheint die Korrektur; es wird ein unternehmensspezifischer Maximalwert verwendet, so dass es dem Unternehmen nicht angelastet

Autor	Umfang	Gegenstand der Untersuchung	Informationsitems	Indexbildung und Bewertung	Kritik
					wird, wenn es zu einem Item keine Information geben kann
Hossain/Perera/ Rahman (1995)[23]	55 (Neuseeland)	in einem Regressionsansatz wird geprüft, welche von 5 vermuteten Einflussfaktoren das Ausmaß der Publizität beeinflussen	95 Items aus Vorgängerstudien sowie Diskussion mit Fachleuten	* alle Items sind gleichgewichtet * Ist-Erhebung durch Summation * relativer Publizitätsindex durch Quotientenbildung aus Ist-Wert und dem für ein Unternehmen spezifischen Maximalwert	* nur Gleichgewichtung; es erfolgt jedoch keine Verzerrung durch subjektiv bestimmte Gewichte * vorteilhaft erscheint die Korrektur; es wird ein unternehmensspezifischer Maximalwert verwendet, so dass es dem Unternehmen nicht angelastet wird, wenn es zu einem Item keine Information geben kann
Meek/Roberts/ Gray (1995)[24]	226 (5 Länder)	in einem Regressionsansatz wird geprüft, welche von 7 vermuteten Einflussfaktoren das Ausmaß der Publizität beeinflussen	85 Items aus Vorgängerstudien	* alle Items sind gleichgewichtet * Ist-Erhebung durch Summation * relativer Publizitätsindex durch Quotientenbildung aus Ist-Wert und dem für ein Unternehmen spezifischen Maximalwert	* nur Gleichgewichtung; es erfolgt jedoch keine Verzerrung durch subjektiv bestimmte Gewichte * vorteilhaft erscheint die Korrektur; es wird ein unternehmensspezifischer Maximalwert verwendet, so dass es dem Unternehmen nicht angelastet wird, wenn es zu einem Item keine Information geben kann
Wallace/Naser (1995)[25]	80 (China)	in einem Regressionsansatz wird geprüft, welche von 9 vermuteten Einflussfaktoren das Ausmaß der Publizität beeinflussen	30 teilweise untergliederte Items aus *Rechtsvorschriften* (insgesamt 142 Einzelinformationen)	* alle Items sind gleichgewichtet; der Publizitätsindex ergibt sich als Anteil der veröffentlichten Informationen an der Gesamtzahl aller Items (142)	* nur Gleichgewichtung; es erfolgt jedoch keine Verzerrung durch subjektiv bestimmte Gewichte
Inchausti (1997)[26]	49 (Spanien)	in einem Regressionsansatz wird geprüft, welche von 7 vermuteten Einflussfaktoren das Ausmaß der Publizität beeinflussen	50 Items aus *Rechtsvorschriften* und Vorgängerstudien	* Erfassung, ob ein Informationsitem gemäß rechtlicher Anforderung veröffentlicht wird (reelle Zahl = 1), nur teilweise veröffentlicht wird (reelle Zahl = 0,5) oder nicht veröffentlicht wird (reelle Zahl = 0) * alle Items sind gleichgewichtet * Ist-Erhebung durch Summation * relativer Publizitätsindex durch Quotientenbildung aus Ist-Wert und dem für ein Unternehmen spezifischen Maximalwert	* nicht nur dichotome Erfassung der Publizitätsgüte * nur Gleichgewichtung; es erfolgt jedoch keine Verzerrung durch subjektiv bestimmte Gewichte * vorteilhaft erscheint die Korrektur; es wird ein unternehmensspezifischer Maximalwert verwendet, so dass es dem Unternehmen nicht angelastet wird, wenn es zu einem Item keine Information geben kann

Autor	Umfang	Gegenstand der Untersuchung	Informationsitems	Indexbildung und Bewertung	Kritik
Craig/Diga (1998)[27]	145 (5 Länder / Asien)	in einem Regressionsansatz wird geprüft, welche von 6 vermuteten Einflussfaktoren das Ausmaß der Publizität beeinflussen	530 Items aus *Rechtsvorschriften*	* alle Items sind gleichgewichtet * Ist-Erhebung durch Summation * die Summe ergibt den unternehmensindividuellen Wert; diese Werte ergeben eine Rangfolge; die maximal erreichbare Punktezahl beträgt 530	* nur Gleichgewichtung; es erfolgt jedoch keine Verzerrung durch subjektiv bestimmte Gewichte * relativer Publizitätsindex wird nicht ermittelt
Street/Bryant (2000)[28]	82 (15 Länder)	in einem Regressionsansatz wird geprüft, welche von 7 vermuteten Faktoren das Ausmaß der Publizität (Publizitätsqualität von IAS-Abschlüssen sowie darüber hinaus gehende freiwillige Angaben) beeinflussen	nicht bezifferte Anzahl von Items aus *Rechtsvorschriften (IAS)* sowie darüber hinaus nach US-GAAP geforderte Angaben und Items aus Literatur	* alle Items sind gleichgewichtet * Ist-Erhebung durch Summation * relativer Publizitätsindex durch Quotientenbildung aus Ist-Wert und dem für ein Unternehmen spezifischen Maximalwert	* nur Gleichgewichtung; es erfolgt jedoch keine Verzerrung durch subjektiv bestimmte Gewichte * vorteilhaft erscheint die Korrektur; es wird ein unternehmensspezifischer Maximalwert verwendet, so dass es dem Unternehmen nicht angelastet wird, wenn es zu einem Item keine Information geben kann
Ferguson/Lam/ Lee (2002)[29]	142 (China)	in einem Regressionsansatz wird geprüft, welche von 5 vermuteten Einflussfaktoren das Ausmaß der Publizität beeinflussen	93 Items aus Vorgängerstudien	* alle Items sind gleichgewichtet * Ist-Erhebung durch Summation * relativer Publizitätsindex durch Quotientenbildung aus Ist-Wert und dem für ein Unternehmen spezifischen Maximalwert	* nur Gleichgewichtung; es erfolgt jedoch keine Verzerrung durch subjektiv bestimmte Gewichte * vorteilhaft erscheint die Korrektur; es wird ein unternehmensspezifischer Maximalwert verwendet, so dass es dem Unternehmen nicht angelastet wird, wenn es zu einem Item keine Information geben kann

1 Vgl. Archibald, Disclosure, 1971.
2 Vgl. Singhvi/Desai, Disclosure, 1971. Vgl. auch Moore/Buzby, Corporate Financial Disclosure, 1972, S. 581-584.
3 Vgl. Cerf, Corporate Reporting, 1961.
4 Vgl. Choi, Financial Reporting, 1972; Choi, Financial Disclosure, 1973. Vgl. auch Choi, European Disclosure, 1974, S. 15-23.
5 Vgl. Buzby, Disclosure, 1974; Buzby, Financial Disclosure, 1975.
6 Vgl. Stanga, Disclosure, 1976.
7 Vgl. Barrett, Annual Report Disclosure, 1975; Barrett, Financial Reporting Practices, 1976; Barrett, Disclosure, 1977.
8 Vgl. Firth, Disclosure of Information, 1979; Firth, Disclosure, 1979.
9 Vgl. Firth, Raising Finance, 1980.

[10] Vgl. Kahl/Belkaoui, Disclosure, 1981.
[11] Vgl. McNally/Eng/Hasseldine, Corporate Financial Reporting, 1982.
[12] Vgl. Firer/Meth, Information Disclosure, 1986.
[13] Vgl. Robbins/Austin, Disclosure Quality, 1986.
[14] Vgl. Chow/Wong-Boren, Disclosure, 1987.
[15] Vgl. Wallace, Corporate Financial Reporting, 1988.
[16] Vgl. Cooke, Voluntary Corporate Disclosure, 1989; Cooke, Disclosure, 1989.
[17] Vgl. Cooke, Voluntary Disclosure, 1991; Cooke, Disclosure, 1992; Cooke, Corporate Annual Reports, 1993.
[18] Vgl. Malone/Fries/Jones, Corporate Financial Disclosure, 1993.
[19] Vgl. Ahmed/Nicholls, Mandatory Disclosure, 1994.
[20] Vgl. Hossain/Tan/Adams, Voluntary Disclosure, 1994.
[21] Vgl. Wallace/Naser/Mora, Corporate Annual Reports, 1994.
[22] Vgl. Gray/Meek/Roberts, Disclosures, 1995.
[23] Vgl. Hossain/Perera/Rahman, Voluntary Disclosure, 1995.
[24] Vgl. Meek/Roberts/Gray, Annual Report Disclosures, 1995.
[25] Vgl. Wallace/Naser, Disclosure, 1995.
[26] Vgl. Inchausti, Information Disclosed, 1997.
[27] Vgl. Craig/Diga, Disclosure, 1998.
[28] Vgl. Street/Bryant, Disclosure Level, 2000.
[29] Vgl. Ferguson/Lam/Lee, Voluntary Disclosure, 2002.

7.2 Kriterienkatalog zur Beurteilung von Anhangsangaben nach den deutschen handelsrechtlichen Vorschriften des HGB nach *Armeloh*[1]

Einschätzung der Teilberichte I bis VIII des Anhangs					
Teilberichte	**Mittlere Einschätzung eines Teilberichts (in %)**			**Schätzgenauigkeit (in %)**	
	WP	**FA**	**Arithmetisches Mittel**	**WP**	**FA**
I Allgemeine Angaben zu Inhalt und Gliederung des Einzel-/Konzernabschlusses	12,03	9,37	10,70	6,96	20,67
II Grundsätze der Bilanzierung und Bewertung, Währungsumrechnung	18,17	12,65	15,41	5,75	16,53
III Erläuterungen zu einzelnen Posten der Bilanz/Konzernbilanz	16,34	16,86	16,60	4,98	18,11
IV Erläuterungen zu einzelnen Posten der G.u.V./Konzern-G.u.V.	15,04	20,80	17,92	5,47	12,78
V Angaben zum Konsolidierungskreis	9,79	10,27	10,03	6,82	17,76
VI Angaben zu den Konsolidierungsmethoden	10,48	9,55	10,01	6,64	16,13
VII Sonstige, vor allem rechtsformspezifische Pflichtangaben	10,15	8,39	9,27	6,83	21,10
VIII Freiwillige Angaben	8,01	12,30	10,15	8,86	23,01

Teilbericht I: Allgemeine Angaben zu Inhalt und Gliederung des Einzel-/Konzernabschlusses						
Nr.	**Bewertungskriterien (Hauptkriterien, Oberkriterien, Unterkriterien)**	**Mittlere Einschätzung eines Bewertungskriteriums (auf einer 4-Punkte-Skala)**			**Schätzgenauigkeit (in %)**	
		WP	**FA**	**Arithmetisches Mittel**	**WP**	**FA**
1.	**Zusatzangaben, falls der Jahresabschluss/Konzernabschluss aufgrund besonderer Umstände kein den tatsächlichen Verhältnissen entsprechendes Bild vermittelt (§ 264 II 2/§ 297 II 3)**	**3,44**	**3,74**	**3,59**	**4,02**	**6,76**
2.	**Angabe und Begründung von Abweichungen in der Form der Darstellung aufeinander folgender (Konzern-)Bilanzen und (Konzern-)G.u.V. (§ 265 I 2)**	**2,48**	**2,82**	**2,65**	**5,63**	**13,43**
	A. Angabe des betroffenen Sachverhalts	2,77	2,92	2,85	5,60	29,29
	B. Begründung (Ursache und Notwendigkeit des Wechsels)	2,63	2,92	2,78	6,91	27,26
3.	**Angabe und Erläuterung nicht vergleichbarer Vorjahresbeträge (§ 265 II 2)**	**2,72**	**3,38**	**3,05**	**4,56**	**10,98**
	A. Angabe der Gründe für die Nicht-Vergleichbarkeit der Beträge	2,85	2,92	2,89	6,46	16,82
	B. Angabe der betroffenen Posten im Anhang	2,79	2,77	2,78	6,09	20,10
	C. Freiwillige betragsgenaue Angaben, wenn eine Anpassung der Vorjahresbeträge nach § 265 II 3 (vgl. laufende Nr. 4 von Teilbericht I) nicht möglich ist	2,42	3,15	2,79	8,23	13,50
4.	**Angabe und Erläuterung angepasster Vorjahresbeträge (§ 265 II 3)**	**2,47**	**2,94**	**2,70**	**5,50**	**18,20**
	A. Angabe der angepassten Posten im Anhang	2,66	2,85	2,75	6,71	24,24
	B. Angabe der Gründe für die abweichende Ermittlung der Vorjahresbeträge	2,49	2,60	2,53	7,64	17,98
	C. Freiwillige Überleitungsrechnung	2,14	3,00	2,57	10,16	18,10

[1] Diese Anlage wurde entnommen: Armeloh, Berichterstattung, 1998, – Beilage –, S. B-3 ff.

Teilbericht I: Allgemeine Angaben zu Inhalt und Gliederung des Einzel-/Konzernabschlusses						
Nr.	Bewertungskriterien (Hauptkriterien, Oberkriterien, Unterkriterien)	Mittlere Einschätzung eines Bewertungskriteriums (auf einer 4-Punkte-Skala)			Schätzgenauigkeit (in %)	
		WP	FA	Arithmetisches Mittel	WP	FA
5.	**Angabe und Begründung der Ergänzung des Abschlusses wegen einer für andere Geschäftszweige vorgeschriebenen Gliederung (§ 265 IV 2)**	**1,74**	**2,03**	**1,88**	**7,68**	**26,64**
	A. Angabe, nach welcher Grundgliederung der Jahresabschluss aufgestellt wurde	2,14	1,77	1,96	9,71	30,10
	B. Angabe der Gründe für diese Vorgehensweise	1,85	1,69	1,77	9,85	42,37
	C. Angabe der vorgenommenen Ergänzungen	1,92	1,69	1,80	9,22	46,80
6.	**Verknüpfung von Bilanz und G.u.V. mit dem Anhang durch Fußnoten**	**1,26**	**2,41**	**1,83**	**11,15**	**26,49**
7.	**Gliederung des Anhangs nach sachlichen Gesichtspunkten**	**2,59**	**3,40**	**3,00**	**9,98**	**23,11**

Teilbericht II: Grundsätze der Bilanzierung und Bewertung, Währungsumrechnung						
Nr.	Bewertungskriterien (Hauptkriterien, Oberkriterien, Unterkriterien)	Mittlere Einschätzung eines Bewertungskriteriums (auf einer 4-Punkte-Skala)			Schätzgenauigkeit (in %)	
		WP	FA	Arithmetisches Mittel	WP	FA
1.	**Angabe der auf die Posten der Bilanz und G.u.V. angewandten Bilanzierungs- und Bewertungsmethoden (§ 284 II Nr. 1/§ 313 I Nr. 1)**	**3,19**	**3,35**	**3,27**	**3,78**	**12,12**
	A. Bewertungsmethoden für Gegenstände des Anlagevermögens	**2,82**	**3,31**	**3,07**	**6,39**	**17,43**
	A.1. Erläuterung der Ermittlung der Anschaffungskosten	2,54	2,38	2,46	8,73	24,72
	A.2. Erläuterung der Bilanzierung von Zuschüssen	2,90	2,15	2,53	6,12	19,77
	A.3. Erläuterung der planmäßigen Abschreibung	2,78	3,25	3,02	6,46	18,97
	A.3.1. Abschreibungsmethode	2,84	3,38	3,11	6,14	14,75
	A.3.2. Nutzungsdauern/Abschreibungssätze	2,62	3,42	3,02	7,78	16,00
	A.4. Angaben über die Abschreibung geringwertiger Wirtschaftsgüter	2,17	2,08	2,12	9,53	31,87
	A.5. Angaben über die Behandlung von Abschreibungen im Jahr des Zugangs von Vermögensgegenständen	2,23	2,23	2,23	9,29	28,63
	A.6. Erläuterung der Herstellungskosten	3,03	3,36	3,20	6,28	17,51
	A.6.1. Bestandteile der Herstellungskosten (Angaben über die Ausübung von Einbeziehungswahlrechten)	3,12	3,38	2,25	5,23	17,42
	A.6.2. Angabe des zugrunde gelegten Beschäftigungsgrades	2,34	2,77	2,56	10,70	20,10
	A.6.3. Angabe der eingezogenen Kostenstellen	2,01	2,15	2,08	12,84	32,03
	B. Bewertungsmethoden für Gegenstände des Umlaufvermögens	**3,02**	**3,00**	**3,01**	**6,25**	**18,10**
	B.1. Erläuterung der Ermittlung der Anschaffungskosten	2,59	2,33	2,46	8,32	27,29
	B.2. Erläuterung der Herstellungskosten	3,10	2,85	2,97	5,60	21,60
	B.2.1. Herstellungskostenbestandteile (Ausübung von Einbeziehungswahlrechten)	3,10	2,85	2,97	5,91	26,63
	B.2.2. Angabe des zugrunde gelegten Beschäftigungsgrades	2,45	2,23	2,34	9,36	28,63
	B.2.3. Angabe der einbezogenen Kostenstellen	2,10	2,15	2,13	12,43	28,54
	B.3. Angabe der Abschreibungen auf das Umlaufvermögen gemäß der strengen Niederstwertvorschrift	2,83	3,17	3,00	6,82	10,05
	B.3.1. Betragsangabe	2,74	3,15	2,95	6,77	13,50
	B.3.2. Erläuterung des zur Abschreibung führenden Sachverhalts	2,50	2,85	2,67	8,12	18,58
	B.3.3. Erläuterung der Vorgehensweise bei der Ermittlung des niedrigeren beizulegenden Wertes	2,37	2,38	2,38	8,79	28,00

Teilbericht II: Grundsätze der Bilanzierung und Bewertung, Währungsumrechnung						
Nr.	**Bewertungskriterien (Hauptkriterien, Oberkriterien, Unterkriterien)**	**Mittlere Einschätzung eines Bewertungskriteriums (auf einer 4-Punkte-Skala)**			**Schätzgenauigkeit (in %)**	
		WP	**FA**	**Arithmetisches Mittel**	**WP**	**FA**
1.	**C. Bewertungsmethoden für Passivposten**	**2,93**	**2,91**	**2,92**	**6,18**	**21,04**
	C.1. Erläuterung der Bewertungsmethoden für Pensionsrückstellungen	2,82	2,77	2,80	6,38	30,27
	C.1.1. Angabe des zugrunde gelegten Zinssatzes	2,71	2,85	2,78	7,26	28,81
	C.1.2. Hinweis auf versicherungsmathematische Grundsätze	2,33	2,23	2,28	9,04	37,58
	C.1.3. Hinweis auf Entsprechung mit steuerrechtlichen Vorschriften	2,37	2,23	2,30	9,41	28,63
	C.2. Erläuterung der Bewertungsmethoden für sonstige Rückstellungen	2,82	2,92	2,87	6,64	22,24
	C.2.1. Angaben der wesentlichen Schätzparameter (z.B. Reklamationsquote und Schadenshöhe bei Garantierückstellungen)	2,45	2,77	2,61	8,20	16,61
	C.2.2. Hinweis, ob Saldierung mit positiven Erfolgsbeiträgen	2,46	2,62	2,54	9,80	25,53
	C.2.3. Angabe, ob Ermittlung auf Teilkosten-/Vollkostenbasis	2,82	2,38	2,60	7,59	20,94
	C.2.4. Angaben über das Ausmaß der Inanspruchnahme von Wahlrechten zur Bildung von (Aufwands-)Rückstellungen	2,91	3,00	2,95	6,41	23,36
	C.2.5. Angaben über die Abzinsung von Rückstellungen	2,53	2,54	2,53	8,20	34,07
	C.2.6. Angaben über die Berücksichtigung von Preissteigerungen	2,35	2,00	2,17	9,27	44,32
2.	**Angabe der Grundlagen der Währungsumrechnung im Einzelabschluss (§ 284 II Nr. 2)**	**2,37**	**2,21**	**2,29**	**5,74**	**27,57**
	A. Angaben über die Art der Umrechnungskurse (z.B. Briefkurse)	2,35	1,69	2,02	8,53	50,33
	B. Angaben zum Stichtag der Umrechnung	2,27	1,77	2,02	8,62	47,38
	C. Angaben über die bei der Währungsumrechnung angewandten G.o.B.	2,08	1,54	1,81	9,49	63,17
	D. Angaben zur Behandlung von Umrechnungsdifferenzen	2,32	2,00	2,16	8,27	41,46
	E. Ggf. Angaben über die Berücksichtigung von Deckungsgeschäften	2,71	1,92	2,32	7,26	44,52
3.	**Angabe der Grundlagen der Währungsumrechnung im Konzernabschluss (§ 313 I Nr. 2)**	**2,73**	**2,97**	**2,85**	**5,14**	**15,71**
	A. Angewandte Methode der Währungsumrechnung	2,89	2,46	2,68	6,11	30,17
	B. Angaben über die Art der Umrechnungskurse (z.B. historischer Kurs)	2,74	2,62	2,68	6,39	35,02
	C. Angaben zum maßgeblichen Stichtag	2,51	2,54	2,53	7,27	36,24
	D. Angaben über den Ausweis von Umrechnungsdifferenzen in der G.u.V.	2,37	3,00	2,69	8,55	27,64
	E. Angaben über den Ausweis der Umrechnungsdifferenzen in der Bilanz	2,43	2,77	2,60	7,98	32,32
	F. Angaben über Ergebnisauswirkungen	2,83	3,23	3,03	6,85	27,70
	G. Ggf. Berichterstattung über Behandlung der Unterschiedsbeträge aus den Vorjahren	2,26	2,23	2,25	8,97	42,51
	H. Ggf. Berichterstattung über das Ausmaß, in dem wesentliche Wechselkursänderungen einzelne Abschlussposten beeinflusst haben	2,42	2,69	2,55	7,93	29,41
	I. Ggf. Hinweis auf Besonderheiten bei der Umrechnung von Jahresabschlüssen aus Hochinflationsländern	2,80	2,31	2,56	7,09	41,61
4.	**Angabe und Begründung der Abweichungen von Bilanzierungs- und Bewertungsmethoden (§ 284 II Nr. 3/§ 313 I Nr. 3)**	**3,27**	**3,29**	**3,28**	**3,38**	**11,51**
	A. Abweichender Sachverhalt (Worin besteht die Abweichung?)	3,04	3,00	3,02	5,30	21,11
	B. Ausmaß der Abweichung (Worauf erstreckt sich die Abweichung?)	2,91	2,93	2,92	6,26	22,60
	C. Argumente für das Abweichen (Begründung der Abweichung)	2,67	2,79	2,73	7,24	27,24
5.	**Gesonderte Darstellung des Einflusses von Abweichungen (vgl. Nr. 4 von Teilbericht II) auf die Vermögens-, Finanz- und Ertragslage (§ 284 II Nr. 3/ § 313 I Nr. 3)**	**3,03**	**3,09**	**3,06**	**4,02**	**13,18**
	A. Verbale Darstellung des Umfangs des Einflusses, wenn der Einfluss erkennbar unwesentlich ist	1,52	1,00	1,26	14,50	56,63
	B. Zusätzlich quantitative Angabe des Umfangs des Einflusses, wenn dieser Einfluss nicht als unwesentlich bezeichnet oder gar nicht bezeichnet wird	2,53	3,00	2,77	7,53	18,88
	C. Gesonderte Darstellung des Saldos der Abweichungen für die jeweiligen Teilbereiche der wirtschaftlichen Lage	2,62	2,64	2,63	7,47	20,35
6.	**Angabe und Begründung, wenn die konzerneinheitliche Bewertung von den vom MU angewandten Bewertungsmethoden abweicht (§ 308 I 3)**	**2,46**	**2,55**	**2,50**	**5,42**	**10,54**
	A. Angabe jeder einzelnen Abweichung	2,14	2,00	2,07	10,59	28,32
	B. Begründung: Welche Motive gibt es für die Abweichung?	2,32	2,07	2,19	9,33	34,76

Teilbericht II: Grundsätze der Bilanzierung und Bewertung, Währungsumrechnung						
Nr.	**Bewertungskriterien (Hauptkriterien, Oberkriterien, Unterkriterien)**	**Mittlere Einschätzung eines Bewertungskriteriums (auf einer 4-Punkte-Skala)**			**Schätzgenauigkeit (in %)**	
		WP	**FA**	**Arithmetisches Mittel**	**WP**	**FA**
7.	**Hinweis, wenn auf Sondervorschriften für Kreditinstitute und Versicherungen beruhende Wertansätze beibehalten wurden (§ 308 II 2)**	**2,14**	**2,00**	**2,07**	**16,50**	**24,96**
8.	**Angabe und Begründung, wenn im Konzernabschluss in Ausnahmefällen keine einheitliche Bewertung vorgenommen wurde (§ 308 II 4)**	**2,54**	**2,62**	**2,58**	**5,18**	**17,60**
	A. Angabe der Tatsache der Abweichung im Konzernanhang	2,47	2,00	2,24	7,31	37,46
	B. Quantifizierung der Abweichung	2,45	2,36	2,40	7,83	37,24
9.	**Ausweis der Unterschiedsbeträge bei Anwendung von Bewertungsvereinfachungsverfahren, wenn die Bewertung einen erheblichen Unterschied zu einer Bewertung auf Grundlage des letzten vor dem Abschlussstichtag bekannten Börsen- oder Marktpreises aufweist (§ 284 II Nr. 4)**	**2,42**	**2,85**	**2,63**	**5,78**	**14,90**
	A. Angabe, welches Bewertungsvereinfachungsverfahren angewandt wurde	2,44	2,43	2,44	7,27	25,32
	B. Angabe des Unterschiedsbetrages für jede Gruppe bzw. jeden Bilanzposten in einem Betrag	2,26	2,57	2,41	8,84	23,91
	C. Ggf. Angabe, ob das Mengengerüst zu einem erheblichen Unterschiedsbetrag geführt hat	2,13	2,29	2,21	9,53	31,41
10.	**Angaben über die Einbeziehung von Fremdkapitalzinsen in die Herstellungskosten (§ 284 II Nr. 5)**	**2,48**	**2,29**	**2,39**	**5,87**	**30,85**
	A. Angabe, ob alle aktivierungsfähigen Fremdkapitalzinsen oder nur einzelne Teile in die Herstellungskosten einbezogen wurden	2,74	2,43	2,59	7,12	37,17
	B. Angabe des betroffenen Bilanzpostens	2,51	1,86	2,18	7,94	45,38
	C. Angabe des Betrags der aktivierten Fremdkapitalzinsen	2,69	2,57	2,63	7,66	39,27
11.	**Angabe des Ausmaßes der Ergebnisbeeinflussung durch Anwendung steuerrechtlicher Vorschriften oder Bildung von Sonderposten mit Rücklageanteil im Geschäftsjahr oder in Vorjahren (§ 285 Nr. 5/§ 314 I Nr. 5)**	**2,68**	**3,35**	**3,02**	**4,77**	**14,87**
	A. Angabe eines Betrages, der die Größenordnung der Ergebnisbeeinflussung erkennen lässt	3,02	3,43	3,23	5,12	17,93
	B. Offenlegung, durch welche Bilanzierungs- und Bewertungsmaßnahmen das Ergebnis beeinflusst worden ist	2,87	3,29	3,08	5,78	18,14
	C. Angabe, ob bei der Ermittlung Steuern berücksichtigt werden	2,72	3,50	3,11	5,88	10,70
	D. Hinweis, ob sich die Angabe auf das Ergebnis vor oder nach Steuern bezieht	2,88	3,64	3,26	6,22	9,85
	E. Angabe des zugrunde gelegten Steuersatzes	2,40	2,93	2,66	8,42	22,60
12.	**Angabe über das Ausmaß erheblicher künftiger Belastungen aus der Inanspruchnahme steuerlicher Vergünstigungen (§ 285 Nr. 5/§ 314 I Nr. 5)**	**2,47**	**3,32**	**2,90**	**5,52**	**17,91**
	A. Angabe der Art der Belastung	2,41	3,07	2,74	7,96	19,48
	B. Angabe zur Höhe der Belastung	2,46	3,50	2,98	8,14	13,42
	C. Angabe des zugrunde gelegten Steuersatzes	2,13	3,07	2,60	9,24	19,48
	D. Angabe des Betrachtungszeitraums	2,30	3,14	2,72	8,68	17,70
	E. Angabe der Bezugsgrößen der Belastung (Ergebnis, eigene Mittel etc.)	2,27	3,07	2,67	9,07	14,47
	F. Angabe, ob es sich um Barwerte oder um Nominalwerte handelt	2,28	3,07	2,68	9,23	25,19
13.	**Angabe der Gründe für die planmäßige Abschreibung des Geschäfts- oder Firmenwertes im Einzelabschluss (§ 285 Nr. 13)**	**1,71**	**1,79**	**1,75**	**7,86**	**31,70**
	A. Angabe der voraussichtlichen Nutzungsdauer	2,55	3,21	2,88	7,48	18,01
	B. Angabe der Abschreibungsmethode	2,41	3,21	2,81	7,33	18,01
	C. Begründung der gewählten Abschreibungsmethode	1,91	2,07	1,99	10,31	34,76
14.	**Gesonderte Angabe der außerplanmäßigen Abschreibungen (Anlagevermögen) nach § 253 II 3 in einem Betrag (§ 277 III 1)**	**2,59**	**3,18**	**2,88**	**4,91**	**11,35**
	A. Angabe des Betrages der außerplanmäßigen Abschreibung	3,05	3,71	3,38	5,19	9,11
	B. Erläuterung des der Abschreibung zugrunde liegenden Sachverhalts	2,66	3,14	2,90	7,20	15,23
	C. Differenzierung der außerplanmäßigen Abschreibung nach Bilanzposten	2,14	3,00	2,57	9,71	21,11

Teilbericht II: Grundsätze der Bilanzierung und Bewertung, Währungsumrechnung						
Nr.	**Bewertungskriterien (Hauptkriterien, Oberkriterien, Unterkriterien)**	**Mittlere Einschätzung eines Bewertungskriteriums (auf einer 4-Punkte-Skala)**			**Schätzgenauigkeit (in %)**	
		WP	**FA**	**Arithmetisches Mittel**	**WP**	**FA**
15.	**Gesonderte Angabe der außerplanmäßigen Abschreibungen (Umlaufvermögen) nach § 253 II 3 (§ 277 II 1)**	**2,59**	**3,03**	**2,81**	**5,01**	**12,26**
	A. Angabe des Betrages der außerplanmäßigen Abschreibung	2,98	3,50	3,24	5,50	10,70
	B. Erläuterung des der Abschreibung zugrunde liegenden Sachverhalts	2,66	3,00	2,83	6,96	18,88
	C. Differenzierung der außerplanmäßigen Abschreibung nach Bilanzposten	2,18	2,71	2,45	9,52	19,32
16.	**Angabe und Begründung der im Geschäftsjahr aus steuerlichen Gründen unterlassenen Zuschreibungen (§ 280 III/§ 308 III 2)**	**1,92**	**2,32**	**2,12**	**7,12**	**23,03**
	A. Angabe der unterlassenen Zuschreibungen des Geschäftsjahres	2,38	2,79	2,58	8,20	15,00
	B. Angabe der auch in Vorjahren unterlassenen Zuschreibungen	2,07	2,50	2,28	9,60	14,98
	C. Angabe der steuerrechtlichen Vorschriften, auf denen die Beibehaltung der Wertansätze beruht	1,79	1,71	1,75	10,85	34,76
17.	**Angabe und Begründung der allein nach steuerrechtlichen Vorschriften gebildeten Abschreibungen getrennt nach Anlage- und Umlaufvermögen (§ 281 II 1/ § 308 III 2)**	**2,31**	**2,50**	**2,40**	**6,06**	**22,95**
	A. Angabe der Vorschriften, nach denen steuerrechtliche Sonderabschreibungen vorgenommen wurden	2,43	2,50	2,46	8,26	27,16
	B. Aufgliederung nach Anlage- und Umlaufvermögen	2,29	2,57	2,43	8,16	30,59
	C. Aufgliederung nach Bilanzposten	1,96	2,29	2,12	10,34	31,41

Teilbericht III: Erläuterungen zu einzelnen Posten der Bilanz/Konzernbilanz						
Nr.	**Bewertungskriterien (Hauptkriterien, Oberkriterien, Unterkriterien)**	**Mittlere Einschätzung eines Bewertungskriteriums (auf einer 4-Punkte-Skala)**			**Schätzgenauigkeit (in %)**	
		WP	**FA**	**Arithmetisches Mittel**	**WP**	**FA**
1.	**Angabe der Mitzugehörigkeit eines Postens zu anderen Posten (§ 265 III 1)**	**1,40**	**1,71**	**1,55**	**8,76**	**39,12**
2.	**Gesonderter Ausweis der in der Bilanz zusammengefassten Posten (§ 265 VII Nr. 2)**	**2,00**	**2,32**	**2,16**	**7,33**	**24,70**
3.	**Gesonderte Angabe eines Gewinn- und Verlustvortrags bei Aufstellung der Bilanz unter Berücksichtigung einer teilweisen Gewinnverwendung (§ 268 I Nr. 2 3. HS)**	**2,05**	**2,53**	**2,29**	**7,18**	**19,74**
4.	**Darstellung des Anlagengitters (§ 268 II)**	**2,74**	**2,76**	**2,75**	**5,07**	**17,07**
	A. Angabe des Mindestschemas	2,51	3,14	2,83	7,82	17,70
	B. Ergänzung des Mindestschemas um einen Abschreibungsspiegel	2,55	3,21	2,88	7,74	15,71
	C. Über die Angabe der Zuschreibung des Geschäftsjahres hinausgehende Angaben zu Zuschreibungen (Zuschreibungsgitter)	1,93	2,69	2,31	10,26	27,01
	D. Berücksichtigung von Auswirkungen aus Änderungen des Konsolidierungskreises im Anlagengitter	2,43	3,14	2,78	8,02	19,86
	D.1. Angabe von Änderungen der historischen AK/HK	2,13	2,71	2,42	8,89	26,45
	D.2. Angabe der korrigierten kumulierten Abschreibungen	2,25	2,79	2,52	9,21	27,24
	E. Berücksichtigung von Auswirkungen der Währungsumrechnung im Anlagengitter	2,22	2,36	2,29	8,28	30,88
	E.1. Angabe von Änderungen der historischen AK/HK	2,02	2,07	2,05	8,70	28,88
	E.2. Angabe der korrigierten kumulierten Abschreibungen	2,11	2,07	2,09	9,34	31,96

Teilbericht III: Erläuterungen zu einzelnen Posten der Bilanz/Konzernbilanz						
Nr.	**Bewertungskriterien (Hauptkriterien, Oberkriterien, Unterkriterien)**	**Mittlere Einschätzung eines Bewertungskriteriums (auf einer 4-Punkte-Skala)**			**Schätzgenauigkeit (in %)**	
		WP	**FA**	**Arithmetisches Mittel**	**WP**	**FA**
5.	**Aufgliederung der Abschreibungen des Geschäftsjahres entsprechend der Gliederung des Anlagevermögens (§ 268 II 3)**	**2,35**	**2,62**	**2,49**	**6,06**	**16,24**
	A. Erläuterung, was unter „Abschreibungen des Geschäftsjahres" verstanden wird	2,00	2,79	2,39	10,98	18,12
	B. Ausweis der Abschreibungen entsprechend der Gliederung des Anlagevermögens	2,47	2,79	2,63	7,76	20,78
6.	**Erläuterung der nach dem Abschlussstichtag entstehenden sonstigen Vermögensgegenstände (RAP) größeren Umfangs (§ 268 IV 2)**	**1,71**	**2,32**	**2,02**	**7,44**	**22,70**
	A. Tatbestand, der dem antizipativen Posten zugrunde liegt	2,00	2,14	2,07	9,86	25,95
	B. Angabe des Betrages des antizipativen Postens	2,04	2,50	2,27	10,04	27,16
	C. Hinweis darauf, warum der rechtliche Anspruch erst im neuen Jahr entsteht	1,67	1,79	1,73	11,40	23,41
	D. Hinweis darauf, ob der rechtliche Anspruch bis zur Aufstellung der Bilanz entstanden ist	1,74	1,64	1,69	12,54	27,83
7.	**Erläuterung der nach dem Abschlussstichtag entstehenden Verbindlichkeiten (RAP) größeren Umfangs (§ 268 V 3)**	**1,85**	**2,47**	**2,16**	**7,35**	**19,05**
	A. Tatbestand, der dem antizipativen Posten zugrunde liegt	1,99	2,21	2,10	10,59	26,14
	B. Angabe des Betrages des antizipativen Postens	2,05	2,62	2,33	10,45	28,20
	C. Hinweis darauf, warum der rechtliche Anspruch erst im neuen Jahr entsteht	1,76	2,00	1,88	11,91	24,52
	D. Hinweis darauf, ob der rechtliche Anspruch bis zur Aufstellung der Bilanz entstanden ist	1,81	1,86	1,84	12,95	29,95
8.	**Angabe eines Unterschiedsbetrages, der nach § 250 II in den aktiven Rechnungsabgrenzungsposten aufgenommen wird (Disagio; § 268 VI)**	**1,64**	**1,82**	**1,73**	**7,49**	**31,47**
	A. Betragsangabe	2,81	2,36	2,27	9,12	40,93
	B. Angaben über die Abschreibung des Disagios	1,92	2,07	2,00	10,77	44,22
9.	**Gesonderte Angabe der Haftungsverhältnisse und Pfandrechte (§ 268 VII)**	**3,02**	**2,32**	**2,67**	**3,85**	**20,09**
	A. Haftungsverhältnisse und gewährte Pfandrechte und Sicherheiten	2,89	2,35	2,62	7,24	28,03
	B. Gesonderte Angabe der Verpflichtungen gegenüber verbundenen Unternehmen	3,11	2,14	2,63	9,02	29,11
10.	**Erläuterung der aktivierten Aufwendungen für Ingangsetzung und Erweiterung des Geschäftsbetriebs (§ 269 1)**	**2,52**	**2,68**	**2,60**	**6,34**	**18,65**
	A. Angabe des Grundes für die eingeleitete Maßnahme	2,75	2,57	2,66	7,52	21,22
	B. Bestandteile (Art) der Ingangsetzungs- und Erweiterungsaufwendungen	2,60	2,43	2,51	8,35	22,47
	C. Verteilung des Gesamtbetrages auf einzelne Kostenarten	1,76	2,14	1,95	12,59	31,98
	D. Angabe zur Abschreibung des Postens	2,47	2,79	2,63	8,68	18,12
	E. Hinweis auf die Einhaltung des gesetzlichen Deckungsgebots	2,11	2,00	2,05	11,52	28,32
11.	**Angabe der Vorschriften, nach denen der Sonderposten mit Rücklageanteil gebildet wurde (§ 273 2/§ 281 I 2)**	**2,15**	**2,53**	**2,34**	**6,18**	**27,15**
	A. Angabe der jeweiligen Vorschrift	2,50	2,50	2,50	7,75	27,16
	B. Freiwillige Trennung nach unversteuerten Rücklagen und steuerrechtlichen Abschreibungen	2,35	3,21	2,78	8,56	15,71
12.	**Gesonderte Angabe der Rückstellung für latente Steuern (§ 274 I 1)**	**2,22**	**2,74**	**2,48**	**5,96**	**19,34**
13.	**Erläuterung des als Bilanzierungshilfe gesondert in der Bilanz ausgewiesenen Abgrenzungspostens für latente Steuern (§ 274 II 2)**	**2,16**	**2,56**	**2,36**	**6,75**	**18,25**
	A. Angabe der Gründe für die Abweichung zwischen Handelsbilanzergebnis und Steuerbilanzergebnis	2,52	2,79	2,65	7,96	27,24
	B. Angabe des zugrunde gelegten Steuersatzes	2,05	2,50	2,27	9,64	27,16
	C. Hinweis auf die Verrechnung mit passivischen Steuerlatenzen	2,27	2,43	2,35	8,68	27,87
	D. Erläuterung der Berechnungsmethode	2,18	1,93	2,05	9,22	42,72
	E. Erläuterung des Gesamtbetrages der aktivischen latenten Steuern, d.h. auch des Betrages, der wegen des Aktivierungswahlrechts nicht aktiviert wurde	2,24	2,71	2,48	9,80	28,43

Teilbericht III: Erläuterungen zu einzelnen Posten der Bilanz/Konzernbilanz						
Nr.	Bewertungskriterien (Hauptkriterien, Oberkriterien, Unterkriterien)	Mittlere Einschätzung eines Bewertungskriteriums (auf einer 4-Punkte-Skala)			Schätzgenauigkeit (in %)	
		WP	FA	Arithmetisches Mittel	WP	FA
14.	**Gesonderte Angabe der Steuerabgrenzung bei einem Konzernergebnis, das von der Summe der Einzelergebnisse abweicht (§ 306 2)**	**2,06**	**2,68**	**2,37**	**6,42**	**19,34**
	A. Hinweis auf die Zusammenfassung mit Steuerlatenzen gemäß § 274	2,33	2,21	2,27	8,40	36,57
	B. Angabe der Ursachen der Steuerabgrenzung	2,22	2,36	2,29	9,09	35,24
	C. Angabe des zugrunde gelegten Steuersatzes	2,02	1,93	1,98	9,80	40,12
	D. Evtl. Hinweis auf Abweichung gegenüber dem Vorjahr	2,06	1,93	2,00	10,16	40,12
15.	**Angaben zu Verbindlichkeiten (§ 285 Nr. 1 und 2/§ 314 I Nr. 1)**	**2,48**	**1,97**	**2,23**	**5,32**	**23,59**
	A. Gesetzlich vorgeschriebene Mindestangaben	2,79	2,79	2,79	7,13	30,80
	A.1. Angabe des Gesamtbetrages der Verbindlichkeiten mit einer Restlaufzeit von mehr als fünf Jahren	2,61	2,36	2,49	4,81	18,48
	A.2. Angabe des Gesamtbetrages der durch Pfandrechte oder ähnliche Rechte gesicherten Verbindlichkeiten unter Angabe von Art und Form der Sicherheit	2,57	1,76	2,17	5,40	21,49
	A.3. Aufgliederung der Angaben nach § 285 Nr. 1 für jeden Posten der Verbindlichkeit	2,27	1,79	2,03	6,12	36,36
	A.3.1. Gesamtbetrag der Verbindlichkeit	3,29	2,93	3,11	7,82	27,39
	A.3.2. Art und Form der Sicherheit	2,11	1,78	1,95	8,90	25,46
	B. Freiwillige Angabe der mittelfristigen Verbindlichkeiten	2,18	2,71	2,45	9,87	24,31
	B.1 Gesamtbetrag	3,25	2,99	3,12	8,12	23,29
	B.2 Aufgliederung	2,01	1,82	1,92	10,84	26,47
	C. Freiwillige übersichtliche Darstellung der Verbindlichkeiten in einem tabellarischen Verbindlichkeitenspiegel	2,74	2,79	2,76	7,26	23,13
16.	**Angaben zu Unternehmen, an denen das MU, ein TU oder für deren Rechnung ein Dritter mindestens 20 % der Anteile hält (§ 285 Nr. 11/§ 313 II Nr. 4)**	**2,65**	**3,20**	**2,93**	**5,98**	**14,27**
	A. Name und Sitz des Unternehmens	2,56	3,09	2,83	5,71	14,48
	B. Anteil am Kapital des Unternehmens	2,72	3,27	2,99	4,84	14,31
	C. Höhe des Eigenkapitals des Unternehmens	2,64	3,03	2,83	5,10	16,12
	D. Letztes Jahresergebnis des Unternehmens	2,72	3,39	3,06	4,96	11,36
17.	**Angabe der Anwendung der Schutzklausel (bezüglich Aufstellung des Anteilsbesitzes) nach § 286 III 1 Nr. 2/§ 313 III 1 i.V.m. § 313 II Nr. 4 (§ 286 III 3/ § 313 III 2)**	**2,20**	**2,38**	**2,29**	**7,38**	**22,99**
18.	**Hinweis auf die besondere Aufstellung des Anteilsbesitzes und den Ort ihrer Hinterlegung, falls der Anteilsbesitz nicht im Anhang angegeben wird**	**2,13**	**2,06**	**2,10**	**7,33**	**27,83**
	A. Hinweis auf die Hinterlegung der Anteilliste	2,29	1,57	1,93	9,96	39,13
	B. Hinweis auf den Ort des Handelsregisters	2,12	1,79	1,95	11,34	23,41
	C. Hinweis auf die Nummer des Handelsregisters	1,91	2,07	1,99	13,04	34,76
	D. Angaben zur Beteiligungsliste	3,48	3,22	3,35	12,51	31,17
19.	**Erläuterung von nicht gesondert ausgewiesenen „sonstigen Rückstellungen", die einen nicht unerheblichen Umfang haben (§ 285 Nr. 12)**	**2,77**	**3,15**	**2,96**	**4,45**	**13,90**
	A. Angabe der einzelnen Teil-Rückstellungen zugrunde liegenden Sachverhalte	2,70	2,93	2,81	7,29	24,58
	B. Angabe der Fristigkeiten	2,27	2,57	2,42	9,34	28,53
	C. Angabe von Beträgen pro Teil-Rückstellung	2,38	2,79	2,59	10,03	29,07
20.	**Angabe der Fehlbeträge für laufende Pensionen und Anwartschaften auf Pensionen und ähnliche Verpflichtungen (Artikel 28 II EGHGB)**	**3,06**	**3,03**	**3,04**	**7,33**	**17,54**
	A. Angabe des Betrages der Unterdeckung	3,23	3,29	3,26	5,52	20,08
	B. Angabe der Ursachen für die Unterdeckung	2,49	2,36	2,42	9,28	33,13
21.	**Angabe des in andere Gewinnrücklagen eingestellten Eigenkapitalanteils von Wertaufholungen und von bei der Gewinnermittlung gebildeten Passivposten (§ 58 IIa 2 AktG)**	**2,17**	**2,36**	**2,27**	**6,19**	**18,79**

Teilbericht III: Erläuterungen zu einzelnen Posten der Bilanz/Konzernbilanz						
Nr.	Bewertungskriterien (Hauptkriterien, Oberkriterien, Unterkriterien)	Mittlere Einschätzung eines Bewertungskriteriums (auf einer 4-Punkte-Skala)			Schätzgenauigkeit (in %)	
		WP	FA	Arithmetisches Mittel	WP	FA
22.	**Angabe des für das Geschäftsjahr in die Kapitalrücklage eingestellten bzw. aus der Kapitalrücklage entnommenen Betrages (§ 152 II AktG)**	**2,32**	**2,58**	**2,45**	**5,55**	**18,41**
	A. Gesetzliche Angaben (Einstellung aus Bilanzgewinn und Jahresüberschuss, Entnahmen)	2,54	2,43	2,49	7,43	24,42
	B. Freiwillige Angabe: Bewegungen einzelner Posten der Kapitalrücklage	2,05	2,36	2,20	8,86	35,24
	C. Darstellung in Form eines Rücklagenspiegels	2,05	2,43	2,24	10,34	34,42
23.	**Angabe der einzelnen Beträge der Gewinnrücklage (§ 152 II AktG)**	**2,29**	**2,57**	**2,43**	**5,74**	**13,41**
	A. Gesetzliche Angaben (Einstellung aus Bilanzgewinn und Jahresüberschuss, Entnahmen)	2,56	2,64	2,60	7,51	27,54
	B. Ausweis eines Rücklagenspiegels	2,00	2,64	2,32	10,59	25,37
24.	**Angabe von Zahl und Nennbetrag der Aktien jeder Gattung (§ 160 I Nr. 3 AktG)**	**1,56**	**2,72**	**2,14**	**9,53**	**21,29**
	A. Gesetzlich geforderte Angaben	2,08	2,86	2,47	10,63	21,84
	B. Übersichtliche Zusammenfassung der Angaben im Anhang	1,90	2,79	2,34	11,91	25,27
25.	**Gesonderte Angabe der Aktien je Gattung, die bei einer bedingten Kapitalerhöhung oder einem genehmigten Kapital im Geschäftsjahr gezeichnet wurden (§ 160 I Nr. 3 AktG)**	**1,73**	**2,64**	**2,18**	**8,20**	**16,97**
	A. Anlass der Kapitalerhöhung	2,27	2,43	2,35	8,72	32,39
	B. Gesamtnennbetrag der Aktien je Gattung	2,11	2,79	2,45	9,42	27,24
	C. Ausgabebetrag der Aktien je Gattung	2,11	2,93	2,52	9,02	24,58
	D. Angaben zur bilanziellen Behandlung der Kapitalerhöhung	2,27	2,64	2,45	8,81	29,55
	E. Gegenwert der Aktien (Bar- oder Sacheinlage)	2,43	2,86	2,64	8,81	23,99
26.	**Angaben über das genehmigte Kapital (§ 160 I Nr. 4 AktG)**	**2,11**	**2,97**	**2,54**	**6,53**	**15,97**
	A. Datum des Hauptversammlungsbeschlusses	1,84	1,79	1,81	11,28	32,42
	B. Inhalt des Hauptversammlungsbeschlusses	2,21	2,14	2,18	9,67	22,34
	C. Nennbetrag des am Stichtag bestehenden genehmigten Kapitals	2,34	2,71	2,53	8,87	24,31
27.	**Zahl der Wandelschuldverschreibungen und vergleichbaren Wertpapiere unter Angabe der Rechte, die sie verbriefen (§ 160 I Nr. 5 AktG)**	**2,02**	**2,76**	**2,39**	**6,57**	**18,70**
	A. Angabe der Gattung	2,08	2,21	2,15	9,30	34,26
	B. Angabe der Zahl/Nennbeträge der umlaufenden Stücke je Gattung	2,08	2,43	2,26	9,30	34,42
	C. Angabe der verbrieften Rechte (Anleihebedingungen, Zinssatz, Wandlungsverhältnis, Aufgeld, Fälligkeit, Besicherung etc.)	2,14	2,43	2,29	9,89	32,39
28.	**Angaben über Genussrechte, Besserungsscheine, ähnliche Rechte (§ 160 I Nr. 6 AktG)**	**2,31**	**3,09**	**2,70**	**6,23**	**14,48**
	A. Art der Rechte	2,38	2,29	2,33	9,19	28,87
	B. Zahl der Rechte	2,21	2,29	2,25	9,57	31,41
	C. Nennbetrag der Rechte	2,29	2,43	2,36	9,55	32,39
	D. Hervorhebung der neu entstandenen Rechte	2,18	2,36	2,27	9,96	37,24
	E. Inhalt der einzelnen Rechte (Zweck der Ausgabe, Hauptversammlungsbeschluss, berechtigte Personen, Laufzeit, Änderung der Bedingung, Erlöschen von Rechtsverpflichtungen u.ä.)	2,21	2,36	2,28	10,41	30,88
29.	**Erläuterung der Zusammensetzung einzelner Posten der Aktivseite**	**2,13**	**2,07**	**2,10**	**7,54**	**17,09**
30.	**Erläuterung der Zusammensetzung einzelner Posten der Passivseite**	**2,31**	**2,72**	**2,52**	**6,89**	**12,61**

Teilbericht IV: Erläuterungen zu einzelnen Posten der G.u.V./Konzern-G.u.V.						
Nr.	Bewertungskriterien (Hauptkriterien, Oberkriterien, Unterkriterien)	Mittlere Einschätzung eines Bewertungskriteriums (auf einer 4-Punkte-Skala)			Schätzgenauigkeit (in %)	
		WP	FA	Arithmetisches Mittel	WP	FA
1.	**Gesonderter Ausweis der in der Gewinn- und Verlustrechnung zusammengefassten Posten (§ 265 VII Nr. 2)**	**2,42**	**3,18**	**2,80**	**5,92**	**16,61**
2.	**Weitere Aufgliederung der in der G.u.V. ausgewiesenen sonstigen betrieblichen Aufwendungen und Erträge (§ 265 V 1)**	**2,47**	**3,59**	**3,03**	**5,49**	**9,10**
3.	**Erläuterung des Betrages und der Art von außerordentlichen Erträgen und Aufwendungen, soweit diese für die Beurteilung der Ertragslage nicht von untergeordneter Bedeutung sind (§ 277 IV 2)**	**3,04**	**3,76**	**3,40**	**3,66**	**5,65**
4.	**Erläuterung des Betrages und der Art von einem anderen Geschäftsjahr zuzuordnenden Erträgen und Aufwendungen, soweit diese für die Beurteilung der Ertragslage nicht von untergeordneter Bedeutung sind (§ 277 IV 3)**	**2,80**	**3,41**	**3,11**	**4,20**	**12,89**
5.	**Angabe der Erträge aus der Auflösung von Sonderposten mit Rücklageanteil (§ 281 II 2)**	**2,44**	**3,21**	**2,82**	**5,12**	**16,42**
	A. Angabe des Betrages der Auflösung	2,67	3,50	3,08	6,85	17,63
	B. Hinweis, ob es sich um eine planmäßige oder um eine vorzeitige Auflösung des Sonderpostens handelt	2,57	3,29	2,93	8,82	18,14
6.	**Angabe der Aufwendungen aus der Einstellung in den Sonderposten mit Rücklageanteil (§ 281 II 2)**	**2,40**	**3,21**	**2,80**	**5,18**	**16,42**
	A. Angabe des Betrages der Einstellung	2,69	3,50	3,10	6,99	17,63
	B. Differenzierung der Betragsangabe nach der Art der Einstellung in den Sonderposten mit Rücklageanteil	2,36	3,21	2,79	8,91	20,05
7.	**Aufgliederung der Umsatzerlöse nach Tätigkeitsbereichen und nach geographisch bestimmten Märkten (§ 285 Nr. 4/§ 314 Nr. 3/§ 314 II)**	**2,19**	**3,61**	**2,90**	**6,76**	**8,83**
	A. Segmentierung der Umsätze	2,53	3,71	3,12	7,56	16,04
	B. Angabe des Abgrenzungskriteriums	2,09	3,21	2,65	8,50	21,90
	C. Angabe intersegmentärer Umsätze	1,94	3,29	2,61	10,08	20,08
	D. Angabe von Vorjahreszahlen	2,38	3,57	2,97	8,96	17,22
8.	**Angabe der Belastung des Ergebnisses der gewöhnlichen Geschäftstätigkeit und des außerordentlichen Ergebnisses durch Ertragsteuern (§ 285 Nr. 6)**	**1,95**	**3,18**	**2,56**	**7,23**	**7,23**
9.	**Angaben bei Anwendung des Umsatzkostenverfahrens (Materialaufwand, Personalaufwand; § 285 Nr. 8)**	**2,55**	**3,50**	**3,02**	**5,59**	**8,79**
	A. Materialaufwand	2,55	3,50	3,03	5,83	9,07
	A.1. Angabe des Gesamtbetrages	2,70	3,36	3,03	7,14	19,97
	A.2. Angabe der auch nach GKV auszuweisenden Teilbeträge des Materialaufwands	2,48	3,14	2,81	8,11	21,81
	A.3. Freiwillige Angabe der Vorjahresbeträge	2,48	3,21	2,85	8,33	20,05
	B. Personalaufwand	2,56	3,59	3,08	5,82	8,85
	B.1. Angabe des Gesamtbetrages	2,75	3,36	3,05	6,92	19,97
	B.2. Angabe der auch nach GKV auszuweisenden Teilbeträge des Personalaufwands	2,46	3,14	2,80	7,81	21,81
	B.3. Freiwillige Angabe der Vorjahresbeträge	2,51	3,21	2,86	8,17	20,05
10.	**Angabe der Entwicklung des Jahresüberschusses/Jahresfehlbetrages zum Bilanzgewinn/Bilanzverlust (§ 158 I 2 AktG)**	**2,38**	**2,59**	**2,48**	**6,21**	**20,00**

Teilbericht V: Angaben zum Konsolidierungskreis						
Nr.	Bewertungskriterien (Hauptkriterien, Oberkriterien, Unterkriterien)	Mittlere Einschätzung eines Bewertungskriteriums (auf einer 4-Punkte-Skala)			Schätzgenauigkeit (in %)	
		WP	FA	Arithmetisches Mittel	WP	FA
1.	**Angaben, die einen Vergleich mit vorhergehenden Abschlüssen erlauben, wenn sich der Konsolidierungskreis geändert hat**	**3,09**	**3,65**	**3,37**	**3,89**	**8,71**
	A. Begründung für Veränderungen der Zusammensetzung des Konsolidierungskreises	2,45	3,02	2,74	7,43	11,51
	B. **Alternative 1**: Vorgehen gemäß § 294 II 1					
	B.1.1. Angabe, welche/wie viele Tochterunternehmen erstmals oder erstmals nicht mehr einbezogen worden sind	2,88	3,07	2,97	6,18	21,55
	B.1.2. Betragsangabe, wie sich dadurch einzelne, wesentliche Konzernabschlussposten verändert haben	2,79	3,43	3,11	6,26	19,74
	B.1.2.1. Bilanz	3,02	3,48	3,25	8,95	23,54
	B.1.2.2. Gewinn- und Verlustrechnung	3,07	3,41	3,24	9,10	19,32
	Alternative 2: Vorgehen gemäß § 294 II 2					
	B.2.1. Angabe, welche/wie viele Tochterunternehmen erstmals oder erstmals nicht mehr einbezogen worden sind	2,79	3,43	3,11	6,88	10,81
	B.2.2. Betragsangabe, wie sich dadurch einzelne, wesentliche Konzernabschlussposten verändert haben	2,69	3,57	3,13	7,07	10,38
	B.2.2.1. Bilanz	2,99	3,24	3,12	7,89	12,69
	B.2.2.2. Gewinn- und Verlustrechnung	2,85	3,35	3,12	7,36	15,38
	B.2.3. Zusätzlich Ausweis der nicht angepassten (ursprünglichen) Vorjahreszahlen im aktuellen Anhang (so genannter Drei-Spalten-Ausweis)	2,49	3,14	3,82	8,85	21,81
2.	**Angabe und Begründung, wenn ein Tochterunternehmen nach § 295 I nicht einbezogen wurde (§ 295 III 1)**	**2,52**	**2,67**	**2,60**	**5,43**	**20,08**
	A. Angabe der Umstände, die für die Nichteinbeziehung ursächlich sind	2,49	2,71	2,60	7,81	26,45
	B. Angabe der Posten des Konzernabschlusses, die bei Einbeziehung des Tochterunternehmens ein verzerrtes Bild der VFE-Lage widerspiegeln	2,39	2,71	2,55	8,84	30,29
3.	**Begründung, wenn ein Tochterunternehmen nach § 296 I oder II nicht einbezogen wurde (§ 296 III)**	**2,50**	**2,67**	**2,59**	**5,48**	**20,08**
4.	**Angaben zu Konzernunternehmen (§ 313 II Nr. 1 Satz 1)**	**2,49**	**2,76**	**2,63**	**5,87**	**15,76**
	A. Name und Sitz des Tochterunternehmens	2,48	2,70	2,59	5,95	16,60
	B. Anteil am Kapital, der dem MU und den einbezogenen TU gehört oder für deren Rechnung gehalten wird	2,62	2,97	2,80	5,11	11,19
	C. Sachverhalt, der zur Einbeziehung verpflichtet, sofern diese nicht aufgrund einer der Kapitalbeteiligung entsprechenden Stimmrechtsmehrheit erfolgt	2,38	2,61	2,49	5,90	15,04
5.	**Angaben für alle Tochterunternehmen, die nach §§ 295, 296 nicht einbezogen wurden (§ 313 II Nr. 1 Satz 2)**	**2,37**	**2,50**	**2,43**	**5,83**	**15,76**
	A. Name und Sitz des Tochterunternehmens	2,48	2,70	2,59	5,95	16,60
	B. Anteil am Kapital, der dem MU und den einbezogenen TU gehört oder für deren Rechnung gehalten wird	2,62	2,97	2,80	5,11	11,19
	C. Sachverhalt, der zur Einbeziehung verpflichtet, sofern diese nicht aufgrund einer der Kapitalbeteiligung entsprechenden Stimmrechtsmehrheit erfolgt	2,37	2,61	2,49	5,90	15,04
6.	**Angaben zu assoziierten Unternehmen (§ 313 II Nr. 2)**	**2,37**	**2,53**	**2,44**	**6,51**	**14,98**
	A. Name und Sitz des assoziierten Unternehmens	2,24	2,53	2,39	6,66	18,61
	B. Anteil am Kapital des assoziierten Unternehmens, der dem MU und den einbezogenen TU gehört oder für deren Rechnung gehalten wird	2,37	2,76	2,57	5,98	13,99
	C. Angabe und Begründung, wenn auf die Einbeziehung nach der Equity-Methode verzichtet wird	2,24	2,47	2,36	6,37	15,59

Teilbericht V: Angaben zum Konsolidierungskreis						
Nr.	**Bewertungskriterien (Hauptkriterien, Oberkriterien, Unterkriterien)**	**Mittlere Einschätzung eines Bewertungskriteriums (auf einer 4-Punkte-Skala)**			**Schätzgenauigkeit (in %)**	
		WP	**FA**	**Arithmetisches Mittel**	**WP**	**FA**
7.	**Angaben zu quotenkonsolidierten Unternehmen (§ 313 II Nr. 3)**	**2,30**	**2,63**	**2,47**	**6,34**	**15,64**
	A. Name und Sitz des Gemeinschaftsunternehmens	2,25	2,62	2,44	6,63	17,26
	B. Tatbestand, der die Quotenkonsolidierung ermöglicht	2,28	2,53	2,41	6,32	13,19
	B.1. Hinweis auf Tatbestand der gemeinsamen Führung	2,36	2,14	2,25	8,91	30,29
	B.2. Name und Sitz der gemeinsam mitführenden konzernfremden Unternehmen	2,17	2,29	2,23	8,94	22,34
	B.3. Hinweis, von wie vielen anderen konzernfremden Unternehmen das gemeinsame Unternehmen geführt wird	2,02	2,00	2,01	10,12	26,07
	C. Anteil am Kapital dieser Unternehmen, der dem MU und den einbezogenen TU gehört oder für deren Rechnung gehalten wird	2,37	2,76	2,57	5,95	13,03
8.	**Angabe der Anwendung der Schutzklausel, wenn die Angaben zu § 313 II nicht gemacht werden (§ 313 III 2)**	**2,27**	**2,18**	**2,23**	**6,67**	**25,76**
9.	**Hinweis auf die besondere Aufstellung des Anteilsbesitzes, die die Angaben nach § 313 II ersetzt, und den Ort der Hinterlegung (§ 313 IV 3)**	**2,20**	**1,97**	**2,08**	**6,93**	**18,75**
	A. Hinweis auf die Hinterlegung der Anteilliste	2,16	1,64	1,90	10,68	44,31
	B. Hinweis auf den Ort des Handelsregisters	1,97	1,71	1,84	11,73	38,49
	C. Hinweis auf die Nummer des Handelsregisters	1,84	1,79	1,81	12,65	36,09
	D. Angaben zur Beteiligungsliste	3,59	3,47	3,53	13,44	40,28

Teilbericht VI: Angaben zu den Konsolidierungsmethoden						
Nr.	**Bewertungskriterien (Hauptkriterien, Oberkriterien, Unterkriterien)**	**Mittlere Einschätzung eines Bewertungskriteriums (auf einer 4-Punkte-Skala)**			**Schätzgenauigkeit (in %)**	
		WP	**FA**	**Arithmetisches Mittel**	**WP**	**FA**
1.	**Angabe und Begründung der Abweichungen von den auf den vorhergehenden Abschluss angewandten Konsolidierungsmethoden (§ 297 II 4/§ 313 I Nr. 3)**	**2,98**	**3,30**	**3,14**	**4,26**	**17,87**
	A. Angabe der bisher angewandten und der jetzt angewandten Methode	2,93	2,93	2,93	6,39	18,00
	B. Begründung der Unstetigkeit	2,76	2,86	2,81	7,33	16,75
2.	**Gesonderte Darstellung des Einflusses abweichender Konsolidierungsmethoden auf die VFE-Lage des Konzerns (§ 297 III 5/§ 313 I Nr. 3)**	**2,92**	**3,34**	**3,13**	**4,58**	**12,17**
3.	**Angabe und Begründung, wenn der Abschlussstichtag des Konzerns und der Abschlussstichtag des Mutterunternehmens auseinander fallen (§ 299 I)**	**2,11**	**2,00**	**2,06**	**6,68**	**28,44**
	A. Darstellung der Tatsache des abweichenden Stichtags	2,50	2,50	2,50	8,80	24,69
	B. Angabe der Unternehmen mit abweichendem Stichtag	2,28	2,50	2,39	9,57	24,69
	C. Angabe der Vorgänge und Tatbestände, die dieser Abweichung zugrunde liegen	2,10	2,36	2,23	10,46	25,78
4.	**Weicht der Abschlussstichtag des Konzerns von demjenigen eines einbezogenen Unternehmens ab und wird kein Zwischenabschluss aufgestellt, so sind dazwischenliegende Vorgänge anzugeben, soweit sie für die VFE-Lage des Konzerns von besonderer Bedeutung sind (§ 299 III)**	**2,60**	**2,69**	**2,65**	**5,21**	**27,90**

Teilbericht VI: Angaben zu den Konsolidierungsmethoden						
Nr.	Bewertungskriterien (Hauptkriterien, Oberkriterien, Unterkriterien)	Mittlere Einschätzung eines Bewertungskriteriums (auf einer 4-Punkte-Skala)			Schätzgenauigkeit (in %)	
		WP	FA	Arithmetisches Mittel	WP	FA
5.	**Erwerbsmethode (§ 301)**	**2,62**	**2,97**	**2,80**	**4,19**	**15,94**
	A. Angabe der gewählten Konsolidierungsmethode	2,70	2,97	2,83	4,94	16,72
	B. Angabe des Zeitpunktes, der für die Wertansätze der Kapitalkonsolidierung grundlegend ist	2,52	2,88	2,70	5,49	17,92
	C. Erläuterung des aktivischen und passivischen Unterschiedsbetrages aus der Kapitalkonsolidierung sowie dessen wesentliche Änderung gegenüber dem Vorjahr	2,66	3,03	2,84	4,89	15,57
	C.1. Erläuterung der Zusammensetzung des Postens	2,81	3,07	2,94	6,63	15,82
	C.2. Erläuterung von Veränderungen des Postens	2,68	3,07	2,88	7,51	16,03
	D. Angabe der gegeneinander verrechneten aktivischen und passivischen Unterschiedsbeträge	2,56	2,97	2,77	5,26	14,43
	E. Angaben zur Abschreibungsmethode	2,70	2,98	2,84	5,44	16,09
6.	**Interessenzusammenführungsmethode (§ 302 II)**	**2,30**	**2,34**	**12,32**	**6,51**	**22,67**
	A. Angabe der Anwendung dieser Methode	2,40	2,38	2,39	6,20	21,01
	B. Angabe der sich aus der Anwendung dieser Methode ergebenden Rücklagenveränderungen	2,35	2,50	2,43	6,04	20,48
	C. Name und Sitz des betroffenen Unternehmens	2,14	2,16	2,15	7,00	25,18
7.	**Quotenkonsolidierung (§ 310 II)**	**2,47**	**2,81**	**2,64**	**5,41**	**16,41**
	A. Angabe der gewählten Konsolidierungsmethode	2,87	3,05	2,96	5,84	17,85
	B. Angabe des Zeitpunktes, der für die Wertansätze der Kapitalkonsolidierung grundlegend ist	2,81	3,13	2,97	6,46	15,42
	C. Erläuterung des aktivischen und passivischen Unterschiedsbetrages aus der Kapitalkonsolidierung sowie dessen wesentliche Änderung gegenüber dem Vorjahr	2,94	2,99	2,97	6,01	16,15
	C.1. Erläuterung der Zusammensetzung des Postens	2,71	2,57	2,64	6,84	21,22
	C.2. Erläuterung von Veränderungen des Postens	2,56	2,64	2,60	8,12	25,37
	D. Angabe der gegeneinander verrechneten aktivischen und passivischen Unterschiedsbeträge	2,92	2,98	2,95	5,94	17,18
8.	**Equity-Methode (§§ 311, 312)**	**2,46**	**2,86**	**2,66**	**5,18**	**15,93**
	A. Angabe des Unterschiedsbetrages zwischen Beteiligungsbuchwert und anteiligem Eigenkapital des assoziierten Unternehmens bei erstmaliger Anwendung der Equity-Methode mit Buchausweis	2,64	3,09	2,86	4,91	14,67
	B. Angabe des Unterschiedsbetrages zwischen dem Buchwert der Beteiligung in der Einzelbilanz und dem auf die Beteiligung entfallenden Teil des Eigenkapitals des assoziierten Unternehmens zum Zeitpunkt der erstmaligen Anwendung der Kapitalanteilsmethode	2,57	3,09	2,83	5,13	14,67
	C. Angabe der angewandten Variante der Equity-Methode	2,40	2,52	2,45	5,82	22,52
	D. Angabe des für den Wertansatz grundlegenden gewählten Zeitpunkts	2,34	2,64	2,49	5,83	25,28
	E. Angabe, wenn das assoziierte Unternehmen nicht an die konzerneinheitliche Bewertung angepasst wird	2,35	2,94	2,65	5,71	18,85
9.	**Angabe, wenn die Zwischenergebniseliminierung wegen untergeordneter Bedeutung unterlassen wurde; Erläuterung des hieraus resultierenden Einflusses auf die VFE-Lage des Konzerns, sofern er wesentlich ist (§ 304 II 2)**	**2,35**	**2,45**	**2,40**	**6,29**	**27,05**
	A. Angabe, bei welchen Posten auf eine Herausrechnung der Zwischenergebnisse verzichtet wurde	2,34	2,15	2,25	8,19	40,76
	B. Angabe der Auswirkung auf die VFE-Lage des Konzerns	2,44	2,50	2,47	8,16	33,51
	C. Angabe, warum eine Eliminierung einen unverhältnismäßig hohen Aufwand erfordert	1,98	2,08	2,03	10,79	38,36
10.	**Schuldenkonsolidierung (§ 303)**	**2,38**	**2,46**	**2,42**	**6,45**	**15,14**
	A. Allgemeine Angaben zur Schuldenkonsolidierung	1,87	1,95	1,91	8,03	24,87
	B. Detaillierte Angaben zur Schuldenkonsolidierung (z.B. Behandlung von Aufrechnungsdifferenzen)	2,97	3,24	3,11	8,79	26,53

Nr.	Bewertungskriterien (Hauptkriterien, Oberkriterien, Unterkriterien)	Mittlere Einschätzung eines Bewertungskriteriums (auf einer 4-Punkte-Skala)			Schätzgenauigkeit (in %)	
Teilbericht VI: Angaben zu den Konsolidierungsmethoden						
		WP	FA	Arithmetisches Mittel	WP	FA
11.	**Zwischenergebniskonsolidierung (§ 304)**	**2,41**	**2,46**	**2,42**	**7,13**	**16,46**
	A. Allgemeine Angaben zur Zwischenergebniseliminierung	1,72	1,86	1,79	8,94	27,09
	B. Detaillierte Angaben zur Zwischenergebniseliminierung (z.B. Behandlung von Aufrechnungsdifferenzen)	3,06	3,15	3,11	9,01	24,56
12.	**Aufwands- und Ertragskonsolidierung (§ 305)**	**2,38**	**2,53**	**2,40**	**6,82**	**15,92**
	A. Allgemeine Angaben zur Aufwands- und Ertragskonsolidierung	1,69	1,76	1,73	7,51	29,42
	B. Detaillierte Angaben zur Aufwands- und Ertragskonsolidierung	3,01	3,09	3,05	8,37	27,36

Nr.	Bewertungskriterien (Hauptkriterien, Oberkriterien, Unterkriterien)	Mittlere Einschätzung eines Bewertungskriteriums (auf einer 4-Punkte-Skala)			Schätzgenauigkeit (in %)	
Teilbericht VII: Sonstige, vor allem rechtsformspezifische Pflichtangaben						
		WP	FA	Arithmetisches Mittel	WP	FA
1.	**Angabe des Gesamtbetrages der nicht aus der Bilanz ersichtlichen sonstigen finanziellen Verpflichtungen, soweit sie für die Finanzlage von Bedeutung sind (§ 285 Nr. 3 1. HS/§ 314 I Nr. 2 1. HS)**	**3,22**	**3,12**	**3,17**	**3,74**	**5,71**
	A. Angabe des Gesamtbetrages	3,03	3,00	3,02	6,98	29,85
	B. Freiwillige Untergliederung des Gesamtbetrages	2,66	3,00	2,83	7,88	24,97
	C. Angabe, ob es sich um Barwerte oder Nominalwerte handelt	2,53	2,93	2,73	8,42	26,42
	D. Freiwillige Erläuterung/Begründung einzelner Arten von sonstigen finanziellen Verpflichtungen	2,43	2,64	2,54	8,42	25,37
	E. Angabe der im kommenden Geschäftsjahr fälligen Verpflichtungen	2,77	3,00	2,88	7,58	23,12
	F. Angabe der ab dem zweiten folgenden Geschäftsjahr fälligen Verpflichtungen	2,45	2,79	2,62	8,83	25,27
2.	**Gesonderte Angabe des Gesamtbetrages der nicht aus der Bilanz ersichtlichen sonstigen finanziellen Verpflichtungen gegenüber verbundenen Unternehmen (§ 285 Nr. 3 2. HS)**	**2,92**	**2,79**	**2,86**	**4,77**	**14,98**
3.	**Gesonderte Angabe der nicht aus der Bilanz ersichtlichen sonstigen finanziellen Verpflichtungen und Haftungsverhältnisse, die gegenüber nicht einbezogenen Tochterunternehmen bestehen (§ 314 I Nr. 2 2. HS)**	**2,79**	**2,76**	**2,78**	**5,15**	**13,03**
4.	**Angabe der durchschnittlichen Arbeitnehmerzahl des Konzerns, getrennt nach Gruppen (§ 285 Nr. 7/§ 314 I Nr. 4 1. HS)**	**1,96**	**2,68**	**2,32**	**7,42**	**21,25**
	A. Untergliederung nach arbeitsrechtlichen Gruppen	1,94	2,29	2,11	9,42	31,41
	B. Freiwillige weitere Gruppierung nach Geschlecht, geographisch bestimmten Bereichen	1,40	2,29	1,84	12,94	31,41
	C. Freiwillige Angabe der nicht in der Gesamtzahl enthaltenen Zahl der Auszubildenden, Leiharbeiter etc.	1,49	2,00	1,74	12,84	34,68
	D. Angabe der Ermittlungsmethode der Arbeitnehmerzahl	1,49	1,93	1,71	12,84	40,12
	E. Freiwillige Angabe von Vorjahreszahlen	1,80	2,43	2,12	11,14	32,39
5.	**Angabe der durchschnittlichen Arbeitnehmerzahl bei nur anteilig einbezogenen Unternehmen (§ 314 I Nr. 4 2. HS)**	**1,60**	**1,91**	**1,76**	**8,48**	**22,53**

Teilbericht VII: Sonstige, vor allem rechtsformspezifische Pflichtangaben						
Nr.	**Bewertungskriterien (Hauptkriterien, Oberkriterien, Unterkriterien)**	**Mittlere Einschätzung eines Bewertungskriteriums (auf einer 4-Punkte-Skala)**			**Schätzgenauigkeit (in %)**	
		WP	**FA**	**Arithmetisches Mittel**	**WP**	**FA**
6.	**Angabe der im Geschäftsjahr gewährten Gesamtbezüge für Mitglieder der Geschäftsführung, des Aufsichtsrates, des Beirates oder einer ähnlichen Einrichtung jeweils für jede Personengruppe (§ 285 Nr. 9a/§ 314 Nr. 6a)**	**1,73**	**2,21**	**1,97**	**8,97**	**31,45**
7.	**Angabe der Gesamtbezüge der früheren Mitarbeiter der unter Nr. 6 von Teilbericht VII genannten Organe und ihrer Hinterbliebenen (§ 285 Nr. 9b 1 und 2/ § 314 I Nr. 6b 1)**	**1,55**	**1,75**	**1,66**	**9,78**	**39,17**
8.	**Angabe des Betrags der für frühere Organmitglieder und ihre Hinterbliebenen gebildeten Rückstellungen für laufende Pensionen und Anwartschaften auf Pensionen und Betrag der nicht gebildeten Pensionsrückstellungen (§ 285 Nr. 9b 3/§ 314 I Nr. 6b 2)**	**1,78**	**1,91**	**1,85**	**8,90**	**30,02**
9.	**Angabe gemäß § 285 Nr. 9c/§ 314 I Nr. 6c**	**1,87**	**1,41**	**1,64**	**8,15**	**41,51**
	A. An Organmitglieder gewährte Vorschüsse und Kredite	2,04	1,56	1,80	7,95	33,20
	B. Zinssätze	1,80	1,33	1,56	8,76	50,30
	C. Wesentliche Bedingungen	1,78	1,24	1,51	8,80	44,60
	D. Im Geschäftsjahr zurückgezahlte Beträge	1,68	1,27	1,48	9,33	47,99
	E. Eingegangene Haftungsverhältnisse	2,07	1,65	1,86	7,77	34,84
10.	**Angabe aller Mitglieder des Geschäftsführungsorgans und des Aufsichtsrates (§ 285 Nr. 10)**	**2,27**	**2,85**	**2,56**	**7,62**	**14,91**
11.	**Angabe bei Konzernzugehörigkeit des Namens und des Sitzes des Mutterunternehmens, das den Konzernabschluss für den größten und für den kleinsten Kreis von Unternehmen aufstellt, sowie Angabe des Ortes, wo die Konzernabschlüsse gegebenenfalls erhältlich sind (§ 285 Nr. 14)**	**2,47**	**2,73**	**2,60**	**6,25**	**14,87**
	A. Konzernabschluss für den größten Kreis von Unternehmen	2,56	2,16	2,36	8,00	37,52
	A.1. Name des Mutterunternehmens	2,74	2,35	2,55	7,11	37,24
	A.2. Sitz des Mutterunternehmens	2,50	1,93	2,21	8,28	37,33
	A.3. Ort, wo der Konzernabschluss gegebenenfalls erhältlich ist	2,40	1,93	2,16	8,48	37,33
	A.4. Freiwilliger Hinweis auf Ergebnisabführungsvertrag, falls ein solcher besteht	2,60	2,43	2,52	8,12	37,17
	B. Konzernabschluss für den kleinsten Kreis von Unternehmen	2,37	2,08	2,22	9,59	35,27
	B.1. Name des Mutterunternehmens	2,35	2,14	2,25	8,58	34,60
	B.2. Sitz des Mutterunternehmens	2,18	1,79	1,98	9,31	28,27
	B.3. Ort, wo der Konzernabschluss gegebenenfalls erhältlich ist	2,13	1,71	1,92	9,70	25,74
	B.4. Freiwilliger Hinweis auf Ergebnisabführungsvertrag, falls ein solcher besteht	2,38	2,43	2,41	9,72	32,39
12.	**Angaben über einen befreienden Konzernabschluss (§ 291 II Nr. 3)**	**2,40**	**2,66**	**2,53**	**5,96**	**20,10**
	A. Angabe des befreienden Mutterunternehmens	2,78	2,79	2,78	7,06	27,24
	B. Sitz des befreienden Mutterunternehmens	2,45	2,14	2,30	8,97	25,95
	C. Hinweis auf die Befreiung	2,42	2,21	2,32	8,51	29,10
	D. Freiwillige Angabe des Ortes, wo der befreiende Konzernabschluss erhältlich ist	2,27	2,21	2,24	9,84	36,57
13.	**Angabe über den Bestand, Zugang und ggf. Verwertung von Aktien, die ein Aktionär für die Gesellschaft übernommen hat (§ 160 I Nr. 1 AktG)**	**2,34**	**2,70**	**2,52**	**6,72**	**18,21**
	A. Zahl der vorhandenen Vorratsaktien	2,22	2,29	2,25	10,09	26,07
	B. Gesamtnennbetrag der vorhandenen Vorratsaktien	2,43	1,50	1,96	14,28	47,65
	C. Gattung der Vorratsaktien	2,09	2,00	2,05	9,69	31,66
	D. Übernahmebedingungen	2,00	2,29	2,15	10,51	26,07
	E. Anlass der Ausgabe der Vorratsaktien	2,07	3,36	2,21	10,36	30,88
	F. Name des Übernehmers, wenn es sich bei diesem um ein abhängiges oder um ein in Mehrheitsbesitz stehendes Unternehmen handelt	2,16	2,43	2,30	10,07	25,32
	G. Angabe des Zugangs an Vorratsaktien im Geschäftsjahr	2,04	2,14	2,09	10,04	31,98
	H. Angabe der Höhe des Verwertungserlöses	2,08	2,36	2,22	10,55	30,88
	I. Angaben über die Verwendung des Verwertungserlöses	1,98	2,21	2,10	11,36	31,79

Teilbericht VII: Sonstige, vor allem rechtsformspezifische Pflichtangaben						
Nr.	**Bewertungskriterien (Hauptkriterien, Oberkriterien, Unterkriterien)**	**Mittlere Einschätzung eines Bewertungskriteriums (auf einer 4-Punkte-Skala)**			**Schätzgenauigkeit (in %)**	
		WP	**FA**	**Arithmetisches Mittel**	**WP**	**FA**
14.	**Angaben über Bestand, Zugang und gegebenenfalls Änderung des Bestandes an eigenen Aktien der Gesellschaft (§ 160 I Nr. 2 AktG)**	**2,53**	**2,62**	**2,57**	**6,07**	**14,72**
	A. Zahl der vorhandenen Aktien	2,36	2,29	2,32	8,82	28,87
	B. Gesamtnennbetrag der vorhandenen eigenen Aktien	2,39	2,21	2,30	8,07	29,10
	C. Gattung der Aktien	1,98	2,14	2,06	9,93	31,98
	D. Anteil der eigenen Aktien am Grundkapital	2,29	2,21	2,25	9,20	29,10
	E. Erwerbs-/Veräußerungspreis	2,24	2,21	2,23	9,27	29,10
	F. Zeitpunkt des Erwerbs/Veräußerung	1,97	1,86	1,91	10,13	29,95
	G. Anlass/Gründe des Erwerbs	2,19	2,07	2,13	9,86	31,96
	H. Angaben über die Höhe des Verwertungserlöses	2,14	2,14	2,14	10,07	31,98
	I. Angaben über die Verwendung des Verkaufserlöses	2,01	2,14	2,08	10,21	31,98
15.	**Angabe des Bestehens einer wechselseitigen Beteiligung (§ 160 I Nr. 7 AktG)**	**2,68**	**3,15**	**2,92**	**5,32**	**11,45**
	A. Angabe der anderen wechselseitig beteiligten Gesellschaft	2,80	2,64	2,72	8,28	23,00
	B. Angabe der Höhe der jeweiligen wechselseitigen Beteiligungen	2,70	2,79	2,75	7,06	20,78
	C. Angabe der Veränderung der wechselseitigen Beteiligung im Geschäftsjahr	2,52	2,93	2,72	8,15	18,00
16.	**Angabe über das Bestehen einer Beteiligung an der Gesellschaft im Sinne von § 20 I oder IV AktG (§ 160 I Nr. 8 AktG)**	**2,60**	**2,97**	**2,78**	**5,37**	**14,20**
	A. Wem gehört die Beteiligung?	2,80	2,71	2,75	6,52	21,95
	B. Angabe der Höhe der Beteiligung	2,75	2,79	2,77	6,84	18,12
17.	**Erläuterung der Verwendung von Beträgen aus einer Kapitalherabsetzung und der Auflösung von Gewinnrücklagen (§ 240 3 AktG)**	**2,65**	**3,29**	**2,97**	**5,38**	**12,70**
18.	**Angaben, die nach einer Sonderprüfung wegen unzulässiger Bewertung in besonderen Fällen zu machen sind (§ 261 I 3, 4 AktG)**	**3,06**	**3,09**	**3,07**	**4,81**	**13,23**
	A. Gründe für einen niedrigeren Wert auf der Aktivseite bzw. einen höheren Wert auf der Passivseite in einem späteren Jahresabschluss	2,95	2,79	2,87	6,52	15,00
	B. Darstellung der Entwicklung der von den Sonderprüfern festgestellten Werte zu den Werten im Jahresabschluss in einer Sonderrechnung	2,85	2,79	2,82	6,87	18,12
	C. Angabe über die Verwendung eines Ertrages aus zwischenzeitlich abgegangenen, unterbewerteten Gegenständen	2,63	2,64	2,63	8,60	23,00
19.	**Angabe zum Bestand an Anteilen an dem Mutterunternehmen, die das Mutterunternehmen oder ein Tochterunternehmen oder ein anderer für Rechnung eines in den Konzernabschluss einbezogenen Unternehmens erworben oder als Pfand genommen hat; Zahl und Nennbetrag dieser Anteile sowie deren Anteil am Kapital sind anzugeben (§ 314 I Nr. 7)**	**2,44**	**2,79**	**2,61**	**5,85**	**14,44**
	A. Zahl der Anteile	2,35	2,21	2,28	8,49	34,26
	B. Nennbetrag der Anteile	2,38	2,29	2,33	8,16	33,77
	C. Anteil am gezeichneten Kapital des Mutterunternehmens	2,38	2,21	2,30	8,25	36,57

Teilbericht VIII: Freiwillige Angaben						
Nr.	**Bewertungskriterien (Hauptkriterien, Oberkriterien, Unterkriterien)**	**Mittlere Einschätzung eines Bewertungskriteriums (auf einer 4-Punkte-Skala)**			**Schätzgenauigkeit (in %)**	
		WP	**FA**	**Arithmetisches Mittel**	**WP**	**FA**
1.	**Ausführliche Segmentberichterstattung (IAS 14)**	**2,11**	**3,59**	**2,85**	**7,29**	**11,97**
	A. Segmentangaben	2,28	3,64	2,96	9,41	12,55
	A.1. Abschreibungen	2,08	3,14	2,61	8,57	21,81
	A.2. F&E-Aufwendungen	2,27	3,14	2,71	8,68	26,81
	A.3. Investitionsausgaben	2,31	3,57	2,94	8,73	13,06
	A.4. Arbeitnehmer	1,83	2,64	2,24	9,93	29,55
	A.5. Ergebnis/Cash Flow	2,41	3,71	3,06	8,95	11,88
	A.6. Vermögen	2,23	2,93	2,58	9,64	24,58
	B. Überleitung von den Summen der Segmentangaben zu den aggregierten Jahresabschlusszahlen	2,21	3,64	2,93	9,76	12,55
	C. Angabe zu Verrechnungspreisen	2,29	2,93	2,61	9,47	24,58
2.	**Erläuterung von Leasinggeschäften (IAS 17)**	**2,47**	**2,79**	**2,63**	**5,58**	**15,52**
	A. Im Jahresabschluss des Leasingnehmers	2,39	2,64	2,52	8,44	27,91
	A.1. Angabe der Höhe der Leasingzahlungen beim operating lease	2,56	2,71	2,64	7,01	24,31
	A.2. Angaben zum finance lease	2,52	2,71	2,62	7,69	24,31
	A.2.1. Wertansätze der geleasten Gegenstände aufgeteilt nach Hauptgruppen	2,32	2,50	2,41	8,72	31,53
	A.2.2. Gesamtbetrag der entsprechenden Verbindlichkeiten, entweder als Summe der Mindestleasingzahlungen oder als Nettozeitwert der Verbindlichkeit (mit Angabe der verwendeten Diskontierungssätze)	2,53	2,50	2,52	7,61	33,51
	A.3. Ausweis eines Leasingspiegels mit allen künftigen Zahlungen, differenziert nach Restlaufzeiten	2,47	2,86	2,66	9,15	27,78
	A.4. Angabe der wesentlichen Konditionen der Leasingvereinbarung	2,02	2,36	2,19	9,90	34,24
	B. Im Jahresabschluss des Leasinggebers	2,58	2,62	2,60	7,91	26,87
	B.1. Angaben zum operating lease	2,56	2,62	2,59	7,48	25,53
	B.1.1. Wert der Vermögensgegenstände nach Hauptgruppen	2,50	2,57	2,53	7,49	28,53
	B.1.2. Kumulierte Abschreibungen nach Hauptgruppen	2,41	2,71	2,56	7,46	30,29
	B.1.3. Höhe der Mieteinnahmen, künftige Leasingraten aus unkündbaren Leasingverhältnissen, jeweils in der Summe und für bestimmte künftige Perioden	2,59	2,86	2,72	8,05	27,78
	B.2. Angaben zum finance lease	2,60	2,62	2,61	8,34	28,20
	B.2.1. Bruttoinvestitionen in die Leasing-Gegenstände	2,56	2,53	2,55	7,45	31,76
	B.2.2. Angabe der damit verbundenen, noch nicht realisierten Finanzerträge	2,50	2,57	2,54	8,63	28,53
	B.2.3. Angabe der unsicheren Restwerte der Leasing-Gegenstände	2,53	2,64	2,59	8,46	29,55
3.	**Berichterstattung über derivative Finanzinstrumente (IAS 32)**	**2,69**	**3,30**	**2,89**	**5,58**	**15,63**
	A. Angabe des Nominal-Volumens der Derivate	2,75	2,71	2,73	7,99	21,94
	B. Angabe der Marktwerte der Derivate	2,88	2,93	2,90	7,25	20,43
	C. Angabe der Buchwerte der Derivate	2,73	2,71	2,72	7,88	19,32
	D. Differenzierung der Angaben zu A., B. und C. nach einzelnen Derivaten	2,43	2,36	2,39	9,62	22,81
	E. Angabe der Fristigkeiten (Restlaufzeiten) einzelner Derivate	2,61	2,64	2,63	8,00	25,37
	F. Angabe zu Bewertungsmethoden bei Derivaten	2,69	2,79	2,74	8,04	18,12
	F.1. Allgemeine Angaben zur Abbildung von Derivaten im Jahresabschluss (Verweis auf zugrunde gelegtes Bewertungskonzept)	2,54	2,21	2,38	8,14	26,14
	F.2. Konkrete Angaben zur Abbildung einzelner Derivate im Jahresabschluss	2,50	2,43	2,47	8,52	25,32
	F.3. Erläuterung der Bedingungen für die Bildung von Bewertungseinheiten	2,54	2,36	2,45	8,46	22,81
	F.4. Angabe zur Abbildung von Bewertungseinheiten im Jahresabschluss (Hedge-Accounting)	2,60	2,38	2,49	8,54	20,94
	G. Angaben zu Zielen und Strategien des Einsatzes von Derivaten	2,49	2,79	2,64	8,92	20,78
	H. Angaben zum Volumen von Deckungs- und Spekulationsgeschäften	2,88	3,00	2,94	7,40	16,35
	I. Erläuterung der zur Risikoüberwachung und -kontrolle getroffenen Maßnahmen	2,69	2,86	2,77	9,37	19,47
	J. Angaben zu wesentlichen Bonitätsrisiken	2,88	2,86	2,87	7,56	16,75
	K. Angaben zum Preisrisiko/Marktrisiko der Derivate (Angabe des value-at-risk von Handelsgeschäften, Zinsbindungsfristen etc.)	2,81	2,64	2,73	7,83	25,37
4.	**Kapitalflussrechnung (IAS 7)**	**2,69**	**2,88**	**2,79**	**6,95**	**15,55**

7.3 Verzeichnis der Neuemissionen der Jahre 1997 bis 2000 im Marktsegment des Neuen Marktes

Lfd. Nr.	WP-Kenn-nummer[1]	Börsen-kürzel[1]	Emittent[1]	Erster Handelstag[1]	Geschäftsfelder[1]	Status
1	516 790	UUU	**3U Telekommunikation AG**	25.11.1999	Anbieter von Telekommunikationsdienstleistungen	**A.II.2**
2	548 780	mb4	**4MBO International Electronic AG**	28.08.2000	Full-Service-Marketing-Dienstleister	**C.II.1**
3	506 660	AAQ	**aap Implantate AG**	10.05.1999	Entwicklung, Herstellung und Vertrieb von Implantaten und biomedizinischen Instrumenten und Life-Science-Produkte; Erbringung von Dienstleistungen auf dem Gebiet der Präzisionsmetallbe- und -verarbeitung	**E.I.1**
4	512 250	AT9	**ABIT AG**	03.02.2000	Beratung, Planung, Entwicklung und Vertrieb von Forderungsmanagement-Software sowie internetbasierenden Forderungsmanagement-Services	**2**
5	511 000	ACV	**AC-Service AG**	30.11.1998	Application Service Provision: IT-Outsourcing, Human Resource Services	**8**
6	500 770	ACG	**ACG AG**	01.07.1999	Broker und Value-added Reseller für Chips, Chipkarten und Chipkartenkomponenten	**8**
7	940 883	APM	**ad pepper media International N.V.**	09.10.2000	Vermarktung von Werbeflächen in elektronischen Medien	**8**
8	922 220	TLT	**ADCON Telemetry AG**	28.07.1999	Entwicklung und Vertrieb von Telemetriesystemen	**8**
9	549 015	LKI	**Ad'LINK Internet Media AG**	11.05.2000	Vermarktung von Werbeflächen im Internet und Entwicklung spezieller innovativer Online-Marketing-Produkte	**E.I.2**
10	665 510	ADJ	**Adori AG**	10.05.2000	Entwicklung und Vertrieb von eCommerce-Komplettlösungen	**A.I.1**
11	514 780	AY4	**ADS System AG**	17.11.1999	Netzwerk-Dienstleister	**2**
12	510 300	ADV	**ADVA AG Optical Networking**	29.03.1999	Entwicklung, Herstellung und Vertrieb von kostensparenden optotechnischen Netzwerklösungen	**B.II.2**
13	509 300	DVN	**Advanced Medien AG**	06.08.1999	Anbieter der Medienbranche mit den Geschäftsfeldern Lizenzhandel, Filmverleih, Video/DVD-Vertrieb und Filmproduktion	**C.II.1**
14	828 820	AP8	**Advanced Photonics Technologies AG**	31.07.2000	Forschung, Entwicklung und Vermarktung der NIR-Basistechnologie für thermische Prozesse	**2**
15	931 340	VSJ	**Advanced Vision Technology Ltd.**	28.02.2000	Entwicklung und Vermarktung von bildverarbeitender Technologie – maschine vision technology – und Software-basierten, visuellen Inspektionssystemen	**8**
16	927 093	XAE	**aeco N.V.**	25.07.2000	Aeco N.V. ist ein weltweit führender Anbieter von technisch hoch entwickelten Prüf- und Fertigungsverfahren für die optische und magnetische Datenträger-Industrie.	**6**
17	506 620	AIX	**AIXTRON AG**	06.11.1997	Halbleiter – Produktionsanlagen	**11**
18	508 630	AEI	**Allgeier Computer AG**	11.07.2000	Die Gesellschaft bietet in den Bereichen integrierte Systemlösungen, Dokumenten-Management-Systeme sowie e-commerce/ e-business alle für Unternehmen relevanten IT-Software-Komplettsysteme von der Konfiguration individueller Computerlösungen bis zur Entwicklung und Implementierung spezialisierter eigener Software.	**E.I.1**

Lfd. Nr.	WP-Kenn-nummer[1]	Börsen-kürzel[1]	Emittent[1]	Erster Handelstag[1]	Geschäftsfelder[1]	Status
19	548 795	ATF	**Alphaform AG**	28.06.2000	Entwicklung von verfahrenstechnischen Prozessketten auf der Basis digitaler, dreidimensionaler Produktbeschreibungen zur schnellen und flexiblen Herstellung von Einzelstücken und Kleinserien sowie die weltweite Vermarktung dieser Prozessketten, der Applikationen und der entsprechenden Beratungsleistungen	**E.I.2**
20	519 280	TXA	**AmaTech AG**	13.06.2000	Weltweit führender Anbieter kontaktloser RFID-Systeme (RFID Radio Frequency Identification = kontaktloser Datenaustausch durch elektromagnetische Felder); das Leistungsspektrum des Konzerns umfasst die Entwicklung, Produktion und den weltweiten Vertrieb von RFID-Systemkomponenten wie Transpondern, Tags, kontaktlosen Smart Cards, Smart Labels, Readern und Software sowie insbesondere ganzheitliche Systemlösungen im boomenden Marktsegment der Hochfrequenz(HF)-Transponder-Technologie.	**E.I.1**
21	521 350	AJA	**Analytik Jena AG**	03.07.2000	Entwicklung, Herstellung, Vertrieb und Wartung von optischen Produkten und Geräten, insbesondere von Analysemessgeräten und dazugehörige Laboreinrichtungen	**A.I.2**
22	547 100	AJ9	**antwerpes ag**	17.04.2000	Erwerb, Verwaltung und Veräußerung von Beteiligungen an Unternehmen der Multimediabranche und Informationstechnologie	**8**
23	548 930	RBX	**ARBOmedia.net AG**	09.05.2000	Vermarktung von Werbeplätzen bzw. Werbezeiten in TV, Radio, Print und Onlinemedien	**E.I.2**
24	508 770	AAG	**Articon-Integralis AG**	28.10.1998	Komplettlösungen für Netzwerksicherheit	**A.I.1**
25	690 950	AYD	**artnet.com AG**	17.05.1999	Informations- und Transaktionsdienstleistungen für den Kunstmarkt, vor allem via Internet	**1**
26	549 286	HHS	**ArtStor AG**	11.07.2000	Entwicklung, Fertigung und Vermarktung skalierbarer, hochverfügbarer unternehmensweiter Storage-Lösungen	**3**
27	509 800	ARX	**ARXES Information Design AG**	25.01.1999	Information Design: eServices, IT-Services und IT-Products	**A.II.1**
28	531 370	AFX	**Asclepion-Meditec AG**	22.03.2000	Medizinische Laser für die Korrektur von Fehlsichtigkeiten, ästhetische Anwendungen und schmerzfreie Zahnbehandlung; Bezeichnung der Geschäftsfelder: Vision, Ästhetik, Dental und Service	**E.I.2**
29	922 230	AUS	**AT & S Austria Technologie & Systemtechnik AG**	16.07.1999	Hersteller von Leiterplatten	**8**
30	510 440	AOF	**ATOSS Software AG**	21.03.2000	Entwicklung und Vertrieb von Software-Lösungen, die Unternehmen die Planung und Steuerung des kosteneffizienten Personaleinsatzes ermöglichen; begleitend bietet ATOSS Strategie- und Prozessberatung	**E.I.2**
31	508 860	ABE	**Augusta Technologie AG**	05.05.1998	Die Gesellschaft forscht, entwickelt, produziert und handelt auf dem Gebiet der Technologie, insbesondere in den Bereichen der Informationstechnologie, der Sensorik und der Telekommunikation.	**4**

Lfd. Nr.	WP-Kenn-nummer[1]	Börsen-kürzel[1]	Emittent[1]	Erster Handelstag[1]	Geschäftsfelder[1]	Status
32	521 510	BAD	**Balda AG**	23.11.1999	Entwicklung, Herstellung und Vertrieb von Hardware-Systemen für Telekommunikation und Satellitentechnik	**C.I.1**
33	510 200	BSL	**Basler AG**	23.03.1999	Künstliche Sehsysteme für industrielle Anwendungen in den Bereichen Prozesskontrolle, Produktionsüberwachung, Maschinensteuerung und Qualitätskontrolle	**C.II.2**
34	553 070	BEU	**bäurer Aktiengesellschaft**	02.12.1999	Software-Anbieter, ERP-Systemanbieter, Consulting, IT-Services	**C.II.2**
35	910 468	BBZD	**BB Biotech AG**	10.12.1997	Beteiligungen an Unternehmen aus der Biotech-Industrie	**8**
36	515 870	BC8	**Bechtle AG**	30.03.2000	IT-Dienstleistungen, E-Commerce	**C.II.2**
37	920 503	BEO	**BEKO Holding AG**	14.06.1999	Consulting, Softwareentwicklung und Engineering-Dienstleistungen	**8**
38	522 440	BSS	**BETA Systems Software AG**	30.06.1997	Software	**8**
39	516 100	BNT	**BinTec Communications AG**	10.03.1999	Entwicklung, Marketing und Vertrieb von Kommunikationsgeräten sowie die dazugehörigen Dienstleistungen, Beratung, Schulung, Service	**A.I.1**
40	542 270	BIT	**Biodata Information Technology AG**	22.02.2000	Anbieter von elektronischen Sicherheitsprodukten für Computernetzwerke	**E.I.2**
41	521 340	BIB	**biolitec AG**	15.11.2000	Entwicklung, Produktion und Vermarktung von Produkten für innovative medizinische Therapien	**E.I.2**
42	618 061	BTS	**BioTissue Technologies AG**	01.12.2000	Forschung, Entwicklung und Beratung im Bereich der Biomedizin sowie die Produktion und der Vertrieb biomedizinischer Erzeugnisse	**3**
43	529 070	BKQ	**BKN International AG**	09.03.2000	Produktion, Distribution und Vermarktung von Zeichentrickserien für Kinder sowie Lizenzierung und Merchandising von Nebenrechten	**8**
44	940 118	BLC	**BLUE-C New Economy Consulting & Incubation AG**	24.08.2000	Planung, Entwicklung und Realisierung ganzheitlicher E-Business-Modelle für die Marktgestalter der New Economy aus Telekommunikation, Finanzdienstleistung und Handel (eBusiness-Dienstleistungen, Incubation)	**8**
45	549 370	BV9	**BOV AG**	21.06.2000	Schwerpunkte der Geschäftstätigkeit sind die Planung, Konzeptionierung, Begleitung und Durchführung von IT-Projekten inkl. der Entwicklung von Applied Solutions und Software sowie Trainings- und Help-Desk-Services.	**12**
46	919 331	BFC	**Brain Force Software AG**	10.06.1999	EDV-Beratung und e-business-enabler	**8**
47	525 250	BNI	**BRAIN International AG Software & Consulting**	10.03.1999	Softwareentwicklung und IT-Consulting für den internationalen Mittelstand	**E.I.1**
48	518 890	BTV	**BRAINPOOL TV AG**	23.11.1999	BRAINPOOL TV entwickelt und produziert TV-Shows und Serien (Comedy, Erotik) und schafft dadurch starke TV-Marken. Das Unternehmen hält aufgrund eines in Deutschland einmaligen Lizenz-Modells alle Rechte an diesen Formaten. Dies ist die Voraussetzung für den integrierten Medien-Konzern. Die Marken werden über die gesamte Wertschöpfungskette ausgewertet (Lizenzen für Free-TV und Pay-TV, Internet, e-commerce, Merchandising, Tonträger, Print, Events).	**E.I.1**

Lfd. Nr.	WP-Kenn-nummer[1]	Börsen-kürzel[1]	Emittent[1]	Erster Handelstag[1]	Geschäftsfelder[1]	Status
49	553 169	BPW	**Brainpower N.V.**	21.09.2000	Anbieter von Finanz-Software	**6**
50	522 190	BRJ	**BROKAT AG**	17.09.1998	Entwicklung von Software-Lösungen zur elektronischen Geschäftsabwicklung	**E.I.2**
51	520 460	BUE	**buch.de internetstores AG**	08.11.1999	Verkauf von Büchern über das Internet	**A.I.2**
52	520 470	BSJ	**b.i.s. börsen-informations-systeme AG**	14.06.1999	Anbieter von elektronischen Börsen- und Finanzinformationen mittels Data-Broadcasting Technologie und Internet	**A.II.2**
53	617 600	CA2	**CAA AG**	21.07.2000	Entwicklung von Bedienkonzepten, graphischen Benutzeroberflächen und Software für integrierte Fahrerinformations- und Kommunikationssysteme für Kraftfahrzeuge	**A.I.2**
54	617 835	CAA	**caatoosee ag**	20.09.2000	Die caatoosee ag entwickelt und vertreibt Netzplattformen, die sich durch die auf die individuellen Bedürfnisse der Nutzer zugeschnittene Profilierung von Informationen auszeichnen. Dabei werden Software und Inhalte eng verknüpft und viele Wertschöpfungsstufen im Net-Business abgedeckt.	**E.I.2**
55	501 089	CTK	**CAMELOT tele.communication.online AG**	30.10.2000	Communication-Center-Dienstleistungen	**2**
56	541 910	COK	**CANCOM IT Systeme AG**	16.09.1999	IT Systemhaus im DTP-Bereich und Internetbeteiligungen	**C.II.1**
57	932 485	CJN	**Carrier 1 International S.A.**	24.02.2000	Anbieter von Daten- und Sprachverkehrsdienstleistungen sowie Vermietung und Verkauf von Netzwerkkapazitäten	**8**
58	548 812	OGG	**CDV Software Entertainment AG**	17.04.2000	Vertrieb, Publishing und Eigenproduktion von eTainment- und Anwendungs-Software	**A.II.1**
59	542 000	CEE	**CE Computer Equipment AG**	27.04.1998	Dokumentenmanagement, Archivierung, Workflow, Knowledge Management	**C.I.1**
60	508 220	CEW	**ce Consumer Electronic AG**	23.06.1998	Anbieter von aktiven und passiven elektronischen Bauelementen sowie Systemkomponenten	**1**
61	540 710	CSH	**CENIT AG Systemhaus**	06.05.1998	Softwarehaus und Dienstleistungsunternehmen für Informationstechnologie	**1**
62	540 750	CEV	**CENTROTEC Hochleistungskunststoffe AG**	08.12.1998	Entwicklung und Herstellung von Halberzeugnissen und Fertigteilen aus Hochleistungskunststoffen sowie von Kunststoffabgassystemen	**C.II.1**
63	540 740	CEK	**CeoTronics AG**	09.11.1998	Entwicklung, Konstruktion und Vertrieb von elektronischen Audio- und Videosystemen der Datenübertragung und -kommunikation	**E.I.2**
64	543 300	CIW	**CineMedia Film AG Geyer-Werke**	03.02.1999	Produktion/Koproduktion: TV-Spielfilme, Informations- und Nachrichtensendungen, Entwicklung und Produktion von neuen Sendeformaten für TV und Internet, Koproduktion, Verwertung von Filmrechten und Lizenzen, Business TV, Industrie- und Werbefilme; Postproduktion: Filmbearbeitung und digitale Postproduktion, Spezialeffekte Media Solutions: multimediale Ausstattung von Großveranstaltungen in Politik, Wirtschaft und Unterhaltungsindustrie; Internetplattformen	**8**

Lfd. Nr.	WP-Kenn-nummer[1]	Börsen-kürzel[1]	Emittent[1]	Erster Handelstag[1]	Geschäftsfelder[1]	Status
65	542 800	COM	**comdirect bank AG**	05.06.2000	Direktbank	**(A.I.1)**
66	544 100	CMD	**COMPUTEC MEDIA AG**	30.11.1998	Medienanbieter im Bereich Electronic Gaming mit Magazinen, Online-Angeboten und DVD-Produktionen	**1**
67	544 880	CPX	**ComputerLinks AG**	07.07.1999	Vermarktung von High-End-Produkten der IT-Branche in den Bereichen Internet-Technologien, IT-Security, Server-based Computing und Networking	**A.I.1**
68	544 940	RD4	**ComROAD AG**	26.11.1999	Entwicklung, Produktion und Vermarktung von Soft- und Hardware für Telematik und drahtlose Telekommunikationsdienste	**A.II.2**
69	550 253	CTB	**COMTRADE AG**	24.11.2000	IT-Finance, Leasing von Computern und Informationstechnologien, IT-Brokerage, weltweiter Handel von Computern und Informationstechnologien, IT-Systeme Systemhaus mit innovativen Softwareprodukten	**E.I.1**
70	528 780	CUK	**Concept! AG**	27.03.2000	Konzeption, Realisierung und Durchführung von Online- und Offline-Kommunikationsmaßnahmen, die Herstellung und Anpassung von Software, Angebot und Erbringung von eCommerce-Leistungen aller Art	**12**
71	531 090	CDT	**Condat AG**	17.07.2000	Entwicklung und Vertrieb von Software-Produkten und -Lösungen, die mobile Kommunikation und Informationstechnologie integrieren (Wireless Products, Wireless Applications, System Integration)	**A.I.2**
72	939 363	YCD	**Conduit Public Limited Company**	30.06.2000	Ein international führender Anbieter von Informationsdiensten und der damit verbundenen Technik für Unternehmen und Konsumenten	**8**
73	542 700	CSO	**ConSors Discount-Broker AG**	26.04.1999	Ausführung von Aufträgen für Wertpapiere, derivative Finanzinstrumente und Anteile an Publikumsfonds von selbständig agierenden Privatanlegern	**(A.I.2)**
74	580 080	CFA	**Constantin Film AG**	13.09.1999	Produktion und Verleih von deutschen und internationalen Kino- und Fernsehfilmen	**C.I.2**
75	545 430	CPU	**CPU Softwarehouse AG**	19.04.1999	Softwarehaus für die Finanzdienstleistungsbranche; Entwicklung und Vertrieb von hochmoderner Standardsoftware, die alle gängigen Vertriebswege eines Finanzdienstleisters integriert sowie Internetdienstleistungen	**A.I.2**
76	547 030	EVD	**CTS EVENTIM AG**	01.02.2000	Ticket-Service, Live-Entertainment	**12**
77	549 453	CUR	**curasan AG**	20.07.2000	Entwicklung und Vertrieb für regenerative Biomedizin (im Wachstumsmarkt Knochenregeneration)	**E.I.1**
78	541 230	CQJ	**CyBio AG**	25.11.1999	Entwicklung, Produktion und Vertrieb von Systemen und Software aus dem Bereich Biotechnologie	**12**
79	770 020	YOS	**CYCOS AG**	18.04.2000	Handel und Vertrieb von Geräten der elektronischen Datenverarbeitung sowie die System- und Softwareberatung, Entwicklung von Software und die Erstellung und Nutzung von Datenbanken	**A.I.2**
80	541 200	DWE	**DAS WERK AG**	25.08.1999	Produktion von Filmen und digitale Bildbearbeitung	**C.I.2**

Lfd. Nr.	WP-Kenn-nummer[1]	Börsen-kürzel[1]	Emittent[1]	Erster Handelstag[1]	Geschäftsfelder[1]	Status
81	552 710	DTD	**DataDesign AG**	09.11.1998	Spezialist in der Entwicklung und Einführung sicherer Internet-Transaktionsplattformen für Banken, Versicherungen und Behörden	**A.I.2**
82	551 950	DSV	**Datasave AG**	14.02.2000	Komplettlösungen für die Abwicklung EDV-gestützter Geschäftsprozesse besonders für Handel, Dienstleistungen, Versandhandel und Baustoffindustrie	**A.II.1**
83	529 530	DCI	**DCI Database for Commerce and Industry AG**	13.03.2000	E-Commerce-Lösungen und Dienstleistungen für den Business-to-Business-Bereich; Kernprodukt: DCI WebTradeCenter bestehend aus einer Online-Handelsdatenbank sowie einem Ausschreibungstool	**A.I.2**
84	551 390	ERM	**Deutsche Entertainment AG**	14.09.1998	Theatres, Artists & Tours, Urban Entertainment, Media & Commerce	**E.I.1**
85	927 200	DLG	**Dialog Semiconductor Plc.**	13.10.1999	Entwicklung und Lieferung von Chips – sog. ASICs („Application Specific Integrated Circuits") – für Kunden vor allem aus dem Bereich der mobilen Kommunikation	**8**
86	513 820	DA1	**digital advertising AG**	29.10.1999	E-Marketing-Agentur und Software-Entwickler	**A.II.2**
87	525 040	DET	**Dino entertainment AG**	12.10.1999	Merchandising (TV begleitendes Print-Merchandising)	**A.I.2**
88	507 230	DRN	**Direkt Anlage Bank AG**	15.11.1999	Discount-Brokerage Dienstleistungen	**(A.I.1)**
89	554 550	DRI	**Drillisch AG**	22.04.1998	Mobilfunk, Internet/IT-Services	**E.I.1**
90	533 680	DSJ	**d+s online AG**	23.05.2000	Full Service Dienstleister bei der Abwicklung von Kauftransaktionen im Internet (Transaction-Service-Provider)	**2**
91	510 150	LOI	**D.Logistics AG**	28.04.1999	Industrie- und Konsumgüterlogistik/Value-added Services; Airport Services; Hospital Logistics; Runtime Services und IT/Consulting	**C.I.2**
92	521 280	EMN	**E-M-S new media AG**	21.11.2000	Entwicklung und Herstellung von Produkten mit Schwerpunkt der digitalen Medienkommunikation	**E.I.1**
93	563 400	ESY	**EASY SOFTWARE AG**	19.04.1999	Entwicklung und Vertrieb von Software für elektronische Archivsysteme und Dokumenten-Management-Systeme (DMS)	**A.I.1**
94	928 715	EB6	**ebookers.com Plc.**	12.11.1999	Reiseprodukte und Dienstleistungen online	**8**
95	565 970	EUZ	**ECKERT & ZIEGLER Strahlen- und Medizintechnik AG**	25.05.1999	Herstellung und Entwicklung von Produkten der Medizintechnik	**C.II.2**
96	564 950	EDL	**edel music AG**	02.09.1998	Musikunternehmen mit Repertoire von Rock über Pop und Jazz bis hin zur Klassik, mit Entdeckung neuer Stars, den Fertigungsvorstufen, CD-Produktion und Vermarktung	**C.II.2**
97	549 570	EJ1	**eJAY AG**	08.08.2000	Musiksoftware, online und offline Medien	**A.I.2**
98	567 710	ELG	**ELMOS Semiconductor AG**	11.10.1999	Entwicklung und Herstellung von anwendungsspezifischen integrierten Schaltungen (Chips) für die Automobilindustrie	**E.I.2**

Lfd. Nr.	WP-Kenn-nummer[1]	Börsen-kürzel[1]	Emittent[1]	Erster Handelstag[1]	Geschäftsfelder[1]	Status
99	507 360	ELS	**ELSA AG**	15.06.1998	Anbieter von Datenkommunikations- und Computergrafikprodukten für den Internet-Zugang und die grafische Nutzung des PC	**C.I.2**
100	571 050	ERI	**EMPRISE Management Consulting AG**	16.07.1999	Consulting, Systemintegration, IT-Services	**6**
101	568 480	ETV	**EM.TV & Merchandising AG**	30.10.1997	Koproduktion und Kofinanzierung von Zeichentrickserien; weltweiter Handel mit TV-Rechten; Vergabe von Merchandisingrechten an Charakteren, Logos, Persönlichkeiten; Vermarktung von Mega-Events	**4**
102	568 030	END	**Endemann!! Internet AG**	10.03.1999	Online-Dienste, Internet-Suchmaschinen, Medien und Angebote im Internet in den Bereichen Information, Kommunikation und Unterhaltung	**A.I.2**
103	531 350	EKT	**Energiekontor AG**	25.05.2000	Entwicklungs- und Betreibergesellschaft zur Realisierung ökologischer Energieprojekte; die Errichtung von Windparks ist dabei Schwerpunkt	**C.I.1**
104	802 690	EDB	**ENTRIUM DIRECT BANKERS AG**	20.09.1999	Direct banking	**(A.I.2)**
105	570 680	EUD	**EUROMED AG**	16.06.1999	Interdiziplinär-belegärztliche Privatklinik, Health-Systems	**E.I.1**
106	566 000	EUC	**euromicron AG**	29.06.1998	Lichtwellenleitertechnik und Energiemanagement	**4**
107	566 480	EVT	**EVOTEC BioSystems AG**	10.11.1999	Biotechnologie	**E.I.2**
108	548 851	EMH	**e.multi Digitale Dienste AG**	19.07.2000	Anbieter von Produkten und Dienstleistungen aus den Bereichen Unterhaltung, Informationsdienste und Gestaltung von Internetauftritten, Contend-Provider	**A.I.1**
109	922 985	FAA	**Fabasoft AG**	01.10.1999	Entwicklung und Vertrieb der electronic Customer Relationship Management (eCRM) Software Produktfamilie „Fabasoft Components", welche effektives und effizientes IT-basiertes Kundenbeziehungsmanagement ermöglicht	**8**
110	925 476	FAN	**FANTASTIC Corp.**	28.09.1999	Entwicklung, Vertrieb und Unterstützung einer auf dem Internet-Protokoll basierenden Breitbandsoftwareplattform	**8**
111	549 077	FEE	**feedback AG**	28.06.2000	New Media Portals & Products (it-tv.de, Mobile Commerce, Event Communities, Info Systeme), New Media Services (Internet, Telecommunications, Online Call Center, Online TV, Consulting)	**A.I.2**
112	513 010	FJA	**FJA AG**	21.02.2000	Software- und Beratungshaus für die Finanzdienstleistungsbranche mit dem Schwerpunkt Versicherungen	**E.I.1**
113	576 350	FXX	**fluxx.com AG**	28.09.1999	e-commerce Dienstleistungen für Geschäfts- und Privatkunden / e-production	**12**
114	549 532	FOC	**FOCUS Digital AG**	13.07.2000	Consulting, Produktion, Content, Community, Commerce, Online-Marketing	**8**
115	577 580	FRS	**FORIS AG**	19.07.1999	Kostenrisikoübernahme und Finanzierung der Ansprüche Dritter gegen Erfolgsbeteiligung	**A.II.2**
116	919 383	FCT	**FortuneCity.com Inc.**	19.03.1999	Internet-Medien-Unternehmen und Netzwerk von Personal Publishing-, Inhalte- und Unterhaltungs-Sites im Internet	**8**

Lfd. Nr.	WP-Kenn-nummer[1]	Börsen-kürzel[1]	Emittent[1]	Erster Handelstag[1]	Geschäftsfelder[1]	Status
117	579 200	FRN	**freenet.de AG**	03.12.1999	Anbieter von Internet-Zugängen und kostenfreien Inhalten im Internet	**2**
118	575 314	FEW	**Funkwerk AG**	15.11.2000	Entwicklung, Produktion und Vertrieb von elektronischen und elektrischen Geräten, Anlagen und Systemen, insbesondere auf den Gebieten der Nachrichten- und Informationstechnik u. der Telekommunikation	**8**
119	518 510	FAM	**F.A.M.E. Film & Music Entertainment AG**	31.08.2000	Filmproduktion, Filmlizenzhandel sowie Musikproduktion	**E.I.1**
120	580 150	GSM	**GAP AG**	20.09.2000	Entwicklung und Vertrieb der GPS (Global Positioning System)- und GSM (Global System for Mobile Communication)-Technologie	**B.II.2**
121	507 460	GSO	**Gauss Interprise AG**	28.10.1999	Internet Infrastruktur Software	**A.II.2**
122	527 300	GED	**GEDYS Internet Products AG**	27.09.1999	Entwicklung, Herstellung & Vertrieb von Computerprogrammen (Groupware, e-business), Consulting (Betriebs-/Organisationsberatung)/ Beteiligungen; GEDYS Internet Products AG ist einer der führenden Hersteller von e-products für den e-business-Markt in Europa. In seinen drei Geschäftsfeldern „Groupware", „New Media" und „Personalservice" beschäftigt GEDYS 160 Mitarbeiter. Mit „e-products" können Unternehmen, unabhängig von Branche und Größe, ihr gesamtes e-management abwickeln. Komplexe Unternehmensprozesse können damit unter Einbindung des Internets abgebildet und bisher ungenutzte Rationalisierungspotentiale ausgeschöpft werden. Spezielle e-products bietet GEDYS für die Branchen Healthcare, Kommunen, Versicherungen und Banken an.	**8**
123	586 150	GEP	**GeneScan Europe AG**	21.07.2000	Entwicklung und Anwendung hochempfindlicher molekularbiologischer Nachweisverfahren für gentechnisch modifizierte Organismen in Lebensmitteln und Rohstoffen; Entwicklung, Produktion und Vertrieb von Biochips	**E.I.2**
124	565 132	GE9D	**Genmab A/S**	18.10.2000	Herstellung, Entwicklung und Vermarktung von menschlichen monoklonalen auf Antikörpern basierenden Produkten für die Behandlung von chronischen Krankheiten und Krebs	**2**
125	565 773	GRO	**GERICOM AG**	20.11.2000	Marketing- und Dienstleistungsunternehmen für Hersteller und Handelskonzerne im Bereich des Vertriebs von Notebooks, internetfähigen Multimediaprodukten und Kommunikationselektronik	**2**
126	580 060	GFT	**GFT Technologies AG**	28.06.1999	Führender Anbieter von IT-Service und Software; der Schwerpunkt der Geschäftstätigkeit liegt vor allem auf der Entwicklung von web-basierten Systemen und Lösungen.	**E.I.1**
127	625 170	GGB	**Gigabell AG**	11.08.1999	Internet Multi-Service-Anbieter	**E.I.2**
128	588 040	GIR	**Girindus AG**	16.05.2000	Verfahrensentwicklung, Scale-Up und kommerzielle Produktion von pharmazeutischen Wirkstoffen und deren Vorprodukten auf biotechnologischem und chemischem Weg	**E.I.2**

Lfd. Nr.	WP-Kenn-nummer[1]	Börsen-kürzel[1]	Emittent[1]	Erster Handelstag[1]	Geschäftsfelder[1]	Status
129	585 150	GPC	**GPC Biotech AG**	31.05.2000	Entwicklung einer neuen Generation von hochselektiven Medikamenten durch die Integration der Genom- und Proteomforschung in die moderne Arzneimittelforschung	**E.I.2**
130	913 585	GPH	**Graphisoft N.V.**	08.06.1998	Anbieter von CAD-Softwarelösungen für Architekten und die Bauindustrie	**8**
131	586 590	GLJ	**GRENKELEASING AG**	04.04.2000	Leasinganbieter im Bereich Small-Ticket-IT-Leasing	**12**
132	555 611	GRP	**GROUP Technologies AG**	21.11.2000	Softwareerstellung, Durchführung von Schulungen und Beratungen im EDV-Bereich, Verkauf von Software und Hardware	**(A.I.2)**
133	555 540	HBD	**H5B5 Media AG**	21.02.2000	Produzent von Familienunterhaltung: Film- und Fernsehproduktion in den Bereichen Fiction und Non-Fiction sowie Media Services	**D.I.1**
134	600 520	HAI	**HAITEC AG**	14.07.1999	CAE Solutions – System Integration – e-Business	**A.II.1**
135	542 990	HLR	**Heiler Software AG**	07.11.2000	Vertrieb und Entwicklung von Softwaregesamtlösungen für komplexe interaktionsfähige Transaktions-, wie insbesondere Handels- und Beschaffungs-Systeme im Internet	**E.I.2**
136	608 050	HE5	**Helkon Media AG**	07.10.1999	Filmlizenzgeschäft und Filmproduktion	**E.I.1**
137	602 670	HEY	**Heyde AG**	14.09.1998	Beratung, Software und Systemintegration für Handel, Industrie, Banken, Versicherungen; die Heyde Gruppe integriert Integrations-, Produkt- und Lösungsanbieter zu einem internationalen IT-Dienstleistungskonzern.	**C.II.2**
138	920 305	HLGD	**Highlight Communications AG**	11.05.1999	Filmlizenzhandel auf allen Verwertungsstufen (Kinoverleih, DVD-, Videogroßhandel, TV-Lizenzverwertung, Verkauf von Multimediaprodukten, e-commerce mit Multimediaprodukten)	**6**
139	601 100	HWS	**HÖFT & WESSEL AG**	20.07.1998	Mobile Datenerfassung (MDE), elektronischer Zahlungsverkehr, Ticketing, Information und Entertainment, DECT und GSM Kommunikationssysteme, Verkehrstelematik, Parkraumbewirtschaftung	**E.I.1**
140	609 710	HUZ	**Hunzinger Information AG**	30.03.1998	Politikkommunikation/Public Relations, Industrial Relations, „infas"-Meinungs-, Markt- und Sozialforschung, action press – weltweit größte private Bildpresseagentur	**E.I.1**
141	622 860	IDL	**I-D Media AG**	17.06.1999	Digitale Innovationen im Bereich New Media	**2**
142	622 840	IBB	**IBS AG**	21.06.2000	Hersteller von Standard-Software-Systemen und Beratungsdienstleistungen für das internetbasierte Qualitäts- und Produktionsmanagement produzierender Unternehmen	**E.I.2**
143	625 700	IDS	**IDS Scheer AG**	11.05.1999	Dienstleistungs- und Softwareunternehmen der Informationstechnologie mit dem Schwerpunkt Geschäftsprozessmanagement und Electronic Business	**E.I.2**
144	548 880	IEM	**IM Internationalmedia AG**	18.05.2000	Verwaltung eigenen Vermögens einschließlich des eigenen Rechtestocks sowie der Erwerb, die Gründung, das Halten und die Verwaltung von Beteiligungen und die Erbringung von Dienstleistungen im Konzern	**E.I.2**

Lfd. Nr.	WP-Kenn-nummer[1]	Börsen-kürzel[1]	Emittent[1]	Erster Handelstag[1]	Geschäftsfelder[1]	Status
145	622 380	IXU	**IN-motion AG**	20.06.2000	Die IN-motion AG ist aktiv im internationalen Entertainment-Business als innovatives Kreativzentrum und als Produzent in eigenen Studios für die drei Bereiche Film & TV, Musik sowie Multimedia. Die IN-motion AG als ein integriertes Medienunternehmen bringt Entertainment-Produktionen von der Idee über die Umsetzung bis zur Vermarktung auf den Weg.	**A.II.2**
146	530 990	IGP	**InfoGenie Europe AG**	25.10.2000	Ratgeber- und Informationsdienste	**E.I.2**
147	622 200	IFO	**INFOMATEC AG**	08.07.1998	INFOMATEC ist einer der führenden Anbieter von High-End-Internet-systemen für Handel, Industrie, Finanzen, Medien und Telkounternehmen. Der Konzern ist in vier Geschäftsbereiche unterteilt: Globale Informationssysteme (GIS), Application Service Providing (ASP), Internet Appliance Systems (IAS) und Future Concergence Systems (FCS).	**11**
148	622 540	IFR	**infor business solutions AG**	11.05.1999	Die infor business solutions AG ist Anbieter einer Internet Business Application (IBA) für mittlere und kleinere Unternehmen der Fertigungsindustrie. Mit der über das Internet ausführbaren, betriebswirtschaftlichen Komplettlösung verfügt infor als erster Anbieter über die Nachfolgegeneration der sogenannten ERP-Systeme.	**D.I.1**
149	613 860	IHU	**InternetMediaHouse.com AG**	30.07.1999	Content, Commerce, Consulting und Technology im Internet	**12**
150	622 730	ITX	**Internolix AG**	27.03.2000	Anbieter von Software-Lösungen für den Aufbau von elektronischen Handelssystemen im Internet	**E.I.2**
151	622 700	ISH	**INTERSHOP COMMUNICATIONS AG**	16.07.1998	Herstellung von Software für den Handel im Internet, Werkzeuge zur Store-front Creation und Administration sowie Integrationskomponenten für sichere Zahlungssysteme und zur Anbindung an bestehende Warenwirtschaftssysteme	**7**
152	622 360	ITN	**Intertainment AG**	08.02.1999	Internationaler Handel mit Filmlizenzen, Verwertung von Filmrechten und Merchandising	**7**
153	510 450	INW	**IntraWare AG**	12.05.2000	Konzeption, Erstellung, Implementierung und Wartung von Standardprodukten im Umfeld Informationsmanagementsoftware und sonstiger Software, ferner die individuelle Anpassung dieser Systeme sowie die Entwicklung von individuellen Lösungen und Durchführung von IT-Projekten	**8**
154	525 280	AL8	**IPC ARCHTEC AG**	07.03.2000	Mittelständischer Anbieter von Marketing- und Dienstleistungen rund um den Vertrieb von Desktop-PC`s und Notebooks der eigenen Marke	**E.I.2**
155	611 200	IOI	**ISION Internet AG**	17.03.2000	Anbieter von Internetzugang und Internetlösungen und Hosting sowie Vertrieb von Internetprodukten und -dienstleistungen	**E.I.1**
156	548 810	ISR	**ISRA VISION SYSTEMS AG**	20.04.2000	Entwicklung, Marketing, Einsatz und Vertrieb von Produkten, Systemen, Anlagen und Dienstleistungen auf den Gebieten der Bildverarbeitungs-, Automatisierungs-, Software- und Robotertechnologie	**8**

Lfd. Nr.	WP-Kenn-nummer[1]	Börsen-kürzel[1]	Emittent[1]	Erster Handelstag[1]	Geschäftsfelder[1]	Status
157	744 850	IVU	**IVU Traffic Technologies AG**	07.07.2000	Die IVU Traffic Technologies AG ist führender Anbieter von IT-Softwaresystemen zur Organisation und Optimierung logischer Geschäftsprozesse des Personenverkehrs, des Gütertransports und insbesondere ortsbezogener Informationen.	**12**
158	506 150	XOS	**IXOS SOFTWARE AG**	07.10.1998	Softwarelösungen für das Management von Business-Dokumenten in einer SAP System R/3-Umgebung	**E.I.2**
159	622 452	FAO2	**i:FAO AG**	01.03.1999	System- und Lösungsangebote sowie Dienstleistungen rund um Reisebuchungen via Internet	**A.I.1**
160	508 750	JWP	**JACK WHITE PRODUCTIONS AG**	13.09.1999	Auswertung von Leistungsschutzrechten, Erstellung von Produktionen, Auswertung von Nebenrechten	**A.II.2**
161	626 400	JTT	**Jetter AG**	19.08.1999	Entwicklung, Herstellung und Vertrieb von Industriesteuerungen	**E.I.1**
162	514 170	JOA	**Jobs & Adverts AG**	06.04.2000	Kommerzieller Internet-Stellenmarkt	**E.I.2**
163	609 060	JMP	**JUMPtec Industrielle Computertechnik AG**	26.03.1999	JUMPtec entwickelt und vermarktet miniaturisierte Computerboards, sogenannte Binary Brains, die aufgrund integrierter Software Geräte und Systeme intelligent machen können.	**A.II.2**
164	622 950	KNW	**Kabel New Media AG**	15.06.1999	Beratung, Implementierungen von Lösungen und Dienstleistungen im Bereich interaktiver computergestützter Kommunikationssysteme sowie der Betrieb und die Vermarktung thematisch definierter Online-Angebote (E-Commerce & Electronic Marketing)	**A.II.2**
165	628 590	KNM	**Kinowelt Medien AG**	12.05.1998	Betrieb von Kinos und Filmhandel; Beschaffung, Herstellung und Veräußerung von Film- und Fernsehproduktionen und Erwerb sowie Vergabe von Rechten aller Art daran	**4**
166	629 020	KLD	**Kleindienst Datentechnik AG**	02.06.1999	Dokumenten-Management-Lösungen	**E.I.2**
167	523 990	KBC	**Kontron embedded computers AG**	06.04.2000	Entwicklung, Produktion und Vertrieb von Embedded Computer-Hard- und Softwaresystemen	**8**
168	925 955	KTA	**Kretztechnik AG**	27.03.2000	Entwicklung und industrielle Herstellung von elektromedizinischen Geräten	**8**
169	549 427	LPX	**Lambda Physik AG**	21.09.2000	Lambda Physik zählt zu den weltweit führenden Anbietern von gepulsten UV Lasern für eine breite Palette von Anwendungen wie Lithographie, Industrie, Medizin und Wissenschaft. Lambda Physik entwickelt, produziert und vertreibt Excimerlaser, diodengepumpte Festkörperlaser und Farbstofflaser für einen weltweiten Kundenstamm.	**E.I.2**
170	938 006	LBC	**LetsBuyIt.com N.V.**	21.07.2000	CoShopping-Online-Dienst	**8**
171	906 877	LHI	**LHS Group Inc.**	21.05.1997	Abrechnungs- und Kundenverwaltungssysteme für Telekommunikationsdienstleister (Mobilfunk, Festnetz, Satellitenkommunikation, Internet und Paging)	**8**

Lfd. Nr.	WP-Kenn-nummer[1]	Börsen-kürzel[1]	Emittent[1]	Erster Handelstag[1]	Geschäftsfelder[1]	Status
172	525 650	LIA	**LINOS AG**	04.09.2000	Entwicklung, Herstellung und Verkauf von optischen, elektronischen und feinmechanischen Produkten sowie Erwerb, Halten und Verwaltung von Beteiligungen an und die Beratung von technologieorientierten Unternehmen	**C.I.1**
173	648 600	LIC	**Lintec Computer AG**	07.09.1998	PC-Fertigung und Distribution, Softwareentwicklung, e-Commerce, Venture Capital	**12**
174	504 350	LIO	**LION Bioscience AG**	11.08.2000	Unternehmensweite Datenanalyse und Informationsmanagement (Life Science Informatik) für den Forschungs- und Entwicklungsprozess von Unternehmen im Bereich der Life Sciences und des Gesundheitswesens; integrierte Arzneimittelforschung und Diagnostik	**E.I.2**
175	521 260	LPR	**LIPRO AG Logistik und Information für die Produktion**	15.10.1999	Anbieter hochspezialisierter Standardsoftware für produzierende Unternehmen	**12**
176	645 000	LPK	**LPKF Laser & Electronics AG**	30.11.1998	Hard- und Softwarelösungen für Lasertechnik in der Elektronikindustrie sowie computergesteuerte Fräsbohrplotter für Elektronik-Entwickler	**E.I.1**
177	932 728	LCY	**Lycos Europe N.V.**	22.03.2000	Online-Medienunternehmen	**8**
178	940 682	XMP	**MacroPore Inc.**	10.08.2000	Die Gesellschaft entwickelt, produziert und vertreibt bioresorbierbare Implantate zur Behandlung von Knochendefekten.	**2**
179	662 130	MAF	**Management Data Media Systems AG**	22.06.1999	Software- und Netzwerklösungen für die Medienbranche, Umstellung von analoge auf digitale Sendesysteme	**A.I.1**
180	662 070	MNI	**MANIA Technologie AG**	26.07.1999	Entwicklung, Produktion, Vertrieb und Wartung von Interconnect Produktionssystemen sowie Outsourcing-Dienstleistungen für die Interconnect Carrier-Industrie	**C.II.1**
181	930 129	MHJG	**MatchNet Plc.**	27.06.2000	Provider eines globalen Internet Dating Service für Singles	**8**
182	658 130	MXA	**MAXDATA AG**	09.06.1999	Herstellung und Vertrieb von Computersystemen und Computermonitoren	**8**
183	658 320	MBS	**mb Software AG**	17.11.1998	Entwicklung, Erstellung und Vertrieb von Software für Architekten, Bauingenieure und Betonfertigteilwerke mit gleichzeitigem Vertrieb zugehöriger Hardware einschl. Wartung, Software für eCommerce und Internet Business-Anwendungen	**E.I.1**
184	528 520	BDE	**mediantis AG / vormalig: bücher.de AG**	05.07.1999	Vertrieb von Buch- und Musiktiteln über das Internet	**A.I.2**
185	549 086	MSC	**mediascape communications AG**	22.05.2000	Anbieter von Hochgeschwindigkeits-Internetzugängen per Richtfunk sowie Add-on-Services	**A.I.1**
186	663 330	MJA	**MEDIA! AG für innovative Medientechnologie**	29.06.2000	▪ Media Solutions ▪ Production & Licensing ▪ Innovative Business	**E.I.1**

Lfd. Nr.	WP-Kenn-nummer[1]	Börsen-kürzel[1]	Emittent[1]	Erster Handelstag[1]	Geschäftsfelder[1]	Status
187	542 380	MNP	**media[netCom] AG**	05.07.2000	Entwicklung und Vermarktung einer Breitbandmedientechnologie für kundenindividuelles Heimkino (Cinema on Demand)	**A.I.1**
188	502 090	MDG	**MediGene AG**	30.06.2000	Die Geschäftstätigkeit liegt in Forschungs- und Entwicklungsaktivitäten im Bereich der Prävention und Behandlung von Herzversagen und Tumorerkrankungen.	**E.I.2**
189	660 500	MDN	**Medion AG**	26.02.1999	Marketing und Dienstleistungen für Handelskonzerne und Hersteller in den Bereichen Multimedia, Unterhaltungs- und Konsumelektronik sowie Telekommunikations- und Satellitentechnik, Betrieb von Call-Centern, E-Commerce	**(A.I.1)**
190	658 080	MUM	**Mensch und Maschine Software AG**	21.07.1997	Entwicklung, Vertrieb, Service von CAD (Computer Aided Design)-Lösungen	**E.I.1**
191	692 120	MBX	**Met@box AG**	07.07.1999	Entwicklung und Vertrieb von Endgeräten und Systemen für Interactive-TV	**12**
192	549 431	MK4	**Microlog Logistics AG**	28.06.2000	Inhouse Logistics, Center Logistics, Freight Concept, Human Resources Services	**E.I.1**
193	662 300	MLG	**Micrologica AG**	21.09.1998	Entwicklung und Produktion von Software, die branchenunabhängige Kommunikationsprozesse zwischen Unternehmen und deren Kunden unterstützt, einsetzbar beispielsweise in Call-Centern oder der Bestell- und Verkaufsabwicklung	**A.II.2**
194	661 240	MIX	**MIS AG**	15.02.2000	Softwarelösungen im Bereich Informations-Management	**E.I.1**
195	576 115	MME	**MME Me, Myself & Eye Entertainment AG**	20.11.2000	Herstellung, Vertrieb und Verwertung von Fernseh-, Film-, Musik- und Multimediaproduktionen	**E.I.1**
196	662 240	MOB	**MobilCom AG**	10.03.1997	Mobilfunk, Festnetz, Internet	**4**
197	663 200	MOR	**MorphoSys AG**	09.03.1999	Biotechnologie	**A.I.2**
198	710 020	MSW	**MOSAIC SOFTWARE AG**	01.07.1999	Anbieter von Softwareprodukten sowie Dienstleistungen in den Bereichen elektronischer Datenaustausch, elektronische Dokumentenerstellung und Dokumentenbearbeitung	**A.I.1**
199	663 250	MXS	**MSH International Service AG**	10.09.1999	Anbieter von IT-Komplettlösungen	**E.I.2**
200	662 720	MUB	**Mühlbauer Holding AG & Co. KGaA**	10.07.1998	Entwicklung, Produktion und Vertrieb von Automationssystemen im Bereich Smart Cards, Halbleiter-Backend und Board Handling	**E.I.2**
201	925 475	MU5	**musicmusicmusic Inc.**	01.10.1999	Digitale Übertragung von Musik über das Internet	**2**
202	730 010	NWU	**MWG-BIOTECH AG**	07.05.1999	Die MWG BIOTECH AG wurde 1990 gegründet und ist der führende Serviceprovider in der europäischen Molekularbiologie. MWG hat zurzeit vier Geschäftsfelder: Oligonukleotidsynthese, Auftrags- und Genomsequenzierung, Produktion und Entwicklung der eigenen Gerätelinie (Thermocycler, Roboter, Synthesizer) und den Exklusivvertrieb von Unique-Produkten.	**8**

Lfd. Nr.	WP-Kenn-nummer[1]	Börsen-kürzel[1]	Emittent[1]	Erster Handelstag[1]	Geschäftsfelder[1]	Status
203	661 740	MUS	**m+s Elektronik AG**	29.02.2000	Anbieter von Dienstleistungen im Bereich Informationstechnlogie	**E.I.1**
204	645 290	NEM	**Nemetschek AG**	10.03.1999	Informationstechnologie und Consulting im Bereich Planen, Bauen und Nutzen	**C.II.1**
205	676 390	NTF	**Netlife AG**	01.06.1999	Entwicklung und Vertrieb von branchenspezifischen Softwarelösungen für den Vertrieb und Verkauf von Produkten und Dienstleistungen über verschiedene elektronische Kanäle (e-business)	**E.I.2**
206	786 740	NET	**net@G**	17.03.2000	Forschung, Entwicklung, Produktion und Vertrieb von Software und Lösungen sowie diesbezüglicher Beratung insbesondere in den Bereichen Informations- und Kommunikationsnetzwerken	**C.II.2**
207	534 140	NF7	**Neue Sentimental Film AG**	22.11.2000	Produktion von Werbefilmen, Identity Engineering, Werbeformen für das Internet	**E.I.2**
208	522 090	NXU	**NEXUS AG**	24.07.2000	Vertrieb und Implementierung des eigenentwickelten Software-Produkts „MedFolio" im Gesundheitswesen (Healthcare-Software/-Services/-Internetlösungen)	**E.I.1**
209	525 030	NC5	**NorCom Information Technology AG**	01.10.1999	E-Security; E-Business-Solutions	**E.I.1**
210	677 890	NS8	**Novasoft AG**	15.11.1999	Implementierung von SAP-Applikationen	**E.I.1**
211	676 290	NBX	**november AG**	10.04.2000	Auf Basis der technologischen Plattformen im Bereich molekularer Medizin liegt der Unternehmenszweck der Gesellschaft in der Entwicklung neuer molekularer Therapieansätze (Molekulare Therapie) und in der Entwicklung molekularer diagnostischer Methoden (Lab on a Strip) und Markierungstechnologien (Ident-Technik und biologische Ohrmarke).	**8**
212	679 000	NSW	**NSE Software AG**	20.04.1999	Die NSE Software AG entwickelt, produziert und vermarktet Standardsoftwarelösungen für den europäischen Finanzsektor. Die Lösungen bieten eine Verbindung von Customer Relationship Management (CRM) mit aktiven Sales Tools (POS) und unterstützten so die Verkaufsvorbereitung, den Verkauf und die Verkaufsnachbereitung einer Bank, Versicherung, Sparkasse oder Bausparkasse. Im Rahmen eines umfassenden Multi-Channel Management liegt ein besonderer Schwerpunkt auf dem Gebiet der New Economy.	**A.I.1**
213	685 300	ODE	**Odeon Film AG**	12.04.1999	Fernsehproduktion für öffentlich-rechtliche und private Sender; Spielfilmproduktion zur Auswertung im Kino, auf Video und im Fernsehen, im In- und Ausland; e-Commerce	**11**
214	546 160	ONV	**OnVista AG**	28.02.2000	Anbieter von Finanzinformationen und Analysetools im Internet	**A.I.2**
215	780 470	OSP	**Openshop Holding AG**	21.03.2000	Design, Entwicklung und Vermarktung von Software zum Aufbau und Betrieb von Online-Shops und anderen Verkaufssystemen im Internet	**E.I.2**
216	928 634	OHT	**Orad Hi-Tec Systems Ltd.**	16.11.1999	Entwicklung, Marketing und Vertrieb innovativer realtime Video Prozesse und 3D graphische Anwendungen	**8**

Lfd. Nr.	WP-Kenn-nummer[1]	Börsen-kürzel[1]	Emittent[1]	Erster Handelstag[1]	Geschäftsfelder[1]	Status
217	522 877	OBS	**ORBIS AG**	25.09.2000	Anbieter von Kundenbeziehungsmanagement-Software; Beratungsdienstleister mit den Schwerpunkten: Management-, Business Process-, IT- und Multimedia-Consulting	**E.I.1**
218	924 895	OT5	**OTI On Track Innovations Ltd.**	31.08.1999	Entwicklung von Energie und Datenübertragung zwischen einer Smard Card und einem Empfangsgerät ohne Berührungskontakt	**8**
219	691 630	PDE	**Pandatel AG**	02.11.1999	Entwicklung, Fertigung und Vertrieb von aktiven Komponenten / Modulen für Telekommunikationsnetze	**8**
220	555 869	PGN	**paragon AG**	29.11.2000	Sensor products (air quality, convenience, communication, control units), electronic services (turn-key-manufacturing von elektronischen Baugruppen)	**E.I.1**
221	508 990	PAQ	**Parsytec AG**	16.06.1999	Software-Lösungen Oberflächenqualitätsinspektion, Yield Management	**8**
222	687 380	PCS	**PC-SPEZIALIST Franchise AG**	25.08.1999	IT-Dienstleistung und Franchising der Vertriebsorganisation	**E.I.1**
223	691 090	PCW	**PC-WARE Information Technologies AG**	05.05.2000	Softwarespezialist in den Bereichen Lizenzierung, Service und Internet-Entwicklung	**A.I.1**
224	513 840	PAT	**pgam advanced technologies AG**	14.09.2000	Systemintegration in der Automobilindustrie in Form einer durchgängigen Prozesskette aus Entwicklung, Prototyping und High Performance Equipment zur Herstellung der modellzyklusabhängigen Karosseriekomponenten und -systeme; der Schwerpunkt liegt in der Anwendung der Polymertechnologie	**8**
225	541 490	PNM	**Phenomedia AG**	22.11.1999	Entertainment-Software	**E.I.1**
226	691 640	PNG	**PIRONET AG**	22.02.2000	Software-Lösungen für Business Relationship Management	**E.I.2**
227	527 980	pxn	**PixelNet AG**	21.06.2000	Die PixelNet AG ist der first mover im Markt für digitale e-Photography. Über sein Internetportal bietet PixelNet als erster Player im Markt internetbasierte, channel-unabhängige, digital-fotografische Dienstleistungen für private User, professionelle und kommerzielle Anwender.	**A.I.1**
228	514 350	PXL	**Pixelpark AG**	04.10.1999	Internet-Lösungen (Strategie-Beratung, Agentur-Services, Systeme & Technologie)	**C.II.2**
229	691 032	PNE2	**Plambeck Neue Energien AG**	15.12.1998	Planung, Konzeption und Errichtung von Windkraftanlagen zur Stromerzeugung, Strom- und Wärmeerzeugung durch Biomassekraftwerke und Photovoltaikanlagen	**1**
230	547 180	PM3	**PlasmaSelect AG**	01.03.2000	Unternehmen der Biotechnologie-Branche mit Schwerpunkt extrakorporaler Plasmatherapie bzw. Plasmabehandlung	**A.I.2**
231	918 703	PUT	**PLAUT AG**	09.11.1999	Methoden für Unternehmensführung; Strategy-/Business-/IT-Consulting; Outsourcing; e-Business	**8**
232	690 100	PLE	**plenum AG**	03.08.1998	Training, Beratung und Implementierung von innovativen IT-Lösungen	**12**
233	928 040	POXA	**POET Holdings Inc.**	16.11.1999	Anbieter innovativer Datenmanagement-Software	**8**

Lfd. Nr.	WP-Kennnummer[1]	Börsenkürzel[1]	Emittent[1]	Erster Handelstag[1]	Geschäftsfelder[1]	Status
234	622 810	PNZ	**PopNet Internet AG**	02.02.2000	Gruppe von innovativen Internetunternehmen, welche die gesamte digitale Wertschöpfungskette bedienen	**8**
235	625 910	PRC	**PrimaCom AG**	22.02.1999	Betrieb, Verwaltung, Projektierung, Errichtung und Vermarktung von Breitbandkabelnetzen	**8**
236	696 780	PDA	**Pro DV Software AG**	22.03.2000	Anbieten prozessorientierter Beratung, welche die Entwicklung internetfähiger Informationssysteme bis hin zur Systemintegration und Wartung dieser Lösungen umfasst	**D.I.1**
237	786 730	POA	**Prodacta AG**	07.06.1999	IT-Services	**E.I.2**
238	694 360	POU	**PROUT AG**	27.04.1999	Entwicklung und Vertrieb von Document Output Management Software; Vertrieb von PROUT in Form Komplettlösungen für das Output Management inklusive der zugehörigen Hardware und Dienstleistungen	**E.I.1**
239	696 760	PSB	**PSB AG für Programmierung und Systemberatung**	27.07.1999	IT-Service Dienstleister, PC-basierte Medizintechnik, Internetstandleistungen	**C.II.2**
240	696 822	PSA2	**PSI AG**	31.08.1998	Software für das Ressourcenmanagement via Internet in den Bereichen Energie, Güter und Informationen	**12**
241	691 340	PUI	**P&I Personal & Informatik AG**	07.07.1999	Erstellung und Vertrieb von Software und Dienstleistungen für das Personalwesen	**E.I.2**
242	685 280	PTA	**P&T Technology AG**	28.11.2000	Windkraft, Wasseraufbereitung, regenerative Energien, Wasserstofftechnologie	**A.I.1**
243	513 700	QSC	**QS Communications AG**	19.04.2000	Breitband-Zugangs-Anbieter für Internet- und Datendienste auf Basis der SDSL-Technologie (Symmetric Digital Subscriber Line)	**A.I.2**
244	700 890	RTC	**realTech AG**	26.04.1999	Technologie-Consulting, Hosting von SAP sowie e-Commerce-Lösungen und Softwareentwicklung für das Applikations- und Systemmanagement	**E.I.2**
245	700 710	REF	**Refugium Holding AG**	25.08.1997	Seniorendienstleister, Betrieb von Senioreneinrichtungen, spezielle Produkte und Dienstleistungen für Senioren	**4**
246	919 544	RBO	**Rhein Biotech N.V.**	21.04.1999	Tätig im Bereich der Biotechnologie; Entwicklung von Verfahren für die Herstellung von Proteinen für die pharmazeutische Industrie; Eigenherstellung von Proteinen	**8**
247	702 070	RID	**ricardo.de AG**	21.07.1999	Auktionen im Internet	**A.II.2**
248	529 140	RSB	**RÖSCH AG Medizintechnik**	24.02.2000	Entwicklung, Produktion, Service, Vertrieb und Handel mit Medizintechnik und medizinischen Bedarfsartikeln sowie Erwerb und Beteiligung an Unternehmen im Bereich Medizintechnik	**A.II.1**
249	926 501	RTZ	**RT-SET Real Time Synthesized Entertainment Technology Ltd.**	08.11.1999	Entwicklung und Vermarktung von integrierten Systemlösungen für die dreidimensionale Darstellung von Daten und Graphiken in Echtzeit, insbesondere für Fernsehstationen und -produktionsgesellschaften	**8**

Lfd. Nr.	WP-Kenn-nummer[1]	Börsen-kürzel[1]	Emittent[1]	Erster Handelstag[1]	Geschäftsfelder[1]	Status
250	706 020	RTV	**RTV Family Entertainment AG**	08.06.1999	Produzent und Vermarkter von Fernsehprogrammen für die Zielgruppen Kinder und Familien	**A.II.1**
251	704 110	RUK	**Rücker AG**	15.05.2000	Automotive Design, Luftfahrt/Forschung, Elektronik/Kommunikation, IT-Management und -Service/Schulung, Umweltsimulation/Fahrzeugsicherheit	**C.II.2**
252	716 220	SRG	**Sachsenring Automobiltechnik AG**	02.10.1997	Automobilzulieferer	**11**
253	716 100	SAT	**SALTUS Technology AG**	14.07.1997	Engineering, mechanische und elektronische Drehmomentschlüssel, elektronische Bauteile, Spezialwerkzeuge, Präzisionsteile	**11**
254	919 963	SAC	**Sanochemia Pharmazeutika AG**	12.05.1999	Erforschung und Behandlung von Erkrankungen des Zentralen Nervensystems, wie Alzheimer, Schlaganfall, Schädel-Hirn-Trauma, Parkinson, CFS, Epilepsie	**2**
255	501 111	ssi	**SAP Systems Integration AG**	13.09.2000	IT-Beratung, Systemintegration, Anwendungsentwicklung und Betrieb von IT-Systemen	**A.I.2**
256	909 247	SMY	**SCM Microsystems Inc.**	09.10.1997	Konstruktion, Entwicklung und Vertrieb von Hardware und Firmware	**8**
257	727 650	YSM	**Secunet Security Networks AG**	09.11.1999	Komplettlösungen für Informations- und Telekommunikationssicherheit	**A.I.1**
258	722 440	SMN	**SENATOR Entertainment AG**	29.01.1999	Internationale Produktion- und Koproduktion von Spielfilmen, Distribution über die gesamte Wertschöpfungskette, Music and New Media, Exhibition	**E.I.1**
259	724 190	SES	**SER Systeme AG**	14.07.1997	Dokumenten- und Knowledge-Management, Workflow, Internet	**4**
260	507 240	SHW	**SHS Informationssysteme AG**	19.05.1999	Abdeckung des gesamten Softwarelebenszyklus: Consulting, Systemintegration, Standardsoftwareprodukte, Anwendungsentwicklung und Betrieb von Systemen mit dem Fokus auf kunden- und vertriebsorientierter Prozesse der Telekommunikationsbranche	**A.I.1**
261	720 190	SIS	**Silicon Sensor International AG**	15.07.1999	Entwicklung und Herstellung von Chips für Anwendungen im sensortechnischen Bereich	**C.II.2**
262	723 890	SNG	**SINGULUS TECHNOLOGIES AG**	25.11.1997	Anlagen zur Herstellung von Speichermedien (CD/CD-ROM, CD-R und DVD sowie CD-RW und DVD-RW/DVD-RAM), Replikationslinien, Bonder, Metallisierungsanlagen	**E.I.2**
263	514 190	SZZ	**SinnerSchrader AG**	02.11.1999	Beratung von Unternehmen im Bereich e-Commerce sowie die Gestaltung entsprechender Websites	**8**
264	517 800	SYT	**Softing AG**	16.05.2000	Analyse und Beratung, Entwicklung und Vermarktung von Software- und Hardwareprodukten	**E.I.1**
265	720 600	SFD	**Softline AG**	14.02.2000	Vermarktung von Business-to-Business-Software	**E.I.2**
266	724 910	FTM	**SoftM Software und Beratung AG**	21.07.1998	Entwicklung und Vertrieb einer kompletten, integrierten Standardsoftware für Vertrieb, Materialwirtschaft, Fertigung und Rechnungswesen auf dem System IBM AS/400, Beratungsdienstleistungen zur Einführung und Betreuung der Standardsoftware beim Kunden, Hardwarevertrieb IBM AS/400 (IMB-VAR-Partner)	**C.I.1**

Lfd. Nr.	WP-Kenn-nummer[1]	Börsen-kürzel[1]	Emittent[1]	Erster Handelstag[1]	Geschäftsfelder[1]	Status
267	727 170	SFP	**Softmatic AG**	01.06.1999	Softwarelösungen für die Prozessindustrie und IT-Consulting	**E.I.2**
268	727 950	SPM	**splendid medien AG**	24.09.1999	Filmlizenzhandel, Video- und DVD-Vertrieb und Kinoverleih	**C.I.1**
269	730 900	DVD	**STEAG HamaTech AG**	12.05.1999	Forschung und Entwicklung, die industrielle Herstellung und der Vertrieb von Maschinen, Maschinenbauteilen und Geräten aller Art, vor allem für die Optical-Disc- und Halbleiterindustrie	**E.I.2**
270	720 150	SUP	**Sunburst Merchandising AG**	27.09.1999	Vermarktung markenrechtlicher Lizensen und deren Planung	**A.I.1**
271	722 670	SMH	**Süss MicroTec AG**	18.05.1999	Entwicklung, Herstellung und Vertrieb von Geräten für mikrotechnische Fertigungsverfahren, insbesondere von Labor-, Produktions- und Testgeräten und -systemen für die Mikroelektronik und die Mikrosystemtechnik	**E.I.2**
272	730 030	SVA	**SVC AG Schmidt Vogel Consulting**	10.05.1999	Lizenzgeschäft (R/3-Lizenzen für mittelständische Kunden, eigene Branchenlösungen); Beratung (komplette Modulpalette der R/3-Beratung von der Projektunterstützung bis hin zur ganzheitlichen Management- und Organisationsberatung im Rahmen von R/3-Einführungsprojekten); Call & Smile-Center (Helpdesk-, Hotline- und Service-Leistungen); Schulung (umfangreiches Trainings- und Schulungsangebot für Kunden und Mitarbeiter); Outsourcing Joint Venture IT-Go! Komplett-Angebote von Remote Administration bis zum Full-Service-Outsourcing; E-Commerce und Internet	**E.I.2**
273	547 440	SGV	**Swing! Entert@inment Media AG**	02.02.2000	Entwicklung, Produktion und Vermarktung von Unterhaltungssoftware	**A.I.2**
274	550 145	SYS	**syskoplan AG**	02.11.2000	Customer Relationship Management (CRM), Business Intelligence (BI), Supply Chain Management (SCM), IT-Management (ITM)	**E.I.2**
275	727 680	YYS	**SYSTEMATICS AG**	27.09.1999	IT-Dienstleister	**12**
276	510 480	SYZ	**Syzygy AG**	06.10.2000	eBusiness und Multimedia-Dienstleister, Strategieberatung und Entwicklung von Multimedia-Lösungen für Großunternehmen	**8**
277	506 730	SZT	**SZ Testsysteme AG**	02.06.1999	Entwicklung, Herstellung und Vertrieb von automatischen Testsystemen für Halbleiterprodukte	**E.I.1**
278	555 770	TOI	**T-Online International AG**	17.04.2000	Online- und Internet-Dienstleister	**A.II.2**
279	508 560	TDS	**TDS Informationstechnologie AG**	26.06.1998	Neben dem Application Service Providing bietet TDS als Full-Service-Dienstleister mit Schwerpunkt SAP R/3-Outsourcing alle zum Betrieb nötigen IT-Services. Dazu gehören die Beratung sowie die Installation und der Betrieb unternehmensweit verteilter DV-Lösungen für mittlere bis große Unternehmen.	**C.I.2**
280	745 620	TWK	**teamwork information management AG**	14.07.1999	Groupware, E-Business B2B, ASP, Internet-gestützte Informationsmanagementlösungen für die Branchen Industrie, Handel, Dienstleistungen, Finanzdienstleister, öffentliche Auftraggeber, Energieversorger und Gesundheitswesen	**C.I.2**
281	744 900	TTR	**technotrans AG**	10.03.1998	Print, CD/DVD und Services	**E.I.1**

Lfd. Nr.	WP-Kenn-nummer[1]	Börsen-kürzel[1]	Emittent[1]	Erster Handelstag[1]	Geschäftsfelder[1]	Status
282	745 510	TFX	**TelDaFax AG**	01.07.1998	TelDaFax bietet als privater, konzernunabhängiger Verbindungsnetzbetreiber seit dem 1. Januar 1998 mittels eines von der Deutschen Telekom AG angemieteten Netzes von Standleitungen bundesweit Telefon-, Daten- und Fax-Transferdienste an.	**E.I.2**
283	927 101	TA6	**TELE ATLAS N.V.**	26.05.2000	Lieferant digitaler Straßenkarten	**8**
284	511 880	TGT	**Telegate AG**	22.04.1999	Anbieter von bundesweiten Telefonauskunftsdienstleistungen	**E.I.2**
285	916 980	TPL	**Teleplan International N.V.**	23.11.1998	Teleplan ist Europas führender Service- und Reparaturdienstleister für PC-Hardware, wie z.B. Monitore, Festplatten und Drucker, und verfügt über Niederlassungen in 17 Ländern weltweit. Es bestehen Serviceverträge mit nahezu allen führenden Herstellern und Distributoren.	**8**
286	745 490	TLI	**Teles AG**	30.06.1998	Telekommunikations-Endsysteme, Telekommunikations-Infrastruktur-Systeme, TeleServiceCenter-Systeme, Computer-Systeme, eCommerce-Service, Breitband-Internet-Service, Internet & eCommerce-Qualifikation	**E.I.2**
287	529 970	TLZ	**TelesensKSCL AG**	21.03.2000	Anbieter von Billing-Systemen	**D.I.1**
288	746 100	TPE	**TePla AG**	21.06.1999	Die TePla wurde 1977 gegründet und hat 1981 das erste Plasmasystem gebaut, das mit Mikrowellen arbeitete. Heute entwickelt, produziert und vertreibt TePla innovative Plasmasysteme für die Halbleiterindustrie, die Oberflächenbehandlung und die Leiterplattenfertigung sowie auf Laser basierende Messsysteme.	**A.II.2**
289	931 705	TGH	**Thiel Logistik AG**	20.03.2000	Kontraktlogistik/E-Logistics, HealthCare-Logistics, Value-added Services und IT-Lösungen/E-Commerce	**8**
290	745 880	TIS	**tiscon AG Infosystems**	14.10.1999	Professional Services und Produktinformations-Systeme	**A.I.2**
291	541 460	TOQ	**TOMORROW Internet AG**	30.11.1999	Die TOMORROW Internet AG ist ein führender Medien-Anbieter von Internet-Produkten und Online-Dienstleistungen auf der Basis eines der größten Angebote im deutschsprachigen Internet. Die Kern-Geschäftstätigkeit liegt in der Online-Umsetzung, -Verbreitung und -Vermarktung der erfolgreichen Titel aus der Verlagsgruppe Milchstraße: TOMORROW, TV SPIELFILM, MAX, BELLEVUE, FITFORFUN, AMICA, CINEMA und NET-BUSINESS. Mittlerweile gehören zur TOMORROW Internet AG über 18 erfolgreiche, vertikale Zugangsportale aus den Bereichen Entertainment, Business, Immobilien und Services. Durch gezielte Verknüpfung dieser Online-Angebote verfügt die TOMORROW Internet AG über eine der reichweitenstärksten Content- und Marketingplattformen. Ein weiterer Schwerpunkt liegt in dem Auf- und Ausbau einer Broadcast-Plattform für WebTV-Inhalte (Streaming Videos, Movies on demand, EPG, Internet auf Settop-Boxen).	**3**

Lfd. Nr.	WP-Kenn-nummer[1]	Börsen-kürzel[1]	Emittent[1]	Erster Handelstag[1]	Geschäftsfelder[1]	Status
292	748 820	TTC	**transtec AG**	03.04.1998	Systemhersteller von Unix- und Windows NT Rechner- und Speicherlösungen mit Direktvertrieb auch von Peripherie und Netzwerkkomponenten für professionelle Endanwender in Industrie, Handel, öffentlichen Einrichtungen und Forschungsinstitutionen	**C.II.1**
293	748 750	TVD	**Travel24.com AG**	15.03.2000	Die Travel24.com AG ist einer der führenden deutschen internetbasierten Reiseanbieter im B2B und B2C-Segment, der die Elemente Content- und Community-Plattform, Call Center, Internetbuchung und Fulfilment durch die spezialisierte Softwareabteilung optimal integriert.	**E.I.2**
294	744 360	TSX	**TRIA software AG**	10.05.1999	Tätig im Bereich IT-Dienstleistungen (Internet, Intranet, Extranet); Anwendungsentwicklung, vorgelagertes Consulting und nachgelagerte Systemintegration, Planung, Konzeption und Betrieb unternehmensweiter IT-Infrastrukturen sowie Technologietraining und Implementierung von und Schulung auf betriebswirtschaftlicher Software	**E.I.1**
295	925 534	TTP	**Trintech Group Plc.**	24.09.1999	E-Payment Lösungen	**8**
296	527 030	TUS	**TRIUS AG**	09.03.2000	Internet Communication Software	**A.I.1**
297	750 100	TTO	**TTL Information Technology AG**	12.07.1999	Anbieter von IT-Gesamtlösungen	**4**
298	534 840	TVO	**TV-Loonland AG**	22.03.2000	Produktion und Rechtevertrieb von Zeichentrickprogrammen, Internet TV	**C.II.1**
299	549 365	UMS	**UMS United Medical Systems International AG**	17.07.2000	Kern der Geschäftstätigkeit ist die spezialisierte Behandlung von Patienten mit innovativen Hightech-Medizinsystemen auf einer wirtschaftlich effizienten Basis.	**E.I.1**
300	760 810	URE	**Umweltkontor Renewable Energy AG**	05.07.2000	Full-Service-Anbieter für erneuerbare Energien	**E.I.1**
301	508 903	EIE3	**United Internet AG**	23.03.1998	Telekommunikation, Internet und Datenverarbeitung	**C.I.2**
302	548 956	ULC	**United Labels AG**	10.05.2000	Herstellung und Vertrieb von Lizenzprodukten sowie die Entwicklung und der Erwerb von Lizenzrechten zu deren Vermarktung im In- und Ausland	**C.I.1**
303	548 898	UVI	**UNITED VISIONS ENTERTAINMENT AG**	20.06.2000	Konzeption, Herstellung und Vermarktung von Medien aller Art	**8**
304	934 523	UP2	**update.com Software AG**	11.04.2000	Anbieter im Bereich von Softwarelösungen für elektronisches Kundenbeziehungsmanagement (e-CRM)	**8**
305	757 110	USU	**USU AG**	04.07.2000	IT-Technologien (e-Business) und dessen Einsatz im Erschließen und Integrieren des Unternehmenswissens in die Geschäftsprozesse der Unternehmen (e-Knowledge)	**E.I.2**
306	757 240	USA	**UTIMACO Safeware AG**	16.02.1999	Mobile/Desktop Security, Network Security, E-Commerce Security, Security Infrastructure	**E.I.1**
307	928 731	VCR	**Valor Computerized Systems Ltd.**	15.05.2000	Anbieter von Design For Manufacturing-Software (DFM) für die Elektronik-Industrie	**8**

Lfd. Nr.	WP-Kenn-nummer[1]	Börsen-kürzel[1]	Emittent[1]	Erster Handelstag[1]	Geschäftsfelder[1]	Status
308	691 190	VRI	**varetis AG**	07.02.2000	Anbieter komplexer Softwarelösungen für Telekommunikation, Call-Center, Verzeichnisdienste und Internet	**E.I.2**
309	760 860	VEC	**Vectron Systems AG**	16.06.1999	Herstellung und Vertrieb von intelligenten Kassensystemen und Kommunikationssoftware zur Vernetzung von Filialbetrieben	**A.I.1**
310	931 517	VSX	**VISIONIX Ltd.**	01.02.2000	Entwicklung, Herstellung und Vermarktung von optischen Messsystemen	**8**
311	617 106	VVM	**VIVA MEDIA AG**	19.07.2000	Medien	**8**
312	549 550	WPM	**Wapme Systems AG**	05.07.2000	Komplettanbieter einer hochwertigen Kommunikationsplattform mit der eigenen Software W@parameter auf Basis von Java, SUN und Oracle für das mobile Internet, Entwicklung von Kommunikationslösungen (VAS/ASP) für das Übertragungsprotokoll WAP und den neuen Übertragungstechniken wie GPRS oder UMTS	**A.I.1**
313	512 560	WLT	**WaveLight Laser Technologie AG**	15.09.1999	Entwicklung, Produktion und Vertrieb von Lasersystemen für ein breites Anwendungsspektrum in der Medizin, der ästhetisch-kosmetischen Chirurgie sowie Industrielaser	**A.II.2**
314	529 650	WE2	**WEB.DE AG**	17.02.2000	Internet-Portal	**2**
315	555 560	WI7	**Winter AG**	25.09.2000	Cards (Card Products, Card Services), It-Security	**A.I.1**
316	915 856	WZM	**WizCom Technologies Ltd.**	29.03.1999	Entwicklung, Produktion und Vermarktung von intelligenten, tragbaren Produkten für den Sprachen- und Bildungsmarkt	**8**
317	783 010	WWI	**WWL Internet AG**	15.07.1999	Entwickler von Internetstrategien und Anbieter von Dienstleistungen für einen Internetauftritt	**7**
318	508 160	WET	**W.E.T. Automotive Systems AG**	28.04.1998	Herstellung, Handel, Import und Export von Komponenten der Wärme- und Elektrotechnik, insbesondere für den Automobilbereich	**E.I.2**

[1] Diese Daten wurden entnommen: Deutsche Börse AG, Neuer Markt-Stammdaten, 2001.

7.4 Kriterienkatalog zur Beurteilung von Pflichtangaben des Anhangs gemäß den *deutschen handelsrechtlichen Vorschriften des HGB*

Anmerkungen zur Erstellung des vorliegenden Kriterienkataloges:
Der vorliegende Kriterienkatalog zur Beurteilung von Pflichtangaben des Anhangs nach den deutschen handelsrechtlichen Vorschriften des HGB wurde in Anlehnung an die Dissertation von ***Armeloh*** „Die Berichterstattung im Anhang“[1], deren Inhalt bereits unter Kapitel vier dieser Arbeit beschrieben wurde, erstellt.[2] Der hier ermittelte Kriterienkatalog enthält jedoch einige Abweichungen zu der in der o.g. Dissertation enthaltenen Checkliste:
Zum einen wurden die in dem – der genannten Arbeit zugrunde liegenden – Kriterienkatalog enthaltenen Informationsitems in Anlehnung an die Struktur der von ***Farr*** entwickelten Checklisten[3] für die Aufstellung und Prüfung des Konzernanhangs, des Anhangs der AG/KGaA und des Anhangs der Kapitalgesellschaft und Co./GmbH & Co. KG umstrukturiert, um die vorgenommene empirische Datenerhebung und die anschließende Bewertung der erhobenen Daten zu erleichtern.
Zum anderen waren einige Informationsitems dem Kriterienkatalog der o.g. Dissertation hinzuzufügen, andere Informationspunkte wurden entnommen. Nicht einbezogen wurden Kriterien, die nicht gesetzlich kodifiziert sind, d.h. bei denen es sich nicht um Pflichtangaben, sondern um empfohlene freiwillige Informationen des o.g. Autors handelt. Eine Überarbeitung der genannten Checkliste wurde zudem notwendig, da durch das KonTraG (= Gesetz zur Kontrolle und Transparenz im Unternehmensbereich vom 27.04.1998), durch das KapAEG (= Kapitalaufnahmeerleichterungsgesetz vom 20.04.1998), durch das EuroEG (= Euro-Einführungsgesetz vom 09.06.1998) sowie durch das KapCoRiLiG (= Kapitalgesellschaften und Co-Richtlinien-Gesetz vom 24.02.2000) neue Pflichtangaben für den Anhang des Einzel- und Konzernabschlusses eingeführt wurden, die jeweils an entsprechender Stelle in dem hier vorliegenden Kriterienkatalog eingefügt wurden.
Aufgrund des – der vorliegenden Arbeit – zugrunde liegenden Untersuchungssamples[4] wurden des Weiteren entsprechende rechtsformspezifische Pflichtangaben und größenabhängige Erleichterungen ergänzt, so dass der nachfolgend dargestellte Kriterienkatalog zudem sowohl für die Rechtsform einer AG oder GmbH als auch für bestimmte offene Handelsgesellschaften (OHG) und Kommanditgesellschaften (KG), bei denen nicht wenigstens ein persönlich haftender Gesellschafter eine natürliche Person ist (§ 264a Abs. 1 HGB), unterschiedlicher Größe Anwendung findet.

---

[1] Vgl. Armeloh, Berichterstattung, 1998.
[2] Siehe hierzu auch Anlage 7.2 dieser Arbeit.
[3] Vgl. Farr, Konzernanhang, 2000; Farr, Anhang der AG/KGaA, 2000 und Farr, Anhang der Kapitalgesellschaft und Co./GmbH & Co. KG, 2000.
[4] Vgl. hierzu auch Gliederungspunkt 5.2 dieser Arbeit.

Der nachfolgend dargestellte Kriterienkatalog enthält damit sämtliche Pflichtangaben, Ausweisalternativen (Wahlpflichtangaben) sowie größenabhängige Erleichterungen sowohl für den Anhang eines Einzelabschlusses als auch für den Anhang eines Konzernabschlusses. [5] Zur Orientierung, ob es sich um eine Vorschrift für einen Einzelabschluss für Gesellschaften bestimmter Rechtsform und Größe oder für einen Konzernabschluss handelt, wurde eine Kennzeichnung dieser Informationen in der ersten Spalte des Kriterienkataloges unterhalb der laufenden Nummerierung der Informationsitems vorgenommen. Hierzu wurden folgende Abkürzungen verwendet:

Spezielle Abkürzungen zur Kennzeichnung der Informationsitems	
AG	Angabepflicht speziell für Aktiengesellschaften
Alt. B	Alternativausweis anstelle (Konzern)-Anhang in (Konzern)-Bilanz
Alt. G	Alternativausweis anstelle (Konzern)-Anhang in (Konzern)-G.u.V.
börs. AG	Angabepflicht speziell für börsennotierte Aktiengesellschaften
Einz.	Angabepflicht für Anhang eines Einzelabschlusses
Erl. k	Erleichterungen bei der Aufstellung des Anhangs für kleine Kapitalgesellschaften (§§ 274a, 276 S. 2, 288 S. 1 HGB)
Erl. (k)	Erleichterungen bei der Offenlegung des Anhangs für kleine Kapitalgesellschaften (§ 326 S. 2 HGB)
Erl. m	Erleichterungen bei der Aufstellung des Anhangs für mittelgroße Kapitalgesellschaften (§ 288 S. 2 HGB)
Erl. (m)	Erleichterungen bei der Offenlegung des Anhangs für mittelgroße Kapitalgesellschaften (§ 327 Nr. 2 HGB)
GmbH	Angabepflicht speziell für Gesellschaften mit beschränkter Haftung
Konz.	Angabepflicht für Anhang eines Konzernabschlusses
Konz. § 13 III 1 PublG	Erleichterung bei der Aufstellung und Offenlegung des Konzernanhangs aufgrund von § 13 Abs. 3 Satz 1 PublG
PHG	Angabepflichten speziell für Personenhandelsgesellschaften i. S. d. § 264a Abs. 1 S. 1 HGB

[5] Nach § 298 Abs. 3 HGB dürfen der Konzernanhang und der Anhang des Mutterunternehmens auch zusammengefasst werden; hierbei hat der zusammengefasste Anhang sämtliche Pflichtangaben sowohl des Konzerns als auch des Mutterunternehmens zu enthalten.

A. Allgemeine Angaben zu Inhalt und Gliederung des Jahres- / Konzernabschlusses und zum Konzernabschlussstichtag

Lfd.Nr.	Grundlagen	Bewertungskriterien (Anhangsangaben)
(1.)	265 Abs. 1 S. 2/ 298 Abs. 1 i.V.m. 265 Abs. 1 S. 2 HGB	Angabe und Begründung der Abweichungen von der Darstellungsstetigkeit in (Konzern)-Bilanz und (Konzern)-G.u.V. im Vergleich zum Vj. a) Angabe des betroffenen Sachverhalts b) Begründung (Ursache und Notwendigkeit des Wechsels) ***Hinweis:*** ***§ 265 Abs. 1 HGB ist nicht anzuwenden, wenn sich bei der erstmaligen Anwendung der Vorschriften des KapCoRiLiG die bisherige Form der Darstellung ändert (durch das KapCoRiLiG; Art. 48 Abs. 4 S. 1 EGHGB).***
(2.)	265 Abs. 2 S. 2/ 298 Abs. 1 i.V.m. 265 Abs. 2 S. 2 HGB	Angabe und Erläuterung nicht mit dem Vj. vergleichbarer Beträge einzelner Posten der (Konzern)-Bilanz und der (Konzern)-G.u.V. a) Angabe der Gründe für die Nicht-Vergleichbarkeit der Beträge b) Angabe der betroffenen Posten im Anhang ***Hinweis:*** ***Wird JA/KA in Euro aufgestellt, so sind auch die Vorjahreszahlen in Euro anzugeben (durch das EuroEG; Art. 42 Abs. 2 S. 1 EGHGB).*** ***Vorjahreszahlen brauchen bei der erstmaligen Anwendung des KapCoRiLiG nicht angegeben zu werden (durch das KapCoRiLiG; Art. 48 Abs. 4 S. 2 EGHGB).***
(3.)	265 Abs. 2 S. 3/ 298 Abs. 1 i.V.m. 265 Abs. 2 S. 3 HGB	Angabe und Erläuterung von angepassten Vergleichszahlen des Vorjahres a) Angabe der angepassten Posten im Anhang b) Angabe der Gründe für die abweichende Ermittlung der Vorjahresbeträge ***Hinweis:*** ***Wird JA/KA in Euro aufgestellt, so sind auch die Vorjahreszahlen in Euro anzugeben (durch das EuroEG; Art. 42 Abs. 2 S. 1 EGHGB).*** ***Vorjahreszahlen brauchen bei der erstmaligen Anwendung des KapCoRiLiG nicht angegeben zu werden (durch das KapCoRiLiG; Art. 48 Abs. 4 S. 2 EGHGB).***
(4.)	265 Abs. 4 S. 2/ 298 Abs. 1 i.V.m. 265 Abs. 4 S. 2 HGB	Angabe und Begründung einer durch mehrere Geschäftszweige bedingten Ergänzung der Gliederung a) Angabe, nach welcher Grundgliederung der Jahresabschluss aufgestellt wurde b) Angabe der Gründe für diese Vorgehensweise c) Angabe der vorgenommenen Ergänzungen
(5.)	265 Abs. 7 Nr. 2/ 298 Abs. 1 i.V.m. 265 Abs. 7 Nr. 2 HGB	Gesonderter Ausweis von Posten, die aus Gründen der Klarheit in der (Konzern)-Bilanz oder (Konzern)-G.u.V. zusammengefasst wurden
(6.)	328 Abs. 4 S. 2 HGB, 15 Abs. 2 PublG	Angabe des am Abschlussstichtag gültigen Umrechnungskurses, wenn die Angaben im JA/KA außer in Deutscher Mark auch in Europäischer Währungseinheit (ECU) gemacht werden ***Hinweis:*** ***Diese Angabepflicht ist letztmals auf das spätestens am 31.12.1998 endende Gj. anzuwenden (durch das EuroEG; Art. 42 Abs. 1 Satz 4 EGHGB).***
(7.)	264 Abs. 2 S. 2/ 297 Abs. 2 S. 3 HGB	Zusätzliche Angaben, wenn besondere Umstände dazu führen, dass der JA/KA unter Beachtung der Grundsätze ordnungsgemäßer Buchführung ein den tatsächlichen Verhältnissen entsprechendes Bild der VFE-Lage nicht vermittelt
(8.) Konz.	299 Abs. 1 2. HS HGB	Angabe und Begründung eines vom Abschlussstichtag des Mutterunternehmens abweichenden Konzernabschlussstichtages a) Darstellung der Tatsache des abweichenden Stichtages b) Angabe der Unternehmen mit abweichendem Stichtag c) Angabe der Vorgänge und Tatbestände, die dieser Abweichung zugrunde liegen

A. Allgemeine Angaben zu Inhalt und Gliederung des Jahres- / Konzernabschlusses und zum Konzernabschlussstichtag		
Lfd.Nr.	**Grundlagen**	**Bewertungskriterien (Anhangsangaben)**
(9.) Konz. Alt. B/G	299 Abs. 3 HGB	Bei abweichenden Stichtagen und nicht aufgestelltem Zwischenabschluss Angabe der Vorgänge von besonderer Bedeutung für die VFE-Lage des Konzerns, die zwischen dem Abschlussstichtag des einbezogenen Tochterunternehmens und dem Konzernabschlussstichtag eingetreten sind
(10.) Konz.	264 Abs. 3 Nr. 4 HGB	Angabe der Befreiung des Tochterunternehmens *(durch das KapAEG)* ***Hinweis:*** ***Zu beachten sind auch die anderen Voraussetzungen des § 264 Abs. 3 HGB, damit ein Tochterunternehmen die Vorschriften der §§ 264-289, 316-329 HGB nicht anzuwenden braucht.*** ***Die Angabe darf auch in der nur zum Handelsregister einzureichenden Aufstellung des Anteilsbesitzes – siehe dazu unter Punkt B.: Angaben zum Konsolidierungskreis (einschließlich Anteilsbesitz) – gemacht werden, da sie Bestandteil des Konzernanhangs ist (§ 313 Abs. 4 S. 2 HGB).***
(11.) Konz. PHG	264b Nr. 4 HGB	Angabe der Befreiung der PHG *(durch das KapCoRiLiG)* ***Hinweis:*** ***Zu beachten sind auch die anderen Voraussetzungen des § 264b HGB, damit eine Personenhandelsgesellschaft i.S.d. § 264a Abs. 1 HGB einen Jahresabschluss und einen Lagebericht nach den Vorschriften der §§ 264-289, 316-329 HGB nicht aufzustellen, prüfen zu lassen und offen zu legen braucht.***
(12.) Konz.	292a Abs. 2 Nr. 4 HGB	Angaben im Konzern-Anhang (oder in den Erläuterungen zum KA) im Hinblick auf die Befreiung von der Aufstellungspflicht nach § 292a HGB *(durch das KapAEG)* a) Bezeichnung der angewandten Rechnungslegungsgrundsätze b) Erläuterung der vom deutschen Recht abweichenden Bilanzierungs-, Bewertungs- und Konsolidierungsmethoden ***Hinweis:*** ***Zu beachten sind auch die anderen Voraussetzungen des § 292a HGB, damit der Konzernabschluss und der Konzernlagebericht befreiende Wirkung haben; die Befreiungsregelung des § 292a HGB tritt am 31.12.2004 außer Kraft (Art. 5 S. 2 KapAEG).***

B. Angaben zum Konsolidierungskreis (einschließlich Anteilsbesitz)		
Lfd.Nr.	**Grundlagen**	**Bewertungskriterien (Anhangsangaben)**
(13.) Konz.	313 Abs. 2 Nr. 1 S. 1 HGB	Angaben zu allen Konzernunternehmen a) Name und Sitz des Tochterunternehmens b) Anteil am Kapital, der dem MU und den einbezogenen TU gehört oder für deren Rechnung gehalten wird c) Sachverhalt, der zur Einbeziehung verpflichtet, sofern diese nicht aufgrund einer der Kapitalbeteiligung entsprechenden Stimmrechtsmehrheit erfolgt
(14.) Konz.	302 Abs. 3 HGB	Angaben zu Name und Sitz der Unternehmen, auf welche die Methode der Kapitalkonsolidierung bei Interessenzusammenführung (§ 302 Abs. 1 HGB) angewandt worden ist (vgl. auch Nr. 29 und 81)
(15.) Konz.	313 Abs. 2 Nr. 1 S. 2 HGB	Angaben zu nach §§ 295, 296 HGB nicht konsolidierten Tochterunternehmen a) Name und Sitz des Tochterunternehmens b) Anteil am Kapital, der dem MU und den einbezogenen TU gehört oder für deren Rechnung gehalten wird c) Sachverhalt, der zur Einbeziehung verpflichtet, sofern diese nicht aufgrund einer der Kapitalbeteiligung entsprechenden Stimmrechtsmehrheit erfolgt
(16.) Konz.	313 Abs. 2 Nr. 2 S. 1 HGB	Angaben zu assoziierten Unternehmen a) Name und Sitz des assoziierten Unternehmens b) Anteil am Kapital des assoziierten Unternehmens, der dem MU und den einbezogenen TU gehört oder für deren Rechnung gehalten wird

B. Angaben zum Konsolidierungskreis (einschließlich Anteilsbesitz)		
Lfd.Nr.	**Grundlagen**	**Bewertungskriterien (Anhangsangaben)**
(17.) Konz.	313 Abs. 2 Nr. 2 S. 2 HGB	Angabe und Begründung von nicht nach der Equity-Methode bilanzierten assoziierten Unternehmen wegen untergeordneter Bedeutung (Anwendung von § 311 Abs. 2 HGB)
(18.) Konz.	313 Abs. 2 Nr. 3 HGB	Angaben zu quotenkonsolidierten Unternehmen a) Name und Sitz des Gemeinschaftsunternehmens b) Tatbestand, der die Quotenkonsolidierung ermöglicht b_1) Hinweis auf Tatbestand der gemeinsamen Führung b_2) Name und Sitz der gemeinsam mitführenden konzernfremden Unternehmen b_3) Hinweis, von wie vielen anderen konzernfremden Unternehmen das gemeinsame Unternehmen geführt wird c) Anteil am Kapital des Gemeinschaftsunternehmens, der dem MU und den einbezogenen TU gehört oder für deren Rechnung gehalten wird
(19.) Konz.	313 Abs. 2 Nr. 4 S. 1 HGB	Angaben zu sonstigen Unternehmen, an denen ein Anteilsbesitz von 20 % oder mehr besteht a) Name und Sitz der Unternehmen b) Anteil am Kapital der Unternehmen c) Höhe des Eigenkapitals der Unternehmen d) Ergebnis des letzten Gj. der Unternehmen, für die ein Abschluss aufgestellt wurde ***Hinweis:*** ***ggf. Schutzklausel, § 313 Abs. 2 Nr. 4 S. 2 oder 3 HGB***
(20.) Konz.	313 Abs. 2 Nr. 4 S. 2 HGB	Angabe aller Beteiligungen an großen Kapitalgesellschaften, die anders als die in § 313 Abs. 2 Nr. 1 bis 3 HGB bezeichneten Unternehmen sind, wenn sie von einem börsennotierten Mutterunternehmen, einem börsennotierten Tochterunternehmen oder einer für Rechnung eines dieser Unternehmen handelnden Person gehalten werden und 5 % der Stimmrechte überschreiten *(durch das KapCoRiLiG)* ***Hinweis:*** ***ggf. Schutzklausel, § 313 Abs. 2 Nr. 4 S. 2 oder 3 HGB***
(21.) Konz.	313 Abs. 3 S. 2 HGB	Angabe der Anwendung der Schutzklausel nach § 313 Abs. 3 S. 1 HGB (die Angaben nach § 313 Abs. 2 HGB sind unterblieben, weil erhebliche Nachteile für eines der Unternehmen entstehen können)
(22.) Konz.	313 Abs. 4 S. 3 HGB	Hinweis auf die besondere Aufstellung des Konzern-Anteilsbesitzes und den Ort ihrer Hinterlegung, falls der Anteilsbesitz nach § 313 Abs. 4 S. 1 HGB nicht im Konzernanhang angegeben wird a) Hinweis auf die Hinterlegung der Anteilliste b) Hinweis auf den Ort des Handelsregisters c) Hinweis auf die Handelsregisternummer d) Angaben zur Beteiligungsliste
(23.) Konz. Alt. B/G	294 Abs. 2 S. 1 u. 2 HGB	Angaben zur Vergleichbarkeit mit vorhergehenden Konzernabschlüssen bei wesentlicher Änderung des Konsolidierungskreises oder alternativ Anpassung der entsprechenden Beträge des vorhergehenden Konzernabschlusses a) Begründung für Veränderungen der Zusammensetzung des Konsolidierungskreises b) **Alternative 1**: Vorgehen gemäß § 294 Abs. 2 S. 1 HGB b_1) Angabe, welche/wieviele Tochterunternehmen erstmals oder erstmals nicht mehr einbezogen worden sind b_2) Betragsangabe, wie sich dadurch einzelne, wesentliche Konzernabschlussposten verändert haben $b_{2.1}$) Bilanz $b_{2.2}$) Gewinn- und Verlustrechnung

B. Angaben zum Konsolidierungskreis (einschließlich Anteilsbesitz)		
Lfd.Nr.	**Grundlagen**	**Bewertungskriterien (Anhangsangaben)**
		c) **Alternative 2**: Vorgehen gemäß § 294 Abs. 2 S. 2 HGB c_1) Angabe, welche/wieviele Tochterunternehmen erstmals oder erstmals nicht mehr einbezogen worden sind c_2) Betragsangabe, wie sich dadurch einzelne, wesentliche Konzernabschlussposten verändert haben $c_{2.1}$) Bilanz $c_{2.2}$) Gewinn- und Verlustrechnung c_3) Ausweis der nicht angepassten (ursprünglichen) Vorjahreszahlen im aktuellen Anhang (sog. Drei-Spalten-Ausweis)
(24.) Konz.	295 Abs. 3 S. 1 HGB	Angabe und Begründung bei Verbot der Einbeziehung nach § 295 Abs. 1 HGB (ein Tochterunternehmen darf nicht in den KA einbezogen werden, wenn sich seine Tätigkeit von der der anderen einbezogenen Unternehmen derart unterscheidet, dass die Einbeziehung kein tatsächliches Bild der VFE-Lage des Konzerns vermittelt) a) Angabe der Umstände, die für die Nichteinbeziehung ursächlich sind b) Angabe der Posten des Konzernabschlusses, die bei Einbeziehung des Tochterunternehmens ein verzerrtes Bild der VFE-Lage widerspiegeln
(25.) Konz.	296 Abs. 3 HGB	Begründung bei Verzicht auf Einbeziehung nach § 296 Abs. 1 oder 2 HGB (ein Tochterunternehmen braucht nicht in den KA einbezogen werden, wenn: ▪ die Ausübung der Rechte des Mutterunternehmens in Bezug auf Vermögen oder Geschäftsführung dieses Unternehmens erheblichen und andauernden Beschränkungen unterliegt, ▪ die für den KA erforderlichen Angaben nur mit unverhältnismäßig hohen Kosten oder Verzögerungen zu erhalten sind, ▪ die Anteile des Unternehmens nur für Zwecke der Weiterveräußerung gehalten werden, ▪ es als einzelnes Unternehmen für die Vermittlung eines tatsächlichen Bildes der VFE-Lage des Konzerns von untergeordneter Bedeutung ist; Ausnahme: mehrere solcher Tochterunternehmen sind zusammen nicht von untergeordneter Bedeutung)

C. Angaben zu den Konsolidierungsmethoden		
Lfd.Nr.	**Grundlagen**	**Bewertungskriterien (Anhangsangaben)**
(26.) Konz.	301 Abs. 1 S. 5 HGB	Angabe der angewandten Methode der Kapitalkonsolidierung
(27.) Konz.	301 Abs. 2 S. 2 HGB	Angabe des gewählten Zeitpunkts der Erstkonsolidierung
(28.) Konz.	301 Abs. 3 S. 3 HGB	Angabe der gegeneinander verrechneten aktivischen und passivischen Unterschiedsbeträge aus der Kapitalkonsolidierung (vgl. Nr. 58 und 80)
(29.) Konz.	302 Abs. 3 HGB	Angabe der Anwendung der Methode der Kapitalkonsolidierung bei Interessenzusammenführung nach § 302 Abs. 1 HGB (vgl. Nr. 14 und 81)
(30.) Konz.	304 Abs. 2 S. 2, 312 Abs. 5 S. 3 HGB	Angabe des Verzichts auf Zwischenergebniseliminierung (Anwendung von § 304 Abs. 2 S. 1 HGB: Lieferung/Leistung zu üblichen Marktbedingungen und Verfahren erfordert unverhältnismäßig hohen Aufwand) a) Angabe, bei welchen Posten auf eine Herausrechnung der Zwischenergebnisse verzichtet wurde b) Angabe, warum eine Eliminierung einen unverhältnismäßig hohen Aufwand erfordert
(31.) Konz.	304 Abs. 2 S. 2 HGB	**Zu Nr. 30.:** Erläuterung bei wesentlichem Einfluss auf die VFE-Lage des Konzerns

C. Angaben zu den Konsolidierungsmethoden

Lfd.Nr.	Grundlagen	Bewertungskriterien (Anhangsangaben)
(32.) Konz.	310 Abs. 2 HGB	Angabepflichten bei Anwendung der Quotenkonsolidierung entsprechend der Vollkonsolidierung (vgl. §§ 297 bis 301, 303 bis 306, 308, 309 HGB) a) Angabe der gewählten Konsolidierungsmethode b) Angabe des Zeitpunktes, der für die Wertansätze der Kapitalkonsolidierung grundlegend ist c) Angabe der gegeneinander verrechneten aktivischen und passivischen Unterschiedsbeträge
(33.) Konz.	297 Abs. 3 S. 4, 313 Abs. 1 S. 2 Nr. 3 1. HS HGB	Angabe und Begründung der Abweichungen von den auf den vorhergehenden Abschluss angewandten Konsolidierungsmethoden (Durchbrechung der Stetigkeit in Ausnahmefällen zulässig, § 297 Abs. 3 HGB; vgl. Nr. 40) a) Angabe der bisher angewandten und der jetzt angewandten Methode b) Begründung der Unstetigkeit
(34.) Konz.	297 Abs. 3 S. 5, 313 Abs. 1 S. 2 Nr. 3 2. HS HGB	**Zu Nr. 33.:** Gesonderte Darstellung des Einflusses abweichender Konsolidierungsmethoden auf die VFE-Lage des Konzerns (vgl. Nr. 41)
(35.) Konz.	312 Abs. 1 S. 4 HGB	Angabe der angewandten Variante der Equity-Methode
(36.) Konz. Alt. B	312 Abs. 1 S. 2 und 3 2. HS HGB	Angabe des Unterschiedsbetrages bei erstmaliger Anwendung der Equity-Methode für assoziierte Unternehmen a) Buchwertmethode (§ 312 Abs. 1 S. 1 Nr. 1 HGB): Angabe des Unterschiedsbetrages zwischen dem Buchwert und dem anteiligen Eigenkapital des assoziierten Unternehmens b) Kapitalanteilsmethode (§ 312 Abs. 1 S. 1 Nr. 2 HGB): Angabe des Unterschiedsbetrages zwischen dem Betrag, der dem anteiligen Eigenkapital des assoziierten Unternehmens entspricht, und dem Buchwert der Beteiligung
(37.) Konz.	312 Abs. 3 S. 2 HGB	Angabe des für die Ermittlung des Unterschiedsbetrages gewählten Zeitpunkts bei der Equity-Methode

D. Angaben zu Bilanzierungs- und Bewertungsmethoden / Angaben zur (Konzern)-Bilanz und zur (Konzern)-Gewinn- und Verlustrechnung

Lfd.Nr.	Grundlagen	Bewertungskriterien (Anhangsangaben)
1. Angaben zu Bilanzierungs- und Bewertungsmethoden		
(38.)	284 Abs. 2 Nr. 1/ 313 Abs. 1 S. 2 Nr. 1 HGB	Angabe der auf die Posten der (Konzern)-Bilanz und (Konzern)-Gewinn- und Verlustrechnung angewandten Bilanzierungs- und Bewertungsmethoden a) **Bewertungsmethoden für Gegenstände des Anlagevermögens** a_1) Erläuterung der Ermittlung der Anschaffungskosten a_2) Erläuterung der Bilanzierung von Zuschüssen a_3) Erläuterung der ***planmäßigen Abschreibung*** $a_{3.1}$) Abschreibungsmethode (eindeutige Angaben differenziert nach Anlagegegenstand) $a_{3.2}$) Nutzungsdauer/Abschreibungssätze (eindeutige Angaben differenziert nach Anlagegegenstand) a_4) Angaben über die Abschreibung geringwertiger Wirtschaftsgüter a_5) Angaben über die Behandlung von Abschreibungen im Jahr des Zugangs von Vermögensgegenständen a_6) Erläuterung der ***Herstellungskosten*** $a_{6.1}$) Bestandteile der Herstellungskosten (Angaben über die Ausübung von Einbeziehungswahlrechten) $a_{6.2}$) zugrunde gelegter Beschäftigungsgrad $a_{6.3}$) einbezogene Kostenstellen

**D. Angaben zu Bilanzierungs- und Bewertungsmethoden /
Angaben zur (Konzern)-Bilanz und zur (Konzern)-Gewinn- und Verlustrechnung**

Lfd.Nr.	Grundlagen	Bewertungskriterien (Anhangsangaben)
		b) **Bewertungsmethoden für Gegenstände des Umlaufvermögens** b_1) Erläuterung der Ermittlung der Anschaffungskosten b_2) Erläuterung der Herstellungskosten $b_{2.1}$) Herstellungskosten-Bestandteile (Angaben über die Ausübung von Einbeziehungswahlrechten) $b_{2.2}$) zugrunde gelegter Beschäftigungsgrad $b_{2.3}$) einbezogene Kostenstellen b_3) Angabe der Abschreibungen auf das Umlaufvermögen gemäß der strengen Niederstwertvorschrift $b_{3.1}$) Betragsangabe $b_{3.2}$) Erläuterung des zur Abschreibung führenden Sachverhalts $b_{3.3}$) Erläuterung der Vorgehensweise bei der Ermittlung des niedrigeren beizulegenden Wertes c) **Bewertungsmethoden für Passivposten** c_1) Erläuterung der Bewertungsmethoden für **Pensionsrückstellungen** $c_{1.1}$) Angabe des zugrunde gelegten Zinssatzes $c_{1.2}$) Hinweis auf versicherungsmathematische Grundsätze $c_{1.3}$) Hinweis auf Entsprechung mit steuerrechtlichen Vorschriften c_2) Erläuterung der Bewertungsmethoden für **sonstige Rückstellungen** $c_{2.1}$) Angabe der wesentlichen Schätzparameter, die der Rückstellungsbildung zugrunde liegen $c_{2.2}$) Angabe, ob künftige positive und negative Erfolgsbeiträge miteinander saldiert werden (vor allem bei der Bildung von Drohverlustrückstellungen) $c_{2.3}$) Angabe, ob die Höhe der Rückstellung auf Teilkostenbasis oder auf Vollkostenbasis ermittelt wird $c_{2.4}$) Angaben über das Ausmaß der Inanspruchnahme von Wahlrechten zur Bildung von (Aufwands-)Rückstellungen gemäß § 249 Abs. 2 HGB $c_{2.5}$) Angaben über die Abzinsung von Rückstellungen $c_{2.6}$) Angaben über die Berücksichtigung künftiger Preissteigerungen (etwa bei der Wertfindung für Drohverlustrückstellungen bei Absatzgeschäften)
(39.)	284 Abs. 2 Nr. 2/ 313 Abs. 1 S. 2 Nr. 2 HGB	Angabe der Grundlagen für die Fremdwährungsumrechnung in Deutsche Mark bzw. Euro (vgl. dazu Art. 42 Abs. 1 S. 3 EGHGB) **im Einzelabschluss:** a) Angaben über die Art der Umrechnungskurse (z.B. Briefkurse) b) Angaben zum Stichtag der Umrechnung c) Angaben über die bei der Währungsumrechnung angewandten G.o.B. d) Angaben zur Behandlung von Umrechnungsdifferenzen e) ggf. Angaben über die Berücksichtigung von Deckungsgeschäften **im Konzernabschluss:** a) Angaben zur angewandten Methode der Währungsumrechnung b) Angaben über die Art der Umrechnungskurse (z.B. historischer Kurs, Stichtagskurs, Monatsdurchschnittskurs, Geld-, Brief- oder Mittelkurs) c) Angaben zum maßgeblichen Stichtag d) Angaben über den Ausweis der Umrechnungsdifferenzen in der G.u.V. e) Angaben über den Ausweis der Umrechnungsdifferenzen in der Bilanz f) Angaben über Ergebnisauswirkungen g) ggf. Berichterstattung über die Behandlung von Umrechnungsdifferenzen aus Vorjahren h) ggf. Berichterstattung über das Ausmaß, in dem wesentliche Wechselkursänderungen einzelne Abschlussposten beeinflusst haben i) ggf. Hinweis auf Besonderheiten bei der Umrechnung von Jahresabschlüssen aus Hochinflationsländern

D. Angaben zu Bilanzierungs- und Bewertungsmethoden / Angaben zur (Konzern)-Bilanz und zur (Konzern)-Gewinn- und Verlustrechnung		
Lfd.Nr.	**Grundlagen**	**Bewertungskriterien (Anhangsangaben)**
(40.)	284 Abs. 2 Nr. 3 1. HS/ 313 Abs. 1 S. 2 Nr. 3 1. HS HGB	Angabe und Begründung der Abweichungen von Bilanzierungs- und Bewertungsmethoden (Durchbrechung der Bewertungsstetigkeit, § 252 Abs. 1 Nr. 6 HGB/§ 298 Abs. 1 i.V.m. § 252 Abs. 1 Nr. 6 HGB) (vgl. auch Nr. 33 (Konzern)) a) Angabe der Abweichung (Worin besteht die Abweichung?) b) Ausmaß der Abweichung (Worauf erstreckt sich die Abweichung?) c) Begründung der Abweichung
(41.)	284 Abs. 2 Nr. 3 2. HS/ 313 Abs. 1 S. 2 Nr. 3 2. HS HGB	**Zu Nr. 40.:** Gesonderte Darstellung des Einflusses der Abweichungen von Bilanzierungs- und Bewertungsmethoden auf die Vermögens-, Finanz- und Ertragslage (des Konzerns; vgl. auch Nr. 34) a) gesonderte Darstellung des Saldos der Abweichung für die jeweiligen Teilbereiche der wirtschaftlichen Lage b) verbale Darstellung des Umfangs des Einflusses, wenn der Einfluss erkennbar unwesentlich ist c) zusätzlich quantitative Angabe des Umfangs des Einflusses, wenn dieser Einfluss nicht als unwesentlich bezeichnet oder gar nicht bezeichnet wird
(42.) Einz. Erl. k	284 Abs. 2 Nr. 4 HGB	Ausweis erheblicher Unterschiedsbeträge bei Anwendung einer Bewertungsmethode nach den §§ 240 Abs. 4 oder 256 Abs. 1 HGB, wenn der letzte Börsenkurs/Marktpreis erheblich von diesem Wert abweicht a) Angabe, welches Bewertungsvereinfachungsverfahren angewandt wurde b) Angabe des Unterschiedsbetrages für jede Gruppe bzw. jeden Bilanzposten in einem Betrag c) ggf. Angabe, ob das Mengengerüst zu einem erheblichen Unterschiedsbetrag geführt hat
(43.) Einz.	284 Abs. 2 Nr. 5 HGB	Angaben über die Einbeziehung von Fremdkapitalzinsen in die Herstellungskosten a) Angabe, ob alle aktivierungsfähigen Fremdkapitalzinsen oder nur einzelne Teile in die Herstellungskosten einbezogen wurden b) Angabe des betroffenen Bilanzpostens c) Angabe des Betrages der aktivierten Fremdkapitalzinsen
(44.) (Konz. § 13 III 1 PublG)	280 Abs. 3/ 298 Abs. 1 i.V.m. 280 Abs. 3, 308 Abs. 3 S. 2 HGB	Angabe und Begründung des Betrages der im Geschäftsjahr aus steuerrechtlichen Gründen unterlassenen Zuschreibungen a) Angabe der unterlassenen Zuschreibungen des Geschäftsjahres b) Angabe der auch in Vorjahren unterlassenen Zuschreibungen c) Angabe der steuerrechtlichen Vorschriften, auf denen die Beibehaltung der Wertansätze beruht
(45.) Alt. B/G	281 Abs. 2 S. 1/ 298 Abs. 1 i.V.m. 281 Abs. 2 S. 1, 308 Abs. 3 S. 2 HGB	Angabe und Begründung des Betrages der im Geschäftsjahr allein nach steuerrechtlichen Vorschriften vorgenommenen Abschreibungen, getrennt nach Anlage- und Umlaufvermögen a) Angabe der Vorschriften, nach denen steuerrechtliche Sonderabschreibungen vorgenommen wurden b) Aufgliederung nach Anlage- und Umlaufvermögen c) Aufgliederung nach Bilanzposten
(46.) Konz.	308 Abs. 3 S. 2 HGB	Angabe und Begründung des Betrages der im Gj. allein nach steuerrechtlichen Vorschriften vorgenommenen Wertberichtigungen und Einstellungen in Sonderposten
(47.) Einz.	285 Nr. 13 HGB	Angabe der Gründe für die planmäßige Abschreibung des Geschäfts- oder Firmenwertes auf die Gj. der voraussichtlichen Nutzung im Einzelabschluss (§ 255 Abs. 4 S. 3 HGB) a) Angabe der voraussichtlichen Nutzungsdauer b) Angabe der Abschreibungsmethode c) Begründung der gewählten Abschreibungsmethode

D. Angaben zu Bilanzierungs- und Bewertungsmethoden / Angaben zur (Konzern)-Bilanz und zur (Konzern)-Gewinn- und Verlustrechnung		
Lfd.Nr.	**Grundlagen**	**Bewertungskriterien (Anhangsangaben)**
(48.) Konz.	308 Abs. 1 S. 3 HGB	Angabe und Begründung bei Abweichungen von den auf den JA des Mutterunternehmens angewandten Bewertungsmethoden a) Angabe jeder einzelnen Abweichung b) Begründung: Welche Motive gibt es für die Abweichung?
(49.) Konz.	300 Abs. 2 S. 3 2. HS, 308 Abs. 2 S. 2 2. HS HGB	Hinweis auf die Anwendung der Ausnahme der Beibehaltung spezieller Wertansätze von Kreditinstituten oder Versicherungsunternehmen
(50.) Konz.	308 Abs. 2 S. 4 2. HS HGB	Angabe und Begründung bei Abweichungen vom Grundsatz der konzerneinheitlichen Bewertung (in Ausnahmefällen) a) Angabe der Tatsache der Abweichung im Konzernanhang b) Quantifizierung der Abweichung
(51.) Konz.	312 Abs. 5 S. 2 HGB	Angabe des Verzichts auf die Anpassung an die konzerneinheitliche Bewertung bei assoziierten Unternehmen
2. Angaben zur (Konzern)-Bilanz **2.1. Allgemeines**		
(52.) Alt. B	265 Abs. 3 S. 1/ 298 Abs. 1 i.V.m. 265 Abs. 3 S. 1 HGB	Angabe der Mitzugehörigkeit von Vermögensgegenständen bzw. Schulden zu anderen Bilanzposten, wenn dies für einen klaren und übersichtlichen JA/KA erforderlich ist
2.2. Anlagevermögen und aktivierte Aufwendungen (Ingangsetzung, Euro) – ausstehende Einlagen		
(53.) Alt. B (Einz. Erl. k)	268 Abs. 2 S. 1/ 298 Abs. 1 i.V.m. 268 Abs. 2 S. 1 HGB	Darstellung des (Konzern)-Anlagegitters (-spiegels) für das Anlagevermögen und für die aktivierten Aufwendungen für die Ingangsetzung und Erweiterung des Geschäftsbetriebes a) Angabe des Mindestschemas nach § 268 Abs. 2 S. 2 u. 3 HGB; insbesondere historische AK/HK, Zugänge, Abgänge, Umbuchungen, Zuschreibungen, kumulierte Abschreibungen, zusätzlich Abschreibungen des Gj. (siehe auch Nr. 54) und Angabe der Restbuchwerte aus Vorjahr und Gj. selbst b) Berücksichtigung von Auswirkungen aus Änderungen des Konsolidierungskreises im Anlagegitter b_1) Angabe von Änderungen der historischen AK/HK b_2) Angabe der korrigierten kumulierten Abschreibungen c) Berücksichtigung von Auswirkungen der Währungsumrechnung im Anlagegitter c_1) Angabe von Änderungen der historischen AK/HK c_2) Angabe der korrigierten kumulierten Abschreibungen ***Hinweis:*** ***Zur erstmaligen Anwendung der Vorschrift (Buchwertfortführung) vgl. Art. 24 Abs. 6 S. 3 bzw. 48 Abs. 5 S. 3 EGHGB (neu durch das KapCoRiLiG); zur Umrechnung in Euro vgl. Art. 42 Abs. 2 S. 3 EGHGB (durch das EuroEG).***
(54.) Alt. B (Einz. Erl. k)	268 Abs. 2 S. 3/ 298 Abs. 1 i.V.m. 268 Abs. 2 S. 3 HGB	**Zu Nr. 53.:** Angabe der Abschreibungen des Geschäftsjahres entsprechend der Gliederung des (Konzern)-Anlagegitters a) Erläuterung, was unter „Abschreibungen des Geschäftsjahres" verstanden wird b) Ausweis der Abschreibungen entsprechend der Gliederung des Anlagevermögens
(55.) PHG	Art. 48 Abs. 5 S. 3 EGHGB	**Zu Nr. 53.:** Angabe der Anwendung der Vereinfachungsregel des Art. 48 Abs. 5 S. 1 und 2 EGHGB (Übernahme und Fortführung der Buchwerte aus dem JA des Vj., da die Anschaffungs- bzw. Herstellungskosten nicht ohne unverhältnismäßige Kosten oder Verzögerungen feststellbar sind; Ausnahme aus Gründen des Steuerrechts, Art. 48 Abs. 5 S. 4 EGHGB) ***Hinweis:*** ***Vorschrift speziell für PHG (neu durch das KapCoRiLiG)***

D. Angaben zu Bilanzierungs- und Bewertungsmethoden / Angaben zur (Konzern)-Bilanz und zur (Konzern)-Gewinn- und Verlustrechnung		
Lfd.Nr.	**Grundlagen**	**Bewertungskriterien (Anhangsangaben)**
(56.) (Einz. Erl. k)	269 S. 1 2. HS/ 298 Abs. 1 i.V.m. 269 S. 1 2. HS HGB	Erläuterung der aktivierten Aufwendungen für die Ingangsetzung und Erweiterung des Geschäftsbetriebes (Bilanzierungshilfe) a) Angabe des Grundes für die eingeleitete Maßnahme b) Angabe der Bestandteile (Art) der Ingangsetzungs- und Erweiterungsaufwendungen c) Angaben zur Verteilung des Gesamtbetrages auf einzelne Kostenarten d) Angabe zur Abschreibung des Postens e) Hinweis auf die Einhaltung des gesetzlichen Deckungsgebotes
(57.) Einz.	Art. 44 Abs. 1 S. 4 EGHGB	Erläuterung der aktivierten Aufwendungen für die Währungsumstellung auf den Euro (Bilanzierungshilfe) ***Hinweis:*** ***Vorschrift ist erstmals auf das nach dem 31.12.1997 endende Gj. anzuwenden (durch das EuroEG; Art. 44 Abs. 2 EGHGB).***
(58.) Konz.	301 Abs. 3 S. 2 HGB	Erläuterung des aktivischen Unterschiedsbetrages aus der Kapitalkonsolidierung (Ausweis als „Geschäfts- oder Firmenwert") sowie wesentlicher Änderungen gegenüber dem Vorjahr (vgl. zur Verrechnung Nr. 28 und 80) a) Erläuterung des aktivischen Unterschiedsbetrages aus der Kapitalkonsolidierung sowie dessen wesentliche Änderung gegenüber dem Vorjahr gem. § 301 Abs. 3 S. 2 HGB a_1) Erläuterung der Zusammensetzung des Postens a_2) Erläuterung von Veränderungen des Postens b) Angabe über die Behandlung eines aktivischen Unterschiedsbetrages aus der Kapitalkonsolidierung (Abschreibung)
(59.) PHG	264c Abs. 2 S. 9 HGB	Angabe des Betrages der im Handelsregister gemäß § 172 Abs. 1 HGB eingetragenen, jedoch noch nicht geleisteten Einlagen (ausstehende Einlagen) ***Hinweis:*** ***Vorschrift speziell für PHG (durch das KapCoRiLiG)***
2.3. Weitere Aktivposten		
(60.) GmbH Alt. B	42 Abs. 3 GmbHG/ 298 Abs. 1 HGB i.V.m. 42 Abs. 3 GmbHG	Angabe der Ausleihungen an Gesellschafter
(61.) GmbH Alt. B	42 Abs. 3 GmbHG/ 298 Abs. 1 HGB i.V.m. 42 Abs. 3 GmbHG	Angabe der Forderungen gegen Gesellschafter
(62.) PHG Alt. B	264c Abs. 1 HGB	Angabe der Ausleihungen an Gesellschafter ***Hinweis:*** ***Vorschrift speziell für PHG (neu durch das KapCoRiLiG)***
(63.) PHG Alt. B	264c Abs. 1 HGB	Angabe der Forderungen gegen Gesellschafter ***Hinweis:*** ***Vorschrift speziell für PHG (neu durch das KapCoRiLiG)***
(64.) AG	160 Abs. 1 Nr. 1 AktG /298 Abs. 1 HGB i.V.m. 160 Abs. 1 Nr. 1 AktG **kann entfallen**	Angaben über Bestand, Zugang und ggf. Verwertung von Vorratsaktien a) Angabe der Zahl der vorhandenen Vorratsaktien b) Angabe des Gesamtnennbetrages der vorhandenen Vorratsaktien c) Angabe der Gattung der Vorratsaktien d) Angabe der Übernahmebedingungen e) Angabe des Anlasses der Ausgabe der Vorratsaktien f) Angabe des Übernehmers, wenn es sich bei diesem um ein abhängiges oder um ein in Mehrheitsbesitz stehendes Unternehmen handelt g) Angabe des Zugangs an Vorratsaktien im Geschäftsjahr h) Angabe der Höhe des Verwertungserlöses i) Angabe über die Verwendung des Verwertungserlöses ***Hinweis:*** ***ggf. Schutzklausel, § 160 Abs. 2 AktG***

D. Angaben zu Bilanzierungs- und Bewertungsmethoden / Angaben zur (Konzern)-Bilanz und zur (Konzern)-Gewinn- und Verlustrechnung		
Lfd.Nr.	**Grundlagen**	**Bewertungskriterien (Anhangsangaben)**
(65.) AG	160 Abs. 1 Nr. 2 AktG /298 Abs. 1 HGB i.V.m. 160 Abs. 1 Nr. 2 AktG **kann entfallen**	Angaben über Bestand, Zugang und ggf. Änderung des Bestandes an eigenen Aktien der Gesellschaft a) Angabe der Zahl der vorhandenen eigenen Aktien b) Angabe des Gesamtnennbetrages der vorhandenen eigenen Aktien c) Angabe der Gattung der Aktien d) Angabe des Anteils der eigenen Aktien am Grundkapital e) Angabe des Erwerbs- bzw. des Veräußerungspreises f) Angabe des Zeitpunkts des Erwerbs bzw. der Veräußerung g) Angabe des Anlasses bzw. der Gründe des Erwerbs h) Angaben über die Höhe des Verwertungserlöses i) Angaben über die Verwendung des Verkaufserlöses ***Hinweis:*** ***ggf. Schutzklausel, § 160 Abs. 2 AktG***
(66.) (Einz. Erl. k)	268 Abs. 4 S. 2/ 298 Abs. 1 i.V.m. 268 Abs. 4 S. 2 HGB	Erläuterung der nach dem Abschlussstichtag entstehenden sonstigen Vermögensgegenstände (RAP) größeren Umfangs (antizipative Rechnungsabgrenzungsposten) a) Angabe des Tatbestandes, der dem antizipativen Posten zugrunde liegt b) Angabe des Betrages des antizipativen Postens c) Hinweis darauf, warum der rechtliche Anspruch erst im neuen Jahr entsteht d) Hinweis darauf, ob der rechtliche Anspruch bis zur Aufstellung der Bilanz entstanden ist
(67.) Alt. B (Einz. Erl. k)	268 Abs. 6/ 298 Abs. 1 i.V.m. 268 Abs. 6 HGB	Angabe eines Unterschiedsbetrages, der nach § 250 Abs. 2 HGB in den aktiven Rechnungsabgrenzungsposten aufgenommen wird (Disagio) a) Betragsangabe b) Angabe über die Abschreibung des Disagios
(68.)	274 Abs. 2 S. 2/ 298 Abs. 1 i.V.m. 274 Abs. 2 S. 2 HGB	Erläuterung des als Bilanzierungshilfe gesondert in der Bilanz ausgewiesenen Abgrenzungspostens für latente Steuern (vgl. auch Nr. 69 und 83) a) Angabe der Gründe für die Abweichung zwischen Handelsbilanzergebnis und Steuerbilanzergebnis b) Angabe des zugrunde gelegten Steuersatzes c) Hinweis auf die Verrechnung mit passivischen Steuerlatenzen d) Erläuterung der Berechnungsmethode e) Erläuterung des Gesamtbetrages der aktivischen latenten Steuern, d.h. auch des Betrages, der wegen des Aktivierungswahlrechts nicht aktiviert wurde
(69.) Konz. Alt. B	306 S. 2 HGB	**Zu Nr. 68.:** Gesonderte Angabe der Steuerabgrenzung bei einem Konzernergebnis, das von der Summe der Einzelergebnisse abweicht (der Posten darf mit dem Posten nach § 274 HGB zusammengefasst werden; § 306 Abs. 3 HGB) (vgl. auch Nr. 83) a) Hinweis auf die Zusammenfassung mit Steuerlatenzen gemäß § 274 HGB b) Angabe der Ursache der Steuerabgrenzung c) Angabe des zugrunde gelegten Steuersatzes d) evtl. Hinweis auf Abweichung gegenüber dem Vorjahr
2.4. Eigenkapital und Sonderposten mit Rücklageanteil		
(70.) Alt. B	Art. 42 Abs. 3 S. 3 EGHGB	Angabe des Gezeichneten Kapitals (in Deutscher Mark bzw. Euro) im (Konzern)-Anhang statt des Ausweises in der Vorspalte der (Konzern)-Bilanz, wenn der JA/KA vor Umstellung des Gezeichneten Kapitals auf Euro bereits in Euro aufgestellt wird oder wenn der JA/KA nach Umstellung des Gezeichneten Kapitals auf Euro noch in Deutscher Mark aufgestellt wird ***Hinweis:*** ***Vorschrift ist am 1.1.1999 in Kraft getreten (durch das EuroEG).***

D. Angaben zu Bilanzierungs- und Bewertungsmethoden / Angaben zur (Konzern)-Bilanz und zur (Konzern)-Gewinn- und Verlustrechnung		
Lfd.Nr.	**Grundlagen**	**Bewertungskriterien (Anhangsangaben)**
(71.) AG Alt. B	160 Abs. 1 Nr. 3 1. HS AktG/ 298 Abs. 1 HGB i.V.m. 160 Abs. 1 Nr. 3 1. HS AktG **kann entfallen**	Angaben über die Zahl und bei Nennbetragsaktien über den Nennbetrag der Aktien jeder Gattung a) gesetzlich geforderte Angaben b) übersichtliche Zusammenfassung der Angaben im Anhang ***Hinweis:*** ***ggf. Schutzklausel, § 160 Abs. 2 AktG***
(72.) AG Alt. B	160 Abs. 1 Nr. 3 2. HS AktG/ 298 Abs. 1 HGB i.V.m. 160 Abs. 1 Nr. 3 2. HS AktG **kann entfallen**	**Zu Nr. 71.:** Gesonderte Angabe der Aktien je Gattung, die bei einer bedingten Kapitalerhöhung oder einem genehmigten Kapital im Geschäftsjahr gezeichnet wurden a) Angabe des Anlasses der Kapitalerhöhung b) Angabe des Gesamtnennbetrages der Aktien je Gattung c) Angabe des Ausgabebetrages der Aktien je Gattung d) Angabe der bilanziellen Behandlung der Kapitalerhöhung e) Angabe des Gegenwertes der Aktien (Bar- oder Sacheinlage) ***Hinweis:*** ***ggf. Schutzklausel, § 160 Abs. 2 AktG***
(73.) AG	160 Abs. 1 Nr. 4 AktG /298 Abs. 1 HGB i.V.m. 160 Abs. 1 Nr. 4 AktG **kann entfallen**	Angaben über das genehmigte Kapital a) Angabe des Datums des Hauptversammlungsbeschlusses b) Angabe des Inhaltes des Hauptversammlungsbeschlusses c) Angabe des Nennbetrages des am Stichtag bestehenden genehmigten Kapitals ***Hinweis:*** ***ggf. Schutzklausel, § 160 Abs. 2 AktG***
(74.) AG Alt. B	152 Abs. 2 AktG/ 298 Abs. 1 HGB i.V.m. 152 Abs. 2 AktG **kann entfallen**	Angabe des Betrages der Einstellungen in den bzw. der Entnahmen aus dem Posten „Kapitalrücklage"
(75.) AG Alt. B	152 Abs. 3 AktG/ 298 Abs. 1 HGB i.V.m. 152 Abs. 3 AktG **kann entfallen**	Angabe der Beträge der Einstellungen in die bzw. der Entnahmen aus den einzelnen Posten der „Gewinnrücklagen" durch Hauptversammlung und Verwaltung
(76.) AG Alt. B	58 Abs. 2a S. 2 AktG/ 298 Abs. 1 HGB i.V.m. 58 Abs. 2a S. 2 AktG bzw. 29 Abs. 4 S. 2 GmbHG **kann entfallen**	Angabe der in die Gewinnrücklagen eingestellten Beträge (Eigenkapitalanteil) aus Wertaufholungen und aus in der Handelsbilanz nicht mehr zulässigen steuerrechtlichen Sonderposten
(77.) Alt. B	268 Abs. 1 S. 2 2. HS/ 298 Abs. 1 i.V.m. 268 Abs. 1 S. 2 2. HS HGB	Angabe eines in den (Konzern)-Bilanzgewinn/-verlust einbezogenen Gewinn- oder Verlustvortrags bei Aufstellung der (Konzern)-Bilanz unter Berücksichtigung der teilweisen Ergebnisverwendung
(78.) Alt. B	273 S. 2 2. HS, 281 Abs. 1 S. 2/ 298 Abs. 1 i.V.m. 273 S. 2 2. HS, 281 Abs. 1 S. 2 HGB	Angabe der Vorschriften, nach denen ein Sonderposten mit Rücklageanteil bzw. eine Wertberichtigung gebildet wurde
(79.) AG	240 S. 3 AktG/ 298 Abs. 1 HGB i.V.m. 240 S. 3 AktG **kann entfallen**	Erläuterung der Verwendung von Beträgen aus einer Kapitalherabsetzung und der Auflösung von Gewinnrücklagen
(80.) Konz.	301 Abs. 3 S. 2 HGB	Erläuterung des passivischen Unterschiedsbetrages aus der Kapitalkonsolidierung (Ausweis als „Unterschiedsbetrag aus der Kapitalkonsolidierung") sowie wesentlicher Änderungen gegenüber dem Vorjahr (zur Verrechnung vgl. Nr. 28 und Nr. 58) a) Erläuterung der Zusammensetzung des Postens b) Erläuterung von Veränderungen des Postens
(81.) Konz.	302 Abs. 3 HGB	Angabe der sich bei Anwendung der Methode der Kapitalkonsolidierung bei Interessenzusammenführung ergebenden Rücklagenveränderungen (§ 302 Abs. 1 und 2 HGB; vgl. Nr. 14 und 29)

**D. Angaben zu Bilanzierungs- und Bewertungsmethoden /
Angaben zur (Konzern)-Bilanz und zur (Konzern)-Gewinn- und Verlustrechnung**

Lfd.Nr.	Grundlagen	Bewertungskriterien (Anhangsangaben)
2.5. Rückstellungen		
(82.) (Konz. Erl. PublG)	Art. 28 Abs. 2 bzw. Art. 48 Abs. 6 EGHGB	Angabe des Gesamtbetrages der in der (Konzern)-Bilanz nicht passivierten Rückstellungen für laufende Pensionen, Anwartschaften auf Pensionen und ähnliche Verpflichtungen (sog. Fehlbetrag) a) Angabe des Betrages der Unterdeckung b) Angabe der Ursachen für die Unterdeckung
(83.) Alt. B	274 Abs. 1 S. 1/ 298 Abs. 1 i.V.m. 274 Abs. 1 S. 1, 306 S. 2 HGB	Gesonderte Angabe der Rückstellungen für latente Steuern *Konzern:* und Angabe der aus der Konsolidierung resultierenden latenten Steuern (ggf. Zusammenfassung beider Posten, § 306 Abs. 3 HGB; vgl. auch Nr. 68 und 69)
(84.) Einz. Alt. B Erl. k, (m)	285 Nr. 12 HGB	Erläuterung der „Sonstigen Rückstellungen" mit einem nicht unerheblichen Umfang (ggf. Rückstellungsspiegel) a) Angabe der einzelnen Teil-Rückstellungen zugrunde liegenden Sachverhalte b) Angabe der Fristigkeiten c) Angabe von Beträgen pro Teil-Rückstellung, die einen nicht unerheblichen Umfang haben
2.6. Verbindlichkeiten		
(85.) (Einz. Erl. k)	268 Abs. 5 S. 3/ 298 Abs. 1 i.V.m. 268 Abs. 5 S. 3 HGB	Erläuterung der nach dem Abschlussstichtag entstehenden Verbindlichkeiten (RAP) größeren Umfangs a) Angabe des Tatbestandes, der dem antizipativen Posten zugrunde liegt b) Angabe des Betrages des antizipativen Postens c) Hinweis darauf, warum der rechtliche Anspruch erst im neuen Jahr entsteht d) Hinweis darauf, ob der rechtliche Anspruch bis zur Aufstellung der Bilanz entstanden ist
(86.) GmbH Alt. B	42 Abs. 3 GmbHG/ 298 Abs. 1 HGB i.V.m. 42 Abs. 3 GmbHG	Angabe der Verbindlichkeiten gegenüber Gesellschaftern
(87.) PHG Alt. B	264c Abs. 1 HGB	Angabe der Verbindlichkeiten gegenüber Gesellschaftern ***Hinweis:*** ***Vorschrift speziell für PHG (neu durch KapCoRiLiG)***
(88.)	285 Nr. 1a/ 314 Abs. 1 Nr. 1 1. HS HGB	Angabe des Gesamtbetrages aller Verbindlichkeiten mit einer Restlaufzeit von mehr als fünf Jahren (ggf. Verbindlichkeitenspiegel)
(89.)	285 Nr. 1b/ 314 Abs. 1 Nr. 1 2. HS HGB	**Zu Nr. 88.:** Angabe des Gesamtbetrages der Verbindlichkeiten, die durch Pfandrechte oder ähnliche Rechte (von den in den KA einbezogenen Unternehmen) gesichert sind, unter Angabe von Art und Form der Sicherheiten (ggf. Verbindlichkeitenspiegel)
(90.) Einz. Alt. B Erl. k, (m)	285 Nr. 2 HGB	Angabe des Betrages mit einer Restlaufzeit von mehr als fünf Jahren für jeden ausgewiesenen Verbindlichkeitenposten (ggf. Verbindlichkeitenspiegel)
(91.) Einz. Alt. B Erl. k, (m)	285 Nr. 2 HGB	Angabe des Betrages für jeden ausgewiesenen Verbindlichkeitenposten, der durch Pfandrechte oder ähnliche Rechte gesichert ist, unter Angabe von Art und Form der Sicherheiten (ggf. Verbindlichkeitenspiegel)

D. Angaben zu Bilanzierungs- und Bewertungsmethoden / Angaben zur (Konzern)-Bilanz und zur (Konzern)-Gewinn- und Verlustrechnung		
Lfd.Nr.	**Grundlagen**	**Bewertungskriterien (Anhangsangaben)**
(92.) AG	160 Abs. 1 Nr. 5 AktG /298 Abs. 1 HGB i.V.m. 160 Abs. 1 Nr. 5 AktG **kann entfallen**	Angaben über die Zahl der Bezugsrechte (*durch das KonTraG; § 192 II Nr. 3 AktG*), der Wandelschuldverschreibungen und vergleichbarer Wertpapiere unter Angabe der Rechte, die sie verbriefen a) Angabe der Gattung b) Angabe der Zahl/Nennbeträge der umlaufenden Stücke je Gattung c) Angabe der verbrieften Rechte (Anleihebedingungen, Zinssatz, Wandlungsverhältnis, Aufgeld, Fälligkeit, Besicherung etc.) ***Hinweis:*** ***ggf. Schutzklausel, § 160 Abs. 2 AktG***
2.7. Haftungsverhältnisse und sonstige finanzielle Verpflichtungen		
(93.) Alt. B	268 Abs. 7 1. HS/ 298 Abs. 1 i.V.m. 268 Abs. 7 1. HS HGB	Angabe der Haftungsverhältnisse nach § 251 HGB unter Angabe der gewährten Pfandrechte und sonstigen Sicherheiten a) Angabe der Verbindlichkeiten aus der Begebung und Übertragung von Wechseln b) Angabe der Verbindlichkeiten aus Bürgschaften, Wechsel- und Scheckbürgschaften c) Angabe der Verbindlichkeiten aus Gewährleistungsverträgen d) Angabe der Haftungsverhältnisse aus der Bestellung von Sicherheiten für fremde Verbindlichkeiten
(94.) Alt. B	268 Abs. 7 2. HS/ 298 Abs. 1 i.V.m. 268 Abs. 7 2. HS HGB	**Zu Nr. 93.:** Gesonderte Angabe der Verpflichtungen gegenüber verbundenen Unternehmen
(95.) (Einz. Erl. k)	285 Nr. 3 1. HS/ 314 Abs. 1 Nr. 2 1. HS HGB	Angabe des Gesamtbetrages der sonstigen finanziellen Verpflichtungen, sofern für die Beurteilung der Finanzlage von Bedeutung
(96.) (Einz. Erl. k)	285 Nr. 3 2. HS/ 314 Abs. 1 Nr. 2 2. HS HGB	**Zu Nr. 95.:** Gesonderte Angabe der Verpflichtungen gegenüber verbundenen Unternehmen bzw. der sonstigen finanziellen Verpflichtungen und Haftungsverhältnisse gegenüber nicht konsolidierten Tochterunternehmen im Konzernabschluss
(97.) AG	160 Abs. 1 Nr. 6 AktG /298 Abs. 1 HGB i.V.m. 160 Abs. 1 Nr. 6 AktG **kann entfallen**	Angaben über Genussrechte, Rechte aus Besserungsscheinen und ähnliche Rechte unter Angabe der Art und Zahl der jeweiligen Rechte sowie der im Gj. neu entstandenen Rechte a) Angabe der Art der Rechte b) Angabe der Zahl der Rechte c) Angabe der Nennbeträge der Rechte d) Hervorhebung der neu entstandenen Rechte e) Angabe des Inhalts der einzelnen Rechte (Zweck der Ausgabe, Hauptversammlungsbeschluss, berechtigte Personen, Laufzeit, Änderung der Bedingungen, Erlöschen von Rechtsverpflichtungen u.ä.) ***Hinweis:*** ***ggf. Schutzklausel, § 160 Abs. 2 AktG***
2.8. Bei Offenlegung der mittelgroßen Kapitalgesellschaft bzw. Personenhandelsgesellschaft		
(98.) Einz.	327 Nr. 1 HGB	Zusätzliche gesonderte Angabe bestimmter Posten der Bilanz nach § 266 Abs. 2 und 3 HGB bei der mittelgroßen Kapitalgesellschaft sowie PHG, sofern diese die Bilanz in der Form für kleine KapG zum Handelsregister einreichen wird

D. Angaben zu Bilanzierungs- und Bewertungsmethoden / Angaben zur (Konzern)-Bilanz und zur (Konzern)-Gewinn- und Verlustrechnung		
Lfd.Nr.	**Grundlagen**	**Bewertungskriterien (Anhangsangaben)**
3. Angaben zur (Konzern)-Gewinn- und Verlustrechnung		
(99.) (Einz. Erl. k, (k), m)	285 Nr. 4/ 314 Abs. 1 Nr. 3 HGB	Aufgliederung der Umsatzerlöse nach Tätigkeitsbereichen und nach geographisch bestimmten Märkten a) Segmentierung der Umsätze b) Angabe des Abgrenzungskriteriums c) Angabe intersegmentärer Umsätze d) Angabe von Vorjahreszahlen ***Hinweis:*** ***ggf. Schutzklausel, §§ 286 Abs. 2/314 Abs. 2 S. 1 HGB***
(100.) Konz.	314 Abs. 2 S. 2 HGB	**Zu Nr. 99.:** Angabe der Anwendung der Schutzklausel nach § 314 Abs. 2 S. 1 HGB (Umsatzaufgliederung ist unterblieben, da ansonsten erhebliche Nachteile für eines der in den KA einbezogenen Unternehmen entstehen können)
(101.) Alt. G (Einz. Erl. (k))	281 Abs. 2 S. 2/ 298 Abs. 1 i.V.m. 281 Abs. 2 S. 2 HGB	Angabe der Erträge aus der Auflösung des Sonderpostens mit Rücklageanteil innerhalb der „Sonstigen betrieblichen Erträge" a) Angabe des Betrages der Auflösung b) Hinweis, ob es sich um eine planmäßige oder um eine vorzeitige Auflösung des Sonderpostens handelt
(102.) Einz. Erl. k, (k), (m)	285 Nr. 8a HGB	Bei Anwendung des Umsatzkostenverfahrens (§ 275 Abs. 3 HGB) Angabe des Materialaufwands, gegliedert nach § 275 Abs. 2 Nr. 5 HGB a) Angabe des Gesamtbetrages b) Angabe der nach GKV auszuweisenden Teilbeträge des Materialaufwandes
(103.) (Einz. Erl. (k))	285 Nr. 8b/ 314 Abs. 1 Nr. 4 1. HS HGB	Bei Anwendung des Umsatzkostenverfahrens (§ 275 Abs. 3 HGB) Angabe des Personalaufwands, gegliedert nach § 275 Abs. 2 Nr. 6 HGB a) Angabe des Gesamtbetrages b) Angabe der nach GKV auszuweisenden Teilbeträge des Personalaufwandes
(104.) Alt. G (Einz. Erl. (k))	277 Abs. 3 S. 1/ 298 Abs. 1 i.V.m. 277 Abs. 3 S. 1 HGB	Angabe des Betrages der außerplanmäßigen Abschreibungen auf den niedrigeren beizulegenden Wert wegen dauernder Wertminderung auf das gesamte Anlagevermögen nach § 253 Abs. 2 S. 3 HGB bzw. wegen vorübergehender Wertminderung nur auf die Finanzanlagen (§ 279 Abs. 1 S. 2 HGB; anders nach § 13 Abs. 3 S. 1 PublG) a) Angabe des Betrages der außerplanmäßigen Abschreibung b) Erläuterung des der Abschreibung zugrunde liegenden Sachverhalts c) Differenzierung der außerplanmäßigen Abschreibung nach Bilanzposten
(105.) Alt. G (Einz. Erl. (k))	277 Abs. 3 S. 1/ 298 Abs. 1 i.V.m. 277 Abs. 3 S. 1 HGB	Angabe des Betrages der Abschreibungen wegen erwarteter Wertschwankungen auf das Umlaufvermögen nach § 253 Abs. 3 S. 3 HGB a) Angabe des Betrages der außerplanmäßigen Abschreibung b) Erläuterung des der Abschreibung zugrunde liegenden Sachverhalts c) Differenzierung der außerplanmäßigen Abschreibung nach Bilanzposten
(106.) Alt. G (Einz. Erl. (k))	281 Abs. 2 S. 2/ 298 Abs. 1 i.V.m. 281 Abs. 2 S. 2 HGB	Angabe der Aufwendungen aus den Einstellungen in den Sonderposten mit Rücklageanteil innerhalb der „Sonstigen betrieblichen Aufwendungen" a) Angabe des Betrages der Einstellung b) Differenzierung der Betragsangabe nach der Art der Einstellung in den Sonderposten mit Rücklageanteil
(107.) (Einz. Erl. k, (k))	277 Abs. 4 S. 2/ 298 Abs. 1 i.V.m. 277 Abs. 4 S. 2 HGB	Erläuterungen von außerordentlichen Erträgen und Aufwendungen hinsichtlich ihres Betrages und ihrer Art, soweit diese für die Beurteilung der Ertragslage nicht von untergeordneter Bedeutung sind

D. Angaben zu Bilanzierungs- und Bewertungsmethoden / Angaben zur (Konzern)-Bilanz und zur (Konzern)-Gewinn- und Verlustrechnung		
Lfd.Nr.	**Grundlagen**	**Bewertungskriterien (Anhangsangaben)**
(108.) (Einz. Erl. k, (k))	277 Abs. 4 S. 3/ 298 Abs. 1 i.V.m. 277 Abs. 4 S. 3 HGB	Erläuterungen von periodenfremden Erträgen und Aufwendungen hinsichtlich ihres Betrages und ihrer Art, soweit diese für die Beurteilung der Ertragslage nicht von untergeordneter Bedeutung sind

(109.) AG Alt. G (Einz. Erl. (k))	158 Abs. 1 S. 2 AktG/ 298 Abs. 1 HGB i.V.m. 158 Abs. 1 S. 2 AktG
	
	kann entfallen
		Angabe der Entwicklung des (Konzern)-Jahresüberschusses/Jahresfehlbetrages zum (Konzern)-Bilanzgewinn/Bilanzverlust
		
		Ergänzung der (Konzern)-G.u.V. nach dem (Konzern)-Jahresüberschuss/-fehlbetrag um folgende Positionen:
		▪ Gewinn-/Verlustvortrag aus dem Vorjahr
		▪ Entnahmen aus der Kapitalrücklage
		▪ Entnahmen aus Gewinnrücklagen
		  ▪ aus der gesetzlichen Rücklage
		  ▪ aus der Rücklage für eigene Anteile
		  ▪ aus satzungsmäßigen Rücklagen
		  ▪ aus anderen Gewinnrücklagen
		▪ Einstellung in Gewinnrücklagen
		  ▪ in die gesetzliche Rücklage
		  ▪ in die Rücklage für eigene Anteile
		  ▪ in satzungsmäßige Rücklagen
		  ▪ in andere Gewinnrücklagen
		▪ (Konzern)-Bilanzgewinn/-verlust

(110.) (Einz. Erl. k, (k), (m))/ (Konz. § 13 III 1 PublG)	285 Nr. 5 1. HS/ 314 Abs. 1 Nr. 5 1. HS HGB	Angaben über das Ausmaß der Beeinflussung des (Konzern)-Jahresergebnisses durch Inanspruchnahme steuerrechtlicher Vergünstigungen im Gj. oder in früheren Gj.: ▪ Abschreibungen nach § 254 HGB ▪ Wertbeibehaltung nach § 280 Abs. 2 HGB ▪ Sonderposten nach § 273 HGB a) Angabe eines Betrages, der die Größenordnung der Ergebnisbeeinflussung erkennen lässt b) Offenlegung, durch welche Bilanzierungs- und Bewertungsmaßnahmen das Ergebnis beeinflusst worden ist c) Angabe, ob bei der Ermittlung Steuern berücksichtigt werden d) Hinweis, ob sich die Angabe auf das Ergebnis vor oder nach Steuern bezieht e) Angabe des zugrunde gelegten Steuersatzes
(111.) (Einz. Erl. k, (k), (m))/ (Konz. § 13 III 1 PublG)	285 Nr. 5 2. HS/ 314 Abs. 1 Nr. 5 2. HS HGB	**Zu Nr. 110.:** Angaben über das Ausmaß erheblicher künftiger Belastungen aus der Inanspruchnahme solcher steuerlicher Vergünstigungen a) Angabe der Art der Belastung b) Angaben zur Höhe der Belastung c) Angabe des zugrunde gelegten Steuersatzes d) Angabe des Betrachtungszeitraumes e) Angabe der Bezugsgrößen der Belastung (Ergebnis, eigene Mittel etc.) f) Angabe, ob es sich um Barwerte oder um Nominalwerte handelt
(112.) Einz. Erl. k, (k)	285 Nr. 6 HGB	Angabe, in welchem Umfang die Steuern vom Einkommen und vom Ertrag das Ergebnis der gewöhnlichen Geschäftstätigkeit und das außerordentliche Ergebnis belasten

E. Sonstige Angaben		
Lfd.Nr.	**Grundlagen**	**Bewertungskriterien (Anhangsangaben)**
1. Angaben zur Anzahl der Arbeitnehmer		
(113.) (Einz. Erl. k)	285 Nr. 7/ 314 Abs. 1 Nr. 4 1. HS HGB	Angabe der durchschnittlichen Zahl (§ 267 Abs. 5 HGB) der während des Gj. beschäftigten Arbeitnehmer bzw. der Arbeitnehmer der in den KA einbezogenen Unternehmen während des Gj., getrennt nach Gruppen
(114.) Konz.	314 Abs. 1 Nr. 4 2. HS HGB	**Zu Nr. 113.:** Gesonderte Angabe der durchschnittlichen Anzahl der Arbeitnehmer von nur anteilmäßig einbezogenen Unternehmen (sog. Gemeinschaftsunternehmen) gemäß § 310 HGB
2. Angaben zu Gesellschaftsorganen		
(115.) Einz.	285 Nr. 10 HGB	Angabe aller Mitglieder des Geschäftsführungsorgans und des Aufsichtsrates, auch wenn sie im Geschäftsjahr oder später ausgeschieden sind, mit Familiennamen und mindestens einem ausgeschriebenen Vornamen einschließlich des ausgeübten Berufes (hauptberufliche Tätigkeit bzw. bei Angestellten Angabe des jeweiligen Unternehmens; *neu durch das KonTraG*), wobei der Vorsitzende eines Aufsichtsrates, seine Stellvertreter und ein etwaiger Vorsitzender des Geschäftsführungsorgans als solche zu bezeichnen sind
(116.) Einz.: börs. AG	285 Nr. 10 HGB	**Zu Nr. 115.:** Angabe auch der Mitgliedschaft in Aufsichtsräten und anderen Kontrollgremien i.S.d. § 125 Abs. 1 S. 3 AktG (gilt auch für freiwillig gebildeten Aufsichtsrat oder Beirat, der Aufgaben eines Aufsichtsrats wahrnimmt: *durch das KonTraG)*
(117.) (Einz. Erl. k)/ (Konz. § 13 III 1 PublG)	285 Nr. 9a HGB, 286 Abs. 4 AktG/ 314 Abs. 1 Nr. 6a HGB	Angabe der für die Mitglieder des Geschäftsführungsorgans, eines Aufsichtsrats, eines Beirates oder einer ähnlichen Einrichtung – jeweils für jede Personengruppe – für die Tätigkeit im Gj. gewährten Gesamtbezüge ***Anmerkung:*** ***Dazu rechnen insb. Gehälter, Gewinnbeteiligungen, Bezugsrechte (Klarstellung durch das KonTraG wegen § 192 II Nr. 3 AktG), Aufwandsentschädigungen, Versicherungsentgelte, Provisionen und Nebenleistungen jeder Art. Einzurechnen sind auch Bezüge, die nicht ausbezahlt, sondern in Ansprüche anderer Art umgewandelt oder zur Erhöhung anderer Ansprüche verwendet werden. Anzugeben sind auch Bezüge, die im Gj. gewährt, bisher aber in keinem JA/KA angegeben worden sind.*** ***KGaA: Die o.g. Angabe gilt für persönlich haftende Gesellschafter mit der Maßgabe, dass der auf den Kapitalanteil eines persönlich haftenden Gesellschafters entfallende Gewinn nicht angegeben zu werden braucht (§ 286 Abs. 4 AktG).*** ***Hinweis:*** ***Sind Organbezüge eines Organmitgliedes feststellbar, so ist nach der Kommentarliteratur die Schutzklausel des § 286 Abs. 4 HGB analog anwendbar.***
(118.) (Einz. Erl. k)/ (Konz. § 13 III 1 PublG)	285 Nr. 9b S. 1 u. 2 HGB, 286 Abs. 4 AktG/ 314 Abs. 1 Nr. 6b S. 1 HGB	**Zu Nr. 117.:** Angabe der Gesamtbezüge der früheren Mitglieder der in Nr. 117 bezeichneten Organe und ihrer Hinterbliebenen (dazu rechnen insb. Abfindungen, Ruhegehälter, Hinterbliebenenbezüge und Leistungen verwandter Art) ***Hinweis:*** ***zur Schutzklausel siehe Nr. 117***
(119.) (Einz. Erl. k)/ (Konz. § 13 III 1 PublG)	285 Nr. 9b S. 3 HGB, 286 Abs. 4 AktG/ 314 Abs. 1 Nr. 6b S. 2 HGB	**Zu Nr. 118.:** Angabe des Betrages der für frühere Organmitglieder und ihre Hinterbliebenen gebildeten Rückstellungen für laufende Pensionen und Anwartschaften auf Pensionen als auch des Betrages der nicht gebildeten Pensionsrückstellungen

E. Sonstige Angaben		
Lfd.Nr.	**Grundlagen**	**Bewertungskriterien (Anhangsangaben)**
(120.) (Konz. § 13 III 1 PublG)	285 Nr. 9c/ 314 Abs. 1 Nr. 6c HGB	Angaben bzgl. der an die in Nr. 117 genannten Personen gewährten Vorschüsse und Kredite, einschließlich der: a) Zinssätze b) wesentlichen Bedingungen c) im Geschäftsjahr zurückgezahlten Beträge d) eingegangenen Haftungsverhältnisse
3. Angaben zum Mutterunternehmen bzw. zu verbundenen Unternehmen und Beteiligungsunternehmen und weitere rechtsformspezifische Angaben		
(121.) Einz.	285 Nr. 11 HGB	Angaben zu Unternehmen, an denen ein Anteilsbesitz von 20% oder mehr besteht (entsprechende Anwendung von § 16 II und IV AktG) a) Name und Sitz des Unternehmens b) Anteil am Kapital des Unternehmens c) Höhe des Eigenkapitals des Unternehmens d) Ergebnis des letzten Gj., für das ein Abschluss aufgestellt wurde ***Hinweis:*** ***ggf. Schutzklausel, § 286 III HGB***
(122.) Einz.: börs. AG	285 Nr. 11 HGB	**Zu Nr. 121.:** Angabe aller Beteiligungen an großen KapG, die 5% der Stimmrechte überschreiten *(durch das KonTraG)* ***Hinweis:*** ***ggf. Schutzklausel, § 286 III HGB***
(123.) Einz.	285 Nr. 11a HGB	Angabe von Name, Sitz und Rechtsform der Unternehmen, deren unbeschränkt haftender Gesellschafter die AG/KGaA ist ***Hinweis:*** ***ggf. Schutzklausel, § 286 III HGB (durch das KapCoRiLiG)***
(124.) Einz.	287 S. 3 HGB	**Zu Nr. 121. bis 123.:** Hinweis auf die besondere Aufstellung des Anteilsbesitzes, welche die Angaben nach § 285 Nr. 11/11a HGB ersetzt, und deren Ort der Hinterlegung beim Handelsregister, falls der Anteilsbesitz nach § 287 S. 3 HGB nicht im Anhang angegeben wird a) Hinweis auf die Hinterlegung der Anteilliste b) Hinweis auf den Ort des Handelsregisters c) Hinweis auf die Handelsregisternummer d) Angaben zur Beteiligungsliste
(125.) Einz.	286 Abs. 3 S. 3 HGB	**Zu Nr. 121. bis 123.:** Angabe der Anwendung der Schutzklausel nach § 286 Abs. 3 S. 1 Nr. 2 HGB (die Angaben nach § 285 Nr. 11/11a HGB sind unterblieben, weil erhebliche Nachteile für das Unternehmen oder die verbundenen Unternehmen entstehen können)
(126.) Einz. PHG	285 Nr. 15 HGB	Angabe von Name und Sitz der Gesellschaften, die persönlich haftende Gesellschafter sind, sowie deren Gezeichnetes Kapital ***Hinweis:*** ***Vorschrift speziell für PHG (neu durch das KapCoRiLiG)***
(127.) Einz.	285 Nr. 14 HGB	Angabe bei Konzernzugehörigkeit des Namens und Sitzes des Mutterunternehmens, das den Konzernabschluss für den größten und für den kleinsten Kreis von Unternehmen aufstellt, sowie Angabe des Ortes, wo die Konzernabschlüsse gegebenenfalls erhältlich sind a) Konzernabschluss für den größten Kreis von Unternehmen a_1) Name des Mutterunternehmens a_2) Sitz des Mutterunternehmens a_3) Ort, wo der Konzernabschluss gegebenenfalls erhältlich ist b) Konzernabschluss für den kleinsten Kreis von Unternehmen b_1) Name des Mutterunternehmens b_2) Sitz des Mutterunternehmens b_3) Ort, wo der Konzernabschluss gegebenenfalls erhältlich ist

E. Sonstige Angaben		
Lfd.Nr.	**Grundlagen**	**Bewertungskriterien (Anhangsangaben)**
(128.) Einz.	291 Abs. 2 Nr. 3 HGB	Angaben über einen befreienden Konzernabschluss a) Angabe des befreienden Mutterunternehmens b) Angabe des Sitzes des befreienden Mutterunternehmens c) Hinweis auf die Befreiung von der Verpflichtung, einen Konzernabschluss/Konzernlagebericht aufzustellen d) Erläuterung der im befreienden Konzernabschluss vom deutschen Recht abweichend angewandten Bilanzierungs-, Bewertungs- und Konsolidierungsmethoden *(durch das KapAEG)*
(129.) AG	160 Abs. 1 Nr. 7 AktG/ 298 Abs. 1 HGB i.V.m. 160 Abs. 1 Nr. 7 AktG **kann entfallen**	Angabe des Bestehens einer wechselseitigen Beteiligung a) Angabe der anderen wechselseitig beteiligten Gesellschaft b) Angabe der Höhe der jeweiligen wechselseitigen Beteiligungen c) Angabe der Veränderung der wechselseitigen Beteiligung im Geschäftsjahr ***Hinweis:*** ***ggf. Schutzklausel, § 160 Abs. 2 AktG***
(130.) AG	160 Abs. 1 Nr. 8 AktG/ 298 Abs. 1 HGB i.V.m. 160 Abs. 1 Nr. 8 AktG **kann entfallen**	Angabe über das Bestehen einer Beteiligung an der Gesellschaft im Sinne von § 20 Abs. 1 oder Abs. 4 AktG a) Angabe, wem die Beteiligung gehört b) Angabe der Höhe der Beteiligung c) Angabe, wenn es sich um eine Mehrheitsbeteiligung handelt d) zusätzlich: Ab 01.01.2000: Angabe über das Bestehen einer Beteiligung an der Gesellschaft, die nach § 20 Abs. 1 oder Abs. 4 AktG oder nach § 21 Abs. 1 oder Abs. 1a des WpHG mitgeteilt worden ist: Angabe des nach § 20 Abs. 6 AktG oder des nach § 25 Abs. 1 WpHG veröffentlichten Inhalts der Mitteilung (*neu durch das KapCoRiLiG; Neufassung erstmals für das nach dem 31.12.1999 beginnende Gj. anzuwenden; § 16 EGAktG)* ***Hinweis:*** ***ggf. Schutzklausel, § 160 Abs. 2 AktG***
(131.) Konz.	314 Abs. 1 Nr. 7 HGB	Angabe zum Bestand an Anteilen an dem Mutterunternehmen, die das Mutterunternehmen oder ein Tochterunternehmen oder ein anderer für Rechnung eines in den Konzernabschluss einbezogenen Unternehmens erworben oder als Pfand genommen hat a) Angabe der Zahl der Anteile b) Angabe des Nennbetrags der Anteile c) Angabe des Anteils am Gezeichneten Kapital des Mutterunternehmens
4. Angaben bei Sonderprüfung wegen unzulässiger Unterbewertung		
(132.) AG	261 Abs. 1 S. 3 und 4 AktG/ 298 Abs. 1 HGB i.V.m. 261 Abs. 1 S. 3 und 4 AktG **kann entfallen**	Angaben, die nach einer Sonderprüfung wegen unzulässiger Bewertung in besonderen Fällen zu machen sind a) Angabe der Gründe für einen niedrigeren Wert auf der Aktivseite bzw. einen höheren Wert auf der Passivseite in einem späteren Jahresabschluss b) Darstellung der Entwicklung der von den Sonderprüfern festgestellten Werte zu den Werten im Jahresabschluss in einer Sonderrechnung c) Angabe über die Verwendung eines Ertrages aus zwischenzeitlich abgegangenen, unterbewerteten Gegenständen

7.5 Kriterienkatalog zur Beurteilung angabepflichtiger Informationen gemäß den *International Accounting Standards (IAS)*

Anmerkungen zur Erstellung des vorliegenden Kriterienkataloges:
Der Anhang ist gemäß IAS 1.7 (revised 1997) neben Bilanz, Gewinn- und Verlustrechnung und Kapitalflussrechnung Pflichtbestandteil eines Abschlusses nach den *International Accounting Standards*. Gemäß IAS 1.91 (revised 1997) hat der Anhang grundsätzlich folgende Angaben zu beinhalten:

- Informationen über die Grundlagen der Aufstellung des Abschlusses und die besonderen Bilanzierungs- und Bewertungsmethoden, die für bedeutsame Geschäftsvorfälle und Ereignisse ausgewählt und angewandt worden sind (IAS 1.91 (a) (revised 1997)),
- Informationen, die von einzelnen *International Accounting Standards* verlangt werden und an keiner anderen Stelle im Abschluss dargestellt werden (IAS 1.91 (b) (revised 1997)),
- zusätzliche Informationen, die für die Darstellung eines den tatsächlichen Verhältnissen entsprechenden Bildes notwendig sind, aber nicht in den anderen Abschlussbestandteilen dargestellt werden (IAS 1.91 (c) (revised 1997)).

Die Anhangsangaben sind im Abschluss systematisch darzustellen. Alle Posten der Bilanz, der Gewinn- und Verlustrechnung und der Kapitalflussrechnung müssen Querverweise zu sämtlichen dazugehörigen Informationen im Anhang haben (IAS 1.92 (revised 1997)). Für die Gliederung der Informationen wird gemäß IAS 1.94 (revised 1997) folgende Reihenfolge empfohlen:

- Aussage zur Übereinstimmung mit den *International Accounting Standards,*
- Darstellung der angewandten Bewertungsgrundlage(n) und der angewandten Bilanzierungs- und Bewertungsmethode(n),
- ergänzende Informationen zu den in den Abschlussbestandteilen dargestellten Posten und zwar in der Reihenfolge, in der jeder Posten und jeder Abschlussbestandteil dargestellt wird,
- andere Angaben, einschließlich:
  - Erfolgsunsicherheiten, Verpflichtungen,
  - andere finanzielle Angaben,
  - nicht finanzielle Angaben.

Unter Beachtung dieser Empfehlung wurde der nachfolgende Kriterienkatalog in Anlehnung an die *„Disclosure Checklist"* in *Wiley, International Accounting Standards, 1996 bis 2000* sowie an die in *Baetge/Dörner/Kirsch et al., International Accounting Standards, 1997, S. 1403 ff.* enthaltene *„Checkliste für angabepflichtige Informationen"* erstellt. Der vorliegende Kriterienkatalog enthält sämtliche **Pflichtangaben** *(„Disclosures")*[1] gemäß den Vorschriften der *International Accounting Standards* unter Berücksichtigung der Gesetzeslage, die im Betrachtungszeitraum[2] bestand. Ausgenommen sind jedoch die Pflichtangaben, die sich gemäß IAS 26[3], IAS 30[4] und IAS 34[5] ergeben, da deren Reglement für den hier verfolgten Zweck keine Relevanz besitzt. **Nicht enthalten** sind demgemäß die in den einzelnen IAS **empfohlenen (freiwilligen) Angaben**, so z.B. Angaben gemäß IAS 7.50 (rev. 1992), IAS 8.48 (rev. 1993), ~~IAS 9.31, 9.32 (rev. 1993),~~ IAS 12.87 (rev. 1996), IAS 14.49, 14.53, 14.59 (rev. 1997)/~~IAS 14.7, 14.23 (ref. 1994)~~, IAS 16.66 (rev. 1998)/~~IAS 16.71 (rev. 1993)~~, ~~IAS 17.27 (ref. 1994)~~, IAS 21.47 (rev. 1993), IAS 25.50 (ref. 1994), IAS 32.50, 32.94 (approved 1995/rev. 1998), IAS 33.45, 33.50 (approved 1997), IAS 36.119 (approved 1998), IAS 38.117 (approved 1998), Interpretation SIC-6.5/IAS 1.08 (rev. 1997), Interpretation SIC-8.8/IAS 1.11 (rev. 1997). Nicht einbezogen wurden des Weiteren auch die Angaben gemäß IAS 39 und IAS 40, die beide in dem betrachteten Zeitraum verabschiedet wurden, jedoch erst verbindlich auf Abschlüsse anzuwenden sind, deren Berichtszeitraum am oder nach dem 1. Januar 2001 beginnt. Somit bestand in dem betrachteten Zeitraum lediglich die Möglichkeit einer freiwilligen Anwendung.

Während des Betrachtungszeitraumes der vorliegenden Untersuchung haben sich zahlreiche Änderungen der im Rahmen dieser Untersuchung relevanten oben genannten *International Accounting Standards* ergeben, neue Standards wurden verabschiedet. Diese Änderungen sind im folgenden Kriterienkatalog berücksichtigt. Während des Betrachtungszeitraumes überarbeitete *International Accounting Standards* wurden in Form von „Durchstreichungen" der jeweiligen Gesetzesgrundlage innerhalb der Checkliste markiert.

Zur Orientierung erfolgt zunächst ein Überblick über die historische Entwicklung der jeweiligen Vorschriften der *International Accounting Standards*, die für die vorliegende Arbeit von Relevanz sind. Im Betrachtungszeitraum der vorliegenden Arbeit relevante Änderungen bzw. überarbeitete Standards sind hierbei entsprechend kenntlich gemacht.

---

1 Enthalten sind auch die Angaben, die wahlweise im Anhang oder anderen Bestandteilen des Abschlusses zu machen sind.

2 Vgl. auch Gliederungspunkt 5.2.

3 IAS 26 (reformatted 1994): anzuwenden seit 1.1.1995 – „Accounting and Reporting by Retirement Benefit Plans".

4 IAS 30 (reformatted 1994): anzuwenden seit 1.1.1995 – „Disclosures in the Financial Statements of Banks and Similar Financial Institutions".

5 IAS 34 (approved 1998): anzuwenden seit 1.1.1999 – „Interim Financial Reporting".

Index	Bezeichnung	Anwendungszeitpunkt
IAS 1 **(reformatted 1994)** **(revised 1997)**	**„Disclosure of Accounting Policies"** **„Presentation of Financial Statements"**	1.1.1975 (reformatted 1994): 1.1.1995 (revised 1997): 1.7.1998
IAS 2 **(revised 1993)**	**„Inventories"**	1.1.1976 (revised 1993): 1.1.1995
IAS 4 **(reformatted 1994)**	**„Depreciation Accounting"** hinsichtlich der Abschreibung von Sachanlagevermögen **ersetzt durch IAS 16 (revised 1993)** hinsichtlich der Abschreibung von immateriellen Vermögenswerten **ersetzt durch IAS 38 (approved 1998)**	1.1.1977 (reformatted 1994): 1.1.1995 IAS 16 (revised 1993): 1.1.1995 IAS 38 (approved 1998): 1.7.1999
IAS 5 **(reformatted 1994)**	**„Information to Be Disclosed in Financial Statements"** **ersetzt durch** **IAS 1 (revised 1997)**	1.1.1977 (reformatted 1994): 1.1.1995 IAS 1 (revised 1997): 1.7.1998
IAS 7 **(revised 1992)**	**„Cash Flow Statements"**	1.1.1979 (revised 1992): 1.1.1994
IAS 8 **(revised 1993)**	**„Net Profit or Loss for the Period, Fundamental Errors and Changes in Accounting Policies"** hinsichtlich der „Discontinued Operations" werden die **Paragraphen 19 bis 22 des IAS 8 ersetzt durch** **IAS 35 (approved 1998)**	1.1.1979 (revised 1993): 1.1.1995 IAS 35 (approved 1998): 1.1.1999
IAS 9 **(revised 1993)**	**„Research and Development Costs"** **ersetzt durch IAS 38**	1.1.1980 (revised 1993): 1.1.1995 IAS 38 (approved 1998): 1.7.1999
IAS 10 **(reformatted 1994)** **(revised 1999)**	**„Contingencies and Events Occurring After the Balance Sheet Date"** wird hinsichtlich des Teilbereichs des IAS 10, der sich auf „Contingencies" bezieht, **ersetzt durch IAS 37** **„Events After the Balance Sheet Date"**	1.1.1980 (reformatted 1994): 1.1.1995 IAS 37 (approved 1998): 1.7.1999 (revised 1999): 1.1.2000
IAS 11 **(revised 1993)**	**„Construction Contracts"**	1.1.1980 (revised 1993): 1.1.1995
IAS 12 **(revised 1996)**	**„Income Taxes"**	1.1.1981 (revised 1996): 1.1.1998
IAS 13 **(reformatted 1994)**	**„Presentation of Current Assets and Current Liabilities"** **ersetzt durch** **IAS 1 (revised 1997)**	1.1.1981 (reformatted 1994): 1.1.1995 IAS 1 (revised 1997): 1.7.1998
IAS 14 **(reformatted 1994)** **(revised 1997)**	**„Reporting Financial Information by Segment"** **„Segment Reporting"**	1.1.1983 (reformatted 1994): 1.1.1995 (revised 1997): 1.7.1998

Index	Bezeichnung	Anwendungszeitpunkt
IAS 15 **(reformatted 1994)**	**„Information Reflecting the Effects of Changing Prices"**	1.1.1983 (reformatted 1994): 1.1.1995
IAS 16 **(revised 1993)** **(revised 1998)**	**„Property, Plant and Equipment"**	1.1.1983 (revised 1993): 1.1.1995 (revised 1998): 1.7.1999
IAS 17 **(reformatted 1994)** **(revised 1997)**	**„Accounting for Leases"** **„Leases"**	1.1.1984 (reformatted 1994): 1.1.1995 (revised 1997): 1.1.1999
IAS 18 **(revised 1993)**	**„Revenue"**	1.1.1984 (revised 1993): 1.1.1995
IAS 19 **(revised 1993)** **(revised 1998)**	**„Retirement Benefit Costs"** **„Employee Benefits"**	1.1.1985 (revised 1993): 1.1.1995 (revised 1998): 1.1.1999
IAS 20 **(reformatted 1994)**	**„Accounting for Government Grants and Disclosure of Government Assistance"**	1.1.1984 (reformatted 1994): 1.1.1995
IAS 21 **(revised 1993)**	**„The Effects of Changes in Foreign Exchange Rates"**	1.1.1985 (revised 1993): 1.1.1995
IAS 22 **(revised 1993)** **(revised 1998)**	**„Business Combinations"**	1.1.1985 (revised 1993): 1.1.1995 (revised 1998): 1.7.1999
IAS 23 **(revised 1993)**	**„Borrowing Costs"**	1.1.1986 (revised 1993): 1.1.1995
IAS 24 **(reformatted 1994)**	**„Related Party Disclosures"**	1.1.1986 (reformatted 1994): 1.1.1995
IAS 25 **(reformatted 1994)**	**„Accounting for Investments"**	1.1.1987 (reformatted 1994): 1.1.1995
IAS 27 **(reformatted 1994)**	**„Consolidated Financial Statements and Accounting for Investments in Subsidiaries"**	1.1.1990 (reformatted 1994): 1.1.1995
IAS 28 **(reformatted 1994)** **(revised 1998)**	**„Accounting for Investments in Associates"**	1.1.1990 (reformatted 1994): 1.1.1995 (revised 1998): 1.7.1999
IAS 29 **(reformatted 1994)**	**„Financial Reporting in Hyper-inflationary Economies"**	1.1.1990 (reformatted 1994): 1.1.1995
IAS 31 **(reformatted 1994)** **(revised 1998)**	**„Financial Reporting of Interests in Joint Ventures"**	1.1.1992 (reformatted 1994): 1.1.1995 (revised 1998): 1.7.1999
IAS 32 **(approved 1995)** **(revised 1998)**	**„Financial Instruments: Disclosure and Presentation"**	1.1.1996
IAS 33 **(approved 1997)**	**„Earnings Per Share"**	1.1.1998
IAS 35 **(approved 1998)**	**„Discontinuing Operations"**	1.1.1999

Index	Bezeichnung	Anwendungszeitpunkt
IAS 36 (approved 1998)	„Impairment of Assets"	1.7.1999
IAS 37 (approved 1998)	„Provisions, Contingent Liabilities and Contingent Assets"	1.7.1999
IAS 38 (approved 1998)	„Intangible Assets"	1.7.1999

A. Unternehmensdaten

Lfd.Nr.	Grundlagen	Bewertungskriterien (*Disclosures*)
(1.)		**Hinsichtlich allgemeiner Unternehmensdaten ergeben sich folgende Angabepflichten**
	~~IAS 5~~ ~~(reformatted 1994)~~	**<u>Für Abschlüsse, deren Berichtszeitraum vor dem 1. Juli 1998 beginnt:</u>**
	~~5.7~~	a) Name des berichtenden Unternehmens
		b) Land, in dem das berichtende Unternehmen seinen Sitz hat
		c) Abschlussstichtag
		d) Rechnungslegungsperiode
		e) kurze Beschreibung des Unternehmensgegenstandes des berichtenden Unternehmens
		f) Rechtsform des berichtenden Unternehmens
		g) Berichtswährung
	IAS 1 (revised 1997)	**<u>Für Abschlüsse, deren Berichtszeitraum am oder nach dem 1. Juli 1998 beginnt:</u>**
	1.46 (a)	a) Name des berichtenden Unternehmens oder andere Mittel der Identifizierung
	1.102 (a)	b) Sitz des berichtenden Unternehmens
		c) Rechtsform des berichtenden Unternehmens
		d) Land, in dem das berichtende Unternehmen als juristische Person registriert ist
		e) Adresse des im Handelsregister eingetragenen Sitzes des berichtenden Unternehmens (oder des Hauptsitzes der Geschäftstätigkeit, wenn dieser vom eingetragenen Sitz abweicht)
	1.102 (d)	f) wahlweise die Anzahl der Arbeitnehmer am Ende der Berichtsperiode oder die durchschnittliche Anzahl der Arbeitnehmer in der Berichtsperiode
	1.102 (b)	g) Beschreibung der Art der Geschäftstätigkeit des berichtenden Unternehmens und seiner Hauptaktivitäten
	1.46 (b)	h) Angabe, ob sich der Abschluss auf das einzelne Unternehmen oder einen Konzern bezieht
	1.102 (c)	i) Name des Mutterunternehmens und des obersten Mutterunternehmens des Konzerns
	1.46 (c)	j) Bilanzstichtag oder die Berichtsperiode, auf die sich der Abschluss bezieht, je nachdem, was für den entsprechenden Bestandteil des Abschlusses angemessen ist
	1.46 (d)	k) Berichtswährung
	1.46 (e)	l) Präzisionsgrad, der bei der Darstellung von Beträgen im Abschluss angewandt wird

B. Allgemeine Angaben zur Bilanz und zur Gewinn- und Verlustrechnung

Lfd.Nr.	Grundlagen	Bewertungskriterien (*Disclosures*)
1. Konformitätserklärung		
(2.)	IAS 1 (revised 1997)	**<u>Für Abschlüsse, deren Berichtszeitraum am oder nach dem 1. Juli 1998 beginnt, sind erstmals folgende Angaben erforderlich:</u>**
	1.11	a) die Tatsache, dass der Abschluss mit den *International Accounting Standards* in Einklang steht
	1.11	***<u>Anmerkung:</u>*** ***Dies ist dann der Fall, wenn sämtliche Anforderungen jedes anzuwendenden Standards und jeder anzuwendenden Interpretation des „Standing Interpretations Committee" erfüllt sind.***
	1.13	b) für Unternehmen, deren Unternehmensleitung zu dem Ergebnis gelangt, dass die Befolgung einer Anforderung in einem Standard irreführend wäre und deshalb das Abweichen von einer Vorschrift notwendig ist, um ein den tatsächlichen Verhältnissen entsprechendes Bild zu vermitteln:

B. Allgemeine Angaben zur Bilanz und zur Gewinn- und Verlustrechnung		
Lfd.Nr.	**Grundlagen**	**Bewertungskriterien (*Disclosures*)**
	1.13 (a)	b_1) die Tatsache, dass die Unternehmensleitung zu dem Schluss gekommen ist, dass der Abschluss die Vermögens-, Finanz- und Ertragslage sowie Cashflows des Unternehmens den tatsächlichen Verhältnissen entsprechend darstellt
	1.13 (b)	b_2) die Tatsache, dass es in allen wesentlichen Punkten den anzuwendenden *International Accounting Standards* nachgekommen ist, mit der Ausnahme, dass von einem Standard abgewichen wurde, um ein den tatsächlichen Verhältnissen entsprechendes Bild zu vermitteln
	1.13 (c)	b_3) der Standard, von dem das Unternehmen abgewichen ist b_4) die Art der Abweichung einschließlich der Bilanzierungsweise, die der Standard fordern würde b_5) der Grund, warum diese Bilanzierungsweise unter den gegebenen Umständen irreführend wäre b_6) die Bilanzierungsweise, die angewandt wurde
	1.13 (d)	b_7) die finanzielle Auswirkung der Abweichung auf das Periodenergebnis, die Vermögenswerte, die Schulden, das Eigenkapital sowie die Cashflows des Unternehmens für jede dargestellte Berichtsperiode
	1.19	c) die Tatsache, wenn in Übereinstimmung mit besonderen Vorschriften im jeweiligen Standard ein *International Accounting Standard* vor dem Zeitpunkt seines Inkrafttretens angewandt wird
	Interpretation SIC-8 (Juli 1998): anzuwenden ab dem 1.8.1998	d) in der Berichtsperiode, in der die *International Accounting Standards* erstmalig vollständig als Grundlage der Rechnungslegung angewendet werden:
	SIC 8.7 (a)	d_1) die Tatsache, dass der Anpassungsbetrag an den Eröffnungswert der nicht ausgeschütteten Gewinne nicht verlässlich bestimmt werden kann
	SIC 8.7 (b)	d_2) die Tatsache, dass es nicht praktikabel ist, Vergleichsinformationen zu liefern
	SIC 8.7 (c)	d_3) die gewählte Methode für jeden *International Accounting Standard*, der eine Wahl der Übergangsbilanzierungs- und Bewertungsmethoden gestattet
2. Gliederung		
(3.)	~~IAS 5 (reformatted 1994) / IAS 13 (reformatted 1994)~~	**<u>Für Abschlüsse, deren Berichtszeitraum vor dem 1. Juli 1998 beginnt:</u>**
	~~5.8~~	a) zusätzliche Angaben in Bezug auf Beträge und den Inhalt von Posten, soweit sie für das Verständnis von einzelnen Posten erforderlich sind b) gesonderte Angabe wesentlicher Posten bei Zusammenfassung oder Saldierung
	~~5.9~~	c) Angabe der Vorjahreszahlen
	~~13.7~~	d) Wahlrecht, kurzfristige Vermögensgegenstände und Schulden als gesonderte Klassifikation in der Bilanz auszuweisen (vgl. auch IAS ~~13.13 ff.~~) ***<u>Anmerkung:</u>*** ***Ein festes Gliederungsschema ist bisher nicht vorgesehen; die bei den einzelnen Posten aufgeführten Angaben können daher an einer beliebigen Stelle des Jahresabschlusses gemacht werden.***
	IAS 1 (revised 1997)	**<u>Für Abschlüsse, deren Berichtszeitraum am oder nach dem 1. Juli 1998 beginnt:</u>**
	1.67/1.72/1.74	a) zusätzliche Darstellung von einzelnen Posten, Überschriften und Zwischensummen in der Bilanz und in der Gewinn- und Verlustrechnung, wenn ein *International Accounting Standard* dies verlangt oder wenn sie für das Verständnis von einzelnen Posten erforderlich sind
	1.38	b) Angabe von Vergleichsinformationen hinsichtlich der vorangegangenen Berichtsperiode für alle quantitativen Informationen, sofern ein *International Accounting Standard* nichts anderes erlaubt oder vorschreibt

B. Allgemeine Angaben zur Bilanz und zur Gewinn- und Verlustrechnung

Lfd.Nr.	Grundlagen	Bewertungskriterien (*Disclosures*)
	1.40	c) bei Änderung der Darstellung oder Struktur von Posten im Abschluss sind auch die Vergleichsbeträge neu zu gliedern (außer wenn dies praktisch undurchführbar ist); weiterhin sind hierzu anzugeben: c_1) die Art der Änderung c_2) der Betrag der Änderung c_3) der Grund der Änderung; werden die Vergleichsbeträge nicht neu gegliedert, weil dies nicht praktikabel ist, Angabe: c_4) der Gründe für die unterlassene Anpassung c_5) der Art der Änderungen, die vorgenommen worden wären, wenn man die Beträge umgegliedert hätte
	1.53	d) Wahlrecht, kurzfristige Vermögensgegenstände und Schulden als gesonderte Klassifikation in der Bilanz auszuweisen
	1.92	e) Querverweis jedes Postens in der Bilanz, der Gewinn- und Verlustrechnung und der Kapitalflussrechnung zu sämtlichen dazugehörigen Informationen im Anhang zur systematischen Darstellung der Anhangsangaben ***Anmerkung:*** ***Ein festes Gliederungsschema ist bisher nicht vorgesehen; die bei den einzelnen Posten aufgeführten Angaben können daher an einer beliebigen Stelle des Jahresabschlusses gemacht werden.***
3. Bilanzierungs- und Bewertungsmethoden		
(4.)	~~IAS 1~~ ~~(reformatted 1994) /~~ ~~IAS 5~~ ~~(reformatted 1994)~~	**Für Abschlüsse, deren Berichtszeitraum vor dem 1. Juli 1998 beginnt:**
	~~1.8/1.9~~ ~~5.6/5.8~~	a) Angabe aller wesentlichen Bilanzierungs- und Bewertungsmethoden b) Angabe aller wesentlichen Informationen, die für einen möglichst klaren und verständlichen Jahresabschluss erforderlich sind
	IAS 1 (revised 1997)	**Für Abschlüsse, deren Berichtszeitraum am oder nach dem 1. Juli 1998 beginnt:**
	1.91	a) Angaben über die Grundlagen der Aufstellung des Abschlusses und die besonderen Bilanzierungs- und Bewertungsmethoden, die für bedeutsame Geschäftsvorfälle und Ereignisse ausgewählt und angewandt worden sind
	1.97 (a)	b) Angabe der bei der Erstellung des Abschlusses herangezogenen Bewertungsgrundlage(n)
	1.97 (b)	c) Angabe jeder spezifischen Bilanzierungs- und Bewertungsmethode, die für ein besseres Verständnis des Abschlusses notwendig ist
4. Änderungen von Bilanzierungs- und Bewertungsmethoden		
4.1. Abweichungen von den allgemeinen Grundsätzen der Rechnungslegung		
(5.)	~~IAS 1~~ ~~(reformatted 1994)~~	**Für Abschlüsse, deren Berichtszeitraum vor dem 1. Juli 1998 beginnt:**
	~~1.3~~	Angabe der Abweichungen von den allgemeinen Grundsätzen der Rechnungslegung (Unternehmensfortführung, Stetigkeit und Periodisierung), einschließlich einer Begründung; bei Abweichung vom Grundsatz der Unternehmensfortführung ist die angewandte Bewertungsgrundlage anzugeben
	IAS 1 (revised 1997)	**Für Abschlüsse, deren Berichtszeitraum am oder nach dem 1. Juli 1998 beginnt:**
	1.23	a) werden Abschlüsse nicht auf der Grundlage der Annahme der Unternehmensfortführung aufgestellt, sind folgende Angaben erforderlich: a_1) die Tatsache, dass die Abschlüsse nicht auf der Grundlage der Annahme der Unternehmensfortführung aufgestellt sind a_2) die Grundlagen, auf denen die Abschlüsse basieren a_3) der Grund, warum nicht von der Unternehmensfortführung ausgegangen wird

B. Allgemeine Angaben zur Bilanz und zur Gewinn- und Verlustrechnung

Lfd.Nr.	Grundlagen	Bewertungskriterien (*Disclosures*)
	1.49	b) wenn sich unter besonderen Umständen der Bilanzstichtag eines Unternehmens ändert und der Jahresabschluss für einen Zeitraum aufgestellt wird, der länger oder kürzer als ein Jahr ist, hat ein Unternehmen zusätzlich zur Berichtsperiode, auf die sich der Abschluss bezieht, anzugeben:
	1.49 (a)	b_1) den Grund für die Verwendung einer anderen Berichtsperiode als ein Jahr
	1.49 (b)	b_2) die Tatsache, dass Vergleichsbeträge der Gewinn- und Verlustrechnung, der Veränderungen des Eigenkapitals, des Cashflows und der dazugehörigen Anhangsangaben nicht vergleichbar sind
4.2. Wechsel der Bilanzierungs- und Bewertungsmethoden		
(6.)	**IAS 8** **(revised 1993)** **8.53**	a) hat eine Änderung einer Bilanzierungs- oder Bewertungsmethode wesentliche Auswirkungen auf die Berichtsperiode oder eine frühere dargestellte Periode oder kann sie wesentliche Auswirkungen auf spätere Perioden haben, so sind ***bei Anwendung der „Benchmark-Methode“*** folgende Angaben erforderlich:
	8.53 (a)	a_1) die Gründe für die Änderung
	8.53 (b)	a_2) der Betrag der Anpassung in der Berichtsperiode und für jede dargestellte frühere Periode
	8.53 (c)	a_3) der Betrag der Anpassung, der sich auf frühere Perioden bezieht, die im Abschluss nicht durch Vergleichszahlen berücksichtigt sind
	8.53 (d)	a_4) die Tatsache, dass die Vergleichszahlen angepasst worden sind oder dass eine Anpassung nicht durchführbar ist
	8.57	b) hat eine Änderung einer Bilanzierungs- oder Bewertungsmethode wesentliche Auswirkungen auf die Berichtsperiode oder eine frühere dargestellte Periode oder kann sie wesentliche Auswirkungen auf spätere Perioden haben, so sind ***bei Anwendung der „Alternativ zulässigen Methode“*** folgende Angaben erforderlich:
	8.57 (a)	b_1) die Gründe für die Änderung
	8.57 (b)	b_2) der Betrag der Anpassung, der im Ergebnis der Berichtsperiode berücksichtigt worden ist
	8.57 (c)	b_3) der Betrag der Anpassung für jede Periode, für die zusätzliche Informationen gegeben werden, und der Betrag der Anpassung für Perioden vor denjenigen, die in die ergänzenden Informationen einbezogen sind; falls die Bereitstellung der zusätzlichen Informationen nicht möglich ist, ist dieser Tatbestand anzugeben
5. Grundsätze der Gewinnrealisierung		
(7.)	**18.35 (a)**	a) Angabe der Methoden der Gewinnrealisierung (einschließlich der Methoden zur Ermittlung des Arbeitsfortschrittes bei Dienstleistungen)
		<u>Für Abschlüsse, deren Berichtszeitraum vor dem 1. Januar 1999 beginnt:</u>
	~~17.53 (ref. 1994)~~ **Angabe nach IAS 17 (rev. 1997) nicht erforderlich**	b) beim Leasinggeber *(„finance lease“)*: Angabe der Grundlagen der Verteilung des Ertrages, um eine konstante Periodenrendite zu erreichen, mit Angabe, ob Erträge auf Basis der Nettoinvestition *(„net investment“)* oder auf Basis der Nettobarinvestition *(„net cash investment“)* verteilt werden
	11.39 (c)	c) Angabe der Methoden der Gewinnrealisierung bei langfristiger Fertigung sowie der Bestimmung des Fertigstellungsgrades
6. Fremdwährungsumrechnung		
(8.)	**21.42 (a)**	a) Angabe des Betrages der Umrechnungsdifferenzen, der im Periodenergebnis erfasst worden ist
	21.42 (b)	b) Angabe des Saldos der Umrechnungsdifferenzen, der als separater Posten in das Eigenkapital eingestellt wurde, und eine Überleitungsrechnung des Betrages solcher Umrechnungsdifferenzen vom Beginn zum Ende der Berichtsperiode
	21.42 (c)	c) Angabe des Betrages der in der Berichtsperiode entstandenen Umrechnungsdifferenzen, der bei Anwendung der *„Alternativ zulässigen Methode“* gemäß IAS 21 im Buchwert eines Vermögenswertes einbezogen ist

B. Allgemeine Angaben zur Bilanz und zur Gewinn- und Verlustrechnung		
Lfd.Nr.	**Grundlagen**	**Bewertungskriterien (*Disclosures*)**
	21.43	d) unterscheidet sich die Berichtswährung (*„reporting currency"*) von der jeweiligen Landeswährung des Landes, in dem das berichtende Unternehmen seinen Sitz hat, ist eine Begründung für die Verwendung der abweichenden Währung anzugeben; ferner Angabe der Gründe, die zu einem Wechsel der Berichtswährung geführt haben
	21.44	e) bei einem Wechsel in der Klassifizierung wesentlicher ausländischer Geschäftsbetriebe sind folgende Angaben erforderlich:
	21.44 (a)	e_1) die Art der Änderung in der Klassifizierung
	21.44 (b)	e_2) der Grund für die Änderung
	21.44 (c)	e_3) die Auswirkung der Umklassifizierung auf das Eigenkapital
	21.44 (d)	e_4) die Auswirkungen auf die Periodenergebnisse der dargestellten Vorperioden, als ob die Umklassifizierung zu Beginn der ersten der dargestellten Perioden eingetreten wäre
	21.45	f) Angabe der angewandten Methode für die Umrechnung des Geschäfts- oder Firmenwertes und der Anpassungen an den beizulegenden Zeitwert bei Erwerb einer wirtschaftlich selbständigen ausländischen Teileinheit
	21.48	g) bei erstmaliger Anwendung von IAS 21: gesonderter Ausweis und Angabe des kumulierten Betrages der in früheren Rechnungsperioden erfolgsneutral als Eigenkapital behandelten Umrechnungsdifferenzen, es sei denn, dieser Betrag ist nicht zuverlässig ermittelbar
7. Inflationsbilanzierung		
(9.)		**Bei Hochinflation:**
	29.9	a) gesonderter Ausweis des Gewinnes oder Verlustes aus dem Überschuss monetärer Bilanzposten
	29.25	b) Angabe indizierungsbedingter Veränderungen des Eigenkapitals
	29.39 (a)	c) Hinweis auf Inflationsbereinigung des Abschlusses und der Vorjahreszahlen
	29.39 (b)	d) Angabe, ob der Abschluss auf dem Konzept historischer Anschaffungs- oder Herstellungskosten oder auf dem Konzept der Tageswerte basiert
	29.39 (c)	e) Angabe der Art sowie der Höhe des Preisindexes am Bilanzstichtag sowie seiner Veränderung während des Berichtszeitraumes und der Vorperiode
	15.3	**Für Unternehmen, deren Erlöse, Ergebnis, Vermögenswerte oder Zahl der Beschäftigten eine wesentliche Rolle für ihr wirtschaftliches Umfeld spielen, sind ferner folgende Angaben erforderlich:**
	15.21 (a)	f) der Betrag der Anpassung oder die geänderten planmäßigen Abschreibungsbeträge im Bereich des Sachanlagevermögens
	15.21 (b)	g) der Betrag der Anpassung oder der geänderte Betrag bei den Umsatzkosten
	15.21 (c)	h) die Anpassungen im Zusammenhang mit monetären Posten, dem Einfluss der Fremdfinanzierung oder dem Eigenkapital, wenn diese Anpassungen bei der Ermittlung des Periodenergebnisses nach der gewählten Bilanzierungsmethode berücksichtigt wurden
	15.21 (d)	i) die gesamten Auswirkungen der unter 15.21 (a) und (b) und, falls zutreffend, unter 15.21 (c) beschriebenen Anpassungen auf das Ergebnis sowie alle anderen Posten im Hinblick auf die Auswirkungen von Preisänderungen, die anhand der gewählten Bilanzierungsmethode dargestellt werden
	15.22	j) bei Anwendung einer Methode des Konzeptes der Tageswerte: die Wiederbeschaffungskosten des Sachanlagevermögens und der Vorräte
	15.23	k) die gewählten Methoden zur Errechnung der unter 15.21 und 15.22 genannten Angaben als auch die Art der verwendeten Indices
	15.24	l) die Darstellung der in IAS 15.21 bis 15.23 verlangten Informationen in einem ergänzenden Bericht, sofern diese Angaben nicht in den primären Abschlussbestandteilen enthalten sind
	15.3	***Anmerkung:*** ***Wenn sowohl ein Abschluss des Mutterunternehmens als auch ein konsolidierter Abschluss aufgestellt wird, brauchen die von IAS 15 geforderten Angaben nur auf Basis der konsolidierten Daten dargestellt zu werden.***

B. Allgemeine Angaben zur Bilanz und zur Gewinn- und Verlustrechnung		
Lfd.Nr.	**Grundlagen**	**Bewertungskriterien (*Disclosures*)**
8. Änderungen von Schätzungen und schwerwiegende Bilanzierungsfehler in Vorjahren		
(10.)	**IAS 8** (revised 1993) **8.30**	a) hinsichtlich Änderungen von Schätzungen, die einen wesentlichen Einfluss auf die Rechnungsperiode oder voraussichtlich auf spätere Rechnungsperioden haben, sind folgende Angaben erforderlich:
		a_1) die Art der Änderung
		a_2) der Betrag der Änderung bzw. der Tatbestand, wenn dieser Betrag nicht quantifiziert werden kann
		b) hinsichtlich der Behandlung von Bilanzierungsfehlern in Vorjahren sind folgende Angaben erforderlich:
	8.37	b_1) ***bei Anwendung der „Benchmark-Methode“:***
	8.37 (a)	$b_{1.1}$) die Art des grundlegenden Fehlers
	8.37 (b)	$b_{1.2}$) die betragsmäßige Auswirkung der Berichtigung auf die Berichtsperiode sowie auf alle im Abschluss dargestellten Vorperioden
	8.37 (c)	$b_{1.3}$) die betragsmäßige Auswirkung der Berichtigung auf nicht mehr im Abschluss dargestellte Vorperioden
	8.37 (d)	$b_{1.4}$) der Tatbestand, dass die Vorjahresvergleichszahlen angepasst worden sind oder dass eine Anpassung nicht durchführbar ist
	8.40	b_2) ***bei Anwendung der „Alternativ zulässigen Methode“:***
	8.40 (a)	$b_{2.1}$) die Art des grundlegenden Fehlers
	8.40 (b)	$b_{2.2}$) die betragsmäßige Auswirkung der Berichtigung auf das Periodenergebnis
	8.40 (c)	$b_{2.3}$) die betragsmäßige Auswirkung der Berichtigung auf alle im Abschluss dargestellten sowie auf alle nicht mehr im Abschluss dargestellten Vorperioden; ggf. Hinweis darauf, dass die Bereitstellung der zusätzlichen Informationen nicht möglich ist

C. Angaben zur Bilanz		
Lfd.Nr.	**Grundlagen**	**Bewertungskriterien (*Disclosures*)**
1. Allgemeine Angaben		
(11.)	**IAS 1** (revised 1997)	**Für Abschlüsse, deren Berichtszeitraum am oder nach dem 1. Juli 1998 beginnt:**
		(Angabepflichten für Abschlüsse, deren Berichtsperiode vor dem 1. Juli 1998 beginnt, ergeben sich aus den Gliederungspunkten (12.), (23.), (31.) und (32.).)
	1.29/1.68	a) gesonderter Ausweis folgender Posten in der Bilanz (der Ort der Angabe und die Reihenfolge der Posten ist nicht vorgeschrieben; unwesentliche Beträge sind mit Beträgen ähnlicher Natur oder Funktion zusammenzufassen und brauchen nicht gesondert dargestellt zu werden):
	1.66 (a)	a_1) Sachanlagen
	1.66 (b)	a_2) immaterielle Vermögenswerte
	1.66 (c)	a_3) finanzielle Vermögenswerte (ausschließlich der Beträge, die unter IAS 1.66 (d), (f) und (g) ausgewiesen werden)
	1.66 (d)	a_4) nach der Equity-Methode bilanzierte Finanzanlagen
	1.66 (e)	a_5) Vorräte
	1.66 (f)	a_6) Forderungen aus Lieferungen und Leistungen und sonstige Forderungen
	1.66 (g)	a_7) Zahlungsmittel und Zahlungsmitteläquivalente
	1.66 (h)	a_8) Verbindlichkeiten aus Lieferungen und Leistungen und sonstige Verbindlichkeiten

C. Angaben zur Bilanz		
Lfd.Nr.	**Grundlagen**	**Bewertungskriterien (*Disclosures*)**
	1.66 (i)	a_9) Steuerschulden und -erstattungsansprüche, wie in IAS 12 (Ertragsteuern) gefordert
	1.66 (j)	a_{10}) Rückstellungen
	1.66 (k)	a_{11}) langfristige verzinsliche Schulden
	1.66 (l)	a_{12}) Minderheitenanteile
	1.66 (m)	a_{13}) Gezeichnetes Kapital und Rücklagen
	1.67	b) zusätzliche Posten, Überschriften und Zwischensummen sind in der Bilanz darzustellen, wenn ein *International Accounting Standard* dies verlangt oder wenn eine solche Darstellung notwendig ist, um die Vermögens- und Finanzlage des Unternehmens den tatsächlichen Verhältnissen entsprechend darzustellen
	1.72	c) wahlweise weitere Untergliederung der unter IAS 1.66/1.67 genannten Posten in der Bilanz oder in den Anhangsangaben zur Bilanz in einer der Geschäftstätigkeit des Unternehmens angemessenen Weise
	1.72	d) gesonderte Angabe von Vermögenswerten und Schulden, sofern sie Mutterunternehmen, Schwesterunternehmen, assoziierte Unternehmen und andere nahestehende Unternehmen und Personen betreffen
	1.54	e) Angabe des Betrages (innerhalb eines Vermögens- oder Schuldpostens, der sowohl kurz- als auch langfristige Bestandteile enthält), von dem erwartet wird, dass er nach mehr als zwölf Monaten realisiert bzw. erfüllt wird
	1.63	f) Angabe des Betrages jeder einzelnen kurzfristigen Verbindlichkeit, die im Geschäftsjahr in die langfristigen Verbindlichkeiten umgegliedert wurde
2. Langfristige Aktiva **2.1. Allgemeine Angaben**		
(12.)	~~**IAS 5**~~ ~~**(reformatted 1994)**~~	**<u>Für Abschlüsse, deren Berichtszeitraum vor dem 1. Juli 1998 beginnt:</u>**
	~~**5.3/5.4**~~	gesonderter Ausweis folgender Posten (der Ort der Angabe und die Reihenfolge der Posten ist nicht vorgeschrieben):
	~~**5.11**~~	a) Sachanlagen:
	~~**5.11 (a)**~~	a_1) Grundstücke und Gebäude
	~~**5.11 (b)**~~	a_2) technische Anlagen und Betriebs- und Geschäftsausstattung
	~~**5.11 (c)**~~	a_3) sonstiges Sachanlagevermögen
	~~**5.11 (d)**~~	a_4) kumulierte Abschreibungen ***<u>Anmerkung:</u>*** ***Der Betrag der geleasten oder durch Ratenzahlung erworbenen Sachanlagen ist gesondert auszuweisen.***
	~~**5.12**~~	b) andere langfristige Vermögenswerte: (falls zutreffend, einschließlich der Angabe der Methode und des Zeitraumes der Abschreibung sowie ungewöhnlicher Ausbuchungen während der Berichtsperiode)
	~~**5.12 (a)**~~	b_1) langfristige Finanzinvestitionen $b_{1.1}$) Anteile an verbundenen Unternehmen $b_{1.2}$) Anteile an assoziierten Unternehmen $b_{1.3}$) sonstige Beteiligungen und Wertpapiere unter Angabe des Marktwertes börsennotierter Werte, falls dieser vom Bilanzansatz im Abschluss abweicht
	~~**5.12 (b)**~~	b_2) langfristige Forderungen $b_{2.1}$) Forderungen und Wechsel aus Lieferungen und Leistungen $b_{2.2}$) Forderungen gegen Unternehmensorgane $b_{2.3}$) Forderungen gegen verbundene Unternehmen $b_{2.4}$) Forderungen gegen assoziierte Unternehmen $b_{2.5}$) sonstige Forderungen
	~~**5.12 (c)**~~	b_3) Geschäfts- oder Firmenwert
	~~**5.12 (d)**~~	b_4) Patente, Markenrechte und ähnliche Aktiva

C. Angaben zur Bilanz		
Lfd.Nr.	**Grundlagen**	**Bewertungskriterien (*Disclosures*)**
	~~5.12 (e)~~	b_5) aktivische Abgrenzungen, beispielsweise Gründungs- und Reorganisationskosten sowie latente Steueransprüche
	~~5.10~~	c) sonstige allgemeine Angaben:
	~~5.10 (a)~~	c_1) Verfügungsbeschränkungen über Vermögenswerte
	~~5.10 (b)~~	c_2) als Sicherheit gewährte Vermögenswerte
	~~5.10 (c)~~	c_3) eingegangene Verpflichtungen für künftige Investitionen
2.2.	**Immaterielle Vermögenswerte**	
2.2.1.	**<u>Für Abschlüsse, deren Berichtszeitraum vor dem 1. Juli 1999 beginnt:</u>**	
		<u>Anmerkung:</u> ***„Intangible assets" – IAS 38 tritt für Jahresabschlüsse in Kraft, deren Berichtsperiode am oder nach dem 1. Juli 1999 beginnt; zuvor existieren keine speziellen Vorschriften für immaterielle Vermögenswerte, mit Ausnahme für zu aktivierende Entwicklungskosten („Research and Development Costs" – IAS 9, der durch IAS 38 aufgehoben wird) und für die Abschreibung von Gegenständen des Anlagevermögens („Depreciation Accounting" – IAS 4, der hinsichtlich immaterieller Vermögenswerte durch IAS 38 aufgehoben wird):***
2.2.1.1.	**Allgemeine Angaben zur Bewertung**	
(13.)	~~IAS 4~~ ~~(reformatted 1994)~~	**Hinsichtlich der Bewertung immaterieller Vermögenswerte ergeben sich gemäß ~~IAS 4 (reformatted 1994)~~ folgende Angabepflichten:**
	~~4.14~~	a) die Bewertungsgrundlagen für die Ermittlung der Beträge, mit denen die abschreibungsfähigen immateriellen Vermögenswerte im Abschluss angesetzt wurden (im Rahmen der Angabe der Bilanzierungs- und Bewertungsmethoden gem. IAS 1 (Darstellung des Abschlusses))
	~~4.12~~	b) eine Begründung und die zahlenmäßige Darstellung der Auswirkungen von Änderungen der Bilanzierungs- und Bewertungsmethoden (vgl. hierzu auch Punkt B.4. Änderungen der Bilanzierungs- und Bewertungsmethoden)
	~~4.8~~	c) ein Hinweis auf Änderung von Nutzungsdauerschätzungen
	~~4.15~~	d) für jede bedeutende Gruppe abschreibungsfähiger immaterieller Vermögenswerte sind des Weiteren folgende Angaben erforderlich:
	~~4.15 (a)~~	d_1) die angewandten Abschreibungsmethoden
	~~4.15 (b)~~	d_2) die zugrunde gelegten Nutzungsdauern oder die angewandten Abschreibungssätze
	~~4.15 (c)~~	d_3) die der Berichtsperiode zugeordneten Gesamtabschreibungen
	~~4.15 (d)~~	d_4) der Bruttobetrag der abschreibungsfähigen Vermögenswerte und die entsprechenden kumulierten Abschreibungen
2.2.1.2.	**Entwicklungskosten**	
(14.)	~~IAS 9~~ ~~(revised 1993)~~	**Hinsichtlich der Bilanzierung von Entwicklungskosten ergeben sich gemäß ~~IAS 9 (revised 1993)~~ folgende Angabepflichten:**
	~~9.30 (a)~~	a) die für die Forschungs- und Entwicklungskosten angewendeten Bilanzierungsmethoden
	~~9.30 (b)~~	b) der Betrag der in der Berichtsperiode als Aufwand erfassten Forschungs- und Entwicklungskosten
	~~9.30 (c)~~	c) die angewendeten planmäßigen Abschreibungsmethoden
	~~9.30 (d)~~	d) die Nutzungsdauern oder die angewendeten Abschreibungssätze
	~~9.30 (e)~~	e) eine Überleitung der Restbuchwerte der Entwicklungskosten von Beginn zum Ende der Berichtsperiode unter gesonderter Angabe der:
	~~(i)~~	e_1) aktivierten Entwicklungskosten gem. IAS 9.17
	~~(ii)~~	e_2) plan- und außerplanmäßigen Abschreibungen gem. IAS 9.21 und IAS 9.25
	~~(iii)~~	e_3) Entwicklungskosten, die anderen Vermögenswerten zugerechnet wurden
	~~(iv)~~	e_4) Zuschreibungen (Wertaufholungen) gem. IAS 9.27

C. Angaben zur Bilanz		
Lfd.Nr.	**Grundlagen**	**Bewertungskriterien (*Disclosures*)**
2.2.2. Für Abschlüsse, deren Berichtszeitraum am oder nach dem 1. Juli 1999 beginnt:		
(15.)	IAS 38 (approved 1998)	**Hinsichtlich immaterieller Vermögenswerte ergeben sich gemäß IAS 38 (approved 1998) folgende Angabepflichten:**
	38.107	a) für jede Gruppe immaterieller Vermögenswerte (zu unterscheiden ist hierbei insbesondere zwischen selbst geschaffenen immateriellen Vermögenswerten und sonstigen immateriellen Vermögenswerten):
	38.107 (a)	a_1) die zugrunde gelegten Nutzungsdauern oder die angewandten Abschreibungssätze
	38.107 (b)	a_2) die angewandten planmäßigen Abschreibungsmethoden
	38.107 (c)	a_3) der Bruttobuchwert und die kumulierte Abschreibung (addiert mit kumulierten Aufwendungen aus Wertminderung) zu Beginn und zum Ende der Berichtsperiode
	38.107 (d)	a_4) der/die Posten der Gewinn- und Verlustrechnung, in dem/denen die Abschreibung auf immaterielle Vermögenswerte erfolgswirksam erfasst wurde
	38.107 (e)	a_5) eine Überleitung des Buchwertes von Beginn zum Ende der Berichtsperiode (Anlagespiegel) unter gesonderter Angabe von:
	(i)	$a_{5.1}$) Zugängen, wobei solche aus unternehmensinterner Entwicklung und solche durch Unternehmenszusammenschlüsse separat zu bezeichnen sind
	(ii)	$a_{5.2}$) Stilllegungen und Abgänge
	(iii)	$a_{5.3}$) während der Berichtsperiode wertmäßige Zu- oder Abnahmen aufgrund von Neubewertungen gemäß IAS 38.64, 38.76 und 38.77 sowie aufgrund von Wertminderungsaufwendungen, die gemäß IAS 36 (Wertminderung von Vermögenswerten) direkt im Eigenkapital erfasst oder rückgängig gemacht wurden (falls vorhanden)
	(iv)	$a_{5.4}$) Wertminderungsaufwendungen, die während der Berichtsperiode in der Gewinn- und Verlustrechnung gemäß IAS 36 erfasst wurden (falls vorhanden)
	(v)	$a_{5.5}$) Wertminderungsaufwendungen, die während der Berichtsperiode in der Gewinn- und Verlustrechnung gemäß IAS 36 rückgängig gemacht wurden (falls vorhanden)
	(vi)	$a_{5.6}$) Abschreibungen, die während der Berichtsperiode erfasst wurden
	(vii)	$a_{5.7}$) Nettowährungsdifferenzen infolge der Umrechnung des Abschlusses einer wirtschaftlich selbständigen ausländischen Teileinheit
	(viii)	$a_{5.8}$) sonstigen Buchwertänderungen während der Berichtsperiode
	38.111	b) darüber hinaus ergeben sich folgende Angabepflichten:
	38.111 (a)	b_1) wenn ein immaterieller Vermögenswert über mehr als zwanzig Jahre abgeschrieben wird, die Gründe für die Widerlegung der Annahme, dass die Nutzungsdauer eines immateriellen Vermögenswertes zwanzig Jahre ab dem Zeitpunkt der Nutzungsverfügbarkeit des Vermögenswertes nicht überschreiten wird; im Rahmen der Begründung hat das Unternehmen den/die Faktor(en) zu beschreiben, der/die bei der Ermittlung der Nutzungsdauer des Vermögenswertes eine wesentliche Rolle spielte(n)
	38.111 (b)	b_2) eine Beschreibung, den Buchwert und den verbleibenden Abschreibungszeitraum eines jeden einzelnen immateriellen Vermögenswertes, der für den Abschluss des Unternehmens als Ganzes von wesentlicher Bedeutung ist
	38.111 (c)	b_3) hinsichtlich immaterieller Vermögenswerte, die mittels einer Zuwendung der öffentlichen Hand erworben und zunächst mit dem beizulegenden Zeitwert angesetzt wurden:
	(i)	$b_{3.1}$) der beizulegende Zeitwert, der für diese Vermögenswerte zunächst erfasst wurde
	(ii)	$b_{3.2}$) der Buchwert
	(iii)	$b_{3.3}$) der Tatbestand, ob diese in der Folgebewertung nach der *„Benchmark-Methode"* oder nach der *„Alternativ zulässigen Methode"* bewertet werden

C. Angaben zur Bilanz		
Lfd.Nr.	**Grundlagen**	**Bewertungskriterien (*Disclosures*)**
	38.111 (d)	b_4) das Bestehen und die Buchwerte immaterieller Vermögenswerte, mit denen ein beschränktes Eigentumsrecht verbunden ist, sowie die Buchwerte immaterieller Vermögenswerte, die als Sicherheit für Verbindlichkeiten begeben sind
	38.111 (e)	b_5) der Betrag der Verpflichtungen zum Erwerb immaterieller Vermögenswerte
	38.113	c) wenn immaterielle Vermögenswerte zu ihrem Neubewertungsbetrag fortgeführt werden:
	38.113 (a)	c_1) für jede Kategorie immaterieller Vermögenswerte:
	(i)	$c_{1.1}$) den Stichtag der Neubewertung
	(ii)	$c_{1.2}$) den Buchwert neubewerteter immaterieller Vermögenswerte
	(iii)	$c_{1.3}$) den Buchwert, der in den Abschluss eingegangen wäre, wenn die neubewerteten immateriellen Vermögenswerte nach der *„Benchmark-Methode"* bilanziert worden wären
	38.113 (b)	c_2) der Betrag der sich auf immaterielle Vermögenswerte beziehenden Neubewertungsrücklage zu Beginn und zum Ende der Berichtsperiode unter Angabe der Änderungen während der Berichtsperiode und jeglicher Restriktionen bei der Ausschüttung des Überschusses an Anteilseigner
	38.115	d) die Gesamtausgaben für Forschung und Entwicklung, die während der Berichtsperiode als Aufwand erfasst wurden
	38.121	e) in dem ersten nach IAS 38 erstellten Jahresabschluss: die angewandten Übergangsvorschriften, wenn diese gemäß IAS 38 ein Wahlrecht einräumen
2.2.3. Geschäfts- oder Firmenwert		
Vgl. Punkt F. Angaben zum Konzernabschluss		
2.3. Sachanlagen		
2.3.1. Allgemeine Angaben		
(16.)	**IAS 16** **(revised 1998) /** ~~**(revised 1993)**~~	**Hinsichtlich Gegenständen des Sachanlagevermögens ergeben sich folgende Angabepflichten:**
	16.60 vormals ~~**16.66**~~	a) für jede Kategorie des Sachanlagevermögens:
	16.60/~~**66**~~ **(a)**	a_1) die Bewertungsgrundlagen für die Bestimmung des Bruttobuchwertes der Anschaffungs- oder Herstellungskosten ***<u>Anmerkung:</u>*** ***Wurden mehrere Bewertungsgrundlagen verwendet, so sind die Bruttobuchwerte je Bewertungsgrundlage in jeder Gruppe anzugeben.***
	16.60/~~**66**~~ **(b)**	a_2) die verwendeten Abschreibungsmethoden
	16.60/~~**66**~~ **(c)**	a_3) die verwendeten Nutzungsdauern oder Abschreibungssätze
	16.60/~~**66**~~ **(d)**	a_4) der Bruttobuchwert und die kumulierten Abschreibungen (zusammengefasst mit den kumulierten Wertminderungsaufwendungen) zu Beginn und zum Ende der Berichtsperiode
	16.60/~~**66**~~ **(e)**	a_5) eine Überleitung des Buchwertes von Beginn zum Ende der Berichtsperiode unter Ausweis der:
	(i)	$a_{5.1}$) Zugänge
	(ii)	$a_{5.2}$) Abgänge
	(iii)	$a_{5.3}$) Zugänge aufgrund von Unternehmenszusammenschlüssen
	(iv)	$a_{5.4}$) Werterhöhungen oder Wertminderungen aufgrund von Neubewertungen
	(v)	$a_{5.5}$) Wertminderungen aufgrund von außerplanmäßigen Abschreibungen bzw. Abwertungsverlusten gem. IAS 36
	(vi)	$a_{5.6}$) Zuschreibungen gem. IAS 36
	(vii)	$a_{5.7}$) Abschreibungen
	(viii)	$a_{5.8}$) Nettoumrechnungsdifferenzen aus der Umrechnung von Abschlüssen wirtschaftlich selbständiger ausländischer Tochterunternehmen
	(ix)	$a_{5.9}$) sonstigen Veränderungen

C. Angaben zur Bilanz		
Lfd.Nr.	**Grundlagen**	**Bewertungskriterien (*Disclosures*)**
	16.61 vormals ~~16.67~~	b) des Weiteren ergeben sich folgende Angabepflichten:
	~~16.67(a)~~ - für Bp., die vor dem 1.7.1999 beginnen	b_1) der Tatbestand, ob zur Bestimmung des erzielbaren Betrages der Gegenstände des Sachanlagevermögens zukünftige Cashflows auf ihren Barwert diskontiert worden sind
	16.61 (a)/~~16.67 (b)~~	b_2) das Vorhandensein und die Beträge von Beschränkungen von Verfügungsrechten sowie als Sicherheit für Schulden verpfändete Gegenstände des Sachanlagevermögens
	16.61 (b)/~~16.67 (c)~~	b_3) die angewandte Bilanzierungsmethode für Restaurationskosten des Sachanlagevermögens
	16.61 (c)/~~16.67 (d)~~	b_4) der Betrag an Ausgaben für Sachanlagen im Bau
	16.61 (d)/~~16.67 (e)~~	b_5) der Betrag der Verpflichtungen zum Erwerb von Gegenständen des Sachanlagevermögens
	16.64 vormals ~~16.70~~	c) wenn bei Gegenständen des Sachanlagevermögens eine Neubewertung vorgenommen wird:
	16.64/~~16.70~~ (a)	c_1) die Grundlage der Neubewertung der Vermögenswerte
	16.64/~~16.70~~ (b)	c_2) der Zeitpunkt der Neubewertung
	16.64/~~16.70~~ (c)	c_3) ggf. das Vorliegen eines unabhängigen Gutachtens
	16.64/~~16.70~~ (d)	c_4) die Art aller zur Bestimmung von Wiederbeschaffungskosten verwendeten Indices
	16.64/~~16.70~~ (e)	c_5) für jede Gruppe des Sachanlagevermögens der Buchwert, der sich ergeben hätte, wenn die Vermögenswerte zu fortgeführten Anschaffungs- oder Herstellkosten abzüglich Abschreibungen bewertet worden wären („*Benchmark-Methode*")
	16.64/16.~~70~~ (f)	c_6) die Neubewertungsrücklage mit Angabe der Veränderungen in der Berichtsperiode und eventuell bestehender Ausschüttungsbeschränkungen an die Anteilseigner
	~~17.21 (reformatted 1994)~~ / 17.23 (a) (revised 1997)	d) für den Leasingnehmer: der Buchwert der Vermögenswerte, die Gegenstand von Finanzierungs-Leasingverhältnissen sind (ggf. gegliedert nach Hauptgruppen, vgl. auch IAS ~~17.22~~/17.23 (a))
		<u>Für Abschlüsse, deren Berichtszeitraum am oder nach dem 1. Juli 1999 beginnt:</u>
	SIC-14.5 (November 1998)	e) separate Angabe monetärer oder nicht monetärer Entschädigungen, die für die Wertminderung oder den Untergang von Gegenständen des Sachanlagevermögens erfasst werden
2.3.2. Fremdkapitalkosten		
(17.)		**Hinsichtlich Finanzierungskosten als Bestandteil der Anschaffungs- und Herstellungskosten ergeben sich gemäß IAS 23 folgende Angabepflichten:**
	23.9/23.29 (a)	a) die für Finanzierungskosten angewandte Bilanzierungsmethode
		b) im Fall einer Aktivierung („*Alternativ zulässige Methode*"):
	23.29 (b)	b_1) der Betrag der in der Berichtsperiode aktivierten Finanzierungskosten
	23.29 (c)	b_2) der Kapitalisierungszinssatz, der bei der Ermittlung der aktivierungsfähigen Finanzierungskosten zugrunde gelegt wurde
2.3.3. Zuwendungen der öffentlichen Hand		
(18.)		**Hinsichtlich der Behandlung von Zuschüssen/Zuwendungen der öffentlichen Hand ergeben sich gemäß IAS 20 folgende Angabepflichten:**
	20.39 (a)	a) die auf Zuwendungen der öffentlichen Hand angewandte Bilanzierungs- und Bewertungsmethode einschließlich der im Abschluss angewandten Darstellungsmethoden
	20.40	b) bei erstmaliger Anwendung von IAS 20: Erfüllung der Angabepflichten auch für Altfälle, soweit dies nach allgemeinen Regelungen notwendig ist
		Zu weiteren Angaben im Kontext mit Zuwendungen der öffentlichen Hand vgl. Punkt C.7.1. Eventualverbindlichkeiten und -guthaben sowie Punkt D.7. Sonstige betriebliche Erträge / Aufwendungen

C. Angaben zur Bilanz		
Lfd.Nr.	**Grundlagen**	**Bewertungskriterien (*Disclosures*)**
2.3.4. Leasing		
(19.)	~~**IAS 17**~~ ~~**(reformatted 1994)**~~	**Für den Leasinggeber ergeben sich gemäß ~~IAS 17 (reformatted 1994)~~ folgende Angabepflichten:** **<u>Für Abschlüsse, deren Berichtszeitraum vor dem 1. Januar 1999 beginnt:</u>**
	~~**17.51**~~	a) für Finanzierungs-Leasingverhältnisse: die Beträge des Bruttoinvestitionswertes, der unrealisierten Finanzerträge *(„unearned finance income")* sowie des nicht garantierten Restwertes der Leasinggegenstände
	~~**17.54**~~	b) Aufgliederung der Leasinggegenstände nach den wesentlichen Anlagegruppen mit Angabe der Bruttobilanzwerte sowie der kumulierten Abschreibungen, sofern ein wesentlicher Teil der Geschäftstätigkeit des Leasinggebers Operating-Leasingverhältnisse beinhaltet
	IAS 17 **(revised 1997)**	**Für den Leasinggeber ergeben sich gemäß IAS 17 (revised 1997) – über die in IAS 32 geforderten Angaben hinaus – folgende Angabepflichten:** **<u>Für Abschlüsse, deren Berichtszeitraum am oder nach dem 1. Januar 1999 beginnt:</u>**
		a) im Rahmen eines Finanzierungs-Leasingverhältnisses:
	17.39 (a)	a_1) eine Überleitung von der Bruttogesamtinvestition in das Leasingverhältnis am Bilanzstichtag zum Barwert der am Bilanzstichtag ausstehenden Mindestleasingzahlungen
	17.39 (b)	a_2) der noch nicht realisierte Finanzertrag
	17.39 (c)	a_3) die nicht garantierten Restwerte, die zugunsten des Leasinggebers anfallen
		b) im Rahmen eines Operating-Leasingverhältnisses:
	17.48 (a)	b_1) für jede Klasse von Vermögenswerten den Bruttobuchwert, die kumulierten planmäßigen Abschreibungen und die kumulierten Verluste durch Wertminderung am Bilanzstichtag
	(i)	b_2) die planmäßigen Abschreibungen, die in der Berichtsperiode aufwandswirksam berücksichtigt wurden
	(ii)	b_3) die außerplanmäßigen Wertminderungen, die in der Berichtsperiode aufwandswirksam berücksichtigt wurden
	(iii)	b_4) die außerplanmäßigen Abschreibungen, die in der Berichtsperiode rückgängig gemacht wurden (Wertaufholung)
		<u>Zu weiteren Angabepflichten im Kontext mit Leasing vgl. Punkt B.5. Grundsätze der Gewinnrealisierung, C.2.1. Allgemeine Angaben hinsichtlich langfristiger Aktiva, C.3.4. Leasingforderungen, C.6.3. Leasingverbindlichkeiten, C.7.2. Sonstige finanzielle Verpflichtungen sowie D.6. Erträge / Aufwendungen im Zusammenhang mit Leasingverhältnissen</u>
2.4. Langfristige Finanzinvestitionen		
2.4.1. Allgemeine Angaben		
(20.)		**Hinsichtlich langfristiger Finanzinvestitionen ergeben sich gemäß IAS 25 folgende Angabepflichten:**
	25.8	a) Aufteilung in kurz- und langfristige Finanzinvestitionen, außer das Unternehmen unterteilt die Bilanz (zulässigerweise) nicht nach Fristigkeiten
	25.49 (a)	b) die angewandten Bilanzierungs- und Bewertungsmethoden für:
	(i)	b_1) die Bestimmung des Buchwertes von Finanzinvestitionen
	(ii)	b_2) die Behandlung von Marktwertänderungen *kurzfristiger* Finanzinvestitionen, die zum Marktwert angesetzt sind
	(iii)	b_3) die Behandlung der Neubewertungsrücklage im Fall des Verkaufs einer neubewerteten Finanzinvestition
	25.49 (c)	c) der Marktwert marktfähiger Finanzinvestitionen, falls diese nicht zum Marktwert angesetzt werden

C. Angaben zur Bilanz		
Lfd.Nr.	**Grundlagen**	**Bewertungskriterien (*Disclosures*)**
	25.49 (d)	d) der beizulegende Zeitwert der als Finanzinvestitionen gehaltenen Grundstücke und Bauten (*„investment properties"*), falls diese als langfristige Finanzinvestitionen behandelt und nicht zum beizulegenden Zeitwert angesetzt werden
	25.49 (e)	e) erhebliche Einschränkungen der Veräußerbarkeit von Finanzinvestitionen oder Beschränkungen bei der Vereinnahmung von Erträgen aus der Veräußerung von langfristigen Finanzinvestitionen
	25.49 (f)	f) für langfristige Finanzinvestitionen, die zu neubewerteten Beträgen angesetzt werden:
	(i)	f_1) der vorgesehene Neubewertungsturnus
	(ii)	f_2) der Zeitpunkt der letzten Neubewertung
	(iii)	f_3) die Grundlage der Neubewertungsrücklage sowie ggf. das Vorliegen eines externen Gutachtens
	25.49 (g)	g) die Veränderungen der Neubewertungsrücklage in der Berichtsperiode und die Art dieser Veränderungen
	25.49 (h)	h) für Unternehmen, deren Hauptgeschäft das Halten von Finanzinvestitionen ist, Aufgliederung des Portfolios der Finanzinvestitionen (Beteiligungsliste)
	25.45	i) Kapitalanlagegesellschaften: Aufstellung über sämtliche Wertbewegungen ihrer Finanzinvestitionen in der Rechnungsperiode
		Zu weiteren Angabepflichten im Kontext mit langfristigen Finanzinvestitionen vgl. Punkt D.5. Finanzergebnis
2.4.2. Anteile an assoziierten Unternehmen		
(21.)	**IAS 28** **(revised 1998) /** **~~(reformatted 1994)~~**	**Hinsichtlich Anteilen an assoziierten Unternehmen ergeben sich gemäß IAS 28 folgende Angabepflichten:**
	28.14 (rev. 98) als auch ~~(ref. 94)~~	a) falls Anteile an assoziierten Unternehmen nicht nach der Equity-Methode erfasst werden, da kein Konzernabschluss erstellt wird: die Darstellung der Auswirkungen, die sich bei Anwendung der Equity-Methode ergeben hätten, sofern die Equity-Methode die geeignete Bilanzierungsmethode im Konzernabschluss wäre
	28.27 (rev. 98) als auch ~~(ref. 94)~~	b) zusätzlich zu den Angaben gemäß IAS 28.14:
	28.27 (a)	b_1) eine sachgerechte Aufstellung und Beschreibung der wesentlichen assoziierten Unternehmen, einschließlich der Beteiligungsquote und, falls abweichend, des jeweiligen Anteils der Stimmrechte
	28.27 (b)	b_2) die für diese Anteile angewendeten Bilanzierungsmethoden
	28.20 (rev. 98) als auch ~~(ref. 94)~~	c) die Tatsache, falls zutreffend, dass eine konzerneinheitliche Bewertung nicht mit vertretbarem Aufwand durchführbar ist
	28.28 (rev. 98) als auch ~~(ref. 94)~~	d) bei Beteiligungen, die nach der Equity-Methode bilanziert werden: d_1) die betreffenden Beteiligungen in der Bilanz d_2) der anteilige Gewinn oder Verlust in der Gewinn- und Verlustrechnung d_3) der Anteil an den außerordentlichen oder periodenfremden Posten
		Zu weiteren Angabepflichten im Kontext mit Anteilen an assoziierten Unternehmen vgl. Punkt C.7.1. Eventualverbindlichkeiten und -guthaben, C.7.2. Sonstige finanzielle Verpflichtungen, D.5. Finanzergebnis sowie D.8. Außerordentliches Ergebnis
2.4.3. Anteile an Gemeinschaftsprojekten		
(22.)	**IAS 31** **(revised 1998) /** **~~(reformatted 1994)~~**	**Hinsichtlich Anteilen an Gemeinschaftsprojekten ergeben sich gemäß IAS 31 folgende Angabepflichten:**
	31.47/~~31.46~~ (rev. 98)/~~(ref. 94)~~	a) Auflistung und Beschreibung von Anteilen an maßgeblichen Joint Ventures sowie Angabe der Anteilsquote an gemeinschaftlich geführten Gesellschaften
	31.47/~~31.46~~ i.V.m. 31.48/~~31.47~~ (rev. 98)/~~(ref. 94)~~	b) ein Partnerunternehmen, welches seine Anteile an gemeinschaftlich geführten Gesellschaften mit Hilfe der Quotenkonsolidierung der entsprechenden Positionen oder der Equity-Methode bilanziert, hat die Gesamtsumme folgender Posten in Bezug auf seine Anteile an Joint Ventures anzugeben:

C. Angaben zur Bilanz

Lfd.Nr.	Grundlagen	Bewertungskriterien (*Disclosures*)
		b_1) der kurzfristigen Vermögenswerte b_2) der langfristigen Vermögenswerte b_3) der kurzfristigen Schulden b_4) der langfristigen Schulden b_5) der Erträge und Aufwendungen
		Zu weiteren Angabepflichten im Kontext mit Anteilen an Gemeinschaftsprojekten vgl. Punkt C.7.1. Eventualverbindlichkeiten und -guthaben sowie Punkt C.7.2. <u>Sonstige finanzielle Verpflichtungen</u>
3. Kurzfristige Aktiva		
3.1. Allgemeine Angaben		
(23.)	**~~IAS 5/IAS 13~~** **~~(reformatted 1994)~~**	**<u>Für Abschlüsse, deren Berichtszeitraum vor dem 1. Juli 1998 beginnt:</u>**
		gesonderte Angabe folgender Posten:
	~~5.13 (a)~~	a) Zahlungsmittel ***<u>Anmerkung:</u>*** ***Die Zahlungsmittel umfassen den Kassenbestand sowie laufende und andere Guthaben bei Kreditinstituten.*** ***Nicht sofort verfügbare Zahlungsmittel, wie beispielsweise aufgrund von Devisenverkehrsbeschränkungen eingefrorene Guthaben bei ausländischen Kreditinstituten, sind kenntlich zu machen.***
	~~5.13 (b)~~	b) marktgängige Wertpapiere, die nicht zu den langfristigen Beteiligungen und Wertpapieren gehören ***<u>Anmerkung:</u>*** ***Der Marktwert ist anzugeben, falls dieser vom Bilanzansatz abweicht.***
	~~5.13 (c)~~	c) Forderungen: c_1) Forderungen und Wechsel aus Lieferungen und Leistungen c_2) Forderungen gegen Unternehmensorgane c_3) Forderungen gegen verbundene Unternehmen c_4) Forderungen gegen assoziierte Unternehmen c_5) sonstige Forderungen und aktive Rechnungsabgrenzungsposten
	~~5.13 (d)~~	d) Vorräte
	~~13.19~~	e) Angabe der Summe der kurzfristigen Aktiva
3.2. Vorräte		
(24.)		**Hinsichtlich der Bilanzierung und Bewertung von Vorräten ergeben sich gemäß IAS 2 folgende Angabepflichten:**
	2.34 (a)	a) die angewandten Bilanzierungs- und Bewertungsmethoden für Vorräte einschließlich der Anwendung von Verbrauchsfolgeverfahren
	2.34 (b)	b) der Gesamtbuchwert der Vorräte und die Buchwerte der einzelnen unternehmensspezifischen Vorratsgliederungen (Handelswaren, Roh-, Hilfs- und Betriebsstoffe, unfertige und fertige Erzeugnisse)
	2.34 (c)	c) der Buchwert der zum Nettoveräußerungswert bewerteten Vorräte
	2.34 (d)	d) der Betrag der Zuschreibungen, die in der Berichtsperiode erfolgswirksam verbucht wurden
	2.34 (e)	e) die Umstände oder Ereignisse, die zu einer Zuschreibung der Vorräte geführt haben
	2.34 (f)	f) der Buchwert der Vorräte, die als Sicherheit für Verbindlichkeiten verpfändet sind
	2.36	g) bei *Bewertung der Vorräte nach der LIFO-Methode („allowed alternative treatment")* Angabe der Differenz zwischen dem Wert des Vorratsvermögens auf Basis der LIFO-Methode und wahlweise:
	2.36 (a)	g_1) dem Minimum aus FIFO- bzw. Durchschnittskostenbasis *(„Benchmark-Methode")* und dem Nettoveräußerungspreis *(„net realizable value")* oder
	2.36 (b)	g_2) dem Minimum aus Wiederbeschaffungskosten und dem Nettoveräußerungspreis
		Zu weiteren Angabepflichten im Kontext mit Vorräten vgl. Punkt D.2. <u>Herstellungskosten sowie Punkt D.4. Abschreibungen</u>

C. Angaben zur Bilanz		
Lfd.Nr.	**Grundlagen**	**Bewertungskriterien (*Disclosures*)**
3.3. Langfristige Fertigungsaufträge		
(25.)		**Hinsichtlich laufender Projekte im Rahmen langfristiger Fertigungsaufträge ergeben sich gemäß IAS 11 folgende Angabepflichten:**
	11.40 (a)	a) die gesamten angefallenen Kosten und ausgewiesenen Gewinne (abzüglich etwaiger ausgewiesener Verluste)
	11.40 (b)	b) der Betrag der erhaltenen Anzahlungen
	11.40 (c)	c) der Betrag von Garantieeinbehalten
	11.42 (a)/11.43	d) der Bruttobetrag der Kundenforderungen (aufgelaufene Aufwendungen einschließlich Gewinn- oder Verlustanteil abzüglich erhaltener Anzahlungen) für in Arbeit befindliche Aufträge, bei denen die aufgelaufenen Kosten einschließlich Gewinn- oder Verlustanteil die erhaltenen Anzahlungen übersteigen
	11.42 (b)/11.44	e) der Bruttobetrag der Verpflichtungen gegenüber Kunden (aufgelaufene Aufwendungen einschließlich Gewinn- oder Verlustanteil abzüglich erhaltener Anzahlungen) für in Arbeit befindliche Aufträge, bei denen die erhaltenen Anzahlungen die aufgelaufenen Kosten einschließlich Gewinn- und Verlustanteil übersteigen
	11.39 (b)	f) die Methoden zur Ermittlung der in der Berichtsperiode erfassten Auftragserlöse
		Zu weiteren Angabepflichten im Kontext mit langfristigen Fertigungsaufträgen vgl. Punkt B.5. Grundsätze der Gewinnrealisierung, C.7.1. Eventualverbindlichkeiten und -guthaben sowie Punkt D.1. Allgemeine Angaben zur Gewinn- und Verlustrechnung
3.4. Leasingforderungen		
(26.)	IAS 17 (revised 1997)	**Für den Leasinggeber ergeben sich hinsichtlich Finanzierungs-Leasingverhältnissen – über die in IAS 32 geforderten Angaben hinaus – gemäß IAS 17 (revised 1997) folgende Angabepflichten:**
		Für Abschlüsse, deren Berichtszeitraum am oder nach dem 1. Januar 1999 beginnt:
	17.39 (a)	a) die Bruttogesamtinvestition in das Leasingverhältnis und der Barwert der am Bilanzstichtag ausstehenden Mindestleasingzahlungen für jede der folgenden Perioden:
	(i)	a_1) bis zu einem Jahr
	(ii)	a_2) länger als ein Jahr und bis zu fünf Jahren
	(iii)	a_3) länger als fünf Jahre
	17.39 (d)	b) die kumulierten Wertberichtigungen für uneinbringliche ausstehende Mindestleasingzahlungen
	17.39 (e)	c) die im Periodenergebnis berücksichtigten bedingten Mietzahlungen
	17.39 (f)	d) eine allgemeine Beschreibung der wesentlichen Leasingvereinbarungen des Leasinggebers
3.5. Kurzfristige Finanzinvestitionen		
Vgl. Punkt C.2.4. Langfristige Finanzinvestitionen		

C. Angaben zur Bilanz

Lfd.Nr.	Grundlagen	Bewertungskriterien (*Disclosures*)
4. Eigenkapital		
(27.)		**Hinsichtlich des Eigenkapitals ergeben sich folgende Angabepflichten:**
	~~IAS 5~~ ~~(reformatted 1994)~~	**<u>Für Abschlüsse, deren Berichtszeitraum vor dem 1. Juli 1998 beginnt:</u>**
	~~5.17 (a)~~	a) hinsichtlich des Gezeichneten Kapitals:
		a_1) die Anzahl oder den Wert der genehmigten, ausgegebenen und im Umlauf befindlichen Anteile
		a_2) die ausstehenden Einlagen
		a_3) den Nennwert oder den gesetzlich zulässigen Wert je Anteil
		a_4) die Veränderungen des Gezeichneten Kapitals während der Berichtsperiode
		a_5) die Rechte, Vorzugsrechte und Beschränkungen hinsichtlich der Dividendenausschüttung und der Rückzahlung von Kapital
		a_6) die kumulierten rückständigen Dividenden für Vorzugsaktien
		a_7) die eigenen Anteile
		a_8) die Anteile, die für eine zukünftige Ausgabe aufgrund von Optionen und Kaufverträgen vorgehalten werden, unter Angabe der Modalitäten und Beträge
	~~5.17 (b)~~	b) für andere Eigenkapitalanteile ist – unter Angabe der Entwicklung und jeglicher Ausschüttungsbeschränkungen – weiterhin anzugeben:
		b_1) die Agiorücklage (Ausgabeagio)
		b_2) die Neubewertungsrücklage
		b_3) sonstige Rücklagen
		b_4) die Gewinnrücklagen *(„retained earnings")*
	IAS 1 (revised 1997)	**<u>Für Abschlüsse, deren Berichtszeitraum am oder nach dem 1. Juli 1998 beginnt:</u>**
	1.74 (a)	a) für jede Art von Gezeichnetem Kapital entweder in der Bilanz oder in den Anhangsangaben zur Bilanz:
	(i)	a_1) die Anzahl der genehmigten Anteile
	(ii)	a_2) die Anzahl der ausgegebenen und voll eingezahlten Anteile und die Anzahl der ausgegebenen und nicht voll eingezahlten Anteile
	(iii)	a_3) den Nennwert der Anteile oder die Tatsache, dass die Anteile keinen Nennwert haben
	(iv)	a_4) eine Überleitungsrechnung der Anzahl der im Umlauf befindlichen Anteile vom Anfangsbestand auf den Endbestand der Berichtsperiode
	(v)	a_5) die Rechte, Vorzugsrechte und Beschränkungen für die jeweilige Kategorie von Anteilen, einschließlich Beschränkungen bei der Ausschüttung von Dividenden und der Rückzahlung des Kapitals
	(vi)	a_6) die Anteile am Unternehmen, die vom Unternehmen selbst, von Tochterunternehmen oder von assoziierten Unternehmen gehalten werden
	(vii)	a_7) die Anteile, die für eine Ausgabe aufgrund von Optionen und Verkaufsverträgen vorgehalten werden, unter Angabe der Modalitäten und Beträge
	1.74 (b)	b) eine Beschreibung der Art und des Zweckes sämtlicher Rücklagen innerhalb des Eigenkapitals
	1.74 (c) - als Konsequenz des IAS 10 (rev. 1999) geändert	c) den Betrag der Dividenden, der nach dem Bilanzstichtag, jedoch vor der Freigabe zur Veröffentlichung des Abschlusses vorgeschlagen oder beschlossen wurde
	~~1.74 (c)~~ - für Bp., die vor dem 1.1.2000 beginnen	für den Fall, dass Dividenden zur Ausschüttung vorgeschlagen wurden, deren Auszahlung noch nicht formell genehmigt wurde, Angabe des in den Verbindlichkeiten enthaltenen (oder noch nicht enthaltenen) Betrages
	1.74 (d)	d) den Betrag der aufgelaufenen, noch nicht bilanzierten Vorzugsdividenden
	1.74	***<u>Anmerkung:</u>*** ***Ein Unternehmen ohne Gezeichnetes Kapital, wie etwa eine Personengesellschaft, hat Informationen anzugeben, die dem oben Geforderten gleichwertig sind, und Bewegungen während der Berichtsperiode in jeder Eigenkapitalkategorie sowie die Rechte, Vorzugsrechte und Beschränkungen jeder Eigenkapitalkategorie zu beschreiben.***

C. Angaben zur Bilanz

Lfd.Nr.	Grundlagen	Bewertungskriterien (*Disclosures*)
	1.86	e) Abschlüsse, deren Berichtsperiode am oder nach dem 1.7.1998 beginnt, haben als zusätzlichen verpflichtenden Bestandteil des Abschlusses einen **Ausweisspiegel der Eigenkapitalveränderungen *(„statement of changes in stockholders' equity")*** zu beinhalten, der entweder sämtliche Veränderungen des Eigenkapitals zeigt oder aber die Veränderungen des Eigenkapitals darstellt, die nicht aus Einzahlungen von bzw. aus Auszahlungen an Anteilseigner resultieren; dieser umfasst folgende Bestandteile:
	1.86 (a)	e_1) das Periodenergebnis
	1.86 (b)	e_2) jeden Ertrags- und Aufwands-, Gewinn- oder Verlustposten, der gemäß anderer Standards direkt im Eigenkapital erfasst wird, sowie die Summe dieser Posten
	1.86 (c)	e_3) die Gesamtauswirkungen von Änderungen der Bilanzierungs- und Bewertungsmethoden und der Berichtigung grundlegender Fehler, welche gemäß der *„Benchmark-Methode"* des IAS 8 behandelt werden ferner sind im Rahmen dieser Aufstellung oder im Anhang folgende Angaben erforderlich:
	1.86 (d)	e_4) die Kapitaltransaktionen mit Anteilseignern und die Ausschüttungen an Anteilseigner
	1.86 (e)	e_5) die Gewinnrücklagen zu Beginn der Berichtsperiode und zum Bilanzstichtag sowie die Bewegungen innerhalb der Berichtsperiode
	1.86 (f)	e_6) eine Überleitungsrechnung der Buchwerte jeder Kategorie des Gezeichneten Kapitals, des Ausgabeagios und sämtlicher Rücklagen von Beginn zum Ende der Berichtsperiode, die jede Bewegung gesondert angibt
		<u>Für Abschlüsse des gesamten Betrachtungszeitraumes dieser Arbeit ist weiterhin folgende Angabe erforderlich:</u>
	21.42	die erfolgsneutral mit dem Eigenkapital verrechneten Umrechnungsdifferenzen einschließlich der Entwicklung dieses Postens
		<u>Für Abschlüsse, deren Berichtszeitraum am oder nach dem 1. Juli 1999 beginnt, sind weiterhin folgende Angaben erforderlich:</u>
	SIC-16.6 **(Januar 1999)**	a) die Beträge der Minderung des Eigenkapitals für gehaltene eigene Anteile wahlweise in der Bilanz oder im Anhang
	SIC-16.7 **(Januar 1999)**	b) die Angabe entsprechend IAS 24.22, wenn das Unternehmen oder eines seiner Tochterunternehmen eigene Aktien von Parteien zurückkauft, welche die Möglichkeit haben, das Unternehmen zu beherrschen oder maßgeblichen Einfluss auf das Unternehmen auszuüben
		<u>Für Abschlüsse, deren Berichtszeitraum am oder nach dem 30. Januar 2000 beginnt, ist weiterhin folgende Angabe erforderlich:</u>
	SIC-17.9 **(Januar 2000)**	gesonderte Angabe des Betrages der Transaktionskosten, der in der Berichtsperiode als Abzug vom Eigenkapital bilanziert wurde; die damit verbundenen Ertragsteuern, die direkt im Eigenkapital erfasst sind, sind ebenfalls in die Angabe der Summe des Betrages der tatsächlichen und latenten Ertragsteuern einzubeziehen, die dem Eigenkapital gutgeschrieben oder belastet wurden
5. Rückstellungen		
5.1. Pensionsrückstellungen		
(28.)		**Hinsichtlich Pensionsrückstellungen ergeben sich gemäß IAS 19 folgende Angabepflichten:**
	~~IAS 19~~ **~~(revised 1993)~~**	**<u>Für Abschlüsse, deren Berichtszeitraum vor dem 1. Januar 1999 beginnt:</u>**
	~~19.22~~	a) im Rahmen von Altersversorgungsplänen mit Beitragsprimat:
	~~19.22 (a)~~	a_1) eine allgemeine Beschreibung der einzelnen Pläne unter Angabe der bezugsberechtigten Personengruppen
	~~19.22 (b)~~	a_2) den Pensionsaufwand in der Rechnungsperiode ***(vgl. auch Punkt D.3. Personalaufwand)***

C. Angaben zur Bilanz

Lfd.Nr.	Grundlagen	Bewertungskriterien (*Disclosures*)
	~~19.22 (e)~~	a_3) sonstige Sachverhalte im Kontext mit Altersversorgungsplänen, welche für den Vorjahresvergleich von Bedeutung sind
	~~19.23~~	***Anmerkung:*** ***Eine Zusammenfassung der Berichterstattung für mehrere Pensionspläne ist zulässig.***
	~~19.51~~	b) im Rahmen von Altersversorgungsplänen mit Leistungsprimat:
	~~19.51 (a)~~	b_1) eine allgemeine Beschreibung der einzelnen Pläne unter Angabe der bezugsberechtigten Personengruppen
	~~19.51 (b)~~	b_2) eine Beschreibung der Methoden der Rückstellungsberechnung
	~~19.51 (c)~~	b_3) die Angabe, ob die Pensionsverpflichtungen durch externe Fonds abgedeckt sind *(„funding")*
	~~19.51 (d)~~	b_4) den als Aufwand oder Ertrag der Rechnungsperiode erfassten Betrag ***(vgl. auch Punkt D.3. Personalaufwand)***
	~~19.51 (e)~~	b_5) den versicherungsmathematisch ermittelten Barwert der Pensionsverpflichtungen zum Zeitpunkt des letzten versicherungsmathematischen Gutachtens
	~~19.51 (f)~~	b_6) bei Abdeckung der Pensionsverpflichtungen durch externe Pensionsfonds den beizulegenden Wert des Nettovermögens des Pensionsfonds zum Zeitpunkt des letzten versicherungsmathematischen Gutachtens
	~~19.51 (g)~~	b_7) bei Abdeckung der Pensionsverpflichtungen durch externe Pensionsfonds den Betrag einer Über- oder Unterdeckung; hat ein Arbeitgeber mehrere Versorgungspläne, dürfen Über- und Unterdeckungen einzelner Pläne nicht miteinander verrechnet werden
	~~19.51 (h)~~	b_8) die versicherungsmathematischen Annahmen sowie wesentliche Änderungen dieser Annahmen
	~~19.51 (i)~~	b_9) den Zeitpunkt des letzten versicherungsmathematischen Gutachtens sowie Turnus der Einholung von Gutachten
	~~19.51 (j)~~	b_{10}) sonstige Sachverhalte im Kontext mit Altersversorgungsplänen einschließlich der Auswirkungen einer Kündigung, Kürzung oder Abgeltung eines Versorgungsplanes, die den Vorjahresvergleich beeinflussen
	~~19.52~~	***Anmerkung:*** ***Obgleich bei Vorliegen mehrerer Pläne eine zusammengefasste Darstellung zulässig ist, sollten Überschüsse und Defizite der einzelnen Pläne nicht miteinander verrechnet werden.***
	~~19.53~~	c) bei erstmaliger Anwendung von IAS 19: c_1) Bilanzierung in Übereinstimmung mit IAS 8 (unter Beachtung der entsprechenden Angabepflichten) ***oder*** c_2) Angabe der kumulierten Auswirkungen der Bewertungsänderungen der Rechnungsperiode (im Jahr der Umstellung); in Folgejahren Angabe der noch nicht erfolgswirksam verrechneten Beträge
	IAS 19 **(revised 1998)**	**<u>Für Abschlüsse, deren Berichtszeitraum am oder nach dem 1. Januar 1999 beginnt:</u>**
		a) im Rahmen von Altersversorgungsplänen mit Beitragsprimat:
	19.46	a_1) den als Aufwand für den beitragsorientierten Versorgungsplan erfassten Betrag ***(vgl. Punkt D.3. Personalaufwand)***
	19.47	a_2) falls es nach IAS 24 (Angaben über Beziehungen zu nahestehenden Unternehmen und Personen) erforderlich ist: die Beträge an beitragsorientierte Versorgungspläne für Mitglieder der Geschäftsleitung
	19.30 (a)	a_3) gemeinschaftliche Pläne mehrerer Arbeitgeber: falls keine ausreichenden Informationen zur Verfügung stehen, um einen leistungsorientierten gemeinschaftlichen Plan mehrerer Arbeitgeber wie einen leistungsorientierten Plan zu behandeln, hat das Unternehmen den Plan so zu berücksichtigen, als ob es sich um einen beitragsorientierten Plan handelt (vgl. IAS 19.44-19.46); hierzu sind folgende Angaben erforderlich:

C. Angaben zur Bilanz		
Lfd.Nr.	**Grundlagen**	**Bewertungskriterien (*Disclosures*)**
	19.30 (b) (i)	$a_{3.1}$) die Tatsache, dass der Plan ein leistungsorientierter Plan ist
	19.30 (b) (ii)	$a_{3.2}$) der Grund, warum keine ausreichenden Informationen zur Verfügung stehen, um das Unternehmen in die Lage zu versetzen, den Plan als leistungsorientierten Plan zu behandeln, und
	19.30 (c)	$a_{3.3}$) soweit eine vorhandene Vermögensüber- oder -unterdeckung des Planes Auswirkungen auf die Höhe der künftigen Beitragszahlungen haben könnte:
	(i)	$a_{3.3.1}$) alle verfügbaren Informationen über die Vermögensüber- oder -unterdeckung
	(ii)	$a_{3.3.2}$) die zur Bestimmung der Vermögensüber- oder -unterdeckung verwendeten Grundlagen
	(iii)	$a_{3.3.3}$) die Auswirkungen für das Unternehmen, sofern sich solche ergeben
	19.120	b) im Rahmen von Altersversorgungsplänen mit Leistungsprimat:
	19.120 (a)	b_1) die vom Unternehmen angewandte Methode zur Erfassung versicherungsmathematischer Gewinne und Verluste
	19.120 (b)/19.121	b_2) eine allgemeine Beschreibung der Art des Versorgungsplanes (beispielsweise Unterscheidung zwischen Festgehalts- und Endgehaltsplänen oder Plänen für medizinische Versorgung nach Beendigung des Arbeitsverhältnisses)
	19.120 (c)	b_3) eine Überleitung zu den in der Bilanz erfassten Aktiv- und Passivposten, wobei mindestens zu zeigen sind:
	(i)	$b_{3.1}$) der zum Bilanzstichtag ermittelte Barwert der nicht über einen Fonds finanzierten leistungsorientierten Verpflichtungen
	(ii)	$b_{3.2}$) der zum Bilanzstichtag ermittelte Barwert (vor Abzug des beizulegenden Zeitwerts des Planvermögens) der ganz oder teilweise über einen Fonds finanzierten leistungsorientierten Verpflichtungen
	(iii)	$b_{3.3}$) der beizulegende Zeitwert eines etwaigen Planvermögens zum Bilanzstichtag
	(iv)	$b_{3.4}$) der Saldo der noch nicht in der Bilanz erfassten versicherungsmathematischen Gewinne oder Verluste
	(v)	$b_{3.5}$) der noch nicht in der Bilanz erfasste nachzuverrechnende Dienstzeitaufwand
	(vi)	$b_{3.6}$) jeden aufgrund der Begrenzung des IAS 19.58 (b) nicht als Vermögenswert erfassten Betrag
	(vii)	$b_{3.7}$) die in der Bilanz erfassten Beträge
	19.120 (d)	b_4) die im beizulegenden Zeitwert des Planvermögens enthaltenen Beträge für:
	(i)	$b_{4.1}$) jede Kategorie von eigenen Finanzinstrumenten des berichtenden Unternehmens
	(ii)	$b_{4.2}$) alle selbstgenutzten Immobilien oder andere vom berichtenden Unternehmen genutzten Vermögenswerte
	19.120 (e)	b_5) eine Überleitung, welche die Entwicklung der bilanzierten Nettoschuld (oder des bilanzierten Nettovermögens) in der Berichtsperiode zeigt
	19.120 (f)	b_6) die gesamten in der Gewinn- und Verlustrechnung erfassten Beträge für jede der folgenden Komponenten sowie der jeweilige Posten, unter dem sie in der Gewinn- und Verlustrechnung ausgewiesen sind:
	(i)	$b_{6.1}$) laufender Dienstzeitaufwand
	(ii)	$b_{6.2}$) Zinsaufwand
	(iii)	$b_{6.3}$) erwartete Erträge aus Planvermögen
	(iv)	$b_{6.4}$) versicherungsmathematische Gewinne und Verluste
	(v)	$b_{6.5}$) nachzuverrechnender Dienstzeitaufwand
	(vi)	$b_{6.6}$) Auswirkungen von Plankürzungen oder -abgeltungen
	19.120 (g)	b_7) die tatsächlichen Erträge aus Planvermögen
	19.120 (h)	b_8) die wichtigsten zum Bilanzstichtag verwendeten versicherungsmathematischen Annahmen, einschließlich sofern zutreffend:
	(i)	$b_{8.1}$) der Zinssätze für die Diskontierung
	(ii)	$b_{8.2}$) der erwarteten Renditen auf das Planvermögen für die im Abschluss dargestellten Berichtsperioden

C. Angaben zur Bilanz

Lfd.Nr.	Grundlagen	Bewertungskriterien (*Disclosures*)
	(iii)	$b_{8.3}$) der erwarteten Lohn- oder Gehaltssteigerungen (und Änderungen von Indices oder anderer Variablen, die nach den formalen oder faktischen Regelungen eines Planes als Grundlage für Erhöhungen künftiger Leistungen maßgeblich sind)
	(iv)	$b_{8.4}$) der Kostentrends im Bereich der medizinischen Versorgung
	(v)	$b_{8.5}$) aller anderen verwendeten wesentlichen versicherungsmathematischen Annahmen ***<u>Anmerkung:</u>*** ***Jede versicherungsmathematische Annahme ist in absoluten Werten anzugeben (z.B. als absoluter Prozentsatz) und nicht nur als Spanne zwischen verschiedenen Prozentsätzen oder anderen Variablen.***
	19.122	b_9) *hat ein Unternehmen mehr als einen leistungsorientierten Plan, ist eine Zusammenfassung der Berichterstattung für mehrere Pensionspläne zulässig;* hierzu sind gewichtete Durchschnittswerte oder relativ enge Bandbreiten anzugeben
	19.124	b_{10}) *in den Fällen, in denen dies nach IAS 24 (Angaben über Beziehungen zu nahestehenden Unternehmen und Personen) verlangt ist, hat das Unternehmen Informationen zu geben über:*
	19.124 (a)	$b_{10.1}$) die Geschäftsvorfälle zwischen Plänen für Leistungen nach Beendigung des Arbeitsverhältnisses und nahestehenden Unternehmen und Personen
	19.124 (b)	$b_{10.2}$) die Leistungen nach Beendigung des Arbeitsverhältnisses für Personen in Schlüsselpositionen der Unternehmensleitung
	19.125	b_{11}) *in den Fällen, in denen dies nach IAS 10 (Erfolgsunsicherheiten und Ereignisse nach dem Bilanzstichtag) verlangt ist,* hat ein Unternehmen Informationen über Erfolgsunsicherheiten im Zusammenhang mit Verpflichtungen aus Leistungen nach Beendigung des Arbeitsverhältnisses zu geben
	19.155	b_{12}) *bei erstmaliger Anwendung von IAS 19:* *Übersteigt die Schuld zum Übergangsstichtag den Betrag, den das Unternehmen zum selben Zeitpunkt nach seiner zuvor verwendeten Bilanzierungs- und Bewertungsmethode ausgewiesen hätte, so kann das Unternehmen diesen Mehrbetrag:*
	19.155 (a)	▪ *entweder sofort gemäß IAS 8 (Periodenergebnis, grundlegende Fehler und Änderungen der Bilanzierungs- und Bewertungsmethoden) erfassen*
	19.155 (b)	▪ ***oder*** *als Aufwand erfassen, der linear über einen Zeitraum von höchstens fünf Jahren ab dem Zeitpunkt der erstmaligen Anwendung dieses Standards verteilt wird;*
	(ii)	hierzu sind an jedem Bilanzstichtag die Höhe des noch nicht erfassten Mehrbetrages und die Höhe des in der laufenden Periode erfassten Betrages anzugeben
5.2. Steuerrückstellungen (einschließlich Rückstellungen für latente Steuern)		
(29.)		**Hinsichtlich Steuerrückstellungen ergeben sich gemäß IAS 12 folgende Angabepflichten:**
	~~IAS 12~~ **~~(reformatted 1994)~~**	**<u>Für Abschlüsse, deren Berichtszeitraum vor dem 1. Januar 1998 beginnt:</u>**
	~~12.10~~	a) die zur Berechnung der latenten Steuern verwendete Methode *(„deferral method“* oder *„liability method“)*
	~~12.18~~	b) die Beträge derjenigen *timing differences*, für die keine Steuerabgrenzung vorgenommen wurde, kumuliert und mit dem auf das Geschäftsjahr entfallenden Anteil
	~~12.42~~	c) die Darstellung der aktivischen und passivischen Steuerabgrenzungen getrennt vom Eigenkapital

C. Angaben zur Bilanz

Lfd.Nr.	Grundlagen	Bewertungskriterien (*Disclosures*)
	~~12.51~~ ~~12.51 (a)~~	d) bei erstmaliger Anwendung von IAS 12: ▪ *entweder Anpassung des Abschlusses gemäß IAS 8 dergestalt, dass die kumulierten abgegrenzten Steuern berücksichtigt werden* ***Anmerkung:*** ***Hierbei sollen die Beträge unter der Annahme berechnet werden, als ob eine Steuerabgrenzung schon immer stattgefunden hätte.***
	~~12.51 (b)~~	▪ **oder** Angabe des Betrages der nicht bilanzierten latenten Steuern im Jahr der Umstellung und in allen Folgejahren ***Anmerkung:*** ***Bei der Umkehrung der „timing differences" sind die entsprechenden Beträge entweder als außerordentliche Posten auszuweisen oder erfolgsneutral zu behandeln.***
	IAS 12 (revised 1996)	**Für Abschlüsse, deren Berichtszeitraum am oder nach dem 1. Januar 1998 beginnt:**
	12.69	a) gesonderter Ausweis von aktiven und passiven latenten Steuern als Sonderposten in der Bilanz
	12.69	b) Ausweis der latenten Steuern gesondert von den laufenden Steueransprüchen und -verpflichtungen
	12.70	c) wird zwischen kurz- und langfristigen Aktiva und Passiva unterschieden, sind die latenten Steuern als langfristige Aktiva bzw. Passiva auszuweisen
	12.71	d) Saldierungsverbot von laufenden Steueransprüchen und -verpflichtungen, *außer es ist eine Aufrechnung zivilrechtlich möglich und es ist beabsichtigt, entweder auf Nettobasis abzurechnen oder gleichzeitig den Vermögensgegenstand und die Verpflichtung auszugleichen*
	12.74	e) Saldierungsverbot von latenten Steueransprüchen und -verpflichtungen, *außer das Unternehmen:*
	12.74 (a)	▪ *ist zivilrechtlich zur Aufrechnung berechtigt und*
	12.74 (b)	▪ *die latenten Steueransprüche und -verpflichtungen beziehen sich auf Ertragsteuern, die von der gleichen Steuerbehörde erhoben werden gegenüber:*
	(i)	▪ *dem gleichen Steuersubjekt oder*
	(ii)	▪ *unterschiedlichen Steuersubjekten, die in jeder zukünftigen Rechnungsperiode, in denen wesentliche Beträge an latenten Steuern anfallen oder aufgelöst werden, beabsichtigen, die laufenden Steuerverpflichtungen und -ansprüche aufzurechnen oder die Ansprüche und Verpflichtungen gleichzeitig abzuwickeln*
	12.81	f) gesonderte Angabe folgender Beträge:
	12.81 (a)	f_1) der Gesamtbetrag tatsächlicher und latenter Steuern resultierend aus Geschäftsvorfällen, die direkt mit dem Eigenkapital verrechnet wurden
	12.81 (e)	f_2) der Betrag (und, falls erforderlich, das Datum des Verfalls) der abzugsfähigen temporären Unterschiede, der noch nicht genutzten steuerlichen Verluste und der noch nicht genutzten Steuergutschriften, für welche in der Bilanz kein latenter Steueranspruch angesetzt wurde
	12.81 (f)	f_3) die Gesamtsumme temporärer Unterschiede im Zusammenhang mit Anteilen an Tochterunternehmen, Zweigniederlassungen und assoziierten Unternehmen sowie Anteilen an Joint Ventures, für die keine latenten Steuerschulden bilanziert worden sind
	12.82	g) ein Unternehmen hat den Betrag eines latenten Steueranspruchs und die substantiellen Hinweise für seine Bilanzierung anzugeben, wenn:
	12.82 (a)	▪ *die Realisierung des latenten Steueranspruchs von zukünftigen zu versteuernden Ergebnissen abhängt, die höher als die Ergebniseffekte aus der Umkehrung bestehender zu versteuernder temporärer Unterschiede sind,*
	12.82 (b)	▪ ***und*** *das Unternehmen in der laufenden Periode oder der Vorperiode im gleichen Steuerrechtskreis, auf den sich der latente Steueranspruch bezieht, Verluste erlitten hat*

C. Angaben zur Bilanz		
Lfd.Nr.	**Grundlagen**	**Bewertungskriterien (*Disclosures*)**
5.3. Sonstige Rückstellungen		
(30.)	IAS 37 (approved 1998)	**Hinsichtlich sonstiger Rückstellungen ergeben sich gemäß IAS 37 (approved 1998) folgende Angabepflichten:**
		Für Abschlüsse, deren Berichtszeitraum am oder nach dem 1. Juli 1999 beginnt:
	37.84	Für jede Gruppe von Rückstellungen:
	37.84 (a)	a) den Buchwert zu Beginn und zum Ende des Geschäftsjahres
	37.84 (b)	b) zusätzliche, in der Berichtsperiode gebildete Rückstellungen, einschließlich der Erhöhung von bestehenden Rückstellungen
	37.84 (c)	c) während der Berichtsperiode verwendete (d.h. entstandene und gegen die Rückstellung verrechnete) Beträge
	37.84 (d)	d) nicht verwendete Beträge, die während der Berichtsperiode aufgelöst wurden
	37.84 (e)	e) die Erhöhung des während der Berichtsperiode aufgrund des Zeitablaufs abgezinsten Betrages und die Auswirkung von Änderungen des Abzinsungssatzes
	37.85 (a)	f) eine kurze Beschreibung der Art der Verpflichtung sowie der erwarteten Fälligkeiten resultierender Abflüsse von wirtschaftlichem Nutzen
	37.85 (b)	g) Unsicherheiten hinsichtlich des Betrages oder der Fälligkeiten resultierender Abflüsse von wirtschaftlichem Nutzen; falls die Angabe von adäquaten Informationen erforderlich ist, hat ein Unternehmen die wesentlichen Annahmen für künftige Ereignisse nach IAS 37.48 anzugeben
	37.85 (c)	h) die Höhe aller erwarteten Erstattungen unter Angabe der Höhe der Vermögenswerte, die für die jeweilige erwartete Erstattung angesetzt wurden
	37.88	i) wenn aus denselben Umständen eine Rückstellung und eine Eventualschuld entsteht, sind die Angaben a) bis h) in einer Art und Weise darzustellen, die den Zusammenhang zwischen der Rückstellung und der Eventualschuld aufzeigt
	37.91	j) werden die Angaben a) bis i) aus Gründen der Praktikabilität nicht gemacht, so ist dieser Tatbestand anzugeben
	37.92	k) Angaben dieser Art dürfen unterbleiben, wenn diese Angaben in extrem seltenen Fällen zum Schaden der Unternehmung verwendet werden können; ein Unterlassen dieser Angaben ist zu begründen
	37.93	l) bei erstmaliger Anwendung von IAS 37: *Die Auswirkungen der Anwendung dieses Standards zum Zeitpunkt seines Inkrafttretens (oder früher) ist als eine Anpassung des Eröffnungsbilanzwertes der nicht ausgeschütteten Ergebnisse in der Berichtsperiode zu erfassen, in welcher der Standard erstmals angewendet wird. Hierbei wird Unternehmen empfohlen, jedoch nicht zwingend vorgeschrieben, diese Anpassung für die früheste angegebene Berichtsperiode vorzunehmen und die vergleichenden Informationen anzupassen.* Falls Vergleichszahlen nicht angepasst werden, so ist dieser Tatbestand anzugeben.
	IAS 19 (revised 1998)	**Hinsichtlich sonstiger Rückstellungen im Personalbereich ergeben sich gemäß IAS 19 (revised 1998) folgende Angabepflichten:**
		Für Abschlüsse, deren Berichtszeitraum am oder nach dem 1. Januar 1999 beginnt:
	19.23/19.131/ 19.141-19.143	Hinsichtlich ***Rückstellungen im Personalbereich*** kommen zusätzliche Angaben in Frage, wenn diese nach Maßgabe anderer Standards (IAS 8, IAS 10, IAS 24) erforderlich werden, vgl. IAS 19.23 hinsichtlich kurzfristig fälliger Leistungen an Arbeitnehmer, vgl. IAS 19.131 hinsichtlich anderer langfristig fälliger Leistungen an Arbeitnehmer (außerhalb der Leistungen nach Beendigung des Arbeitsverhältnisses – Pensionen), vgl. IAS 19.141-19.143 hinsichtlich Leistungen aus Anlass der Beendigung des Arbeitsverhältnisses; insbesondere sind Angaben gemäß IAS 24 über derartige Leistungen an Mitglieder der Geschäftsleitung erforderlich.

C. Angaben zur Bilanz

Lfd.Nr.	Grundlagen	Bewertungskriterien (*Disclosures*)
6. Verbindlichkeiten		
6.1. Langfristige Verbindlichkeiten		
(31.)		**Hinsichtlich langfristiger Verbindlichkeiten ergeben sich folgende Angabepflichten:**
	~~IAS 5/IAS 13~~ ~~(reformatted 1994)~~	**<u>Für Abschlüsse, deren Berichtszeitraum vor dem 1. Juli 1998 beginnt:</u>**
	~~5.14/13.7~~	a) wenn das Unternehmen zwischen kurz- und langfristigen Jahresabschlussposten unterscheidet: gesonderter Ausweis folgender langfristiger Verbindlichkeiten unter Abzug des kurzfristigen Teils (die Reihenfolge ist nicht zwingend):
	~~5.14 (a)~~	a_1) besicherte Darlehen
	~~5.14 (b)~~	a_2) unbesicherte Darlehen
	~~5.14 (c)~~	a_3) Darlehensverbindlichkeiten gegenüber verbundenen Unternehmen
	~~5.14 (d)~~	a_4) Darlehensverbindlichkeiten gegenüber assoziierten Unternehmen
	~~5.14~~	b) zu a): zusammengefasste Darstellung der Zinssätze, der Tilgungsmodalitäten, der Nebenvereinbarungen, der Nachrangigkeitserklärungen, der Konversionsbestimmungen sowie der noch nicht erfolgswirksam aufgelösten Agio- bzw. Disagiobeträge hinsichtlich der unter a) angegebenen Verbindlichkeiten
	~~5.10 (b)~~	c) die Sicherheiten für langfristige Verbindlichkeiten
	~~13.18~~	d) falls der kurzfristige Teil einer langfristigen Verbindlichkeit gemäß IAS 13.16 als langfristige Verbindlichkeit gezeigt wird, weil eine langfristige Refinanzierung beabsichtigt wird: den Betrag der entsprechenden Verbindlichkeit und die Refinanzierungsbedingungen
6.2. Kurzfristige Verbindlichkeiten		
(32.)		**Hinsichtlich kurzfristiger Verbindlichkeiten ergeben sich folgende Angabepflichten:**
	~~IAS 5/IAS 13~~ ~~(reformatted 1994)~~	**<u>Für Abschlüsse, deren Berichtszeitraum vor dem 1. Juli 1998 beginnt:</u>**
	~~5.15~~	a) wenn das Unternehmen zwischen kurz- und langfristigen Jahresabschlussposten unterscheidet: gesonderter Ausweis folgender kurzfristiger Verbindlichkeiten (die Reihenfolge ist nicht zwingend):
	~~5.15 (a)~~	a_1) Darlehen und Kontokorrentkredite von Kreditinstituten
	~~5.15 (b)~~	a_2) kurzfristige Teilbeträge der langfristigen Verbindlichkeiten
	~~5.15 (c)~~	a_3) Verbindlichkeiten und Wechsel aus Lieferungen und Leistungen
		a_4) Verbindlichkeiten gegenüber Unternehmensorganen
		a_5) Verbindlichkeiten gegenüber verbundenen Unternehmen
		a_6) Verbindlichkeiten gegenüber assoziierten Unternehmen
		a_7) Ertragsteuerverbindlichkeiten
		a_8) geschuldete Dividenden (in Deutschland aufgrund des Ausschüttungssystems zumindest bei Aktiengesellschaften nicht denkbar)
		a_9) sonstige Verbindlichkeiten und passive Rechnungsabgrenzungsposten
	~~13.19~~	b) die Summe der kurzfristigen Verbindlichkeiten
	~~5.10 (b)~~	c) die Sicherheiten für kurzfristige Verbindlichkeiten
	~~5.16~~	d) gesonderter Ausweis wesentlicher Posten in den sonstigen Verbindlichkeiten, den Rückstellungen und den passiven Rechnungsabgrenzungsposten, wie z.B. latente Steuern, Pensionsrückstellungen (vgl. auch IAS 12.69 (revised 1996))

C. Angaben zur Bilanz

Lfd.Nr.	Grundlagen	Bewertungskriterien (*Disclosures*)
6.3. Leasingverbindlichkeiten (Leasingnehmer)		
(33.)		**Hinsichtlich Leasingverbindlichkeiten ergeben sich gemäß IAS 17 für den Leasingnehmer folgende Angabepflichten:**
	~~IAS 17~~ ~~(reformatted 1994)~~	**<u>Für Abschlüsse, deren Berichtszeitraum vor dem 1. Januar 1999 beginnt:</u>**
	~~17.21~~	a) den Betrag der Verbindlichkeiten aus Finanzierungs-Leasingverhältnissen aufgeteilt nach kurz- und langfristigen Anteilen
	~~17.26~~	b) weiterhin Angabe von:
		b_1) wesentlichen Finanzierungsbeschränkungen
		b_2) Verlängerungs- oder Kaufoptionen
		b_3) variablen Leasingraten, die von Faktoren wie z.B. Umsatz, Nutzung oder Preisindices abhängen
		b_4) sonstigen Eventualverbindlichkeiten aus Leasingverträgen
	IAS 17 (revised 1997)	**<u>Für Abschlüsse, deren Berichtszeitraum am oder nach dem 1. Januar 1999 beginnt:</u>**
	17.23 (b)	a) eine Überleitung von der Summe der Mindestleasingzahlungen aus Finanzierungs-Leasingverhältnissen zum Bilanzstichtag zu deren Barwert; außerdem Angabe der Summe der Mindestleasingzahlungen zum Bilanzstichtag und deren Barwert für jede der folgenden Perioden:
	(i)	a_1) bis zu einem Jahr
	(ii)	a_2) länger als ein Jahr und bis zu fünf Jahren
	(iii)	a_3) länger als fünf Jahre
	17.23 (c)	b) die im Periodenergebnis berücksichtigten bedingten Mietzahlungen
	17.23 (d)	c) die Summe der zukünftigen Mindestleasingzahlungen, deren Erhalt aufgrund von unkündbaren Untermietverhältnissen am Bilanzstichtag erwartet wird
	17.23 (e)	d) eine allgemeine Beschreibung der wesentlichen Leasingvereinbarungen des Leasingnehmers, einschließlich der folgenden Punkte:
	(i)	d_1) die Grundlage, auf der bedingte Mietzahlungen festgelegt sind
	(ii)	d_2) das Bestehen und die Bestimmungen von Verlängerungs- oder Kaufoptionen und Preisanpassungsklauseln
	(iii)	d_3) durch Leasingvereinbarungen auferlegte Beschränkungen, wie solche, die Dividenden, zusätzliche Schulden und weitere Leasingverhältnisse betreffen
7. Erfolgsunsicherheiten		
7.1. Eventualverbindlichkeiten und -guthaben		
(34.)		**Hinsichtlich Eventualverbindlichkeiten (-guthaben) ergeben sich folgende Angabepflichten:**
	~~IAS 5~~ ~~(reformatted 1994)~~	**<u>Für Abschlüsse, deren Berichtszeitraum vor dem 1. Juli 1998 beginnt:</u>**
	~~5.10 (d)~~	die Eventualforderungen und -schulden, nach Möglichkeit quantifiziert
	~~IAS 10~~ ~~(reformatted 1994)~~	**<u>Für Abschlüsse, deren Berichtszeitraum vor dem 1. Juli 1999 beginnt:</u>**
	~~10.9~~	a) die Eventualverbindlichkeiten, für die noch keine Rückstellungen gebildet wurden; Ausnahme: Eintritt ist unwahrscheinlich
	~~10.11~~	b) die über den für Eventualverbindlichkeiten passivierten Betrag hinausgehenden Verlustrisiken
	~~10.16~~	c) die Eventualgewinne, sofern die Realisierung wahrscheinlich ist
	~~10.22~~	d) Zusatzangaben für alle im Jahresabschluss angegebenen Eventualverbindlichkeiten und -gewinne:
	~~10.22 (a)~~	d_1) die Art der Erfolgsunsicherheit
	~~10.22 (b)~~	d_2) die ungewissen Faktoren, die Auswirkungen auf das zukünftige Ergebnis haben können
	~~10.22 (c)~~	d_3) eine Schätzung der finanziellen Auswirkungen oder eine Aussage darüber, dass eine solche Schätzung nicht mit vertretbarem Aufwand vorgenommen werden kann

C. Angaben zur Bilanz		
Lfd.Nr.	**Grundlagen**	**Bewertungskriterien (*Disclosures*)**
	IAS 19 (revised 1998)	**Für Abschlüsse, deren Berichtszeitraum am oder nach dem 1. Januar 1999 beginnt:**
	19.125	a) die Eventualverbindlichkeiten im Kontext mit Verpflichtungen aus Leistungen nach Beendigung von Arbeitsverhältnissen im Rahmen von Altersversorgungsplänen mit Leistungsprimat
	19.141	b) die Eventualverbindlichkeiten im Kontext mit Leistungen aus Anlass der Beendigung von Arbeitsverhältnissen, wenn die Anzahl der Arbeitnehmer ungewiss ist, die einem Angebot auf Leistungen zwecks Beendigung ihrer Arbeitsverhältnisse zustimmen; Ausnahme: Eintritt eines Mittelabflusses von wirtschaftlichem Nutzen aufgrund der Erfüllung dieser Leistungen ist unwahrscheinlich
	IAS 37 (approved 1998)	**Für Abschlüsse, deren Berichtszeitraum am oder nach dem 1. Juli 1999 beginnt:**
	37.86	a) sofern die Möglichkeit eines Abflusses von wirtschaftlichem Nutzen bei der Erfüllung von Verpflichtungen nicht unwahrscheinlich ist, hat ein Unternehmen für jede Gruppe von Eventualschulden zum Bilanzstichtag eine kurze Beschreibung der Eventualschuld und, falls möglich, die folgenden Angaben zu machen:
	37.86 (a)	a_1) eine Schätzung des möglichen finanziellen Effektes (unter Beachtung der IAS 37.36-.52) bezogen auf den Zeitpunkt, an dem der Jahresabschluss veröffentlicht wird, oder, falls dies nicht möglich ist, eine Stellungnahme, warum eine derartige Schätzung nicht durchführbar ist
	37.86 (b)	a_2) die Unsicherheiten hinsichtlich des Betrages oder der Fälligkeiten von Abflüssen wirtschaftlichen Nutzens
	37.86 (c)	a_3) die Möglichkeit einer Rückgriffsforderung
	37.88	b) wenn aus denselben Umständen eine Rückstellung und eine Eventualschuld entsteht, sind die Angaben zu a) in einer Art und Weise darzustellen, die den Zusammenhang zwischen der Rückstellung und der Eventualschuld aufzeigt
	37.89	c) ist ein Zufluss von wirtschaftlichem Nutzen wahrscheinlich, so hat ein Unternehmen eine kurze Beschreibung der Art der Eventualforderungen zum Bilanzstichtag und, wenn möglich, eine Schätzung der finanziellen Auswirkungen anzugeben
	37.91	d) werden die Angaben a) bis c) aus Gründen der Praktikabilität nicht gemacht, so ist dieser Tatbestand anzugeben
	37.92	e) Angaben dieser Art dürfen unterbleiben, wenn diese Angaben in extrem seltenen Fällen zum Schaden der Unternehmung verwendet werden können; ein Unterlassen dieser Angaben ist zu begründen
	37.93	f) bei erstmaliger Anwendung von IAS 37: *Die Auswirkungen der Anwendung dieses Standards zum Zeitpunkt seines Inkrafttretens (oder früher) ist als eine Anpassung des Eröffnungsbilanzwertes der nicht ausgeschütteten Ergebnisse in der Berichtsperiode zu erfassen, in welcher der Standard erstmals angewendet wird. Hierbei wird Unternehmen empfohlen, jedoch nicht zwingend vorgeschrieben, diese Anpassung für die früheste angegebene Berichtsperiode vorzunehmen und die vergleichenden Informationen anzupassen.* Falls Vergleichszahlen nicht angepasst werden, so ist dieser Tatbestand anzugeben.
		Für Abschlüsse des gesamten Betrachtungszeitraumes dieser Arbeit:
	12.88 (rev. 1996)/ ~~**12.50** (ref. 1994)~~	a) die Eventualforderungen und -verbindlichkeiten im Kontext mit Ertragsteuern (z.B. bei ausstehender Klärung von strittigen Steuerfragen mit den Steuerbehörden)
	18.36/ 11.45	b) die Eventualforderungen und -verbindlichkeiten im Kontext mit langfristigen Fertigungsaufträgen, z.B. aus Gewährleistungen, Nachforderungen, Vertragsstrafen oder möglichen Verlusten

C. Angaben zur Bilanz

Lfd.Nr.	Grundlagen	Bewertungskriterien (*Disclosures*)
	20.39 (c)	c) unerfüllte Bedingungen und andere Erfolgsunsicherheiten im Zusammenhang mit im Abschluss erfassten Beihilfen der öffentlichen Hand
	28.26 (rev. 98) als auch (ref. 94)	d) hinsichtlich Beteiligungen an assoziierten Unternehmen: d_1) die anteiligen Eventualverbindlichkeiten des assoziierten Unternehmens d_2) die Eventualverbindlichkeiten, die aus der Haftung für Verbindlichkeiten des assoziierten Unternehmens resultieren
	31.45/~~31.44~~ i.V.m. 31.48/~~31.47~~ (rev. 98)/(ref. 94)	e) hinsichtlich Beteiligungen an Gemeinschaftsprojekten: die Gesamtbeträge folgender Posten, sofern deren Inanspruchnahme nicht unwahrscheinlich ist:
	31.45/~~31.44~~ (a) (rev. 98)/(ref. 94)	e_1) der anteiligen Eventualverbindlichkeiten e_2) der anteiligen Eventualverbindlichkeiten, die gesamtschuldnerisch mit Venture-Partnern eingegangen wurden
	31.45/~~31.44~~ (b) (rev. 98)/(ref. 94)	e_3) des Anteils an den Eventualverbindlichkeiten des Gemeinschaftsprojektes selbst
	31.45/~~31.44~~ (c) (rev. 98)/(ref. 94)	e_4) der Eventualverbindlichkeiten, die daraus resultieren, dass der Venture-Partner für Verbindlichkeiten des anderen Venture-Partners haftet
7.2. Sonstige finanzielle Verpflichtungen		
(35.)		**Hinsichtlich sonstiger finanzieller Verpflichtungen ergeben sich folgende Angabepflichten:**
	~~IAS 5~~ ~~(reformatted 1994)~~	**<u>Für Abschlüsse, deren Berichtszeitraum vor dem 1. Juli 1998 beginnt:</u>**
	~~5.10~~	die eingegangenen Investitionsverpflichtungen
		<u>Für Abschlüsse des gesamten Betrachtungszeitraumes dieser Arbeit:</u>
	28.26 (rev. 98) als auch (ref. 94)	a) hinsichtlich Beteiligungen an assoziierten Unternehmen: die anteiligen finanziellen Verpflichtungen des assoziierten Unternehmens
	31.46/~~31.45~~ i.V.m. 31.48/~~31.47~~ (rev. 98)/(ref. 94)	b) hinsichtlich Beteiligungen an Gemeinschaftsprojekten: die Gesamtbeträge folgender Posten (gesondert von den anderen finanziellen Verpflichtungen):
	31.46/~~31.45~~ (a) (rev. 98)/(ref. 94)	b_1) der anteiligen finanziellen Verpflichtungen, die auf den Teilhaber entfallen, oder der anteiligen finanziellen Verpflichtungen, falls die Teilhaber die Verpflichtungen gemeinsam eingegangen sind
	31.46/~~31.45~~ (b) (rev. 98)/(ref. 94)	b_2) der anteiligen finanziellen Verpflichtungen, welche das Gemeinschaftsprojekt selbst betreffen c) für den Leasingnehmer:
	~~IAS 17~~ ~~(reformatted 1994)~~	c_1) **<u>für Abschlüsse, deren Berichtszeitraum vor dem 1. Januar 1999 beginnt:</u>**
	~~17.24~~	eine zusammenfassende Darstellung der Verpflichtungen aus den Mindestleasingraten bei Finanzierungs-Leasingverhältnissen und bei nicht innerhalb eines Jahres kündbaren Operating-Leasingverhältnissen unter Angabe der Beträge und Fälligkeiten
	IAS 17 (revised 1997)	c_2) **<u>für Abschlüsse, deren Berichtszeitraum am oder nach dem 1. Januar 1999 beginnt:</u>**
	17.27 (a)	$c_{2.1}$) die Summe der künftigen Mindestleasingzahlungen aufgrund von unkündbaren Operating-Leasingverhältnissen für jede der folgenden Perioden:
	(i)	$c_{2.1.1}$) bis zu einem Jahr
	(ii)	$c_{2.1.2}$) länger als ein Jahr und bis zu fünf Jahren
	(iii)	$c_{2.1.3}$) länger als fünf Jahre
	17.27 (b)	$c_{2.2}$) die Summe der künftigen Mindestleasingzahlungen zum Bilanzstichtag, deren Erhalt aufgrund von unkündbaren Untermietverhältnissen erwartet wird

D. Angaben zur Gewinn- und Verlustrechnung		
Lfd.Nr.	**Grundlagen**	**Bewertungskriterien (*Disclosures*)**
1. Allgemeine Angaben		
(36.)	~~**IAS 5**~~ ~~**(reformatted 1994)**~~	**<u>Für Abschlüsse, deren Berichtszeitraum vor dem 1. Juli 1998 beginnt:</u>**
	~~**5.18**~~	Angabe folgender Posten (der Ort der Angabe und die Reihenfolge der Posten ist nicht vorgeschrieben):
	~~**5.18 (a)**~~	a) Umsatzerlöse und sonstige betriebliche Erträge
	~~**5.18 (b)**~~	b) Abschreibungen
	~~**5.18 (c)**~~	c) Zinserträge
	~~**5.18 (d)**~~	d) Erträge aus Beteiligungen und Wertpapieren
	~~**5.18 (e)**~~	e) Zinsaufwendungen
	~~**5.18 (f)**~~	f) Ertragsteuern
	~~**5.18 (g)**~~	g) außerordentliche Aufwendungen
	~~**5.18 (h)**~~	h) außerordentliche Erträge
	~~**5.18 (i)**~~	i) bedeutsame Geschäftsvorfälle mit verbundenen Unternehmen
	~~**5.18 (j)**~~	j) Jahresüberschuss/-fehlbetrag der Berichtsperiode
	IAS 1 **(revised 1997)**	**<u>Für Abschlüsse, deren Berichtszeitraum am oder nach dem 1. Juli 1998 beginnt:</u>**
	1.75/1.29	a) gesonderter Ausweis folgender Posten in der Gewinn- und Verlustrechnung (der Ort der Angabe und die Reihenfolge der Posten ist nicht vorgeschrieben; unwesentliche Beträge sind mit Beträgen ähnlicher Natur oder Funktion zusammenzufassen und brauchen nicht gesondert dargestellt zu werden):
	1.75 (a)	a_1) Umsatzerlöse
	1.75 (b)	a_2) Ergebnisse der betrieblichen Geschäftstätigkeit
	1.75 (c)	a_3) Finanzergebnis ohne Erträge aus nach der Equity-Methode bewerteten Unternehmen
	1.75 (d)	a_4) Gewinn- und Verlustanteile an assoziierten Unternehmen und Joint Ventures, die nach der Equity-Methode bilanziert werden
	1.75 (e)	a_5) Steueraufwendungen
	1.75 (f)	a_6) Ergebnis aus der gewöhnlichen Geschäftstätigkeit
	1.75 (g)	a_7) außerordentliche Posten
	1.75 (h)	a_8) Minderheitsanteile
	1.75 (i)	a_9) Periodenergebnis
	1.75	b) zusätzliche Posten, Überschriften und Zwischensummen sind in der Gewinn- und Verlustrechnung darzustellen, wenn ein *International Accounting Standard* dies verlangt oder wenn eine solche Darstellung notwendig ist, um die Ertragslage des Unternehmens den tatsächlichen Verhältnissen entsprechend darzustellen
	1.77	c) wahlweise sind in der Gewinn- und Verlustrechnung oder in den Anhangsangaben zur Gewinn- und Verlustrechnung die Aufwendungen nach dem Umsatzkostenverfahren *(„cost of sales-method")* oder nach dem Gesamtkostenverfahren *(„nature of expense method")* zu gliedern
	1.83	d) sofern das Umsatzkostenverfahren gewählt wird, sind zusätzlich die Angaben nach dem Gesamtkostenverfahren offen zu legen, inklusive der Höhe der Abschreibungen und der Personalaufwendungen
	1.85	e) wahlweise ist in der Gewinn- und Verlustrechnung oder in den Anhangsangaben zur Gewinn- und Verlustrechnung die beschlossene oder vorgeschlagene Dividende je Aktie für den Zeitraum anzugeben, auf den sich der Abschluss bezieht
		<u>Für Abschlüsse des gesamten Betrachtungszeitraumes dieser Arbeit:</u>
	8.10	a) Aufgliederung des Jahresergebnisses in folgende Bestandteile: a_1) Ergebnis aus der gewöhnlichen Geschäftstätigkeit a_2) außerordentliches Ergebnis

D. Angaben zur Gewinn- und Verlustrechnung

Lfd.Nr.	Grundlagen	Bewertungskriterien (*Disclosures*)
	18.35 (b)	b) darüber hinaus verlangt IAS 18.35 eine erweiterte Aufgliederung (gesondert nach jedem wesentlichen Ertragsposten):
	(i)	b_1) Erträge aus Lieferungen
	(ii)	b_2) Erträge aus Dienstleistungen
	(iii)	b_3) Zinserträge
	(iv)	b_4) Lizenzerträge
	(v)	b_5) Dividenden
	18.35 (c)	b_6) Erträge aus Tauschgeschäften mit Waren- oder Dienstleistungen, die in jeder bedeutsamen Art von Erträgen enthalten sind
	8.16	c) wenn Ertrags- oder Aufwandsposten innerhalb des Ergebnisses aus der gewöhnlichen Geschäftstätigkeit von einer derartigen Größe, Art oder Häufigkeit sind, dass ihre Angabe für die Erklärung der Ertragskraft des Unternehmens in der Berichtsperiode von wesentlicher Bedeutung ist, sind Art und Betrag dieser Posten gesondert anzugeben
	11.39 (a)	d) ferner gesonderte Angabe von Erträgen aus langfristigen Fertigungsaufträgen
2. Herstellungskosten		
(37.)		**Hinsichtlich Herstellungskosten ergeben sich folgende Angabepflichten:**
	2.37 (a)	a) bei Anwendung des Umsatzkostenverfahrens: die als Aufwand verbuchten Kosten der verkauften Produkte und Leistungen in der Rechnungsperiode
	2.37 (b)	b) bei Anwendung des Gesamtkostenverfahrens: Aufgliederung der betrieblichen Aufwendungen nach Kostenarten (einschließlich der Angabe der Bestandsveränderungen im Vorratsvermögen)
	38.115 (appr. 98)/ ~~9.30 (b) (rev. 93)~~	c) den Gesamtbetrag der zu Lasten des Ergebnisses verrechneten Forschungs- und Entwicklungskosten
3. Personalaufwand		
(38.)		**Hinsichtlich Personalaufwendungen ergeben sich folgende Angabepflichten:**
	19.46, 19.120 (f) (rev. 98)/ ~~19.22, 19.51 (rev. 93)~~	den Pensionsaufwand der Rechnungsperiode (sowohl aus Altersversorgungsplänen mit Beitragsprimat als auch aus Altersversorgungsplänen mit Leistungsprimat)
4. Abschreibungen		
(39.)		**Hinsichtlich Abschreibungen ergeben sich folgende Angabepflichten:**
	16.60 (rev. 98), 38.107 (appr. 98)/ ~~16.66 (rev. 93)~~, ~~4.15 (ref. 94)~~	a) die Abschreibungen der Rechnungsperiode für jeden Posten der Sachanlagen und immateriellen Vermögenswerte
	8.53/8.57	b) bei Änderungen von Abschreibungsmethoden oder -sätzen: Details über die Auswirkungen der Änderungen (sowie Begründung des Methodenwechsels)
	2.40	c) bei Abschreibungen von Gegenständen des Vorratsvermögens auf den Nettoverkaufswert können dem Umfang, dem Auftreten oder der Art nach Angaben gem. IAS 8 notwendig sein (vgl. insbesondere IAS 8.16)
	~~5.12 (ref. 94)~~ als auch: 38.107 (appr. 98)/ ~~9.30 (rev. 93)~~, 16.60/~~16.66~~ (rev. 98)/~~(rev. 93)~~	d) die außerplanmäßigen Abschreibungen auf langfristige Aktiva

D. Angaben zur Gewinn- und Verlustrechnung		
Lfd.Nr.	**Grundlagen**	**Bewertungskriterien (*Disclosures*)**
	IAS 36 (approved 1998)	e) **Für Abschlüsse, deren Berichtszeitraum am oder nach dem 1. Juli 1999 beginnt, ergeben sich gemäß IAS 36 (approved 1998) zusätzlich folgende Angabepflichten:**
		hinsichtlich der Durchführung von Niederstwerttests sowie der Berücksichtigung von Wertminderungen und Wertaufholungen *(„impairment of assets / reversals of impairments"):*
	36.113	e_1) für jede Gruppe von Vermögenswerten:
	36.113 (a)	$e_{1.1}$) die Höhe der in der Gewinn- und Verlustrechnung während der Berichtsperiode erfassten Wertminderungsaufwendungen und der bzw. die Posten der Gewinn- und Verlustrechnung, in dem bzw. denen jene Wertminderungsaufwendungen enthalten sind
	36.113 (b)	$e_{1.2}$) die Höhe der Wertaufholungen, die in der Gewinn- und Verlustrechnung während der Berichtsperiode erfasst wurden, und der bzw. die Posten der Gewinn- und Verlustrechnung, in dem bzw. denen solche Wertminderungsaufwendungen aufgehoben wurden
	36.113 (c)	$e_{1.3}$) die Höhe der Wertminderungsaufwendungen, die während der Berichtsperiode direkt im Eigenkapital erfasst wurden (Neubewertungsrücklage)
	36.113 (d)	$e_{1.4}$) die Höhe der Wertaufholungen, die während der Berichtsperiode direkt im Eigenkapital erfasst wurden (Neubewertungsrücklage)
	36.115	***Anmerkung:*** ***Die Informationen zu e_1) können auch gemeinsam mit anderen Informationen für diese Gruppe von Vermögenswerten angegeben werden, z.B. hinsichtlich des Sachanlagevermögens im Rahmen der Überleitung des Buchwertes von Beginn zum Ende der Berichtsperiode, vgl. hierzu Punkt C.2.3.1. Allgemeine Angaben hinsichtlich des Sachanlagevermögens.***
	36.116	e_2) für Unternehmen, die IAS 14 (Segmentberichterstattung) anwenden, ist für jedes berichtspflichtige Segment basierend auf dem primären Berichtsformat des Unternehmens weiterhin anzugeben:
	36.116 (a)	$e_{2.1}$) die Höhe des Wertminderungsaufwandes, der während der Berichtsperiode in der Gewinn- und Verlustrechnung und direkt im Eigenkapital erfasst wurde
	36.116 (b)	$e_{2.2}$) die Höhe der Wertaufholungen, die während der Berichtsperiode in der Gewinn- und Verlustrechnung und direkt im Eigenkapital erfasst wurden
	36.117	e_3) wenn ein Wertminderungsaufwand für einen einzelnen Vermögenswert oder eine zahlungsmittelgenerierende Einheit während der Berichtsperiode erfasst oder aufgehoben wird und für den Abschluss des berichtenden Unternehmens als Ganzes von wesentlicher Bedeutung ist, sind des Weiteren folgende Angaben erforderlich:
	36.117 (a)	$e_{3.1}$) die Ereignisse und Umstände, die zur Erfassung oder zur Aufhebung des Wertminderungsaufwandes geführt haben
	36.117 (b)	$e_{3.2}$) die Höhe des erfassten oder aufgehobenen Wertminderungsaufwandes
	36.117 (c)	$e_{3.3}$) für einen einzelnen Vermögenswert:
	(i)	$e_{3.3.1}$) die Art des Vermögenswertes
	(ii)	$e_{3.3.2}$) das berichtspflichtige Segment, zu dem der Vermögenswert gehört, basierend auf dem primären Berichtsformat des Unternehmens gemäß IAS 14
	36.117 (d)	$e_{3.4}$) für eine zahlungsmittelgenerierende Einheit:
	(i)	$e_{3.4.1}$) eine Beschreibung der zahlungsmittelgenerierenden Einheit
	(ii)	$e_{3.4.2}$) die Höhe des erfassten oder aufgehobenen Wertminderungsaufwandes bei der Gruppe von Vermögenswerten und bei dem berichtspflichtigen Segment (basierend auf dem primären Berichtsformat des Unternehmens gemäß IAS 14)

D. Angaben zur Gewinn- und Verlustrechnung

Lfd.Nr.	Grundlagen	Bewertungskriterien (*Disclosures*)
	(iii)	$e_{3.4.3}$) wenn sich die Zusammenfassung von Vermögenswerten für die Identifizierung der zahlungsmittelgenerierenden Einheit seit der vorhergehenden Schätzung des etwaig erzielbaren Betrages der zahlungsmittelgenerierenden Einheit geändert hat, hat das Unternehmen die gegenwärtige und die frühere Art der Zusammenfassung der Vermögenswerte und die Gründe für die Änderung der Art, wie die zahlungsmittelgenerierende Einheit identifiziert wird, zu beschreiben
	36.117 (e)	$e_{3.5}$) der Tatbestand, ob der für den Vermögenswert (die zahlungsmittelgenerierende Einheit) erzielbare Betrag dessen (deren) Nettoveräußerungswert oder dessen (deren) Nutzungswert entspricht
	36.117 (f)	$e_{3.6}$) wenn der erzielbare Betrag dem Nettoveräußerungswert entspricht, die Grundlage, die herangezogen wurde, um den Nettoveräußerungswert zu bestimmen
	36.117 (g)	$e_{3.7}$) wenn der erzielbare Betrag dem Nutzungswert entspricht, der (die) Abzinsungssatz (-sätze), der (die) bei der gegenwärtigen und der vorhergehenden Schätzung (sofern vorhanden) des Nutzungswertes herangezogen wurde(n)
	36.118	e_4) wenn die während der Berichtsperiode erfassten (aufgehobenen) Wertminderungsaufwendungen insgesamt für den Abschluss des berichterstattenden Unternehmens als Ganzes von wesentlicher Bedeutung sind, hat ein Unternehmen eine kurze Beschreibung der folgenden Faktoren zu geben:
	36.118 (a)	$e_{4.1}$) die wichtigsten Gruppen von Vermögenswerten, die von Wertminderungsaufwendungen (Wertaufholungen) betroffen sind und für die keine Informationen gemäß IAS 36.117 angegeben werden
	36.118 (b)	$e_{4.2}$) die wichtigsten Ereignisse und Umstände, die zur Erfassung (Aufhebung) dieser Wertminderungsaufwendungen geführt haben und für die keine Informationen gemäß IAS 36.117 angegeben werden
		Zu weiteren Angabepflichten im Kontext mit Abschreibungen vgl. Punkt B.4. Änderungen von Bilanzierungs- und Bewertungsmethoden, Punkt C.2.2. Immaterielle Vermögenswerte sowie Punkt C.2.3. Sachanlagen
5. Finanzergebnis		
(40.)		**Hinsichtlich des Finanzergebnisses ergeben sich folgende Angabepflichten:**
	25.49 (b)	a) die wesentlichen in der Erfolgsrechnung berücksichtigten Beträge für:
	(i)	a_1) Zinsen, Nutzungsentgelte, Dividenden und Mieteinnahmen aus langfristigen und kurzfristigen Finanzinvestitionen
	(ii)	a_2) Gewinne und Verluste aus der Veräußerung von kurzfristigen Finanzinvestitionen
	(iii)	a_3) Wertänderungen dieser Finanzinvestitionen
	28.28	b) gesonderter Ausweis von Anteilen an den Gewinnen oder Verlusten von assoziierten Unternehmen, die nach der Equity-Methode erfasst werden
6. Erträge / Aufwendungen im Zusammenhang mit Leasingverhältnissen		
(41.)		**Hinsichtlich Erträgen/Aufwendungen im Zusammenhang mit Operating-Leasingverhältnissen ergeben sich gemäß IAS 17 folgende Angabepflichten:**
	IAS 17 **(revised 1997)**	**<u>Für Abschlüsse, deren Berichtszeitraum am oder nach dem 1. Januar 1999 beginnt:</u>**
		a) für den Leasinggeber:
	17.48 (b)	a_1) die Summe der künftigen Mindestleasingzahlungen aus unkündbaren Operating-Leasingverhältnissen als Gesamtbetrag und für jede der folgenden Perioden:
	(i)	$a_{1.1}$) bis zu einem Jahr
	(ii)	$a_{1.2}$) länger als ein Jahr und bis zu fünf Jahren
	(iii)	$a_{1.3}$) länger als fünf Jahre
	17.48 (c)	a_2) die Summe der im Periodenergebnis berücksichtigten bedingten Mietzahlungen

D. Angaben zur Gewinn- und Verlustrechnung

Lfd.Nr.	Grundlagen	Bewertungskriterien (*Disclosures*)
	17.48 (d)	a_3) eine allgemeine Beschreibung der wesentlichen Leasingvereinbarungen des Leasinggebers
		b) für den Leasingnehmer:
	17.27 (c)	b_1) die Zahlungen aus Leasingverhältnissen und Untermietverhältnissen, die im Periodenergebnis enthalten sind, getrennt nach Beträgen für Mindestleasingzahlungen, bedingte Mietzahlungen und Zahlungen aus Untermietverhältnissen
	17.27 (d)	b_2) eine allgemeine Beschreibung der wichtigsten Leasingvereinbarungen des Leasingnehmers, einschließlich der folgenden Punkte:
	(i)	$b_{2.1}$) die Grundlage, auf der bedingte Mietzahlungen festgelegt sind
	(ii)	$b_{2.2}$) das Bestehen und die Bestimmungen von Verlängerungs- oder Kaufoptionen und Preisanpassungsklauseln
	(iii)	$b_{2.3}$) durch Leasingvereinbarungen auferlegte Beschränkungen, wie solche, die Dividenden, zusätzliche Schulden und weitere Leasingverhältnisse betreffen
7. Sonstige betriebliche Erträge / Aufwendungen		
(42.)		**Hinsichtlich sonstiger betrieblicher Erträge und Aufwendungen ergeben sich folgende Angabepflichten:**
	20.39 (b)	a) die Art und der Umfang der im Abschluss erfassten Zuwendungen der öffentlichen Hand sowie ein Hinweis auf andere Formen von Beihilfen der öffentlichen Hand, von denen das Unternehmen unmittelbar begünstigt wurde
	20.31	b) die Auswirkungen von Zuwendungen der öffentlichen Hand auf jeden einzelnen davon berührten Aufwands- und Ertragsposten
	21.42	c) die Kursdifferenzen, die in der Rechnungsperiode ergebniswirksam verrechnet wurden
8. Außerordentliches Ergebnis		
(43.)		**Hinsichtlich des außerordentlichen Ergebnisses ergeben sich folgende Angabepflichten:**
	8.11/8.15	a) die Art und der Betrag der außerordentlichen Erträge und Aufwendungen innerhalb des Gliederungsschemas der Gewinn- und Verlustrechnung; bei Angabe im Anhang ist der Gesamtbetrag der außerordentlichen Posten innerhalb des Gliederungsschemas der Gewinn- und Verlustrechnung gesondert auszuweisen
	28.28 (rev. 98) als auch ~~(ref. 94)~~	b) gesonderter Ausweis von Anteilen an Gewinnen oder Verlusten aus außerordentlichen Posten von assoziierten Unternehmen, die nach der Equity-Methode erfasst werden
9. Stilllegung / Veräußerung von Betriebsteilen		
(44.)		**Hinsichtlich der Stilllegung oder Veräußerung von Betriebsteilen (*„discontinued operations“*) ergeben sich folgende Angabepflichten:**
	~~IAS 8.19 bis 8.22 (revised 1993)~~	**Für Abschlüsse, deren Berichtszeitraum vor dem 1. Januar 1999 beginnt:**
	~~8.20 (a)~~	a) die Art des eingestellten Bereiches
	~~8.20 (b)~~	b) die Zugehörigkeit zu einem geographischen Segment oder zu einem Tätigkeitsbereich gemäß IAS 14
	~~8.20 (c)~~	c) der Stichtag, ab dem die Einstellung für Rechnungslegungszwecke wirksam geworden ist
	~~8.20 (d)~~	d) die Art und Weise der Einstellung (Verkauf oder Stilllegung)
	~~8.20 (e)~~	e) der sich aus der Einstellung ergebende Gewinn oder Verlust sowie die auf seine Berechnung angewandten Bilanzierungs- und Bewertungsmethoden
	~~8.20 (f)~~	f) die Erlöse und das Periodenergebnis aus der gewöhnlichen Geschäftstätigkeit im betroffenen Bereich zusammen mit den entsprechenden Beträgen für jede dargestellte frühere Periode
	~~8.22~~	***Anmerkung:*** ***Diese Angaben sind auch erforderlich, wenn die Stilllegung bzw. der Verkauf erst nach dem Bilanzstichtag erfolgt bzw. in nächster Zukunft erfolgen wird und die Beträge zuverlässig geschätzt werden können.***

D. Angaben zur Gewinn- und Verlustrechnung		
Lfd.Nr.	**Grundlagen**	**Bewertungskriterien (*Disclosures*)**
	IAS 35 **(approved 1998)**	**Für Abschlüsse, deren Berichtszeitraum am oder nach dem 1. Januar 1999 beginnt:**
	35.27/35.38/35.39	a) liegt in zeitlicher als auch in sachlicher Hinsicht eine *„discontinuing operation"* vor, so sind für diese Unternehmensteilbereiche jeweils *einzeln* (IAS 35.38) *wahlweise im Abschluss oder im Anhang zum Abschluss* (IAS 35.39) folgende Angaben erforderlich, *beginnend mit dem Abschluss für die Berichtsperiode, in der aufgrund des auslösenden Ereignisses erstmals die Angaben gemäß IAS 35 erforderlich werden*:
	35.27 (a)	a_1) eine Beschreibung des einzustellenden Bereiches
	35.27 (b)	a_2) das bzw. die Geschäftsfeld(er) oder das bzw. die geographische(n) Segment(e), in dem bzw. in denen gemäß IAS 14 darüber berichtet wird
	35.27 (c)	a_3) das Datum und die Art des auslösenden Ereignisses, durch das erstmalig die Angaben erforderlich werden
	35.27 (d)	a_4) das Datum oder den Zeitraum, zu dem die Beendigung der Einstellung erwartet wird, falls dies bekannt oder feststellbar ist
	35.27 (e)	a_5) die Buchwerte zum Bilanzstichtag der gesamten Vermögenswerte und Schulden, die dem einzustellenden Bereich zuzurechnen sind
	35.27 (f)	a_6) die Höhe der Erlöse, der Aufwendungen und der Gewinne oder Verluste vor Steuern aus gewöhnlicher Geschäftstätigkeit, die dem einzustellenden Bereich im laufenden Bilanzierungszeitraum zuzurechnen sind, sowie der damit verbundene Ertragsteueraufwand (wie in IAS 12.81 (h) vorgeschrieben)
	35.27 (g)	a_7) die Höhe der Netto-Cashflows, die den laufenden Geschäftstätigkeiten sowie den Investitions- und Finanzierungstätigkeiten des einzustellenden Bereiches im laufenden Bilanzierungszeitraum zuzurechnen sind
	35.29 **durch IAS 10 (rev. 1999) geändert - für Bp., die vor dem 1.1.2000 beginnen**	***Anmerkung:*** ***Die Angaben a_1) bis a_7) sind auch dann notwendig, wenn das Ereignis, das zur Qualifizierung als „discontinuing operation" führt, erst nach dem Bilanzstichtag aber noch vor der Freigabe zur Veröffentlichung Genehmigung des Abschlusses durch die Geschäftsleitung oder ein ähnliches Führungsorgan eintritt.***
	35.31	b) wenn ein Unternehmen Vermögenswerte veräußert oder Schulden tilgt, die einem einzustellenden Bereich zuzurechnen sind, oder verbindliche Vereinbarungen über den Verkauf solcher Vermögenswerte bzw. die Tilgung solcher Schulden eingeht, sind folgende Angaben erforderlich, sobald die auslösenden Ereignisse eintreten:
	35.31 (a)	b_1) bei jedem Gewinn oder Verlust, der bei dem Abgang von Vermögenswerten oder bei der Tilgung von Schulden erfasst wird, soweit die Vermögenswerte bzw. Schulden dem einzustellenden Bereich zuzurechnen sind: $b_{1.1}$) die Höhe des Gewinns bzw. des Verlustes vor Steuern $b_{1.2}$) der mit dem Gewinn bzw. Verlust verbundene Ertragsteueraufwand gemäß IAS 12.81 (h)
	35.31 (b)	b_2) den Nettoveräußerungswert bzw. die Erlösspannen (nach Abzug der erwarteten Verkaufskosten) aus der Veräußerung jener Nettovermögenswerte, über die das Unternehmen einen oder mehrere verbindliche Kaufverträge abgeschlossen hat b_3) den voraussichtlichen zeitlichen Verlauf des Eingangs jener Cashflows b_4) den Buchwert dieser Nettovermögenswerte
	35.32 **durch IAS 10 (rev. 1999) geändert - für Bp., die vor dem 1.1.2000 beginnen**	***Anmerkung:*** ***Die Angaben zu b) sind auch dann notwendig, wenn die Vermögenswerte, die dem einzustellenden Bereich zuzurechnen sind, Gegenstand eines oder mehrerer verbindlicher Kaufverträge sind, die nach dem Bilanzstichtag aber noch vor der Freigabe zur Veröffentlichung Genehmigung des Abschlusses durch die Geschäftsleitung oder ein ähnliches Führungsorgan eingegangen wurden.***

D. Angaben zur Gewinn- und Verlustrechnung		
Lfd.Nr.	**Grundlagen**	**Bewertungskriterien (*Disclosures*)**
	35.33	c) in Abschlüssen sind für Berichtsperioden nach Eintritt des auslösenden Ereignisses folgende Angaben erforderlich: c_1) eine Beschreibung aller bedeutenden Änderungen in der Höhe oder im zeitlichen Verlauf von Cashflows bzgl. der abgehenden Vermögenswerte bzw. zu tilgenden Schulden c_2) die Ereignisse, welche diese Änderungen verursachen
	35.35	d) sämtliche Angaben zu den „*discontinuing operations*" sind bis einschließlich zu der Periode in den Abschluss aufzunehmen, in der die Einstellung bzw. Nicht-Fortführung abgeschlossen wird ***Anmerkung:*** ***In diesem Zusammenhang ist die Erfüllung des entsprechenden Planes entscheidend, nicht der Erhalt aller Zahlungen von einem Erwerber.***
	35.36	e) wird ein Plan über die Nicht-Fortführung eines Unternehmensbereiches verworfen, ist dieser Tatbestand und die sich daraus ergebenden Konsequenzen anzugeben
	35.39	***Anmerkung:*** ***Die Angaben a) bis e) können entweder im Anhang zum Abschluss oder im Abschluss selbst dargestellt werden mit Ausnahme der Angabe*** $b_{1.1}$***), die zwingend in der Gewinn- und Verlustrechnung darzustellen ist.***
	35.45	***Vergleichsinformationen für vergangene Berichtsperioden sind rückwirkend anzupassen, um beizubehaltende und abzugebende Vermögenswerte, Schulden, Erträge, Aufwendungen sowie Cashflows entsprechend der in IAS 35.27-35.43 geforderten Weise getrennt auszuweisen.***
10. Steueraufwand / Steuerertrag		
(45.)		**Hinsichtlich des Steueraufwandes (Steuerertrages) ergeben sich gemäß IAS 12 folgende Angabepflichten:**
	~~IAS 12~~ ~~(reformatted 1994)~~	**Für Abschlüsse, deren Berichtszeitraum vor dem 1. Januar 1998 beginnt:**
	~~12.39~~	a) der Steueraufwand, der auf diejenigen Sachverhalte entfällt, die direkt mit dem Eigenkapital verrechnet wurden
	~~12.48~~	b) im Fall von steuerlichen Verlusten:
	~~12.48 (a)~~	b_1) die Steuerersparnis, die bei einem Verlustvortrag schon im Berichts-, d.h. Verlustjahr erfolgswirksam gebucht wurde *(„tax saving")*
	~~12.48 (b)~~	b_2) die Steuerersparnis, die im Berichtsjahr durch die Realisation eines Verlustvortrages aus früheren Jahren erfolgswirksam wurde
	~~12.48 (c)~~	b_3) der Betrag und die Verfügbarkeit bisher noch nicht erfolgswirksam berücksichtigter steuerlicher Verluste
	~~12.49~~	c) im Zusammenhang mit der Gewinn- und Verlustrechnung:
	~~12.49 (a)~~	c_1) der Steueraufwand für das ordentliche Ergebnis
	~~12.49 (b)~~	c_2) der Steueraufwand für das außerordentliche Ergebnis, für die Korrektur grundlegender Bilanzierungsfehler und für Änderungen der Bilanzierungs- und Bewertungsmethoden gemäß IAS 8
	~~12.49 (c)~~	c_3) ggf. die steuerlichen Auswirkungen von Neubewertungen
	~~12.49 (d)~~	c_4) eine Erläuterung der Beziehung des Steueraufwands des Berichtsjahres zum handelsrechtlichen Ergebnis, falls diese Beziehung nicht durch die geltenden Steuersätze offensichtlich ist
	IAS 12 (revised 1996)	**Für Abschlüsse, deren Berichtszeitraum am oder nach dem 1. Januar 1998 beginnt:**
	12.77	a) der Steueraufwand oder -ertrag bezogen auf das Ergebnis aus der gewöhnlichen Geschäftstätigkeit separat in einem Sonderposten in der Gewinn- und Verlustrechnung
	12.79/12.80	b) gesonderte Angabe aller wesentlichen Bestandteile des Steueraufwandes (Steuerertrages):
	12.80 (a)	b_1) der tatsächliche Ertragsteueraufwand (Ertragsteuerertrag)

D. Angaben zur Gewinn- und Verlustrechnung		
Lfd.Nr.	**Grundlagen**	**Bewertungskriterien (*Disclosures*)**
	12.80 (b)	b_2) alle in der Berichtsperiode erfassten Anpassungen für periodenfremde tatsächliche Ertragsteuern
	12.80 (c)	b_3) der Betrag des latenten Steueraufwandes (Steuerertrages), der auf das Entstehen bzw. die Umkehrung temporärer Unterschiede zurückzuführen ist
	12.80 (d)	b_4) der Betrag des latenten Steueraufwandes (Steuerertrages), der auf Änderungen der Steuersätze oder der Einführung neuer Steuern beruht
	12.80 (e)	b_5) der Betrag der Minderung des tatsächlichen Ertragsteueraufwandes aufgrund der Nutzung bisher nicht berücksichtigter steuerlicher Verluste, aufgrund von Steuergutschriften oder infolge eines bisher nicht berücksichtigten temporären Unterschiedes einer früheren Periode
	12.80 (f)	b_6) der Betrag der Minderung des latenten Steueraufwandes aufgrund der Nutzung bisher nicht berücksichtigter steuerlicher Verluste, aufgrund von Steuergutschriften oder infolge eines bisher nicht berücksichtigten temporären Unterschiedes einer früheren Periode
	12.80 (g)	b_7) der latente Steueraufwand infolge einer Abwertung oder Aufhebung einer früheren Abwertung eines latenten Steueranspruches gemäß IAS 12.56
	12.80 (h)	b_8) der Betrag des Ertragsteueraufwandes (Ertragsteuerertrages), der aus Änderungen der Bilanzierungs- und Bewertungsmethoden und grundlegenden Fehlern resultiert, die bei der Ermittlung des Periodenergebnisses gemäß der *„Alternativ zulässigen Methode"* des IAS 8 (Periodenergebnis, grundlegende Fehler und Änderungen der Bilanzierungs- und Bewertungsmethoden) erfasst wurden
	12.81	c) des Weiteren ergeben sich folgende Angabepflichten:
	12.81 (b)	c_1) der Steueraufwand bzw. der Steuerertrag, der außerordentlichen Posten der laufenden Periode zuzurechnen ist (soweit in der Gewinn- und Verlustrechnung nur der Gesamtbetrag der außerordentlichen Ergebnisse ausgewiesen wird, kann der Ausweis der betreffenden Steuern ebenfalls in einem Gesamtbetrag erfolgen (vgl. IAS 12.83 (rev.1996)))
	12.81 (c)	c_2) eine Erläuterung der Relation zwischen Steueraufwand (Steuerertrag) und dem handelsrechtlichen Periodenergebnis (vor Ertragsteuern) alternativ in einer der beiden folgenden Formen:
	(i)	$c_{2.1}$) eine Überleitungsrechnung zwischen dem Steueraufwand (Steuerertrag) und dem Produkt aus dem handelsrechtlichen Ergebnis (vor Ertragsteuern) und dem anzuwendenden Steuersatz (den anzuwendenden Steuersätzen), wobei auch die Grundlage anzugeben ist, auf welcher der anzuwendende Steuersatz berechnet wird oder die anzuwendenden Steuersätze berechnet werden, ***oder***
	(ii)	$c_{2.2}$) eine Überleitungsrechnung zwischen dem durchschnittlichen effektiven Steuersatz gemäß IAS 12.86 und dem anzuwendenden Steuersatz, wobei ebenfalls die Grundlage anzugeben ist, auf welcher der anzuwendende Steuersatz berechnet wird
	12.81(d)	c_3) eine Erläuterung zu Änderungen des anzuwendenden Steuersatzes bzw. der anzuwendenden Steuersätze im Vergleich zur vorangegangenen Periode
	12.81 (g)	c_4) bezüglich jeder Art temporärer Unterschiede und jeder Art noch nicht genutzter steuerlicher Verluste und noch nicht genutzter Steuergutschriften:
	(i)	$c_{4.1}$) der Betrag der in der Bilanz angesetzten latenten Steueransprüche und latenten Steuerschulden für jede dargestellte Periode
	(ii)	$c_{4.2}$) der Betrag des in der Gewinn- und Verlustrechnung erfassten latenten Steuerertrages oder Steueraufwandes, falls dies nicht bereits aus den Änderungen der in der Bilanz angesetzten Beträge hervorgeht
	12.81 (h)	c_5) der Steueraufwand hinsichtlich eingestellter Bereiche für:
	(i)	$c_{5.1}$) den auf die Einstellung entfallenden Gewinn oder Verlust
	(ii)	$c_{5.2}$) das Periodenergebnis, soweit es aus der gewöhnlichen Geschäftstätigkeit des eingestellten Bereiches resultiert, zusammen mit den Vergleichszahlen für jede dargestellte frühere Periode

D. Angaben zur Gewinn- und Verlustrechnung

Lfd.Nr.	Grundlagen	Bewertungskriterien (*Disclosures*)
11. Ergebnis je Aktie		
(46.)		**Hinsichtlich des Ergebnisses je Aktie ergeben sich gemäß IAS 33 (approved 1997) folgende Angabepflichten:**
	IAS 33 (approved 1997)	**<u>Erstmals für Abschlüsse, deren Berichtszeitraum am oder nach dem 1. Januar 1998 beginnt:</u>**
		<u>Anmerkung:</u> ***IAS 33 (approved 1997) ist für alle Unternehmen, deren Stammaktien oder potentielle Stammaktien öffentlich gehandelt werden, und für alle Unternehmen, welche die Ausgabe von Stammaktien oder potentiellen Stammaktien an einer Wertpapierbörse in die Wege geleitet haben, anzuwenden.***
	33.47/33.48	a) getrennter Ausweis der unverwässerten und verwässerten Ergebnisse je Aktie in der Gewinn- und Verlustrechnung für jede Klasse von Stammaktien, welche ein unterschiedliches Recht am Periodenergebnis hat (auch wenn die angegebenen Beträge negativ sind (Verlust je Aktie))
	33.49 (a)	b) die zur Berechnung von unverwässerten und verwässerten Ergebnissen je Aktie als Zähler verwendeten Beträge sowie eine Überleitungsrechnung der entsprechenden Beträge zum Periodenergebnis
	33.49 (b)	c) den gewichteten Durchschnitt der Anzahl von Stammaktien, welcher als Nenner in der Berechnung der unverwässerten und verwässerten Ergebnisse je Aktie verwendet wurde, sowie eine Überleitungsrechnung dieser Beträge zueinander
	33.51	d) falls zusätzlich Beträge je Aktie angegeben werden, die mittels eines im Bericht enthaltenen Bestandteiles des Periodenergebnisses mit Ausnahme des den Stammaktionären zuzurechnenden Periodenergebnisses ermittelt wurden, ist eine Überleitungsrechnung von dem jeweilig dargestellten Bestandteil zu einem in der Gewinn- und Verlustrechnung berichteten Posten darzustellen
	33.43	e) wurden infolge Veränderungen der Aktienzahl, z.B. durch Kapitalerhöhungen aus Gesellschaftsmitteln, Aktiensplits oder Aktienzusammenlegungen, die zwar erst nach dem Bilanzstichtag jedoch vor Veröffentlichung des Jahresabschlusses eingetreten sind, der gewichtete Durchschnitt der im Geschäftsjahr ausstehenden Stammaktien verändert (nach IAS 33.43 zwingend), ist dieser Tatbestand anzugeben

E. Angaben über Ereignisse nach dem Bilanzstichtag

Lfd.Nr.	Grundlagen	Bewertungskriterien (*Disclosures*)
(47.)		**Hinsichtlich Ereignissen nach dem Bilanzstichtag ergeben sich folgende Angabepflichten:**
	~~IAS 10~~ ~~(reformatted 1994)~~	**<u>Für Abschlüsse, deren Berichtszeitraum vor dem 1. Januar 2000 beginnt:</u>**
	~~10.28~~	a) die Ereignisse nach dem Bilanzstichtag, die wertbegründenden (nicht wertaufhellenden) Charakter haben, aber für die Beurteilung der Vermögens-, Finanz- und Ertragslage durch den Bilanzleser von entscheidender Bedeutung sind
	~~10.33~~	b) besteht eine Angabepflicht für Ereignisse nach dem Bilanzstichtag gemäß IAS ~~10.28~~, so sind weiterhin folgende Angaben erforderlich: b_1) eine Beschreibung der Art der Ereignisse b_2) eine Schätzung der finanziellen Auswirkungen der Ereignisse oder eine Aussage darüber, dass eine solche Schätzung nicht mit vertretbarem Aufwand vorgenommen werden kann
	~~10.31~~	c) sofern nicht bereits im Jahresabschluss erfasst: alle nach dem Bilanzstichtag erklärten oder vorgeschlagenen Dividenden, die sich auf die Rechnungsperiode beziehen

E. Angaben über Ereignisse nach dem Bilanzstichtag

Lfd.Nr.	Grundlagen	Bewertungskriterien (*Disclosures*)
	IAS 35 **(approved 1998)**	**<u>Für Abschlüsse, deren Berichtszeitraum am oder nach dem 1. Januar 1999 beginnt:</u>**
	35.31 i.V.m. **35.32** **<u>durch IAS 10 (rev. 1999) geändert - für Bp., die vor dem 1.1.2000 beginnen</u>**	Wurden Vermögenswerte, die einem einzustellenden Bereich gemäß IAS 35 zuzurechnen sind, bereits verkauft oder sind diese Vermögenswerte Gegenstand eines oder mehrerer verbindlicher Kaufverträge, die nach Ende des Geschäftsjahres, aber vor der Freigabe des Abschlusses zur Veröffentlichung <u>Genehmigung durch den Verwaltungsrat</u> eingegangen wurden, so sind folgende Angaben erforderlich:
	35.31 (a)	a) bei jedem Gewinn oder Verlust, der bei dem Abgang von Vermögenswerten oder bei der Tilgung von Schulden erfasst wird, soweit die Vermögenswerte bzw. Schulden dem einzustellenden Bereich zuzurechnen sind: a_1) die Höhe des Gewinns bzw. des Verlustes vor Steuern a_2) der mit dem Gewinn bzw. Verlust verbundene Ertragsteueraufwand gemäß IAS 12.81 (h)
	35.31 (b)	b) den Nettoveräußerungswert bzw. die Erlösspannen (nach Abzug der erwarteten Verkaufskosten) aus der Veräußerung jener Nettovermögenswerte, über die das Unternehmen einen oder mehrere verbindliche Kaufverträge abgeschlossen hat c) den voraussichtlichen zeitlichen Verlauf des Eingangs jener Cashflows d) den Buchwert dieser Nettovermögenswerte
	IAS 10 **(revised 1999)**	**<u>Für Abschlüsse, deren Berichtszeitraum am oder nach dem 1. Januar 2000 beginnt:</u>**
	10.20	a) die Ereignisse nach dem Bilanzstichtag, die wertbegründenden (nicht werterhellenden) Charakter haben, aber für die Beurteilung der Vermögens-, Finanz- und Ertragslage durch den Bilanzleser von entscheidender Bedeutung sind, einschließlich: a_1) der Art der Ereignisse a_2) einer Schätzung der finanziellen Auswirkungen oder einer Aussage darüber, dass eine solche Schätzung nicht vorgenommen werden kann
	10.16	b) den Zeitpunkt, zu dem der Abschluss zur Veröffentlichung freigegeben wurde, einschließlich der Personen, welche die Freigabe des Abschlusses genehmigt haben c) die Tatsache, wenn die Eigentümer des Unternehmens oder andere Personen die Möglichkeit haben, den Abschluss nach der Veröffentlichung abzuändern
	10.18	d) wenn ein Unternehmen Informationen über Gegebenheiten, die bereits am Bilanzstichtag vorgelegen haben, nach dem Bilanzstichtag erhält, sind die betreffenden Angaben auf der Grundlage der neuen Informationen zu aktualisieren
		<u>Für Abschlüsse des gesamten Betrachtungszeitraumes dieser Arbeit:</u>
	12.88 (rev. 96)/ **~~12.50 (ref. 94)~~**	a) werden nach dem Bilanzstichtag Änderungen der Steuersätze oder Steuervorschriften in Kraft gesetzt oder verkündet: alle wesentlichen Auswirkungen dieser Änderungen auf die tatsächlichen und latenten Steueransprüche und -schulden
	21.46	b) die Auswirkung wesentlicher Wechselkursänderungen nach dem Bilanzstichtag auf die monetären Bilanzposten c) hinsichtlich Unternehmenszusammenschlüssen (Definition in IAS 22.9) nach dem Bilanzstichtag sind des Weiteren folgende Angaben erforderlich:
	22.96/97 (rev. 98)/ **~~22.76/77 (rev. 93)~~**	c_1) bei Unternehmenszusammenschlüssen, die für die Beurteilung der Vermögens-, Finanz- und Ertragslage durch den Bilanzleser von entscheidender Bedeutung sind: Grundsätzliche Angabe der Informationen, die für Unternehmenszusammenschlüsse in der Rechnungsperiode obligatorisch sind (vgl. IAS 22.86 bis 22.94 /~~22.70~~ bis ~~22.74~~); soweit die Informationsbereitstellung nicht mit vertretbarem Aufwand möglich ist, ist dies anzugeben
	22.98 (rev. 98)/ **~~22.78 (rev. 93)~~**	c_2) wenn ein Zusammenschluss mit insolvenzgefährdeten Unternehmen nach dem Bilanzstichtag dazu führt, dass das gefährdete Unternehmen bereits am Bilanzstichtag zu Fortführungswerten bilanzieren darf, ist dies (beim gefährdeten Unternehmen) anzugeben

F. Angaben zum Konzernabschluss		
Lfd.Nr.	**Grundlagen**	**Bewertungskriterien (*Disclosures*)**
(48.)		**Hinsichtlich Konzernabschlüssen ergeben sich zusätzlich folgende Angabepflichten:**
	27.8	a) falls ein Unternehmen von der Konzernrechnungslegungspflicht befreit ist: a_1) die Grundsätze, nach denen Tochterunternehmen im Einzelabschluss des befreiten Mutterunternehmens bilanziert werden, und die Gründe, warum kein Konzernabschluss vorgelegt wird a_2) Name und Firmensitz des Mutterunternehmens, welches den befreienden Konzernabschluss veröffentlicht
	27.21	b) sofern die Anwendung einheitlicher Bilanzierungs- und Bewertungsmethoden nicht mit vertretbarem Aufwand durchführbar ist: b_1) die Tatsache, dass keine konzerneinheitlichen Bilanzierungs- und Bewertungsmethoden angewandt wurden b_2) das Ausmaß der betroffenen Posten, auf die abweichende Bilanzierungs- und Bewertungsmethoden angewandt wurden
	27.26/27.15	c) gesonderter Ausweis der Minderheitenanteile konsolidierter Tochtergesellschaften in der Konzernbilanz und der Konzern-Gewinn- und Verlustrechnung
	27.32 (a)	d) eine Auflistung wesentlicher Tochterunternehmen unter Angabe des Namens, des Sitzlandes, der Beteiligungsquote und, soweit abweichend, der Stimmrechtsquote
	27.32 (b) (i)	e) die Gründe für die Nichtkonsolidierung eines Tochterunternehmens
	27.32 (b) (ii)	f) die Art der Beziehung zwischen Mutterunternehmen und einem Tochterunternehmen, wenn dem Mutterunternehmen, direkt oder indirekt über Tochterunternehmen, nicht mehr als die Hälfte der Stimmrechte gehört
	27.32 (b) (iii)	g) die Namen der Unternehmen, bei denen das Mutterunternehmen, direkt oder indirekt über Tochterunternehmen, mehr als die Hälfte der Stimmrechte hält, die aber aufgrund der fehlenden Beherrschung keine Tochterunternehmen sind
	27.32 (b) (iv)	h) die Auswirkungen, die sich durch den Erwerb oder die Veräußerung von Tochterunternehmen auf die Vermögens- und Finanzlage am Bilanzstichtag, auf den Erfolg der Berichtsperiode sowie die entsprechenden Größen der Vorperiode ergeben
	27.32 (c)	i) im Einzelabschluss des Mutterunternehmens: eine Beschreibung der Bilanzierungsmethoden für Tochterunternehmen
	IAS 22 (rev. 98)/ **~~IAS 22 (rev. 93)~~** **22.86/~~22.70~~**	j) für sämtliche Unternehmenszusammenschlüsse (zur Definition von „Unternehmenszusammenschlüssen" vgl. IAS 22.8) im Abschluss der Berichtsperiode, in welcher der Zusammenschluss erfolgt ist:
	22.86/~~22.70~~ (a)	j_1) Name und Beschreibung der zusammengeschlossenen Unternehmen
	22.86/~~22.70~~ (b)	j_2) die für den Zusammenschluss angewandte Bilanzierungsmethode
	22.86/~~22.70~~ (c)	j_3) der für die Bilanzierung maßgebliche Zeitpunkt der Wirksamkeit des Zusammenschlusses
	22.86/~~22.70~~ (d)	j_4) die Geschäftsbereiche, die nach dem Unternehmenszusammenschluss gemäß der Entscheidung des Unternehmens nicht weitergeführt werden sollen
	22.87/~~22.71~~	k) für Unternehmenszusammenschlüsse, die als Unternehmenserwerb zu qualifizieren sind, im Abschluss der Berichtsperiode, in welcher der Unternehmenserwerb erfolgt ist:
	22.87/~~22.71~~ (a)	k_1) der Prozentsatz der erworbenen Stimmrechtsaktien
	22.87/~~22.71~~ (b)	k_2) die Anschaffungskosten und eine Beschreibung der erbrachten oder eventuell noch zu erbringenden Gegenleistung
	~~22.71 (c)~~ **für Bp., die vor dem 1.7.1999 beginnen**	k_3) die Art und der Betrag von Rückstellungen für Restrukturierungs- oder Stilllegungsmaßnahmen, die sich aus dem Unternehmenserwerb ergeben und zum Tag des Unternehmenserwerbes bilanziert wurden
	22.88/~~22.72~~	l) sofern aus der Akquisition ein Goodwill oder negativer Goodwill resultiert:
	22.88 (a) / **~~22.72 (a)~~** **für Bp., die vor dem 1.7.1999 beginnen**	l_1) der angenommene Abschreibungszeitraum / die angewandte Bilanzierungsmethode für den Geschäfts- oder Firmenwert oder den negativen Unterschiedsbetrag mit Angabe des Abschreibungszeitraumes

F. Angaben zum Konzernabschluss

Lfd.Nr.	Grundlagen	Bewertungskriterien (*Disclosures*)
	22.88 (b) **i.V.m. 22.89 /**	l_2) wenn der Geschäfts- oder Firmenwert über mehr als zwanzig Jahre abgeschrieben wird, die Gründe, warum die Annahme, dass die Nutzungsdauer des Geschäfts- oder Firmenwertes zwanzig Jahre vom Zeitpunkt des erstmaligen Ansatzes nicht überschreitet, widerlegt wurde; zudem Beschreibung der Faktoren gemäß IAS 22.48, die eine bedeutende Rolle bei der Bestimmung der Nutzungsdauer des Geschäfts- oder Firmenwertes gespielt haben /
	~~22.72 (b)~~ **für Bp., die vor dem 1.7.1999 beginnen**	wenn die Nutzungsdauer des Geschäfts- oder Firmenwertes oder der Abschreibungszeitraum des negativen Unterschiedsbetrages fünf Jahre überschreitet, eine Begründung für den gewählten Zeitraum
	22.88/~~22.72~~ (c)	l_3) bei nicht linearer Abschreibung des Geschäfts- oder Firmenwertes oder negativen Unterschiedsbetrages die Angabe der gewählten Methode und Begründung, warum die gewählte Methode sachgerechter ist als die lineare Abschreibung
	22.88 (d)	l_4) der oder die Posten in der Gewinn- und Verlustrechnung, in dem bzw. denen die Abschreibung des Geschäfts- oder Firmenwertes ausgewiesen ist
	22.88 (e) / ~~22.72 (d)~~	l_5) eine Überleitungsrechnung, welche die Entwicklung des Buchwertes sowohl des Geschäfts- oder Firmenwertes als auch des negativen Unterschiedsbetrages von Beginn zum Ende der gesamten Berichtsperiode zeigt, unter Angabe:
	(i/~~i~~)	$l_{5.1}$) des Bruttobetrages und der kumulierten Abschreibungen (zusammengefasst mit den kumulierten Wertminderungsaufwendungen) zu Beginn der Berichtsperiode
	(ii/~~ii~~)	$l_{5.2}$) jeglichen zusätzlichen Geschäfts- oder Firmenwertes oder negativen Unterschiedsbetrages, der während der Berichtsperiode auszuweisen ist
	~~(iii)~~ **für Bp., die vor dem 1.7.1999 beginnen**	$l_{5.3}$) der Abschreibungen während der Berichtsperiode
	(iii/~~iv~~)	$l_{5.4}$) der Korrekturen aufgrund nachträglich identifizierter Vermögenswerte und Schulden oder nachträglicher Bewertungsänderungen von identifizierbaren Vermögenswerten oder Schulden
	(iv)	$l_{5.5}$) jeglichen Geschäfts- oder Firmenwertes, welcher aufgrund der Veräußerung des gesamten oder eines Teils des Geschäftszweiges, zu dem er gehörte, während der Berichtsperiode ausgebucht wurde
	(v)	$l_{5.6}$) der Abschreibung, die während der Berichtsperiode auszuweisen war
	(vi)	$l_{5.7}$) des Wertminderungsaufwandes, der während der Berichtsperiode gemäß IAS 36 auszuweisen war (falls vorhanden)
	(vii)	$l_{5.8}$) des Wertminderungsaufwandes, der während der Berichtsperiode ausgebucht wurde (falls vorhanden)
	(viii)	$l_{5.9}$) anderer Veränderungen des Buchwertes während der Berichtsperiode (falls vorhanden)
	~~(v)~~ **für Bp., die vor dem 1.7.1999 beginnen**	$l_{5.10}$) aller anderen außerplanmäßigen Abschreibungen der Berichtsperiode
	(ix/~~vi~~)	$l_{5.11}$) des Bruttobetrages und der kumulierten Abschreibungen (zusammengefasst mit den kumulierten Wertminderungsaufwendungen) zum Ende der Berichtsperiode
	22.91	m) hinsichtlich eines negativen Unterschiedsbetrages sind folgende Angaben erforderlich:
	22.91(a)	m_1) bis zu dem Maße, bis zu dem der negative Unterschiedsbetrag entsprechend IAS 22.61 berücksichtigt ist, eine Beschreibung, die Höhe und der Zeitpunkt des künftigen wirtschaftlichen Verlustes und der Aufwendungen

F. Angaben zum Konzernabschluss		
Lfd.Nr.	**Grundlagen**	**Bewertungskriterien (*Disclosures*)**
	22.91 (b)	m_2) die Berichtsperiode(n), über die der negative Unterschiedsbetrag als Ertrag erfasst wird
	22.91 (c)	m_3) der bzw. die Posten der Gewinn- und Verlustrechnung, in dem bzw. denen der negative Unterschiedsbetrag als Ertrag erfasst wird
	22.91 (d)	m_4) eine Überleitungsrechnung, welche die Entwicklung des Buchwertes des negativen Unterschiedsbetrages von Beginn zum Ende der gesamten Berichtsperiode zeigt, unter Angabe:
	(i)	$m_{4.1}$) des Bruttobetrages des negativen Unterschiedsbetrages und der kumulierten ertragswirksamen Auflösungen zu Beginn der Berichtsperiode
	(ii)	$m_{4.2}$) der Zugänge zu negativem Geschäfts- oder Firmenwert
	(iii)	$m_{4.3}$) der Korrekturen aus nachträglich erkannten Wertänderungen der Vermögens- und Schuldposten
	(iv)	$m_{4.4}$) der Abgänge von negativem Geschäfts- oder Firmenwert aufgrund der Veräußerung des gesamten oder eines Teils des Geschäftszweiges, zu dem er gehörte
	(v)	$m_{4.5}$) des Betrages des im Geschäftsjahr ertragswirksam aufgelösten negativen Geschäfts- oder Firmenwerts, ggf. separate Angabe des Betrages gemäß IAS 22.61
	(vi)	$m_{4.6}$) anderer Veränderungen des Buchwertes während der Berichtsperiode (falls vorhanden)
	(vii)	$m_{4.7}$) des Bruttobetrages des negativen Unterschiedsbetrages und der kumulierten ertragswirksamen Auflösungen zum Ende der Berichtsperiode
	21.45	n) die Methode für die Währungsumrechnung des Geschäfts- oder Firmenwerts und für die Anpassungen an den beizulegenden Zeitwert bei Erwerb einer wirtschaftlich selbständigen ausländischen Teileinheit
	22.92	o) getrennter Ausweis der Rückstellungen, die ggf. für die Beendigung oder die Verringerung von Aktivitäten eines erworbenen Unternehmens gebildet wurden, für den Zweck der Angaben gemäß IAS 37 und getrennt für jeden einzelnen Unternehmenszusammenschluss
	22.93/~~22.73~~	p) die Tatsache einschließlich Begründung, wenn bei einer Unternehmensakquisition der beizulegende Wert der Vermögensgegenstände und Schulden oder der Transaktionspreis am Ende der Rechnungsperiode nur vorläufig bestimmt werden kann; Angabe und Erläuterung nachträglicher Berichtigungen dieser vorläufigen Werte in der betreffenden Rechnungsperiode
	22.94/~~22.74~~	q) für Unternehmenszusammenschlüsse, die als Interessenzusammenführung zu qualifizieren sind, im Abschluss der Berichtsperiode, in welcher die Interessenzusammenführung erfolgt ist:
	22.94/~~22.74~~ (a)	q_1) eine Beschreibung und die Anzahl der ausgegebenen Aktien, zusammen mit dem Prozentsatz der Stimmrechtsaktien jedes Unternehmens, die zur Durchführung der Interessenzusammenführung getauscht wurden
	22.94/~~22.74~~ (b)	q_2) die Beträge der Vermögenswerte und Schulden, die von jedem Unternehmen eingebracht wurden
	22.94/~~22.74~~ (c)	q_3) die Umsatzerlöse, anderen betrieblichen Erträge, außerordentlichen Posten sowie das Periodenergebnis jedes Unternehmens bis zum Tag des Zusammenschlusses, die in das Nettoergebnis, das im Abschluss des zusammengeführten Unternehmens gezeigt wird, eingeflossen sind
		r) hinsichtlich nahestehender Unternehmen und Personen i.S.v. IAS 24.5 und IAS 24.6 sind des Weiteren folgende Angaben erforderlich:
	24.20	r_1) alle Beziehungen zu nahestehenden Unternehmen und Personen, bei denen ein Beherrschungsverhältnis vorliegt, unabhängig davon, ob Geschäfte mit den nahestehenden Unternehmen und Personen stattgefunden haben

F. Angaben zum Konzernabschluss

Lfd.Nr.	Grundlagen	Bewertungskriterien (*Disclosures*)
	24.22/24.23	r_2) falls Geschäfte mit den nahestehenden Unternehmen und Personen stattgefunden haben, hat das berichtende Unternehmen die Art der Beziehung zu den jeweilig nahestehenden Unternehmen und Personen, die Art der Geschäfte und die zum Verständnis des Abschlusses notwendigen Bestandteile der Geschäfte (die Art und den Umfang der Geschäfte (als Betrag oder als prozentuale Größe), den Betrag oder die prozentuale Größe offener Posten sowie die Preisgestaltung) anzugeben
	24.24	***Anmerkung:*** ***Ergeben sich mehrere Vorgänge der gleichen Art, so können diese zusammengefasst dargestellt werden, es sei denn, die Zusammenfassung würde die Verständlichkeit der Auswirkungen dieser Vorgänge auf den Abschluss beeinträchtigen.***
	24.25	***Eine Angabe von Transaktionen und Beziehungen zwischen Konzerngesellschaften im Konzernabschluss ist nicht notwendig; Ausnahme: Beziehungen zu assoziierten Unternehmen, die nach der Equity-Methode bilanziert werden.***
		Weitere Angabepflichten in Bezug auf nahestehende Unternehmen und Personen ergeben sich u.a. aus IAS 5, 8, 27 und 28 (vgl. IAS 24.18).

G. Angaben zur Kapitalflussrechnung

Lfd.Nr.	Grundlagen	Bewertungskriterien (*Disclosures*)
(49.)		**Hinsichtlich der Kapitalflussrechnung ergeben sich gemäß IAS 7 folgende Angabepflichten:**
	7.1	a) grundsätzlich: Verpflichtung zur Erstellung einer Kapitalflussrechnung
	7.10	b) die Gliederung der Kapitalflussrechnung nach Zahlungsströmen aus laufenden Geschäftstätigkeiten, Investitionstätigkeiten sowie Finanzierungstätigkeiten
	7.45	c) die Abgrenzung der Finanzmittelfonds, die der Kapitalflussrechnung zugrunde gelegt werden
	7.45	d) eine Überleitung zwischen den Beträgen in der Kapitalflussrechnung und den entsprechenden Posten in der Bilanz
	7.46	e) die Unternehmenspolitik in Bezug auf die Zuordnung und den Inhalt von Zahlungsmitteln und Zahlungsmitteläquivalenten
	7.47	f) die Auswirkungen von Änderungen in der Abgrenzung der Finanzmittelfonds gemäß IAS 8
	7.18/7.19	g) die Darstellung der Zahlungsströme aus laufenden Geschäftstätigkeiten entweder nach der direkten oder nach der indirekten Methode
	7.21	h) den Bruttoausweis der Zahlungsströme aus Investitions- und Finanzierungstätigkeiten (gegliedert nach Hauptgruppen) (Ausnahme: Zahlungsströme entsprechend IAS 7.22 und 7.24)
	7.28	i) den gesonderten Ausweis der Auswirkungen und des Betrages von wechselkursbedingten Wertänderungen von Beständen in den Finanzmittelfonds
	7.29	j) die Aufgliederung der Zahlungsströme aus außerordentlichen Geschäften nach Zugehörigkeit zu den laufenden Geschäftstätigkeiten, zum Investitionsbereich oder zum Finanzierungsbereich
	7.31	k) den gesonderten Ausweis der erhaltenen und gezahlten Finanzmittel aus Zinsen und Dividenden; die Zuordnung dieser Finanzmittel zu den einzelnen Bereichen der Kapitalflussrechnung ist im Zeitablauf beizubehalten
	7.35	l) den gesonderten Ausweis von Zahlungsströmen im Kontext mit Ertragsteuerzahlungen; die Zahlungsströme sind grundsätzlich der laufenden Geschäftstätigkeit zuzuordnen (Ausnahme: die Zahlungsströme stehen in unmittelbarem Kontext zu Investitions- oder Finanzierungstätigkeiten)

G. Angaben zur Kapitalflussrechnung

Lfd.Nr.	Grundlagen	Bewertungskriterien (*Disclosures*)
	7.36	m) den Gesamtbetrag der Ertragsteuerzahlungen, wenn die Zahlungsströme im Kontext mit Ertragsteuerzahlungen mehr als einem Teilbereich zugeordnet werden
	7.39	n) den gesonderten Ausweis der kumulierten Zahlungsströme aus dem Erwerb und dem Verkauf von Gesellschaften oder anderen Geschäftseinheiten unter den Zahlungsströmen aus der Investitionstätigkeit
	7.40	o) bei Erwerb und Verkauf von Tochtergesellschaften oder anderen Geschäftseinheiten in der Rechnungsperiode des Erwerbs/der Veräußerung:
	7.40 (a)	o_1) den Transaktionspreis
	7.40 (b)	o_2) den Anteil am Transaktionspreis, der mit Fondsmitteln beglichen wurde
	7.40 (c)	o_3) die Fondsmittel der Tochtergesellschaften oder Geschäftseinheiten, die ge- oder verkauft wurden
	7.40 (d)	o_4) die übrigen Vermögensgegenstände und Schulden der Tochtergesellschaften oder Geschäftseinheiten, die ge- oder verkauft wurden (zusammengefasst nach Hauptgruppen)
	7.43	p) die Investitions- und Finanzierungsaktivitäten, die nicht zahlungsstromwirksam sind, sind nicht in der Kapitalflussrechnung zu berücksichtigen; sie sind jedoch außerhalb der Kapitalflussrechnung gesondert anzugeben
	7.48	q) des Weiteren die Angabe und Erläuterung wesentlicher Fondsteile, die vom Unternehmen gehalten werden und über die der Konzern nicht frei verfügen kann

H. Segmentberichterstattung

Lfd.Nr.	Grundlagen	Bewertungskriterien (*Disclosures*)
(50.)		**Im Rahmen der Segmentberichterstattung ergeben sich gemäß IAS 14 folgende Angabepflichten:**
	IAS 14 (revised 1997) / ~~IAS 14~~ ~~(reformatted 1994)~~	***Anmerkung:*** ***Gemäß IAS 14.3 (rev. 1997) sind zur Segmentberichterstattung Unternehmen verpflichtet, deren Eigen- oder Fremdkapitalinstrumente („equity or debt securities") öffentlich gehandelt werden oder die sich im Emissionsprozess („process of issuing") von Eigen- oder Fremdkapitalinstrumenten an öffentlich zugänglichen Wertpapiermärkten („public securities markets") befinden.*** ***Im Unterschied zu IAS 14 (rev. 1997) sind nach ~~IAS 14 (ref. 1994)~~ sowohl Unternehmen, deren Wertpapiere öffentlich gehandelt werden, als auch andere wirtschaftlich bedeutende Unternehmen zur Segmentberichterstattung verpflichtet (~~IAS 14.2 (ref. 1994)~~). Für Unternehmen, deren Wertpapiere nicht öffentlich gehandelt werden, jedoch wirtschaftlich bedeutsam sind, besteht eine Befreiung von der Segmentberichterstattung, solange die nach ~~IAS 14~~ geforderte Berichterstattung nicht im Wesentlichen anerkannte Praxis in dem betreffenden Land ist (~~IAS 14.26 (ref. 1994)~~).*** ***Wird der Konzernabschluss als auch der Abschluss des Mutterunternehmens dargestellt, brauchen die Informationen zu den einzelnen Segmenten lediglich für den Konzernabschluss dargestellt zu werden (IAS 14.6 (rev. 1997)/~~IAS 14.2 (ref. 1994)~~).***
	~~IAS 14~~ ~~(reformatted 1994)~~	**<u>Für Abschlüsse, deren Berichtszeitraum vor dem 1. Juli 1998 beginnt:</u>**
	~~14.9~~	a) eine Beschreibung der Tätigkeiten jedes dargestellten Geschäftsfeldes und Hinweis auf die Zusammensetzung jedes geographischen Segmentes
	~~14.16~~ i.V.m. ~~14.11~~	b) für jedes dargestellte Geschäftsfeld und geographische Segment:
	~~14.16 (a)~~	b_1) die Umsätze oder anderen Erträge aus der betrieblichen Geschäftstätigkeit, aufgeteilt in solche, die aus Geschäften mit externen Kunden, und solche, die aus Transaktionen mit anderen Segmenten resultieren
	~~14.16 (b)~~	b_2) das Segmentergebnis

H. Segmentberichterstattung

Lfd.Nr.	Grundlagen	Bewertungskriterien (*Disclosures*)
	~~14.16 (e)~~	b_3) einem Segment zuordenbare Vermögenswerte, entweder in absoluten Beträgen oder als Prozentsätze der konsolidierten Gesamtbeträge
	~~14.16 (d)~~ i.V.m. ~~14.20~~	b_4) die Grundlage für die Verrechnungspreisbildung zwischen den Segmenten (Angabe, ob z.B. Marktpreise in Rechnung gestellt werden)
	~~14.21~~	c) eine Überleitungsrechnung zwischen der Summe der einzelnen Segmentdaten und den im Abschluss dargestellten aggregierten Daten
	~~14.24~~	d) bei wesentlichen Änderungen der Abgrenzung der Segmente und der Segmentberichterstattung: die Art und die Gründe der Änderungen sowie deren betragsmäßige Auswirkungen (soweit quantifizierbar)
	~~14.25~~	***Anmerkung:*** ***Bei erstmaliger Anwendung dieses Standards ist die Angabe von Vergleichszahlen nicht verpflichtend, wenn diese nicht mit vertretbarem Aufwand ermittelt werden können.***
	IAS 14 (revised 1997)	**Für Abschlüsse, deren Berichtszeitraum am oder nach dem 1. Juli 1998 beginnt:**
		a) für jedes berichtspflichtige Segment ergeben sich auf der Grundlage des **primären Berichtsformates** folgende Angabepflichten:
	14.51	a_1) die Segmenterlöse, mit separatem Ausweis der Erlöse aus Geschäften mit externen Kunden und der Erlöse aus intersegmentären Geschäften
	14.52	a_2) das Segmentergebnis
	14.55	a_3) den Gesamtbuchwert des Segmentvermögens
	14.56	a_4) die Segmentschulden
	14.57	a_5) den Gesamtbetrag der in der Berichtsperiode angefallenen Kosten zum Erwerb von Segmentvermögenswerten, die voraussichtlich länger als ein Jahr genutzt werden
	14.58	a_6) den Gesamtbetrag der in der Berichtsperiode angefallenen Abschreibungen auf Segmentvermögenswerte
	14.61	a_7) den Gesamtbetrag der wesentlichen nicht-liquiditätswirksamen Aufwendungen (nicht die unter IAS 14.58 fallenden Abschreibungen), die Bestandteil des Segmentergebnisses sind
	14.63	***Anmerkung:*** ***Unternehmen, die entsprechend IAS 7 den Cashflow des Segments ausweisen, können auf den Ausweis der Abschreibungen gem. IAS 14.58 und der nicht-liquiditätswirksamen Aufwendungen gem. IAS 14.61 verzichten.***
	14.64	a_8) den Anteil am Ergebnis der nach der Equity-Methode bilanzierten assoziierten Unternehmen, Joint Ventures und anderen Unternehmen, wenn alle wesentlichen Tätigkeiten dieser Gesellschaften innerhalb dieses einen Segments liegen
	14.66	a_9) die Buchwerte der Beteiligungen *(„aggregate investment")* der nach der Equity-Methode bilanzierten assoziierten Unternehmen, Joint Ventures und anderen Unternehmen, wenn alle wesentlichen Tätigkeiten dieser Gesellschaften innerhalb dieses einen Segments liegen
	14.67	a_{10}) eine Überleitungsrechnung der Segmentdaten zu den Daten des konsolidierten Abschlusses oder zu den Daten des Einzelabschlusses des berichtenden Unternehmens; insbesondere die Überleitung: $a_{10.1}$) der Segmenterlöse auf die Erlöse des Unternehmens aus Geschäften mit externen Kunden (hierbei sind weiterhin die Erlöse aus Geschäften mit externen Kunden, die nicht Bestandteil des Segmentergebnisses sind, anzugeben) $a_{10.2}$) des Segmentergebnisses zum einen auf das Ergebnis der gewöhnlichen Geschäftstätigkeit *(„operating profit or loss")* des Unternehmens und zum anderen auf das Periodenergebnis *(„net profit or loss")* $a_{10.3}$) der Segmentvermögenswerte auf die Vermögenswerte des Unternehmens sowie die Segmentschulden auf die Schulden des Unternehmens

H. Segmentberichterstattung		
Lfd.Nr.	**Grundlagen**	**Bewertungskriterien (*Disclosures*)**
	14.68	b) der Berichtsumfang des **sekundären Berichtsformates** variiert danach, ob es sich bei den – innerhalb des primären Berichtsformats – offen zu legenden Segmenten um Geschäftsfelder (b_1) oder um geographische Segmente (b_2) handelt; sofern es sich um geographische Segmente handelt, ist weiterhin zu unterscheiden, ob diese auf Absatzmärkten (b_3) oder auf Produktionsstandorten (b_4) basieren:
	14.69	b_1) wenn das primäre Format zur Segmentberichterstattung eines Unternehmens *Geschäftsfelder* beinhaltet, sind im Rahmen des sekundären Berichtsformats folgende Informationen offen zu legen:
	14.69 (a)	$b_{1.1}$) die Segmenterlöse aus Geschäften mit externen Kunden, differenziert nach Absatzmärkten, für jedes *geographische Segment*, dessen Erlöse aus diesen Geschäften 10% oder mehr der gesamten Unternehmenserlöse aus Geschäften mit externen Kunden betragen
	14.69 (b)	$b_{1.2}$) die Buchwerte aller Segmentvermögenswerte, differenziert nach Produktionsstandorten, für jedes *geographische Segment*, dessen Vermögenswerte 10 % oder mehr der gesamten Vermögenswerte aller *geographischen Segmente* ausmachen
	14.69 (c)	$b_{1.3}$) der Gesamtbetrag der in der Berichtsperiode angefallenen Kosten zum Erwerb von Vermögenswerten (Sachanlagen und immaterielle Vermögenswerte), die voraussichtlich länger als ein Jahr genutzt werden, für jedes *geographische Segment*, dessen Vermögenswerte 10 % oder mehr der gesamten Vermögenswerte aller *geographischen Segmente* ausmachen
	36.116/36.117	$b_{1.4}$) die erfolgswirksam und erfolgsneutral vorgenommenen Abwertungsverluste (*„impairment losses“*) und Wertaufholungen (*„reversals of impairment losses“*) sowohl für *die berichtspflichtigen Segmente des primären Berichtsformats* als auch bei wesentlicher Bedeutung für einzelne Vermögenswerte oder für eine zahlungsmittelgenerierende Einheit
	14.70	b_2) berichten Unternehmen über *geographische Segmente* im Rahmen des primären Berichtsformates, sind zusätzlich Angaben zu den *Geschäftsfeldern* zu machen, die 10 % oder mehr Anteil am gesamten Erlös aus Geschäften mit externen Kunden erwirtschaften oder deren Vermögenswerte 10% oder mehr der Vermögenswerte der gesamten *Geschäftsfelder* umfassen; zu jedem Segment ist hierbei anzugeben:
	14.70 (a)	$b_{2.1}$) die Segmenterträge aus Geschäften mit externen Kunden
	14.70 (b)	$b_{2.2}$) der Gesamtbuchwert des Segmentvermögens
	14.70 (c)	$b_{2.3}$) der Gesamtbetrag der in der Berichtsperiode angefallenen Kosten zum Erwerb von Vermögenswerten (Sachanlagen und immaterielle Vermögenswerte), die voraussichtlich länger als ein Jahr genutzt werden
	14.71	b_3) basieren die *geographischen Segmente* auf Produktionsstandorten und unterscheiden sich diese von den Absatzmärkten des Unternehmens, so sind auf Basis der Absatzmärkte die Segmenterlöse aus Geschäften mit externen Kunden anzugeben, sofern diese einem Anteil von 10 % oder mehr der gesamten Erlöse aus Geschäften mit externen Kunden entsprechen
	14.72	b_4) basieren die *geographischen Segmente* auf Absatzmärkten und befinden sich die Vermögenswerte des Unternehmens an von den Absatzmärkten abweichenden Standorten, hat das Unternehmen Segmentinformationen auf Basis der Produktionsstandorte zu veröffentlichen, deren Erlöse aus Geschäften mit externen Kunden oder deren Vermögenswerte 10 % oder mehr der jeweiligen konsolidierten Unternehmensbeträge ausmachen; nach Produktionsstandorten differenziert sind diesbezüglich folgende Angaben erforderlich:
	14.72 (a)	$b_{4.1}$) der Gesamtbuchwert des Segmentvermögens
	14.72 (b)	$b_{4.2}$) der Gesamtbetrag der in der Berichtsperiode angefallenen Kosten zum Erwerb von Vermögenswerten (Sachanlagen und immaterielle Vermögenswerte), die voraussichtlich länger als ein Jahr genutzt werden

H. Segmentberichterstattung

Lfd.Nr.	Grundlagen	Bewertungskriterien (*Disclosures*)
	14.74 ff.	c) **für alle Segmente,** gleich welcher Segmentierungsdimension, sind des Weiteren folgende Angaben erforderlich:
	14.74	c_1) für den Fall, dass von einem Unternehmen an die Unternehmensleitung intern über Segmente berichtet wird, die nicht berichtsfähig sind, da sie einen Großteil ihrer Erträge aus den Verkäufen an andere Segmente erzielen, deren Erträge aus Verkäufen an externe Kunden aber dennoch 10% oder mehr der gesamten Unternehmenserträge aus Verkäufen an alle externen Kunden ausmachen, sind neben der Angabe dieses Tatbestandes des Weiteren folgende Angaben auf Basis dieser Segmente erforderlich:
	14.74 (a)	$c_{1.1}$) die Beträge der Erlöse aus Verkäufen an externe Kunden
	14.74 (b)	$c_{1.2}$) die Beträge der Erlöse aus internen Verkäufen an andere Segmente
	14.75	c_2) die Grundlagen der Verrechnungspreise bei intersegmentären Geschäften und ggf. deren Veränderung
	14.76	c_3) falls zutreffend, die Angabe der Änderungen von Bilanzierungs- und Bewertungsmethoden, die für die Segmentberichterstattung angewendet werden und von wesentlicher Bedeutung für die Segmentinformationen sind, als auch die Angabe der angepassten Vorjahresvergleichszahlen; diese Angaben umfassen des Weiteren: $c_{3.1}$) eine Beschreibung der Art dieser Methodenänderung $c_{3.2}$) die Gründe für diese Methodenänderung $c_{3.3}$) den Tatbestand, dass die Vorjahreszahlen angepasst wurden, oder den Tatbestand, dass eine Anpassung der Vorjahreszahlen nicht unter vertretbarem Aufwand möglich ist $c_{3.4}$) die finanzielle Auswirkung dieser Methodenänderung, sofern bestimmbar ***Anmerkung:*** ***Falls ein Unternehmen die Methode der Zusammensetzung seiner Segmente ändert und angepasste Vorjahreszahlen nicht angegeben werden können, da diese nur schwer ermittelbar sind, sind im Jahr der Änderung zusätzlich die Segmentzahlen, welche nach der alten Methode ermittelt wurden, darzustellen.***
	14.81	c_4) eine Beschreibung der Art, der Produkte und Dienstleistungen, die in die berichtspflichtigen Geschäftsfelder einbezogen sind, als auch der Zusammensetzung jedes primären oder sekundären berichtspflichtigen geographischen Segmentes, wenn diese Informationen nicht an einer anderen Stelle im Abschluss oder ggf. im Geschäftsbericht angegeben werden

I. Angaben zu Finanzinstrumenten

Lfd.Nr.	Grundlagen	Bewertungskriterien (*Disclosures*)
(51.)	IAS 32 ~~(approved 1995) /~~ (revised 1998)	**Hinsichtlich Finanzinstrumenten ergeben sich gemäß IAS 32 folgende Angabepflichten:**
	32.18	a) Klassifikation der Finanzinstrumente bzw. deren Komponenten beim Emittenten entsprechend dem wirtschaftlichen Gehalt entweder als Verbindlichkeit oder als Eigenkapital
	32.23	b) Aufteilung des Finanzinstrumentes in Eigen- und Fremdkapitalanteile, falls ein Finanzinstrument teilweise die Kriterien einer Verbindlichkeit oder eines Eigenkapitalinstrumentes erfüllt
	32.30	c) Ausweis der Ergebnisse aus Finanzinstrumenten (z.B. Zinsen, Dividenden), die als Finanzverbindlichkeiten klassifiziert werden, in der Gewinn- und Verlustrechnung als Aufwand bzw. Ertrag; Ausschüttungen an die Inhaber von Eigenkapitalinstrumenten sind mit dem Eigenkapital zu verrechnen

I. Angaben zu Finanzinstrumenten		
Lfd.Nr.	**Grundlagen**	**Bewertungskriterien (*Disclosures*)**
	32.33	d) Nettoausweis von Finanzvermögensgegenständen und Finanzverbindlichkeiten, wenn das Unternehmen (a) zivilrechtlich zur Aufrechnung der realisierten Beträge berechtigt ist und (b) beabsichtigt, entweder auf Nettobasis abzurechnen oder gleichzeitig den Vermögensgegenstand und die Verbindlichkeit auszugleichen
	32.42	e) Informationen, die das Verständnis des Bilanzlesers für die Bedeutung von Finanzinstrumenten für die Vermögens-, Finanz- und Ertragslage und die Cashflows eines Unternehmens sicherstellen sollen und zudem dazu beitragen sollen, die Beträge, die Zeitpunkte und die Wahrscheinlichkeit des Eintretens der künftigen Cashflows abschätzen zu können, die aus solchen Finanzinstrumenten resultieren; hierunter fallen z.B. Informationen, in welchem Umfang Finanzinstrumente genutzt werden, über die mit der Nutzung verbundenen Risiken sowie über den Zweck, der damit für das laufende Geschäft erfüllt werden sollen (zu den Grundsätzen der Berichterstattung über Finanzinstrumente vgl. auch IAS 32.43 ff.)
	32.43 A (neu in: IAS 32 (rev. 98); anzuwenden von Unternehmen, die bereits IAS 39 (appr. 98) anwenden)	f) Beschreibung der Zielsetzungen und Methoden des Finanzrisikomanagements, einschließlich der Absicherungsmethode für jede größere Art von vorhergesehenen Transaktionen, für die eine Bilanzierung von Sicherungsgeschäften erfolgt (evtl. in einem ergänzenden Bericht)
	32.46	g) falls das berichtende Unternehmen Vertragspartner bei Finanzinstrumenten ist, die nicht von IAS 32 erfasst werden (z.B. Verpflichtungen aus Altersversorgungsplänen oder Versicherungsverträgen): getrennter Ausweis der korrespondierenden Finanzvermögensgegenstände und -verbindlichkeiten von denjenigen, die Gegenstand von IAS 32 sind
	32.47	h) für jede Klasse von bilanzwirksamen und bilanzunwirksamen finanziellen Vermögenswerten, finanziellen Verbindlichkeiten sowie Eigenkapitalinstrumenten sind folgende Angaben erforderlich (hierbei können nach dem Grundsatz der Wesentlichkeit gleichartige Finanzinstrumente zusammengefasst werden (vgl. IAS 32.48)):
	32.47 (a)	h_1) Informationen über Umfang und Art der Finanzinstrumente einschließlich wesentlicher vertraglicher Vereinbarungen über Laufzeiten und sonstige Bedingungen, welche die Höhe, die Zeitpunkte und die Wahrscheinlichkeit des Eintritts künftiger Cashflows beeinflussen können
	32.47 (b)	h_2) die angewendeten Bilanzierungs- und Bewertungsmethoden einschließlich der Ansatz- und Bewertungskriterien
	32.49	i) falls Finanzinstrumente gehalten oder begeben werden, die einzeln bzw. als Klasse wesentliche Finanzrisiken hervorrufen können, sind folgende Angaben hinsichtlich Laufzeiten und sonstigen Konditionen erforderlich:
	32.49 (a)	i_1) festgesetzter Kapitalbetrag, Nennwert oder ein ähnlicher Betrag; für bestimmte derivative Finanzinstrumente, wie beispielsweise Zinsswaps, kann dies der Betrag sein, auf dem künftige Zahlungen basieren (sogenannter Nennbetrag)
	32.49 (b)	i_2) Fälligkeitsdatum, Verfalltag oder Ausübungstag
	32.49 (c)	i_3) Optionen, die einem der beteiligten Vertragspartner eine vorzeitige Ablösung des Finanzinstrumentes erlauben, einschließlich des Zeitraumes oder des Datums, zu dem die Option ausgeübt werden kann, sowie des jeweiligen Ausübungspreises oder der Preisspanne
	32.49 (d)	i_4) Optionen, die es einem der beteiligten Vertragspartner erlauben, das Finanzinstrument umzuwandeln in oder einzutauschen gegen ein anderes Finanzinstrument oder einen anderen Vermögenswert bzw. eine andere Schuld, einschließlich der Tauschrelation(en) und des jeweiligen Zeitraumes oder des Datums, zu dem die Option ausgeübt werden kann
	32.49 (e)	i_5) Betrag und zeitliches Anfallen von geplanten zukünftigen Zahlungsmittelzu- oder -abflüssen bezüglich des Kapitalbetrages des Finanzinstrumentes, einschließlich Rückzahlungsraten sowie Tilgungsplanvereinbarungen und ähnlicher Anforderungen
	32.49 (f)	i_6) festgelegte Prozentsätze oder Beträge für Zinsen, Dividenden oder andere sich aus Kapitalbeträgen ergebende, periodisch anfallende Zahlungen sowie zeitliches Anfallen derartiger Zahlungen

I. Angaben zu Finanzinstrumenten

Lfd.Nr.	Grundlagen	Bewertungskriterien (*Disclosures*)
	32.49 (g)	i_7) im Fall von finanziellen Vermögenswerten erhaltene bzw. im Fall von finanziellen Verbindlichkeiten geleistete Sicherheiten
	32.49 (h)	i_8) die Währung, in der Ein- bzw. Auszahlungen im Fall von Finanzinstrumenten erfolgen, bei denen die zugehörigen Cashflows in einer anderen als der Berichtswährung des Unternehmens vereinbart sind
	32.49 (i)	i_9) im Fall von Finanzinstrumenten, bei denen ein Tausch möglich ist: Informationen entsprechend den Punkten i_1) bis i_8) bezüglich desjenigen Instrumentes, das über den Tausch erworben werden soll
	32.49 (j)	i_{10}) alle Konditionen, die mit dem Finanzinstrument oder einer dazugehörigen Vertragsabrede zusammenhängen und deren Missachtung irgendeine der anderen Bedingungen signifikant verändern würde, wie beispielsweise eine vereinbarte Obergrenze für den Verschuldungsgrad bei einer Anleihe, deren Überschreitung zu einer sofortigen Fälligkeit und Rückzahlungsverpflichtung bezüglich des vollen Anleihebetrages führen würde
	32.52	j) hinsichtlich der Bilanzierungs- und Bewertungsmethoden von Finanzinstrumenten sind des Weiteren folgende Angaben erforderlich:
	32.52 (a)	j_1) die Kriterien, nach denen über den Ansatz oder das Ausbuchen eines finanziellen Vermögenswertes oder einer finanziellen Verbindlichkeit entschieden wird
	32.52 (b)	j_2) die Bewertungsgrundsätze, nach denen finanzielle Vermögenswerte und finanzielle Verbindlichkeiten beim erstmaligen Ansatz sowie zu den folgenden Bilanzstichtagen bewertet werden
	32.52 (c)	j_3) die Prinzipien, nach denen aus finanziellen Vermögenswerten und finanziellen Verbindlichkeiten resultierende Erträge und Aufwendungen erfasst und bewertet werden
	32.53	***<u>Anmerkung:</u>*** ***Die Angabe der angewendeten Bilanzierungs- und Bewertungsmethoden ist insbesondere bei folgenden Sachverhalten notwendig:***
	32.53 (a)	▪ ***bei Übertragungen von finanziellen Vermögenswerten, bei denen es von Seiten des übertragenden Unternehmens ein fortbestehendes Engagement bezüglich dieser finanziellen Vermögenswerte gibt, wie bei der Verbriefung von finanziellen Vermögenswerten sowie bei Pensionsgeschäften,***
	32.53 (b)	▪ ***bei Übertragungen von finanziellen Vermögenswerten auf ein Treuhandvermögen, um Schulden zu begleichen, wenn diese fällig sind, ohne jedoch die Verpflichtung des Übertragenden zum Zeitpunkt des Transfers aufzuheben, wie beispielsweise bei einem „In-Substance Defeasance Trust“,***
	32.53 (c)	▪ ***bei Ankauf oder Ausgabe von separaten Finanzinstrumenten als Teil einer ganzen Serie von Transaktionen, wodurch im Ergebnis der Ankauf oder die Ausgabe eines einzigen Finanzinstrumentes synthetisiert werden soll,***
	32.53 (d)	▪ ***bei Ankauf oder Ausgabe von Finanzinstrumenten als Sicherungsinstrumente gegen Risiken und***
	32.53 (e)	▪ ***bei Ankauf oder Ausgabe von festverzinslichen monetären Finanzinstrumenten, deren Zinssatz von dem am Ausgabetag herrschenden Marktzins abweicht.***
	32.55	k) falls Aufwands- und Ertragsposten im Kontext mit Finanzinstrumenten auf einer Nettobasis ausgewiesen werden, obwohl die korrespondierenden Finanzposten auf der Aktiv- und Passivseite nicht saldiert wurden: Angabe der Gründe für diese Darstellung, soweit deren Auswirkung wesentlich ist
	32.56	l) für jede Klasse von erfassten und nicht erfassten finanziellen Vermögenswerten und finanziellen Verbindlichkeiten: Angabe, inwieweit das Unternehmen einem Zinsänderungsrisiko ausgesetzt ist; diese Berichterstattung schließt des Weiteren ein:
	32.56 (a)	l_1) die vertraglich festgelegten Fälligkeitstermine oder Zinsanpassungstermine, je nachdem, welche Termine zu einem früheren Zeitpunkt liegen (zur Darstellungsform vgl. IAS 32.64)
	32.56 (b)	l_2) die Effektivzinssätze, soweit berechenbar (vgl. auch IAS 32.62)

I. Angaben zu Finanzinstrumenten		
Lfd.Nr.	**Grundlagen**	**Bewertungskriterien (*Disclosures*)**
	32.59	m) falls die erwarteten Fälligkeits- und Zinsanpassungstermine wesentlich von den vertraglich festgelegten Fälligkeits- und Zinsanpassungsterminen abweichen, können die erwarteten Termine angegeben werden; des Weiteren Angabe, dass diese Informationen auf der Einschätzung des Managements beruhen, sowie Angabe der zugrunde liegenden Annahmen und in welchem Umfang die Annahmen von den vertraglichen Vereinbarungen abweichen
	32.60	n) der Tatbestand, wenn Finanzvermögensgegenstände bzw. -verbindlichkeiten zinsbedingten Kursrisiken, zinsbedingten Zahlungsstromrisiken und Zinsänderungsrisiken ausgesetzt sind
	32.63	o) falls Zinsänderungsrisiken aus Finanzvermögensgegenständen bestehen bleiben, auch wenn der entsprechende Gegenstand nicht mehr bilanziert wird, oder aufgrund von Transaktionen oder Vereinbarungen bestehen, die als solche nicht in der Bilanz zu erfassen sind, sind sachgerechte Angaben erforderlich, die dem Bilanzleser Art und Ausmaß von Zinsänderungsrisiken deutlich machen
	32.65	p) falls Informationen zur Zinsänderungssensitivität bereitgestellt werden, sind des Weiteren die Grundlagen für die Aufbereitung dieser Informationen einschließlich der signifikanten Annahmen darzustellen
	32.66	q) für jede Klasse von bilanzwirksamen und bilanzunwirksamen finanziellen Vermögenswerten sind zur Beurteilung des Ausfallrisikos folgende Angaben erforderlich:
	32.66 (a)	q_1) der Betrag des maximalen Ausfallrisikos bei völligem Ausfall der Vertragspartner der Finanzinstrumente unter der Annahme der Wertlosigkeit aller gewährten Sicherheiten (vgl. auch IAS 32.69 und IAS 32.72)
	32.66 (b)	q_2) die Konzentration von Ausfallrisiken (in Bezug auf einzelne Segmente oder Schuldner bzw. Schuldnergruppen), einschließlich der Beschreibung gemeinsamer Charakteristika zur Identifizierung von Konzentrationen und der Betrag der maximalen Ausfallrisiken (zur Konkretisierung vgl. insbesondere IAS 32.74 ff.)
	32.70	r) falls ein zivilrechtlich durchsetzbarer Anspruch zur Aufrechnung besteht, ein Nettoausweis gem. IAS 32.33 jedoch unterbleibt, da nicht beabsichtigt ist, auf Nettobasis abzurechnen oder gleichzeitig den Vermögensgegenstand und die Verbindlichkeit auszugleichen, sind in Übereinstimmung mit IAS 32.66 das zivilrechtliche Aufrechnungsrecht und dessen Auswirkungen zu beschreiben
	32.71	s) falls ein sog. Globalverrechnungsvertrag zu einer signifikanten Reduzierung des Ausfallrisikos bei finanziellen Vermögenswerten, die nicht mit finanziellen Schulden desselben Vertragspartners zu saldieren sind, geeignet ist, sind folgende Angaben hinsichtlich der Auswirkungen des Vertrages erforderlich:
	32.71 (a)	s_1) Hinweis, dass das Ausfallrisiko im Kontext mit Finanzvermögensgegenständen, die einem Globalverrechnungsvertrag unterliegen, nur in dem Maße vermindert wird, wie die Finanzverbindlichkeiten gegenüber dem gleichen Vertragspartner zu einem Zeitpunkt fällig werden, zu dem die Vermögensgegenstände bereits realisiert wurden
	32.71 (b)	s_2) Hinweis, dass sich dieses Ausfallrisiko innerhalb kurzer Zeit nach dem Bilanzstichtag wesentlich ändern kann, da dessen Höhe von jeder Transaktion beeinflusst wird, die Gegenstand dieser Verrechnungsvereinbarung ist
		s_3) die Bedingungen des Globalverrechnungsvertrages, die das Ausmaß der Risikoverminderung bestimmen
	32.73	t) falls eine Garantie oder eine Bürgschaft für Verpflichtungen Dritter übernommen wurde, sind Angaben gemäß IAS 32.66 erforderlich
	32.77	u) gesonderte Angabe von Informationen über den beizulegenden Wert für jede bilanzwirksame und bilanzunwirksame Klasse von Finanzvermögensgegenständen und -verbindlichkeiten; soweit der beizulegende Wert nicht in angemessener Zeit und nicht ohne erhebliche Kosten mit angemessener Zuverlässigkeit bestimmt werden kann, ist dies zusammen mit Informationen über Einflussfaktoren auf den beizulegenden Wert des entsprechenden Finanzinstrumentes anzugeben (zur Konkretisierung vgl. insbesondere IAS 32.85 als auch IAS 32.87)

I. Angaben zu Finanzinstrumenten

Lfd.Nr.	Grundlagen	Bewertungskriterien (*Disclosures*)
	32.79	v) hinsichtlich des beizulegenden Wertes sind des Weiteren die angewandte Ermittlungsmethode sowie die zugrunde liegenden signifikanten Annahmen darzulegen
	32.84	***Anmerkung:*** ***Wenn ein Finanzinstrument nicht in organisierten Finanzmärkten gehandelt wird, ist es für ein Unternehmen ggf. nicht angemessen, einen bestimmten festen Betrag als Schätzwert für den beizulegenden Zeitwert anzugeben; stattdessen könnte es nützlicher sein, eine Spanne anzugeben, innerhalb welcher der beizulegende Zeitwert des Finanzinstrumentes voraussichtlich liegen dürfte.***
	32.88	w) falls ein Unternehmen einen oder mehrere finanzielle Vermögenswerte zu einem Betrag aktiviert, der seinen beizulegenden Zeitwert übersteigt, sind des Weiteren folgende Angaben erforderlich:
	32.88 (a)	w_1) der Buchwert und der beizulegende Zeitwert des betreffenden Vermögenswertes oder die entsprechenden Werte für nach sachlichen Gesichtspunkten zu Gruppen zusammengefasste einzelne Vermögenswerte (vgl. auch IAS 32.89)
	32.88 (b)	w_2) die Gründe für den Verzicht auf die Reduzierung der jeweiligen Buchwerte einschließlich Informationen über die Art der substantiellen Hinweise, welche die Auffassung der Unternehmensleitung begründen, dass die betreffenden Buchwerte in der Zukunft tatsächlich erzielt werden können (vgl. auch IAS 32.90)
	32.91	x) falls ein Unternehmen Finanzinstrumente als Sicherungsgeschäfte für Risiken, die mit erwarteten zukünftigen Geschäften verbunden sind, bilanziert, sind folgende Angaben erforderlich (Angaben ggf. in zusammengefasster Form; vgl. IAS 32.92):
	32.91 (a)	x_1) eine Beschreibung der erwarteten Transaktionen, einschließlich Angaben über den Zeitraum, innerhalb dessen ihre Durchführung erwartet wird
	32.91 (b)	x_2) eine Beschreibung der eingesetzten Sicherungsinstrumente
	32.91 (c)	x_3) der Betrag von erfolgsneutral in die Zukunft vorgetragenen oder nicht angesetzten Gewinnen oder Verlusten sowie der erwartete Zeitpunkt ihrer Erfassung als Ertrag oder Aufwand (vgl. auch IAS 32.93)
	32.95	y) bei erstmaliger Anwendung von IAS 32: falls bei der erstmaligen Anwendung von IAS 32 Vergleichszahlen der Vorperioden nicht verfügbar sind, brauchen entsprechende Angaben nicht gemacht zu werden

J. Angaben zu Kapitalbeteiligungsleistungen

Lfd.Nr.	Grundlagen	Bewertungskriterien (*Disclosures*)
(52.)	IAS 19 (revised 1998)	**Hinsichtlich Kapitalbeteiligungsleistungen, die u.a. Leistungen gemäß IAS 19.144 beinhalten, ergeben sich folgende Angabepflichten:**
	19.147	**<u>Für Abschlüsse, deren Berichtszeitraum am oder nach dem 1. Januar 1999 beginnt</u>:**
	19.147 (a)	a) Art und Regelungsinhalte (einschließlich Unverfallbarkeitsregelungen) der Kapitalbeteiligungspläne
	19.147 (b)	b) die für Kapitalbeteiligungspläne angewandte Bilanzierungs- und Bewertungsmethode
	19.147 (c)	c) die für Kapitalbeteiligungspläne im Abschluss erfassten Beträge
	19.147 (d)	d) die Anzahl und Bedingungen (einschließlich, falls zutreffend, der Dividenden- und Stimmrechte, der Umwandlungsrechte, der Ausübungszeitpunkte und -preise sowie der Verfalltermine) der eigenen Eigenkapitalinstrumente des Unternehmens, die von Kapitalbeteiligungsplänen (und im Fall von Aktienbezugsrechtsplänen von Arbeitnehmern) zu Beginn und am Ende der Berichtsperiode gehalten werden; gesonderte Angabe der unverfallbaren Rechte der Arbeitnehmer auf diese Finanzinstrumente zu Beginn und zum Ende der Berichtsperiode

J. Angaben zu Kapitalbeteiligungsleistungen		
Lfd.Nr.	**Grundlagen**	**Bewertungskriterien (*Disclosures*)**
	19.147 (e)	e) die Anzahl und Bedingungen (einschließlich, sofern zutreffend, der Dividenden- und Stimmrechte, der Umwandlungsrechte, der Ausübungszeitpunkte und -preise sowie der Verfalltermine) der vom Unternehmen an Kapitalbeteiligungspläne oder an Arbeitnehmer in der Berichtsperiode ausgegebenen Eigenkapitalinstrumente (oder der eigenen Eigenkapitalinstrumente des Unternehmens, die in der Berichtsperiode von Kapitalbeteiligungsplänen an Arbeitnehmer ausgegeben wurden) und der beizulegende Zeitwert aller von Kapitalbeteiligungsplänen oder von Arbeitnehmern dafür erhaltenen Gegenwerte
	19.147 (f)	f) die Anzahl, Ausübungszeitpunkte und -kurse der in der Berichtsperiode im Rahmen von Kapitalbeteiligungsplänen ausgeübten Aktienoptionen
	19.147 (g)	g) die Anzahl der von Kapitalbeteiligungsplänen oder von Arbeitnehmern gehaltenen Aktienoptionen, die in der Berichtsperiode verfallen sind
	19.147 (h)	h) die Höhe und grundlegenden Bedingungen von Krediten oder Sicherheiten, die das berichtende Unternehmen an Kapitalbeteiligungspläne oder zu deren Gunsten gegeben hat
	19.148 (a) i.V.m. 19.152	i) den beizulegenden Zeitwert der von Kapitalbeteiligungsplänen gehaltenen eigenen Eigenkapitalinstrumente (mit Ausnahme von Aktienoptionen) des Unternehmens zu Beginn und zum Ende der Berichtsperiode
	19.148 (b) i.V.m. 19.152	j) den zum Zeitpunkt der Ausgabe beizulegende Zeitwert der vom Unternehmen an Kapitalbeteiligungspläne oder Arbeitnehmer oder von Kapitalbeteiligungsplänen an Arbeitnehmer in der Berichtsperiode ausgegebenen eigenen Eigenkapitalinstrumente (mit Ausnahme von Aktienoptionen) des Unternehmens
	19.148 i.V.m. 19.152	k) ist die Bestimmung des beizulegenden Zeitwertes von Eigenkapitalinstrumenten (mit Ausnahme von Aktienbezugsrechten) aus praktischen Gründen nicht möglich, ist dieser Tatbestand anzugeben
	19.149	l) die Angaben können für alle Pläne zusammengefasst werden, wenn ein Unternehmen mehr als einen Kapitalbeteiligungsplan hat (dies gilt gleichermaßen für Aktienbezugsrechte, vgl. IAS 19.150); hierzu sind jedoch gewichtete Durchschnittswerte oder vergleichsweise enge Bandbreiten für die zu einer Gruppe zusammengefassten Pläne anzugeben
	19.151	m) zusätzliche Angaben gemäß IAS 24 (Angaben über Beziehungen zu nahestehenden Unternehmen und Personen) sind erforderlich, wenn ein Unternehmen: ▪ Personen in Schlüsselpositionen der Unternehmensleitung Kapitalbeteiligungsleistungen gewährt, ▪ Kapitalbeteiligungsleistungen in Form von Finanzinstrumenten, die vom Mutterunternehmen ausgegeben werden, gewährt oder ▪ Beziehungen zu Kapitalbeteiligungsplänen aufnimmt, die als Geschäftsvorfälle mit nahestehenden Unternehmen oder Personen einzustufen sind

7.6 Kriterienkatalog zur Beurteilung angabepflichtiger Informationen gemäß den *US-amerikanischen Generally Accepted Accounting Principles (US-GAAP)*

Anmerkungen zur Erstellung des vorliegenden Kriterienkataloges:
Der Abschluss *(„full set of financial statements")* nach den *Generally Accepted Accounting Principles* besteht gemäß CON 5.13 aus der Bilanz *(„balance sheet")*, der Gewinn- und Verlustrechnung *(„statement of income")*, der Kapitalflussrechnung *(„statement of cash flows")* und dem Spiegel der Eigenkapitalentwicklung *(„statement of changes in stockholders' equity")*. Ein weiterer wichtiger Bestandteil des Abschlusses sind die Erläuterungen in den *notes*, die im Mittelpunkt der weiteren Betrachtung stehen. Hierunter fallen im Wesentlichen folgende Angaben:

- Detailinformationen zu aggregierten (Wert-)angaben in den einzelnen Abschlussbestandteilen,
- Erläuterungen der angewandten Rechnungslegungsgrundsätze und der Rechnungslegungspolitik,
- Verbalerläuterungen zu Geschäftsvorfällen und anderen Transaktionen, die im Abschluss ihren Niederschlag finden,
- Verbalerläuterungen zu Geschäftsvorfällen und anderen Transaktionen, die im Abschluss nicht ihren Niederschlag finden,
- weitere Angaben und Erläuterungen zu spezifischen Vorkommnissen, die zur vollständigen Erfüllung der Abschlusszielsetzung notwendig sind,
- formale Angaben u.a. zu Sitz und Rechtsform der Gesellschaft sowie Bezügen der Geschäftsleitung.[1]

Werden die *financial statements* von *publicly traded companies* für eine *SEC*-Registrierung oder für die laufende Berichterstattung an die *SEC („Securities and Exchange Commission")* verwendet, sind zusätzliche Erläuterungspflichten zu beachten. Ein deutsches Unternehmen kann mit den *SEC*-Registrierungs- und Berichtspflichten im Rahmen der folgenden Fälle konfrontiert werden:

- Die US-Tochtergesellschaft eines deutschen Konzerns will ihre Aktien an einer US-Börse oder bei der *National Association of Securities Dealers Automated Quotation System (NASDAQ)* registrieren lassen,
- die Aktien einer deutschen Muttergesellschaft werden an einer US-Börse oder bei der *NASDAQ* registriert und zum Handel zugelassen,
- eine den *SEC*-Berichtspflichten unterliegende US-Gesellschaft erwirbt zumindest einen maßgeblichen Einfluss auf ein deutsches Unternehmen, dessen Größenmerkmale im Vergleich zur gesamten US-Gruppe von wesentlicher Bedeutung sind.[2]

---
[1] Vgl. Hayn/Waldersee, IAS/US-GAAP/HGB, 2000, S. 28.
[2] Vgl. KPMG, US-amerikanische Grundsätze, 1999, S. 184.

Da diese Fallgestaltungen auf keines der in die Untersuchung einbezogenen Unternehmen zutreffen, bleiben die *SEC*-Angabepflichten im Rahmen der nachfolgend dargestellten Checkliste außer Betracht.
Sowohl die Erstellung einer Checkliste bzgl. angabepflichtiger Informationen gemäß den *Generally Accepted Accounting Principles* als auch der Umgang mit den US-GAAP allgemein erscheint gegenüber dem Umgang mit den deutschen handelsrechtlichen Vorschriften erschwert. Die Rechnungslegung nach den *Generally Accepted Accounting Principles* ist weitgehend durch rechtliche Rahmenbedingungen geprägt, die jedoch weniger durch Staats- oder Bundesgesetze, als vielmehr durch Institutionen wie die *Securities and Exchange Commission*, das *American Institute of Certified Public Accountants* und das *Financial Accounting Standards Board* bestimmt wird.
Die Regelungen selbst werden durch Standards zu einzelnen Sachverhalten festgelegt, so dass die US-GAAP insgesamt eher eine Kasuistik als eine Systematik darstellen. Zudem unterliegen die US-GAAP einem ständigen Prozess der Änderungen und Ergänzungen. Hinzu kommt, dass außerhalb des Anwendungsbereiches der *SEC*-Vorschriften nicht alle Grundsätze, die in ihrer Summe die US-GAAP darstellen, kodifiziert sind. Neben schriftlich fixierten Statements zählen beispielsweise auch übliche Bilanzierungspraktiken einzelner Branchen zu den US-GAAP. Bzgl. ihrer Bedeutung lassen sich jedoch Unterschiede feststellen. Die hierarchische Ordnung der GAAP wird in der Literatur als „House of GAAP“ dargestellt.

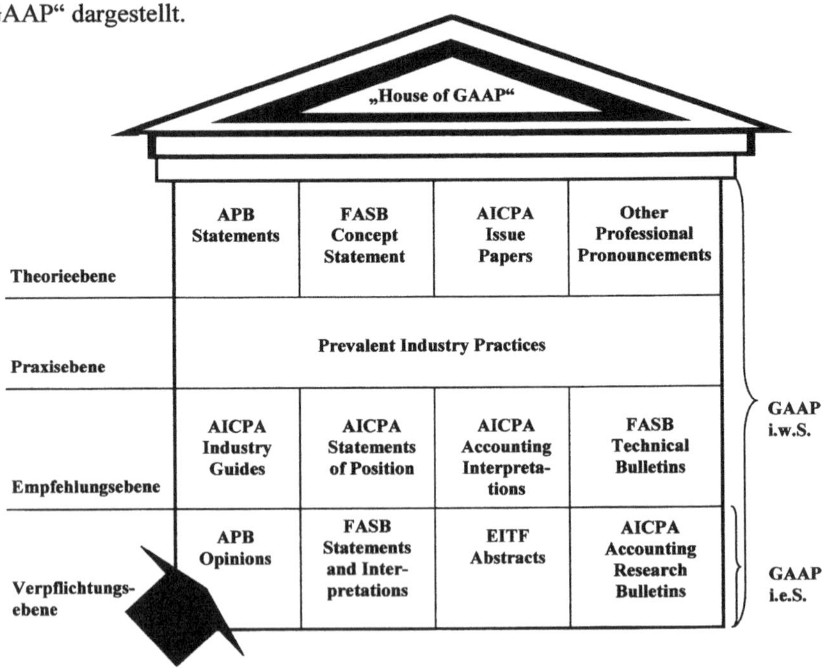

Zu den GAAP i.e.S. zählen neben den *Statements* (FAS), *Interpretations (*FIN) und *EITF Abstracts* des *FASB* die *APB Opinions* (APB) und die *Accounting Research Bulletins* (ARB) des *AICPA*. Diese Vorschriften stellen **Pflichtangaben** für die bilanzierenden Unternehmen dar, bei deren Missachtung ggf. eine Sanktionierung durch den Abschlussprüfer zu erfolgen hat.
Die GAAP i.w.S. werden gebildet durch:

- Empfehlungen, die faktisch einen ähnlichen Stellenwert haben wie die verpflichtenden Vorschriften; hierzu gehören die *AICPA*-Branchenrichtlinien, die *Statements of Position* (SOP) des *AICPA*, die *Accounting Interpretations* des *AICPA* und die *Technical Bulletins* des *FASB*,
- vorherrschende Bilanzierungsregeln einzelner Branchen sowie
- auf konzeptioneller Ebene die *Issues Papers* des *AICPA*, die *Statements of Financial Accounting Concepts* (CON) des *FASB*, die *Statements* des *APB* sowie mögliche weitere Verlautbarungen des Berufsstandes.[3]

Die erstgenannte Ebene, die Verpflichtungsebene, bildet im Wesentlichen das Rahmenkonzept der nachfolgend vorgestellten – eigens für diese Arbeit erstellten – Checkliste, während die letztgenannten Vorschriften hier weitgehend außer Betracht bleiben. Eine Liste der wesentlichen Verlautbarungen, zu denen die *APB Opinions*, die *Statements of Financial Accounting Standards*, die *FASB Interpretations* und die *Accounting Research Bulletins* gehören, einschließlich ihrer Änderungen und Ergänzungen ist im Folgenden der eigentlichen Checkliste vorangestellt. Nicht relevante bzw. während des Betrachtungszeitraums (vgl. Gliederungspunkt 5.2) überarbeitete Verlautbarungen sind entsprechend kenntlich gemacht.

---

[3] Vgl. KPMG, US-amerikanische Grundsätze, 1999, S. 3.

Wesentliche Verlautbarungen:

APB Opinions (APB)

No.	Titel (Relevante Änderungen)	Anwendungszeitpunkt
1	New Depreciation Guidelines and Rules (wird durch **FAS 96** bzw. **FAS 109** ersetzt)	November 1962 für Geschäftsjahre, die nach dem 15.12.1988 beginnen für Geschäftsjahre, die nach dem 15.12.1992 beginnen
2	Accounting for the "Investment Credit"	Dezember 1962
3	The Statement of Source and Application of Funds (wird durch **APB 19** ersetzt)	Oktober 1963 für Abrechnungszeiträume, die nach dem 30.09.1971 enden
4	Accounting for the "Investment Credit" (Amending No. 2)	März 1964
5	Reporting of Leases in Financial Statements of Lessee (wird durch **FAS 13** ersetzt)	September 1964 für Leasingverträge, die am oder nach dem 01.01.1977 abgeschlossen werden
6	Status of Accounting Research Bulletins	für Abrechnungszeiträume, die nach dem 31.12.1965 beginnen
7	Accounting for Leases in Financial Statements of Lessors (wird durch **FAS 13** ersetzt)	für Abrechnungszeiträume, die nach dem 31.12.1966 beginnen für Leasingverträge, die am oder nach dem 01.01.1977 abgeschlossen werden
8	Accounting for the Cost of Pension Plans (wird durch **FAS 87** ersetzt)	für Abrechnungszeiträume, die nach dem 31.12.1966 beginnen für Geschäftsjahre, die nach dem 15.12.1986 beginnen
9	Reporting the Results of Operations (Paragraph 20 wird durch **APB 20** ergänzt bzw. abgeändert und durch **APB 30** ersetzt)	für Abrechnungszeiträume, die nach dem 31.12.1966 beginnen für Geschäftsjahre, die nach dem 31.07.1971 beginnen für Geschäftsvorfälle nach dem 30.09.1973
10	Omnibus Opinion – 1966	für Abrechnungszeiträume, die nach dem 31.12.1966 beginnen
11	Accounting for Income Taxes (wird durch **FAS 96** bzw. **FAS 109** ersetzt)	für Abrechnungszeiträume, die nach dem 31.12.1967 beginnen für Geschäftsjahre, die nach dem 15.12.1988 beginnen für Geschäftsjahre, die nach dem 15.12.1992 beginnen
12	Omnibus Opinion – 1967	für Abrechnungszeiträume, die nach dem 31.12.1967 beginnen
13	Amending Paragraph 6 of APB Opinion No. 9, Application to Commercial Banks	für Abrechnungszeiträume, die nach dem 31.12.1968 beginnen
14	Accounting for Convertible Debt and Debt Issued with Stock Purchase Warrants	für Abrechnungszeiträume, die nach dem 31.12.1966 beginnen
15	Earnings per Share (wird durch **FAS 128** ersetzt)	für Abrechnungszeiträume, die nach dem 31.12.1968 beginnen für Berichtsperioden, die nach dem 15.12.1997 enden

No.	Titel (Relevante Änderungen)	Anwendungszeitpunkt
16	Business Combinations (Paragraph 96 wird durch **FAS 79** ergänzt bzw. abgeändert)	für Unternehmenszusammenschlüsse nach dem 31.10.1970 für Abschlüsse der Geschäftsjahre, die nach dem 15.12.1983 beginnen
17	Intangible Assets	für immaterielle Vermögensgegenstände, die nach dem 31.10.1970 zugehen
18	The Equity Method of Accounting for Investments in Common Stock	für Abrechnungszeiträume, die nach dem 31.12.1971 beginnen
19	Reporting Changes in Financial Position (wird durch **FAS 95** ersetzt)	für Abrechnungszeiträume, die nach dem 30.09.1971 enden für Geschäftsjahre, die nach dem 15.07.1988 enden
20	Accounting Changes	für Geschäftsjahre, die nach dem 31.07.1971 beginnen
21	Interest on Receivables and Payables	für Geschäftsvorfälle am oder nach dem 01.10.1971
22	Disclosure of Accounting Policies	für Geschäftsjahre, die nach dem 31.12.1971 beginnen
23	Accounting for Income Taxes – Special Areas (Paragraphen 14 und 24 werden durch **FAS 96** bzw. **FAS 109** ersetzt)	für Abrechnungszeiträume, die nach dem 31.12.1971 beginnen für Geschäftsjahre, die nach dem 15.12.1988 beginnen für Geschäftsjahre, die nach dem 15.12.1992 beginnen
24	Accounting for Income Taxes – Investments in Common Stock Accounted for by the Equity Method (Other than Subsidiaries and Corporate Joint Ventures) (wird durch **FAS 96** bzw. **FAS 109** ersetzt)	für Abrechnungszeiträume, die nach dem 31.12.1971 beginnen für Geschäftsjahre, die nach dem 15.12.1988 beginnen für Geschäftsjahre, die nach dem 15.12.1992 beginnen
25	Accounting for Stock Issued to Employees (Paragraph 19 wird durch **FAS 123** ersetzt)	für zuerkannte Leistungen nach dem 31.12.1972 für Geschäftsjahre, die nach dem 15.12.1995 beginnen
26	Early Extinguishment of Debt	für Geschäftsvorfälle am oder nach dem 01.01.1973
27	Accounting for Lease Transactions by Manufacturer or Dealer Lessors (wird durch **FAS 13** ersetzt)	für Geschäftsvorfälle nach dem 31.12.1972 für Leasingverträge, die am oder nach dem 01.01.1977 abgeschlossen werden
28	Interim Financial Reporting	für Zwischenberichte bezogen auf Geschäftsjahre, die nach dem 31.12.1973 beginnen
29	Accounting for Nonmonetary Transactions	für Geschäftsvorfälle nach dem 30.09.1973
30	Reporting the Results of Operations – Reporting the Effects of Disposal of a Segment of a Business, and Extraordinary, Unusual and Infrequently Occurring Events and Transactions	für Geschäftsvorfälle nach dem 30.09.1973
31	Disclosure of Lease Commitments by Lessees (wird durch **FAS 13** ersetzt)	für Abrechnungszeiträume, die am oder nach dem 31.12.1973 enden für Leasingverträge, die am oder nach dem 01.01.1977 abgeschlossen werden

FASB Statements (FAS)

No.	Titel (Relevante Änderungen)	Anwendungszeitpunkt
1	Disclosure of Foreign Currency Translation Information (wird durch **FAS 8** bzw. **FAS 52** ersetzt)	für Abrechnungszeiträume, die nach dem 30.11.1973 enden für Geschäftsjahre, die am oder nach dem 01.01.1976 beginnen für Geschäftsjahre, die am oder nach dem 15.12.1982 beginnen
2	Accounting for Research and Development Costs (Paragraph 14 wird durch **FAS 71** ersetzt)	für Geschäftsjahre, die am oder nach dem 01.01.1975 beginnen für Geschäftsjahre, die nach dem 15.12.1983 beginnen
3	Reporting Accounting Changes in Interim Financial Statements (an amendment of APB Opinion No. 28)	für Zwischenperioden, die am oder nach dem 31.12.1974 enden
4	Reporting Gains and Losses from Extinguishment of Debt (an amendment of APB Opinion No. 30)	für Schuldenerlasse nach dem 31.03.1975
5	Accounting for Contingencies (Paragraph 13 wird durch **FAS 71** ersetzt) (Paragraph 18 wird durch **FAS 111** ergänzt bzw. abgeändert)	für Geschäftsjahre, die am oder nach dem 01.07.1975 beginnen für Geschäftsjahre, die nach dem 15.12.1983 beginnen 30. November 1992
6	Classification of Short-Term Obligations Expected to Be Refinanced (an amendment of ARB No. 43, Chapter 3A)	für Abrechnungszeiträume, die am oder nach dem 31.12.1975 enden
7	Accounting and Reporting by Development Stage Enterprises	für Abrechnungszeiträume, die am oder nach dem 01.01.1976 beginnen
8	Accounting for the Translation of Foreign Currency Transactions and Foreign Currency Financial Statements (wird durch **FAS 52** ersetzt)	für Geschäftsjahre, die am oder nach dem 01.01.1976 beginnen für Geschäftsjahre, die am oder nach dem 15.12.1982 beginnen
9	Accounting for Income Taxes – Oil and Gas Producing Companies (an amendment of APB Opinions No. 11 and 23) (wird durch **FAS 19** ersetzt)	für Abschlüsse, die am oder nach dem 01.12.1975 veröffentlicht werden für Geschäftsjahre, die nach dem 15.12.1978 beginnen
10	Extension of "Grandfather" Provisions for Business Combinations (an amendment of APB Opinion No. 16)	01. November 1975
11	Accounting for Contingencies – Transition Method (an amendment of FASB Statement No. 5)	für Geschäftsjahre, die am oder nach dem 01.07.1975 beginnen
12	Accounting for Certain Marketable Securities (wird durch **FAS 115** ersetzt)	für Abrechnungszeiträume, die am oder nach dem 31.12.1975 enden für Geschäftsjahre, die nach dem 15.12.1993 beginnen
13	Accounting for Leases (Paragraph 16 (a)(iv) wird durch **FAS 29** ergänzt bzw. abgeändert, Paragraphen 23 (a)(i) und 23 (a)(iii) werden durch **FAS 91** ersetzt)	für Leasingverträge, die am oder nach dem 01.01.1977 abgeschlossen werden für Leasingtransaktionen nach dem 01.10.1979 für Leasingtransaktionen in Geschäftsjahren, die nach dem 15.12.1987 beginnen

No.	Titel (Relevante Änderungen)	Anwendungszeitpunkt
14	Financial Reporting for Segments of a Business Enterprise (wird durch **FAS 131** ersetzt)	für Geschäftsjahre, die nach dem 15.12.1976 beginnen für Geschäftsjahre, die nach dem 15.12.1997 beginnen
15	Accounting by Debtors and Creditors for Troubled Debt Restructurings (Paragraphen 40(a) und 41 werden durch **FAS 114** ersetzt)	für Umschuldungen nach dem 31.12.1977 für Geschäftsjahre, die nach dem 15.12.1994 beginnen
16	Prior Period Adjustments	für Geschäftsjahre, die nach dem 15.10.1977 beginnen
17	Accounting for Leases – Initial Direct Costs (an amendment of FASB Statement No. 13) (wird durch **FAS 91** ersetzt)	für Leasingverträge, die am oder nach dem 01.01.1978 abgeschlossen werden für Leasingtransaktionen in Geschäftsjahren, die nach dem 15.12.1987 beginnen
18	Financial Reporting for Segments of a Business Enterprise – Interim Financial Statements (an amendment of FASB Statement No. 14) (wird durch **FAS 131** ersetzt)	01.12.1977, rückwirkend mit Inkrafttreten des FAS 14 für Geschäftsjahre, die nach dem 15.12.1997 beginnen
19	Financial Accounting and Reporting by Oil and Gas Producing Companies (Paragraphen 48 bis 59 werden durch **FAS 69** ersetzt)	für Geschäftsjahre, die nach dem 15.12.1978 beginnen für Geschäftsjahre, die am oder nach dem 15.12.1982 beginnen
20	Accounting for Forward Exchange Contracts (an amendment of FASB Statement No. 8) (wird durch **FAS 52** ersetzt)	01. Januar 1978 für Geschäftsjahre, die am oder nach dem 15.12.1982 beginnen
21	Suspension of the Reporting of Earnings per Share and Segment Information by Nonpublic Enterprises (an amendment of APB Opinion No. 15 and FASB Statement No. 14) (wird durch **FAS 131** ersetzt)	30. April 1978, rückwirkend für Geschäftsjahre, die nach dem 15.12.1976 beginnen für Geschäftsjahre, die nach dem 15.12.1997 beginnen
22	Changes in the Provisions of Lease Agreements Resulting from Refundings of Tax-Exempt Debt (an amendment of FASB Statement No. 13)	für Leasingverträge, die am oder nach dem 01.07.1978 abgeändert werden
23	Inception of the Lease (an amendment of FASB Statement No. 13)	für Leasingtransaktionen nach dem 01.12.1978
24	Reporting Segment Information in Financial Statements That Are Presented in Another Enterprise's Financial Report (an amendment of FASB Statement No. 14) (wird durch **FAS 131** ersetzt)	01. Januar 1979, rückwirkend für Geschäftsjahre, die nach dem 15.12.1976 beginnen für Geschäftsjahre, die nach dem 15.12.1997 beginnen
25	Suspension of Certain Accounting Requirements for Oil and Gas Producing Companies (an amendment of FASB Statement No. 19)	für Geschäftsjahre, die nach dem 15.12.1978 beginnen
26	Profit Recognition on Sales-Type Leases of Real Estate (an amendment of FASB Statement No. 13) (wird durch **FAS 98** ersetzt)	für Leasingtransaktionen nach dem 01.08.1979 für Transaktionen nach dem 30.06.1988
27	Classification of Renewals or Extensions of Existing Sales-Type or Direct Financing Leases (an amendment of FASB Statement No. 13)	für Leasingverträge, die nach dem 01.09.1979 verlängert werden

No.	Titel (Relevante Änderungen)	Anwendungszeitpunkt
28	Accounting for Sales with Leasebacks (an amendment of FASB Statement No. 13)	für Leasingtransaktionen nach dem 01.09.1979
29	Determining Contingent Rentals (an amendment of FASB Statement No. 13)	für Leasingtransaktionen nach dem 01.10.1979
30	Disclosure of Information about Major Customers (an amendment of FASB Statement No. 14) (wird durch **FAS 131** ersetzt)	für Geschäftsjahre, die nach dem 15.12.1979 beginnen für Geschäftsjahre, die nach dem 15.12.1997 beginnen
31	Accounting for Tax Benefits Related to U.K. Tax Legislation concerning Stock Relief (wird durch **FAS 96** bzw. **FAS 109** ersetzt)	für Abschlüsse, die nach dem 30.09.1979 veröffentlicht werden und für Berichtsperioden, die am oder nach dem 26.07.1979 enden für Geschäftsjahre, die nach dem 15.12.1988 beginnen für Geschäftsjahre, die nach dem 15.12.1992 beginnen
32	Specialized Accounting and Reporting Principles and Practices in AICPA Statements of Position and Guides on Accounting and Auditing Matters (an amendment of APB Opinion No. 20) (wird durch **FAS 111** ersetzt)	31. Oktober 1979 30. November 1992
33	Financial Reporting and Changing Prices (wird durch **FAS 89** ersetzt)	für Geschäftsjahre, die am oder nach dem 25.12.1979 enden für Abschlüsse, die nach dem 02.12.1986 veröffentlicht werden
34	Capitalization of Interest Cost	für Geschäftsjahre, die nach dem 15.12.1979 beginnen
35	Accounting and Reporting by Defined Benefit Pension Plans	für Planjahre, die nach dem 15.12.1980 beginnen
36	Disclosure of Pension Information (an amendment of APB Opinion No. 8) (wird durch **FAS 87** ersetzt)	für Geschäftsjahre, die nach dem 15.12.1979 beginnen für Geschäftsjahre, die nach dem 15.12.1986 beginnen
37	Balance Sheet Classification of Deferred Income Taxes (an amendment of APB Opinion No. 11) (wird durch **FAS 96** ersetzt und wieder wirksam durch **FAS 109**)	für Berichtsperioden, die nach dem 15.12.1980 enden für Geschäftsjahre, die nach dem 15.12.1988 beginnen für Geschäftsjahre, die nach dem 15.12.1992 beginnen
38	Accounting for Preacquisition Contingencies of Purchased Enterprises (an amendment of APB Opinion No. 16)	für Unternehmenszusammenschlüsse nach dem 15.12.1980
39	Financial Reporting and Changing Prices: Specialized Assets – Mining and Oil and Gas (a supplement to FASB Statement No. 33) (wird durch **FAS 89** ersetzt)	für Geschäftsjahre, die am oder nach dem 25.12.1980 enden für Abschlüsse, die nach dem 02.12.1986 veröffentlicht werden
40	Financial Reporting and Changing Prices: Specialized Assets – Timberlands and Growing Timber (a supplement to FASB Statement No. 33) (wird durch **FAS 89** ersetzt)	für Geschäftsjahre, die am oder nach dem 25.12.1980 enden für Abschlüsse, die nach dem 02.12.1986 veröffentlicht werden

No.	Titel (Relevante Änderungen)	Anwendungszeitpunkt
41	Financial Reporting and Changing Prices: Specialized Assets – Income-Producing Real Estate (a supplement to FASB Statement No. 33) (wird durch **FAS 89** ersetzt)	für Geschäftsjahre, die am oder nach dem 25.12.1980 enden für Abschlüsse, die nach dem 02.12.1986 veröffentlicht werden
42	Determining Materiality for Capitalization of Interest Cost (an amendment of FASB Statement No. 34)	für Geschäftsjahre, die nach dem 15.12.1979 beginnen, es sei denn FAS 34 wird bereits angewandt: in diesem Fall für Geschäftsjahre, die nach dem 15.10.1980 beginnen
43	Accounting for Compensated Absences	für Geschäftsjahre, die nach dem 15.12.1980 beginnen
44	Accounting for Intangible Assets of Motor Carriers (an amendment of Chapter 5 of ARB No. 43 and an interpretation of APB Opinions No. 17 and 30)	19. Dezember 1980, für Abschlüsse der Geschäftsjahre, die nach dem 15.12.1980 enden
45	Accounting for Franchise Fee Revenue	für Geschäftsjahre, die nach dem 15.06.1981 beginnen
46	Financial Reporting and Changing Prices: Motion Picture Films (a supplement to FASB Statement No. 33) (wird durch **FAS 89** ersetzt)	für Geschäftsjahre, die am oder nach dem 31.03.1981 enden für Abschlüsse, die nach dem 02.12.1986 veröffentlicht werden
47	Disclosure of Long-Term Obligations (Paragraph 10 (c) wird durch **FAS 129** ersetzt)	für Geschäftsjahre, die nach dem 15.06.1981 enden für Abschlüsse der Geschäftsjahre, die nach dem 15.12.1997 enden
48	Revenue Recognition When Right of Return Exists	für Geschäftsjahre, die nach dem 15.06.1981 beginnen
49	Accounting for Product Financing Arrangements	für Absprachen zur Produktfinanzierung nach dem 15.06.1981
50	Financial Reporting in the Record and Music Industry	für Geschäftsjahre, die nach dem 15.12.1981 beginnen
51	Financial Reporting by Cable Television Companies	für Geschäftsjahre, die nach dem 15.12.1981 beginnen
52	Foreign Currency Translation (Paragraphen 30 und 31(b) werden durch **FAS 133** ergänzt bzw. abgeändert) (Paragraph 31 wird durch **FAS 135** ergänzt bzw. abgeändert)	für Geschäftsjahre, die am oder nach dem 15.12.1982 beginnen für Quartalsabschlüsse der Geschäftsjahre, die nach dem 15.06.2000 beginnen für Geschäftsjahre, die nach dem 15.02.1999 enden
53	Financial Reporting by Producers and Distributors of Motion Picture Films	für Geschäftsjahre, die nach dem 15.12.1981 beginnen
54	Financial Reporting and Changing Prices: Investment Companies (an amendment of FASB Statement No. 33) (wird durch **FAS 89** ersetzt)	27. Januar 1982, rückwirkend für Geschäftsjahre, die am oder nach dem 25.12.1979 enden für Abschlüsse, die nach dem 02.12.1986 veröffentlicht werden
55	Determining whether a Convertible Security Is a Common Stock Equivalent (an amendment of APB Opinion No. 15) (wird durch **FAS 111** ersetzt)	für wandelbare Titel, die nach dem 28.02.1982 ausgegeben werden 30. November 1992
56	Designation of AICPA Guide and Statement of Position (SOP) 81-1 on Contractor Accounting and SOP 81-2 concerning Hospital-Related Organizations as Preferable for Purposes of Applying APB Opinion 20 (an amendment of FASB Statement No. 32) (wird durch **FAS 111** ersetzt)	für Geschäftsjahre, die nach dem 31.12.1981 beginnen 30. November 1992

No.	Titel (Relevante Änderungen)	Anwendungszeitpunkt
57	Related Party Disclosures (Paragraph 2 wird durch **FAS 96** bzw. **FAS 109** ergänzt bzw. abgeändert)	für Geschäftsjahre, die nach dem 15.06.1982 enden für Geschäftsjahre, die nach dem 15.12.1988 beginnen für Geschäftsjahre, die nach dem 15.12.1992 beginnen
58	Capitalization of Interest Cost in Financial Statements That Include Investments Accounted for by the Equity Method (an amendment of FASB Statement No. 34)	für Investitionen nach dem 30.06.1982
59	Deferral of the Effective Date of Certain Accounting Requirements for Pension Plans of State and Local Governmental Units (an amendment of FASB Statement No. 35) (wird durch **FAS 75** ersetzt)	April 1982, rückwirkend für Geschäftsjahre, die nach dem 15.12.1980 beginnen November 1983, rückwirkend für Geschäftsjahre, die nach dem 15.12.1980 beginnen
60	Accounting and Reporting by Insurance Enterprises	für Geschäftsjahre, die nach dem 15.12.1982 beginnen
61	Accounting for Title Plant	für Geschäftsjahre, die nach dem 15.12.1982 beginnen
62	Capitalization of Interest Cost in Situations Involving Certain Tax-Exempt Borrowings and Certain Gifts and Grants (an amendment of FASB Statement No. 34)	für steuerfreie Geschäftsvorfälle gemäß FAS 62 nach dem 31.08.1982
63	Financial Reporting by Broadcasters	für Geschäftsjahre, die nach dem 15.12.1982 beginnen
64	Extinguishments of Debt Made to Satisfy Sinking-Fund Requirements (an amendment of FASB Statement No. 4)	für Schuldenerlasse nach dem 30.09.1982
65	Accounting for Certain Mortgage Banking Activities (Paragraph 30 wird durch **FAS 122** ergänzt bzw. abgeändert)	für Geschäftsvorfälle nach dem 31.12.1982 für Geschäftsjahre, die nach dem 15.12.1995 beginnen
66	Accounting for Sales of Real Estate	für Grundstücksverkäufe nach dem 31.12.1982
67	Accounting for Costs and Initial Rental Operations of Real Estate Projects	für Grundstücksverkäufe in Geschäftsjahren, die nach dem 31.12.1982 beginnen
68	Research and Development Arrangements	für Forschungs- und Entwicklungsverträge, die nach dem 31.12.1982 abgeschlossen werden
69	Disclosures about Oil and Gas Producing Activities (an amendment of FASB Statements No. 19, 25, 33 and 39) (Paragraphen 26 und 30(c) werden durch **FAS 96 bzw.** **FAS 109** ergänzt bzw. abgeändert, Paragraphen 35 bis 38 werden durch **FAS 89** ersetzt)	für Geschäftsjahre, die am oder nach dem 15.12.1982 beginnen für Geschäftsjahre, die nach dem 15.12.1988 beginnen für Geschäftsjahre, die nach dem 15.12.1992 beginnen für Abschlüsse, die nach dem 02.12.1986 veröffentlicht werden
70	Financial Reporting and Changing Prices: Foreign Currency Translation (an amendment of FASB Statement No. 33) (wird durch **FAS 89** ersetzt)	für Geschäftsjahre, die nach dem 15.12.1982 enden und in denen FAS 52 angewendet wird für Abschlüsse, die nach dem 02.12.1986 veröffentlicht werden
71	Accounting for the Effects of Certain Types of Regulation	für Geschäftsjahre, die nach dem 15.12.1983 beginnen

No.	Titel (Relevante Änderungen)	Anwendungszeitpunkt
72	Accounting for Certain Acquisitions of Banking or Thrift Institutions (an amendment of APB Opinion No. 17, an interpretation of APB Opinions No. 16 and 17, and an amendment of FASB Interpretation No. 9)	für Unternehmenszusammenschlüsse nach dem 30.09.1982
73	Reporting a Change in Accounting for Railroad Track Structures (an amendment of APB Opinion No. 20)	für Änderungen der Bilanzierungs- und Bewertungsmethode von Stilllegung – Austausch – Verbesserung zur Abschreibung nach dem 30.06.1983
74	Accounting for Special Termination Benefits Paid to Employees (wird durch **FAS 88** ersetzt)	für Zuwendungen nach dem 30.06.1983 für Ereignisse, die in Geschäftsjahren eintreten, in denen FAS 87 erstmals angewandt wird
75	Deferral of the Effective Date of Certain Accounting Requirements for Pension Plans of State and Local Governmental Units (an amendment of FASB Statement No. 35) (wird durch **FAS 135** ersetzt)	November 1983, rückwirkend für Geschäftsjahre, die nach dem 15.12.1980 beginnen für Geschäftsjahre, die nach dem 15.02.1999 enden
76	Extinguishment of Debt (an amendment of APB Opinion No. 26) (wird durch FAS **125** ersetzt)	für Geschäftsvorfälle nach dem 31.12.1983 für Transaktionen gemäß FAS 125 nach dem 31.12.1996
77	Reporting by Transferors for Transfers of Receivables with Recourse (wird durch FAS **125** ersetzt)	für Übertragungen von Forderungen mit Rückgriff nach dem 31.12.1983 für Transaktionen gemäß FAS 125 nach dem 31.12.1996
78	Classification of Obligations That Are Callable by the Creditor (an amendment of ARB No. 43, Chapter 3A)	für Abschlüsse der Geschäftsjahre, die nach dem 15.12.1983 beginnen
79	Elimination of Certain Disclosures for Business Combinations by Nonpublic Enterprises (an amendment of APB Opinion No. 16)	für Abschlüsse der Geschäftsjahre, die nach dem 15.12.1983 beginnen
80	Accounting for Futures Contracts (wird durch **FAS 133** ersetzt)	für Termingeschäfte, die nach dem 15.12.1984 abgeschlossen werden für Quartalsabschlüsse der Geschäftsjahre, die nach dem 15.06.2000 beginnen
81	Disclosure of Postretirement Health Care and Life Insurance Benefits (wird durch **FAS 106** ersetzt)	für Abschlüsse der Geschäftsjahre, die nach dem 15.12.1984 enden für Geschäftsjahre, die nach dem 15.12.1992 beginnen
82	Financial Reporting and Changing Prices: Elimination of Certain Disclosures (an amendment of FASB Statement No. 33) (wird durch **FAS 89** ersetzt)	für Geschäftsjahre, die am oder nach dem 15.12.1984 enden für Abschlüsse, die nach dem 02.12.1986 veröffentlicht werden
83	Designation of AICPA Guides and Statement of Position on Accounting by Brokers and Dealers in Securities, by Employee Benefit Plans, and by Banks as Preferable for Purposes of Applying APB Opinion 20 (an amendment of FASB Statement No. 32 and APB Opinion No. 30 and a rescission of FASB Interpretation No. 10) (wird durch **FAS 111** ersetzt)	31. März 1985 30. November 1992
84	Induced Conversions of Convertible Debt (an amendment of APB Opinion No. 26)	bzgl. der Wandlung von Wandelschuldverschreibungen, die nach dem 31.03.1985 ausgegeben werden

No.	Titel (Relevante Änderungen)	Anwendungszeitpunkt
85	Yield Test for Determining whether a Convertible Security Is a Common Stock Equivalent (an amendment of APB Opinion No. 15) (wird durch **FAS 128** ersetzt)	bzgl. wandelbarer Titel, die nach dem 31.03.1985 ausgegeben werden für Berichtsperioden, die nach dem 15.12.1997 enden
86	Accounting for the Costs of Computer Software to Be Sold, Leased, or Otherwise Marketed	für Abschlüsse der Geschäftsjahre, die nach dem 15.12.1985 beginnen
87	Employers' Accounting for Pensions (Paragraphen 54, 56, 65 und 69 werden durch **FAS 132** ersetzt)	für Geschäftsjahre, die nach dem 15.12.1986 beginnen für Geschäftsjahre, die nach dem 15.12.1997 beginnen
88	Employers' Accounting for Settlements and Curtailments of Defined Benefit Pension Plans and for Termination Benefits (Paragraph 17 wird durch **FAS 132** ersetzt)	bzgl. Ereignissen, die in Geschäftsjahren eintreten, in denen FAS 87 erstmals angewandt wird für Geschäftsjahre, die nach dem 15.12.1997 beginnen
89	Financial Reporting and Changing Prices	für Abschlüsse, die nach dem 02.12.1986 veröffentlicht werden
90	Regulated Enterprises – Accounting for Abandonments and Disallowances of Plant Costs (an amendment of FASB Statement No. 71)	für Geschäftsjahre, die nach dem 15.12.1987 beginnen
91	Accounting for Nonrefundable Fees and Costs Associated with Originating or Acquiring Loans and Initial Direct Costs of Leases (an amendment of FASB Statements No. 13, 60 and 65 and a rescission of FASB Statement No. 17) (Paragraphen 25(a) bis 25(c) werden durch **FAS 98** ersetzt)	für Leasingtransaktionen in Geschäftsjahren, die nach dem 15.12.1987 beginnen für Transaktionen nach dem 30.06.1988
92	Regulated Enterprises – Accounting for Phase-in Plans (an amendment of FASB Statement No. 71)	für Geschäftsjahre, die nach dem 15.12.1987 beginnen
93	Recognition of Depreciation by Not-for-Profit Organizations	für Geschäftsjahre, die nach dem 15.05.1988 beginnen
94	Consolidation of All Majority-Owned Subsidiaries (an amendment of ARB No. 51, with related amendments of APB Opinion No. 18 and ARB No. 43, Chapter 12)	für Geschäftsjahre, die nach dem 15.12.1998 enden
95	Statement of Cash Flows	für Geschäftsjahre, die nach dem 15.07.1988 enden
96	Accounting for Income Taxes (wird durch **FAS 109** ersetzt)	für Geschäftsjahre, die nach dem 15.12.1988 beginnen für Geschäftsjahre, die nach dem 15.12.1992 beginnen
97	Accounting and Reporting by Insurance Enterprises for Certain Long-Duration Contracts and for Realized Gains and Losses from the Sale of Investments	für Geschäftsjahre, die nach dem 15.12.1988 beginnen
98	Accounting for Leases: • Sale-Leaseback Transactions Involving Real Estate • Sales-Type Leases of Real Estate • Definition of the Lease Term • Initial Direct Costs of Direct Financing Leases (an amendment of FASB Statements No. 13, 66 and 91 and a rescission of FASB Statement No. 26 and Technical Bulletin No. 79-11)	für Transaktionen nach dem 30.06.1988
99	Deferral of the Effective Date of Recognition of Depreciation by Not-for-Profit Organizations (an amendment of FASB Statement No. 93)	September 1988

No.	Titel (Relevante Änderungen)	Anwendungszeitpunkt
100	Accounting for Income Taxes – Deferral of the Effective Date of FASB Statement No. 96 (an amendment of FASB Statement No. 96) (wird durch **FAS 103**, **FAS 108** und **FAS 109** ersetzt)	15. Dezember 1988 15. Dezember 1989 16. Dezember 1991 für Geschäftsjahre, die nach dem 15.12.1992 beginnen
101	Regulated Enterprises – Accounting for the Discontinuation of Application of FASB Statement No. 71	bzgl. der Nichtanwendung des FAS 71 in Geschäftsjahren, die nach dem 15.12.1988 enden
102	Statement of Cash Flows – Exemption of Certain Enterprises and Classification of Cash Flows from Certain Securities Acquired for Resale (an amendment of FASB Statement No. 95)	für Abschlüsse, die nach dem 28.02.1989 veröffentlicht werden
103	Accounting for Income Taxes – Deferral of the Effective Date of FASB Statement No. 96 (an amendment of FASB Statement No. 96) (wird durch **FAS 108** und **FAS 109** ersetzt)	15. Dezember 1989 16. Dezember 1991 für Geschäftsjahre, die nach dem 15.12.1992 beginnen
104	Statement of Cash Flows – Net Reporting of Certain Cash Receipts and Cash Payments and Classification of Cash Flows from Hedging Transactions (an amendment of FASB Statement No. 95)	für Geschäftsjahre, die nach dem 15.06.1990 enden
105	Disclosure of Information about Financial Instruments with Off-Balance-Sheet Risk and Financial Instruments with Concentrations of Credit Risk (Paragraphen 17 und 18 werden durch **FAS 119** ergänzt bzw. abgeändert) (wird durch **FAS 133** ersetzt)	für Geschäftsjahre, die nach dem 15.06.1990 enden für Geschäftsjahre, die nach dem 15.12.1994 enden für Quartalsabschlüsse der Geschäftsjahre, die nach dem 15.06.2000 beginnen
106	Employers' Accounting for Postretirement Benefits Other Than Pensions (Paragraphen 74, 77, 78, 82 und 106 werden durch **FAS 132** ersetzt)	für Geschäftsjahre, die nach dem 15.12.1992 beginnen für Geschäftsjahre, die nach dem 15.12.1997 beginnen
107	Disclosures about Fair Value of Financial Instruments (Paragraphen 10 und 13 werden durch **FAS 119** und **FAS 133** ergänzt bzw. abgeändert) (Paragraph 15 wird durch **FAS 133** ergänzt)	für Geschäftsjahre, die nach dem 15.12.1992 enden für Geschäftsjahre, die nach dem 15.12.1994 enden für Quartalsabschlüsse der Geschäftsjahre, die nach dem 15.06.2000 beginnen
108	Accounting for Income Taxes – Deferral of the Effective Date of FASB Statement No. 96 (an amendment of FASB Statement No. 96) (wird durch **FAS 109** ersetzt)	16. Dezember 1991 für Geschäftsjahre, die nach dem 15.12.1992 beginnen
109	Accounting for Income Taxes	für Geschäftsjahre, die nach dem 15.12.1992 beginnen
110	Reporting by Defined Benefit Pension Plans of Investment Contracts (an amendment of FASB Statement No. 35)	für Geschäftsjahre, die nach dem 15.12.1992 beginnen
111	Rescission of FASB Statement No. 32 and Technical Corrections	30. November 1992
112	Employers' Accounting for Postemployment Benefits (an amendment of FASB Statements No. 5 and 43)	für Geschäftsjahre, die nach dem 15.12.1993 beginnen

No.	Titel (Relevante Änderungen)	Anwendungszeitpunkt
113	Accounting and Reporting for Reinsurance of Short-Duration and Long-Duration Contracts (Paragraph 28 wird durch **FAS 133** ergänzt bzw. abgeändert)	für Geschäftsjahre, die nach dem 15.12.1992 beginnen für Quartalsabschlüsse der Geschäftsjahre, die nach dem 15.06.2000 beginnen
114	Accounting by Creditors for Impairment of a Loan (an amendment of FASB Statements No. 5 and 15) (Paragraph 20 wird durch **FAS 118** ersetzt)	für Geschäftsjahre, die nach dem 15.12.1994 beginnen für Geschäftsjahre, die nach dem 15.12.1994 beginnen
115	Accounting for Certain Investments in Debt and Equity Securities (Paragraphen 19 bis 22 werden durch **FAS 133** ergänzt bzw. abgeändert)	für Geschäftsjahre, die nach dem 15.12.1993 beginnen für Quartalsabschlüsse der Geschäftsjahre, die nach dem 15.06.2000 beginnen
116	Accounting for Contributions Received and Contributions Made	für Geschäftsjahre, die nach dem 15.12.1994 beginnen
117	Financial Statements of Not-for-Profit Organizations	für Geschäftsjahre, die nach dem 15.12.1994 beginnen
118	Accounting by Creditors for Impairment of a Loan – Income Recognition and Disclosures (an amendment of FASB Statement No. 114)	für Geschäftsjahre, die nach dem 15.12.1994 beginnen
119	Disclosure about Derivative Financial Instruments and Fair Value of Financial Instruments (wird durch **FAS 133** ersetzt)	für Geschäftsjahre, die nach dem 15.12.1994 enden für Quartalsabschlüsse der Geschäftsjahre, die nach dem 15.06.2000 beginnen
120	Accounting and Reporting by Mutual Life Insurance Enterprises and by Insurance Enterprises for Certain Long-Duration Participating Contracts (an amendment of FASB Statements No. 60, 97 and 113 and Interpretation No. 40)	für Geschäftsjahre, die nach dem 15.12.1995 beginnen
121	Accounting for the Impairment of Long-Lived Assets and for Long-Lived Assets to Be Disposed Of	für Geschäftsjahre, die nach dem 15.12.1995 beginnen
122	Accounting for Mortgage Servicing Rights (an amendment of FASB Statement No. 65) (wird durch **FAS 125** ersetzt)	für Geschäftsjahre, die nach dem 15.12.1995 beginnen für Transaktionen gemäß FAS 125 nach dem 31.12.1996
123	Accounting for Stock-Based Compensation	für Geschäftsjahre, die nach dem 15.12.1995 beginnen
124	Accounting for Certain Investments Held by Not-for-Profit Organizations	für Geschäftsjahre, die nach dem 15.12.1995 beginnen
125	Accounting for Transfers and Servicing of Financial Assets and Extinguishments of Liabilities	für Transaktionen gemäß FAS 125 nach dem 31.12.1996
126	Exemption from Certain Required Disclosures about Financial Instruments for Certain Nonpublic Entities (an amendment of FASB Statement No. 107)	für Geschäftsjahre, die nach dem 15.12.1996 enden
127	Deferral of the Effective Date of Certain Provisions of FASB Statement No. 125 (an amendment of FASB Statement No. 125)	31. Dezember 1996
128	Earnings per Share	für Berichtsperioden, die nach dem 15.12.1997 enden
129	Disclosure of Information about Capital Structure	für Berichtsperioden, die nach dem 15.12.1997 enden
130	Reporting Comprehensive Income	für Geschäftsjahre, die nach dem 15.12.1997 beginnen

No.	Titel (Relevante Änderungen)	Anwendungszeitpunkt
131	Disclosures about Segments of an Enterprise and Related Information (Paragraphen 25, 27, 28 und 33 werden durch **FAS 135** ergänzt bzw. abgeändert)	für Geschäftsjahre, die nach dem 15.12.1997 beginnen für Geschäftsjahre, die nach dem 15.02.1999 enden
132	Employers' Disclosures about Pensions and Other Post-retirement Benefits (an amendment of FASB Statements No. 87, 88 and 106)	für Geschäftsjahre, die nach dem 15.12.1997 beginnen
133	Accounting for Derivative Instruments and Hedging Activities (Paragraph 45(b)(4) wird durch **FAS 138** ergänzt bzw. abgeändert)	für Quartalsabschlüsse der Geschäftsjahre, die nach dem 15.06.2000 beginnen für Quartalsabschlüsse der Geschäftsjahre, die nach dem 15.06.2000 beginnen
134	Accounting for Mortgage-Backed Securities Retained after the Securitization of Mortgage Loans Held for Sale by a Mortgage Banking Enterprise (an amendment of FASB Statement No. 65)	für das erste Quartal, das nach dem 15.12.1998 beginnt
135	Rescission of FASB Statement No. 75 and Technical Corrections	für Geschäftsjahre, die nach dem 15.02.1999 enden
136	Transfers of Assets to a Not-for-Profit Organization or Charitable Trust That Raises or Holds Contributions for Others	für veröffentlichte Abschlüsse der Geschäftsjahre, die nach dem 15.12.1999 beginnen
137	Accounting for Derivative Instruments and Hedging Activities – Deferral of the Effective Date of FASB Statement No. 133	Juni 1999
138	Accounting for Certain Derivative Instruments and Certain Hedging Activities (an amendment of FASB Statement No. 133)	für Quartalsabschlüsse der Geschäftsjahre, die nach dem 15.06.2000 beginnen

FASB Interpretations (FIN)

No.	Titel (Relevante Änderungen)	Anwendungszeitpunkt
1	Accounting Changes Related to the Cost of Inventory (an interpretation of APB Opinion No. 20)	01. Juli 1974
2	Imputing Interest on Debt Arrangements Made under the Federal Bankruptcy Act (an interpretation of APB Opinion No. 21) (wird durch **FAS 15** ersetzt)	für Geschäftsvorfälle nach dem 30.06.1974 für Umschuldungen nach dem 31.12.1977
3	Accounting for the Cost of Pension Plans Subject to the Employee Retirement Income Security Act of 1974 (an interpretation of APB Opinion No. 8) (wird durch **FAS 87** ersetzt)	31. Dezember 1974 für Geschäftsjahre, die nach dem 15.12.1986 beginnen
4	Applicability of FASB Statement No. 2 to Business Combinations Accounted for by the Purchase Method (an interpretation of FASB Statement No. 2)	für Unternehmenszusammenschlüsse nach dem 31.03.1975
5	Applicability of FASB Statement No. 2 to Development Stage Enterprises (an interpretation of FASB Statement No. 2) (wird durch **FAS 7** ersetzt)	31. März 1975, für Geschäftsjahre, die am oder nach dem 01.01.1975 beginnen für Abrechnungszeiträume, die am oder nach dem 01.01.1976 beginnen

No.	Titel (Relevante Änderungen)	Anwendungszeitpunkt
6	Applicability of FASB Statement No. 2 to Computer Software (an interpretation of FASB Statement No. 2)	für Geschäftsjahre, die am oder nach dem 01.04.1975 beginnen
7	Applying FASB Statement No. 7 in Financial Statements of Established Operating Enterprises (an interpretation of FASB Statement No. 7)	für Abrechnungszeiträume, die am oder nach dem 01.01.1976 beginnen
8	Classification of a Short-Term Obligation Repaid Prior to Being Replaced by a Long-Term Security (an interpretation of FASB Statement No. 6)	für Abschlüsse, die auf den oder nach dem 29.02.1976 datiert sind
9	Applying APB Opinions No. 16 and 17 When a Savings and Loan Association or a Similar Institution Is Acquired in a Business Combination Accounted for by the Purchase Method (an interpretation of APB Opinions No. 16 and 17)	für Unternehmenszusammenschlüsse am oder nach dem 01.03.1976
10	Application of FASB Statement No. 12 to Personal Financial Statements (an interpretation of FASB Statement No. 12) (wird durch **FAS 83** ersetzt)	für Berichtsperioden, die nach dem 15.10.1976 enden 31. März 1985
11	Changes in Market Value after the Balance Sheet Date (an interpretation of FASB Statement No. 12) (wird durch **FAS 115** ersetzt)	für Berichtsperioden, die nach dem 15.10.1976 enden für Geschäftsjahre, die nach dem 15.12.1993 beginnen
12	Accounting for Previously Established Allowance Accounts (an interpretation of FASB Statement No. 12) (wird durch **FAS 115** ersetzt)	für Berichtsperioden, die nach dem 15.10.1976 enden für Geschäftsjahre, die nach dem 15.12.1993 beginnen
13	Consolidation of a Parent and Its Subsidiaries Having Different Balance Sheet Dates (an interpretation of FASB Statement No. 12) (wird durch **FAS 115** ersetzt)	für Berichtsperioden, die nach dem 15.10.1976 enden für Geschäftsjahre, die nach dem 15.12.1993 beginnen
14	Reasonable Estimation of the Amount of a Loss (an interpretation of FASB Statement No. 5)	für Berichtsperioden, die nach dem 15.10.1976 beginnen
15	Translation of Unamortized Policy Acquisition Costs by a Stock Life Insurance Company (an interpretation of FASB Statement No. 8) (wird durch **FAS 52** ersetzt)	für Berichtsperioden, die nach dem 15.12.1976 enden für Geschäftsjahre, die am oder nach dem 15.12.1982 beginnen
16	Clarification of Definitions and Accounting for Marketable Equity Securities That Become Nonmarketable (an interpretation of FASB Statement No. 12) (wird durch **FAS 115** ersetzt)	für Berichtsperioden, die nach dem 15.03.1977 enden für Geschäftsjahre, die nach dem 15.12.1993 beginnen
17	Applying the Lower of Cost or Market Rule in Translated Financial Statements (an interpretation of FASB Statement No. 8) (wird durch **FAS 52** ersetzt)	für Berichtsperioden, die nach dem 15.03.1977 enden für Geschäftsjahre, die am oder nach dem 15.12.1982 beginnen
18	Accounting for Income Taxes in Interim Periods (an interpretation of APB Opinion No. 28) (Paragraph 25 wird durch **FAS 96** bzw. **FAS 109** ersetzt)	für Abschlüsse, die nach dem 31.03.1977 veröffentlicht werden/ für Zwischenberichte, deren Berichtsperiode nach dem 15.12.1976 beginnt für Geschäftsjahre, die nach dem 15.12.1988 beginnen für Geschäftsjahre, die nach dem 15.12.1992 beginnen

No.	Titel (Relevante Änderungen)	Anwendungszeitpunkt
19	Lessee Guarantee of the Residual Value of Leased Property (an interpretation of FASB Statement No. 13)	für Leasingtransaktionen am oder nach dem 01.01.1978
20	Reporting Accounting Changes under AICPA Statements of Position (an interpretation of APB Opinion No. 20)	01. Dezember 1977
21	Accounting for Leases in a Business Combination (an interpretation of FASB Statement No. 13)	für Unternehmenszusammenschlüsse am oder nach dem 01.05.1978
22	Applicability of Indefinite Reversal Criteria to Timing Differences (an interpretation of APB Opinions No. 11 and 23) (wird durch **FAS 96** und **FAS 109** ersetzt)	bzgl. "timing differences" in Geschäftsjahren, die nach dem 15.06.1978 beginnen für Geschäftsjahre, die nach dem 15.12.1988 beginnen für Geschäftsjahre, die nach dem 15.12.1992 beginnen
23	Leases of Certain Property Owned by a Governmental Unit or Authority (an interpretation of FASB Statement No. 13)	für Leasingtransaktionen nach dem 01.12.1978
24	Leases Involving Only Part of a Building (an interpretation of FASB Statement No. 13)	für Leasingtransaktionen nach dem 01.12.1978
25	Accounting for an Unused Investment Tax Credit (an interpretation of APB Opinions No. 2, 4, 11 and 16) (wird durch **FAS 96** und **FAS 109** ersetzt)	für Geschäftsjahre, die nach dem 15.12.1978 beginnen für Geschäftsjahre, die nach dem 15.12.1988 beginnen für Geschäftsjahre, die nach dem 15.12.1992 beginnen
26	Accounting for Purchase of a Leased Asset by the Lessee during the Term of the Lease (an interpretation of FASB Statement No. 13)	für Vermögensgegenstände, die nach dem 01.12.1978 gekauft oder geleast werden
27	Accounting for a Loss on a Sublease (an interpretation of FASB Statement No. 13 and APB Opinion No. 30)	für Geschäftsvorfälle zum Bewertungsstichtag am oder nach dem 01.03.1979
28	Accounting for Stock Appreciation Rights and Other Variable Stock Option or Award Plans (an interpretation of APB Opinions No. 15 and 25)	für zuerkannte Leistungen in Geschäftsjahren, die nach dem 15.12.1978 beginnen
29	Reporting Tax Benefits Realized on Disposition of Investments in Certain Subsidiaries and Other Investees (an interpretation of APB Opinions No. 23 and 24) (wird durch **FAS 96** und **FAS 109** ersetzt)	für Geschäftsvorfälle nach dem 31.03.1979 für Geschäftsjahre, die nach dem 15.12.1988 beginnen für Geschäftsjahre, die nach dem 15.12.1992 beginnen
30	Accounting for Involuntary Conversions of Nonmonetary Assets to Monetary Assets (an interpretation of APB Opinion No. 29)	für Geschäftsjahre, die nach dem 15.11.1979 beginnen
31	Treatment of Stock Compensation Plans in EPS Computations (an interpretation of APB Opinion No. 15 and a modification of FASB Interpretation No. 28) (wird durch **FAS 128** ersetzt)	für Geschäftsjahre, die nach dem 15.12.1979 beginnen für Berichtsperioden, die nach dem 15.12.1997 enden
32	Application of Percentage Limitations in Recognizing Investment Tax Credit (an interpretation of APB Opinions No. 2, 4 and 11) (wird durch **FAS 96** und **FAS 109** ersetzt)	für Geschäftsjahre, die nach dem 15.12.1979 beginnen für Geschäftsjahre, die nach dem 15.12.1988 beginnen für Geschäftsjahre, die nach dem 15.12.1992 beginnen

No.	Titel (Relevante Änderungen)	Anwendungszeitpunkt
33	Applying FASB Statement No. 34 to Oil and Gas Producing Operations Accounted for by the Full Cost Method (an interpretation of FASB Statement No. 34)	für Geschäftsjahre, die nach dem 15.12.1979 beginnen
34	Disclosure of Indirect Guarantees of Indebtedness of Others (an interpretation of FASB Statement No. 5)	für Geschäftsjahre, die nach dem 15.06.1981 enden
35	Criteria for Applying the Equity Method of Accounting for Investments in Common Stock (an interpretation of APB Opinion No. 18)	für Geschäftsjahre, die nach dem 15.06.1981 beginnen
36	Accounting for Exploratory Wells in Progress at the End of a Period (an interpretation of FASB Statement No. 19)	für Geschäftsjahre, die nach dem 15.12.1981 beginnen
37	Accounting for Translation Adjustments upon Sale of Part of an Investment in a Foreign Entity (an interpretation of FASB Statement No. 52)	für Beteiligungsverkäufe nach dem 30.06.1983
38	Determining the Measurement Date for Stock Option, Purchase, and Award Plans Involving Junior Stock (an interpretation of APB Opinion No. 25)	für zuerkannte Leistungen im Rahmen von Kapitalbeteiligungsplänen am oder nach dem 14.03.1984
39	Offsetting of Amounts Related to Certain Contracts (an interpretation of APB Opinion No. 10 and FASB Statement No. 105)	für veröffentlichte Abschlüsse der Geschäftsjahre, die nach dem 15.12.1993 beginnen
40	Applicability of Generally Accepted Accounting Principles to Mutual Life Insurance and Other Enterprises (an interpretation of FASB Statements No. 12, 60, 97 and 113) (Paragraph 5 wird durch **FAS 115** und **FAS 135** abgeändert)	für Geschäftsjahre, die nach dem 15.12.1994 beginnen für Geschäftsjahre, die nach dem 15.12.1993 beginnen für Geschäftsjahre, die nach dem 15.02.1999 enden
41	Offsetting of Amounts Related to Certain Repurchase and Reverse Repurchase Agreements (an interpretation of APB Opinion No. 10 and a modification of FASB Interpretation No. 39)	für veröffentlichte Abschlüsse der Geschäftsjahre, die nach dem 15.12.1994 enden
42	Accounting for Transfers of Assets in Which a Not-for-Profit Organization Is Granted Variance Power (an interpretation of FASB Statement No. 116) (wird durch **FAS 136** ersetzt)	für veröffentlichte Abschlüsse der Geschäftsjahre, die nach dem 15.09.1996 enden für veröffentlichte Abschlüsse der Geschäftsjahre, die nach dem 15.12.1999 beginnen
43	Real Estate Sales (an interpretation of FASB Statement No. 66)	für Grundstücksverkäufe nach dem 30.06.1999
44	Accounting for Certain Transactions involving Stock Compensation (an interpretation of APB Opinion No. 25)	01. Juli 2000

Accounting Research Bulletins (ARB)

No.	Titel (Relevante Änderungen)	Anwendungszeitpunkt
43	Restatement and Revision of Accounting Research Bulletins (Kapitel 14 wird durch **APB 5** ersetzt)	Juni 1953 September 1964

No.	Titel (Relevante Änderungen)	Anwendungszeitpunkt
44	Declining-Balance Depreciation (wird durch **ARB 44 (Rev.)** ersetzt) **(ARB 44 (Rev.)** wird durch **FAS 96** und **FAS 109** ersetzt)	Oktober 1954 Juli 1958 für Geschäftsjahre, die nach dem 15.12.1988 beginnen für Geschäftsjahre, die nach dem 15.12.1992 beginnen
45	Long-Term Construction-Type Contracts	Oktober 1955
46	Discontinuance of Dating Earned Surplus	Februar 1956
47	Accounting for Costs of Pension Plans (wird durch **APB 8** ersetzt)	September 1956 für Abrechnungszeiträume, die nach dem 31.12.1966 beginnen
48	Business Combinations (wird durch **APB 16** ersetzt)	Januar 1957 für Unternehmenszusammenschlüsse nach dem 31.10.1970
49	Earnings per Share (wird durch **APB 9** ersetzt)	April 1958 für Abrechnungszeiträume, die nach dem 31.12.1966 beginnen
50	Contingencies (wird durch **FAS 5** ersetzt)	Oktober 1958 für Geschäftsjahre, die am oder nach dem 01.07.1975 beginnen
51	Consolidated Financial Statements	August 1959

Die nachfolgende Checkliste, die auf den spezifischen – oben genannten – Gesetzesgrundlagen basiert, ist auf US-GAAP-Abschlüsse bzw. Anhangsangaben für *public for-profit-type entities* anzuwenden. Angabepflichten hinsichtlich spezieller Industriezweige, welche auf die Unternehmen des vorliegenden Untersuchungssamples nicht zutreffen, bleiben ebenso wie Angabepflichten hinsichtlich Unternehmen, die eine *SEC*-Registrierung anstreben oder bereits entsprechend der laufenden Berichterstattung an die *SEC* bilanzieren, bei der Erstellung des folgenden Kriterienkataloges unberücksichtigt.

Zur Zeit nicht relevante bzw. während des Betrachtungszeitraumes überarbeitete Verlautbarungen wurden – wie bereits in der zuvor dargestellten Checkliste hinsichtlich angabepflichtiger Informationen gemäß den *International Accounting Standards (IAS)* – in Form von „Durchstreichungen" der jeweiligen Gesetzesgrundlage markiert. Die wenigen vom *FASB* empfohlenen, nicht zwingend vorgeschriebenen Angaben wurden im Gegensatz zu der bisherigen Darstellungsweise der vorangehenden Checklisten aufgenommen; diese sind zur Kenntlichmachung kursiv dargestellt.

Folgende Abkürzungen wurden verwandt:

APB	Accounting Principles Board Opinion
AR	Statement on Standards for Accounting and Review Services, Professional Standards, published by the *AICPA*
ARB	Accounting Research Bulletin
AU	Statement on Auditing Standards, Professional Standards, published by the *AICPA*
CON	Financial Accounting Standards Board Statement of Financial Accounting Concepts
EITF	Consensus Position of the FASB Emerging Issues Task Force
FAS	Statement of Financial Accounting Standards
FIN	Financial Accounting Standards Board Interpretation
FTB	Financial Accounting Standards Board Technical Bulletin
PB	Practice Bulletin of the AICPA Accounting Standards Executive Committee of the *AICPA*
SOP	AICPA Statement of Position of the Accounting Standards Division.

A. Qualitative und quantitative Angaben zu signifikanten Risiken und Unsicherheiten		
Lfd.Nr.	**Grundlagen**	**Bewertungskriterien (*Disclosures*)**
1. Wesentliche Risiken und Unsicherheiten		
(1.)	**SOP 94-6**	**Hinsichtlich signifikanter Risiken und Unsicherheiten, die wesentlichen Einfluss auf die Vermögens-, Finanz- und Ertragslage des berichtenden Unternehmens nehmen bzw. nehmen könnten, ergeben sich gemäß SOP 94-6 folgende Angabepflichten:**
		Anmerkung:
	SOP 94-6.02	***SOP 94-6 greift die Risiken und Unsicherheiten auf, die (a) aus der Art der Geschäftstätigkeit des berichtenden Unternehmens, (b) aus den für die Erstellung des Abschlusses notwendigen Annahmen und Schätzungen und (c) aus den in der engeren ökonomischen Umwelt des Unternehmens bestehenden Marktkonzentrationen resultieren können.***
	SOP 94-6.10	a) die Art der Geschäftstätigkeit des berichtenden Unternehmens, einschließlich einer Beschreibung: a_1) wesentlicher Produkte oder Dienstleistungen des berichtenden Unternehmens a_2) des relevanten Marktes, in dem das berichtende Unternehmen tätig ist, sowie dessen Ort bzw. Position a_3) der relativen Bedeutung der Geschäftstätigkeit des berichtenden Unternehmens in jedem Marktsegment, wenn sich seine Tätigkeit über mehrere Marktsegmente erstreckt a_4) der Bewertungs- bzw. Ermittlungsgrundlage hinsichtlich der Angabe unter a_3)
	SOP 94-6.11	b) der Tatbestand, dass zur Abschlusserstellung Schätzungen vorgenommen und Annahmen getroffen wurden, welche die bilanzierten Vermögensgegenstände und Verbindlichkeiten, die Angabe von Eventualverbindlichkeiten am Bilanzstichtag und den Ausweis von Erträgen und Aufwendungen der Berichtsperiode beeinflussen;
	SOP 94-6.14	soweit in gewissem Umfang Änderungen von Tatbeständen oder Sachverhalten möglich erscheinen, auf denen die – dem Abschluss zugrunde liegenden – Annahmen und Schätzungen beruhen, und ziehen diese Änderungen wesentliche Abweichungen in der Bilanzierung und Bewertung nach sich, sind weiterhin anzugeben: b_1) die Art dieser Unsicherheit bzw. Ungewissheit b_2) ein Hinweis darauf, dass Änderungen der – dem Abschluss zugrunde liegenden – Annahmen und Schätzungen zumindest in gewissem Umfang möglich erscheinen b_3) eine Schätzung der quantitativen Auswirkung möglicher Änderungen von Sachverhalten auf die nach FAS 5 zu bewertenden Eventualverluste; falls eine derartige Schätzung nicht vorgenommen werden kann, ist dieser Tatbestand anzugeben b_4) die Faktoren, welche Einfluss auf die – dem Abschluss zugrunde liegenden – Annahmen und Schätzungen nehmen bzw. nehmen könnten
	SOP 94-6.22	c) liegen in der engeren ökonomischen Umwelt des berichtenden Unternehmens zum Bilanzstichtag eine der in SOP 94-6.21 umschriebenen Marktkonzentrationen vor, die zu signifikanten Abhängigkeiten des berichtenden Unternehmens führen können, ist dieser Tatbestand anzugeben, einschließlich, falls zutreffend, der Angabe eines:
	a.	c_1) hohen Konzentrationsgrades im Umfang der mit einem bestimmten Kunden, Lieferanten, Darlehensgeber, Treugeber oder Beitragsleistenden getätigten Geschäfte (*Das Risiko derartiger Marktkonzentrationen kann beispielsweise im gesamten oder teilweisen Ausfall der Geschäftsverbindung liegen.*)
	b.	c_2) hohen Konzentrationsgrades im Umfang der mit bestimmten Produkten, Dienstleistungen oder anderen Ertragsquellen erzielten Erlöse (*Das Risiko derartiger Marktkonzentrationen kann beispielsweise in Volumen- oder Preisänderungen oder dem Wegfall von Patentrechten liegen.*)

A. Qualitative und quantitative Angaben zu signifikanten Risiken und Unsicherheiten		
Lfd.Nr.	**Grundlagen**	**Bewertungskriterien (*Disclosures*)**
	c.	c_3) hohen Konzentrationsgrades verfügbarer Quellen für Material, Arbeitskräfte, Dienstleistungen, Lizenzrechte oder anderer nutzbarer Rechte, die im Rahmen der Geschäftstätigkeit des berichtenden Unternehmens benötigt werden (*Das Risiko derartiger Marktkonzentrationen kann beispielsweise im teilweisen oder vollständigen Ausfall verfügbarer Quellen oder im Verlust der Rechte, auf die verfügbaren Quellen zugreifen zu können, liegen.*)
	d.	c_4) hohen Konzentrationsgrades der Geschäftstätigkeit innerhalb eines bestimmten Marktes oder eines geographischen Gebietes (*Das Risiko derartiger Marktkonzentrationen kann beispielsweise in einem sich negativ entwickelnden ökonomischen oder politischen Umfeld liegen.*)
	SOP 94-6.24	d) zusätzlich zu den Angabepflichten unter Punkt c_3) und c_4) sind folgende Angaben erforderlich: d_1) der Prozentsatz der Arbeitnehmerschaft, deren Arbeitsverhältnisse durch Manteltarifverträge geregelt werden; hierbei gesonderte Angabe des Prozentsatzes der Arbeitnehmerschaft, deren Arbeitsverhältnisse durch Tarifverträge geregelt werden, die innerhalb eines Jahres auslaufen d_2) wenn sich die Geschäftstätigkeit eines Unternehmens außerhalb des Landes konzentriert, in dem es seinen Sitz hat, ist der Betrag der Nettovermögenswerte sowie das geographische Gebiet anzugeben, in dem sich diese befinden
2. Erhebliche Zweifel an der Fortführung des Unternehmens		
(2.)		***<u>Anmerkung:</u>*** ***Dem Going-Concern-Prinzip (Grundsatz der Unternehmensfortführung) liegt folgende Prämisse zugrunde:*** ***Solange keine gegenteiligen Informationen vorliegen, ist von der Fortführung der Unternehmenstätigkeit für einen angemessenen zukünftigen Zeitraum auszugehen; es besteht dabei weder die Absicht noch die Notwendigkeit der Liquidation oder der wesentlichen Beschränkung der Geschäftstätigkeit.***
	AU § 341	**Bestehen jedoch erhebliche Zweifel an der Fortführung des Unternehmens für einen angemessenen zukünftigen Zeitraum, ergeben sich folgende Angabepflichten:**
	AU § 341.10	a) die Zustände bzw. Sachverhalte, die Zweifel an der Unternehmensfortführung begründen, wie zum Beispiel: ▪ wenn aus der laufenden Geschäftstätigkeit im Berichtsjahr und in Vorjahren nicht ausreichend Barmittel zum Ausgleich der laufenden Verbindlichkeiten erzielt wurden ▪ wenn Gläubiger im Berichtsjahr im Rahmen von Schuldvereinbarungen auf ihre Ansprüche verzichtet haben b) die möglichen Auswirkungen derartiger Zustände bzw. Sachverhalte, wie zum Beispiel: ▪ wenn die Notwendigkeit zu zusätzlicher Finanzierung besteht, um die zukünftige Liquidität zu gewährleisten ▪ wenn vertraglich festgelegte Zahlungsverpflichtungen in der Zukunft nicht mit Barmitteln, die aus der laufenden Geschäftstätigkeit erzielt werden, ausgeglichen werden können ▪ wenn ein Mutterunternehmen zum Ausgleich seiner Verbindlichkeiten auf die finanzielle Unterstützung seiner Beteiligungsunternehmen angewiesen ist c) eine Beurteilung (*durch das Management*) der Bedeutung derartiger Zustände bzw. Sachverhalte sowie jeglicher Einflussfaktoren d) die möglichen Betriebsunterbrechungen e) die eingeleiteten bzw. beabsichtigten Maßnahmen von Seiten der Geschäftsleitung zur Beseitigung der Gefahr für die Unternehmensfortführung (einschließlich relevanter voraussichtlicher Finanzdaten) f) der Umfang der Anpassungen der Jahresabschlussposten, die im Hinblick auf eine mögliche Nicht-Fortführung des Unternehmens erforderlich sein können

B. Allgemeine Angaben zur Bilanz und zur Gewinn- und Verlustrechnung		
Lfd.Nr.	**Grundlagen**	**Bewertungskriterien (*Disclosures*)**
1. Darstellung und Gliederung des Abschlusses		
(3.)		**Hinsichtlich der Darstellung und der Gliederung des Abschlusses ergeben sich folgende Anforderungen bzw. Angabepflichten:**
	ARB 43 ch. 2A.1-.3	a) Vergleichsinformationen hinsichtlich der vorangegangenen Periode für alle quantitativen Informationen
	ARB 43 ch. 2A.3, AU § 420.05, AU § 508.16-.18,.65	b) die Faktoren, welche die Vergleichbarkeit von Abschlüssen aufeinander folgender Geschäftsjahre beeinflussen
	AU § 420.17	c) die wesentlichen Änderungen in der Klassifizierung von Vermögensgegenständen und Verbindlichkeiten im Vergleich zum Vorjahr
		d) ein Querverweis zu den zugehörigen Anmerkungen im Anhang bzw. den Erläuterungen der (konsolidierten) Finanzangaben auf jeder Seite der Bilanz
	AU § 504.05, AU § 551.13, AU § 558.02-.03	e) die Kennzeichnung jeder Seite des Abschlusses, falls der Abschluss keiner Prüfung unterzogen oder nur zum Teil geprüft wurde; ggf. ein Verweis auf den beigefügten Bericht des Abschlussprüfers
	AR § 100.16, AR § 100.34	f) die Kennzeichnung jeder Seite des Abschlusses, falls dieser lediglich einer kritischen Durchsicht *(„review")* des Abschlussprüfers unterzogen oder durch den Abschlussprüfer erstellt wurde; ggf. ein Verweis auf den beigefügten Bericht des Abschlussprüfers
	FAS 109.43	g) ist das berichtende Unternehmen nicht selbst Steuersubjekt (wird dessen Einkommen beispielsweise durch den Organträger innerhalb einer gemeinsamen steuerlichen Organschaft versteuert), so ist dieser Tatbestand anzugeben; des Weiteren ist eine Überleitung der steuerlichen Bemessungsgrundlage zu den Abschlussdaten darzustellen
	PB 14.09	h) die eindeutige Kennzeichnung der Jahresabschlüsse als die einer Gesellschaft mit beschränkter Haftung oder Kommanditgesellschaft; für diese Rechtsformen ergeben sich des Weiteren folgende Angabepflichten:
	PB 14.08	h_1) die Veränderungen des Eigenkapitals in der Berichtsperiode
	PB 14.15	h_2) eine Beschreibung der Haftungsbegrenzungen der Gesellschafter
	PB 14.15	h_3) hinsichtlich diverser Kategorien von Beteiligungen die jeweiligen Bevorrechtigungen, Sonderrechte und sonstigen Rechte
	PB 14.15	h_4) gegebenenfalls das Datum, an dem die Existenz der Gesellschaft mit beschränkter Haftung oder der Kommanditgesellschaft beendet wird
	PB 14.16	h_5) im Jahr der Gründung die Vermögenswerte und Verbindlichkeiten, die sich gegebenenfalls im Besitz von Rechtsvorgängern befunden haben
	FAS 7.11-.12	i) die eindeutige Kennzeichnung der Jahresabschlüsse als die eines „Start-up"-Unternehmens; diese Jahresabschlüsse haben Folgendes zu beinhalten:
	FAS 7.11 a.	i_1) eine Bilanz, in welcher alle kumulativen Reinverluste im Abschnitt Eigenkapital mit einer bezeichnenden Überschrift (z.B. *„Defizit, das sich beim Start-up angesammelt hat"*) ausgewiesen werden
	FAS 7.11 b.	i_2) eine Gewinn- und Verlustrechnung, in welcher die Aufwendungen und Erträge für jeden von der Gewinn- und Verlustrechnung erfassten Zeitraum und zusätzlich die kumulativen Beträge ab dem Zeitpunkt der Gründung des Unternehmens angegeben werden
	FAS 7.11 c.	i_3) eine Kapitalflussrechnung, in welcher die Ein- und Auszahlungen für jeden Zeitraum, für den eine Gewinn- und Verlustrechnung vorgelegt wird, und zusätzlich die kumulativen Beträge ab dem Zeitpunkt der Gründung des Unternehmens angegeben werden
	FAS 7.11 d.	i_4) eine Aufstellung zum Eigenkapital, in der für den Zeitraum ab der Gründung des Unternehmens Folgendes anzugeben ist:
	(1)	$i_{4.1}$) für jede Emission das Datum und die Anzahl der Aktien, Optionsscheine, Rechte oder sonstigen Wertpapiere, die gegen Barmittel oder gegen sonstige Gegenwerte ausgegeben wurden

B. Allgemeine Angaben zur Bilanz und zur Gewinn- und Verlustrechnung		
Lfd.Nr.	**Grundlagen**	**Bewertungskriterien (*Disclosures*)**
	(2)	$i_{4.2}$) für jede Emission der Betrag pro Aktie (oder einer anderen Wertpapiereinheit) und der Gesamtbetrag der für die ausgegebenen Aktien, Optionsscheine, Rechte oder sonstigen Wertpapiere erhaltenen Gegenwerte
	(3)	$i_{4.3}$) für jede Emission, bei der die Ausgabe der Anteilspapiere nicht gegen Barmittel erfolgte, ist sowohl die Art des Gegenwertes als auch die Grundlage zur Bestimmung des Wertes der entsprechenden Gegenleistung anzugeben
	FAS 7.12	i_5) eine Beschreibung der Aktivitäten im Rahmen des Gründungsprozesses sowie der Beschaffung des Eigenkapitals
	FAS 7.13	j) für „Start-up"-Unternehmen ist in Abschlüssen der Geschäftsjahre, die dem Gründungsjahr folgen, zusätzlich die Tatsache anzugeben, dass die Gesellschaft in einem vorangegangenen Geschäftsjahr gegründet wurde
2. Zusammenfassung wesentlicher Bilanzierungs- und Bewertungsmethoden		
(4.)	APB 22 insbesondere: APB 22.12, APB 22.15	***Vorbemerkung:*** ***In den „notes" sind alle wesentlichen Bilanzierungs- und Bewertungsmethoden („accounting policies"), die im Abschluss des berichtenden Unternehmens zur Anwendung kommen, zu erläutern (vgl. APB 22). Sie sind insbesondere von Bedeutung, wenn die Wahl zwischen mehreren möglichen Alternativen besteht oder es sich um spezielle Grundsätze und Methoden eines bestimmten Industriezweiges handelt.*** ***Die Angaben zu den Bilanzierungs- und Bewertungsmethoden können grundsätzlich an einer beliebigen Stelle des Jahresabschlusses gemacht werden, empfohlen wird jedoch die Darstellung in einem separaten Bestandteil des Anhangs mit der bezeichnenden Überschrift „Summary of significant accounting policies" oder die Darstellung zu Beginn des Anhangs bzw. den Erläuterungen zu den (konsolidierten) Finanzangaben.***
		Generell sind zumindest die nachfolgenden Bilanzierungs- und Bewertungsmethoden offen zu legen:
	APB 22.12	a) die Bilanzierungs- und Bewertungsmethoden, die eine Wahl unter mehreren möglichen Alternativen einräumen, die branchenbezogene Besonderheiten beinhalten oder ungewöhnliche sowie innovative Regelungen umfassen
	APB 22.13, ARB 51.5; ARB 51.4, EITF 88-15	b) die Konsolidierungsgrundsätze *(„basis of consolidation");* wenn bei abweichenden Abschlussstichtagen ein Unternehmen nicht auf der Grundlage eines auf den Stichtag und den Zeitraum des Konzernabschlusses aufgestellten Zwischenabschlusses in den Konzernabschluss einbezogen wird, so sind Vorgänge von besonderer Bedeutung für die Vermögens-, Finanz- und Ertragslage eines in den Konzernabschluss einbezogenen Unternehmens, die zwischen dem Abschlussstichtag dieses Unternehmens und dem Abschlussstichtag des Konzernabschlusses eingetreten sind, jeweils gesondert anzugeben
	APB 22.13	c) die Abschreibungsmethoden für wesentliche Kategorien des Anlagevermögens:
	APB 12.5	c_1) die verwendeten Abschreibungsmethoden für Gegenstände des Sachanlagevermögens
	APB 17.30, APB 16.95, FAS 86.11, SOP 93-7.49	c_2) die verwendeten Abschreibungsmethoden und Nutzungsdauern oder Abschreibungssätze für immaterielle Vermögenswerte, einschließlich der Abschreibungsmethoden erworbener Geschäfts- oder Firmenwerte, aktivierter Entwicklungskosten von Software sowie aktivierter Marketingmaßnahmen im Rahmen von *direct-response-Werbekampagnen **(SOP 93-7.26)***
	APB 22.13, ARB 43 ch. 4.15	d) die angewandten Bilanzierungs- und Bewertungsmethoden für Vorräte einschließlich der Anwendung von Verbrauchsfolgeverfahren

B. Allgemeine Angaben zur Bilanz und zur Gewinn- und Verlustrechnung

Lfd.Nr.	Grundlagen	Bewertungskriterien (*Disclosures*)
	APB 22.13, **SOP 81-1** **~~SOP 91-1~~/** **SOP 97-2, 98-9**	e) die Methoden der Gewinnrealisierung bei langfristiger Fertigung sowie der Bestimmung des Fertigstellungsgrades f) die Methoden der Gewinnrealisierung bei Softwareverkäufen
	EITF 00-1	g) **<u>Für Abschlüsse der Geschäftsjahre, die nach dem 15. Juni 2000 enden:</u>** soweit Versand- und Transportkosten von signifikanter Größenordnung nicht in den Umsatzkosten *(„cost of sales")* enthalten sind, sind sowohl die Beträge dieser Kosten als auch die Positionen innerhalb der Gewinn- und Verlustrechnung, die derartige Kosten beinhalten, gesondert anzugeben
	FAS 118.6 (i)	h) die Bilanzierungspolitik hinsichtlich der Berücksichtigung von Zinseinnahmen aus wertberichtigten Ausleihungen, einschließlich der Behandlung von Bargeldeinnahmen
	FAS 91.19	i) wenn das berichtende Unternehmen eine Vielzahl ähnlicher Ausleihungen bilanziert, sind sowohl die Bilanzierungspolitik hinsichtlich der Vorauseinschätzung von Zahlungen vor Fälligkeit als auch die wesentlichen Annahmen anzugeben, die den geschätzten Vorauszahlungen für die Amortisation der Auf- und Abgelder sowie der nicht abzugsfähigen Kosten und Gebühren zugrunde liegen
	EITF 92-5	j) die Bilanzierungspolitik hinsichtlich Kreditkartengebühren und Kosten, sowohl für übernommene als auch für ursprünglich ausgestellte Kreditkarten; ferner sind die kapitalisierten Nettobeträge und die Amortisationszeiten für die kapitalisierten Beträge anzugeben
	EITF 93-5/ **SOP 96-1**	k) die Bilanzierungs- und Bewertungsmethoden hinsichtlich Verpflichtungen zur Behebung von Umweltschäden
	FAS 95.10	l) die Unternehmenspolitik in Bezug auf die Zuordnung und den Inhalt von Zahlungsmitteln und Zahlungsmitteläquivalenten im Rahmen der Kapitalflussrechnung
	~~FAS 119.11 b.~~ **wurde ersetzt durch:** **FAS 133**	m) **<u>Für Abschlüsse der Geschäftsjahre, die vor dem 16. Juni 2000 beginnen:</u>** die Bilanzierungs- und Bewertungsmethoden von derivativen Finanzinstrumenten
	EITF 96-11	n) die Bilanzierungspolitik hinsichtlich gezahlter Prämien bzw. Aufgelder für die Akquisition eines Terminkontraktes oder den Kauf von unter den kurzfristigen Finanzinvestitionen ausgewiesenen Optionen
	EITF 91-4	o) die Bilanzierungs- und Bewertungsmethoden von Finanzinstrumenten zur Absicherung von Wechselkursrisiken
	FAS 123.14	p) hinsichtlich Vergütungsvereinbarungen, durch die Arbeitnehmer Aktien, Optionen oder ähnliche *equity instruments* erhalten oder die gewährende Gesellschaft Verbindlichkeiten eingeht, deren Höhe vom Kurswert ihrer Aktien abhängt *(„stock-based employee compensation arrangements"):*
	FAS 123.14 **i.V.m.** **APB 25**	p_1) die bilanzielle Behandlung von *stock-based employee compensation plans;* ***vgl. hierzu auch die Anmerkungen im Kontext mit Gliederungspunkt K. Angaben zu Kapitalbeteiligungsleistungen***
	EITF 00-23	p_2) ***<u>Anmerkung:</u>*** ***Die Anwendung von FIN 28 ist lediglich bei variablen Vergütungen erforderlich. Bei prozentualen Festvergütungen kann hinsichtlich der Behandlung der Vergütungsaufwendungen entweder FIN 28 oder die lineare Methode angewendet werden;*** *diesbezüglich ist in den „notes" die angewandte Methode zur bilanziellen Behandlung der Vergütungsaufwendungen bei prozentualen Festvergütungen anzugeben.*

B. Allgemeine Angaben zur Bilanz und zur Gewinn- und Verlustrechnung

Lfd.Nr.	Grundlagen	Bewertungskriterien (*Disclosures*)
3. Änderungen von Bilanzierungs- und Bewertungsmethoden		
(5.)	**AU § 420, APB 20**	**Hat eine Änderung von Bilanzierungs- oder Bewertungsmethoden wesentliche Auswirkungen auf die Berichtsperiode oder eine dargestellte frühere Periode oder kann sie wesentliche Auswirkungen auf spätere Perioden haben, so sind folgende Angaben erforderlich:** ***Anmerkung:*** ***APB 20 unterscheidet im Hinblick auf die Behandlung von „accounting changes" im Abschluss generell zwischen drei Kategorien:*** ***(a) Änderungen der Bilanzierungsmethoden*** ***(b) Änderungen in der Beurteilung von Sachverhalten*** ***(c) Änderungen in der Zusammensetzung der bilanzierenden Einheit.***
		a) hinsichtlich Änderungen der Bilanzierungsmethoden:
	APB 20.17	a_1) die Angabe der Art und der Gründe für die Methodenänderung
	APB 20.19 c.	a_2) die Angabe der Auswirkung der Methodenänderung auf das Ergebnis vor außerordentlichen Posten, den Jahresüberschuss/-fehlbetrag sowie auf die daraus resultierenden *earnings/losses per share* in der Berichtsperiode des Methodenwechsels
	APB 20.19 b. i.V.m. APB 20.20	a_3) der gesonderte Ausweis des Ergebniseffektes der Methodenänderung in einem separaten Posten in der laufenden Gewinn- und Verlustrechnung als *cumulative effect of a change in accounting principle* (Ausnahmen, siehe Angabe a_7)) ***Anmerkung:*** ***Gemäß APB 20.20 ermittelt sich dieser Ergebniseffekt („net of tax", d.h. unter Berücksichtigung von Ertragsteuereffekten) aus der Differenz zwischen dem zu Periodenbeginn ausgewiesenen Gewinnvortrag und dem Gewinnvortrag, der sich ergeben hätte, wenn die Methodenänderung bereits im abgelaufenen Geschäftsjahr vorgenommen worden wäre.***
	APB 20.19 d. i.V.m. APB 20.21	a_4) für jede dargestellte Berichtsperiode die gesonderte Angabe des durch Pro-forma-Rechnung ermittelten Ergebnisses vor außerordentlichen Posten und des durch Pro-forma-Rechnung ermittelten Jahresüberschusses/-fehlbetrages, die sich ergeben hätten, wenn die neue Methode bereits in der Vergangenheit angewandt worden wäre ***Anmerkung:*** ***Wird im Abschluss lediglich die aktuelle Berichtsperiode dargestellt, ist diese Angabe dennoch auch für das vorangegangene Geschäftsjahr erforderlich.***
	APB 20.25-.26	a_5) sofern das berichtende Unternehmen den unter den Gliederungspunkten a_3) und a_4) angegebenen Offenlegungspflichten nicht nachkommt bzw. nachkommen kann, ist dies zu begründen
	APB 20.24	a_6) sofern eine Änderung der Abschreibungsmethoden innerhalb einer Klasse von Anlagegegenständen nur auf neu hinzuerworbene Anlagegegenstände angewandt wird, ist die Art der Methodenänderung zu beschreiben und die Auswirkung auf das Ergebnis vor außerordentlichen Posten, den Jahresüberschuss/-fehlbetrag sowie auf die daraus resultierenden *earnings/losses per share* in der Berichtsperiode des Methodenwechsels anzugeben; wird die neue Abschreibungsmethode auch auf die in der Vergangenheit angeschafften Anlagegegenstände angewandt, ist den unten den Gliederungspunkten a_1) bis a_5) angegebenen Offenlegungspflichten nachzukommen
	APB 20.27	a_7) ***Anmerkung:*** ***Bestimmte Änderungen von Bilanzierungsgrundsätzen sind in Form einer rückwirkenden Änderung der Vorjahre einschließlich einer Korrektur des Gewinnvortrages vorzunehmen („restatement method").***

B. Allgemeine Angaben zur Bilanz und zur Gewinn- und Verlustrechnung

Lfd.Nr.	Grundlagen	Bewertungskriterien (*Disclosures*)
		Dies ist im Wesentlichen dann der Fall, wenn: ▪ ***ein Wechsel der Vorratsbewertung von der LIFO-Methode auf eine andere anerkannte Methode stattfindet;*** ▪ ***ein Wechsel der Bilanzierungsmethode im Rahmen der langfristigen Auftragsfertigung vorgenommen wird.***
	APB 20.28	*Diesbezüglich sind zusätzlich folgende Angaben erforderlich:* $a_{7.1}$) *die Art und die Gründe für die Methodenänderung,* $a_{7.2}$) *die Auswirkung der Methodenänderung auf das Ergebnis vor außerordentlichen Posten, den Jahresüberschuss/-fehlbetrag sowie auf die daraus resultierenden „earnings/losses per share" für jede dargestellte Berichtsperiode.*
	APB 20.33	b) hinsichtlich Änderungen in der Beurteilung von Sachverhalten: die Angabe der Auswirkung der Änderung von Bilanzierungsannahmen auf das Ergebnis vor außerordentlichen Posten, den Jahresüberschuss/-fehlbetrag sowie auf die daraus resultierenden *earnings/losses per share* des Geschäftsjahres, in dem der Entschluss zur Änderung der Bilanzierungsannahmen gefasst worden ist
	APB 20.33 i.V.m. APB 20.38	***Anmerkung:*** ***Handelt es sich um regelmäßig wiederkehrende Korrekturen von Bilanzierungsannahmen, die sich aus der gewöhnlichen Geschäftstätigkeit ergeben, kann von einer Angabe abgesehen werden. Eine Angabe wird jedoch empfohlen, wenn es sich hierbei um Änderungen handelt, die für die Darstellung der Vermögens-, Finanz- und Ertragslage des berichtenden Unternehmens von wesentlicher Bedeutung sind.***
	APB 20.35	c) hinsichtlich Änderungen in der Zusammensetzung der bilanzierenden Einheit: c_1) die Angabe der Art und der Gründe für die Änderungen in der Zusammensetzung der bilanzierenden Einheit c_2) die Angabe der Auswirkung der Änderungen in der Zusammensetzung der bilanzierenden Einheit auf das Ergebnis vor außerordentlichen Posten, den Jahresüberschuss/-fehlbetrag sowie auf die daraus resultierenden *earnings/losses per share* für jede dargestellte Berichtsperiode
4. Behandlung von Bilanzierungsfehlern		
(6.)		**Hat die Behandlung von schwerwiegenden Bilanzierungsfehlern in Vorjahren wesentliche Auswirkungen auf die Berichtsperiode oder eine dargestellte frühere Periode oder kann sie wesentliche Auswirkungen auf spätere Perioden haben, so sind folgende Angaben erforderlich:**
	APB 20.37	a) die Art der Bilanzierungsfehler b) die quantitative Auswirkung der Fehlerberichtigung auf das Ergebnis vor außerordentlichen Posten, den Jahresüberschuss/-fehlbetrag sowie auf die daraus resultierenden *earnings/losses per share* der laufenden Berichtsperiode sowie aller im Abschluss dargestellten und nicht mehr dargestellten Vorperioden
	APB 9.18, APB 9.26	c) ***Anmerkung:*** ***Vorjahresvergleichszahlen sind generell anzupassen („retroactive treatment", vgl. APB 9.18); bezieht sich der Bilanzierungsfehler auf einen Zeitraum noch vor dem angegebenen Vergleichsjahr, so ist der Fehler nur im Gewinnvortrag des Vergleichsjahres zu ändern und der geänderte Gewinnvortrag bis zum Berichtsjahr fortzuschreiben; bezieht sich der Fehler jedoch auf das Vergleichsjahr selbst, ist der entsprechende Posten der Gewinn- und Verlustrechnung ebenfalls anzupassen;*** *in den „notes" ist diesbezüglich auf eine Anpassung der Vergleichszahlen hinzuweisen bzw. ggf. darauf hinzuweisen, dass eine Anpassung nicht praktikabel ist.*

B. Allgemeine Angaben zur Bilanz und zur Gewinn- und Verlustrechnung		
Lfd.Nr.	**Grundlagen**	**Bewertungskriterien (*Disclosures*)**
5. Fremdwährungsumrechnung		
(7.)		**Hinsichtlich Fremdwährungstransaktionen ergeben sich folgende Angabepflichten:**
	ARB 43 ch. 12.5/ FAS 131.129 a.	a) die ausländischen Einkünfte von signifikanter Größenordnung (ggf. im Rahmen der Segmentberichterstattung)
	ARB 43 ch. 12.6/ FAS 131.129 b.	b) die im Abschluss enthaltenen Positionen, die Fremdwährungsbeträge beinhalten (ggf. im Rahmen der Segmentberichterstattung)
	FAS 52.30 i.V.m. FAS 52.141/ FAS 133.527 f.	c) der Gesamtbetrag der im Periodenergebnis des laufenden Geschäftsjahres enthaltenen Währungsgewinne oder -verluste, wahlweise in der Gewinn- und Verlustrechnung oder im Anhang
	FAS 52.32 i.V.m. FAS 52.143	d) die Erläuterung nach dem Bilanzstichtag auftretender signifikanter Wechselkursänderungen sowie ihrer ergebniswirksamen Auswirkungen
	FAS 52.144	e) ***die Erläuterung sonstiger Wechselkursänderungen, die nicht bereits unter die Offenlegungspflichten der Gliederungspunkte c) und d) fallen, sowie ihrer ergebniswirksamen Auswirkungen wird empfohlen***
	FAS 52.31 i.V.m. FAS 52.142/ FAS 135.4 l. (3)	f) die Erläuterung der Veränderungen des *other comprehensive income* aus der Währungsumrechnung, wahlweise im Anhang oder innerhalb des Spiegels der Eigenkapitalentwicklung *(„statement of changes in stockholders' equity");* diese hat Folgendes zu beinhalten:
	FAS 52.31 a.	f_1) den Anfangs- und Endbestand
	FAS 52.31 b./ FAS 133.527 g.	f_2) den Gesamtbetrag der unterjährigen Veränderungen aus der Währungsumrechnung
	FAS 52.31 c.	f_3) den Steueraufwand auf direkt im Eigenkapital verrechnete Währungsumrechnungsdifferenzen
	FAS 52.31 d.	f_4) die aus dem Abgang ausländischer Beteiligungen resultierenden Veränderungen

C. Angaben zur Bilanz		
Lfd.Nr.	**Grundlagen**	**Bewertungskriterien (*Disclosures*)**
		Anmerkungen zur Gliederung der nachfolgend wiedergegebenen Angabepflichten im Kontext mit Gliederungspunkt C. Angaben zur Bilanz: ***Die Gliederung der nachfolgend dargestellten Angabepflichten soll sich analog zur Gliederung der eingangs dargestellten Checklisten der Kapitel 7.3 und 7.4 dieser Arbeit am jeweiligen Bilanzschemata orientieren. Mindestgliederungsvorschriften hinsichtlich eines Abschlusses nach den US-amerikanischen Generally Accepted Accounting Principles (US-GAAP) gibt es jedoch lediglich für die bei der SEC einzureichenden Bilanzen (Regulation S-X, Rule 5-02). Für nicht an der SEC notierte Unternehmen ist die Bilanz lediglich in drei Sektoren einzuteilen, in „assets, liabilities und stockholders' equity", wobei sich der weitergehende Ausweis der Bilanzposten streng am Liquiditätsprinzip zu orientieren hat, d.h. die Aktiva werden nach dem Grad ihrer Liquidierbarkeit, die Passiva nach Restlaufzeiten geordnet. Die „current assets" und „current liabilities" werden jeweils als erster Posten in der Bilanz ausgewiesen, danach folgen die „non-current assets" bzw. „non-current liabilities". „Assets" sind als „current" zu bezeichnen, wenn sie innerhalb eines Jahres oder eines längeren Geschäftszyklus („normal operating cycle") verkauft, verbraucht bzw. in Geld transformiert werden (vgl. ARB 43 ch. 3A). Unter „current liabilities" sind Verbindlichkeiten zu zeigen, die kurzfristig, d.h. innerhalb eines Jahres fällig sind. Hinsichtlich einer weitergehenden Gliederung der Bilanz gibt es keine spezifischen Anforderungen.***

C. Angaben zur Bilanz		
Lfd.Nr.	**Grundlagen**	**Bewertungskriterien (*Disclosures*)**
		Die Gliederung der nachfolgend dargestellten Angabepflichten im Kontext mit Gliederungspunkt C. „Angaben zur Bilanz" ergibt sich damit unmittelbar aus den vorstehend beschriebenen Mindestanforderungen hinsichtlich des Ausweises der Bilanzpositionen, d.h. der Anordnung der Aktiva nach dem Grad ihrer Liquidierbarkeit und der Anordnung der Passiva nach Restlaufzeiten (siehe auch ergänzende Anmerkungen Seite 364). Die Darstellung der Erläuterungs- bzw. Angabepflichten im Kontext mit Gliederungspunkt C. beginnt dementsprechend mit den Angabepflichten zu den der Kategorie der „current assets" zugeordneten Bilanzpositionen der liquiden Mittel („cash and cash equivalents"), die Angabepflichten zum Eigenkapital bzw. zu den Erfolgsunsicherheiten schließen diesen Gliederungspunkt ab.
1. Kurzfristige Aktiva		
1.1. Liquide Mittel		
(8.)	**ARB 43 ch. 3A.4-.6, FAS 5.18-.19**	**Hinsichtlich liquider Mittel (*„cash and cash equivalents"*) ergeben sich folgende Angabepflichten:** a) die Restlaufzeiten der *cash equivalents* im Erwerbszeitpunkt (maximal drei Monate) sowie deren Zusammensetzung, beispielsweise *time deposits, certificates of deposits, restricted cash* und *compensating balances* b) der separate Ausweis der liquiden Mittel, die nicht für den allgemeinen Produktionsprozess verwendet werden dürfen *(„restricted cash"),* beispielsweise liquide Mittel, die vertragsgemäß für die Rückzahlung von Darlehen oder für den Erwerb bestimmter Anlagegüter bestimmt sind c) der separate Ausweis der liquiden Mittel, die als Sicherheit für langfristige Darlehen dienen *(„compensating balances");* ein Ausweis unter den *non-current assets* ist geboten
1.2. Wertpapiere		
(9.)	**~~FAS 115.17~~/ FAS 135.4 t. (2) i.V.m. ARB 43 ch. 3A**	***<u>Vorbemerkung:</u>*** ***Der FASB verabschiedete im Mai 1993 FAS 115 („Accounting for Certain Investments in Debt and Equity Securities"), durch den neue Normen für Bilanzierung, Bewertung und Offenlegungspflichten hinsichtlich Wertpapieren gesetzt und die bisherigen Regelungen des FAS 12 („Accounting for Certain Marketable Securities") aufgehoben wurden. FAS 115 ist weiter gefasst als FAS 12, neben Anteilsscheinen am Eigenkapital einer Gesellschaft bezieht er auch Gläubigerpapiere ein. Zu den Ausweis- bzw. sonstigen Fragen im Zusammenhang mit der Anwendung von FAS 115 ist auf den vom FASB im November 1995 in seiner „Financial Accounting Series" publizierten Special Report („A Guide to Implementation of Statement 115 on Accounting for Certain Investments in Debt and Equity Securities, Questions and Answers") zu verweisen.*** ***Mit der Verabschiedung des FAS 133 über die Rechnungslegung von derivativen Instrumenten und die bilanzielle Abbildung des Sicherungszusammenhangs zwischen Grundgeschäft und Derivat im Juni 1998 wurde FAS 115 in Teilen ergänzt bzw. abgeändert. FAS 133 ist verbindlich für Quartalsabschlüsse der Geschäftsjahre, die nach dem 15. Juni 2000 beginnen, anzuwenden, vgl. hierzu Vorbemerkungen zum Gliederungspunkt J. „Angaben zu Finanzinstrumenten". Die durch FAS 133 ergänzten bzw. abgeänderten Verlautbarungen des FAS 115 sind im Folgenden durch Schraffierungen markiert.*** **Hinsichtlich der Bilanzierung und Bewertung von Wertpapieren *(„debt and equity securities")* ergeben sich folgende Angabepflichten:** a) die Untergliederung des Bestandes an Wertpapieren in der Bilanz bzw. im Anhang in *„current assets"* und *„non-current assets"* sowie die Einteilung in die drei folgenden Kategorien: a_1) *held-to-maturity* (Wertpapiere, die bis zur Fälligkeit gehalten werden) a_2) *trading* (Wertpapiere, die für den Handel vorgesehen sind) a_3) *available-for-sale* (Wertpapiere, die zur Veräußerung bestimmt sind)

C. Angaben zur Bilanz

Lfd.Nr.	Grundlagen	Bewertungskriterien (*Disclosures*)
	FAS 115.18	b) der separate Ausweis der Ein- und Auszahlungen aus dem Kauf und Verkauf von Wertpapieren des Handelsbestandes *(„trading securities")* innerhalb der Kapitalflussrechnung im *cash flow* aus der laufenden Geschäftstätigkeit und der Ein- und Auszahlungen aus dem Kauf und Verkauf von *held-to-maturity securities* und *available-for-sale securities* im *cash flow* aus der Investitionstätigkeit (Bruttoausweis)
für Abschlüsse der Geschäftsjahre, die vor dem 16. Juni 2000 beginnen	**FAS 115.19**	c) hinsichtlich Wertpapieren der Kategorien *held-to-maturity securities* und *available-for-sale securities* sind getrennt für jede Kategorie und für jede Wertpapierart folgende Angaben erforderlich: c_1) die Zeitwerte c_2) die unrealisierten Gewinne und Verluste c_3) die fortgeführten Anschaffungskosten
	FAS 115.20	c_4) die vertraglichen Restlaufzeiten der Gläubigerpapiere (z.B. weniger als 1 Jahr, 1 bis 5 Jahre, 5 bis 10 Jahre, mehr als 10 Jahre) ***<u>Anmerkung:</u>*** ***Weisen Gläubigerpapiere unterschiedliche Restlaufzeiten auf, so sind diese entweder getrennt anzugeben oder in Gruppierungen (siehe obiges Beispiel) aufzuteilen; hierzu ist die Basis, welche dieser Aufteilung zugrunde liegt, anzugeben.***
	FAS 115.21 a.	c_5) die Erlöse von veräußerten Wertpapieren sowie die realisierten Gewinne oder Verluste
	FAS 115.21 b.	c_6) das Verbrauchsfolgeverfahren, welches der Ermittlung der realisierten Gewinne oder Verluste zugrunde liegt (z.B. Durchschnittskosten, Einzelbewertung oder andere Verfahren)
	FAS 115.21 c.	c_7) die Gewinne und Verluste, die aus der Umgliederung von Wertpapieren der Kategorie *available-for-sale securities* zu Wertpapieren der Kategorie *trading securities* resultieren
	FAS 115.21 d.	c_8) die Änderung des Saldos der unrealisierten Gewinne oder Verluste der *available-for-sale securities* in der Berichtsperiode, die in dem gesonderten Eigenkapitalposten *(„other comprehensive income")* ausgewiesen werden
	FAS 115.21 e.	c_9) die in der Berichtsperiode vereinnahmten (unrealisierten) Gewinne oder Verluste der *trading securities*
für alle Quartalsabschlüsse der Geschäftsjahre, die nach dem 15. Juni 2000 beginnen		c) hinsichtlich Wertpapieren der Kategorien *available-for-sale securities* und *held-to-maturity securities* sind folgende Angaben erforderlich:
	FAS 133.534 e. i.V.m. FAS 115.19	c_1) hinsichtlich Wertpapieren der Kategorie *available-for-sale securities* getrennt für jede Wertpapierart: $c_{1.1}$) die Zeitwerte $c_{1.2}$) die Änderungen der Zeitwerte von *available-for-sale securities,* die nach FAS 115.13 erfolgsneutral in dem gesonderten Eigenkapitalposten *(„other comprehensive income")* ausgewiesen werden c_2) hinsichtlich Wertpapieren der Kategorie *held-to-maturity securities* getrennt für jede Wertpapierart: $c_{2.1}$) die Zeitwerte $c_{2.2}$) die unrealisierten Gewinne und Verluste $c_{2.3}$) die Nettobuchwerte $c_{2.4}$) die Änderungen der Zeitwerte von den als Sicherungsinstrument für die erwartete Akquisition eines *held-to-maturity*-Wertpapieres eingesetzten derivativen Finanzinstrumenten, die erfolgsneutral im *other comprehensive income* ausgewiesen werden c_3) des Weiteren ergeben sich sowohl für *available-for-sale securities* als auch für *held-to-maturity securities* folgende Angabepflichten:
	FAS 133.534 f. i.V.m. FAS 115.20	$c_{3.1}$) die vertraglichen Restlaufzeiten der Gläubigerpapiere (z.B. weniger als 1 Jahr, 1 bis 5 Jahre, 5 bis 10 Jahre, mehr als 10 Jahre) ***<u>Anmerkung:</u>*** ***Weisen Gläubigerpapiere unterschiedliche Restlaufzeiten auf, so sind diese entweder getrennt anzugeben oder in entsprechende Gruppierungen (siehe obiges Beispiel) aufzuteilen; hierzu ist die Basis, welche dieser Aufteilung zugrunde liegt, anzugeben.***

C. Angaben zur Bilanz

Lfd.Nr.	Grundlagen	Bewertungskriterien (*Disclosures*)
für alle Quartalsabschlüsse der Geschäftsjahre, die nach dem 15. Juni 2000 beginnen	**FAS 133.534 g. (1) i.V.m. FAS 115.21 a.**	$c_{3.2}$) die Erlöse von veräußerten Wertpapieren sowie die realisierten Gewinne oder Verluste
	FAS 133.534 g. (2) i.V.m. FAS 115.21 b.	$c_{3.3}$) das Verbrauchsfolgeverfahren, welches der Ermittlung der Kosten der verkauften Wertpapiere oder des Teils des *other comprehensive income*, der im laufenden Geschäftsjahr ergebniswirksam wurde, zugrunde liegt (z.B. Durchschnittskosten, Einzelbewertung oder andere Verfahren)
	FAS 115.21 c.	$c_{3.4}$) die Gewinne und Verluste, die aus der Umgliederung von Wertpapieren der Kategorie *available-for-sale securities* zu Wertpapieren der Kategorie *trading securities* resultieren
	FAS 133.534 g. (3) i.V.m. FAS 115.21 d.	$c_{3.5}$) die Änderung des Saldos der unrealisierten Gewinne oder Verluste der *available-for-sale securities* in der Berichtsperiode, die in dem gesonderten Eigenkapitalposten (*„other comprehensive income"*) ausgewiesen werden; der Teil des *other comprehensive income*, der im laufenden Geschäftsjahr ergebniswirksam wurde, ist gesondert anzugeben
	FAS 133.534 g. (4) i.V.m. FAS 115.21 e.	$c_{3.6}$) die in der Berichtsperiode vereinnahmten (unrealisierten) Gewinne oder Verluste der *trading securities*, die sich zum Bilanzstichtag noch im Bestand befinden
	FAS 115.22/ FAS 133.534 h. **- für Abschlüsse der Gj., die vor dem 16.6.2000 beginnen/ - für alle Quartalsabschlüsse der Gj., die nach dem 15.6. 2000 beginnen**	d) bei einer vorzeitigen Veräußerung von *held-to-maturity*-Wertpapieren bzw. bei einer Umgliederung in eine andere Wertpapierkategorie ergeben sich ferner folgende Angabepflichten: d_1) die fortgeführten Anschaffungskosten der verkauften oder übertragenen Wertpapiere/ die Nettobuchwerte der verkauften oder übertragenen Wertpapiere und die Änderungen der Zeitwerte von den als Sicherungsinstrument für die erwartete Akquisition eines *held-to-maturity*-Wertpapiers eingesetzten derivativen Finanzinstrumenten, die erfolgsneutral im *other comprehensive income* ausgewiesen werden d_2) die realisierten bzw. unrealisierten Gewinne oder Verluste d_3) die Gründe für die Umgliederung oder den vorzeitigen Verkauf
	EITF 89-4	e) hinsichtlich hypothekarisch gesicherter Schuldtitel ergeben sich ferner folgende Angabepflichten: e_1) die Effektivverzinsung, die sich zum Abschlussstichtag in den antizipativen Aktiva niederschlägt e_2) die Buchwerte e_3) die Zeitwerte
1.3. Forderungen und Ausleihungen		
(10.)		**Hinsichtlich Forderungen und Ausleihungen (*„accounts and loans receivable"*) ergeben sich folgende Angabepflichten:**
	FAS 6.7, ARB 43 ch. 1A.5, ARB 43 ch. 3A.4-6, FAS 57.2	a) die Untergliederung in der Bilanz bzw. im Anhang in *current assets* und *non-current assets* sowie der gesonderte Ausweis und die Erläuterung verschiedener Kategorien von Forderungen; insbesondere ergeben sich folgende Ausweispflichten: a_1) die Forderungen aus Lieferungen und Leistungen a_2) die Wechselforderungen ***Anmerkung:*** ***Für die bei der SEC einzureichenden Bilanzen ist ein gesonderter Ausweis der Wechselforderungen verpflichtend, wenn die „notes receivable" 10% oder mehr der Gesamtforderungen betragen (Regulation S-X, Rule 5-02.3b). Bei den übrigen Unternehmen gehört der gesonderte Ausweis der Wechselforderungen zu den üblichen Bilanzierungspraktiken.*** a_3) die Forderungen gegen nahestehende Unternehmen und Personen (*„related parties"*), insbesondere: $a_{3.1}$) die Forderungen gegen leitende Angestellte $a_{3.2}$) die Forderungen gegen Arbeitnehmer

C. Angaben zur Bilanz		
Lfd.Nr.	**Grundlagen**	**Bewertungskriterien (*Disclosures*)**
		$a_{3.3}$) die Forderungen gegen verbundene Unternehmen
		a_4) die sonstigen Forderungen
	FAS 5.23, **APB 12.2-.3**	b) die gesonderte Angabe der aktivisch von den Forderungen abgesetzten Wertberichtigungen auf Forderungen
	FAS 118.6 i., **EITF 96-22**	c) hinsichtlich wertgeminderten Ausleihungen ergeben sich für den Darlehensgeber für jede dargestellte Berichtsperiode folgende Angabepflichten: c_1) der Bruttobetrag derjenigen Ausleihungen zum Bilanzstichtag, bei denen begründete Anhaltspunkte für eine lediglich teilweise Erfüllung der Vertragsabreden seitens des Kreditnehmers im Rahmen des Kreditvertrages vorliegen und deren Rückzahlung folglich als gefährdet einzustufen ist; hiervon ist der Bruttobetrag derjenigen Ausleihungen, für die entsprechende Wertberichtigungsposten für Kreditverluste bestehen, sowie die Höhe dieser Wertberichtigungsposten anzugeben; weiterhin ist der Bruttobetrag jener Ausleihungen, für die keine Wertberichtigungsposten für Kreditverluste gebildet wurden, anzugeben c_2) der durchschnittliche Bruttobetrag der wertgeminderten Ausleihungen in der Berichtsperiode sowie die Höhe der aus wertgeminderten Ausleihungen resultierenden – in der Berichtsperiode erfolgswirksam vereinnahmten – Zinserträge c_3) die kumulierten Wertberichtigungen auf Ausleihungen sowie eine Darstellung der Entwicklung der wertberichtigten Ausleihungen in der Berichtsperiode
	ARB 43 ch. 3A.9, **APB 21.16**	d) die Abgelder (Rabatt/Diskont), die zur Errechnung des *net realizable value* von der jeweiligen Bruttoforderung in Abzug gebracht wurden
	APB 21.16	e) hinsichtlich Forderungen, bei denen eine Zuschreibung der Zinskomponente im Zeitablauf gemäß den Regelungen des APB 21.16 erfolgt, ist der Nennwert sowie der Effektivzinssatz anzugeben
	FAS 5.12	f) die Art und die Höhe der Rückkaufsgarantien von Forderungen
		Zu weiteren Angabepflichten im Kontext mit Leasingforderungen vgl. Punkt C.2.2.4. Leasing
1.4. Vorräte		
(11.)		**Hinsichtlich Vorräten (*„inventories"*) ergeben sich folgende Angabepflichten:**
	ARB 43 ch. 3A.9	a) der Gesamtbuchwert der Vorräte und die Buchwerte von einzelnen unternehmensspezifischen Vorratsgliederungen (Handelswaren, Roh-, Hilfs- und Betriebsstoffe, unfertige und fertige Erzeugnisse)
	ARB 43 ch. 4.15	b) die angewandten Bilanzierungs- und Bewertungsmethoden für Vorräte einschließlich der angewandten Verbrauchsfolgeverfahren (*FIFO* (first in, first out), *LIFO* (last in, first out), *average cost* (Durchschnittskostenmethode), *specific identification* (tatsächliche Verbrauchsfolge)) ***Anmerkung:*** ***Grundsätzlich können neben den unter b) genannten Verfahren auch andere Bewertungsvereinfachungsverfahren (z.B. retrograde Kostenermittlung) angewandt werden. Die Standardkostenmethode ist zulässig, sofern sie regelmäßig aktualisiert wird und diese zum Bilanzstichtag zu Ergebnissen führt, die sich in etwa auch bei Anwendung einer anderen zulässigen Methode ergeben hätten.***
	ARB 43 ch. 4.6 fn.3	c) sofern die Standardkostenmethode angewandt wird, ist zusätzlich darauf hinzuweisen, dass die Standardkosten in etwa den nach einer anderen zulässigen Methode ermittelten Kosten entsprechen
	ARB 43 ch. 4.15	d) sofern eine Änderung der Bilanzierungs- oder Bewertungsmethoden hinsichtlich Vorräten wesentliche Auswirkungen auf die Berichtsperiode hat, ist die Art und der Ergebniseffekt dieser Methodenänderung in der Berichtsperiode des Methodenwechsels anzugeben

C. Angaben zur Bilanz		
Lfd.Nr.	**Grundlagen**	**Bewertungskriterien (*Disclosures*)**
	ARB 43 ch. 4.16	e) ***Anmerkung:*** ***Für Gegenstände des Vorratsvermögens, die eine hohe Marktgängigkeit aufweisen und für die ein Marktpreis existiert, wird eine Ausnahme von der allgemeinen Bewertungssystematik für zulässig erachtet; grundsätzlich können z.B. Edelmetalle, landwirtschaftliche Produkte, Mineralien und ähnliche Waren über den eigentlichen Anschaffungs- bzw. Herstellungskosten bilanziert werden;*** *sofern derartige Gegenstände des Vorratsvermögens über den eigentlichen Anschaffungs- bzw. Herstellungskosten bilanziert werden, ist dieser Tatbestand gesondert anzugeben.*
	ARB 43 ch. 4.14	f) der separate Ausweis außergewöhnlicher Aufwendungen (z.B. Stillstandskosten, Schwund, zusätzliche Frachtkosten oder Rückabwicklungsaufwendungen) innerhalb der Gewinn- und Verlustrechnung in den betrieblichen Aufwendungen der Berichtsperiode; d.h. diese Aufwendungen sind nicht als Kostenbestandteil des Vorratsvermögens bzw. als Umsatzkosten *(„costs of goods sold")* zu behandeln
	EITF 96-9	***Anmerkung:*** ***Die Aufwendungen aus der Preisherabsetzung von Vermögensgegenständen des Vorratsvermögens, die aus Restrukturierungsmaßnahmen resultieren, können abweichend von den oben genannten Regelungen als Kostenbestandteil des Vorratsvermögens bzw. als Umsatzkosten („costs of goods sold") behandelt werden.***
	ARB 43 ch. 4.17	g) die aus der Zuführung zu Verlustrückstellungen aus Kaufverpflichtungen von Gegenständen des Vorratsvermögens resultierenden Aufwendungen sind innerhalb der Gewinn- und Verlustrechnung separat auszuweisen
1.5. Langfristige Fertigungsaufträge		
(12.)		**Hinsichtlich laufender Projekte im Rahmen langfristiger Fertigungsaufträge *(„long-term construction-type contracts")* ergeben sich folgende Angabepflichten:**
	ARB 45.15 i.V.m. SOP 81-1.21	a) die angewandte Methode der Gewinnrealisierung bei langfristiger Fertigung *(„percentage-of-completion method or completed-contract method")*
	ARB 45.4-.8 i.V.m. SOP 81-1.45	b) die angewandte Methode zur Bestimmung des Fertigstellungsgrades im Rahmen der Teilgewinnrealisierung *(„percentage-of-completion method")*
	ARB 45.9 ff.	c) bei Anwendung der *completed-contract method* werden die anfallenden Kosten, gekürzt um bereits gestellte Rechnungen, laufend in der Bilanz erfasst, während in der Gewinn- und Verlustrechnung vor der Fertigstellungsperiode keine Aufwendungen und Umsatzerlöse erfasst werden; diesbezüglich ergeben sich folgende Angabepflichten:
	ARB 45.12	c_1) für alle in Arbeit befindlichen Aufträge, bei denen die aufgelaufenen Kosten die bereits gestellten Rechnungen übersteigen, ist der Bruttobetrag der Kundenforderungen als kurzfristiger Vermögenswert *(„costs of uncompleted contracts in excess of related billings")* auszuweisen
	ARB 45.12	c_2) für alle in Arbeit befindlichen Aufträge, bei denen die bereits gestellten Rechnungen die aufgelaufenen Kosten übersteigen, ist der Bruttobetrag der Verpflichtungen gegenüber Kunden als kurzfristige Verbindlichkeit *(„billings on uncompleted contracts in excess of related costs")* auszuweisen
	SOP 81-1.52	c_3) die spezifischen Kriterien zur Beurteilung des Projektabschlusses bzw. der substantiellen Erfüllung eines Vertrages
	ARB 45.16	d) die außerordentlichen Verpflichtungen in Verbindung mit langfristigen Fertigungsaufträgen
1.6. Sonstige Vermögensgegenstände und aktive Rechnungsabgrenzungsposten		
(13.)		**Hinsichtlich sonstiger Vermögensgegenstände und aktiver Rechnungsabgrenzungsposten *(„other current assets"* und *„prepaid expenses")* bestehen Pflichtangaben nur für diejenigen Unternehmen, die eine *SEC*-Registrierung anstreben oder bereits entsprechend der laufenden Berichterstattung an die *SEC* bilanzieren.**

C. Angaben zur Bilanz		
Lfd.Nr.	**Grundlagen**	**Bewertungskriterien (*Disclosures*)**
2. Langfristige Aktiva		
2.1. Langfristige Finanzinvestitionen		
(14.)		***Allgemeine Anmerkungen zur Bilanzierung und Bewertung langfristiger Finanzinvestitionen:*** ***APB 18 regelt die Behandlung von „investments". Zur Auswahl stehen zwei Methoden: Die Bewertung zu Anschaffungskosten und die Bewertung „at equity". Während eine Bewertung zu Anschaffungskosten i.d.R. bei „equity investments" ohne wesentlichen Einfluss und gelegentlich bei „joint ventures" oder bei nicht konsolidierten Unternehmen erfolgt, gelangt die in APB 18 geregelte Equity-Methode bei „investments" mit wesentlichem Einfluss, bei „joint ventures" und in Ausnahmefällen bei nicht konsolidierten Tochterunternehmen zur Anwendung. Es besteht die widerlegbare Vermutung, dass ein Investor bei einem Anteil von weniger als 20% keinen wesentlichen Einfluss auf das Unternehmen ausübt und z.B. kein Mitspracherecht bei der Festlegung der Unternehmens- sowie der Gewinnausschüttungspolitik hat.***
		Hinsichtlich langfristiger Finanzinvestitionen (*„long-term investments"*) ergeben sich folgende Angabepflichten:
	APB 22	a) die angewandten Bilanzierungs- und Bewertungsmethoden für die Bestimmung des Buchwertes der Finanzinvestitionen
	APB 12.3	b) ggf. gesonderte Angabe des Betrages der auf nachhaltig im Wert geminderte langfristige Finanzinvestitionen (*„investments"*) vorgenommenen Abschreibungen
	APB 18.19 fn. 13	c) die für nicht konsolidierte Unternehmen angewandten Bilanzierungs- und Bewertungsmethoden und, sofern von der oben genannten Konvention der 20%-Marke abgewichen wird, der Name des Unternehmens sowie die Gründe für die divergente Behandlung des *investments*
	APB 18.20	d) qualifiziert sich ein *investment* für die Equity-Bilanzierung, so ergeben sich des Weiteren folgende Angabepflichten:
	APB 18.20 a. (1)	d_1) der Name des Unternehmens sowie die Beteiligungsquote und, falls abweichend, der jeweilige Anteil der Stimmrechte
	APB 18.20 a. (2)	d_2) die angewandten Bilanzierungs- und Bewertungsgrundsätze
	APB 18.20 a. (3)	d_3) der Unterschiedsbetrag zwischen investiertem Betrag und zugrunde liegendem Eigenkapital ggf. mit Angabe der angewandten Abschreibungsmethode und des Abschreibungszeitraumes des Unterschiedsbetrages
	APB 18.20 b.	d_4) der Marktwert, sofern ein solcher existiert
	~~APB 18.20 c.~~/ ~~FAS 94.14~~/ FAS 131.134, APB 18.20 d.	d_5) sofern das *investment* für das berichtende Unternehmen von wesentlicher Bedeutung ist, sind zusätzliche Informationen zu bilanzierten Vermögensgegenständen und Schulden sowie zum Jahresergebnis des Beteiligungsunternehmens anzugeben
	APB 18.20 e.	d_6) sofern die Wandlung noch ausstehender wandelbarer Titel oder auch die Ausübung noch ausstehender Optionen und Optionsscheine sowie sonstiger vom Beteiligungsunternehmen ausgegebener Titel mit ähnlichem Charakter wesentlichen Einfluss auf den anteiligen Gewinn oder Verlust des berichtenden Unternehmens nehmen könnte, ist dieser Tatbestand zu erläutern
	EITF 98-13, EITF 99-10, EITF 00-12, EITF Topic D-84	d_7) **<u>Für Abschlüsse, deren Berichtsperiode am oder nach dem 1. Januar 1999 beginnt:</u>** sofern die berichtende Gesellschaft nicht nur Stammaktien eines Beteiligungsunternehmens hält, sondern darüber hinaus beispielsweise auch Vorzugsaktien dieser Gesellschaft im Besitz hat oder Darlehen an dieses Beteiligungsunternehmen vergeben hat, und ist dieses *investment* weiterhin aufgrund von anhaltenden Verlusten vorangegangener Geschäftsjahre auf Null abgewertet, sind zusätzliche Informationen hinsichtlich der Erfassung von im Berichtsjahr angefallenen Verlusten des entsprechenden Unternehmens anzugeben

C. Angaben zur Bilanz		
Lfd.Nr.	**Grundlagen**	**Bewertungskriterien (*Disclosures*)**
2.2. Sachanlagen		
2.2.1. Allgemeine Angaben		
(15.)		**Hinsichtlich Gegenständen des Sachanlagevermögens (*„property, plant and equipment“*) ergeben sich folgende Angabepflichten:**
	APB 22	a) die Bewertungsgrundlagen für die Bestimmung des Bruttobetrages bzw. der Anschaffungs- oder Herstellungskosten des bilanzierten Sachanlagevermögens
	APB 12.5 b.	b) der gesonderte Ausweis des Bruttobetrages wesentlicher Sachanlagekategorien wahlweise in der Bilanz oder in den *notes*
	APB 12.5 c.	c) die kumulierten Abschreibungen zum Bilanzstichtag entweder summarisch oder separat für die einzelnen Gruppen des Sachanlagevermögens; die Angabe kann wahlweise in der Bilanz oder in den *notes* erfolgen
	APB 12.5 d.	d) die Erläuterung der Abschreibungsmethoden und der angewandten Abschreibungssätze für jede Kategorie des Sachanlagevermögens
	APB 12.5 a., FAS 121.13, .18	e) die Abschreibungsaufwendungen der Berichtsperiode (separat für planmäßige und außerplanmäßige Abschreibungen)
	FAS 66.50	f) für Unternehmen, die Verkäufe im Immobilienbereich tätigen, sind des Weiteren folgende Angaben erforderlich:
	FAS 66.50 a.	f_1) die Fälligkeiten von daraus resultierenden Außenständen für jedes der fünf folgenden Geschäftsjahre
	FAS 66.50 b.	f_2) die überfälligen, damit im Zusammenhang stehenden Forderungen und die angewandte(n) Methode(n) zur Ermittlung der überfälligen Forderungen
	FAS 66.50 c.	f_3) der gewogene Durchschnitt und die Spannweite der festgelegten Zinssätze für die daraus resultierenden Forderungen
	FAS 66.50 d.	f_4) die geschätzten Gesamtkosten für die im Rahmen des Verkaufs notwendigen Ein- und Umbauten für jedes der fünf folgenden Geschäftsjahre; weiterhin sind die voraussichtlichen Termine des Abschlusses dieser Ein- und Umbauten anzugeben
	FAS 66.50 e.	f_5) die aus den Ein- und Umbauten resultierenden Verbindlichkeiten
		Zu weiteren Angaben im Kontext mit Gegenständen des Sachanlagevermögens vgl. Punkt D.3. Betriebliche Aufwendungen
2.2.2. Fremdkapitalkosten		
(16.)		**Hinsichtlich Finanzierungskosten als Bestandteil der Anschaffungs- und Herstellungskosten (*„capitalization of interest costs“*) ergeben sich folgende Angabepflichten:**
	FAS 34.21	a) die für die Finanzierungskosten angewandte Bilanzierungsmethode
	FAS 34.21 a.	b) die im Fall einer Nicht-Aktivierung in der Berichtsperiode als Aufwand erfassten Finanzierungskosten
	FAS 34.21 b.	c) im Fall einer Aktivierung sind des Weiteren folgende Angaben erforderlich:
		c_1) der Betrag der unterjährig aktivierten Finanzierungskosten
		c_2) der Kapitalisierungszinssatz, welcher der Ermittlung der aktivierungsfähigen Finanzierungskosten zugrunde gelegt wurde
2.2.3. Tauschgeschäfte		
(17.)		**Hinsichtlich Tauschgeschäften (*„nonmonetary transactions“*) ergeben sich folgende Angabepflichten:**
	APB 29.28	a) die Erläuterung der Art der durchgeführten Tauschgeschäfte ***Anmerkung:*** ***APB 29 unterscheidet zwei Grundfälle von Tauschgeschäften: Zum einen den Tausch nicht gleichartiger („dissimilar“) assets und zum anderen den Tausch in Bezug auf Nutzung und Wert gleichartiger („similar“) assets.***
		b) die Bewertungsgrundlagen für die Bestimmung des Bruttobetrages der mit dem jeweiligen Tauschgeschäft erworbenen Vermögenswerte
		c) die in der Berichtsperiode realisierten Gewinne oder Verluste, die aus derartigen Transaktionen resultieren

C. Angaben zur Bilanz

Lfd.Nr.	Grundlagen	Bewertungskriterien (*Disclosures*)
2.2.4. Leasing		
2.2.4.1. Angabepflichten für den Leasingnehmer		
(18.)		**Für den Leasingnehmer („*lessee*") ergeben sich folgende Angabepflichten:**
	FAS 13.16 d.	a) eine allgemeine Beschreibung der wichtigsten Leasingvereinbarungen, einschließlich folgender Punkte:
	i.	a_1) die Grundlage, auf der bedingte Mietzahlungen festgelegt sind
	ii.	a_2) das Bestehen und die Bestimmungen von Verlängerungs- und Kaufoptionen sowie Preisanpassungsklauseln
	iii.	a_3) durch Leasingvereinbarungen auferlegte Beschränkungen, wie beispielsweise solche, die Dividenden, zusätzliche Schulden und weitere Leasingverhältnisse betreffen
	FAS 13.16 a.	b) im Rahmen eines Finanzierungs-Leasingverhältnisses („*capital leases*"):
	i. i.V.m. FAS 13.13	b_1) der Bruttobetrag der Vermögenswerte, die Gegenstand von Finanzierungs-Leasingverhältnissen sind (gegliedert nach Hauptgruppen), die zugehörigen kumulierten Abschreibungen, die Abschreibungen des Berichtsjahres sowie die Verbindlichkeiten (unterteilt in lang- und kurzfristige Bestandteile) im Zusammenhang mit Finanzierungs-Leasingverhältnissen; diese Angaben können wahlweise im Abschluss oder in den *notes* erfolgen
	ii.	b_2) eine Überleitung der kumulierten zukünftigen Mindestleasingraten („*minimum lease payments*") aus Finanzierungs-Leasingverhältnissen abzüglich der in den Leasingraten enthaltenen Kosten („*executory cost*") für Versicherung, Instandhaltung und Steuern und des darauf entfallenden Gewinns zu deren Barwert („*present value*"); ferner Angabe der jährlichen Mindest-Leasingverpflichtungen für jede der fünf folgenden Berichtsperioden
	iii.	b_3) die Summe der zukünftigen Mindestmieten zum Bilanzstichtag, deren Erhalt aufgrund von unkündbaren Untermietverhältnissen erwartet wird
	iv.	b_4) die im Periodenergebnis berücksichtigten bedingten Mietzahlungen
	FAS 13.16 b.	c) im Rahmen eines Operating-Leasingverhältnisses („*operating leases*"):
	i.	c_1) die Summe der zukünftigen Mindestmieten aufgrund von unkündbaren Operating-Leasingverhältnissen zum Bilanzstichtag sowie die jährlichen Mindestverpflichtungen für jede der fünf folgenden Berichtsperioden
	ii.	c_2) die Summe der zukünftigen Mindestmieten zum Bilanzstichtag, deren Erhalt aufgrund von unkündbaren Untermietverhältnissen erwartet wird
	FAS 13.16 c.	c_3) die Zahlungen aus Leasingverhältnissen und Untermietverhältnissen, die in voller Höhe als Mietaufwand im Periodenergebnis enthalten sind, getrennt nach Beträgen für Mindestmieten, bedingten Mietzahlungen und Zahlungen aus Untermietverhältnissen
		d) im Rahmen eines Sale-Leaseback („*sale-leaseback transactions*"):
	FAS 98.17	d_1) eine allgemeine Beschreibung der wesentlichen *sale-leaseback*-Transaktionen, einschließlich daraus resultierender zukünftiger Verpflichtungen, Schuldverhältnisse, Rückstellungen oder anderer Tatbestände, die aus diesen Leasingvereinbarungen hervorgehen
	FAS 98.18 a.	d_2) die Summe der zukünftigen Mindestleasingzahlungen zum Bilanzstichtag sowie die jährlichen Mindestverpflichtungen für jede der fünf folgenden Berichtsperioden
	FAS 98.18 b.	d_3) die Summe der zukünftigen Mindestmieten zum Bilanzstichtag und für jede der fünf folgenden Berichtsperioden, deren Erhalt aufgrund von unkündbaren Untermietverhältnissen erwartet wird
	EITF 90-15	e) im Rahmen von Leasing-Transaktionen unter Einschaltung von Zweckgesellschaften („*special purpose entities*"), die als Leasinggeber fungieren: eine allgemeine Beschreibung der Leasingvereinbarungen, einschließlich Verlängerungs- oder Kaufoptionen, Preisanpassungsklauseln, Verpflichtungen in Bezug auf die Refinanzierung der Schuld des Leasinggebers, eventueller Vertragsstrafen und die Regelungen hinsichtlich bedeutender Garantien, wie beispielsweise Restwertgarantien

C. Angaben zur Bilanz		
Lfd.Nr.	**Grundlagen**	**Bewertungskriterien (*Disclosures*)**
2.2.4.2. Angabepflichten für den Leasinggeber		
(19.)		**Für den Leasinggeber („*lessor*") ergeben sich folgende Angabepflichten:**
	FAS 13.23 c.	a) eine allgemeine Beschreibung der wesentlichen Leasingvereinbarungen
	FAS 91.25 d.	b) im Rahmen des *sales-type lease* und des *direct financing lease:*
		b_1) die Zusammensetzung des *net investment* zum Bilanzstichtag, insbesondere:
	(a)	$b_{1.1}$) die zukünftigen Mindestleasingzahlungen *(„minimum lease payments")* abzüglich der in den Leasingraten enthaltenen Kosten *(„executory cost")* für Versicherung, Instandhaltung und Steuern und des darauf entfallenden Gewinns; ferner ist der aktivisch abgesetzte Betrag für voraussichtlich uneinbringliche Mindestleasingzahlungen anzugeben
	(b)	$b_{1.2}$) die nicht garantierten Restwerte, die zugunsten des Leasinggebers anfallen
	(c)	$b_{1.3}$) die Vertragsabschlusskosten *(„initial direct costs") für direct financing leases*
	(d)	$b_{1.4}$) der noch nicht realisierte Finanzertrag
	FAS 13.23 a. ii.	b_2) die erwarteten zukünftigen jährlichen Mindestleasingzahlungen für die folgenden fünf Berichtsperioden
	FAS 13.23 a. iv.	b_3) die im Periodenergebnis berücksichtigten bedingten Mietzahlungen
	FAS 13.23 b.	c) im Rahmen eines Operating-Leasingverhältnisses *(„operating leases"):*
	i.	c_1) getrennt nach Anlagenklassen die historischen Anschaffungs- oder Herstellungskosten sowie die kumulierten Abschreibungen von Vermögenswerten, die Gegenstand von Operating-Leasingverhältnissen sind
	ii.	c_2) die zukünftigen Mindestmieten aus unkündbaren Operating-Leasingverhältnissen sowohl kumuliert als auch pro Jahr für jede der fünf folgenden Berichtsperioden
	iii.	c_3) die im Periodenergebnis berücksichtigten bedingten Mietzahlungen
	FAS 13.47	d) im Rahmen des *leveraged lease*:
		d_1) die separate Angabe der mit dem *leveraged lease* im Zusammenhang stehenden *deferred taxes* (latenten Steuern)
		d_2) die separate Angabe des aus dem *leveraged lease* resultierenden Ergebnisses vor Steuern, des Steuereffektes sowie des Betrages der im Periodenergebnis berücksichtigten Steuergutschrift; diese Angaben können wahlweise in der Gewinn- und Verlustrechnung oder in den *notes* erfolgen
		d_3) für Unternehmen, deren Hauptgeschäft das *leveraged lease* ist: die Zusammensetzung des *net investment* zum Bilanzstichtag gemäß den Anforderungen des FAS 13.43
2.3. Immaterielle Vermögenswerte		
		Allgemeine Anmerkungen zur Bilanzierung und Bewertung immaterieller Vermögenswerte: ***Ein bilanzierungspflichtiger immaterieller Vermögenswert ist dadurch gekennzeichnet, dass er eindeutig identifizierbar, ohne physische Substanz und nicht-monetär ist: US-GAAP unterscheidet zwischen identifizierbaren (d.h. abgrenzbaren und veräußerbaren; vgl. hierzu auch APB 17.1) und nicht identifizierbaren immateriellen Vermögenswerten.*** ***Identifizierbare immaterielle Vermögenswerte sind zu aktivieren. Erworbene, nicht identifizierbare immaterielle Vermögenswerte gehen in den Goodwill ein. Hierbei ist es unerheblich, ob die immateriellen Vermögenswerte selbsterstellt oder erworben wurden. Gemäß APB 17.24 sind Kosten für die Entwicklung, den Erhalt oder die Wiederherstellung von immateriellen Vermögenswerten, die nicht speziell identifizierbar sind, eine unbestimmte Laufzeit haben oder zum laufenden Geschäft gehören und Bestandteil eines Unternehmens als Ganzes und mit ihm untrennbar verbunden sind (z.B. Goodwill), sofort erfolgswirksam zu behandeln.***

C. Angaben zur Bilanz		
Lfd.Nr.	**Grundlagen**	**Bewertungskriterien (*Disclosures*)**
		Für selbsterstellte immaterielle Vermögenswerte, welche die Aktivierungsvoraussetzungen des APB 17 erfüllen, besteht ein Aktivierungsgebot. ***Für Forschungsaufwendungen besteht dagegen stets ein Aktivierungsverbot, sie sind sofort als Aufwand zu erfassen (FAS 2.12). Auch die durch eigene Aktivitäten verursachten Kosten für die Entwicklung von identifizierbaren Vermögenswerten sind vorbehaltlich branchenspezifischer Ausnahmen sofort erfolgswirksam zu verrechnen (FAS 2.12, EITF 99-5). Wesentliche Ausnahmen bestehen jedoch für:*** ***a) die Entwicklung von Software zur internen Nutzung (SOP 98-1),*** ***b) die Entwicklung von Software, die zum Verkauf, Leasing oder anderer Vermarktung vorgesehen ist (FAS 86); die hierzu vom FASB geforderten zusätzlichen Erläuterungspflichten werden nachfolgend unter Punkt 2.3.2. (Gliederungspunkt (a)) dargestellt,*** ***c) die Erdöl- und Erdgasexplorationen (FAS 19),*** ***d) die Aufnahmekosten in der Musikindustrie (FAS 50) und der Filmbranche (FAS 53); die hierzu vom FASB geforderten zusätzlichen Erläuterungspflichten werden nachfolgend unter Punkt 2.3.2. (Gliederungspunkt (b)) dargestellt.*** ***Im Rahmen von „direct-response"-Werbekampagnen besteht für diese Marketingmaßnahmen ein Aktivierungsgebot (SOP 93-7.26); alle übrigen Werbekosten sind sofort aufwandswirksam zu verrechnen. Die zusätzlichen Erläuterungspflichten zu aktivierten Marketingmaßnahmen im Rahmen von „direct-response"- Werbekampagnen werden nachfolgend unter Punkt 2.3.2. (Gliederungspunkt (c)) dargestellt.*** ***Entgeltlich erworbene immaterielle und materielle Vermögenswerte, die ausschließlich im Rahmen von Forschungs- und Entwicklungsaktivitäten eingesetzt werden, sind sofort aufwandswirksam zu behandeln (FAS 2.11 a. u. c.). Die zusätzlichen Angabepflichten im Rahmen von Forschungs- und Entwicklungsaktivitäten werden unter Punkt 2.3.2. (Gliederungspunkt (d)) dargestellt.***
2.3.1. Allgemeine Angaben		
(20.)		**Hinsichtlich immaterieller Vermögenswerte (*„intangible assets"*) ergeben sich folgende Angabepflichten:**
	APB 17	a) der gesonderte Ausweis des Bruttobetrages sowie der kumulierten Abschreibungen wesentlicher immaterieller Vermögenswerte innerhalb des Anlagevermögens (nach den Grundstücken, Gebäuden und Anlagen); wahlweise kann auch eine detaillierte Aufstellung im Anhang erfolgen
	APB 17.30	b) die im Geschäftsjahr vorgenommenen planmäßigen Abschreibungen sowie die Erläuterung der Abschreibungsmethoden und -dauern von *intangible assets*
	APB 17.31	c) ggf. die gesonderte Angabe außerplanmäßiger Abschreibungen sowie deren Grundlage bzw. Ursache
2.3.2. Selbsterstellte immaterielle Vermögenswerte und Forschungs- und Entwicklungsaktivitäten		
(21.)		**Hinsichtlich selbsterstellter immaterieller Vermögenswerte (*„self-developed intangible assets"*) und Forschungs- und Entwicklungsaktivitäten (*„research and development arrangements"*) ergeben sich folgende Angabepflichten:**
	FAS 86.11	a) hinsichtlich der Entwicklung von Software, die zum Verkauf, Leasing oder anderer Vermarktung vorgesehen ist (FAS 86):
	a.	a_1) der Bruttobetrag der aktivierten Entwicklungskosten dieser Software zum Bilanzstichtag
	b.	a_2) die kumulierten Abschreibungen zum Bilanzstichtag sowie die im Geschäftsjahr vorgenommenen planmäßigen und außerplanmäßigen Abschreibungen auf aktivierte Entwicklungskosten dieser Software
	FAS 86.12 i.V.m. FAS 2.13	a_3) der Betrag der in der Berichtsperiode als Aufwand erfassten Forschungs- und Entwicklungskosten

C. Angaben zur Bilanz

Lfd.Nr.	Grundlagen	Bewertungskriterien (*Disclosures*)
		b) hinsichtlich aktivierter Aufnahmekosten in der Musikindustrie (b_1) und der Filmbranche (b_2):
		b_1) im Rahmen der Musikindustrie:
	FAS 50.13	$b_{1.1}$) die Verpflichtungen, die sich aus zukünftig zu leistenden Vorschüssen sowie aus garantierten Nutzungs- bzw. Lizenzgebühren ergeben
	FAS 50.14	$b_{1.2}$) die im Geschäftsjahr aktivierten Aufnahmekosten
		b_2) im Rahmen der Filmbranche:
	FAS 53.23	die Darstellung der Komponenten der aktivierten Aufnahmekosten (einschließlich herausgebrachter Filme, fertig gestellter, aber noch nicht herausgebrachter Filme, Drehbuchrechte und Szenarien)
	SOP 93-7.49	c) hinsichtlich aktivierter Marketingmaßnahmen im Rahmen von *„direct-response"*-Werbekampagnen:
	a.	c_1) die für Marketingmaßnahmen angewandten Bilanzierungs- und Bewertungsmethoden
	b.	c_2) eine Beschreibung der aktivierten Marketingmaßnahmen im Rahmen von *„direct-response"*-Werbekampagnen, einschließlich der Angabe der Abschreibungsmethoden und -dauern
	c.	c_3) der Gesamtbetrag der im Geschäftsjahr vorgenommenen planmäßigen sowie ggf. der außerplanmäßigen Abschreibungen auf aktivierte Marketingmaßnahmen im Rahmen von *„direct-response"*-Werbekampagnen
	d.	c_4) der Bruttobetrag sowie die kumulierten Abschreibungen der aktivierten Marketingmaßnahmen zum Bilanzstichtag
	FAS 68.14 i.V.m. EITF 99-16	d) sofern das berichtende Unternehmen aufgrund spezifischer Verträge dazu verpflichtet ist, Forschungs- und Entwicklungsleistungen für Vertragspartner zu erbringen:
	FAS 68.14 a.	d_1) die wesentlichen Vertragsbestandteile (einschließlich, falls zutreffend, Vereinbarungen hinsichtlich Lizenzgebühren, Kaufvereinbarungen sowie Verpflichtungen der Vertragspartner, zusätzliche Geldmittel bereitzustellen)
	FAS 68.14 b.	d_2) für jede dargestellte Berichtsperiode die mit diesen Forschungs- und Entwicklungsverträgen im Zusammenhang stehenden erfolgswirksam erfassten Beträge der Berichtsperiode
2.4. Sonstige langfristige Aktiva		
(22.)		**Hinsichtlich der Bilanzierung von Einzahlungen (*„deposits"*) im Rahmen von Versicherungs- bzw. Rückversicherungsverträgen, denen keine Übertragung von Versicherungsrisiken zugrunde liegt, ergeben sich gemäß SOP 98-7 folgende Angabepflichten:**
		Anmerkung: ***SOP 98-7 „Deposit Accounting: Accounting for Insurance and Reinsurance Contracts That Do Not Transfer Insurance Risk" gilt für alle Unternehmen (einschließlich der Unternehmen, die keine Versicherungsinstitute sind, sondern die versicherte Partei darstellen) und ist zwingend für Jahresabschlüsse der Geschäftsjahre anzuwenden, die nach dem 15. Juni 1999 beginnen. Eine frühere Anwendung wird empfohlen.*** ***Bei erstmaliger Anwendung von SOP 98-7 sind die kumulierten Auswirkungen der Bewertungsänderungen im Jahr der Umstellung in Übereinstimmung mit den Anforderungen des APB 20 anzugeben (siehe hierzu auch die Erläuterungen auf Seite 350).***
	SOP 98-7.18	a) eine allgemeine Beschreibung der zugrunde liegenden Verträge
	SOP 98-7.18	b) die separate Angabe der Gesamtbeträge der bilanzierten Aktivwerte
	SOP 98-7.14	c) für Verträge, die lediglich ein versicherungstechnisches Risiko übertragen, sind ferner die wesentlichen Änderungen des Betrags der bilanzierten Aktivwerte innerhalb der Berichtsperiode darzustellen

C. Angaben zur Bilanz		
Lfd.Nr.	**Grundlagen**	**Bewertungskriterien (*Disclosures*)**
		Anmerkungen zur Gliederung der nachfolgend wiedergegebenen Angabepflichten zu den der Kategorie der „liabilities" zugeordneten Bilanzpositionen: ***Im Gegensatz zu den „assets", die i.d.R. nach Liquiditätsgraden strukturiert werden können, ergibt sich für „liabilities" kein festes Gliederungsschemata. Einzelne Gruppen der „current" und der „non-current liabilities" haben verschiedene Laufzeiten, wodurch eine systematische Untergliederung der Bilanzpositionen erschwert wird. Die Struktur ist abhängig von den Geschäftsvorfällen des bilanzierenden Unternehmens und unterliegt unter Umständen jährlichen Schwankungen. Angabepflichten zu Verbindlichkeiten werden aus diesem Grund nicht nach einzelnen Verbindlichkeitsgruppen unterteilt, sondern lediglich nach allgemeinen Angabepflichten für kurz- und langfristige Verbindlichkeiten untergliedert (vgl. Punkt 3.2. Sonstige kurzfristige Verbindlichkeiten und Punkt 4.3. Langfristige Verbindlichkeiten).*** ***Obwohl Rückstellungen in einem US-Abschluss im Allgemeinen nicht in einem gesonderten Posten ausgewiesen, sondern mit den Verbindlichkeiten („liabilities") zusammengefasst werden, wurden die Angabepflichten zu Rückstellungen, den Angabepflichten für Verbindlichkeiten vorangestellt, separaten Gliederungspunkten dieser Checkliste (vgl. Punkt 3.1. hinsichtlich Steuerrückstellungen, Punkt 4.1. hinsichtlich Rückstellungen für Zuwendungen an Arbeitnehmer und Punkt 4.2. hinsichtlich sonstiger Rückstellungen) zugeordnet, da diesen in einem deutschen Abschluss oftmals eine erhebliche Bedeutung zukommt.***
3. Kurzfristige Passiva		
3.1. Laufende Steuerverbindlichkeiten (einschließlich latenter Steuerverbindlichkeiten)		
(23.)		**Hinsichtlich laufender sowie latenter Steuerverbindlichkeiten bzw. -forderungen (*„current and deferred tax liabilities and assets"*) ergeben sich folgende Anforderungen bzw. Angabepflichten:**
	FAS 109.41	a) der Ausweis der latenten Steuerforderungen und Steuerverbindlichkeiten als gesonderte Klassifikation entsprechend dem Fristigkeitskriterium (vgl. Anmerkungen Seite 352) innerhalb der lang- oder kurzfristigen Vermögensgegenstände und Verbindlichkeiten ***Anmerkung:*** ***Der Fristigkeitscharakter, der dem jeweiligen latenten Steuerposten beizulegen ist, bestimmt sich nach dem den zeitlichen Unterschied auslösenden Bilanzposten.*** ***Einige zeitliche Unterschiede wie auch steuerliche Verlustvorträge können jedoch aufgrund ihrer Eigenart keinem Bilanzposten im Abschluss zugeordnet werden (beispielsweise führen bestimmte Kosten, die steuerlich aktivierbar, jedoch im Abschluss sofort aufwandswirksam sind, zu zeitlich befristeten Unterschieden, die keinem „asset" zugerechnet werden können). In diesen Fällen bestimmt sich die Fristigkeit hieraus erwachsener Steuerlatenzen nach dem zu erwartenden Zeitpunkt der Umkehrung des Unterschiedsbetrages. Aktive Steuerabgrenzungsposten aus steuerlichen Verlustvorträgen sind danach zu beurteilen, wann voraussichtlich mit der Nutzung der Verlustvorträge zu rechnen ist.*** ***Die „valuation allowance" (Wertberichtigung der aktiven latenten Steuern bei eingeschränkter Verrechnungsmöglichkeit mit zukünftigen steuerpflichtigen Gewinnen) ist ungeachtet des Fristigkeitscharakters der zugrunde liegenden aktiven Steuerabgrenzungsposten generell anteilig von diesen abzusetzen, selbst wenn bekannt ist, dass diese speziell für kurzfristige Steuerforderungen gebildet wurde.***
	FAS 109.42	b) der saldierte Ausweis aktiver und passiver Steuerabgrenzungsposten derselben Steuerart mit gleicher Fristigkeit
	FAS 109.42	c) der separate Ausweis latenter Steuerposten unterschiedlicher Steuerhoheiten

C. Angaben zur Bilanz		
Lfd.Nr.	**Grundlagen**	**Bewertungskriterien (*Disclosures*)**
		d) ferner ergeben sich folgende Angabepflichten:
	FAS 109.45	d_1) der Gesamtbetrag der laufenden Steuerverbindlichkeiten und Steuerforderungen
	FAS 109.43	d_2) die Zusammensetzung des ausgewiesenen Nettobetrags der latenten Steuern, insbesondere:
	a.	$d_{2.1}$) der Gesamtbetrag der latenten Steuerverbindlichkeiten
	b.	$d_{2.2}$) der Gesamtbetrag der latenten Steuerforderungen
	c.	$d_{2.3}$) der Gesamtbetrag der *valuation allowance*
	FAS 109.43	d_3) die Veränderung der *valuation allowance*
	FAS 109.43	d_4) die Erläuterung der zeitlichen Unterschiede sowie deren Steuereffekt
	FAS 109.44	e) bei Eintreten der Ausnahmeregelungen des APB 23 ergeben sich folgende spezifische Angabepflichten:
	a.	e_1) eine Beschreibung der Art der zeitlichen Unterschiede, für die keine latenten Steuerschulden bilanziert worden sind, sowie der Ereignisse, die zur Auflösung der temporären Unterschiede führen
	b.	e_2) der Gesamtbetrag jeder Art der zeitlichen Unterschiede
	c.	e_3) hinsichtlich sog. *outside basis differences* der Betrag der temporären Unterschiede im Beteiligungsbuchwert eines ausländischen Tochterunternehmens oder eines ausländischen assoziierten Unternehmens, für die keine latenten Steuerschulden bilanziert worden sind, da die Beteiligung dauerhaft gehalten wird; falls die Ermittlung dieses Betrages nicht möglich ist, ist dieser Tatbestand anzugeben
	ARB 43 ch. 10A.16	f) sofern neben den laufenden und latenten Steuerverbindlichkeiten im Berichtsjahr Rückstellungen hinsichtlich der Besteuerung von Vermögen (Grundvermögen sowie beweglichem Vermögen) gebildet wurden, deren Höhe nicht zuverlässig geschätzt werden konnte bzw. deren Schätzwert erheblichen Unsicherheiten unterliegt, ist dieser Tatbestand anzugeben
3.2. Sonstige kurzfristige Verbindlichkeiten		
(24.)		**Hinsichtlich sonstiger kurzfristiger Verbindlichkeiten („*other current liabilities*“) ergeben sich folgende Angabepflichten:**
	FAS 6.15	a) der Gesamtbetrag der kurzfristigen Verbindlichkeiten
	FAS 5.19 i.V.m. FAS 5.18	b) der Gesamtbetrag der kurzfristigen Verbindlichkeiten, die durch Pfandrechte oder ähnliche Rechte gesichert sind, unter Angabe von Art und Form der Sicherheiten
	FAS 57.2	c) die gesonderte Angabe kurzfristiger Verbindlichkeiten gegenüber nahestehenden Unternehmen („*subsidiaries bzw. affiliates*“) oder nahestehenden Personen („ *officers, directors, principal stockholders*“)
	FAS 78.5, EITF 86-30	d) die gesonderte Angabe des Betrages langfristiger Verbindlichkeiten, die aufgrund eines Kündigungsrechts des Kreditgebers (infolge einer Vertragsverletzung von Seiten des Darlehensnehmers), das zur sofortigen Rückzahlung des Kreditbetrages führt, in der Berichtsperiode in die kurzfristigen Verbindlichkeiten umgegliedert wurden
	APB 21.16	e) für Verbindlichkeiten, für die ein Disagio vereinbart wurde und die in Höhe des Geldzuflusses passiviert wurden, sind der Nennwert sowie der zugrunde gelegte Effektivzinssatz anzugeben, mit dem die Verbindlichkeiten sukzessive auf den Bruttobetrag aufgezinst werden
4. Langfristige Passiva		
4.1. Rückstellungen für Zuwendungen an Arbeitnehmer		
		Vorbemerkung: ***Die Bilanzierung und Bewertung von Leistungen an Arbeitnehmer ist Gegenstand unterschiedlicher Verlautbarungen:*** ***FAS 87 umfasst alle Arten von Vereinbarungen, welche die betriebliche Altersversorgung von Mitarbeitern und ehemaligen Mitarbeitern eines Unternehmens betreffen, und zwar unabhängig von der Form, in der ein Plan über die betriebliche Altersversorgung abgeschlossen worden ist, und unabhängig von der Finanzierung. FAS 88 regelt diesbezüglich die Bilanzierung von Planänderungen, Plankürzungen und Planabgeltungen. Die Erläuterungspflichten hinsichtlich der Bilanzierung von Pensionsplänen gemäß FAS 87 und FAS 88 werden nachfolgend unter Punkt 4.1.1. dargestellt.***

C. Angaben zur Bilanz		
Lfd.Nr.	**Grundlagen**	**Bewertungskriterien (*Disclosures*)**
		FAS 106 erweitert die Bilanzierungspflicht auf Nebenleistungen, die an ehemalige Mitarbeiter oder deren Familienangehörige gezahlt werden (sog. „postretirement benefits other than pensions“). Sämtliche übrigen Sozialleistungen, die nicht durch andere Standards abgedeckt sind, fallen unter die Regelungen gemäß FAS 112 i.V.m. FAS 43 oder FAS 5. Die Erläuterungspflichten hinsichtlich Rückstellungen für sonstige langfristig fällige Leistungen an Arbeitnehmer (außer Leistungen aus Anlass der Beendigung des Arbeitsverhältnisses und Kapitalbeteiligungsleistungen) gemäß FAS 106 und FAS 112 i.V.m. FAS 43 oder FAS 5 werden nachfolgend unter Punkt 4.1.2. dargestellt. ***Leistungen aus Anlass der Beendigung des Arbeitsverhältnisses („termination benefits“) sind Gegenstand der Regelungen von FAS 88. EITF 94-3 regelt ferner Leistungen aus Anlass der Beendigung des Arbeitsverhältnisses im Rahmen von Personalstrukturmaßnahmen („involuntary termination benefits“); die sich aus EITF 94-3 ergebenden Offenlegungspflichten werden abschließend unter Punkt 4.1.3. dargestellt.***
4.1.1. Leistungen nach Beendigung des Arbeitsverhältnisses (Pensionen)		
(25.)		***Vorbemerkung:*** ***Der FASB verabschiedete im Februar 1998 FAS 132 („Employers' Disclosures about Pensions and Other Postretirement Benefits“), der verpflichtend für Geschäftsjahre, die nach dem 15. Dezember 1997 beginnen, anzuwenden ist. Durch FAS 132 werden neue Normen für Offenlegungspflichten hinsichtlich pensionsbezogener Verpflichtungen gesetzt und die bisherigen Angabepflichten von FAS 87 und FAS 88 für „defined benefit pension plans and defined contribution pension plans“ aufgehoben. Eine Änderung in der Bilanzierung und Bewertung der Pensionsverpflichtungen ist damit nicht verbunden. Im Folgenden werden zunächst die vor Einführung des FAS 132 geltenden Angabepflichten der FAS 87 und FAS 88 dargestellt, da sie für die Geschäftsjahre 1996 und 1997 noch relevant sind, im Anschluss daran werden die Angabepflichten des FAS 132 behandelt.***
		Für Geschäftsjahre, die vor dem 16. Dezember 1997 beginnen, ergeben sich hinsichtlich der Bilanzierung von Pensionsplänen (*„pension plans“*) folgende Angabepflichten:
	~~FAS 87.54~~	a) hinsichtlich leistungsorientierter Versorgungssysteme (*„defined benefit pension plans“):*
	~~a.~~	a_1) eine Beschreibung des Plans einschließlich der begünstigten Gruppen von Arbeitnehmern, der Typ der Leistungsformel, das Verfahren zur Bestimmung der Zuwendungen an den Pensionsfonds, die Arten der gehaltenen Vermögenswerte und, falls vorhanden, bedeutsame Nicht-Pensionsverbindlichkeiten des Pensionsplans sowie sonstige wichtige Informationen, welche die Vergleichbarkeit der Offenlegungen über verschiedene Perioden betreffen
	~~b.~~	a_2) der Betrag des jährlichen Nettopensionsaufwands mit getrennter Darstellung der *service cost* (die im Wirtschaftsjahr erdiente Erhöhung des Barwerts der Pensionsanwartschaft unter Berücksichtigung künftiger Gehaltserhöhungen), der Zinskomponente, des tatsächlichen Kapitalertrags auf das Planvermögen und des Nettogesamtbetrags aller anderen Komponenten; ***es wird empfohlen, diese anderen Komponenten ebenfalls offen zu legen***
	~~c.~~	a_3) eine Aufstellung zur Abstimmung des Finanzierungsstatus des Plans, einschließlich der folgenden Komponenten:
	~~(1)~~	$a_{3.1}$) des gemeinen Wertes des Planvermögens
	~~(2)~~	$a_{3.2}$) der *PBO („projected benefit obligation“)* (mit gesonderter Angabe der *ABO („accumulated benefit obligation“)* und der unverfallbaren Pensionsverpflichtungen)
	~~(3)~~	$a_{3.3}$) des Betrages der noch nicht getilgten *prior service cost*

C. Angaben zur Bilanz

Lfd.Nr.	Grundlagen	Bewertungskriterien (*Disclosures*)
	~~(4)~~	$a_{3.4}$) des Betrages des noch nicht getilgten Nettogewinnes oder Nettoverlustes (einschließlich Vermögensgewinne und -verluste, die sich noch nicht im marktbezogenen Wert niedergeschlagen haben)
	~~(5)~~	$a_{3.5}$) des Betrages des noch nicht getilgten Übergangssaldos aus der erstmaligen Anwendung von FAS 87
	~~(6)~~	$a_{3.6}$) des Betrages einer etwaigen *additional minimum liability*
	~~(7)~~	$a_{3.7}$) der in der Bilanz ausgewiesenen pensionsbezogenen Aktiv- oder Passivposten (vgl. auch FAS 87.35-.36)
	~~d.~~	a_4) der Rechnungszins und die Steigerungsrate für die Gehälter sowie den erwarteten langfristigen Kapitalertragszins auf das Planvermögen
	~~e.~~	a_5) die Beträge und Arten der im Planvermögen gehaltenen Wertpapiere des Arbeitgebers und verbundener Beteiligter und der Betrag der Pensionsansprüche von Arbeitnehmern und Pensionären, die durch Rentenversicherungsverträge abgedeckt sind (falls der genaue Betrag nicht ermittelt werden kann, ist ein Schätzwert anzugeben); ferner etwaige gemäß FAS 87.26 und FAS 87.33 alternativ angewandte Tilgungsmethoden sowie das Bestehen und die Art von in FAS 87.41 dargestellten Verpflichtungen
	~~FAS 87.56~~	***Anmerkung:*** ***Für Zwecke einer detaillierten Darstellung der Finanzlage des Unternehmens darf ein Arbeitgeber Daten von Pensionsplänen, bei denen das Planvermögen die ABO übertrifft, nicht mit Daten von Pensionsplänen, bei denen umgekehrt die ABO das Planvermögen übertrifft, saldieren. Ebenso dürfen Daten von Pensionsplänen außerhalb der USA nicht mit Daten von Pensionsplänen innerhalb der USA saldiert werden, es sei denn, dass diese Pläne auf ähnlichen wirtschaftlichen Annahmen beruhen.***
	~~FAS 87.65~~	b) hinsichtlich beitragsorientierter Versorgungssysteme *(„defined contribution pension plans"):*
	~~a.~~	b_1) eine Beschreibung des Plans einschließlich der begünstigten Gruppen von Arbeitnehmern, die Grundlagen zur Bestimmung der Beiträge an den Pensionsfonds sowie sonstige wichtige Informationen, welche die Vergleichbarkeit der Offenlegungen über verschiedene Perioden betreffen
	~~b.~~	b_2) der im Jahresergebnis berücksichtigte Pensionsaufwand
	~~FAS 87.69~~	c) hinsichtlich gemeinschaftlicher Pläne mehrerer Arbeitgeber *(„multiemployer plans"):*
	~~a.~~	c_1) eine Beschreibung der gemeinschaftlichen Pläne einschließlich der begünstigten Gruppen von Arbeitnehmern, die Art der Pensionspläne (Pensionspläne mit leistungsorientierten oder beitragsorientierten Versorgungssystemen) sowie sonstige wichtige Informationen, welche die Vergleichbarkeit der Offenlegungen über verschiedene Perioden betreffen
	~~b.~~	c_2) der im Jahresergebnis berücksichtigte Pensionsaufwand
	~~FAS 88.17~~	d) hinsichtlich erfolgswirksam erfasster Gewinne oder Verluste aus Planänderungen, Plankürzungen oder Planabgeltungen gemäß FAS 88:
	~~a.~~	d_1) eine Beschreibung des zugrunde liegenden Vorfalls bzw. Ereignisses
	~~b.~~	d_2) der im Jahresergebnis berücksichtigte Gewinn oder Verlust aus der Planänderung, Plankürzung oder Planabgeltung
		Anmerkung hinsichtlich den nachfolgend dargestellten Angabepflichten gemäß FAS 132: ***Wie bereits oben dargestellt, richten sich die Angabepflichten hinsichtlich der Bilanzierung von Pensionsplänen für Geschäftsjahre, die nach dem 15. Dezember 1997 beginnen, nach FAS 132, womit die bisherigen Angabepflichten von FAS 87 und FAS 88 außer Kraft gesetzt werden.*** ***Bei der erstmaligen Anwendung von FAS 132 als auch in den Folgejahren ist zwingend zu beachten, dass die Vorjahreszahlen nach den veränderten Regeln vergleichbar darzustellen sind, es sei denn, die notwendigen Informationen liegen nicht vor, vgl. hierzu FAS 132.15.***

C. Angaben zur Bilanz

Lfd.Nr.	Grundlagen	Bewertungskriterien (*Disclosures*)
		<u>Für Geschäftsjahre, die nach dem 15. Dezember 1997 beginnen, ergeben sich hinsichtlich der Bilanzierung von Pensionsplänen *(„pension plans")* folgende Angabepflichten:</u>
	FAS 132.5	a) hinsichtlich leistungsorientierter Versorgungssysteme *(„defined benefit pension plans"):*
	a.	a_1) die Überleitung der Veränderung der *PBO („projected benefit obligation")* ausgehend vom Stand zu Beginn des Geschäftsjahres auf den Stand am Ende des Geschäftsjahres, einschließlich der gesonderten Darstellung der Bestandteile der Veränderung:
		$a_{1.1}$) des Dienstzeitaufwandes (Barwert der im Geschäftsjahr erworbenen Ansprüche)
		$a_{1.2}$) der Aufzinsung der erwarteten Pensionsverpflichtungen
		$a_{1.3}$) der geleisteten Beiträge durch die Arbeitnehmer
		$a_{1.4}$) der versicherungsmathematischen Gewinne und Verluste
		$a_{1.5}$) der Kursdifferenzen
		$a_{1.6}$) der Pensionszahlungen für unmittelbare und mittelbare Versorgungsverpflichtungen (Fonds)
		$a_{1.7}$) der rückwirkenden Plananpassungen durch Änderung der Versorgungszusagen
		$a_{1.8}$) der Konsolidierungskreisänderungen
		$a_{1.9}$) der übrigen Veränderungen, beispielsweise durch Planänderungen, Plankürzungen oder Planabgeltungen sowie spezielle Abfindungen *(„termination benefits")* gemäß FAS 88
	b.	a_2) die Überleitung der Veränderung des Planvermögens ausgehend vom Stand zu Beginn des Geschäftsjahres auf den Stand am Ende des Geschäftsjahres, einschließlich der gesonderten Darstellung der Bestandteile der Veränderung:
		$a_{2.1}$) der tatsächlichen Erträge des Fondsvermögens
		$a_{2.2}$) der Kursdifferenzen
		$a_{2.3}$) der Zuwendungen durch die Arbeitgeber
		$a_{2.4}$) der geleisteten Beiträge durch die Arbeitnehmer
		$a_{2.5}$) der Pensionszahlungen der Fonds
		$a_{2.6}$) der Konsolidierungskreisänderungen und der übrigen Veränderungen, wie beispielsweise solche, die aus Planänderungen oder Planabgeltungen gemäß FAS 88 resultieren
	c.	a_3) die Darstellung des Finanzierungsstatus der Verpflichtungen, indem unter Berücksichtigung der nicht bilanzierten Posten auf den Bilanzbetrag übergeleitet wird; dies beinhaltet die gesonderte Darstellung:
	(1)	$a_{3.1}$) des Betrages der noch nicht getilgten *prior service cost*
	(2)	$a_{3.2}$) des Betrages des noch nicht getilgten Nettogewinnes oder Nettoverlustes (einschließlich Vermögensgewinne und -verluste, die sich noch nicht im marktbezogenen Wert niedergeschlagen haben)
	(3)	$a_{3.3}$) des Betrages des noch nicht getilgten Übergangssaldos aus der erstmaligen Anwendung von FAS 87
	(4)	$a_{3.4}$) der in der Bilanz ausgewiesenen pensionsbezogenen transitorischen Aktiva oder Rückstellungen
	(5)	$a_{3.5}$) der in den immateriellen Vermögensgegenständen oder dem *other comprehensive income* enthaltenen pensionsbezogenen Bilanzbeträge gemäß FAS 87.37
	d.	a_4) der Betrag des jährlichen Nettopensionsaufwands, einschließlich der gesonderten Darstellung seiner Komponenten:
		$a_{4.1}$) des Dienstzeitaufwandes (Barwert der im Geschäftsjahr erworbenen Ansprüche)
		$a_{4.2}$) der Aufzinsung der erwarteten Pensionsverpflichtungen
		$a_{4.3}$) der erwarteten Erträge des Fondsvermögens
		$a_{4.4}$) der Tilgung des Übergangssaldos aus der erstmaligen Anwendung von FAS 87
		$a_{4.5}$) der Tilgung von versicherungsmathematischen Gewinnen und Verlusten

C. Angaben zur Bilanz

Lfd.Nr.	Grundlagen	Bewertungskriterien (*Disclosures*)
		$a_{4.6}$) der Tilgung von Dienstzeitaufwendungen aus rückwirkenden Plananpassungen
		$a_{4.7}$) der übrigen Pensionsaufwendungen, wie beispielsweise solche, die aus Planabgeltungen oder Plankürzungen gemäß FAS 88 resultieren
	e.	a_5) der Betrag der über die Summe aus den noch nicht getilgten *prior service costs* und dem noch nicht getilgten Übergangssaldo aus der erstmaligen Anwendung von FAS 87 hinausgehenden *additional liability,* die im Rahmen des *other comprehensive income* direkt gegen das Eigenkapital gebucht wurde
	f.	a_6) der Rechnungszins und die Steigerungsrate für die Gehälter sowie den erwarteten langfristigen Kapitalertragszins auf das Planvermögen
	i.	a_7) die Beträge und Arten der im Planvermögen gehaltenen Wertpapiere des Arbeitgebers und verbundener Beteiligter und der Betrag der Pensionsansprüche von Arbeitnehmern und Pensionären, die durch Rentenversicherungsverträge abgedeckt sind (falls der genaue Betrag nicht ermittelt werden kann, ist ein Schätzwert anzugeben), ferner wesentliche Transaktionen in der Berichtsperiode zwischen Plänen für Leistungen nach Beendigung des Arbeitsverhältnisses und verbundenen Beteiligten oder dem Arbeitgeber
	j.	a_8) etwaige gemäß FAS 87.26 und FAS 87.33 alternativ angewandte Methoden zur Tilgung von *prior service costs* sowie noch nicht getilgter Nettogewinne oder Nettoverluste
	k.	a_9) etwaige zusätzliche Vereinbarungen, welche die betriebliche Altersversorgung von Mitarbeitern und ehemaligen Mitarbeitern des Unternehmens betreffen, die unabhängig von der Form, in der ein Plan über die betriebliche Altersversorgung abgeschlossen wird (schriftlich bzw. betriebliche Übung), abgeschlossen wurden und zur Rückstellungsbildung führten
	l.	a_{10}) etwaige im Jahresergebnis berücksichtigte Aufwendungen aus vertraglich festgelegten oder individuell vereinbarten Abfindungen, die in der Berichtsperiode zur Auszahlung kamen, ferner eine Beschreibung der diesen Abfindungen zugrunde liegenden Ereignisse bzw. Sachverhalte
	m.	a_{11}) die Erläuterung sonstiger wesentlicher Änderungen der bilanzierten Pensionsverpflichtungen und des Planvermögens
	FAS 132.6	***Anmerkung:*** ***Das „statement" empfiehlt, die Angaben zu den „defined benefit pension plans" und den „defined benefit postretirement plans" (vgl. Punkt 4.1.2.) parallel darzustellen. Erstmalig können nun auch Pläne, deren „assets" die ABO übersteigen, mit Plänen, deren „assets" geringer sind als die ABO, zusammengefasst werden. Allerdings sind dann die PBO bzw. ABO sowie die „assets" für Pläne, deren „assets" geringer sind als die ABO, gesondert anzugeben. Dies gilt entsprechend für „defined benefit postretirement plans".***
	FAS 132.7	***Daneben können Versorgungspläne außerhalb der USA (bzw. Sitz des Mutterunternehmens) mit US-Plänen zusammengefasst werden, es sei denn, die Verpflichtungen der Pläne außerhalb der USA sind in Relation zur Gesamtverpflichtung sämtlicher Versorgungspläne des Unternehmens von signifikanter Größenordnung („significant relative to the total benefit obligation") oder es kommen erheblich unterschiedliche versicherungsmathematische Prämissen zur Anwendung.***
	FAS 132.9	b) hinsichtlich beitragsorientierter Versorgungssysteme *(„defined contribution pension plans"):*
		b_1) der im Jahresergebnis berücksichtigte Pensionsaufwand
		b_2) sonstige wichtige Informationen, welche die Vergleichbarkeit der Offenlegungen über verschiedene Perioden betreffen
	FAS 132.10	c) hinsichtlich gemeinschaftlicher Pläne mehrerer Arbeitgeber *(„multiemployer plans"):*
		c_1) die im Geschäftsjahr geleisteten Beiträge durch den Arbeitgeber
		c_2) sonstige wichtige Informationen, welche die Vergleichbarkeit der Offenlegungen über verschiedene Perioden betreffen

C. Angaben zur Bilanz		
Lfd.Nr.	**Grundlagen**	**Bewertungskriterien (*Disclosures*)**
4.1.2. Andere langfristig fällige Leistungen an Arbeitnehmer		
		Vorbemerkung: ***Unter andere langfristig fällige Leistungen an Arbeitnehmer (außer Leistungen aus Anlass der Beendigung des Arbeitsverhältnisses und Kapitalbeteiligungsleistungen) fallen:*** ▪ ***Pensionsnebenleistungen gemäß FAS 106 und*** ▪ ***übrige Sozialleistungen gemäß FAS 112 i.V.m. FAS 43 oder FAS 5, die nicht innerhalb von zwölf Monaten nach Ende der Berichtsperiode, in welcher die entsprechende Arbeitsleistung erbracht wurde, in voller Höhe fällig werden (vgl. hierzu auch ergänzende Erläuterungen unter Punkt 4.1.2.2.).*** ***Die hinsichtlich Pensionsnebenleistungen sowie sonstiger Sozialleistungen gemäß FAS 112 i.V.m. FAS 43 oder FAS 5 erforderlichen Offenlegungen werden nachfolgend unter den Punkten 4.1.2.1. sowie 4.1.2.2. dargestellt.***
4.1.2.1. Pensionsnebenleistungen		
(26.)		***Vorbemerkung:*** ***Zu den Pensionsnebenleistungen („other postretirement benefits") gemäß FAS 106 gehören Versorgungsleistungen gegenüber pensionierten Arbeitnehmern und deren Angehörigen, die über eine übliche Firmenpension hinausgehen, so beispielsweise Gesundheitsfürsorge-, Lebensversicherungs- und andere Versorgungsleistungen, welche die Kriterien der betrieblichen Altersversorgung erfüllen. Die Angabepflichten hinsichtlich Pensionsnebenleistungen richten sich für Geschäftsjahre, die nach dem 15. Dezember 1997 beginnen, nach FAS 132. Damit treten die bisherigen Angabepflichten des FAS 106 für „defined benefit postretirement plans and defined contribution postretirement plans" außer Kraft. Dabei sind auch die Vorjahreszahlen für Abschlüsse der Geschäftsjahre, die nach dem 15. Dezember 1997 beginnen, nach den veränderten Regeln vergleichbar darzustellen, es sei denn, die notwendigen Informationen liegen nicht vor, vgl. hierzu FAS 132.15. Eine Änderung in der Bilanzierung und Bewertung dieser Verpflichtungen ist damit nicht verbunden.*** ***Im Folgenden werden zunächst die vor Einführung des FAS 132 geltenden Angabepflichten des FAS 106 dargestellt, da sie für die Geschäftsjahre 1996 und 1997 noch relevant sind, anschließend werden die Angabepflichten des FAS 132 behandelt.***
	   ~~FAS 106.74~~ ~~a.~~ ~~b.~~	**Für Geschäftsjahre, die vor dem 16. Dezember 1997 beginnen, ergeben sich hinsichtlich der Bilanzierung von Pensionsnebenleistungen („*other postretirement benefits*") folgende Angabepflichten:** a) hinsichtlich leistungsorientierter Versorgungssysteme *(„defined benefit postretirement plans"):* a_1) eine detaillierte Beschreibung des Versorgungsplans einschließlich der begünstigten Gruppen von Arbeitnehmern, die Arten der den Arbeitnehmern zustehenden Versorgungsleistungen, der Typ der Leistungsformel, die Arten der gehaltenen Vermögenswerte und, falls vorhanden, bedeutsame Nicht-Versorgungsverbindlichkeiten des Versorgungsplanes sowie sonstige wichtige Informationen, welche die Vergleichbarkeit der Offenlegungen über verschiedene Perioden betreffen a_2) der Betrag des jährlichen Nettoversorgungsaufwands *(„net periodic postretirement benefit cost")* mit getrennter Darstellung der *service cost* (die im Wirtschaftsjahr erdiente Erhöhung des Barwerts der den Arbeitnehmern und deren Familienangehörigen laut Leistungsplan zustehenden Versorgungsleistungen), der Zinskomponente, des tatsächlichen Kapitalertrags auf das Planvermögen, der Tilgung des Übergangssaldos aus der erstmaligen Anwendung von FAS 106 und des Nettogesamtbetrags aller anderen Komponenten; ***es wird empfohlen, diese anderen Komponenten ebenfalls offen zu legen***

C. Angaben zur Bilanz		
Lfd.Nr.	**Grundlagen**	**Bewertungskriterien (*Disclosures*)**
	~~c.~~	a_3) eine Aufstellung zur Abstimmung des Finanzierungsstatus des Plans, einschließlich der folgenden Komponenten:
	~~(1)~~	$a_{3.1}$) des gemeinen Wertes des Planvermögens
	~~(2)~~	$a_{3.2}$) der *APBO („accumulated postretirement benefit obligation")*
	~~(3)~~	$a_{3.3}$) des Betrages der noch nicht getilgten *prior service cost*
	~~(4)~~	$a_{3.4}$) des Betrages des noch nicht getilgten Nettogewinnes oder Nettoverlustes (einschließlich Vermögensgewinne und -verluste, die sich noch nicht im marktbezogenen Wert niedergeschlagen haben)
	~~(5)~~	$a_{3.5}$) des Betrages des noch nicht getilgten Übergangssaldos aus der erstmaligen Anwendung von FAS 106
	~~(6)~~	$a_{3.6}$) der in der Bilanz ausgewiesenen Aktiv- oder Passivposten, die sich auf Versorgungsleistungen gemäß FAS 106 beziehen
	~~d.~~	a_4) die zur Berechnung der Versorgungsverpflichtung angesetzte Steigerungsrate der Gesundheitsfürsorgeleistungen im folgenden Jahr, eine allgemeine Beschreibung der zu erwartenden Veränderungen der Steigerungsrate in den folgenden Jahren sowie die höchste Steigerungsrate, die in den folgenden Jahren zu erwarten ist, einschließlich des Zeitpunkts ihres Eintretens
	~~e.~~	a_5) der Rechnungszins und die Steigerungsrate für die Gehälter sowie den erwarteten langfristigen Kapitalertragszins auf das Planvermögen
	~~f.~~	a_6) die Auswirkung einer 1%-igen Erhöhung der angesetzten Steigerungsrate der Gesundheitsfürsorgeleistungen (1.) auf die im jährlichen Nettoversorgungsaufwand enthaltenen Dienstzeit- und Zinsaufwendungen und (2.) auf die *APBO („accumulated postretirement benefit obligation")*
	~~g.~~	a_7) die Beträge und Arten der im Planvermögen gehaltenen Wertpapiere des Arbeitgebers und verbundener Beteiligter und der Betrag der Versorgungsansprüche von Arbeitnehmern und Pensionären, die durch Versicherungsverträge abgedeckt sind (falls der genaue Betrag nicht ermittelt werden kann, ist ein Schätzwert anzugeben)
	~~h.~~	a_8) die gemäß FAS 106.53 und FAS 106.60 alternativ angewandten Methoden zur Tilgung von *prior service costs* sowie noch nicht getilgter Nettogewinne oder Nettoverluste
	~~i.~~	a_9) die im Jahresergebnis berücksichtigten Gewinne oder Verluste aus Plankürzungen oder Planabgeltungen einschließlich einer Beschreibung der zugrunde liegenden Ereignisse bzw. Sachverhalte
	~~j.~~	a_{10}) die im Jahresergebnis berücksichtigten Aufwendungen aus vertraglich festgelegten oder individuell vereinbarten Abfindungen, die in der Berichtsperiode zur Auszahlung kamen, einschließlich einer Beschreibung der zugrunde liegenden Ereignisse bzw. Sachverhalte
		Anmerkung:
	~~FAS 106.77~~	***Versorgungspläne, deren „assets" die APBO übersteigen, können mit Versorgungsplänen, deren „assets" geringer sind als die APBO, zusammengefasst werden. Diesbezüglich sind die APBO sowie die „assets" für die letztgenannten Versorgungspläne gesondert anzugeben.***
	~~FAS 106.78~~	***Für Zwecke einer detaillierten Darstellung der Finanzlage des Unternehmens darf ein Arbeitgeber Daten von Versorgungsplänen innerhalb der USA nicht mit Daten von Versorgungsplänen außerhalb der USA saldieren, insbesondere wenn die Verpflichtungen aus den letztgenannten Plänen in Relation zur Gesamtverpflichtung sämtlicher Versorgungspläne des Unternehmens von signifikanter Größenordnung sind. Ebenso sind Daten von Versorgungsplänen, welche die Gesundheitsfürsorge betreffen, getrennt von Zahlenangaben für Versorgungspläne, die sich auf sonstige Versorgungsleistungen beziehen, darzustellen, es sei denn, die Verpflichtungen aus den letztgenannten Plänen sind in Relation zur Gesamtverpflichtung sämtlicher Versorgungspläne nur von untergeordneter Bedeutung.***

C. Angaben zur Bilanz

Lfd.Nr.	Grundlagen	Bewertungskriterien (*Disclosures*)
	~~FAS 106.106~~	b) hinsichtlich beitragsorientierter Versorgungssysteme *(„defined contribution postretirement plans“):*
	~~a.~~	b_1) eine Beschreibung des Versorgungsplans einschließlich der begünstigten Gruppen von Arbeitnehmern, die Grundlagen zur Bestimmung der Beiträge sowie sonstige wichtige Informationen, welche die Vergleichbarkeit der Offenlegungen über verschiedene Perioden betreffen
	~~b.~~	b_2) der im Jahresergebnis berücksichtigte Versorgungsaufwand
	~~FAS 106.82~~	c) hinsichtlich gemeinschaftlicher Pläne mehrerer Arbeitgeber *(„multiemployer plans“):*
	~~a.~~	c_1) eine Beschreibung der gemeinschaftlichen Pläne einschließlich der begünstigten Gruppen von Arbeitnehmern, die Art der Versorgungspläne (Pläne mit leistungsorientierten oder beitragsorientierten Versorgungssystemen) sowie sonstige wichtige Informationen, welche die Vergleichbarkeit der Offenlegungen über verschiedene Perioden betreffen
	~~b.~~	c_2) der im Jahresergebnis berücksichtigte Versorgungsaufwand
		Für Geschäftsjahre, die nach dem 15. Dezember 1997 beginnen, ergeben sich hinsichtlich der Bilanzierung von Pensionsnebenleistungen *(„other postretirement benefits“)* folgende Angabepflichten:
	FAS 132.5	a) hinsichtlich leistungsorientierter Versorgungssysteme *(„defined benefit postretirement plans“):*
	a.	a_1) die Überleitung der Veränderung der *APBO („accumulated postretirement benefit obligation“)* ausgehend vom Stand zu Beginn des Geschäftsjahres auf den Stand am Ende des Geschäftsjahres, einschließlich der gesonderten Darstellung der Bestandteile der Veränderung:
		$a_{1.1}$) des Dienstzeitaufwandes (die im Wirtschaftsjahr erdiente Erhöhung des Barwerts der den Arbeitnehmern und deren Familienangehörigen laut Leistungsplan zustehenden Versorgungsleistungen)
		$a_{1.2}$) der Aufzinsung der erwarteten Versorgungsverpflichtungen
		$a_{1.3}$) der geleisteten Beiträge durch die Arbeitnehmer
		$a_{1.4}$) der versicherungsmathematischen Gewinne und Verluste
		$a_{1.5}$) der Kursdifferenzen
		$a_{1.6}$) der Pensionszahlungen für unmittelbare und mittelbare Versorgungsverpflichtungen (Fonds)
		$a_{1.7}$) der rückwirkenden Plananpassungen durch Änderung der Versorgungszusagen
		$a_{1.8}$) der Konsolidierungskreisänderungen
		$a_{1.9}$) der übrigen Veränderungen, beispielsweise durch Planänderungen, Plankürzungen oder Planabgeltungen sowie spezielle Abfindungen *(„termination benefits“)*
	b.	a_2) die Überleitung der Veränderung des Planvermögens ausgehend vom Stand zu Beginn des Geschäftsjahres auf den Stand am Ende des Geschäftsjahres, einschließlich der gesonderten Darstellung der Bestandteile der Veränderung:
		$a_{2.1}$) der tatsächlichen Erträge des Fondsvermögens
		$a_{2.2}$) der Kursdifferenzen
		$a_{2.3}$) der Zuwendungen durch die Arbeitgeber
		$a_{2.4}$) der geleisteten Beiträge durch die Arbeitnehmer
		$a_{2.5}$) der Pensionszahlungen der Fonds
		$a_{2.6}$) der Konsolidierungskreisänderungen und der übrigen Veränderungen, wie beispielsweise solche, die aus Planänderungen oder Planabgeltungen resultieren
	c.	a_3) die Darstellung des Finanzierungsstatus der Verpflichtungen, indem unter Berücksichtigung der nicht bilanzierten Posten auf den Bilanzbetrag übergeleitet wird; dies beinhaltet die gesonderte Darstellung:
	(1)	$a_{3.1}$) des Betrages der noch nicht getilgten *prior service cost*

C. Angaben zur Bilanz		
Lfd.Nr.	**Grundlagen**	**Bewertungskriterien (*Disclosures*)**
	(2)	$a_{3.2}$) des Betrages des noch nicht getilgten Nettogewinnes oder Nettoverlustes (einschließlich Vermögensgewinne und -verluste, die sich noch nicht im marktbezogenen Wert niedergeschlagen haben)
	(3)	$a_{3.3}$) des Betrages des noch nicht getilgten Übergangssaldos aus der erstmaligen Anwendung von FAS 106
	(4)	$a_{3.4}$) der in der Bilanz ausgewiesenen Aktiv- oder Passivposten, die sich auf Versorgungsleistungen gemäß FAS 106 beziehen
	d.	a_4) der Betrag des jährlichen Nettoversorgungsaufwands, einschließlich der gesonderten Darstellung seiner Komponenten: $a_{4.1}$) des Dienstzeitaufwandes (die im Wirtschaftsjahr erdiente Erhöhung des Barwerts der den Arbeitnehmern und deren Familienangehörigen laut Leistungsplan zustehenden Versorgungsleistungen) $a_{4.2}$) der Aufzinsung der erwarteten Versorgungsverpflichtungen $a_{4.3}$) der erwarteten Erträge des Fondsvermögens $a_{4.4}$) der Tilgung des Übergangssaldos aus der erstmaligen Anwendung von FAS 106 $a_{4.5}$) der Tilgung von versicherungsmathematischen Gewinnen und Verlusten $a_{4.6}$) der Tilgung von Dienstzeitaufwendungen aus rückwirkenden Plananpassungen $a_{4.7}$) der übrigen Versorgungsaufwendungen, wie beispielsweise solche, die aus Planabgeltungen oder Plankürzungen resultieren
	f.	a_5) der Rechnungszins und die Steigerungsrate für die Gehälter sowie den erwarteten langfristigen Kapitalertragszins auf das Planvermögen
	g.	a_6) die zur Berechnung der Versorgungsverpflichtung angesetzte Steigerungsrate der Gesundheitsfürsorgeleistungen im folgenden Jahr, eine allgemeine Beschreibung der zu erwartenden Veränderungen der Steigerungsrate in den folgenden Jahren sowie die höchste Steigerungsrate, die in den folgenden Jahren zu erwarten ist, einschließlich des Zeitpunkts ihres Eintretens
	h.	a_7) die Auswirkung einer 1%-igen Erhöhung bzw. Verminderung der angesetzten Steigerungsrate der Gesundheitsfürsorgeleistungen (1.) auf die im jährlichen Nettoversorgungsaufwand enthaltenen Dienstzeit- und Zinsaufwendungen und (2.) auf die *APBO („accumulated postretirement benefit obligation")*
	i.	a_8) die Beträge und Arten der im Planvermögen gehaltenen Wertpapiere des Arbeitgebers und verbundener Beteiligter und der Betrag der Versorgungsansprüche von Arbeitnehmern und Pensionären, die durch Versicherungsverträge abgedeckt sind (falls der genaue Betrag nicht ermittelt werden kann, ist ein Schätzwert anzugeben), ferner wesentliche Transaktionen in der Berichtsperiode zwischen Versorgungsplänen für Leistungen nach Beendigung des Arbeitsverhältnisses und verbundenen Beteiligten oder dem Arbeitgeber
	j.	a_9) etwaige gemäß FAS 106.53 und FAS 106.60 alternativ angewandte Methoden zur Tilgung von *prior service costs* sowie noch nicht getilgter Nettogewinne oder Nettoverluste
	k.	a_{10}) etwaige zusätzliche Vereinbarungen, welche die betriebliche Altersversorgung von Mitarbeitern und ehemaligen Mitarbeitern des Unternehmens betreffen, die unabhängig von der Form, in der ein Plan über die betriebliche Altersversorgung abgeschlossen wird (schriftlich bzw. betriebliche Übung), abgeschlossen wurden und zur Rückstellungsbildung führten
	l.	a_{11}) etwaige im Jahresergebnis berücksichtigte Aufwendungen aus vertraglich festgelegten oder individuell vereinbarten Abfindungen, die in der Berichtsperiode zur Auszahlung kamen, ferner eine Beschreibung der diesen Abfindungen zugrunde liegenden Ereignisse bzw. Sachverhalte

C. Angaben zur Bilanz		
Lfd.Nr.	**Grundlagen**	**Bewertungskriterien (*Disclosures*)**
	m.	a_{12}) die Erläuterung sonstiger wesentlicher Änderungen der bilanzierten Versorgungsverpflichtungen und des Planvermögens
	FAS 132.6	***Anmerkung:*** ***Das „statement" empfiehlt die Angaben zu den „defined benefit postretirement plans" und den „defined benefit pension plans" (vgl. Punkt 4.1.1.) parallel darzustellen.*** ***Versorgungspläne, deren „assets" die APBO übersteigen, können mit Versorgungsplänen, deren „assets" geringer sind als die APBO, zusammengefasst werden. Diesbezüglich sind die APBO sowie die „assets" für die letztgenannten Versorgungspläne gesondert anzugeben.***
	FAS 132.7	***Daneben können Versorgungspläne außerhalb der USA (bzw. Sitz des Mutterunternehmens) mit US-Plänen zusammengefasst werden, es sei denn, die Verpflichtungen der Pläne außerhalb der USA sind in Relation zur Gesamtverpflichtung sämtlicher Versorgungspläne des Unternehmens von signifikanter Größenordnung („significant relative to the total benefit obligation") oder es kommen erheblich unterschiedliche versicherungsmathematische Prämissen zur Anwendung.***
	FAS 132.9	b) hinsichtlich beitragsorientierter Versorgungssysteme *(„defined contribution postretirement plans"):* b_1) der im Jahresergebnis berücksichtigte Versorgungsaufwand b_2) sonstige wichtige Informationen, welche die Vergleichbarkeit der Offenlegungen über verschiedene Perioden betreffen
	FAS 132.10	c) hinsichtlich gemeinschaftlicher Pläne mehrerer Arbeitgeber *(„multiemployer plans"):* c_1) die im Geschäftsjahr geleisteten Beiträge durch den Arbeitgeber c_2) sonstige wichtige Informationen, welche die Vergleichbarkeit der Offenlegungen über verschiedene Perioden betreffen
4.1.2.2. Übrige Sozialleistungen		
(27.)		***Vorbemerkung:*** ***Für die Verpflichtungen aus den übrigen Sozialleistungen („other social benefits") erfolgt die Passivierung mittels Rückstellungsbildung, soweit die nachstehenden Voraussetzungen kumulativ erfüllt sind (FAS 112.6 i.V.m. FAS 43.6 oder FAS 5.8):*** ***(1.) die Verpflichtung des Arbeitgebers erwächst aus dem Anspruch des Arbeitnehmers auf zukünftige Bezahlung trotz Abwesenheit; dieser Anspruch geht aus bereits erbrachten Leistungen des Arbeitnehmers hervor,*** ***(2.) die Verpflichtung ist an angesammelte oder unverfallbare Ansprüche des Arbeitnehmers geknüpft,*** ***(3.) die Zahlung der Vergütung ist wahrscheinlich („probable") und*** ***(4.) der Erfüllungsbetrag kann hinreichend genau geschätzt werden.***
	FAS 112.7 i.V.m. FAS 43.6 oder FAS 5.10	Sofern in der Berichtsperiode keine Rückstellung für Verpflichtungen aus übrigen Sozialleistungen im Sinne des FAS 43 bzw. des FAS 5 gebildet wurde, da der Erfüllungsbetrag dieser Verpflichtungen nicht hinreichend genau geschätzt werden konnte (d.h. das vierte Kriterium der vorstehend genannten Voraussetzungen nicht erfüllt ist), ist dieser Tatbestand im Abschluss gesondert aufzuzeigen. ***Anmerkung:*** ***Diese Angabepflicht ergibt sich gleichfalls für kurzfristig fällige Verpflichtungen aus übrigen Sozialleistungen, d.h. Leistungen, die innerhalb von zwölf Monaten nach Ende der Berichtsperiode, in der die entsprechende Arbeitsleistung erbracht wurde, in voller Höhe fällig werden (vgl. FAS 112).***

C. Angaben zur Bilanz

Lfd.Nr.	Grundlagen	Bewertungskriterien (*Disclosures*)
4.1.3. Leistungen aus Anlass der Beendigung des Arbeitsverhältnisses		
(28.)	EITF 94-3	**Hinsichtlich Leistungen aus Anlass der Beendigung von Arbeitsverhältnissen im Rahmen von Personalstrukturmaßnahmen *(„involuntary termination benefits")* ergeben sich gemäß EITF 94-3 folgende Angabepflichten:**
		a) der Betrag der in der Berichtsperiode zurückgestellten Leistungsverpflichtungen aus Anlass der Beendigung von Arbeitsverhältnissen im Rahmen von Personalstrukturmaßnahmen (einschließlich der Erhöhung von bestehenden Rückstellungen) sowie der bzw. die Posten der Gewinn- und Verlustrechnung, in dem bzw. in denen Aufwendungen aus Personalstrukturmaßnahmen enthalten sind b) die Anzahl der zu entlassenden Mitarbeiter einschließlich einer Beschreibung der von den Personalstrukturmaßnahmen betroffenen Gruppe(n) von Arbeitnehmern c) der Betrag der in der Berichtsperiode gezahlten und gegen die ausgewiesenen Verpflichtungen aus Personalstrukturmaßnahmen verrechneten Abfindungsbeträge, ferner die Anzahl der Mitarbeiter, die gemäß dem formellen Plan über die durchzuführenden Entlassungen bereits Abfindungen erhalten haben d) der Betrag jeglicher Berichtigungen der ausgewiesenen Verpflichtungen
4.2. Sonstige Rückstellungen		
(29.)		**Hinsichtlich sonstiger Rückstellungen *(„other provisions")* ergeben sich folgende Angabepflichten:**
	FAS 5.9	a) die Art und der Betrag der zurückgestellten Verpflichtungen; folgende Rückstellungsarten sind dabei zu differenzieren: ▪ Rückstellungen für ungewisse Verbindlichkeiten ▪ Rückstellungen für drohende Verluste b) des Weiteren ergeben sich hinsichtlich spezifischer Verpflichtungen die folgenden Offenlegungspflichten:
	EITF 94-3	b_1) hinsichtlich Rückstellungen für Verpflichtungen aus Umstrukturierungsmaßnahmen: ***<u>Anmerkung:</u>*** ***Der Ansatz der Rückstellungen für Umstrukturierungsmaßnahmen ist in EITF 94-3 geregelt. Die Regelung unterscheidet zwischen Personalstrukturmaßnahmen („involuntary termination benefits") und sonstigen Sachstrukturmaßnahmen („other costs to exit an activity"). Die erforderlichen Angabepflichten hinsichtlich Personalstrukturmaßnahmen wurden bereits in Gliederungspunkt 4.1.3. behandelt. Hinsichtlich Rückstellungen für Sachstrukturmaßnahmen ergeben sich die folgenden Angabepflichten:*** $b_{1.1}$) der Ausweis des Ergebniseffektes aus der Bilanzierung der Verpflichtungen aus Sachstrukturmaßnahmen innerhalb des Ergebnisses der laufenden Geschäftstätigkeit in der Gewinn- und Verlustrechnung; eine gesonderte Angabe der Auswirkung auf das Ergebnis je Aktie sowie ein gesonderter Ausweis der Erlöse und Aufwendungen, die den einzustellenden Leistungen (*activities*, beispielsweise Produkte, Produktgruppen, Serviceleistungen oder Teilbetriebe) zuzurechnen sind, ist in der laufenden Gewinn- und Verlustrechnung nicht geboten $b_{1.2}$) sofern die Erlöse aus den einzustellenden Leistungen oder das Betriebsergebnis, das den einzustellenden Leistungen zuzurechnen ist, eine signifikante Größenordnung erreichen oder die Kosten zur Durchführung des Restrukturierungsplanes erheblich sind, ergeben sich zudem folgende Angabepflichten: $b_{1.2.1}$) eine Beschreibung aller erforderlichen Maßnahmen, die zur Durchführung des Restrukturierungsplanes notwendig sind, die Leistungen, die eingestellt werden, die Art und Weise, in der die Einstellung der Leistungen erfolgt

C. Angaben zur Bilanz		
Lfd.Nr.	**Grundlagen**	**Bewertungskriterien (*Disclosures*)**
		(z.B. Veräußerung, Schließung), sowie das voraussichtliche Datum, zu dem die Beendigung der Einstellung erwartet wird
		$b_{1.2.2}$) die Art und der Betrag der ausgewiesenen Verpflichtungen aus Sachstrukturmaßnahmen als auch der bzw. die Posten der Gewinn- und Verlustrechnung, in dem bzw. in denen Aufwendungen aus der Durchführung von Restrukturierungsmaßnahmen enthalten sind
		$b_{1.2.3}$) die Art und der Betrag der bereits beglichenen und gegen die ausgewiesenen Verpflichtungen aus Sachstrukturmaßnahmen verrechneten Belastungen aus der Durchführung von Restrukturierungsmaßnahmen
		$b_{1.2.4}$) der Betrag jeglicher Berichtigungen der ausgewiesenen Verpflichtungen
		$b_{1.2.5}$) für jede dargestellte Berichtsperiode die Erlöse sowie das Nettobetriebsergebnis, das den einzustellenden Leistungen zuzurechnen ist, falls diese bekannt oder feststellbar sind
		b_2) hinsichtlich Rückstellungen für Verpflichtungen aus Umweltschutzmaßnahmen:
	EITF 93-5	$b_{2.1}$) sofern auf Verpflichtungen aus Umweltschutzmaßnahmen, die nicht kurzfristig fällig werden, in Ausübung des Wahlrechts gemäß EITF 93-5 Abzinsungen vorgenommen wurden, ist der jeweilige Bruttobetrag dieser Verpflichtungen sowie der zur Abzinsung verwendete Zinssatz anzugeben
		Für Abschlüsse der Geschäftsjahre, die nach dem 15. Dezember 1996 beginnen, ergeben sich gemäß SOP 96-1 zusätzlich folgende Angabepflichten:
	SOP 96-1.161 a.	$b_{2.2}$) die Art und der Betrag der zurückgestellten Verpflichtungen
	SOP 96-1.161 c.	$b_{2.3}$) sofern die Kriterien des SOP 94-6 (*„Disclosure of Certain Significant Risks and Uncertainties"*) auf zurückgestellte Verpflichtungen im Zusammenhang mit Umweltschutzmaßnahmen oder auf Vermögenswerte, die für erwartete Erstattungen angesetzt wurden, zutreffen, ist darauf hinzuweisen, dass Änderungen der diesen Bilanzpositionen zugrunde liegenden Annahmen und Schätzungen zumindest in gewissem Umfang möglich erscheinen
		$b_{2.4}$) ***darüber hinaus werden zusätzlich folgende Angaben empfohlen:***
	SOP 96-1.163 a.	$b_{2.4.1}$) ***die erwarteten Fälligkeiten der aus den Verpflichtungen resultierenden Abflüsse von wirtschaftlichem Nutzen***
	SOP 96-1.163 b.	$b_{2.4.2}$) ***die erwarteten Fälligkeiten voraussichtlicher Erstattungsansprüche***
	SOP 96-1.163 c.	$b_{2.4.3}$) ***sofern die Kriterien des SOP 94-6 („Disclosure of Certain Significant Risks and Uncertainties") auf zurückgestellte Verpflichtungen aus Umweltschutzmaßnahmen, auf Vermögenswerte, die für erwartete Erstattungen angesetzt wurden, oder auf Eventualverbindlichkeiten bzw. -forderungen im Zusammenhang mit Umweltschutzmaßnahmen zutreffen, sind die Faktoren anzugeben, welche Einfluss auf die den obigen Positionen zugrunde liegenden Annahmen und Schätzungen nehmen bzw. nehmen könnten***
	SOP 96-1.163 d.	$b_{2.4.4}$) ***sofern der Betrag der Verpflichtungen im Zusammenhang mit Umweltschutzmaßnahmen nicht hinreichend genau geschätzt werden konnte, ist dies zu begründen***
	SOP 96-1.163 e.	$b_{2.4.5}$) ***sofern zusätzliche Informationen zu Verpflichtungen aus Umweltschutzmaßnahmen, die sich auf bestimmte Grundstücke bzw. Geländeabschnitte beziehen, zum besseren Verständnis der Abschlussposten, des cash***

C. Angaben zur Bilanz

Lfd.Nr.	Grundlagen	Bewertungskriterien (*Disclosures*)
		flows oder des Betriebsergebnisses des berichtenden Unternehmens dienlich sind, empfiehlt SOP 96-1 vornehmlich die folgenden Angaben: $b_{2.4.5.1}$) ***der Betrag der zurückgestellten Verpflichtungen, die sich auf diese Grundstücke bzw. Geländeabschnitte beziehen*** $b_{2.4.5.2}$) ***die Art der Eventualverbindlichkeiten oder der über den für Eventualverbindlichkeiten passivierten Betrag hinausgehenden Verlustrisiken, die sich auf diese Grundstücke bzw. Geländeabschnitte beziehen, einschließlich einer Schätzung der finanziellen Auswirkungen oder eine Aussage darüber, dass eine solche Schätzung nicht mit vertretbarem Aufwand vorgenommen werden kann*** $b_{2.4.5.3}$) ***ggf. die Tatsache, wenn an dieser Umweltschutzmaßnahme andere Parteien oder Unternehmen beteiligt sind, sowie die anteiligen Verpflichtungen, die auf das berichtende Unternehmen entfallen*** $b_{2.4.5.4}$) ***der gegenwärtige Stand der planmäßigen Umweltschutzmaßnahmen, die sich auf diese Grundstücke bzw. Geländeabschnitte beziehen*** $b_{2.4.5.5}$) ***die erwarteten Fälligkeiten der aus diesen Verpflichtungen resultierenden Abflüsse von wirtschaftlichem Nutzen***
4.3. Langfristige Verbindlichkeiten		
(30.)		**Hinsichtlich langfristiger Verbindlichkeiten *(„long-term debt")* ergeben sich folgende Angabepflichten:**
	FAS 47.10 b.	a) der Gesamtbetrag der langfristigen Verbindlichkeiten und der Betrag der Verbindlichkeiten mit einer Restlaufzeit von mehr als fünf Jahren (ggf. Verbindlichkeitenspiegel)
	FAS 5.19 i.V.m. FAS 5.18	b) der Gesamtbetrag der langfristigen Verbindlichkeiten, die durch Pfandrechte oder ähnliche Rechte gesichert sind, unter Angabe von Art und Form der Sicherheiten
	FAS 57.2	c) die gesonderte Angabe langfristiger Verbindlichkeiten gegenüber nahestehenden Unternehmen *(„subsidiaries or affiliates")* oder nahestehenden Personen *(„officers, directors or principal stockholders")*
	APB 21.16	d) für Verbindlichkeiten, für die ein Disagio vereinbart wurde und die in Höhe des Geldzuflusses passiviert wurden, sind der Nennwert sowie der zugrunde gelegte Effektivzinssatz anzugeben, mit dem die Verbindlichkeiten in Folgejahren sukzessive auf den Bruttobetrag aufgezinst werden
	FAS 6.15	e) falls der kurzfristige Teil einer langfristigen Verbindlichkeit gem. FAS 6.15 als langfristige Verbindlichkeit gezeigt wird, weil eine langfristige Refinanzierung beabsichtigt wird: der Betrag der entsprechenden Verbindlichkeit und die Refinanzierungsbedingungen
	FAS 15.25	f) hinsichtlich durchgeführter Umschuldungsmaßnahmen in der Berichtsperiode ergeben sich weiterhin folgende Angabepflichten (wahlweise im Abschluss oder in den *notes*):
	a.	f_1) für jede Umschuldung: eine Beschreibung der wichtigsten Änderungen der Modalitäten sowie der Hauptmerkmale der Abwicklung
	b.	f_2) der Gesamtgewinn aus der Kreditorenumschichtung sowie der daraus resultierende Ertragsteuereffekt
	c.	f_3) der gesamte Nettogewinn oder -verlust aus Vermögensübertragungen in der Berichtsperiode
	d.	f_4) der Gewinn je Anteil aus der Kreditorenumschichtung *(„net of tax"*, d.h. unter Berücksichtigung von Ertragsteuereffekten)

C. Angaben zur Bilanz

Lfd.Nr.	Grundlagen	Bewertungskriterien (*Disclosures*)
	FAS 15.26	f_5) die im Buchwert der umgeschichteten Kreditoren enthaltenen bedingt fälligen Beträge sowie die Bedingungen, zu denen diese Beträge fällig oder erlassen werden
		Für Abschlüsse der Geschäftsjahre, die nach dem 30. Juni 1997 beginnen:
	SOP 97-1.17	g) hinsichtlich partiarischer Hypothekendarlehen ergeben sich des Weiteren folgende Angabepflichten: g_1) der Gesamtbetrag der partiarischen Hypothekenverpflichtungen zum Bilanzstichtag, die gesamten Konsortialverbindlichkeiten und die damit verbundenen Darlehensabgelder g_2) die Modalitäten der Beteiligungen seitens des Darlehensgebers entweder am Zuwachs des Marktwertes des hypothekarisch belasteten Immobilienprojektes oder an den Betriebsergebnissen aus dem hypothekarisch belasteten Immobilienprojekt, oder beides
		Zu weiteren Angabepflichten im Kontext mit Leasingverbindlichkeiten vgl. Punkt C.2.2.4. Leasing
4.4. Eigenkapital		
(31.)		**Hinsichtlich des Eigenkapitals („*stockholders' equity*") ergeben sich folgende Angabepflichten:**
		Für Abschlüsse der Berichtsperioden, die vor dem 16. Dezember 1997 enden:
		a) hinsichtlich des Gezeichneten Kapitals *(„capital stock"):*
	~~APB 15.19~~, ~~APB 10.10~~	a_1) innerhalb der Gliederung des *capital stock* der gesonderte Ausweis der Vorzugsaktien *(„preferred stock")* vor den Stammaktien *(„common stock")*
	APB 12.10	a_2) sowohl für Vorzugs- als auch für Stammaktien: die Anzahl aller zur Ausgabe zugelassenen *(„authorized shares")*, aller ursprünglich ausgegebenen *(„issued shares")* sowie der im Umlauf befindlichen Aktien *(„outstanding shares")*
	APB 12.10	a_3) den Nennwert der Anteile oder die Tatsache, dass die Anteile keinen Nennwert haben
	APB 12.10	a_4) eine Überleitungsrechnung der Anzahl der im Umlauf befindlichen Anteile vom Anfangsbestand auf den Endbestand der Berichtsperiode
	~~APB 15.19~~, ~~APB 10.10 -.11~~	a_5) die Rechte und Vorzugsrechte der Anteilseigner für die jeweilige Kategorie von Anteilen, z.B. Dividenden- und Liquidationsvorzüge, ungewöhnliche Stimmrechtskonditionen sowie Wandlungsrechte und -konditionen
	FAS 5.19 i.V.m. FAS 5.18	a_6) die Beschränkungen für die jeweilige Kategorie von Anteilen, einschließlich Beschränkungen bei der Ausschüttung von Dividenden und der Rückzahlung des Kapitals
	~~FAS 47.10 c.~~	a_7) die Rückzahlungsbeträge und -bedingungen hinsichtlich einziehbarer Aktien *(„redeemable stock")*
	~~APB 10.11~~, FAS 5.18-.19	a_8) die kumulierten rückständigen Dividenden für Vorzugsaktien
	~~APB 15.20~~, APB 25.14/ FAS 123.45 ff., SOP 93-6.14	a_9) die Anteile, die für eine zukünftige Ausgabe aufgrund von Optionen und Verkaufsverträgen vorgehalten werden, unter Angabe der Modalitäten und Beträge, sowie die diesbezüglich während der Berichtsperiode ausgegebenen Anteile
		b) hinsichtlich der Gewinnrücklagen *(„retained earnings"):*
	FAS 5.15	b_1) der Betrag der Gewinnrücklagen, die aufgrund von Restriktionen infolge von Satzungsbestimmungen oder infolge zweckgebundener Verwendungen nicht zur Ausschüttung gelangen können
	APB 9.26	b_2) die Berichtigung des Gewinnvortrags infolge der Behandlung eines Bilanzierungsfehlers in Vorjahren gemäß APB 20 (siehe hierzu auch ergänzende Anmerkungen Seite 351)
	ARB 43 ch. 7A.10, ARB 46.2	b_3) die Berichtigung des Gewinnvortrags aufgrund von Restrukturierungen oder Kapitalumschichtungen („Quasi-Restrukturierungen") im Jahr der Restrukturierung und in den zehn der Restrukturierung folgenden Geschäftsjahren

C. Angaben zur Bilanz		
Lfd.Nr.	**Grundlagen**	**Bewertungskriterien (*Disclosures*)**
	APB 6.12-.13	c) hinsichtlich eigener Anteile, die nach Ausgabe vom berichtenden Unternehmen zurückerworben wurden *(„treasury stock"):*
		c_1) die Anzahl der eigenen Aktien
		c_2) die Art der zurückerworbenen Anteile
		c_3) den Zeitpunkt des Rückerwerbs
		c_4) die angewandte Methode zur Berechnung des Eigenkapitaleffektes (Anschaffungskostenmethode *(„cost method")* oder Nennwertmethode *(„par value method"))*
	APB 12.10	d) die Abschlüsse haben als zusätzlichen verpflichtenden Bestandteil einen **Ausweisspiegel der Eigenkapitalveränderungen *(„statement of changes in stockholders' equity")*** zu beinhalten, der sämtliche Veränderungen des Eigenkapitals zeigt; hierbei ist für jeden Posten vom Anfangsbestand auf den Endbestand derart überzuleiten, dass alle wesentlichen Veränderungen angegeben werden
		Für Abschlüsse der Berichtsperioden, die nach dem 15. Dezember 1997 enden:
		a) hinsichtlich des Gezeichneten Kapitals *(„capital stock"):*
	FAS 129.4, FAS 129.6	a_1) innerhalb der Gliederung des *capital stock* der gesonderte Ausweis der Vorzugsaktien *(„preferred stock")* vor den Stammaktien *(„common stock")*
	APB 12.10	a_2) sowohl für Vorzugs- als auch für Stammaktien: die Anzahl aller zur Ausgabe zugelassenen *(„authorized shares")*, aller ursprünglich ausgegebenen *(„issued shares")* sowie der im Umlauf befindlichen Aktien *(„outstanding shares")*
	APB 12.10	a_3) den Nennwert der Anteile oder die Tatsache, dass die Anteile keinen Nennwert haben
	APB 12.10	a_4) eine Überleitungsrechnung der Anzahl der im Umlauf befindlichen Anteile vom Anfangsbestand auf den Endbestand der Berichtsperiode
	FAS 129.4, FAS 129.6-.7	a_5) die Rechte und Vorzugsrechte der Anteilseigner für die jeweilige Kategorie von Anteilen, z.B. Dividenden- und Liquidationsvorzüge, ungewöhnliche Stimmrechtskonditionen sowie Wandlungsrechte und -konditionen
	FAS 5.19 i.V.m. FAS 5.18	a_6) die Beschränkungen für die jeweilige Kategorie von Anteilen, einschließlich Beschränkungen bei der Ausschüttung von Dividenden und der Rückzahlung des Kapitals
	FAS 129.8	a_7) die Rückzahlungsbeträge und -bedingungen hinsichtlich einziehbarer Aktien *(„redeemable stock")*
	FAS 129.7, FAS 5.18-.19	a_8) die kumulierten rückständigen Dividenden für Vorzugsaktien
	FAS 129.5, APB 25.14/ FAS 123.45 ff., SOP 93-6.14	a_9) die Anteile, die für eine zukünftige Ausgabe aufgrund von Optionen und Verkaufsverträgen vorgehalten werden, unter Angabe der Modalitäten und Beträge, sowie die diesbezüglich während der Berichtsperiode ausgegebenen Anteile
	EITF 98-5	a_{10}) hinsichtlich – **nach dem 20. Mai 1999 ausgegebener** – wandelbarer Wertpapiere (Wandelschuldverschreibungen und wandelbare Vorzugsaktien), die einen vorteilhaften Umtausch oder bedingt variable Umtauschverhältnisse beinhalten, ergeben sich ferner folgende Angabepflichten:
		$a_{10.1}$) die Bedingungen, die dem Umtausch dieser Wertpapiere zugrunde liegen
		$a_{10.2}$) der Überhangbetrag des Marktwertes der Wertpapiere, welcher dem Inhaber bei Wandlung über den erhaltenen Erlös hinaus zufallen würde
		$a_{10.3}$) der Zeitraum, über den das Disagio amortisiert wird
		b) hinsichtlich der Gewinnrücklagen *(„retained earnings"):*
	FAS 5.15	b_1) der Betrag der Gewinnrücklagen, die aufgrund von Restriktionen infolge von Satzungsbestimmungen oder infolge zweckgebundener Verwendungen nicht zur Ausschüttung gelangen können

C. Angaben zur Bilanz		
Lfd.Nr.	**Grundlagen**	**Bewertungskriterien (*Disclosures*)**
	APB 9.26	b_2) die Berichtigung des Gewinnvortrags infolge der Behandlung eines Bilanzierungsfehlers in Vorjahren gemäß APB 20 (siehe hierzu auch ergänzende Anmerkungen Seite 351)
	ARB 43 ch. 7A.10, ARB 46.2	b_3) die Berichtigung des Gewinnvortrags aufgrund von Restrukturierungen oder Kapitalumschichtungen („Quasi-Restrukturierungen") im Jahr der Restrukturierung und in den zehn der Restrukturierung folgenden Geschäftsjahren
		c) **Für Geschäftsjahre, die nach dem 15. Dezember 1997 beginnen:** hinsichtlich des *comprehensive income* (Das Statement of Financial Accounting Concept No. 6 definiert *„comprehensive income"* als Veränderung des Eigenkapitals (Reinvermögens) innerhalb einer Abrechnungsperiode aufgrund von Geschäftsvorfällen oder sonstigen Sachverhalten außer Einzahlungen von und Ausschüttungen an Anteilseigner (CON 6.70)):
	FAS 130.14-.15	c_1) der separate Ausweis des *comprehensive income* innerhalb des Eigenkapitals getrennt von den Gewinnrücklagen und den Kapitalrücklagen sowie der separate Ausweis seiner Komponenten, bestehend aus *net income* und *other comprehensive income* (Das *other comprehensive income* beinhaltet die Umsätze, Aufwendungen, Gewinne und Verluste, die vom *net income* ausgeschlossen werden (FAS 130.10).), wobei die Begriffe *comprehensive income* und *other comprehensive income* nicht zwingend verwendet werden müssen
	FAS 130.17	c_2) der gesonderte Ausweis der folgenden Komponenten innerhalb des *other comprehensive income:* $c_{2.1}$) die Umrechnungsdifferenzen aus der Fremdwährungsumrechnung (vgl. ergänzende Erläuterungen Seite 352) $c_{2.2}$) die *minimum pension liability adjustments* (vgl. ergänzende Erläuterungen Seite 367 und 369) $c_{2.3}$) die unrealisierten Gewinne und Verluste im Zusammenhang mit *marketable securities* (vgl. ergänzende Erläuterungen Seite 354 und 355)
	FAS 130.18-.21	c_3) ***mögliche Doppelerfassungen innerhalb einer Abrechnungsperiode, beispielsweise bei Anwendung von FAS 115, machen Anpassungsumgliederungen erforderlich, da der Gesamtbetrag der unrealisierten Gewinne oder Verluste im „other comprehensive income" und das Ergebnis aus dem Abgang der Wertpapiere im „net income" enthalten ist; in der Darstellung des „comprehensive income" können die Komponenten des „other comprehensive income", für die eine derartige Anpassungsumgliederung erforderlich wird (ausgenommen hiervon sind „minimum pension liability adjustments"), entweder unter Berücksichtigung der entsprechenden Anpassung („net display") ausgewiesen werden oder die jeweilige Komponente des „other comprehensive income" und deren Anpassung werden separat gezeigt („gross display");*** *erfolgt im Abschluss eine Nettodarstellung, so ist in den „notes" der Betrag der jeweiligen Komponente des „other comprehensive income" sowie der jeweiligen Anpassungsumgliederung separat anzugeben*
	FAS 130.24-.25	c_4) ***die Bestandteile des „other comprehensive income" (einschließlich etwaiger Anpassungsumgliederungen) können entweder „vor oder nach Steuern" ausgewiesen werden;*** *erfolgt der Ausweis der einzelnen Komponenten des „other comprehensive income" unter Berücksichtigung der Ertragsteuereffekte („net of tax"), ist im Abschluss oder in den „notes" für jede Komponente des „other comprehensive income" zusätzlich der darauf entfallende Steueraufwand bzw. -ertrag anzugeben*
	FAS 130.26	c_5) innerhalb des Eigenkapitalspiegels ist der Gesamtbetrag des *other comprehensive income* als *accumulated other comprehensive income* getrennt von den Gewinnrücklagen und den Kapitalrücklagen als separater Posten auszuweisen

C. Angaben zur Bilanz		
Lfd.Nr.	**Grundlagen**	**Bewertungskriterien (*Disclosures*)**
	APB 6.12-.13	d) hinsichtlich eigener Anteile, die nach Ausgabe vom berichtenden Unternehmen zurückerworben wurden *(„treasury stock"):* d_1) die Anzahl der eigenen Aktien d_2) die Art der zurückerworbenen Anteile d_3) den Zeitpunkt des Rückerwerbs d_4) die angewandte Methode zur Berechnung des Eigenkapitaleffektes (Anschaffungskostenmethode *(„cost method")* oder Nennwertmethode *(„par value method"))*
	APB 12.10	e) die Abschlüsse haben als zusätzlichen verpflichtenden Bestandteil einen **Ausweisspiegel der Eigenkapitalveränderungen *(„statement of changes in stockholders' equity")*** zu beinhalten, der sämtliche Veränderungen des Eigenkapitals zeigt; hierbei ist für jeden Posten vom Anfangsbestand auf den Endbestand derart überzuleiten, dass alle wesentlichen Veränderungen angegeben werden
5. Erfolgsunsicherheiten		
(32.)		**Hinsichtlich Haftungsverhältnissen und sonstigen finanziellen Verpflichtungen *(„commitments and contingencies")* ergeben sich folgende Angabepflichten:**
	FAS 5.10	a) die Art der Eventualverbindlichkeiten, für die noch keine Rückstellungen gebildet wurden (Ausnahme: Eintritt ist unwahrscheinlich); ferner eine Schätzung der finanziellen Auswirkungen oder eine Aussage darüber, dass eine solche Schätzung nicht mit vertretbarem Aufwand vorgenommen werden kann
	FAS 5.10	b) die Art der über den für Eventualverbindlichkeiten passivierten Betrag hinausgehenden Verlustrisiken; ferner eine Schätzung der finanziellen Auswirkungen oder eine Aussage darüber, dass eine solche Schätzung nicht mit vertretbarem Aufwand vorgenommen werden kann
	FAS 5.12, FIN 34, EITF 85-20	c) die Art mündlich vereinbarter oder vertraglich festgeschriebener Garantien sowie übernommener Bürgschaften für Verbindlichkeiten eines Dritten; ferner eine Schätzung der finanziellen Auswirkungen oder eine Aussage darüber, dass eine solche Schätzung nicht mit vertretbarem Aufwand vorgenommen werden kann
	FAS 5.17	d) die Eventualgewinne, sofern die Realisierung wahrscheinlich ist
	FAS 5.19 i.V.m. FAS 5.18	e) die sonstigen finanziellen Verpflichtungen, beispielsweise Verpflichtungen aus nicht in Anspruch genommenen Akkreditiven, mehrjährige Verpflichtungen aus Miet- und Leasingverträgen (vgl. hierzu Punkt C.2.2.4. Leasing), Verpflichtungen aus langfristigen Abnahmeverträgen oder Verpflichtungen zum Erwerb von Sachanlagen; hinsichtlich langfristiger Abnahmeverpflichtungen, welche die Kriterien des FAS 47.6 erfüllen, ergeben sich des Weiteren folgende Angabepflichten:
	FAS 47.7 a.	e_1) die Art und die Laufzeit dieser Verpflichtung(en)
	FAS 47.7 b.	e_2) der Gesamtbetrag des festen und bestimmbaren Anteils dieser Verpflichtung(en) zum Bilanzstichtag sowie – falls bestimmbar – für jedes der fünf folgenden Geschäftsjahre
	FAS 47.7 c.	e_3) die Art aller variablen Elemente dieser Verpflichtung(en)
	FAS 47.7 d.	e_4) die aufgrund dieser Verpflichtung(en) erworbenen Mengen für jede dargestellte Berichtsperiode
	FAS 47.8	e_5) ***der Kapitalisierungszinssatz, welcher der Abzinsung der zukünftigen Zahlungen aus dieser(n) langfristigen Abnahmeverpflichtung(en) auf deren Barwert zum Bilanzstichtag zugrunde liegt (diese Angabe ist nicht zwingend erforderlich)***
	FAS 47.10 a.	e_6) die Summe der zukünftigen Zahlungen aufgrund von langfristigen Abnahmeverpflichtungen gemäß FAS 47.6, die buchmäßig in der Bilanz des berichtenden Unternehmens erfasst sind, für jedes der fünf folgenden Geschäftsjahre

D. Angaben zur Gewinn- und Verlustrechnung		
Lfd.Nr.	**Grundlagen**	**Bewertungskriterien (*Disclosures*)**
1. Ausweisvorschriften		
(33.)		***Die Gewinn- und Verlustrechnung ist grundsätzlich entsprechend dem Umsatzkostenverfahren zu gliedern. Sie kann sowohl in einem „single-step-format" als auch in dem am Erfolgsspaltungskonzept orientierten „multiple-step-format" dargestellt werden. Unabhängig vom gewählten Format sind die nachfolgenden Posten stets gesondert zu zeigen:***
	APB 9.6, APB 20.19 b. i.V.m. APB 20.20, APB 30.8, APB 30.11, APB 30.26, FAS 109.45	a) innerhalb des Ergebnisses der laufenden Geschäftstätigkeit vor Ertragsteuern *(„income from continuing operations before income taxes"):* a_1) das operative Ergebnis *(„operating income"),* das sich aus dem Bruttoergebnis vom Umsatz *(„gross profit")* und den sonstigen betrieblichen Aufwendungen, die in der Absicht anfallen,Verkaufsverträge zu erlangen *(„operating expenses"),* ergibt a_2) das nicht-operative Ergebnis *(„other income and expenses"),* das sich aus ungewöhnlichen oder nicht wiederkehrenden Aufwendungen und Erträgen ergibt *(„unusual or infrequent items")* b) die Steuern vom Einkommen und vom Ertrag *(„income tax expense or benefit")* bezogen auf das Ergebnis der laufenden Geschäftstätigkeit getrennt nach tatsächlichen und latenten Steuern c) das Ergebnis aus laufender Geschäftstätigkeit nach Steuern *(„income from continuing operations (net of tax)")* d) das Ergebnis aus der Einstellung von Geschäftsbereichen auf nach-Steuerbasis *(„operating results from discontinued operations (net of tax)"),* bestehend aus: d_1) den Nettoerfolgsbeiträgen aus der Geschäftstätigkeit des im Laufe des Geschäftsjahres aufgegebenen Geschäftsbereiches während der Berichtsperiode *(„income from operations of a discontinued segment")* zwischen Beginn des Geschäftsjahres und dem Stichtag, an dem sich die hierzu autorisierten Organe der Gesellschaft verpflichtet haben, einen konkreten Plan zur Schließung oder zum Verkauf eines Teilbetriebs umzusetzen *(„measurement date")* d_2) und dem Nettoerfolg aus: $d_{2.1}$) dem Gewinn bzw. Verlust aus der sog. *phase-out period,* d.h. der Geschäftstätigkeit zwischen dem *measurement date* und dem Verkaufsdatum bzw. Ende der Geschäftstätigkeit *(„income from operations of a discontinued segment from the measurement date to the disposal date")* und $d_{2.2}$) dem Gewinn bzw. Verlust aus dem Verkauf bzw. der Liquidation des Geschäftsbereiches *(„gain (loss) from the disposal of a discontinued segment")* e) das Ergebnis vor außerordentlichen Posten und dem kumulativen Effekt aus einem Wechsel der Rechnungslegungsprinzipien auf nach-Steuerbasis *(„income before extraordinary items and cumulative effect of a change in accounting principles (net of tax)")* f) das außerordentliche Ergebnis auf nach-Steuerbasis *(„income from extraordinary items (net of tax)")* g) die kumulierten Auswirkungen infolge von Änderungen der angewandten Rechnungslegungsgrundsätze auf nach-Steuerbasis *(„cumulative effect of a change in accounting principles (net of tax)")* h) die Minderheitenanteile am Konzernjahreserfolg auf nach-Steuerbasis *(„minority interests (net of tax)")* i) der (Konzern)-Jahresüberschuss/-fehlbetrag *(„net income")*
	APB 30.9 i.V.m. ~~APB 15.12~~/ FAS 128.36, APB 20.19 d. i.V.m. APB 20.21	j) **im Anschluss an die Gewinn- und Verlustrechnung ergeben sich des Weiteren folgende Angabepflichten:** j_1) das Ergebnis je Aktie *(„Earnings per share" (EPS))* j_2) bei Änderungen der angewandten Rechnungslegungsgrundsätze im laufenden Geschäftsjahr ist für jede dargestellte Berichtsperiode zusätzlich das durch Pro-forma-Rechnung ermittelte Ergebnis vor außerordentlichen Posten und das durch Pro-forma-Rechnung ermittelte Jahresergebnis anzugeben, die sich ergeben hätten, wenn die neue Methode bereits in der Vergangenheit angewandt worden wäre

D. Angaben zur Gewinn- und Verlustrechnung		
Lfd.Nr.	**Grundlagen**	**Bewertungskriterien (*Disclosures*)**
2. Bruttoergebnis vom Umsatz		
(34.)		**Hinsichtlich des Bruttoergebnisses vom Umsatz (*„gross profit“*) ergeben sich folgende Angabepflichten:**
	ARB 43 ch. 4	a) der separate Ausweis der Umsatzerlöse (*„net sales or revenues“*) sowie der als Aufwand gebuchten Kosten der verkauften Produkte und Leistungen in der Rechnungsperiode (*„cost of goods sold“*)
	ARB 43 ch. 4	b) sofern mehrere bedeutende Einnahmequellen vorliegen, die in ihrer Art sehr unterschiedlich sind, z.B. Umsätze aus Produktverkäufen und Leasingeinnahmen, sind diese getrennt voneinander in der Gewinn- und Verlustrechnung auszuweisen; in diesem Fall sind die angefallenen Kosten für diese Umsätze ebenfalls getrennt anzugeben
	FAS 48.3-.8	c) der Bruttoumsatz und die angewandte Methode der Umsatzrealisierung bei Transaktionen mit vereinbartem Rückgaberecht
		d) **<u>hinsichtlich Tauschgeschäften mit Rechten oder Dienstleistungen, die Werbemaßnahmen beinhalten, nach dem 20. Januar 2000:</u>**
	EITF 99-17	für jede dargestellte Berichtsperiode die Erlöse und Aufwendungen aus Tauschgeschäften mit Rechten oder Dienstleistungen, die Werbemaßnahmen beinhalten; sofern ein Unternehmen derartige Tauschgeschäfte tätigt, jedoch der Marktwert der getauschten Rechte oder Dienstleistungen nicht hinreichend genau bestimmt werden kann, ist des Weiteren der Umfang sowie die Art der in die durchgeführten Tauschgeschäfte einbezogenen Rechte oder Dienstleistungen anzugeben
3. Betriebliche Aufwendungen		
(35.)		**Hinsichtlich betrieblicher Aufwendungen (*„operating expenses“*) ergeben sich folgende Angabepflichten:**
		a) die Untergliederung der betrieblichen Aufwendungen in folgende Kategorien:
	ARB 43 ch. 4	a_1) *selling expenses* (Vertriebskosten)
	ARB 43 ch. 4	a_2) *general and administrative expenses* (Allgemein- und Verwaltungskosten)
	FAS 2.13	a_3) *research and development expenses* (Forschungs- und Entwicklungskosten)
	APB 12.5 a., FAS 13.13, APB 17.30	b) die planmäßigen Abschreibungen der Berichtsperiode für jeden Posten der Sachanlagen und immateriellen Vermögenswerte
	FAS 121.13, FAS 121.18	c) die außerplanmäßigen Abschreibungen auf langfristige Aktiva, einschließlich folgender Angaben:
	FAS 121.14 a.	c_1) eine Beschreibung der betroffenen Vermögenswerte sowie der Umstände bzw. Ereignisse, die zu den außerplanmäßigen Abschreibungen führten
	FAS 121.14 b.	c_2) die Höhe der außerplanmäßigen Abschreibungen sowie das Verfahren, das der Ermittlung des *fair value* (Zeitwert der Vermögenswerte) zugrunde liegt
	FAS 121.14 c.	c_3) der bzw. die Posten der Gewinn- und Verlustrechnung, in dem bzw. in denen die außerplanmäßigen Abschreibungen enthalten sind, soweit diese nicht separat in der Gewinn- und Verlustrechnung gezeigt werden
	FAS 121.14 d.	c_4) das berichtspflichtige Segment, zu dem der bzw. die betreffende(n) Vermögenswert(e) gehören
		c_5) hinsichtlich außerplanmäßiger Abschreibungen auf zur Veräußerung bestimmte Vermögenswerte für den Fall, dass der erzielbare Verkaufspreis (abzüglich anfallender Verkaufskosten) deren Buchwert unterschreitet:
	FAS 121.19 a.	$c_{5.1}$) eine Beschreibung der zur Veräußerung bestimmten Vermögenswerte, die Umstände bzw. Ereignisse, die zur Veräußerung führen, das voraussichtliche Datum, an dem das wirtschaftliche Eigentum an den Vermögenswerten auf den Käufer übergeht, sowie der Buchwert dieser Vermögenswerte

D. Angaben zur Gewinn- und Verlustrechnung		
Lfd.Nr.	**Grundlagen**	**Bewertungskriterien (*Disclosures*)**
	FAS 121.19 b.	$c_{5.2}$) das berichtspflichtige Segment, zu dem der bzw. die betreffende(n)Vermögenswert(e) gehören
	FAS 121.19 c.	$c_{5.3}$) die Höhe der außerplanmäßigen Abschreibungen für den Fall, dass der erzielbare Verkaufspreis von zu veräußernden *assets* abzüglich der anfallenden Verkaufskosten deren Buchwert unterschreitet
	FAS 121.19 d.	$c_{5.4}$) die Höhe der in der Berichtsperiode vorgenommenen außerplanmäßigen Abschreibungen auf zur Veräußerung bestimmte Vermögenswerte (vor der Veräußerung) für den Fall, dass der *fair value* den aktuellen Buchwert unterschreitet
	FAS 121.19 e.	$c_{5.5}$) der bzw. die Posten der Gewinn- und Verlustrechnung, in dem bzw. in denen die außerplanmäßigen Abschreibungen enthalten sind, soweit diese nicht separat in der Gewinn- und Verlustrechnung gezeigt werden
	FAS 121.19 f.	$c_{5.6}$) der erzielbare Nettoerlös (nach Abzug der Verkaufskosten) aus der Veräußerung jener Vermögenswerte
4. Sonstige Erträge und Aufwendungen		
(36.)		**Hinsichtlich Erträgen und Aufwendungen, die nur indirekt mit dem gewöhnlichen Geschäftsbetrieb des Unternehmens in Beziehung stehen *(„other income and expenses“)*, ergeben sich folgende Angabepflichten:**
	APB 30.26	a) die Art und die Auswirkung von wesentlichen ungewöhnlichen oder nicht wiederkehrenden Ereignissen und Transaktionen
	FAS 34.21; **FAS 49.9**	b) der Gesamtbetrag der in der Berichtsperiode angefallenen Zinsaufwendungen sowie der Betrag der unterjährig aktivierten Finanzierungskosten; Zinsaufwendungen, die im Zusammenhang mit Produktfinanzierungsverträgen gemäß FAS 49 anfallen, sind gesondert anzugeben
	APB 18.19 c.	c) der gesonderte Ausweis von Anteilen an den Gewinnen oder Verlusten von assoziierten Unternehmen, die nach der Equity-Methode erfasst werden
	FAS 52.30 i.V.m. **FAS 52.141/** **FAS 133.527 f.**	d) der Gesamtbetrag der im Periodenergebnis des laufenden Geschäftsjahres enthaltenen Währungsgewinne oder -verluste (wahlweise in der Gewinn- und Verlustrechnung oder im Anhang)
5. Stilllegung / Veräußerung von Betriebsteilen		
(37.)		**Hinsichtlich der Stilllegung oder Veräußerung von Geschäftsbereichen *(„discontinued operations“)* ergeben sich folgende Angabepflichten:**
	APB 30.18 a.	a) die Art der Geschäftstätigkeit in einem *segment of a business*, das bereits eingestellt worden ist bzw. in Zukunft eingestellt wird
	APB 30.18 b.	b) das Datum, zu dem die Beendigung der Einstellung erfolgt ist, bzw. das voraussichtliche Datum, zu dem die Beendigung der Einstellung erwartet wird
	APB 30.18 c.	c) die Art und Weise der Einstellung (Verkauf oder Stilllegung)
	APB 30.18 d.	d) eine Beschreibung der im Unternehmen verbliebenen Vermögensgegenstände und Schulden eingestellter Geschäftsbereiche zum Bilanzstichtag
	APB 30.18 e. **i.V.m.** **APB 30.8**	e) der Gewinn oder Verlust vor Steuern aus der Veräußerung bzw. Schließung von Geschäftsbereichen im laufenden Bilanzierungszeitraum, der sich wie folgt zusammensetzt: ▪ Gewinn (Verlust) aus der sog. *phase-out period,* d.h. der Geschäftstätigkeit zwischen *measurement date* und dem Verkaufsdatum *(„disposal date“)* bzw. Ende der Geschäftstätigkeit ▪ Gewinn (Verlust) aus dem Verkauf bzw. der Liquidation des *segment of a business,* sowie der damit verbundene Ertragsteueraufwand
	APB 30.8	f) die Höhe der Erlöse sowie des Gewinnes bzw. Verlustes aus gewöhnlicher Geschäftstätigkeit (vor Steuern), die eingestellten bzw. einzustellenden Geschäftsbereichen im laufenden Bilanzierungszeitraum zuzurechnen sind, sowie der damit verbundene Ertragsteueraufwand

D. Angaben zur Gewinn- und Verlustrechnung		
Lfd.Nr.	**Grundlagen**	**Bewertungskriterien (*Disclosures*)**
6. Außerordentliche Erträge und Aufwendungen		
(38.)		**Hinsichtlich außerordentlicher Posten (*„extraordinary items“*) ergeben sich folgende Angabepflichten:**
	APB 30.11	a) die Art und der Betrag der außerordentlichen Posten (auf nach-Steuerbasis) innerhalb des Gliederungsschemas der Gewinn- und Verlustrechnung; bei Angabe im Anhang ist der Gesamtbetrag der außerordentlichen Posten (nach Steuern) innerhalb des Gliederungsschemas der Gewinn- und Verlustrechnung gesondert auszuweisen b) die Beschreibung der Art von außerordentlichen Ereignissen und Transaktionen in der Berichtsperiode sowie der Zusammensetzung und der wesentlichen Bestandteile des außerordentlichen Ergebnisses; gesondert anzugeben sind insbesondere:
	APB 18.19 d.	b_1) Anteile an Gewinnen oder Verlusten aus außerordentlichen Posten assoziierter Unternehmen, die nach der Equity-Methode erfasst werden
	FAS 4.8-.10, FAS 15.21	b_2) Erfolgsbeiträge im Zusammenhang mit einem Schuldenerlass oder durchgeführter Umschuldungsmaßnahmen in der Berichtsperiode (vgl. ergänzende Erläuterungen unter Gliederungspunkt J.2. Übertragung und Verbriefung von Finanzaktiva / Schuldenerlass)
	APB 16.60	b_3) Erfolgsbeiträge aus der Veräußerung wesentlicher Vermögensgegenstände oder der Schließung bedeutender Geschäftsbereiche innerhalb von zwei Jahren nach Vollzug eines nach der *pooling-of-interests*-Methode bilanzierten Unternehmenszusammenschlusses
	APB 30.11	c) der Betrag der auf die einzelnen ausgewiesenen außerordentlichen Posten entfallenden Ertragsteuern
	FAS 109.245	d) der Betrag der Minderung des tatsächlichen oder latenten Steueraufwandes auf das außerordentliche Ergebnis aufgrund der Nutzung bisher nicht berücksichtigter steuerlicher Verluste, die aus außerordentlichen Posten der Vorjahre resultieren
7. Steuern vom Einkommen und vom Ertrag		
(39.)		**Hinsichtlich des Steueraufwandes oder -ertrages (*„tax expense or benefit“*) des Geschäftsjahres ergeben sich folgende Angabepflichten:**
	FAS 109.46, FAS 109.35-.39	a) der Steueraufwand oder -ertrag des Geschäftsjahres, aufgeteilt nach: a_1) *continuing operations* a_2) *discontinued operations* a_3) *extraordinary items* a_4) direkten Eigenkapitalbuchungen, die einen Steuereffekt beinhalten
	FAS 109.45	b) die bedeutsamen Komponenten des den *continuing operations* zugeordneten Steueraufwandes oder -ertrages (wahlweise in der Gewinn- und Verlustrechnung oder in den *notes)*, wie z.B.: b_1) laufender Steueraufwand oder -ertrag b_2) latenter Steueraufwand oder -ertrag b_3) den Steueraufwand vermindernde staatliche Zuschüsse b_4) genutzte Vorteile aus Verlustvorträgen b_5) die Auswirkung von Änderungen des Steuersatzes, der Steuergesetzgebung oder des Steuerstatus auf die latenten Steuerposten (vgl. hierzu auch EITF 93-13) b_6) Steueraufwand oder -ertrag aus der Veränderung der *valuation allowance*
	FAS 109.47	c) die Überleitung zwischen der *effective tax rate* und der *statutory tax rate* unter Verwendung von Prozentzahlen oder Beträgen bzw. die Überleitung vom theoretischen (erwarteten) Steueraufwand bei Anwendung des regulären Steuersatzes auf das *pretax income from continuing operations* und dem ausgewiesenen *income tax expense from continuing operations* ***<u>Anmerkung:</u>*** ***Bei den Überleitungsposten, die im Einzelnen anzugeben sind, handelt es sich im Wesentlichen um permanente Unterschiede, unterschiedliche Steuersätze bei ausländischen Einkünften und die Veränderung einer vorhandenen „valuation allowance“.***

D. Angaben zur Gewinn- und Verlustrechnung		
Lfd.Nr.	**Grundlagen**	**Bewertungskriterien (*Disclosures*)**
	FAS 109.48 (a)	d) die vorhandenen Verlustvorträge und *tax credits* sowie deren Verfallszeitraum
	FAS 109.48 (b)	e) ggf. die nachträgliche Eliminierung der *valuation allowance* auf aktive latente Steuerabgrenzungsposten für erworbene steuerliche Verlustvorträge bei *purchase business combinations,* die sich in der Minderung des Wertansatzes des Goodwill und der übrigen immateriellen *assets* der erworbenen Einheit niederschlägt
	FAS 109.49	f) hinsichtlich der Abgabe eines *consolidated tax return* ergeben sich des Weiteren folgende Angabepflichten:
	a.	f_1) der Gesamtbetrag der laufenden und latenten Steueraufwendungen für jede dargestellte Berichtsperiode sowie der Betrag, der auf verbundene Unternehmen entfällt
	b.	f_2) die Methode, nach welcher der laufende und latente Steueraufwand auf die einzelnen Organe aufgeteilt wird; ggf. ist die Art und die Auswirkung einer Methodenänderung in der Berichtsperiode anzugeben
8. Ergebnis je Aktie		
(40.)	**~~APB 15~~/ FAS 128, vgl. des Weiteren: EITF Topic No. D-42, D-53, D-62, D-72, D-82**	***Vorbemerkung:*** ***Die Angabe des Ergebnisses je Aktie („Earnings per share" (EPS)) sowie detaillierter Angaben zu dessen Berechnung ist für alle Unternehmen verpflichtend, deren Aktien öffentlich gehandelt werden oder welche die Ausgabe von Stammaktien oder potentiellen Stammaktien an einer Wertpapierbörse in die Wege geleitet haben. Zwecks Vereinfachung und Anpassung an die IAS („International Accounting Standards") wurde 1997 die Berechnungsmethode der „Earnings per share" mit der Veröffentlichung von FAS 128 („Earnings per Share") verändert und die bisherigen Regelungen der APB Opinion No. 15 („Earnings per Share") außer Kraft gesetzt.*** ***Die Offenlegung von EPS-Daten gemäß FAS 128 ist sowohl für Jahres- als auch für Zwischenabschlüsse der Berichtsperioden, die nach dem 15. Dezember 1997 enden, obligatorisch. 100%ige Tochterunternehmen nicht börsennotierter Unternehmen und „investment companies" sind von der Offenlegungspflicht ausgenommen (FAS 128.6). Unternehmen, die auf freiwilliger Basis das Ergebnis je Aktie angeben, haben dies in Übereinstimmung mit den Regelungen des FAS 128 zu ermitteln und anzugeben (FAS 128.6).*** ***Im Folgenden werden zunächst die bisher geltenden Angabepflichten der APB Opinion No. 15 dargestellt, da sie für das Geschäftsjahr 1996 noch relevant sind, im Anschluss daran werden die Angabepflichten des FAS 128 behandelt.***
		Für Abschlüsse der Berichtsperioden, die vor dem 16. Dezember 1997 enden, ergeben sich folgende Angabepflichten:
	~~APB 15.12 -.17~~	a) für Gesellschaften, die eine einfache Kapitalstruktur aufweisen, ist für jede dargestellte Berichtsperiode das unverwässerte Ergebnis je Aktie *(„primary earnings per share")* bezogen auf das Ergebnis vor außerordentlichen Posten sowie auf Basis des Jahresüberschusses/-fehlbetrages anzugeben; für Gesellschaften, die eine komplexe Kapitalstruktur aufweisen, d.h. neben Stamm- und Vorzugsaktien auch *potential common stock* ausgegeben haben, ist für jede dargestellte Berichtsperiode neben der Angabe der *primary earnings per share* zusätzlich das verwässerte Ergebnis je Aktie *(„fully diluted earnings per share")* bezogen auf das Ergebnis vor außerordentlichen Posten sowie auf Basis des Jahresüberschusses/-fehlbetrages in der Gewinn- und Verlustrechnung anzugeben
	~~APB 15.13 i.V.m.~~ APB 20.20, APB 30.9	b) für Gesellschaften, die *discontinued operations, extraordinary items* oder einen *cumulative effect of a change in accounting principles* ausweisen, sind zusätzlich für jede dargestellte Berichtsperiode die daraus resultierenden *earnings/losses per share* in der Gewinn- und Verlustrechnung oder alternativ in den *notes* anzugeben

D. Angaben zur Gewinn- und Verlustrechnung		
Lfd.Nr.	**Grundlagen**	**Bewertungskriterien (*Disclosures*)**
	~~APB 15.20~~ -.21	c) die zur Berechnung des unverwässerten und verwässerten Ergebnisses je Aktie als Zähler verwendeten Beträge sowie eine Überleitungsrechnung der entsprechenden Beträge zum Periodenergebnis
	~~APB 15.20~~ -.21	d) den gewichteten Durchschnitt der Anzahl der Stammaktien, welcher in den Nenner zur Berechnung des unverwässerten und verwässerten Ergebnisses je Aktie eingeht, sowie eine Überleitungsrechnung der jeweiligen Nenner zueinander
	~~APB 15.22~~ -.23	e) wurden infolge Veränderungen der Aktienzahl oder der in Stammaktien konvertierbaren Wertpapiere, die zwar erst nach dem Bilanzstichtag jedoch vor Veröffentlichung des Jahresabschlusses eingetreten sind, der gewichtete Durchschnitt der im Geschäftsjahr ausstehenden Stammaktien bzw. der in Stammaktien konvertierbaren Wertpapiere verändert, ist dieser Tatbestand anzugeben
		Für Abschlüsse der Berichtsperioden, die nach dem 15. Dezember 1997 enden, ergeben sich folgende Angabepflichten:
	FAS 128.36, FAS 128.38	a) für Gesellschaften, die eine einfache Kapitalstruktur aufweisen, ist für jede dargestellte Berichtsperiode das unverwässerte Ergebnis je Aktie *(„basic earnings per share")* bezogen auf das Ergebnis aus laufender Geschäftstätigkeit sowie auf Basis des Jahresüberschusses/-fehlbetrages in der Gewinn- und Verlustrechnung anzugeben; für Gesellschaften, die eine komplexe Kapitalstruktur aufweisen, d.h. neben Stamm- und Vorzugsaktien auch *potential common stock* ausgegeben haben, ist für jede dargestellte Berichtsperiode neben der Angabe der *basic earnings per share* zusätzlich das verwässerte Ergebnis je Aktie *(„diluted earnings per share")* bezogen auf das Ergebnis aus laufender Geschäftstätigkeit sowie auf Basis des Jahresüberschusses/-fehlbetrages in der Gewinn- und Verlustrechnung anzugeben
	FAS 128.37, FAS 128.38 i.V.m. APB 20.20, APB 30.9	b) für Gesellschaften, die *discontinued operations, extraordinary items* oder einen *cumulative effect of a change in accounting principles* ausweisen, sind zusätzlich für jede dargestellte Berichtsperiode die daraus resultierenden *earnings/losses per share* in der Gewinn- und Verlustrechnung oder alternativ in den *notes* anzugeben; zusätzliche Beträge je Aktie, die mittels eines im Bericht enthaltenen Bestandteiles des Periodengewinns in Übereinstimmung mit den Regelungen des FAS 128 auf freiwilliger Basis ermittelt wurden, sind nicht in der Gewinn- und Verlustrechnung, sondern in den *notes* zu zeigen (überdies ist anzugeben, ob sich diese auf ein Ergebnis vor Steuern oder ein Ergebnis auf nach-Steuerbasis beziehen)
	FAS 129.40	c) zudem ergeben sich für jede dargestellte Berichtsperiode folgende Angabepflichten:
	a.	c_1) die zur Berechnung der *basic earnings per share* sowie der *diluted earnings per share* als Zähler und Nenner verwendeten Beträge; diese Angaben sind um Überleitungsrechnungen zur Bestimmung der jeweiligen Zähler- und Nennergröße zu ergänzen
	b.	c_2) die auf Vorzugsaktien *(„preferred stock")* entfallenden Dividenden der Berichtsperiode sowie die ausstehenden Dividenden auf Vorzugsaktien, die in den Zähler zur Berechnung der *basic earnings per share* eingehen
	c.	c_3) die Wertpapiere, die in zukünftigen Berichtsperioden voraussichtlich zur Verwässerung der EPS-Daten führen, jedoch bei der Ermittlung der *diluted earnings per share* in der laufenden Berichtsperiode nicht berücksichtigt wurden, da bei ihrer Einbeziehung die *earnings per share* steigen würden und damit von ihnen keine verwässernde Wirkung ausgeht *(„antidilution")*
	FAS 128.41, FAS 128.54	d) wurden infolge Veränderungen der Aktienzahl oder der in Stammaktien konvertierbaren Wertpapiere, z.B. durch Kapitalerhöhungen aus Gesellschaftsmitteln, Aktienzusammenlegungen, Aktiensplits oder Gratisaktien, die zwar erst nach dem Bilanzstichtag jedoch vor Veröffentlichung des Jahresabschlusses eingetreten sind, der gewichtete Durchschnitt der im Geschäftsjahr ausstehenden Stammaktien bzw. der in Stammaktien konvertierbaren Wertpapiere verändert, ist dieser Tatbestand anzugeben

E. Angaben über Ereignisse nach dem Bilanzstichtag		
Lfd.Nr.	**Grundlagen**	**Bewertungskriterien (*Disclosures*)**
(41.)	FAS 5.11, AU § 560.05-.09, AU § 561.01-.10	**Hinsichtlich Ereignissen nach dem Bilanzstichtag, die wertbegründenden (nicht wertaufhellenden) Charakter haben, aber für die Beurteilung der Vermögens-, Finanz- und Ertragslage durch den Bilanzleser von entscheidender Bedeutung sind, ergeben sich folgende Angabepflichten:** a) eine Beschreibung der Art der Ereignisse b) eine Schätzung der finanziellen Auswirkungen der Ereignisse oder eine Aussage darüber, dass eine solche Schätzung nicht mit vertretbarem Aufwand vorgenommen werden kann c) sofern die Auswirkung der wertbeeinflussenden Ereignisse zuverlässig geschätzt werden kann, ist die Auswirkung auf die entsprechenden Posten des Abschlusses anzugeben *(„pro forma financial data“)*; die Angabe der Auswirkung kann ggf. auch direkt in der Bilanz erfolgen *(„pro forma statements“)*

F. Angaben zum Konzernabschluss		
Lfd.Nr.	**Grundlagen**	**Bewertungskriterien (*Disclosures*)**
(42.)		**Hinsichtlich Konzernabschlüssen ergeben sich zusätzlich folgende Angabepflichten:**
		a) für Unternehmenszusammenschlüsse, die als Interessenzusammenführung zu qualifizieren und gemäß APB 16 nach der Interessenzusammenführungsmethode *(„pooling-of-interests method“)* zu behandeln sind, ergeben sich in der Berichtsperiode des Unternehmenszusammenschlusses folgende Angabepflichten:
	APB 16.64 a.	a_1) der Name einschließlich einer kurzen Beschreibung der zusammengeschlossenen Unternehmen
	APB 16.64 b. i.V.m. APB 16.57, APB 16.63	a_2) die für den Unternehmenszusammenschluss angewandte Bilanzierungsmethode – Anwendung der *pooling-of-interests*-Methode; hierbei wird für das laufende Geschäftsjahr fingiert, dass das vereinte Unternehmen zu Beginn des Geschäftsjahres entstanden sei; die Bilanz und die Gewinn- und Verlustrechnung der zusammengeschlossenen Unternehmen der vergangenen Referenzjahre sind zusammenzufassen und derart umzustellen *(„restatement“)*, als ob diese Unternehmen bereits zu Beginn der ersten präsentierten Berichtsperiode vereint gewesen wären (Pro-forma)
	APB 16.64 c.	a_3) eine Beschreibung und die Anzahl der ausgegebenen Aktien, die zur Durchführung der Interessenzusammenführung getauscht wurden
	APB 16.64 d., g. i.V.m. APB 16.56	a_4) die Umsatzerlöse, die außerordentlichen Posten sowie das Periodenergebnis der sich vereinigenden Unternehmen bis zum Tag des Zusammenschlusses, die in das Nettoergebnis, das im Abschluss des zusammengeführten Unternehmens gezeigt wird, eingeflossen sind
	APB 16.64 e. i.V.m. APB 16.52	a_5) eine Beschreibung der Art der Anpassungsbuchungen, wenn eines der sich vereinigenden Unternehmen bislang abweichenden Bilanzierungs- und Bewertungsnormen gefolgt ist; des Weiteren die Auswirkung der Anpassungsbuchungen auf das Jahresergebnis des betreffenden Unternehmens, das in das Nettoergebnis, das im Abschluss des zusammengeführten Unternehmens gezeigt wird, eingeflossen ist
	APB 16.64 f.	a_6) die Veränderung der *retained earnings* durch Anpassungen infolge abweichender Geschäftsjahre der in den Konzernabschluss einzubeziehenden Unternehmen
	APB 16.56	a_7) die Art nicht-wiederkehrender Geschäftsvorfälle mit verbundenen Unternehmen vor dem Unternehmenszusammenschluss (zuvor noch als Geschäftsvorfälle mit außenstehenden Dritten zu werten), die langfristige Aktiva bzw. Passiva betreffen und bei der erstmaligen Konsolidierung nicht eliminiert wurden, sowie deren Auswirkung auf das Ergebnis je Aktie

F. Angaben zum Konzernabschluss		
Lfd.Nr.	**Grundlagen**	**Bewertungskriterien (*Disclosures*)**
	APB 16.65 i.V.m. APB 16.61-.62	a_8) stehen Geschäftsberichte einzelner Unternehmen auf einen Bilanzstichtag aus, der vor dem Zeitpunkt der Vereinigung liegt, so ist in dem jeweiligen Bericht des betreffenden Unternehmens zusätzlich auf die inzwischen vollzogene Verbindung einzugehen (aber noch auf selbständiger Basis zu berichten); hierzu sind die Umsatzerlöse, das Jahresergebnis, das Ergebnis je Aktie sowie die Auswirkungen erwarteter Änderungen von Bilanzierungs- und Bewertungsmethoden auf Pro-forma-Basis anzugeben, als ob der Unternehmenszusammenschluss bereits zum Bilanzstichtag vollzogen gewesen wäre
		b) für Unternehmenszusammenschlüsse, die als Unternehmenserwerb zu qualifizieren und gemäß APB 16 nach der Erwerbsmethode *(„purchase method")* zu behandeln sind, ergeben sich in der Berichtsperiode des Unternehmenserwerbs folgende Angabepflichten:
	APB 16.95 a.	b_1) der Name einschließlich einer kurzen Beschreibung des erworbenen Unternehmens
	APB 16.95 b.	b_2) die für den Unternehmenszusammenschluss angewandte Bilanzierungsmethode – Anwendung der Erwerbsmethode
	APB 16.95 c.	b_3) der für die Bilanzierung maßgebliche Zeitpunkt der Wirksamkeit des Unternehmenszusammenschlusses
	APB 16.95 d.	b_4) die Anschaffungskosten und eine Beschreibung der bereits erbrachten oder eventuell noch zu erbringenden Gegenleistung
	APB 16.95 e. i.V.m. APB 17.27-.31	b_5) die angewandte Bilanzierungsmethode für den Geschäfts- oder Firmenwert oder den negativen Unterschiedsbetrag mit Angabe der angewandten Abschreibungsmethode und des Abschreibungszeitraumes
	APB 16.95 f. i.V.m. EITF 95-8	b_6) die bedingten Zahlungen, Bezugsrechte oder Verpflichtungen, die Bestandteil des Kaufvertrages sind, einschließlich ihrer bilanziellen Behandlung
	FAS 38.10 i.V.m. FAS 38.5-.6	b_7) eine Beschreibung der *preacquisition contingencies*, die bei der Bestimmung der beizulegenden Zeitwerte der im Rahmen des Unternehmenszusammenschlusses übernommenen Vermögenswerte und Schulden zu berücksichtigen sind (vgl. hierzu auch APB 16.88)
	EITF 95-3	b_8) hinsichtlich Restrukturierungs- oder Stilllegungsmaßnahmen, die sich aus dem Unternehmenserwerb ergeben und aus Sicht des Konzerns zu erheblichen zukünftigen Belastungen führen, ergeben sich gemäß EITF 95-3 des Weiteren folgende Angabepflichten:
		$b_{8.1}$) sofern zum Bilanzstichtag noch kein formeller Plan über die durchzuführenden Restrukturierungs- oder Stilllegungsmaßnahmen vorliegt, der von der Unternehmensleitung genehmigt wurde, sind die noch nicht definitiv festgelegten Bestandteile des Restrukturierungsplanes, die Art der erwarteten zusätzlichen Verpflichtungen, die zu einer nachträglichen Berichtigung der Anschaffungskosten des erworbenen Untemehmens führen können, sowie die Auswirkungen dieser Berichtigungen auf die Darstellung im Abschluss zu beschreiben
		$b_{8.2}$) sofern zum Bilanzstichtag ein formeller Plan über die durchzuführenden Restrukturierungs- oder Stilllegungsmaßnahmen vorliegt, der von der Unternehmensleitung genehmigt wurde, ist die Art und der Betrag der bilanzierten Verpflichtungen aus Restrukturierungs- oder Stilllegungsmaßnahmen, die sich aus dem Unternehmenserwerb ergeben und in den Anschaffungskosten des erworbenen Unternehmens berücksichtigt wurden, anzugeben
		$b_{8.3}$) eine Beschreibung aller notwendigen Maßnahmen, die zur Durchführung des Restrukturierungsplanes notwendig sind, die Leistungen („*activities*", beispielsweise Produkte, Produktgruppen, Serviceleistungen oder Teilbetriebe) des erworbenen Unternehmens, die eingestellt werden, die Art und Weise, in der die Einstellung der Leistungen erfolgt (z.B. Veräußerung oder Schließung), das voraussichtliche Datum, zu dem die Beendigung der Einstellung erwartet wird, sowie eine Beschreibung der von den Restrukturierungsmaßnahmen betroffenen Gruppe(n) von Arbeitnehmern

F. Angaben zum Konzernabschluss		
Lfd.Nr.	**Grundlagen**	**Bewertungskriterien (*Disclosures*)**
		$b_{8.4}$) in Abschlüssen der Geschäftsjahre, die dem Geschäftsjahr der Erstkonsolidierung folgen, ergeben sich des Weiteren folgende Angabepflichten: $b_{8.4.1}$) die Art und der Betrag der bereits beglichenen und gegen die ausgewiesenen Verpflichtungen aus Restrukturierungs- oder Stilllegungsmaßnahmen verrechneten Belastungen zur Durchführung von Aktivitäten im Rahmen des Restrukturierungsplanes $b_{8.4.2}$) der Betrag jeglicher Berichtigungen der ausgewiesenen Verpflichtungen einschließlich der Angabe des Tatbestands, wenn diese zu einer nachträglichen Korrektur der Anschaffungskosten führen
	APB 16.96	b_9) in der Berichtsperiode des Unternehmenserwerbs sind ferner sowohl für das laufende Geschäftsjahr als auch für das vorangegangene Geschäftsjahr die durch Pro-forma-Rechnung ermittelten Umsatzerlöse, Ergebnisse vor außerordentlichen Posten, Jahresergebnisse sowie die Ergebnisse je Aktie anzugeben, die sich ergeben hätten, wenn der Unternehmenserwerb bereits zu Beginn dieser Perioden erfolgt wäre
	CON 6.254, ARB 51.14-.15	c) der gesonderte Ausweis der Minderheitenanteile konsolidierter Tochtergesellschaften *(„minority interests")* in der Konzernbilanz als Verbindlichkeit gegenüber Dritten sowie der gesonderte Ausweis der Gewinn- bzw. Verlustanteile der Minderheitsaktionäre innerhalb der Konzerngewinn- und Verlustrechnung (siehe hierzu ergänzende Erläuterungen Seite 382)

G. Angaben zu Geschäftsbeziehungen zwischen nahestehenden Unternehmen und Personen (*„related parties"*)		
Lfd.Nr.	**Grundlagen**	**Bewertungskriterien (*Disclosures*)**
(43.)		**Hinsichtlich Geschäftsbeziehungen zwischen nahestehenden Unternehmen und Personen (*„related parties"*) ergeben sich folgende Angabepflichten:**
	FAS 57.2	a) falls Geschäftsvorfälle zwischen nahestehenden Unternehmen und Personen stattgefunden haben, hat das berichtende Unternehmen die Art der Geschäftsbeziehung zu den jeweilig nahestehenden Unternehmen und Personen, die Art der Geschäftsvorfälle und die zum Verständnis des Abschlusses notwendigen Bestandteile der Transaktionen (die Art und den Umfang der Geschäfte (als Betrag oder als prozentuale Größe), den Betrag oder die prozentuale Größe offener Posten sowie die Preisgestaltung) für jede dargestellte Berichtsperiode anzugeben; hierbei sind auch die Geschäftsvorfälle einzubeziehen, die nicht in den Büchern der berichtspflichtigen Gesellschaft erfasst werden, weil die Leistung beispielsweise unentgeltlich in Anspruch genommen wurde (vgl. FAS 57.2 b.)
	FAS 57.3	***<u>Anmerkung:</u>*** ***Eine Angabe, dass die Geschäftsvorfälle wie unter fremden Dritten vereinbart sind („arm's-length principle"), ist nur in den (seltenen) Fällen zulässig, in denen dieser Umstand zweifelsfrei nachgewiesen werden kann.***
	FAS 57.4	b) die Art aller Beziehungen zu nahestehenden Unternehmen und Personen, bei denen ein Beherrschungsverhältnis vorliegt, unabhängig davon, ob Geschäfte zwischen den nahestehenden Unternehmen und Personen stattgefunden haben
	FAS 13.29	c) die Art und der Umfang von Leasingtransaktionen mit nahestehenden Unternehmen und Personen

H. Angaben zur Kapitalflussrechnung		
Lfd.Nr.	**Grundlagen**	**Bewertungskriterien (*Disclosures*)**
(44.)		**Hinsichtlich der Kapitalflussrechnung ergeben sich zusätzlich folgende Angabepflichten:**
	FAS 95.3	a) grundsätzlich: Verpflichtung zur Erstellung einer Kapitalflussrechnung
	FAS 95.6 i.V.m. FAS 95.26	b) die Gliederung der Kapitalflussrechnung nach Zahlungsströmen aus laufenden Geschäftstätigkeiten, Investitionstätigkeiten sowie Finanzierungstätigkeiten
	FAS 95.7	c) die Abgrenzung des Finanzmittelfonds, dessen Veränderung durch Ein- und Auszahlungen im Laufe des Geschäftsjahres in der Kapitalflussrechnung darzustellen ist
	FAS 95.7	d) eine Überleitung zwischen den Beträgen in der Kapitalflussrechnung und den entsprechenden Posten in der Bilanz
	FAS 95.10	e) die Unternehmenspolitik in Bezug auf die Zuordnung und den Inhalt von Zahlungsmitteln und Zahlungsmitteläquivalenten
	FAS 95.10	f) die Auswirkungen von Änderungen in der Abgrenzung der Finanzmittelfonds
	FAS 95.27-.30	g) die Darstellung der Zahlungsströme aus der laufenden Geschäftstätigkeit entweder nach der direkten oder nach der indirekten Methode:
	FAS 95.27	g_1) bei der direkten Methode sind zumindest die nachfolgend dargestellten Mittelzu- und -abflüsse gesondert zu zeigen:
	a.	$g_{1.1}$) Zahlungseingänge von Kunden
	d.	$g_{1.2}$) Zahlungsausgänge an Arbeitnehmer sowie Lieferanten einschließlich Auszahlungen für Versicherungen, Werbung etc.
	b.	$g_{1.3}$) erhaltene Zinsen und Dividenden
	c.	$g_{1.4}$) sonstige Einzahlungen aus laufender Geschäftstätigkeit
	e.	$g_{1.5}$) Zinszahlungen
	f.	$g_{1.6}$) Zahlungen von Ertragsteuern
	g.	$g_{1.7}$) sonstige Auszahlungen aus laufender Geschäftstätigkeit
	FAS 95.29	g_2) bei der indirekten Methode sind zusätzlich die in der Berichtsperiode gezahlten Zinsen und Ertragsteuern anzugeben
	FAS 115.18	h) der gesonderte Ausweis der kumulierten Zahlungsströme aus dem Erwerb und dem Verkauf von Wertpapieren des Handelsbestandes innerhalb des *cash flows* aus der laufenden Geschäftstätigkeit
	EITF 00-15	i) **<u>Für Abschlüsse der Berichtsperioden, die nach dem 20. Juli 2000 enden:</u>** der gesonderte Ausweis der Minderung der gezahlten Ertragsteuern infolge der Ausübung von Optionen, die im Rahmen von *stock-based compensation plans* ausgegeben wurden, innerhalb des *cash flows* aus der laufenden Geschäftstätigkeit; wird diese Steuerentlastung nicht separat innerhalb der Kapitalflussrechnung oder innerhalb des Ausweisspiegels der Eigenkapitalveränderungen *(„statement of changes in stockholders' equity")* ausgewiesen, ist diese zumindest in den *notes* anzugeben
	FAS 95.12-.13, FAS 95.31	j) der Bruttoausweis der Zahlungsströme aus Investitions- und Finanzierungstätigkeiten (gegliedert nach Hauptgruppen)
	FAS 115.18	k) der gesonderte Ausweis der kumulierten Zahlungsströme aus dem Erwerb und dem Verkauf von *held-to-maturity securities* und *available-for-sale securities* innerhalb des *cash flows* aus der Investitionstätigkeit
	FAS 95.15-.17, FAS 95.131	l) der gesonderte Ausweis der kumulierten Zahlungsströme aus dem Erwerb und dem Verkauf von Tochtergesellschaften oder anderen Geschäftseinheiten innerhalb des *cash flows* aus der Investitionstätigkeit; in der Rechnungsperiode des Erwerbs bzw. der Veräußerung sind ferner der Transaktionspreis sowie die Vermögenswerte und Schulden der Tochtergesellschaften oder Geschäftseinheiten, die ge- oder verkauft wurden (zusammengefasst nach Hauptgruppen), anzugeben
	FAS 95.25	m) der gesonderte Ausweis der Auswirkung und des Betrages von wechselkursbedingten Wertänderungen von Beständen in den Finanzmittelfonds
	EITF 95-13	n) der gesonderte Ausweis von Mittelabflüssen aus Transaktionskosten im Rahmen der Ausgabe von Gläubigerpapieren innerhalb des *cash flows* aus der Finanzierungstätigkeit
	FAS 95.32	o) die Investitions- und Finanzierungsaktivitäten, die nicht zahlungsstromwirksam sind, sind nicht in der Kapitalflussrechnung zu berücksichtigen; sie sind jedoch außerhalb der Kapitalflussrechnung gesondert anzugeben

I. Segmentberichterstattung		
Lfd.Nr.	**Grundlagen**	**Bewertungskriterien (*Disclosures*)**
(45.)		***Vorbemerkung:*** ***Durch die Verabschiedung von FAS 131 („Disclosures about Segments of an Enterprise and Related Information") im Juni 1997 werden die Vorschriften zur Segmentberichterstattung zum Teil wesentlich erweitert bzw. verändert, die bisherigen Regelungen des FAS 14 („Financial Reporting for Segments of a Business Enterprise") sowie die Verlautbarungen der FAS 18, FAS 21, FAS 24 und FAS 30, die bislang die Segmentberichterstattung regelten, werden außer Kraft gesetzt. FAS 131 ist verpflichtend für Abschlüsse der Geschäftsjahre, die nach dem 15. Dezember 1997 beginnen, anzuwenden. Dabei sind auch die Vorjahreszahlen nach den veränderten Regeln vergleichbar darzustellen, „unless it is impracticabel to do so". Zum besseren Verständnis der nachstehend dargestellten Anforderungen hinsichtlich der Segmentberichterstattung ist im Folgenden kurz auf die Grundzüge und den Zweck der Segmentberichterstattung nach den US-amerikanischen Generally Accepted Accounting Principles einzugehen:*** ***Nach FAS 14 war der sog. „industry approach" für die Festlegung von Segmenten maßgeblich. Hierbei war über die wesentlichen Geschäftsfelder, in denen das Unternehmen tätig ist, zu berichten. Die Angaben der Segmentberichterstattung waren aus dem Abschluss gemäß den dort angewandten Bilanzierungs- und Bewertungsmethoden herzuleiten. Es handelte sich daher lediglich um eine Disaggregation des Abschlusses (FAS 14.6) mit der Einschränkung, dass bestimmte Geschäftsvorfälle zwischen den Segmenten aufzuzeigen waren (FAS 14.8). Hauptkriterium für die Definition eines Segments waren dabei produktspezifische Merkmale. Für die Beurteilung der quantitativen Bedeutsamkeit eines Segments waren ausschließlich Segmentumsätze mit Konzernfremden maßgeblich.*** ***FAS 131 sieht im Gegenzug zu FAS 14 als Ausgangsbasis der Segmentberichterstattung die interne Organisation oder Struktur eines Konzerns an, auf deren Grundlage das Management die Profitabilität einer Sparte, Division, einer Tochtergesellschaft oder eines sonstigen Geschäftsbereiches misst (sog. „management approach"). Hierbei soll die Segmentberichterstattung eine Aufgliederung des Abschlusses in einer Art und Weise darstellen, wie sie auch vom Management zur Entscheidungsfindung im operativen Bereich herangezogen wird. Durch diesen Ansatzwechsel orientiert sich auch die Zuordnung der Vermögensgegenstände sowie deren Bewertung vollständig an der Methode der internen Berichterstattung und nicht – außer bei Angaben auf Konzernebene – an der externen Berichterstattung nach US-GAAP. Zielsetzung des FAS 131 ist es einerseits, den externen Analysten einen detaillierten Einblick in die unterschiedlichen Tätigkeitsbereiche eines Unternehmens aus der Sichtweise eines internen Entscheidungsträgers zu gewähren und eine fundierte Einschätzung des Unternehmens als Ganzes zu ermöglichen, andererseits soll dem Unternehmen bei der Bereitstellung der Informationen durch die Orientierung an der internen Berichterstattung ein möglichst geringer Mehraufwand entstehen, vgl. KPMG, US-amerikanische Grundsätze, 1999, S. 171.*** ***Im Folgenden werden zunächst die vor der Einführung des FAS 131 geltenden Angabepflichten dargestellt, da sie für die Geschäftsjahre 1996 und 1997 noch relevant sind, im Anschluss daran werden die Angabepflichten des FAS 131 behandelt.***
	~~FAS 14, FAS 18, FAS 21, FAS 24, FAS 30~~ **~~FAS 14.28~~**	**Für Abschlüsse der Geschäftsjahre, die vor dem 16. Dezember 1997 beginnen, ergeben sich im Rahmen der Segmentberichterstattung folgende Angabepflichten:** Die nachfolgend dargestellten Angabepflichten beziehen sich (a) auf die *reportable segments* (d.h. den Teil des Unternehmens *(„industry segment"),* der einzelne Produkte oder Dienstleistungen bzw. Produktgruppen oder verbundene Dienstleistungen an fremde Dritte mit Gewinnerzielungsabsicht veräußert (FAS 14.10 a.) und der im Rahmen der Segmentberichterstattung gemäß den Kriterien des FAS 14.15 von wesentlicher Bedeutung ist), (b) auf geographische Segmente und Exportumsätze sowie (c) auf Großkunden. Die Informationen können wahlweise im Abschluss verbunden mit zusätzlichen Erläuterungen in den *notes*, im Anhang oder in zusätzlichen Aufstellungen angegeben werden.

I. Segmentberichterstattung		
Lfd.Nr.	**Grundlagen**	**Bewertungskriterien (*Disclosures*)**
		a) für *reportable segments* ergeben sich folgende Angabepflichten:
	~~FAS 14.22~~	a_1) die Erläuterung der Produktarten und Dienstleistungen der *reportable segments*
		a_2) sofern innerhalb der Segmentberichterstattung Abweichungen zu den im Abschluss angewandten Bilanzierungsgrundsätzen des Unternehmens bestehen, ist dieser Tatbestand anzugeben; ferner sind die im Rahmen der Segmentberichterstattung angewandten Bilanzierungsgrundsätze zu beschreiben
	~~FAS 14.23~~	a_3) die Umsatzerlöse mit fremden Dritten *(„sales to unaffiliated customers")* für jedes *reportable segment* sowie die Umsätze zwischen den Segmenten *(„intersegment sales or transfers")*
		a_4) die Basis für die Verrechnungspreisbildung bei intersegmentären Geschäften und ggf. deren Veränderung mit Angabe der Auswirkung der Veränderung auf den *operating profit or loss* (Differenz aus Umsätzen und Umsatzkosten sowie *operating expenses*, die mit den Außen- und Innenumsätzen des Segments in Verbindung stehen (vgl. FAS 14.10 d.)) der betreffenden Segmente
	~~FAS 14.24~~	a_5) der *operating profit or loss* für jedes *reportable segment*
	~~FAS 14.10 d.~~	***<u>Anmerkung:</u>*** ***Der „operating profit or loss" ermittelt sich als Differenz aus Umsätzen und Umsatzkosten sowie „operating expenses", die mit den Außen- und Innenumsätzen des Segments in Verbindung stehen. Zinserträge, die von überwiegend finanzorientierten Geschäftsbereichen erzielt werden, z.B. Banken, Versicherungen und Geschäftsbereiche, deren Tätigkeit in der Leasing- oder Absatzfinanzierung liegt, sind im „operating profit or loss" dieser Geschäftsbereiche auszuweisen. „Operating expenses", die einem Segment nicht direkt zugerechnet werden können, sind nach einem „zweckmäßigen Verfahren" den entsprechenden Segmenten zuzuordnen. Die gewählte Methode ist stetig anzuwenden.***
	~~FAS 14.24~~	a_6) *Die Veränderungen in der angewandten Methode der Zuordnung sowie deren betragsmäßige Auswirkungen (soweit quantifizierbar) sind anzugeben.*
	~~FAS 14.10 d.~~	***Folgende Posten sind nicht im „operating profit or loss" eines Geschäftsbereiches auszuweisen:*** ▪ ***Umsatzerlöse des Unternehmens, die nicht durch die betriebliche Tätigkeit eines „industry segments" erzielt werden*** ▪ ***allgemeine Aufwendungen der Hauptverwaltung, die keinem Segment zugeordnet werden können („corporate expenses")*** ▪ ***Zinsaufwendungen (mit Ausnahme von Zinsaufwendungen von überwiegend finanzorientierten Geschäftsbereichen, z.B. Banken, Versicherungen, Geschäftsbereiche, deren Tätigkeit in der Leasing- oder Absatzfinanzierung liegt)*** ▪ ***Ertragsteuern*** ▪ ***Ergebnisse der „at equity" einbezogenen Beteiligungen*** ▪ ***Gewinne oder Verluste aus „discontinued operations"*** ▪ ***Ergebnisse aus außerordentlichen Posten („extraordinary items")*** ▪ ***Minderheitenanteile („minority interests")*** ▪ ***Auswirkungen einer Bilanzierungs- und Bewertungsänderung („cumulative effect of a change in accounting principles").***
	~~FAS 14.25~~	a_7) sofern freiwillig zusätzliche Beträge pro Segment angegeben werden, die mittels eines im Bericht enthaltenen Bestandteils des Periodenergebnisses ermittelt wurden, ist eine Überleitungsrechnung zwischen der Summe der einzelnen Segmentdaten und dem in der Gewinn- und Verlustrechnung angegebenen aggregierten *operating profit or loss* darzustellen; ferner ist die angewandte Methode zur Ermittlung der Segmentangaben sowie ggf. deren Veränderung anzugeben

I. Segmentberichterstattung		
Lfd.Nr.	**Grundlagen**	**Bewertungskriterien (*Disclosures*)**
	~~FAS 14.26~~	a_8) der Gesamtbuchwert der *identifiable assets* für jedes *reportable segment*
	~~FAS 14.10 e.~~	***<u>Anmerkung:</u>*** ***„Identifiable assets" sind materielle und immaterielle Vermögensgegenstände, die von einem Segment entweder allein oder gemeinsam von mehreren Segmenten genutzt und auf die Segmente entsprechend aufgeteilt werden. Zu beachten ist hierbei, dass Vermögensgegenstände der Hauptverwaltung („general corporate assets") nicht auf die Segmente verteilt werden und dass Darlehensforderungen und erhaltene Anzahlungen von anderen „industry segments" nur dann als „identifiable assets" zu berücksichtigen sind, wenn es sich um einen überwiegend finanzorientierten Geschäftsbereich handelt und die entsprechenden Erträge daher auch im „operating profit or loss" auszuweisen sind.***
	~~FAS 14.30~~	a_9) eine Überleitungsrechnung zwischen der Summe der einzelnen Segmentdaten (Umsatzerlöse mit fremden Dritten, *operating profit or loss* und *identifiable assets)* und den im Abschluss dargestellten aggregierten Daten
	~~FAS 14.27 a.~~	a_{10}) der Gesamtbetrag der in der Berichtsperiode angefallenen Abschreibungen auf Segmentvermögenswerte für jedes *reportable segment*
	~~FAS 14.27 b.~~	a_{11}) der Gesamtbetrag der in der Berichtsperiode angefallenen Kosten zum Erwerb von Segmentvermögenswerten, die voraussichtlich länger als ein Jahr genutzt werden (Sachanlagen), für jedes *reportable segment*
	~~FAS 14.27 c.~~ ~~i.V.m.~~ ~~FAS 111.8 t.~~	a_{12}) das Beteiligungsergebnis sowie der Beteiligungsbuchwert der nach der Equity-Methode einbezogenen assoziierten Unternehmen, Joint Ventures und anderen Unternehmen, die in einen Geschäftsbereich vertikal integriert sind, für jedes *reportable segment*; ferner ist die geographische Region anzugeben, in der diese Beteiligung ihr operatives Geschäft führt
	~~FAS 14.27 d.~~	a_{13}) die Auswirkungen von Änderungen der Bilanzierungs- und Bewertungsmethoden auf den *operating profit or loss* jedes *reportable segment* in der Berichtsperiode des Methodenwechsels
		b) für geographische Segmente ergeben sich folgende Angabepflichten:
	~~FAS 14.32 - .34~~	***<u>Vorbemerkung:</u>*** ***Im Rahmen der geographischen Segmentierung ist die Geschäftstätigkeit des Unternehmens im Ausland offen zu legen. Ein geographisches Segment ist ein Land oder eine Gruppe von Ländern, die als eine homogene Einheit für die Segmentberichterstattung behandelt werden. Hierbei muss eine der folgenden Bedingungen erfüllt sein:***
	~~FAS 14.32 a.~~	▪ ***Der Umsatz mit fremden Dritten in der Region beträgt zumindest 10% der Gesamtumsätze;***
	~~FAS 14.32 b.~~	▪ ***die „identifiable assets" betragen zumindest 10% aller „assets" des Unternehmens.***
		Sofern eine der voranstehenden Bedingungen erfüllt ist, ergeben sich folgende Angabepflichten:
	~~FAS 14.35 a.~~	b_1) die Umsatzerlöse mit fremden Dritten, die in einer Region erzielt werden, sowie die Umsätze zwischen den geographischen Segmenten; ferner ist die Basis der Verrechnungspreise für die Lieferungen und Leistungen zwischen den geographischen Segmenten zu erläutern, ggf. sind Änderungen dieser Ermittlungsbasis in der Berichtsperiode der Änderung anzugeben
	~~FAS 14.35 b.~~	b_2) das Segmentergebnis (wahlweise auf Basis des *operating profit or loss* oder des Jahresergebnisses bzw. einer anderen Erfolgsgröße) für jedes geographische Segment
	~~FAS 14.35 c.~~	b_3) der Gesamtbuchwert der *identifiable assets* für jedes geographische Segment

I. Segmentberichterstattung		
Lfd.Nr.	**Grundlagen**	**Bewertungskriterien (*Disclosures*)**
	~~**FAS 14.36**~~	b_4) die durch Exportumsätze mit fremden Dritten erzielten Umsatzerlöse, aufgegliedert nach geographischen Regionen, falls diese 10% der gesamten Umsatzerlöse übersteigen
	~~**FAS 14.38**~~	b_5) eine Überleitungsrechnung zwischen der Summe der einzelnen Segmentdaten (Umsatzerlöse mit fremden Dritten, *operating profit or loss* und *identifiable assets)* und den im Abschluss dargestellten aggregierten Daten
	~~**FAS 30.6**~~	c) hinsichtlich Großkunden ergeben sich weiterhin folgende Angabepflichten: sofern mindestens 10% der Gesamtumsatzerlöse mit einem einzelnen Kunden getätigt werden, ist dieser Tatbestand offen zu legen; des Weiteren ist das betroffene Segment und der Umsatz mit diesem Kunden anzugeben ***<u>Anmerkung:</u>*** ***Diese Angabepflicht beinhaltet nicht die Angabe des betreffenden Kunden. Ein einzelner Kunde kann auch ein Konzern, die Bundesregierung, Landesregierungen, Gemeinden oder eine ausländische Regierung sein.***
	~~**FAS 14.40**~~	d) ***Die Vorjahresvergleichszahlen der Segmentberichterstattung sind rückwirkend anzupassen, wenn:***
	~~**a.**~~	▪ ***ein Unternehmen beispielsweise die Bilanzierungs- und Bewertungsmethoden gemäß den Regelungen des APB 20.27 oder APB 20.29 ändert bzw. ein Konzern im Rahmen eines Unternehmenszusammenschlusses, der als Interessenzusammenführung zu qualifizieren und gemäß APB 16 nach der Interessenzusammenführungsmethode („pooling-of-interests method") zu behandeln ist, eine rückwirkende Anpassung („restatement") der Abschlüsse der zusammengeschlossenen Unternehmen der vergangenen Referenzjahre vornimmt oder***
	~~**b.**~~	▪ ***ein Unternehmen die Methode der Zusammensetzung seiner Segmente ändert.*** *Diesbezüglich ist ferner die Art der jeweiligen Methodenänderung zu beschreiben sowie die finanziellen Auswirkungen dieser Methodenänderung anzugeben.*
	FAS 131, **EITF Topic No. D-70**	**<u>Für Abschlüsse der Geschäftsjahre, die nach dem 15. Dezember 1997 beginnen, ergeben sich im Rahmen der Segmentberichterstattung folgende Angabepflichten:</u>**
	FAS 131.25 **<u>ergänzt durch:</u>** **<u>FAS 135.4 x. (2) - für Gj., die nach dem 15.02.1999 enden</u>** **i.V.m.**	a) für *reportable segments* ergeben sich <u>für jede dargestellte Berichtsperiode</u> folgende Angabepflichten: a_1) die der Segmentabgrenzung zugrunde liegenden Kriterien, beispielsweise durch Angabe des der internen Organisation zugrunde liegenden Prinzips oder des Tatbestands, dass Segmente zusammengefasst wurden
	FAS 131.26	a_2) die Erläuterung der Produktarten und Dienstleistungen der *reportable segments*
	FAS 131.25 **i.V.m.** **FAS 131.27** **<u>ergänzt durch:</u>** **<u>FAS 135.4 x. (3) - für Gj., die nach dem 15.02.1999 enden</u>**	a_3) das Segmentergebnis *(„segment profit or loss")* sowie die Segment-Aktiva *(„segment assets")* für jedes *reportable segment;* ist einer der folgenden Posten (a) im Ergebnis eines berichtspflichtigen Segments enthalten oder stehen <u>(b) Informationen über dessen Höhe regelmäßig für Entscheidungen des zentralen Entscheidungsträgers *(„chief operating decision maker")* zur Verfügung,</u> ist dieser gesondert darzustellen:
	a.	$a_{3.1}$) Umsätze mit fremden Dritten
	b.	$a_{3.2}$) konzerninterne Umsätze mit anderen Segmenten
	c.	$a_{3.3}$) Zinserträge
	d.	$a_{3.4}$) Zinsaufwendungen
	e.	$a_{3.5}$) Abschreibungen
	f.	$a_{3.6}$) ungewöhnliche Ereignisse i.S.d. APB 30.26
	g.	$a_{3.7}$) Erträge aus *at equity* einbezogenen Unternehmen
	h.	$a_{3.8}$) Ertragsteuern
	i.	$a_{3.9}$) außerordentliche Erträge und Aufwendungen

I. Segmentberichterstattung		
Lfd.Nr.	**Grundlagen**	**Bewertungskriterien (*Disclosures*)**
	j.	$a_{3.10}$) andere wesentliche, nicht zahlungswirksame Posten (außer Abschreibungen) ***Anmerkung:*** ***Zinserträge und Zinsaufwendungen sind grundsätzlich gesondert zu zeigen, es sei denn, die Zinserträge werden von überwiegend finanzorientierten Geschäftsbereichen erzielt und ein etwaiger Nettoausweis dient als Grundlage für die Entscheidungsfindung des zentralen Entscheidungsträgers („chief operating decision maker").***
	FAS 131.25 i.V.m. FAS 131.28 ergänzt durch: FAS 135.4 x. (4) - für Gj., die nach dem 15.02.1999 enden	a_4) sofern einer der folgenden Posten (a) in den Segment-Aktiva *(„segment assets")* enthalten ist oder stehen (b) Informationen über dessen Höhe regelmäßig für Entscheidungen des zentralen Entscheidungsträgers *(„chief operating decision maker")* zur Verfügung, ist dieser gesondert darzustellen: $a_{4.1}$) Beteiligungsbuchwert von *at equity* einbezogenen Unternehmen $a_{4.2}$) Investitionen in langfristige Aktiva (mit Ausnahme von *financial instruments* und aktiven latenten Steuern)
	FAS 131.25 i.V.m. FAS 131.29	***Anmerkung:*** ***Die Ermittlung der Segmentangaben ist der internen Berichterstattung zu entnehmen. Maßgebend ist somit die Berichterstattung an den oder die zentralen Entscheidungsträger („chief operating decision maker"), die als Grundlage der Entscheidungsfindung dient. Anpassungsbuchungen, Eliminierungen und die Zuordnung von Aufwendungen und Erträgen sind im Segmentergebnis nur dann zu erfassen, wenn sie auch in der internen Berichterstattung erfasst werden. Die Art und Weise der als Entscheidungsgrundlage dienenden internen Berichterstattung legt somit Inhalt und Umfang der Segmentergebnisse sowie der Segment-Aktiva fest.***
	FAS 131.25 i.V.m. FAS 131.30	***Gibt es jeweils ausschließlich eine Größe, anhand der Entscheidungen getroffen werden, so ist die Definition der Segmentergebnisse und der Segment-Aktiva eindeutig. Werden vom zentralen Entscheidungsträger zur Entscheidungsfindung mehrere Wertmaßstäbe für die Ergebnisse und Aktiva zugrunde gelegt, so sind diejenigen zu verwenden, die nach Meinung des Managements den Prinzipien zur Bestimmung der entsprechenden Werte im Konzernabschluss am nächsten kommen.***
	FAS 131.25 i.V.m. FAS 131.31	a_5) die Erläuterung der angewandten Wertmaßstäbe zur Bestimmung der Segmentergebnisse und Segment-Aktiva, hierbei ist zumindest einzugehen auf:
	a.	$a_{5.1}$) die Verrechnungspreisgestaltung für Transaktionen zwischen berichtspflichtigen Segmenten
	b.	$a_{5.2}$) die Unterschiede bei der Bestimmung der Segmentergebnisse und der Bestimmung des Konzernergebnisses vor Ertragsteuern, außerordentlichen Posten, *discontinued operations* und kumuliertem Effekt aus Bewertungsänderungen (sofern nicht aus der Überleitung zum externen Jahresüberschuss/-fehlbetrag ersichtlich); diese Unterschiede können beispielsweise aus unterschiedlichen Bewertungsmethoden oder aus der Art der Zuordnung von zentral anfallenden Aufwendungen resultieren
	c.	$a_{5.3}$) die Unterschiede bei der Bestimmung der Segment-Aktiva und der Bestimmung der konsolidierten Aktiva in der Konzernbilanz (sofern nicht aus der Überleitung zum externen Jahresabschluss ersichtlich); diese Unterschiede können beispielsweise aus unterschiedlichen Bilanzierungs- und Bewertungsmethoden oder aus den Zuordnungsmethoden bei gemeinsam genutzten Vermögensgegenständen resultieren

I. Segmentberichterstattung		
Lfd.Nr.	**Grundlagen**	**Bewertungskriterien (*Disclosures*)**
	d.	$a_{5.4}$) die Art der in den Vorperioden durchgeführten Methodenänderungen zur Bestimmung der Segmentergebnisse sowie deren Einfluss auf das Segmentergebnis der laufenden Berichtsperiode
	e.	$a_{5.5}$) die Art und der Effekt von asymmetrischen Zuordnungen, beispielsweise die Zuordnung von Abschreibungen auf ein Segment ohne Zuordnung der zugehörigen Vermögensgegenstände
	FAS 131.25 **ergänzt durch:** **FAS 135.4 x. (2) - für Gj., die nach dem 15.02.1999 enden** **i.V.m.** **FAS 131.32**	a_6) eine Überleitungsrechnung zwischen der Summe der einzelnen Segmentdaten (Umsatzerlöse mit fremden Dritten, Segmentergebnisse, Segment-Aktiva sowie übrige wesentliche Posten) und den im Abschluss dargestellten aggregierten Daten lediglich für die aktuelle Berichtsperiode; alle wesentlichen Posten der Überleitung sollten separat gezeigt und beschrieben werden
	FAS 131.34; **FAS 131.35**	b) sofern in der internen Organisationsform des Unternehmens Veränderungen auftreten, die eine Änderung der Zusammensetzung der berichtspflichtigen Segmente nach sich ziehen, sind – falls praktikabel – die Vorjahresvergleichszahlen entsprechend anzupassen; ferner ist gesondert darauf hinzuweisen, dass die Vorjahresvergleichszahlen angepasst wurden; werden die Vorjahresvergleichszahlen nicht angepasst, ist – falls praktikabel – in dem Abschluss, in dem die Veränderungen wirksam werden, sowohl nach alter als auch nach neuer Struktur zu berichten
	FAS 131.37	c) die Aufteilung der externen Umsatzerlöse nach Produkten, Produktgruppen und Dienstleistungen, sofern praktikabel; kann diese Aufteilung nicht vorgenommen werden, ist dieser Tatbestand anzugeben
	FAS 131.38	d) für geographische Segmente ergeben sich ferner folgende Angabepflichten:
	a.	d_1) die Aufteilung der Umsatzerlöse nach Umsätzen im Inland *(„country of domicile")* und Ausland *(„all foreign countries")*; sind die Umsätze, die in einer bestimmten Region erzielt werden, von signifikanter Größenordnung, sind diese gesondert anzugeben; ferner ist die angewandte Methode zur Ermittlung der Segmentangaben darzustellen
	b.	d_2) die Zuordnung der langfristigen Aktiva (mit Ausnahme von *financial instruments* und aktiven latenten Steuern) zu geographischen Regionen, dem Inland *(„country of domicile")* und dem Ausland *(„all foreign countries");* sind die einer bestimmten Region zugeordneten *assets* von signifikanter Größenordnung, sind diese gesondert anzuführen
		d_3) sofern eine derartige Aufteilung nicht vorgenommen werden kann, ist dieser Tatbestand gesondert anzugeben
	FAS 131.39	e) hinsichtlich Großkunden ergeben sich weiterhin folgende Angabepflichten: sofern mindestens 10% der Gesamtumsatzerlöse mit einem einzelnen Kunden getätigt werden, ist dieser Tatbestand offen zu legen; des Weiteren ist das betroffene Segment und der Umsatz mit diesem Kunden anzugeben ***Anmerkung:*** ***Diese Angabepflicht beinhaltet nicht die Angabe des betreffenden Kunden. Im Sinne des FAS 131 sind sämtliche Geschäftsbeziehungen zu einem Kunden innerhalb eines Konzerns („under common control") zusammenzufassen. Ein einzelner Kunde kann auch die Bundesregierung, Landesregierungen, Gemeinden oder eine ausländische Regierung sein.***
	FAS 131.25 **i.V.m.** **FAS 131.33,** **FAS 131.40**	***Angaben im Rahmen der Zwischenberichterstattung, die spätestens ab 1999 erstmals Segmentangaben aufzunehmen hat, ergeben sich aus FAS 131.33. Für den in dieser Arbeit verfolgten Zweck erlangen diese Angaben jedoch keine weitere Bedeutung und bleiben daher an dieser Stelle unberücksichtigt.***

J. Angaben zu Finanzinstrumenten		
Lfd.Nr.	**Grundlagen**	**Bewertungskriterien (*Disclosures*)**
1. Allgemeine Angaben		
(46.)		***Vorbemerkung:*** ***Der FASB verabschiedete im Juni 1998 FAS 133 über die Rechnungslegung von derivativen Instrumenten und die bilanzielle Abbildung des Sicherungszusammenhangs zwischen Grundgeschäft und Derivat. Durch FAS 133 werden neue Normen für Bilanzierung, Bewertung und Offenlegungspflichten gesetzt, der Bereich der Rechnungslegung über Derivate sowie die Abbildung des Sicherungszusammenhangs zwischen Grundgeschäft und Derivat wird neu geregelt. Mit FAS 133 werden die Regelungen des FAS 80 („Accounting for Futures Contracts"), des FAS 105 („Disclosure of Information about Financial Instruments with Off-Balance-Sheet-Risk and Financial Instruments with Concentrations of Credit Risk") und des FAS 119 („Disclosure about Derivative Financial Instruments and Fair Value of Financial Instruments") neben einer Reihe von EITF-Stellungnahmen aufgehoben. Des Weiteren wurden FAS 52 („Foreign Currency Translation") und FAS 107 („Disclosures about Fair Value of Financial Instruments") in Teilen geändert. FAS 133 ist verpflichtend für alle Quartalsabschlüsse der Geschäftsjahre, die nach dem 15. Juni 2000 beginnen, anzuwenden. Im Folgenden werden zunächst die vor der Einführung des FAS 133 geltenden Angabepflichten dargestellt, da sie für die Geschäftsjahre 1996 bis 2000 noch relevant sind, im Anschluss daran werden die Angabepflichten des FAS 133 behandelt.***
		Für Abschlüsse der Geschäftsjahre, die vor dem 16. Juni 2000 beginnen, ergeben sich hinsichtlich Finanzinstrumenten folgende Angabepflichten:
		a) für alle Finanzinstrumente mit *off-balance-sheet risk* (wahlweise in der Bilanz oder in den *notes*):
	~~FAS 105.17~~	a_1) der Betrag, die Art und die vertraglichen Bedingungen, zumindest aber die Erörterung der Preis- und Bonitätsrisiken (1), der Zahlungsverpflichtungen (2) und der angewandten Bilanzierungsmethode (3), jeweils separat nach Gruppen von Finanzinstrumenten
	~~FAS 105.18 a.~~	a_2) der Betrag des Bonitätsrisikos bei völligem Ausfall der Vertragspartner der Finanzinstrumente unter der Annahme der Wertlosigkeit aller gewährten Sicherheiten
	~~FAS 105.18 b.~~	a_3) die vom Unternehmen üblicherweise geforderten Sicherheiten zur Abdeckung des Bonitätsrisikos, die Erörterung der laufenden Überwachung von Sicherheiten, der Zugriffsmöglichkeiten auf diese sowie die Offenlegung der Art der Sicherheiten
	~~FAS 105.19~~	a_4) ***zusätzliche Informationen hinsichtlich des Umfangs der geforderten Sicherheiten werden empfohlen***
		b) für alle Finanzinstrumente (wahlweise in der Bilanz oder in den *notes*):
	~~FAS 105.20 a.~~	b_1) die Konzentration von Bonitätsrisiken bei einer Vertragspartei bzw. einer Gruppe von Vertragsparteien gegliedert nach Branche, geographischer Lage oder anderen geeigneten Kriterien
	~~FAS 105.20 b.~~	b_2) der Betrag des Bonitätsrisikos bei völligem Ausfall der unter b_1) genannten Vertragspartner der Finanzinstrumente unter der Annahme der Wertlosigkeit aller gewährten Sicherheiten
	~~FAS 105.20 c.~~	b_3) die vom Unternehmen üblicherweise geforderten Sicherheiten zur Abdeckung des Bonitätsrisikos, die Erörterung der laufenden Überwachung von Sicherheiten, der Zugriffsmöglichkeiten auf diese sowie die Offenlegung der Art der Sicherheiten
	FAS 107.10	b_4) der Marktwert zum Bilanzstichtag; sofern dieser nicht bestimmbar ist, ist eine Schätzung des Marktwertes unter Angabe des verwendeten Verfahrens der Wertermittlung anzugeben ***Anmerkung:***
	~~FAS 119.15~~	***Erfolgen Angaben hinsichtlich des Marktwertes der Finanzinstrumente an mehreren Stellen („notes") des Abschlusses, ist eine Zusammenfassung dieser Informationen in einer Gesamtübersicht geboten.***

J. Angaben zu Finanzinstrumenten		
Lfd.Nr.	**Grundlagen**	**Bewertungskriterien (*Disclosures*)**
		Diese Übersicht hat den Buchwert der entsprechenden Finanzinstrumente (getrennt nach „assets" und „liabilities") sowie einen Querverweis zu den übrigen Angaben im Abschluss zu beinhalten. Ferner ist hierbei zwingend zwischen Finanzinstrumenten, die zu Handelszwecken gehalten werden, und Finanzinstrumenten, die nicht zu Handelszwecken gehalten werden, sowie zwischen derivativen Finanzinstrumenten und übrigen Finanzinstrumenten zu unterscheiden.
	FAS 107.14	b_5) wenn der Marktwert eines Finanzinstrumentes oder einer Gruppe von Finanzinstrumenten durch das berichtende Unternehmen nicht mit hinreichender Genauigkeit geschätzt werden kann, sind des Weiteren folgende Angaben erforderlich:
	FAS 107.14 a.	$b_{5.1}$) zusätzliche Informationen, die hinsichtlich der Schätzung des Marktwertes von Finanzinstrumenten oder einer Gruppe von Finanzinstrumenten sachdienlich sein können, wie beispielsweise Buchwert, effektiver Zinssatz und Fälligkeit
	FAS 107.14 b.	$b_{5.2}$) die Gründe, warum eine Schätzung des Marktwertes eines Finanzinstrumentes oder einer Gruppe von Finanzinstrumenten nicht möglich ist
	AU § 9342.08-.10	b_6) im Abschluss enthaltene freiwillige Angaben hinsichtlich des Marktwertes von Finanzinstrumenten sind, wenn diese nicht der Abschlussprüfung unterlegen haben, zwingend als „ungeprüft" zu kennzeichnen
		c) für derivative Finanzinstrumente (wahlweise in der Bilanz oder in den *notes*):
		c_1) für alle derivativen Finanzinstrumente:
	~~FAS 119.8~~	der Betrag, die Art und die vertraglichen Bedingungen, zumindest aber die Erörterung der Preis- und Bonitätsrisiken (1), der Zahlungsverpflichtungen (2) und der angewandten Bilanzierungsmethode (3), jeweils separat nach Gruppen von Finanzinstrumenten
	~~FAS 119.9~~	***Anmerkung:*** ***Bzgl. dieser Angaben ist weiterhin zwischen derivativen Finanzinstrumenten, die für Handelszwecke gehalten oder ausgegeben werden, und derivativen Finanzinstrumenten, die nicht für Handelszwecke gehalten oder ausgegeben werden, zu unterscheiden.***
	~~FAS 119.10~~	c_2) darüber hinaus für die zu Handelszwecken gehaltenen oder ausgegebenen derivativen Finanzinstrumente:
	~~FAS 119.10 a.~~	$c_{2.1}$) der Marktwert zum Bilanzstichtag sowie der durchschnittliche Marktwert im Berichtszeitraum getrennt nach *assets* (positiver Marktwert) und *liabilities* (negativer Marktwert)
	~~FAS 119.10 b.~~	$c_{2.2}$) die Nettogewinne bzw. -verluste aus den Handelsaktivitäten der Berichtsperiode, jeweils separat nach Gruppen von Finanzinstrumenten; weiterhin Angaben zum Ausweis in der Gewinn- und Verlustrechnung
	~~FAS 119.10~~	$c_{2.3}$) ***werden darüber hinaus noch andere Arten von Finanzinstrumenten gehandelt, sind zusätzliche Informationen hinsichtlich dieser Marktaktivitäten einschließlich Angaben zum durchschnittlichen Marktwert dieser Finanzinstrumente empfehlenswert***
	~~FAS 119.11~~	c_3) darüber hinaus für die nicht zu Handelszwecken gehaltenen oder ausgegebenen derivativen Finanzinstrumente:
	~~FAS 119.11 a.~~	$c_{3.1}$) die Erörterung der mit dem Halten bzw. der Ausgabe der Finanzinstrumente verfolgten Ziele, insbesondere der zum Verständnis der Zielerreichung und der gewählten Strategie notwendigen Informationen
	~~FAS 119.11 b.~~	$c_{3.2}$) die Erläuterung der Rechnungslegungsgrundsätze (die Bewertung, die Erfolgsrealisierung und – falls der Erfolg vereinnahmt wird – der Ausweis der Erfolgsgrößen in der Gewinn- und Verlustrechnung und im *cash flow statement*)

J. Angaben zu Finanzinstrumenten

Lfd.Nr.	Grundlagen	Bewertungskriterien (*Disclosures*)
	~~FAS 119.11 e.~~	$c_{3.3}$) für den Fall, dass derivative Finanzinstrumente als Sicherungsinstrument für zukünftige Transaktionen im Rahmen des *hedge accounting* gehalten oder ausgegeben werden:
	~~(1)~~	$c_{3.3.1}$) eine Beschreibung der gesicherten Risikoposition einschließlich ihrer Laufzeit
	~~(2)~~	$c_{3.3.2}$) eine Beschreibung der Art der Finanzinstrumente, die als Sicherungsinstrument für zukünftige Transaktionen im Rahmen des *hedge accounting* gehalten oder ausgegeben werden
	~~(3)~~	$c_{3.3.3}$) der Betrag unrealisierter Gewinne und Verluste aus den Sicherungsinstrumenten
	~~(4)~~	$c_{3.3.4}$) eine Beschreibung der Ereignisse, welche die erfolgswirksame Vereinnahmung der Wertveränderungen des Sicherungsinstrumentes auslösen
	~~FAS 119.12 -.13~~	c_4) ***für alle derivativen Finanzinstrumente wird zusätzlich die Angabe des quantifizierten Risikos aus der künftigen Änderung von Zinssätzen, Wechselkursen, Rohstoffpreisen oder anderen Marktrisiken empfohlen, zum Beispiel durch die Angabe:***
		$c_{4.1}$) ***zusätzlicher Informationen zu laufenden Geschäftsvorfällen sowie zu Marktaktivitäten während der Berichtsperiode***
		$c_{4.2}$) ***der geschätzten Auswirkungen möglicher Preisänderungen auf das Eigenkapital und auf das Jahresergebnis***
		$c_{4.3}$) ***von Ergebnissen aus Sensitivitätsanalysen***
		$c_{4.4}$) ***von Fälligkeitszeitpunkten***
		$c_{4.5}$) ***des Wertes von derivativen Finanzinstrumenten oder anderen Positionen zum Bilanzstichtag sowie im Durchschnitt der Berichtsperiode jeweils unter Berücksichtigung der genannten Risiken***
	~~EITF 94-7~~	c_5) für Optionen oder Terminkontrakte, die an den eigenen Aktienkurs der Gesellschaft gebunden sind: die Gewinne und Verluste auf freistehend gekaufte Optionen oder Terminkontrakte, die an den eigenen Aktienkurs der Gesellschaft gebunden sind und entweder (1) eine Abrechnung in bar ohne Abzug fordern oder (2) der Gegenpartei die Wahl lassen, ob die Abrechnung in bar oder mit Aktien erfolgen soll
	~~FAS 80.12~~	d) für alle als Sicherungsinstrument anzusehenden *futures*, also auch für die nicht durch den Begriff des *financial instruments* abgedeckten *commodity futures:*
	~~FAS 80.12 (a)~~	d_1) die Art des gesicherten Grundgeschäfts
	~~FAS 80.12 (b)~~	d_2) die gewählte Bilanzierungsweise einschließlich der Darstellung, welche Ereignisse die erfolgswirksame Vereinnahmung von Wertveränderungen des Sicherungsinstrumentes auslösen
	~~EITF 97-7~~	d_3) **Für Abschlüsse der Geschäftsjahre, die nach dem 15. Dezember 1997 beginnen:** wenn ein Devisenterminkontrakt oder eine Fremdwährungsverbindlichkeit zur Absicherung des Fremdwährungsrisikos eines zur Veräußerung bestimmten Wertpapieres *(„available-for-sale security")* verwendet wird, sind die entsprechenden Gewinne oder Verluste aus dem Fremdwährungsgeschäft in dem gesonderten Teil des Eigenkapitals *(„other comprehensive income")* auszuweisen; der Anteil der Veränderung des Zeitwertes des zur Veräußerung bestimmten Wertpapieres, der den Wechselkursen zuzuschreiben ist, ist aufzurechnen
	~~EITF 91-4~~	e) für alle als Sicherungsinstrument für Fremdwährungsrisiken anzusehenden komplexen Optionsgeschäfte und ähnlichen Transaktionen:
		e_1) die Bilanzierungsmethode für Währungsoptionen, Optionskombinationen und ähnliche Finanzinstrumente, einschließlich einer Beschreibung der Ereignisse bzw. Transaktionen, welche die erfolgswirksame Vereinnahmung der Wertänderungen auslösen

J. Angaben zu Finanzinstrumenten

Lfd.Nr.	Grundlagen	Bewertungskriterien (*Disclosures*)
		e_2) die Art der erwarteten Transaktionen ohne vertraglich bindende Verpflichtung, die durch Währungsoptionen, Optionskombinationen und ähnliche Finanzinstrumente abgesichert sind e_3) der Zeitraum, in dem erwartete Fremdwährungsgeschäfte ohne vertraglich bindende Verpflichtung abgesichert sind e_4) zu jedem Bilanzstichtag der realisierte und nicht realisierte Nettogewinn oder Nettoverlust auf Währungsoptionen, Optionskombinationen und ähnliche Finanzinstrumente, die als Sicherungsinstrument für erwartete Transaktionen ohne vertraglich bindende Verpflichtung verwendet werden
		Für alle Quartalsabschlüsse der Geschäftsjahre, die nach dem 15. Juni 2000 beginnen, ergeben sich hinsichtlich Finanzinstrumenten folgende Angabepflichten: ***Vorbemerkung:*** ***Die Pflichten zur Angabe von Zusatzinformationen in den „notes" werden für Quartalsabschlüsse der Geschäftsjahre, die nach dem 15. Juni 2000 beginnen, durch FAS 133 gestrafft. Die bisher geltenden FAS 105 und FAS 119 werden – wie bereits oben erläutert – aufgehoben. Die Veröffentlichungspflichten zur Konzentration von Kreditrisiken in FAS 105 werden in FAS 107 integriert. Die Angaben in den „notes" werden im Einzelnen in FAS 133.44 und 133.45 geregelt. Durch diese Angaben sollen zum einen die Ergebniseinflüsse aus dem Derivategeschäft deutlich gemacht und zum anderen qualitative Informationen zum Risikomanagement geliefert werden.*** a) für derivative Finanzinstrumente sowie für alle als Sicherungsinstrument anzusehenden nicht-derivativen Finanzinstrumente:
	FAS 133.44	a_1) eine Beschreibung der Strategie und der Ziele der Sicherung mit Derivaten und anderen Sicherungsinstrumenten, getrennt für: $a_{1.1}$) den *fair value hedge* $a_{1.2}$) den *cash flow hedge* $a_{1.3}$) die Absicherung von Fremdwährungsrisiken $a_{1.4}$) die übrigen Derivate ***Anmerkung:*** ***Um den Abschlussadressaten angemessene Informationen zum Verständnis der Sicherungsgeschäfte zur Verfügung zu stellen, werden die Unternehmen aufgefordert, die Strategie und die Ziele der Sicherung mit Derivaten und anderen Sicherungsinstrumenten im Zusammenhang mit zusätzlichen Informationen zum Risikomanagement des Unternehmens zu beschreiben.*** a_2) zusätzliche Informationen hinsichtlich der Risikopolitik des Unternehmens in Bezug auf die unter $a_{1.1}$) bis $a_{1.4}$) angegebenen Sicherungsarten, einschließlich einer Beschreibung der Transaktionen bzw. Risiken, die abgesichert werden a_3) für Derivate, die kein Sicherungsinstrument im Sinne des FAS 133 darstellen, ist das Ziel des Einsatzes dieser Derivate anzugeben
	FAS 133.45 a. **(1)**	a_4) im Zusammenhang mit ***fair value hedges:*** $a_{4.1}$) der Umfang der Ergebnisbeeinflussung (1.) durch Ineffektivität und (2.) durch Ausklammern von Teilen des Derivates für die Einschätzung der Effektivität sowie die Ergebnisposition, in der diese Komponenten erfasst wurden
	(2)	$a_{4.2}$) das Ergebnis aus der Auflösung des Sicherungszusammenhangs, wenn ein bindender Vertrag oder eine prognostizierte Transaktion sich nicht für das *hedge accounting* im Sinne des FAS 133 qualifiziert
	FAS 133.45 b. **(1)**	a_5) im Zusammenhang mit ***cash flow hedges:*** $a_{5.1}$) der Umfang der Ergebnisbeeinflussung (1.) durch Ineffektivität und (2.) durch Ausklammern von Teilen des Derivates für die Einschätzung der Effektivität sowie die Ergebnisposition, in der diese Komponenten erfasst wurden

J. Angaben zu Finanzinstrumenten		
Lfd.Nr.	**Grundlagen**	**Bewertungskriterien (*Disclosures*)**
	(2) i.V.m. FAS 133.46-.47/ FAS 130.22-.25	$a_{5.2}$) der Anfangs- und Endbestand im *comprehensive income* für den effektiven Teil der Marktwertänderungen des Sicherungsinstrumentes im Rahmen des *cash-flow-hedges*, die Veränderung aufgrund von Sicherungsgeschäften, der Steueraufwand auf direkt im Eigenkapital verrechnete Marktwertänderungen des Sicherungsinstrumentes im Rahmen des *cash-flow-hedges* sowie ggf. der Teil des *comprehensive income*, der im laufenden Geschäftsjahr ergebniswirksam wurde bzw. voraussichtlich in den nächsten zwölf Monaten ergebniswirksam wird; ferner eine Beschreibung der Ereignisse oder Transaktionen, welche die erfolgswirksame Vereinnahmung der Wertänderungen auslösen (siehe hierzu auch ergänzende Erläuterungen Seite 380)
	(3)	$a_{5.3}$) der Zeitraum, über den das Unternehmen prognostizierte Transaktionen absichert
	(4) i.V.m. FAS 138.4 r.	$a_{5.4}$) das Ergebnis aus der Auflösung des Sicherungszusammenhangs, wenn ein bindender Vertrag oder eine prognostizierte Transaktion sich nicht für das *hedge accounting* im Sinne des FAS 133 qualifiziert
	FAS 133.45 c. i.V.m. FAS 52.31	a_6) im Zusammenhang mit der ***Sicherung einer Investition in einen ausländischen Geschäftsbetrieb:*** die Erläuterung der Veränderung der *translation adjustments* als gesonderte Komponente des Eigenkapitals, wahlweise im Anhang oder innerhalb des Spiegels der Eigenkapitalentwicklung *(„statement of changes in stockholders' equity");* diese hat Folgendes zu beinhalten: $a_{6.1}$) den Anfangs- und Endbestand $a_{6.2}$) den Gesamtbetrag der unterjährigen Veränderung der *translation adjustments*, die aus der Sicherung einer Investition in einen ausländischen Geschäftsbetrieb resultieren $a_{6.3}$) den Steueraufwand auf direkt im Eigenkapital verrechnete *translation adjustments* $a_{6.4}$) die aus dem Abgang ausländischer Beteiligungen resultierenden Veränderungen
	FAS 133.44-.45	a_7) ***um den Abschlussadressaten angemessene Informationen zum Verständnis des Derivategeschäfts zur Verfügung zu stellen, werden die Unternehmen aufgefordert (nicht verpflichtet), das Profil der Risiken des Unternehmens zu beschreiben; ferner wird angeregt, die quantitative Darstellung der Derivate wegen der erhöhten Aussagekraft im Gesamtzusammenhang mit den Grundgeschäften vorzunehmen***
		b) für alle Finanzinstrumente (wahlweise in der Bilanz oder in den *notes)*:
	FAS 107.10	b_1) der Marktwert zum Bilanzstichtag; sofern dieser nicht bestimmbar ist, ist eine Schätzung des Marktwertes unter Angabe des verwendeten Verfahrens der Wertermittlung anzugeben
	FAS 133.532, FAS 133.531 c.	***<u>Anmerkung:</u>*** ***Erfolgen Angaben hinsichtlich des Marktwertes der Finanzinstrumente an mehreren Stellen („notes") des Abschlusses, ist eine Zusammenfassung dieser Informationen in einer Gesamtübersicht geboten. Diese Übersicht hat den Buchwert der entsprechenden Finanzinstrumente (getrennt nach „assets" und „liabilities" sowie separat nach Gruppen von Finanzinstrumenten) sowie einen Querverweis zu den übrigen Angaben im Abschluss zu beinhalten.***
	FAS 107.14	b_2) wenn der Marktwert eines Finanzinstrumentes oder einer Gruppe von Finanzinstrumenten durch das berichtende Unternehmen nicht mit hinreichender Genauigkeit geschätzt werden kann, sind des Weiteren folgende Angaben erforderlich:
	FAS 107.14 a.	$b_{2.1}$) zusätzliche Informationen, die hinsichtlich der Schätzung des Marktwertes von Finanzinstrumenten oder einer Gruppe von Finanzinstrumenten sachdienlich sein können, wie beispielsweise Buchwert, effektiver Zinssatz und Fälligkeit

J. Angaben zu Finanzinstrumenten		
Lfd.Nr.	**Grundlagen**	**Bewertungskriterien (*Disclosures*)**
	FAS 107.14 b.	$b_{2.2}$) die Gründe, warum eine Schätzung des Marktwertes eines Finanzinstrumentes oder einer Gruppe von Finanzinstrumenten nicht möglich ist
	AU § 9342.08-.10	b_3) im Abschluss enthaltene freiwillige Angaben hinsichtlich des Marktwertes von Finanzinstrumenten sind, wenn diese nicht der Abschlussprüfung unterlegen haben, zwingend als „ungeprüft" zu kennzeichnen
	FAS 133.531 d. (15A.) a.	b_4) die Konzentration von Bonitätsrisiken bei einer Vertragspartei bzw. einer Gruppe von Vertragsparteien gegliedert nach Branche, geographischer Lage oder anderen geeigneten Kriterien
	(15A.) b.	b_5) der Betrag des Bonitätsrisikos (basierend auf dem Zeitwert des Finanzinstrumentes (brutto)) bei völligem Ausfall der unter b_4) genannten Vertragspartner der Finanzinstrumente unter der Annahme der Wertlosigkeit aller gewährten Sicherheiten
	(15A.) c.	b_6) die vom Unternehmen üblicherweise geforderten Sicherheiten zur Abdeckung des Bonitätsrisikos, die Erörterung der laufenden Überwachung von Sicherheiten, der Zugriffsmöglichkeiten auf diese sowie die Offenlegung der Art der Sicherheiten
	(15A.) d.	b_7) zusätzliche Informationen zur Unternehmenspolitik in Bezug auf die Reduzierung von Bonitätsrisiken und der zum Zeitpunkt der Bilanzierung getroffenen Übereinkünfte zur Senkung der Bonitätsrisiken; ferner eine kurze Beschreibung der diesen Vereinbarungen zugrunde liegenden Bedingungen sowie eine Schätzung, in welchem Umfang diese das mögliche Bonitätsrisiko reduzieren
	(15B.)	***<u>Anmerkung:</u>*** ***Die Angabepflichten gemäß den Punkten b_4) bis b_7) gelten nicht für die unter FAS 133.531 d. (15B.) aufgeführten Finanzinstrumente.***
	(15C.) und (15D.)	b_8) ***für alle Finanzinstrumente wird zusätzlich die Angabe des quantifizierten Marktrisikos empfohlen, zum Beispiel durch die Angabe:*** $b_{8.1}$) ***zusätzlicher Informationen zu laufenden Geschäftsvorfällen sowie zu Marktaktivitäten während der Berichtsperiode*** $b_{8.2}$) ***der geschätzten Auswirkungen möglicher Preisänderungen auf das Eigenkapital und auf das Jahresergebnis*** $b_{8.3}$) ***von Ergebnissen aus Sensitivitätsanalysen*** $b_{8.4}$) ***von Fälligkeitszeitpunkten*** $b_{8.5}$) ***des Wertes von derivativen Finanzinstrumenten oder anderen Positionen zum Bilanzstichtag sowie im Durchschnitt der Berichtsperiode jeweils unter Berücksichtigung der genannten Risiken***
2. Übertragung und Verbriefung von Finanzaktiva / Schuldenerlass		
(47.)		***<u>Vorbemerkung:</u>*** ***Im Juni 1996 hat das Financial Accounting Standards Board den Bilanzierungsstandard FAS 125 („Accounting for Transfers and Servicing of Financial Assets and Extinguishments of Liabilities") herausgegeben. Dieser regelt die Bilanzierung und die Berichterstattung der wertpapiermäßigen Verbriefung sowie sonstiger Formen der Übertragung von finanziellen Vermögenswerten. Die Vorschriften des FAS 125 basieren auf dem „Financial Components Approach", der auf das Kriterium der Verfügungsgewalt abstellt. Der Standard enthält konsistente Kriterien, wonach zu entscheiden ist, ob eine Übertragung von Finanzaktiva bilanziell als Verkauf oder als Kreditaufnahme gegen Bereitstellung von Sicherheiten abzubilden ist. Neben der Verbriefung sowie anderer Übertragungen von Finanzaktiva und Sicherheiten regelt FAS 125 zudem die bilanzielle Behandlung des Schuldenerlasses bzw. des Erlöschens von Verbindlichkeiten.***

J. Angaben zu Finanzinstrumenten

Lfd.Nr.	Grundlagen	Bewertungskriterien (*Disclosures*)
		Mit FAS 125 werden die Regelungen des FAS 76 („Extinguishment of Debt"), des FAS 77 („Reporting by Transferors for Transfers of Receivables with Recourse") und des FAS 122 („Accounting for Mortgage Servicing Rights") neben einer Reihe von EITF-Stellungnahmen aufgehoben (vgl. hierzu auch EITF Topic No. D-52). Des Weiteren wurden die Vorschriften des FAS 65 („Accounting for Certain Mortgage Banking Activities") in Teilen geändert bzw. ergänzt. Die Vorschriften des FAS 125 sind verpflichtend auf Übertragungen und Verbriefungen von Finanzaktiva und auf das Erlöschen von Verbindlichkeiten nach dem 31. Dezember 1996 anzuwenden. ***Nachstehend werden zunächst die vor der Einführung des FAS 125 geltenden Angabepflichten dargestellt, da sie für das Kalenderjahr 1996 noch relevant sind, im Anschluss daran werden die Angabepflichten des FAS 125 behandelt.***
		Für Übertragungen und Verbriefungen von Finanzaktiva und das Erlöschen von Verbindlichkeiten vor dem 1. Januar 1997:
	~~FAS 77.9~~	a) hinsichtlich Übertragungen von Forderungen mit Rückgriffsrecht, die bilanziell als Verkauf abgebildet wurden, ergeben sich für den Übertragenden folgende Angabepflichten:
	~~FAS 77.9 (a)~~	a_1) die daraus resultierenden Erlöse für jede dargestellte Berichtsperiode
	~~FAS 77.9 (b)~~;	a_2) falls möglich, der Saldo der übertragenen Forderungen, der zum Bilanzstichtag weiterhin uneinbringlich bleibt;
	FAS 105.21	zusätzlich sind gemäß den Regelungen des *FAS 105.21* die allgemeinen Angabepflichten hinsichtlich Finanzinstrumenten mit *off-balance-sheet risk* und *concentrations of credit risk* gemäß *FAS 105.17, FAS 105.18* und *FAS 105.20* zu erfüllen, vgl. hierzu Gliederungspunkt J.1. Allgemeine Angaben hinsichtlich Finanzinstrumenten
	FAS 5.9-.10	a_3) die ungewissen Verbindlichkeiten aus dem Rückgriffsrisiko der Forderungen, die mit Rückgriffsrecht übertragen wurden
	EITF 92-2	a_4) der Bruttobetrag der Verpflichtung aus dem Rückgriff sowie der zugrunde liegende Kapitalisierungszinssatz, wenn die Verpflichtung buchmäßig auf Basis des Barwerts erfasst wurde und die Auswirkungen der Abzinsung von signifikanter Größenordnung sind ***Anmerkung:*** ***Gemäß EITF 92-2 ist diese Verpflichtung gesondert in den Verbindlichkeiten auszuweisen und nur dann gegen Vermögenswerte aufzurechnen, wenn ein derartiges Recht zur Aufrechnung besteht.***
	~~FAS 76.6~~	b) wenn eine Verbindlichkeit aufgrund der Bestimmungen des FAS 76 („*Extinguishment of Debt*") als erloschen gilt, ergeben sich folgende Angabepflichten: eine allgemeine Beschreibung der zugrunde liegenden Transaktion sowie die Angabe der Höhe der Verbindlichkeit, die am Ende der Berichtsperiode als erloschen gilt, sofern diese zu diesem Zeitpunkt noch fällig wäre
	FAS 4.9	c) hinsichtlich des aus dem Erlöschen von Verbindlichkeiten (Schuldenerlass) entstandenen Gewinnes bzw. Verlustes ergeben sich des Weiteren folgende Angabepflichten:
	FAS 4.9 a.	c_1) eine Beschreibung der Transaktionen, die zum Erlöschen der Verbindlichkeiten (Schuldenerlass) geführt haben, einschließlich, falls möglich, der Herkunft finanzieller Mittel, die zur Löschung der Verbindlichkeiten beigetragen haben
	FAS 4.9 b.	c_2) der Ertragsteuereffekt in der Berichtsperiode, in welcher die Verbindlichkeiten gelöscht (erlassen) wurden
	FAS 4.9 c.	c_3) der auf jede Aktie entfallende Anteil am Gesamtgewinn bzw. -verlust aus dem Erlöschen von Verbindlichkeiten bzw. dem Schuldenerlass (netto – mit Berücksichtigung des darauf entfallenden Ertragsteuereffektes) ***Anmerkung:*** ***Diese Angaben können wahlweise in der Gewinn- und Verlustrechnung oder in den „notes" gemacht werden; werden diesbezüglich Angaben bzw. Erläuterungen an mehreren Stellen des Abschlusses gemacht, so sind diese mit adäquaten Querverweisen zu versehen.***

J. Angaben zu Finanzinstrumenten		
Lfd.Nr.	**Grundlagen**	**Bewertungskriterien (*Disclosures*)**
	  ~~FAS 65.29/~~ **FAS 115.128 j.** **~~FAS 65.30~~** **~~i.V.m.~~** **~~FAS 122.3 h.~~**	d) hinsichtlich Hypothekendarlehen ergeben sich ferner folgende Angabepflichten: d_1) die Methode, die zur Bestimmung des niedrigeren Wertes im Rahmen des *lower-of-cost-or-market principle* angewandt wurde d_2) der Betrag, der während der Berichtsperiode in Verbindung mit dem erworbenen oder bereits bestehenden Recht auf Bedienung von Hypothekendarlehen kapitalisiert wurde; weiterhin ist die Methode der zeitanteiligen Auflösung des kapitalisierten Betrages sowie die Höhe der zeitanteiligen Auflösung in der Berichtsperiode anzugeben
		<u>Für Übertragungen und Verbriefungen von Finanzaktiva und das Erlöschen von Verbindlichkeiten am oder nach dem 1. Januar 1997:</u>
	FAS 125.17 a.	a) wenn ein Unternehmen Wertpapierpensions- oder Wertpapierleihgeschäfte tätigt, ist die Verfahrensweise anzugeben, mit der akzessorische oder sonstige Sicherheiten erlangt werden
	FAS 125.17 b.	b) wenn eine Verbindlichkeit aufgrund der Bestimmungen des FAS 76 *(„Extinguishment of Debt")* vor dem Datum des Inkrafttretens des FAS 125 als erloschen gilt, ist die zugrunde liegende Transaktion zu beschreiben sowie die Höhe der Verbindlichkeit, die am Ende der Berichtsperiode als erloschen gilt, anzugeben, sofern diese zu diesem Zeitpunkt noch fällig wäre
	FAS 125.17 c.	c) wenn Vermögenswerte nach dem Datum des Inkrafttretens des FAS 125 ausschließlich zur Leistung planmäßiger Zahlungen zur Begleichung spezifischer Verpflichtungen bestimmt sind, ist die Art der diesen Vermögenswerten auferlegten Beschränkungen zu beschreiben
	FAS 125.17 d.	d) wenn der Marktwert spezifischer Vermögenswerte oder Verbindlichkeiten, die im Zuge der Übertragung von Finanzaktiva in der Berichtsperiode entstanden sind, nicht verlässlich geschätzt werden kann, sind diese Posten zu beschreiben und die Gründe anzugeben, warum eine Schätzung des Marktwertes nicht möglich ist
	EITF Topic No. D-69	***<u>Anmerkung:</u>*** ***In EITF Topic No. D-69 kommentierte die US-Börsenaufsichtsbehörde, dass die bei der Schätzung des Marktwertes einbehaltener und neuer Zinsen zum Bilanzstichtag zugrunde liegenden Annahmen hinsichtlich Zahlungsverzug, Vorauszahlungen oder Zinssätzen „wesentliche Annahmen" darstellen und daher erläutert werden sollten.***
	FAS 4.9	e) hinsichtlich des aus dem Erlöschen von Verbindlichkeiten (Schuldenerlass) entstandenen Gewinnes bzw. Verlustes ergeben sich des Weiteren folgende Angabepflichten:
	FAS 4.9 a.	e_1) eine Beschreibung der Transaktionen, die zum Erlöschen der Verbindlichkeiten (Schuldenerlass) geführt haben, einschließlich, falls möglich, der Herkunft finanzieller Mittel, die zur Löschung der Verbindlichkeiten beigetragen haben
	FAS 4.9 b.	e_2) der Ertragsteuereffekt in der Berichtsperiode, in welcher die Verbindlichkeiten gelöscht (erlassen) wurden
	FAS 4.9 c.	e_3) der auf jede Aktie entfallende Anteil am Gesamtgewinn bzw. -verlust aus dem Erlöschen von Verbindlichkeiten bzw. dem Schuldenerlass (netto – mit Berücksichtigung des darauf entfallenden Ertragsteuereffektes) ***<u>Anmerkung:</u>*** ***Diese Angaben können wahlweise in der Gewinn- und Verlustrechnung oder in den „notes" gemacht werden; werden diesbezüglich Angaben bzw. Erläuterungen an mehreren Stellen des Abschlusses gemacht, so sind diese mit adäquaten Querverweisen zu versehen.***
	FAS 125.17 e.	f) hinsichtlich aller Service-Aktiva und Service-Verbindlichkeiten:
	(1)	f_1) die Beträge der während der Berichtsperiode buchmäßig erfassten Service-Aktiva und Service-Verbindlichkeiten sowie deren zeitanteilige Auflösung in der Berichtsperiode
	(2)	f_2) der Marktwert buchmäßig erfasster Service-Aktiva und Service-Verbindlichkeiten zum Bilanzstichtag; sofern dieser nicht bestimmbar ist, ist eine Schätzung des Marktwertes unter Angabe des verwendeten Verfahrens der Wertermittlung anzugeben

J. Angaben zu Finanzinstrumenten		
Lfd.Nr.	**Grundlagen**	**Bewertungskriterien (*Disclosures*)**
	(3)	f_3) die Risikomerkmale der zugrunde liegenden finanziellen Vermögenswerte, welche für die Strukturierung der Service-Aktiva verwendet wurden, um die Wertminderung gemäß FAS 125.37 zu bemessen
	(4)	f_4) die kumulierten Wertberichtigungen auf buchmäßig erfasste Service-Aktiva sowie die Erläuterung deren Entwicklung
		Anmerkung:
	FAS 125.13	***FAS 125.13 sieht für Servicerechte eine Bilanzierung analog zu den „held-to-maturity"-Wertpapieren vor, d.h. diese sind mit den fortgeführten Anschaffungskosten aus der ersten Einbuchung zu bewerten und zeitanteilig aufzulösen. Falls erforderlich, sind außerplanmäßige Abschreibungen wegen dauernder Wertminderung vorzunehmen.***
	FAS 125.14	***FAS 125.14 sieht für „interest-only strips", Darlehen, andere Forderungen oder einbehaltene Zinsen in wertpapiermäßiger Unterlegung von Verbindlichkeiten, die vertragsgemäß derart vorausbezahlt oder auf andere Weise so abgerechnet werden können, dass der Inhaber die von ihm buchmäßig erfassten Investitionen nicht in voller Höhe wiedererlangen würde, eine Bilanzierung analog zu den „trading"- oder „available-for-sale securities" vor. Durch die Aufteilung des Buchwertes der zurückbehaltenen Teile der Finanzaktiva wird der Zeitwert dieser Vermögensgegenstände regelmäßig über dem anteiligen Buchwert liegen. Durch Verweis auf FAS 115 schreibt FAS 125.14 vor, diese Vermögensgegenstände auf die Zeitwerte hochzuschreiben. Bei einer Klassifizierung als „available-for-sale security" ist die Zuschreibung erfolgsneutral in das „other comprehensive income" einzustellen. Die Umbewertung ist sofort erfolgswirksam, analog zur Behandlung bei „trading securities".***
	FAS 125.237	***Zum Verkauf gehaltene hypothekarisch gesicherte Titel aus der wertpapiermäßigen Verbriefung eines Hypothekendarlehens sind gemäß FAS 125 zwingend als „trading securities" auszuweisen.***
	FAS 134 -für das erste Quartal, das nach dem 15.12. 1998 beginnt	***Mit Inkrafttreten des FAS 134 ist abweichend zu den Bestimmungen des FAS 125 ein zum Verkauf gehaltener hypothekarisch gesicherter Titel aus der wertpapiermäßigen Verbriefung eines Hypothekendarlehens entsprechend den Verlautbarungen des FAS 115 zu klassifizieren, d.h. die Klassifizierung der Titel richtet sich nach der Intention des Unternehmens, derartige Titel zu kaufen, verkaufen bzw. zu halten. Dementsprechend können diese Titel mit Inkrafttreten des FAS 134 (mit Ausnahme derjenigen Titel, bei denen ein Verkaufsengagement von Seiten des berichtenden Unternehmens besteht) umklassifiziert werden.***
	FAS 125.20	***Für Service-Kontrakte, die vor dem 1. Januar 1997 (Inkrafttreten des FAS 125) abgeschlossen wurden, sind die daraus hervorgehenden Service-Rechte und Service-Forderungen, die nicht die vertraglich spezifizierten Service-Gebühren überschreiten, nach Abzug der vertraglichen Service-Verpflichtungen als Service-Aktiva bzw. Service-Verbindlichkeit zusammenzufassen. Service-Forderungen, welche die vertraglich spezifizierten Service-Gebühren überschreiten, sind als „interest-only strips receivable" zu klassifizieren.***
		g) hinsichtlich Übertragungen von Forderungen mit Rückgriffsrecht, die vor Inkrafttreten des FAS 125 bilanziell als Verkauf abgebildet wurden, ergeben sich für den Übertragenden folgende Angabepflichten:
	~~FAS 77.9 (b)~~/ FAS 105.21	g_1) falls möglich, der Saldo der übertragenen Forderungen, der zum Bilanzstichtag weiterhin uneinbringlich bleibt
	FAS 5.9-.10	g_2) die ungewissen Verbindlichkeiten aus dem Rückgriffsrisiko der Forderungen, die mit Rückgriffsrecht übertragen wurden
	EITF 92-2	g_3) der Bruttobetrag der Verpflichtung aus dem Rückgriff sowie der zugrunde liegende Kapitalisierungszinssatz, wenn die Verpflichtung buchmäßig auf Basis des Barwerts erfasst wurde und die Auswirkungen der Abzinsung von signifikanter Größenordnung sind

J. Angaben zu Finanzinstrumenten

Lfd.Nr.	Grundlagen	Bewertungskriterien (*Disclosures*)
		Anmerkung: ***Gemäß EITF 92-2 ist diese Verpflichtung gesondert in den Verbindlichkeiten auszuweisen und nur dann gegen Vermögenswerte aufzurechnen, wenn ein derartiges Recht zur Aufrechnung besteht.***

K. Angaben zu Kapitalbeteiligungsleistungen

Lfd.Nr.	Grundlagen	Bewertungskriterien (*Disclosures*)
1. Stock-based compensation plans		
(48.)		***Vorbemerkung:*** ***Im Oktober 1995 wurde mit FAS 123 („Accounting for Stock-Based Compensation") die „fair value method" zur bilanziellen Behandlung von „stock-based compensation plans" eingeführt. „Stock-based compensation plans" umfassen alle Vergütungsvereinbarungen, durch die Arbeitnehmer Aktien, Optionen oder ähnliche „equity instruments" erhalten oder die gewährende Gesellschaft Verbindlichkeiten eingeht, deren Höhe vom Kurswert ihrer Aktien abhängt (vgl. FAS 123.1).*** ***FAS 123 erlaubt jedoch, dass Unternehmen bei der Ermittlung ihres Jahresergebnisses weiterhin die Vorschriften der 1972 veröffentlichten APB Opinion No. 25 („Accounting for Stock Issued to Employees") und damit die „intrinsic value method" anwenden (vgl. FAS 123.5). Für eine Option ergibt sich der „intrinsic value" aus dem Unterschied zwischen dem Basispreis und dem Kurswert der Aktie am „measurement date" (Zeitpunkt, an dem die Anzahl der Aktien, auf die der Arbeitnehmer Anspruch hat, und der Bezugspreis feststeht, vgl. APB 25.10 b.).*** ***„Stock-based compensation plans" sind entweder einheitlich nach FAS 123 oder nach APB 25 zu bilanzieren. Hat ein Unternehmen die Bilanzierung seiner „stock-based compensation plans" erstmals auf die „fair value method" umgestellt, darf der Wechsel in den folgenden Perioden nicht rückgängig gemacht werden (vgl. FAS 123.14).*** ***Werden von unternehmensfremden Dritten empfangene Waren oder Dienstleistungen mit „equity instruments" vergütet, müssen diese zwingend nach der „fair value method" gemäß FAS 123 bilanziert werden. Die Bewertung der Vergütung erfolgt entweder zum „fair value" der empfangenen Waren oder Dienstleistungen oder zum „fair value" der als Entgelt gewährten „equity instruments". Zum Ansatz kommt derjenige „fair value", der am verlässlichsten ermittelt werden kann.***
		Hinsichtlich Aktienbezugsrechtsplänen mit Vergütungscharakter (*„stock-based compensation plans"*) ergeben sich gemäß FAS 123 folgende Angabepflichten:
	FAS 123.46	a) eine Beschreibung der *stock-based compensation plans* sowie eine Übersicht über alle Pläne, einschließlich aller wichtigen Vertragsvereinbarungen, wie Ausübungsanforderungen, maximale Laufzeit und Gesamtzahl an gewährten Optionen
	FAS 123.47 a.	b) die Anzahl und der gewogene durchschnittliche Ausübungspreis für jede der folgenden Optionsgruppen (für jede dargestellte Berichtsperiode):
	(1)	b_1) zu Geschäftsjahresbeginn ausstehende Optionen
	(2)	b_2) am Geschäftsjahresende ausstehende Optionen
	(3)	b_3) am Geschäftsjahresende ausübbare Optionen
	(4)	b_4) während des Geschäftsjahres gewährte Optionen
	(5)	b_5) während des Geschäftsjahres ausgeübte Optionen
	(6)	b_6) während des Geschäftsjahres verwirkte Optionen
	(7)	b_7) während des Geschäftsjahres verfallene Optionen
	FAS 123.47 b.	c) der gewogene durchschnittliche *fair value* der im Laufe des Geschäftsjahres gewährten Optionen zum *grant date* (Zeitpunkt, an dem das Recht zum Erwerb der Aktien dem betreffenden Mitarbeiter gewährt wird);

K. Angaben zu Kapitalbeteiligungsleistungen		
Lfd.Nr.	**Grundlagen**	**Bewertungskriterien (*Disclosures*)**
	FAS 123.47 b.	sofern der Ausübungspreis der Optionen vom aktuellen Aktienkurs der jeweiligen Aktien zum *grant date* abweicht, ist der gewogene durchschnittliche Ausübungspreis und der gewogene durchschnittliche *fair value* für jede der folgenden Optionsgruppen separat anzugeben (für jede dargestellte Berichtsperiode):
	(1)	c_1) Optionen, deren Ausübungspreis dem aktuellen Aktienkurs der jeweiligen Aktien zum *grant date* entspricht
	(2)	c_2) Optionen, deren Ausübungspreis den aktuellen Aktienkurs der jeweiligen Aktien zum *grant date* übersteigt
	(3)	c_3) Optionen, deren Ausübungspreis zum *grant date* niedriger ist als der aktuelle Aktienkurs der jeweiligen Aktien
	FAS 123.47 c.	d) die Anzahl und der gewogene durchschnittliche *grant-date fair value* ähnlicher Entlohnungssysteme (für jede dargestellte Berichtsperiode)
	FAS 123.47 d.	e) die Erläuterung der verwendeten Methode sowie wesentlicher Annahmen zur Bestimmung des *fair value* von Optionen (für jede dargestellte Berichtsperiode), einschließlich der Angabe des gewogenen Durchschnittswertes der enthaltenen unsicheren Variablen (Zinssatz einer risikofreien Geldanlage, erwartete Laufzeit der Option, Volatilität und erwartete Dividendenzahlungen)
	FAS 123.47 e.	f) die Gesamtsumme des ausgewiesenen und unter FAS 123 fallenden Personalaufwandes (für jede dargestellte Berichtsperiode)
	FAS 123.47 f.	g) die signifikanten Modifikationen während des Geschäftsjahres (für jede dargestellte Berichtsperiode)
	FAS 123.47	***Anmerkung:*** ***Zur besseren Information des Bilanzlesers sind die voranstehenden Angaben bzw. Informationen (Punkt a) bis g)) jeweils separat für jede Art von Vergütungsvereinbarung offen zu legen, so beispielsweise für:*** ▪ ***„Fixed stock option or award plans",*** ▪ ***„Performance or variable stock option or award plans" oder*** ▪ ***„Stock appreciation rights".***
	FAS 123.48	h) für zum Abschlussstichtag ausstehende Optionen sind des Weiteren die gewogenen Durchschnittswerte der Ausübungspreise sowie deren Bandbreite und die gewichteten durchschnittlichen Restlaufzeiten anzugeben; ergeben sich für die Ausübungspreise der ausstehenden Optionen relativ weite Bandbreiten (übersteigt beispielsweise der höchste Ausübungspreis annähernd 150 % des niedrigsten Ausübungspreises), sind für Bereiche vergleichsweise enger Bandbreiten jeweils gesondert folgende Angaben erforderlich:
	a.	h_1) die Anzahl, der gewogene durchschnittliche Ausübungspreis und die gewogene durchschnittliche Restlaufzeit ausstehender Optionen
	b.	h_2) die Anzahl und der gewogene durchschnittliche Basispreis ausübbarer Optionen
	FAS 123.45	i) sofern die Bilanzierung der *stock-based compensation plans* nach Maßgabe der in APB 25 festgelegten Vorschriften erfolgt, ist für jede dargestellte Berichtsperiode das durch Pro-forma-Rechnung ermittelte Jahresergebnis sowie das Ergebnis je Aktie *(„pro forma net income and earnings per share")* anzugeben, das sich ergeben hätte, wenn FAS 123 bei der Bemessung der *compensation costs* zur Anwendung gekommen wäre (vgl. hierzu auch FAS 123.11); dies beinhaltet des Weiteren die Angabe konkreter Differenzbeträge (zur *fair value based method*) beim ausgewiesenen Personalaufwand sowie die daraus resultierenden Steuereffekte
	FAS 123.46	j) sofern in der Berichtsperiode von unternehmensfremden Dritten empfangene Waren oder Dienstleistungen mit *equity instruments* vergütet werden, ist gleichfalls den unter den Punkten a) bis h) angegebenen Offenlegungspflichten nachzukommen, wenn diese zum besseren Verständnis der Abschlussposten erforderlich sind
	EITF 96-13	k) die in der Berichtsperiode erzielten Gewinne oder Verluste aus der Veräußerung von Verkaufsoptionen auf das eigene Aktienkapital, welche eine Ausgleichszahlung in bar ohne Abzug fordern oder der Gegenpartei die Wahl lassen, ob die Ausgleichszahlung in bar ohne Abzug oder mit gesellschaftseigenen Aktien erfolgen soll

K. Angaben zu Kapitalbeteiligungsleistungen		
Lfd.Nr.	**Grundlagen**	**Bewertungskriterien (*Disclosures*)**
2. Employee stock ownership plans gemäß SOP 93-6		
(49.)	SOP 93-6.53	**Für Arbeitgeber, die einen Aktienerwerbsplan für Mitarbeiter (*„employee stock ownership plan"*) fördern, ergeben sich gemäß SOP 93-6 folgende Angabepflichten:**
	a.	a) eine Beschreibung des *employee stock ownership plan*, die Grundlagen für die Festlegung der Einlagen, einschließlich der vom *employee stock ownership plan* erfassten Arbeitnehmergruppen sowie die Art und die Auswirkung wichtiger Faktoren, welche die Vergleichbarkeit von Informationen bzw. Angaben aufeinander folgender Geschäftsjahre beeinflussen; für fremdfinanzierte *employee stock ownership plans* und *employee stock ownership plans* mit Rentenanwartschaft sind ferner die Grundlagen für die Freigabe der Aktien darzustellen, überdies ist anzugeben, wie Dividenden auf zugeteilte und nicht zugeteilte Aktien verwendet werden
	b.	b) eine Beschreibung der Bilanzierungsgrundsätze hinsichtlich Transaktionen im Zusammenhang mit dem *employee stock ownership plan*, einschließlich der Methode zur Bemessung der Vergütung, der Klassifizierung von Dividenden auf Aktien des *employee stock ownership plan* sowie der Behandlung von Aktien des *employee stock ownership plan* zu Zwecken der Berechnung des Gewinns je Aktie ***Anmerkung:*** ***Diese Angaben sind ebenfalls für Aktien des „employee stock ownership plan" erforderlich, die bereits vor Inkrafttreten des SOP 93-6 buchmäßig erfasst wurden.***
	c.	c) die im Jahresergebnis berücksichtigten Vergütungsaufwendungen (*„compensation costs"*)
	d.	d) die Anzahl der zugeteilten Aktien, der verbindlich freizugebenden Aktien und der transitorischen Aktien, die vom *employee stock ownership plan* zum Bilanzstichtag gehalten werden ***Anmerkung:*** ***Diese Angabe ist ebenfalls für Aktien des „employee stock ownership plan" erforderlich, die bereits vor Inkrafttreten des SOP 93-6 buchmäßig erfasst wurden.***
	e.	e) der *fair value* noch nicht erdienter Aktien (*„unearned shares"*) des *employee stock ownership plan* zum Bilanzstichtag (Zukünftige Steuerabzüge werden nur für die Kosten des *employee stock ownership plan* hinsichtlich unverdienter Aktien zugelassen.) ***Anmerkung:*** ***Diese Angabe ist für Aktien des „employee stock ownership plan", die bereits vor Inkrafttreten des SOP 93-6 buchmäßig erfasst wurden, nicht erforderlich.***
	f.	f) das Bestehen und die Art aller Rückkaufsverpflichtungen, einschließlich des *fair value* der zum Bilanzstichtag zugeteilten Aktien, die einer Rückkaufsverpflichtung unterliegen

Literaturverzeichnis

Literaturverzeichnis

Verwendete Abkürzungen zitierter Artikel:

AG	Die Aktiengesellschaft
APT	Auditing: A Journal of Practice & Theory
BB	Betriebs-Berater
BC	Bilanzbuchhalter und Controller; Fachzeitschrift für Führungskräfte im Finanz- und Rechnungswesen und Controlling
BFuP	Betriebswirtschaftliche Forschung und Praxis
DB	Der Betrieb
DBW	Die Betriebswirtschaft
DStR	Deutsches Steuerrecht
FAZ	Frankfurter Allgemeine Zeitung
HWB	Handwörterbuch der Betriebswirtschaft
HWRP	Handwörterbuch der Rechnungslegung und Prüfung
IStR	Internationales Steuerrecht, Zeitschrift für europäische und internationale Steuer- und Wirtschaftsberatung
JfB	Journal für Betriebswirtschaft
JoA	Journal of Accountancy
JoAE	Journal of Accounting and Economics
JoAL	Journal of Accounting Literature
JoAR	Journal of Accounting Research
JoFE	Journal of Financial Economics
KoR	Zeitschrift für kapitalmarktorientierte Rechnungslegung
mm	manager magazin
StuB	Steuern und Bilanzen; Zeitschrift für das Steuerrecht und die Rechnungslegung der Unternehmen
WiSt	Wirtschaftswissenschaftliches Studium
WISU	Wirtschaftsstudium
WM	Wertpapier-Mitteilungen, Zeitschrift für Wirtschafts- und Bankrecht
WPg	Die Wirtschaftsprüfung
ZBB	Zeitschrift für Bankrecht und Bankwirtschaft
ZfB	Zeitschrift für Betriebswirtschaft
ZfbF	Schmalenbachs Zeitschrift für betriebswirtschaftliche Forschung
ZfgK	Zeitschrift für das gesamte Kreditwesen
ZHR	Zeitschrift für das gesamte Handelsrecht und Wirtschaftsrecht
ZIP	Zeitschrift für Wirtschaftsrecht
ZWS	Zeitschrift für Wirtschafts- und Sozialwissenschaften

Adler, Michael (Rechnungslegung):
Die Rechnungslegung der Kapitalgesellschaften und öffentlich-rechtlichen Unternehmen nach dem Publizitätsgesetz – Eine empirische Untersuchung –, München 1976.

Adler, Hans/Düring, Walther/Schmaltz, Kurt (Rechnungslegung):
Rechnungslegung und Prüfung der Unternehmen: Kommentar zum HGB, AktG, GmbHG, PublG nach den Vorschriften des Bilanzrichtlinien-Gesetzes, bearbeitet von: Forster, Karl-Heinz u. v. a., Teilband 1, 2 und 5, 6. Auflage, Stuttgart 1995 (§ 252 HGB, § 265 HGB, § 284 HGB).

Ahmed, Kamran/Nicholls, Des (Mandatory Disclosure):
The Impact of Non-financial Company Characteristics on Mandatory Disclosure Compliance in Developing Countries: The Case of Bangladesh, in: The International Journal of Accounting 1994, Vol. 29, No. 1, Seite 62-77.

Albach, Horst (Investitionspolitik):
Steuersystem und unternehmerische Investitionspolitik, Wiesbaden 1970.

Albert, Hans (Kritischer Rationalismus):
Kritischer Rationalismus und Dialektik der Revolution, Gespräch mit Claus Grossner, in: Verfall der Philosophie-Politik deutscher Philosophen, bearbeitet von Claus Grossner, Reinbek bei Hamburg 1971, Seite 183-198.

Allen, Franklin/Faulhaber, Gerald R. (Underpricing):
Signalling by Underpricing in the IPO Market, in: JoFE 23/1989, Seite 303-323.

Althaus, Jan (Emissionsberatung):
Emissionsberatung im Rahmen des Going Public am deutschen Kapitalmarkt, GoingPublic Forschungsreihe Band 1, Wolfratshausen 2001.

Anderson, Urton/Young, Richard A. (Internal Audit Planning):
Internal Audit Planning in an Interactive Environment, in: APT, Vol. 7, No. 1, Fall 1988, Seite 23-42.

Antle, Rick (Auditing): Discussion of Error Rates, Detection Rates, and Payoff Functions in Auditing, in: APT, Vol. 8, No. 1, Suppl. 1989, Seite 64-66.

Arbeitsgemeinschaft der deutschen Wertpapierbörsen (Regeln):
Regeln für die Beurteilung von Zwischenberichten börsennotierter Gesellschaften, in: Bank-Betrieb 1971, Seite 16-19.

Archibald, T. Ross (Disclosure):
Disclosure of Accounting Changes: Some Empirical Data, in: JoA, April 1971, Seite 34-40.

Armeloh, Karl-Heinz (Berichterstattung):
Die Berichterstattung im Anhang – Eine theoretische und empirische Untersuchung der Qualität der Berichterstattung im Anhang börsennotierter Kapitalgesellschaften, Düsseldorf 1998.

Assmann, Heinz-Dieter (Prospekthaftung):
Prospekthaftung als Haftung für die Verletzung kapitalmarktbezogener Informationsverkehrspflichten nach deutschem und US-amerikanischem Recht, Köln 1985.

Auer, Kurt Vinzenz (US-GAAP und IAS):
Mythos und Realität von US-GAAP und IAS – Vier zu der aktuellen Diskussion symptomatische Thesen, in: ZfB 9/1999, Seite 979-1002.

Backhaus, Klaus/Erichson, Bernd/Plinke, Wulff et al. (Multivariate Analysemethoden): Multivariate Analysemethoden – Eine anwendungsorientierte Einführung, 9. Auflage, Berlin 2000.

Baden, Kay/Wilhelm, Winfried (Tadel verpflichtet):
Tadel verpflichtet, in: mm 10/1995, Seite 160-174.

Baden, Kay/Wilhelm, Winfried (Reden ist Gold):
Reden ist Gold, in: mm 10/1996, Seite 158-183.

Baessler, Ingo ((Finanz-)Kommunikation):
Die (Finanz-)Kommunikation – Aufgaben vor, bei und nach dem Börsengang, in: GoingPublic „Praxis“ 1999, Seite 74-75.

Baetge, Jörg (Geschäftsbericht):
Der beste Geschäftsbericht, in: Baetge, Jörg (Hrsg.): Rechnungslegung und Prüfung 1992, Schriften des Instituts für Revisionswesen, Düsseldorf 1992, Seite 199-230.

Baetge, Jörg/Armeloh, Karl-Heinz (Kriterienkatalog):
Der Inhalt des Geschäftsberichts: Der Kriterienkatalog zur Beurteilung des Inhalts von Geschäftsberichten, in: Baetge, Jörg/Kirchhoff, Klaus R. (Hrsg.): Der Geschäftsbericht, Wien 1997, Seite 93-128.

Baetge, Jörg/Armeloh, Karl-Heinz/Schulze, Dennis (Geschäftsbericht):
Der Inhalt des Geschäftsberichts: Sonstige Angaben im Geschäftsbericht, in: Baetge, Jörg/Kirchhoff, Klaus R. (Hrsg.): Der Geschäftsbericht, Wien 1997, Seite 285-303.

Baetge, Jörg/Armeloh, Karl-Heinz/Schulze, Dennis (Geschäftsberichterstattung): Anforderungen an die Geschäftsberichterstattung aus betriebswirtschaftlicher und handelsrechtlicher Sicht, in: DStR 5/1997, Seite 176-180.

Baetge, Jörg/Armeloh, Karl-Heinz/Schulze, Dennis (Empirische Befunde):
Empirische Befunde über die Qualität der Geschäftsberichterstattung börsennotierter deutscher Kapitalgesellschaften, in: DStR 6/1997, Seite 212-219.

Baetge, Jörg/Dörner, Dietrich/Kirsch, Hans-Jürgen et al. (International Accounting Standards): Rechnungslegung nach International Accounting Standards (IAS) – Kommentar auf der Grundlage des deutschen Bilanzrechts, Stuttgart 1997 (sowie 2. überarbeitete und erweiterte Auflage, Stuttgart 2002).

Baetge, Jörg/Kirsch, Hans-Jürgen/Thiele, Stefan (Bilanzen):
Bilanzen, 5. Auflage, Düsseldorf 2001.

Baetge, Jörg/Schulze, Dennis (Qualität der Geschäftsberichterstattung):
Der Inhalt des Geschäftsberichts: Aktueller Befund über die Qualität der Geschäftsberichterstattung, in: Baetge, Jörg/Kirchhoff, Klaus R. (Hrsg.): Der Geschäftsbericht, Wien 1997, Seite 303-336.

Baetge, Jörg/Sell, Kirsten (Prüfungsgrundsätze):
Die US-amerikanischen, internationalen und deutschen Prüfungsgrundsätze im Vergleich, in: StuB 10/1999, Seite 517-525.

Ballwieser, Wolfgang (Neuer Markt):
Rechnungslegung und Prüfung am Neuen Markt, in: ZfbF 53/2001, Seite 840-853.

Balzer, Arno/Wilhelm, Winfried (Stunde der Wahrheit):

Stunde der Wahrheit, in: mm 10/1997, Seite 82-98.

Baron, David P. (New Issues):

A Model of the Demand for Investment Banking Advising and Distribution Services for New Issues, in: The Journal of Finance, Vol. 37, No. 4, September 1982, Seite 955-976.

Barrett, M. Edgar (Annual Report Disclosure):

Annual Report Disclosure: Are American Reports Superior?, in: Journal of International Business Studies, Fall 1975, Seite 15-24.

Barrett, M. Edgar (Financial Reporting Practices):

Financial Reporting Practices: Disclosure and Comprehensiveness in an International Setting, in: JoAR, Spring 1976, Seite 10-26.

Barrett, M. Edgar (Disclosure):

The Extent of Disclosure in Annual Reports of Large Companies in Seven Countries, in: The International Journal of Accounting, Spring 1977, Seite 1-25.

Basler, Herbert (Wahrscheinlichkeitsrechnung):

Grundbegriffe der Wahrscheinlichkeitsrechnung und Statistischen Methodenlehre, 11. Auflage, Heidelberg 1994.

Baums, Theodor (Corporate Governance):

Bericht der Regierungskommission Corporate Governance, Köln 2001.

Beatty, Randolph/Ritter, Jay R. (Underpricing):

Investment Banking, Reputation, and the Underpricing of Initial Public Offerings, in: JoFE 15/1986, Seite 213-232.

Beike, Rolf/Köttner, Andre/Schlütz, Johannes (Neuer Markt):

Neuer Markt und Nasdaq – Erfolgreich an den Wachstumsbörsen, Stuttgart 2000.

Bell, Markus G. (Venture Capitalist):

Venture Capitalist oder Angel – Welcher Kapitalgeber stiftet größeren Nutzen?, in: Die Bank 6/1999, Seite 372-377.

Benz, Nadja/Kiwitz, Thorsten (Neuer Markt):

Der Neue Markt der Frankfurter Wertpapierbörse – Zulassung und Folgepflichten, in: DStR 28/1999, Seite 1162-1168.

Benz, Nadja/Kiwitz, Thorsten (Teilnahmebedingungen):

Die Teilnahmebedingungen – Das Regelwerk des Neuen Marktes, in: Koch, Wolfgang/Wegmann, Jürgen (Hrsg.): Mittelstand und Neuer Markt: Von erfolgreichen Börsenpraktikern lernen, Frankfurt am Main 1999, Seite 47-68.

Berndsen, Hans-Peter (Unternehmenspublizität):

Unternehmenspublizität in Deutschland: Stand der empirischen Forschung, in: DBW 38/1978, Seite 121-134.

Berndsen, Hans-Peter (Unternehmenspublizität):

Unternehmenspublizität – Eine empirische Untersuchung zur Messung des Publizitätsverhaltens großer börsennotierter Aktiengesellschaften und der Auswirkung auf die Anlageentscheidungen am Aktienmarkt, Augsburg 1979.

Betz, Rolf Michael/Schwarz, Michaela (Aktienkultur):

„Kickdown" für die deutsche Aktienkultur – Themenmärkte sind im Trend – Smax-Initiative fällt auf fruchtbaren Boden, in: Börsen-Zeitung, Nr. 47, Sonderbeilage: Der Neue Markt, 10.03.1999, Seite B2.

Blättchen, Wolfgang (Börsengang):

Emissionsberatung beim Börsengang mittelständischer Unternehmen, in: DStR 39/1997, Seite 1547-1552.

Blättchen, Wolfgang (Wachstumsunternehmen):

Neue Börsen für Wachstumsunternehmen in Europa, in: IStR 1/1998, Seite 28-31.

Blättchen, Wolfgang (Going Public):

Going Public von Familienunternehmen, in: Finanz Betrieb 5/1999, Seite 38-44.

Blättchen, Wolfgang (Börse):

Warum Sie überhaupt an die Börse gehen sollen – die Sicht des externen Beraters, in: Volk, Gerrit (Hrsg.): Going Public – Der Gang an die Börse: Beratung, Erfahrungen, Begleitung, Neuer Markt, 3. überarbeitete und aktualisierte Auflage, Stuttgart 2000, Seite 3-28.

Blättchen, Wolfgang/Gutschlag, Thomas (Börsengang):

Börsengang erfordert individuelle Lösung – Professionelles Projektmanagement und spezifische Kenntnisse ersparen Zeit und Kosten, in: Börsen-Zeitung, Nr. 115, Sonderbeilage: „Neuer Markt", 20.06.1998, Seite B10.

Blättchen, Wolfgang/Gutschlag, Thomas (Platzierungsverfahren):

Kritik an traditionellen Platzierungsverfahren – Das Auktionsmodell als alternative Preisfindungsmethode für Neuemissionen im Gespräch, in: Börsen-Zeitung, Nr. 47, Sonderbeilage: Der Neue Markt, 10.03.1999, Seite B7-B8.

Blättchen, Wolfgang/Nespethal, Uwe (Neuemissionen):

Jahresrückblick Neuemissionen 2001, in: Finanz Betrieb 2/2002, Seite 119-124.

Bleymüller, Josef/Gehlert, Günther/Gülicher, Herbert (Statistik):

Statistik für Wirtschaftswissenschaftler, 12. Auflage, München 2000.

Böckem, Hanne (Durchsetzung von Rechnungslegungsstandards):

Die Durchsetzung von Rechnungslegungsstandards in Deutschland – Zur Notwendigkeit institutioneller Neuerungen –, in: DB 24/2000, Seite 1185-1191.

Böckem, Hanne (Rechnungslegungsstandards):

Die Durchsetzung von Rechnungslegungsstandards: Eine kapitalmarktorientierte Untersuchung, Frankfurt am Main 2000.

Böcking, Hans-Joachim/Orth, Christian (Erwartungslücke):

Kann das „Gesetz zur Kontrolle und Transparenz im Unternehmensbereich (KonTraG)" einen Beitrag zur Verringerung der Erwartungslücke leisten? – Eine Würdigung auf Basis von Rechnungslegung und Kapitalmarkt, in: WPg 8/1998, Seite 351-364.

Bösl, Konrad (Emissionskurs):

Bestimmung von Börsenwert und Emissionskurs, in: Harrer, Herbert/Heidemann, Dieter (Hrsg.): Der Gang an die Börse – Herausforderung für Emittent und Berater, Düsseldorf 2001, Seite 213-238.

Bösl, Konrad (Neuer Markt):

Es kam, wie es kommen musste ... – Eine kritische Analyse der Schwäche des Neuen Marktes, in: GoingPublic 3/2001, Seite 100-103.

Bötzel, Stefan (Konzernabschlussanalyse):
Konzernbilanzpolitische Instrumente und ihre Bedeutung für die Konzernabschlussanalyse, Manuskripte aus dem Institut für Betriebswirtschaftslehre der Universität Kiel, Nr. 266, Kiel 1991.

Bötzel, Stefan (Konzernkrisen):
Diagnose von Konzernkrisen – Schriften zur Rechnungslegung, Wirtschaftsprüfung und Unternehmensberatung, Band 1, Köln 1993.

Bötzel, Stefan (Publizitätsgüte):
Ein Modell zur Beschreibung der Publizitätsgüte deutscher Konzerne, in: WPg 7/1993, Seite 201-208.

Bötzel, Stefan/Hauschildt, Jürgen (Konzernbilanzen):
Zur Analyse von Konzernbilanzen auf der Basis qualitativer Angaben, in: WiSt 11/1995, Seite 558-563.

Bohley, Peter (Statistik): Statistik – Einführendes Lehrbuch für Wirtschafts- und Sozialwissenschaftler, 7. Auflage, München 2000.

Bourqui, Claude (Wesentlichkeitsbegriff):
Wesentlichkeitsbegriff und Risikenbetrachtung in der Abschlussprüfung – Systematische Kriterien zur Planung der Prüfungshandlungen, in: Der Schweizer Treuhänder 7-8/1992, Seite 381-390.

Brandt, Wolfgang (Neuemissionen):
Neuemissionen – Mit wirklichen Auktionen zum richtigen Kurs, in: Bank Magazin 5/1999, Seite 44-46.

Breid, Volker (Agencytheoretische Ansätze):
Aussagefähigkeit agencytheoretischer Ansätze im Hinblick auf die Verhaltenssteuerung von Entscheidungsträgern, in: ZfbF 9/1995, Seite 821-854.

Breker, Norbert/Naumann, Klaus-Peter/Tielmann, Sandra (Rechnungslegung): Der Wirtschaftsprüfer als Begleiter der Internationalisierung der Rechnungslegung (Teil I), in: WPg 4/1999, Seite 140-154.

Breker, Norbert/Naumann, Klaus-Peter/Tielmann, Sandra (Rechnungslegung): Der Wirtschaftsprüfer als Begleiter der Internationalisierung der Rechnungslegung (Teil II), in: WPg 5/1999, Seite 185-195.

Brühl, Volker/Oei, Marc Julian (Underpricing):

Underpricing am Neuen Markt – Erfolgsfaktor für einen gelungenen Börsengang?, in: Finanz Betrieb 12/2001, Seite 679-686.

Budde, Wolfgang Dieter/Clemm, Hermann/Ellrott, Helmut (Beck'scher Bilanz-Kommentar): Beck'scher Bilanz-Kommentar – Handels- und Steuerrecht, 5. Auflage, München 2002.

Bürkin, Kurt/Weber, Christoph (Betreuerfunktion):

Eine erfolgreiche Betreuerfunktion erhöht das Image – Erschließung von neuem Geschäftspotential möglich – Pflege und Festigung von Kundenbeziehungen, in: Börsen-Zeitung, Nr. 115, Sonderbeilage: „Neuer Markt", 20.06.1998, Seite B2.

Buzby, Stephen L. (Disclosure):

Selected Items of Information and Their Disclosure in Annual Reports, in: The Accounting Review, July 1974, Seite 423-435.

Buzby, Stephen L. (Financial Disclosure):

Company Size, Listed Versus Unlisted Stocks, and the Extent of Financial Disclosure, in: JoAR, Spring 1975, Seite 16-37.

Cerf, Alan R. (Corporate Reporting):

Corporate Reporting and Investment Decisions, Berkeley/California 1961.

Choi, Frederick D. S. (Financial Reporting):

Financial Reporting and Disclosure in Relation to Broadly Based Capital Markets, Washington 1972.

Choi, Frederick D. S. (Financial Disclosure):

Financial Disclosure and Entry to the European Capital Market, in: JoAR, Autumn 1973, Seite 159-175.

Choi, Frederick D. S. (European Disclosure):

European Disclosure: The Competitive Disclosure Hypothesis, in: Journal of International Business Studies, Fall 1974, Seite 15-23.

Chow, Chee W./Wong-Boren, Adrian (Disclosure):

Voluntary Financial Disclosure by Mexican Corporations, in: The Accounting Review, July 1987, Seite 533-541.

Claßen, Wolfgang/Enzweiler, Tasso/Hillebrand, Walter (Geschäftsberichte): Wie deutsche Konzerne mit ihren Bilanzen jonglieren – 200 Geschäftsberichte auf dem Prüfstand, in: Capital 10/1996, Seite 36-70.

Claussen, Peter („Gläserne Unternehmen"): In „gläsernen Unternehmen" liegen viele Chancen – International Accounting Standards bilden Potential innovativer Firmen realistisch ab, in: Börsen-Zeitung, Nr. 115, Sonderbeilage: „Neuer Markt", 20.06.1998, Seite B10-B11.

Clemm, Hermann (Jahresbilanzen): Jahresbilanzen – ein Gemisch von Wahrheit und Dichtung? – Betrachtungen nach 30 Jahren Wirtschaftsprüfer-Tätigkeit, in: DStR 24/1990, Seite 780-783.

Coenenberg, Adolf G./Henes, Frank (Zwischenberichtspublizität): Der Informationsgehalt der Zwischenberichtspublizität nach § 44b Börsengesetz, in: ZfbF 11/1995, Seite 969-995.

Coenenberg, Adolf/Marten, Kai-Uwe (Abschlussprüfer): Der Wechsel des Abschlussprüfers, in: DB 3/1993, Seite 101-110.

Cooke, T. E. (Disclosure): Disclosure in the Corporate Annual Reports of Swedish Companies, in: Accounting and Business Research 1989, Vol. 19, No. 74, Seite 113-124.

Cooke, T. E. (Voluntary Corporate Disclosure): Voluntary Corporate Disclosure by Swedish Companies, in: Journal of International Financial Management and Accounting 1989, Vol. 1, No. 2, Seite 171-195.

Cooke, T. E. (Voluntary Disclosure): An Assessment of Voluntary Disclosure in the Annual Reports of Japanese Corporations, in: The International Journal of Accounting 1991, Vol. 26, No. 3, Seite 174-189.

Cooke, T. E. (Disclosure): The Impact of Size, Stock Market Listing and Industry Type on Disclosure in the Annual Reports of Japanese Listed Corporations, in: Accounting and Business Research 1992, Vol. 22, No. 87, Seite 229-237.

Cooke, T. E. (Corporate Annual Reports):

Disclosure in Japanese Corporate Annual Reports, in: Journal of Business Finance and Accounting 1993, Vol. 20, No. 4, Seite 521-535.

Copeland, Ronald M./Fredericks, William (Disclosure):

Extent of Disclosure, in: Journal of Accounting Research, Spring 1968, Seite 106-113.

Craig, Russell/Diga, Joselito (Disclosure):

Corporate Accounting Disclosure in Asean, in: Journal of International Financial Management and Accounting 1998, Vol. 9, No. 3, Seite 246-274.

Craswell, A. T./Taylor, S. L. (Disclosure):

Discretionary Disclosure of Reserves by Oil and Gas Companies: An Economic Analysis, in: Journal of Business Finance and Accounting 1992, Vol. 19, No. 2, Seite 295-308.

Cushing, Barry E./Deakin, Edward B. (Accounting Changes):

Firms Making Accounting Changes: A Comment, in: The Accounting Review, January 1974, Seite 104-111.

d'Arcy, Anne (Neuer Markt):

Hat sich die internationale Bilanzierung für den Neuen Markt bewährt?, in: Coenenberg, Adolf G./Pohle, Klaus (Hrsg.): Internationale Rechnungslegung – Konsequenzen für Unternehmensführung, Rechnungswesen, Standardsetting, Prüfung und Kapitalmarkt, Stuttgart 2001, Seite 165-177.

d'Arcy, Anne/Grabensberger, Sonja (Quartalsberichte):

Die Qualität von Quartalsberichten am Neuen Markt – Eine empirische Untersuchung, in: WPg 24/2001, Seite 1468-1479.

d'Arcy, Anne/Grabensberger, Sonja (Quarterly Reports):

The Quality of Neuer Markt Quarterly Reports – an Empirical Investigation, Working Paper Series: Finance & Accounting, Universität Frankfurt am Main, No. 88, Januar 2002.

d'Arcy, Anne/Leuz, Christian (Rechnungslegung):

Rechnungslegung am Neuen Markt – Eine Bestandsaufnahme, in: DB 8/2000, Seite 385-391.

DeAngelo, Linda Elizabeth (Auditor Size):

Auditor Size and Audit Quality, in: Journal of Accounting and Economics 1981, Seite 183-199.

DeAngelo, Linda Elizabeth (Low Balling):

Auditor Independence, 'Low Balling', and Disclosure Regulation, in: Journal of Accounting and Economics 1981, Seite 113-127.

Deibert, Volker (Neuer Markt):

5 Jahre Neuer Markt – Casino-Mentalität ade?, in: Going Public 4/2002, Seite 6-11.

Deibert, Volker/Serrar, Karim (Neuer Markt):

Besser Anlegen am Neuen Markt – Investieren in die Gewinner, München 2000.

Delhougne, Thomas/Menges, Josef (Börsengang):

Kommunikation zum Börsengang – Konzeption für ein erfolgversprechendes Going Public, in: GoingPublic „Praxis" 1999, Seite 71-73.

Deutsche Börse AG (Fact Book 1997-2000):

Fact Book 1997, Frankfurt am Main März 1998;

Fact Book 1998, Frankfurt am Main März 1999;

Fact Book 1999, Frankfurt am Main März 2000;

Fact Book 2000, Frankfurt am Main März 2001

(statistisches Jahrbuch der ***Deutschen Börse AG***, erhältlich als Download auf der Homepage der ***Deutschen Börse AG***: http://www.exchange.de unter der Rubrik: Start Exchange/Market-Data/Statistik/Kassa-/Terminmarkt/Factbook).

Deutsche Börse AG (Neuer Markt-Stammdaten):

Neuer Markt-Stammdaten, Online im Internet: URL: <http://www.neuer-Markt.de/INTERNET/NM/n.../....html>, Stand: 2. Januar 2001, Informationsabruf: 2. Januar 2001.

Deutsche Börse AG (Regelwerk Neuer Markt):

Regelwerk Neuer Markt (NM), Online im Internet: URL: <http://www.neuer-markt.de (Download Area), Stand: 1. Juli 2002, Informationsabruf: 15. September 2002.

Deutsche Börse AG (reporter):

Neue Aktienmarktsegmentierung an der FWB, in: reporter 10/2002, Seite 1.

Deutsche Börse AG (reporter):

Marktmeinung: Neue Indexlandschaft – positive Ausstrahlungseffekte – Interview mit Norbert Lang (CFO United Internet AG), in: reporter 12/2002, Seite 5.

Deutsche Börse AG (Aktienindices):

Leitfaden zu den Aktienindices der Deutschen Börse, Version 5.0, Januar 2003, Online im Internet: URL: <http://www.deutsche-boerse.de/NM/Download-Area....html>, Stand: 3. März 2003, Informationsabruf: 3. März 2003.

Deutscher Bundestag (Konzentration):

Bericht über das Ergebnis einer Untersuchung der Konzentration in der Wirtschaft, Drucksache Nr. IV/2320, 1964.

Deutscher Bundestag (Viertes Finanzmarktförderungsgesetz):

Gesetz zur weiteren Fortentwicklung des Finanzplatzes Deutschland (Viertes Finanzmarktförderungsgesetz) vom 21. Juni 2002, in: Bundesgesetzblatt Teil 1, 2002, Seite 2009-2072.

DG Bank – Deutsche Genossenschaftsbank AG (Sicherung der Zukunft):

Sicherung der Zukunft – Unternehmen gehen an die Börse (Informationsbroschüre), Frankfurt am Main 1999.

DIB Deutsche Informations Börse AG (Der Neue Markt):

DIB-Ratgeber: Der Neue Markt, Frankfurt am Main 1999.

Diehl, Jörg M./Kohr, Heinz U. (Statistik):

Deskriptive Statistik, 11. Auflage, Eschborn bei Frankfurt am Main 1994.

Dittmer, Thomas (Unternehmensbewertung):

Unternehmensbewertung beim IPO: KGV versus DCF, in: Aktienkultur + BVH News 4/1999, Seite 62-64.

Döhle, Patricia/Papendick, Ulric (Stunde der Wahrheit):

Stunde der Wahrheit, in: mm 10/2001, Seite 164-185.

Döhle, Patricia/Seeger, Christoph (Die neue Info-Elite):

Die neue Info-Elite, in: mm 10/1998, Seite 148-181.

Döhle, Patricia/Seeger, Christoph (Parade der Sieger):

Parade der Sieger, in: mm 10/1999, Seite 146-186.

Döhle, Patricia/Seeger, Christoph (Im Visier der Investoren):

Im Visier der Investoren, in: mm 10/2000, Seite 168-191.

Drach, Pierre (Wachstumsunternehmen):

Die Bewertung von Wachstumsunternehmen – Nicht nur neue Verfahren bestimmen die Analyse, in: GoingPublic „Praxis" 1999, Seite 56-58.

Dreyer, Arend (Scoring-Modelle):

Scoring-Modelle bei Mehrfachzielsetzungen – Eine Analyse des Entwicklungsstandes von Scoring-Modellen –, in: ZfB 1974, Seite 255-274.

Dumontier, Pascal/Raffournier, Bernard (IAS):

Why Firms Comply Voluntarily with IAS: an Empirical Analysis with Swiss Data, in: Journal of International Financial Management and Accounting 1998, Vol. 9, No. 3, Seite 216-245.

Eisenhardt, Kathleen M. (Agency Theory):

Agency Theory: An Assessment and Review, in: Academy of Management Review 1989, Vol. 14, No. 1, Seite 57-74.

Eisolt, Dirk/Verdenhalven, Werner (Börseneinführungskosten):

Behandlung von Börseneinführungskosten nach US-GAAP, in: DStR 19/1999, Seite 816-820.

Elschen, Rainer (Agency-Theorie):

Gegenstand und Anwendungsmöglichkeiten der Agency-Theorie, in: ZfbF 11/1991, Seite 1002-1012.

Elschen, Rainer (Agency-Theorie):

Shareholder Value und Agency-Theorie – Anreiz- und Kontrollsysteme für Zielsetzungen der Anteilseigner, in: BFuP 3/1991, Seite 209-220.

Enzweiler, Tasso/Friese, Ulrich/Nitschke, Ralf (Bilanzen):

200 Bilanzen im Test, in: Capital 10/1997, Seite 60-100.

Ernst & Young (IAS/US GAAP Comparison):

IAS/US GAAP Comparison, herausgegeben vom International Accounting Standards Committee, United Kingdom 2000.

Ernsting, Ingo (Publizitätsverhalten):

Publizitätsverhalten deutscher Bankkonzerne, Wiesbaden 1997.

Ewert, Ralf (Wirtschaftsprüfung):

Wirtschaftsprüfung und asymmetrische Information, Berlin 1990.

Ewert, Ralf (Rechnungslegung):

Rechnungslegung, Wirtschaftsprüfung, rationale Akteure und Märkte – Ein Grundmodell zur Analyse der Qualität von Unternehmenspublikationen, in: ZfbF 9/1993, Seite 715-747.

Ewert, Ralf (Wirtschaftsprüfung):

Wirtschaftsprüfung und ökonomische Theorie – Ein selektiver Überblick, in: Richter, Martin (Hrsg.): Theorie und Praxis der Wirtschaftsprüfung II: Wirtschaftsprüfung und ökonomische Theorie – Prüfungsmarkt – Prüfungsmethoden – Urteilsbildung, Berlin 1999, Seite 35-99.

Ewert, Ralf (Prüfungstheorie):

Prüfungstheorie, spieltheoretischer Ansatz, in: Ballwieser, Wolfgang/Coenenberg, Adolf G./Wysocki, Klaus v. (Hrsg.): HWRP – Handwörterbuch der Rechnungslegung und Prüfung, 3. Auflage, Stuttgart 2002, Sp. 1908-1923.

Ewert, Ralf/Feess, Eberhard/Nell, Martin (Prüfungsqualität):

Prüfungsqualität, Dritthaftung und Versicherung, in: BFuP 6/2000, Seite 572-593.

Ewert, Ralf/Stefani, Ulrike (Wirtschaftsprüfung):

Wirtschaftsprüfung, in: Jost, Peter-Jürgen (Hrsg.): Die Spieltheorie in der Betriebswirtschaftslehre, Stuttgart 2001, Seite 175-217.

Ezekiel, Mordecai/Fox, Karl A. (Regression Analysis):

Methods of Correlation and Regression Analysis, 3. Auflage, London 1963.

Farr, Wolf-Michael (Anhang der AG/KGaA):
Checkliste für die Aufstellung und Prüfung des Anhangs der AG/KGaA unter Berücksichtigung der Pflichtangaben nach KonTraG, KapAEG, EuroEG, KapCoRiLiG einschließlich Musteranhang, Stand: 1. Juli 2000, Düsseldorf 2000.

Farr, Wolf-Michael (Anhang der Kapitalgesellschaft und Co./GmbH & Co. KG): Checkliste für die Aufstellung und Prüfung des Anhangs der Kapitalgesellschaft und Co./GmbH & Co. KG unter Berücksichtigung der Pflichtangaben nach KonTraG, KapAEG, EuroEG, KapCoRiLiG einschließlich Musteranhang, Stand: 1. März 2000, Düsseldorf 2000.

Farr, Wolf-Michael (Konzernanhang):
Checkliste für die Aufstellung und Prüfung des Konzernanhangs unter Berücksichtigung der Pflichtangaben nach KonTraG, KapAEG, EuroEG, KapCoRiLiG, 3. aktualisierte Auflage, Stand: 1. Mai 2000, Düsseldorf 2000.

Feldhoff, Michael (Informationen):
Versagt der Markt für Informationen? – Eine spieltheoretische Analyse, in: ZfbF 11/1992, Seite 1012-1022.

Feldhoff, Michael (Rechnungslegung):
Staat und Rechnungslegung – eine regulierungstheoretische Perspektive –, in: WPg 15-16/1994, Seite 529-536.

Fellingham, John C./Newman, D. Paul (Auditing):
Strategic Considerations in Auditing, in: The Accounting Review, October 1985, Seite 634-650.

Ferguson, Michael J./Lam, Kevin C. K./Lee, Grace Meina (Voluntary Disclosure): Voluntary Disclosure by State-owned Enterprises Listed on the Stock Exchange of Hong Kong, in: Journal of International Financial Management and Accounting 2002, Vol. 13, No. 2, Seite 125-152.

Firer, C./Meth, G. (Information Disclosure):
Information Disclosure in Annual Reports in South Africa, in: OMEGA The International Journal of Management Science 1986, Vol. 14, No. 5, Seite 373-382.

Firth, Michael (Disclosure):

The Impact of Size, Stock Market Listing, and Auditors on Voluntary Disclosure in Corporate Annual Reports, in: Accounting and Business Research, Autumn 1979, Seite 273-280.

Firth, Michael (Disclosure of Information):

The Disclosure of Information by Companies, in: Omega: The International Journal of Management Science, Vol. 7, No. 2, 1979, Seite 129-135.

Firth, Michael (Raising Finance):

Raising Finance and Firms' Corporate Reporting Policies, in: Abacus: A Journal of Accounting and Business Studies 1980, Vol. 16, No. 2, Seite 100-115.

Fischer, Marc (Agency-Theorie):

Agency-Theorie, in: WiSt 6/1995, Seite 320-322.

Flach, Uwe E. (Emissionskonzepte):

Neue Emissionskonzepte für den Mittelstand – Die „gläserne Zuteilung" sichert Chancengleichheit und Transparenz, in: Börsen-Zeitung, Nr. 47, Verlagsbeilage: Vom Walzwerk zur Informationstechnologie, 10. März 1999, Seite V1.

Flatten, Thomas/Sykstus, Manuela (Neuemissionen):

Veränderungen der Preisspanne bei Neuemissionen – Möglichkeiten der Emissionspreisfindung mit Vor- und Nachteilen, in: GoingPublic 6/2000, Seite 134-136.

Förschle, Gerhart/Helmschrott, Harald (Neuer Markt):

„Neuer Markt" an der Frankfurter Wertpapierbörse – Anmerkungen und Hinweise zur Eröffnung eines neuen Handelssegmentes, Frankfurt am Main 1997.

Förschle, Gerhart/Helmschrott, Harald (Neuer Markt (a)):

Der Neue Markt an der Frankfurter Wertpapierbörse, in: WPK-Mitt. 3/1997, Seite 188-194.

Förschle, Gerhart/Helmschrott, Harald (Neuer Markt):

Neuer Markt an der Frankfurter Wertpapierbörse – Eine erste Bilanz, 2. aktualisierte und erweiterte Auflage, Frankfurt am Main 1999.

Forker, John J. (Disclosure Quality):
Corporate Governance and Disclosure Quality, in: Accounting and Business Research 1992, Vol. 22, No. 86, Seite 111-124.

Forster, Karl-Heinz (Erwartungslücke):
Zur „Erwartungslücke" bei der Abschlussprüfung, in: WPg 23/1994, Seite 789-795.

Francioni, Reto (Der Betreuer):
Der Betreuer im Neuen Markt, in: Die Bank 2/1997, Seite 68-71.

Francioni, Reto (Neuer Markt):
Zehn Monate Neuer Markt: Anlass zu Optimismus, in: ZfgK 1/1998, Seite 14-18.

Francioni, Reto/Gutschlag, Thomas (Der Neue Markt):
Der Neue Markt, in: Volk, Gerrit (Hrsg.): Going Public – Der Gang an die Börse: Beratung, Erfahrungen, Begleitung, Neuer Markt, 3. überarbeitete und aktualisierte Auflage, Stuttgart 2000, Seite 29-44.

Frey, Lutz (Börsengang): Auswirkungen des Börsenganges auf Rechnungslegung und Publizität, in: DStR 7/1999, Seite 294-300.

Frings, Philipp A. (Berichterstattung):
Berichterstattung deutscher und amerikanischer Aktiengesellschaften im jährlichen Geschäftsbericht, Bonn 1975.

Fry, Barbara (Geschäftsberichte):
Geschäftsberichte auf dem Prüfstand, in: Marketing & Kommunikation 1995, Heft 1, Seite 58-59.

Gedenk, Karen (Agency-Theorie):
Agency-Theorie und die Steuerung von Geschäftsführern – Paradebeispiel oder Problemfall? –, in: DBW 58/1998, Seite 22-37.

Gerke, Wolfgang (Der Neue Markt):
Der Neue Markt, in: WiSt 4/1999, Seite 204-206.

Gerke, Wolfgang/Bank, Matthias (Mittelständische Unternehmen):
Finanzierungsprobleme mittelständischer Unternehmen, in: Finanz Betrieb 5/1999, Seite 10-20.

Gerke, Wolfgang/Bank, Matthias/Seitz, Steffen (EASDAQ):

EASDAQ versus Neuer Markt: Entwicklung, Erfolgsfaktoren und Perspektiven, in: Finanz Betrieb 8/1999, Seite 199-205.

Gerke, Wolfgang/Bosch, Robert (Die Betreuer):

Die Betreuer am Neuen Markt – eine empirische Analyse, in: CFS Working Papers, Center for Financial Studies (CFS) Frankfurt am Main, No. 12, 31. März 1999.

Gerke, Wolfgang/Fleischer, Jörg (Neuer Markt):

Die Performance der Börsengänge am Neuen Markt, in: ZfbF 12/2001, Seite 827-839.

Gierl, Heribert (Neuer Markt):

Wirkt sich eine Notierung am Neuen Markt negativ auf das Unternehmensimage aus?, in: Finanz Betrieb 6/2002, Seite 398-403.

Glaum, Martin (Rechnungslegung):

HGB versus US-GAAP: Die Einstellungen deutscher Führungskräfte zur globalen Harmonisierung der Rechnungslegung, in: ZfbF 4/1998, Seite 336-359.

Glaum, Martin/Street, Donna (Neuer Markt):

Rechnungslegung der Unternehmen am Neuen Markt – Die Einhaltung der Ausweispflichten nach IAS und US-GAAP, in: KoR 3/2002, Seite 122-138.

Glaum, Martin/Street, Donna (Rechnungslegung):

Rechnungslegung der Unternehmen am Neuen Markt – Die Einhaltung der Ausweispflichten nach IAS und US-GAAP, Studien des Deutschen Aktieninstituts, Heft 17, Frankfurt am Main 2002.

Goebel, Andrea/Ley, Thomas (Handelsrechtlicher Jahresabschluss):

Die Auswirkungen der Investor Relations auf die Gestaltung des handelsrechtlichen Jahresabschlusses, in: DStR 45/1993, Seite 1679-1684.

Göppl, Hermann/Sauer, Andreas (Börsenneulinge):

Die Bewertung von Börsenneulingen: Einige empirische Ergebnisse, in: Ahlert, Dieter/Vormbaum, Herbert (Hrsg.): Finanz- und Rechnungswesen als Führungsinstrument, Wiesbaden 1990, Seite 157-178.

Goldman, Arieh/Barlev, Benzion (The Auditor):

The Auditor – Firm Conflict of Interests: It's Implications for Independence, in: The Accounting Review, Oktober 1974, Seite 707-718.

Gray, Sidney J./Meek, Gary K./Roberts, Clare B. (Disclosures):

International Capital Market Pressures and Voluntary Annual Report Disclosures by U.S. and U.K. Multinationals, in: Journal of International Financial Management and Accounting 1995, Vol. 6, No. 1, Seite 43-68.

Grinblatt, Mark/Hwang, Chuan Yang (New Issues):

Signalling and the Pricing of New Issues, in: The Journal of Finance, Vol. 44, No. 2, June 1989, Seite 393-420.

Groß, Wolfgang (Bookbuilding):

Bookbuilding, in: ZHR 162 (1998), Seite 318-339.

Groß, Wolfgang (Prospekthaftung):

Die börsengesetzliche Prospekthaftung, in: AG 5/1999, Seite 199-209.

Grundmann, Stefan/Selbherr, Benedikt (Börsenprospekthaftung):

Börsenprospekthaftung in der Reform – Rechtsvergleichung, Europarecht, Interessenbewertung mit ökonomischer Analyse, in: WM 22/1996, Seite 985-993.

Grundmann, Wolfgang (Bookbuilding):

Bookbuilding – ein neues Emissionsverfahren setzt sich durch, in: ZfgK 18/1995, Seite 916-917.

Grundmann, Wolfgang (Going Public):

Going Public in der Expansionsphase – Neuer Markt, in: Bank Magazin 3/1997, Seite 67-68.

Haas, Helmut (Berichterstattung):

Die Berichterstattung von Versicherungsgesellschaften über ihre Unternehmensverbindungen – Eine empirische Untersuchung –, München 1975.

Häger, Ralf (Publizitätsverhalten):

Das Publizitätsverhalten mittelgroßer Kapitalgesellschaften (Betriebswirtschaftliche Studien Rechnungs- und Finanzwesen, Organisation und Institution; Band 19), Frankfurt am Main 1993.

Hakelmacher, Sebastian (Erwartungslücke):

Bekanntmachung zur Schließung der Erwartungslücke (BSE), in: WPg 3/1997, Seite 85-92.

Haller, Axel/Reitbauer, Susanne (Abschlussprüfer):

Obligatorische externe Rotation des Abschlussprüfers – Felix Austria?, in: DB 43/2002, Seite 2229-2235.

Hanft, Stephan/Kretschmer, Thomas (Börsengang):

Fit für die Börse? – Defizite schon im Vorfeld des Börsenganges, in: GoingPublic 2/2001, Seite 98-100.

Hansen, Herbert (Börsengang):

Der Börsengang aus der Sicht des Privatanlegers, in: Volk, Gerrit (Hrsg.): Going Public – Der Gang an die Börse: Beratung, Erfahrungen, Begleitung, Neuer Markt, 3. überarbeitete und aktualisierte Auflage, Stuttgart 2000, Seite 45-62.

Hardy, Melissa A. (Dummy Variables):

Regression with dummy variables, Newbury Park/ Calif. 1993.

Harrer, Herbert/Bösl, Konrad (Börsenreife):

Überprüfung der Börsenreife, in: Harrer, Herbert / Heidemann, Dieter (Hrsg.): Der Gang an die Börse – Herausforderung für Emittent und Berater, Düsseldorf 2001, Seite 29-77.

Harrer, Herbert/Erwe, Peter (Neuer Markt):

Der Neue Markt der Frankfurter Wertpapierbörse im Vergleich zur NASDAQ und EASDAQ, in: Recht der Internationalen Wirtschaft 9/1998, Seite 661-674.

Harrer, Herbert/Mölling, Astrid (Veräußerungsverbot):

Verschärfung des Veräußerungsverbots für Altaktionäre im Neuen Markt – Im Blickpunkt: Zweite Wertpapier-Kenn-Nummer und Vertragsstrafe, in: BB 49/1999, Seite 2521-2523.

Harrer, Herbert/Mölling, Astrid (Veräußerungsverbot):

Verstärkter Anlegerschutz im Neuen Markt – Verschärfung des Veräußerungsverbots für Altaktionäre, in: GoingPublic 2/2000, Seite 129-131.

Harris, Mary S./Muller Karl A. (IAS versus US-GAAP accounting):
The market valuation of IAS versus US-GAAP accounting measures using Form 20-F reconciliations, in: JoAE 26/1999, Seite 285-312.

Hartmann-Wendels, Thomas (Asymmetrische Informationsverteilung):
Principal-Agent-Theorie und asymmetrische Informationsverteilung, in: ZfB 7/1989, Seite 714-734.

Hartmann-Wendels, Thomas (Agency-Theorie):
Agency-Theorie und Publizitätspflicht nichtbörsennotierter Kapitalgesellschaften, in: BFuP 5/1992, Seite 412-425.

Hartung, Joachim/Elpelt, Bärbel/Klösener, Karl-Heinz (Statistik):
Statistik – Lehr- und Handbuch der angewandten Statistik, München 1999.

Haubrok, Axel (Gang an die Börse):
Gezielte Kommunikation als Voraussetzung für den Gang an die Börse, in: Volk, Gerrit (Hrsg.): Going Public – Der Gang an die Börse: Beratung, Erfahrungen, Begleitung, Neuer Markt, 3. überarbeitete und aktualisierte Auflage, Stuttgart 2000, Seite 63-77.

Hayn, Sven/Waldersee, Georg Graf (IAS/US-GAAP/HGB):
IAS/US-GAAP/HGB im Vergleich – Synoptische Darstellung für den Einzel- und Konzernabschluss, 2. überarbeitete Auflage, Stuttgart 2000.

Heidemann, Dieter/Mittermaier, Christoph/Janssen, Ulli (Due Diligence):
Die Due Diligence im Rahmen des Börsengangs, in: Harrer, Herbert / Heidemann, Dieter (Hrsg.): Der Gang an die Börse – Herausforderung für Emittent und Berater, Düsseldorf 2001, Seite 155-211.

Hein, Thomas (Bookbuilding):
Rechtliche Fragen des Bookbuildings nach deutschem Recht, in: WM 1/1996, Seite 1-7.

Heitzer, Bernd/Sohn, Christoph (Venture Capital-Finanzierung):
Zur Bedeutung des Neuen Marktes für die Venture Capital-Finanzierung in Deutschland, in: Finanz Betrieb 11/1999, Seite 397-405.

Helmenstein, Christian (Anbieterkonzentration):
Anbieterkonzentration auf dem Markt für Jahresabschlussprüfungen, in: DBW 56/1996, Seite 41-48.

Herfs, Achim (Zulassungsvoraussetzungen):

Zulassungsvoraussetzungen für den Neuen Markt – Strengere Maßstäbe als für andere Handelssegmente – Einzigartige rechtliche Konstruktion, in: Börsen-Zeitung, Nr. 115, Sonderbeilage: „Neuer Markt", 20.06. 1998, Seite B4-B5.

Hillebrand, Walter (Summa cum laude):

Summa cum laude – 200 Geschäftsberichte auf dem Prüfstand, in: Capital 9/1995, Seite 58-70.

Hofmann, Josef (Neuer Markt):

Neuer Markt – Scheintot, in: Handelsblatt, Nr. 187, 27./ 28. September 2002, Seite 9.

Hofmann, Norbert (Eigenkapitalstrategien):

Eigenkapitalstrategien – Vom Venture Capital bis zum Börsengang, in: Wirtschaft – Das IHK-Journal für München und Oberbayern 4/1999, Seite 6-10.

Hommelhoff, Peter (Durchsetzungssystem):

Für ein spezifisch deutsches Durchsetzungssystem – Schaffung einer Kontrollinstanz zur Sicherstellung der internationalen Wettbewerbsfähigkeit des deutschen Enforcement-Systems –, in: WPg-Sonderheft 2001, Seite S39-S50.

Hommelhoff, Peter/Mattheus, Daniela (Corporate Governance):

Corporate Governance nach dem KonTraG, in: AG 6/1998, Seite 249-259.

Horn, Karl-Werner/Schubert, Torsten (Neuer Markt):

Neuer Markt – Las Vegas am Main, in: Impulse 12/1998, Seite 128-136.

Hossain, Mahmud/Perera, M. H. B./Rahman, A. R. (Voluntary Disclosure):

Voluntary Disclosure in the Annual Reports of New Zealand Companies, in: Journal of International Financial Management and Accounting 1995, Vol. 6, No. 1, Seite 69-87.

Hossain, Mahmud/Tan, Lin Mei/Adams, Mike (Voluntary Disclosure):

Voluntary Disclosure in an Emerging Capital Market: Some Empirical Evidence from Companies Listed on the Kuala Lumpur Stock Exchange, in: The International Journal of Accounting 1994, Vol. 29, Seite 334-351.

Hüllweck, Jörg-Karsten/Ostrowski, Markus (Abschlussprüfer):

Die Abschlussprüfer börsennotierter Aktiengesellschaften – Veränderungen im Markt für Abschlussprüfungen zwischen 1996 und 1997 –, in: WPK-Mitt. 1/2000, Seite 2-9.

Hütten, Christoph/Brakensiek, Sonja („Deutsche US-GAAP"):

„Deutsche US-GAAP" ohne eine SEC – Auto ohne Bremsen?, in: BB 17/2000, Seite 870-872.

Hütten, Christoph/Lorson, Peter (Internationale Rechnungslegung):

Internationale Rechnungslegung in Deutschland – Teil 1: Begriff und bisherige Phasen der Internationalisierung, in: Betrieb und Wirtschaft 13/2000, Seite 521-527.

Hütten, Christoph/Lorson, Peter (Internationale Rechnungslegung):

Internationale Rechnungslegung in Deutschland – Teil 2: Möglichkeiten der Internationalisierung in Deutschland, in: Betrieb und Wirtschaft 15/2000, Seite 609-619.

Hütten, Christoph/Lorson, Peter (Internationale Rechnungslegung):

Internationale Rechnungslegung in Deutschland – Teil 3: Grundlagen der angelsächsischen Finanzberichterstattung, in: Betrieb und Wirtschaft 19/2000, Seite 801-811.

Hütten, Christoph/Lorson, Peter (Internationale Rechnungslegung):

Internationale Rechnungslegung in Deutschland – Teil 4: Die Rechnungslegungssysteme der USA und des IASC – Internationale Rechnungslegung in Deutschland, in: Betrieb und Wirtschaft 23/2000, Seite 985-997.

Hütten, Christoph/Lorson, Peter (Enforcement):

Staatliches versus privates Enforcement – Ein Beitrag zur Objektivierung der Enforcement-Diskussion, gleichzeitig Anmerkung zu Tielmann: Durchsetzung einer ordnungsgemäßen Rechnungslegung –, in: StuB 3/2002, Seite 122-128.

Hulle, Karel van (Rechnungslegungsgrundsätze):

Durchsetzung von Rechnungslegungsgrundsätzen (Enforcement) – Anforderungen an ein wirksames Enforcement aus Sicht der EU-Kommission, in: WPg-Sonderheft 2001, Seite S30-S34.

Humbert, Christian (Neuer Markt):

Möglichkeiten des Anlegers am Neuen Markt – Viele Werte des begehrten Handelssegments haben ihr Kurspotential noch nicht ausgeschöpft, in: Börsen-Zeitung, Nr. 47, Sonderbeilage: Der Neue Markt, 10.03.1999, Seite B6.

Humbert, Christian (Investor Relations):

Investor Relations – ein Schlüssel zum Erfolg: Das Vertrauen der institutionellen Anleger gegenüber dem Management ist entscheidend, in: Börsen-Zeitung, Nr. 49, Sonderbeilage: „Going Public: Der Neue Markt“, 10.03.2000, Seite B6.

IDW (Prüfungshinweis (IDW PH 9.400.4)):

IDW Prüfungshinweis: Bestätigungsvermerke und Bescheinigungen zu Konzernabschlüssen bei Börsengängen an den Neuen Markt (IDW PH 9.400.4), Online im Internet: URL: <http://www.neuer-markt.de> (Download Area), Stand: 28.9.2000, Informationsabruf: 9.11.2000.

IDW (Corporate Governance):

Stellungnahme des IDW zum Fragenkatalog der Regierungskommission „Corporate Governance: Unternehmensführung – Unternehmenskontrolle – Modernisierung des Aktienrechts“, in: WPg 20/2000, Seite 1027-1034.

IDW (Prüfungshinweis (IDW PH 9.900.1)):

IDW Prüfungshinweis: Prüferische Durchsicht von Pro-Forma-Angaben (IDW PH 9.900.1) – Stand: 1.10.2002, in: IDW-Fachnachrichten 12/2002, Seite 757-759.

IDW (Maßnahmenkatalog der Bundesregierung vom 25.2.2003):

Stellungnahme des IDW zum Maßnahmenkatalog der Bundesregierung vom 25.2.2003 zur Stärkung der Unternehmensintegrität und des Anlegerschutzes, in: IDW-Fachnachrichten 4/2003, Seite 125-129.

Ihlenfeldt, Thomas (Biotech-Unternehmen):

Vom Start-up zum Wachstumsunternehmen – Bei Biotech-Unternehmen gibt es verschiedene Strategien, in: GoingPublic 7/2002, Seite 74-75.

Illing, Gerhard (Spieltheorie):

Spieltheorie in den Wirtschaftswissenschaften, in: WiSt 10/1995, Seite 509-516.

Imhoff, Eugene A. (Accounting Quality):

The Relation Between Perceived Accounting Quality and Economic Characteristics of the Firm, in: Journal of Accounting and Public Policy 1992, Vol. 11, No. 2, Seite 97-118.

Inchausti, Begoña Giner (Information Disclosed):

The Influence of Company Characteristics and Accounting Regulation on Information Disclosed By Spanish Firms, in: The European Accounting Review 1997, Vol. 6, No. 1, Seite 45-68.

Jäckel, Andreas/Leker, Jens (Abschlussprüfer):

Abschlussprüfer und Konzernpublizität, Manuskript aus den Instituten für Betriebswirtschaftslehre der Universität Kiel, Nr. 353, Kiel 1994.

Jäckel, Andreas/Leker, Jens (Abschlussprüfer):

Abschlussprüfer und Konzernpublizität, in: WPg 9/1995, Seite 293-305.

Jahn, Thomas (Wert): Wer schafft Wert? Wer vernichtet Wert?, in: Capital 10/1998, Seite 38-66.

Janssen, Friedrich C. (Rechnungslegung):

Überlegungen zur Sicherung einer ordnungsmäßigen Rechnungslegung in Deutschland, in: IDW (Hrsg.): Kapitalmarktorientierte Unternehmensüberwachung, Düsseldorf 2001, Seite 439-460.

Junge, Christoph (Börsengang):

Professionelle Unterstützung beim Börsengang – Konzept der Partnerunternehmen des Neuen Marktes ins Leben gerufen, in: Börsen-Zeitung, Nr. 47, Sonderbeilage: Der Neue Markt, 10.03.1999, Seite B13.

Kaden, Jens (Going Public): Going Public und Publizität, Zürich 1991.

Kahl, Alfred/Belkaoui, Ahmed (Disclosure):

Bank Annual Report Disclosure Adequacy Internationally, in: Accounting and Business Research, Summer 1981, Seite 189-196.

Kahle, Holger (Internationale Rechnungslegungsstandards):

Informationsversorgung des Kapitalmarktes über internationale Rechnungslegungsstandards, in: KoR 2/2002, Seite 95-107.

Kaminski, Horst/Marks, Peter (Abschlussprüfung):

Die Qualität der Abschlussprüfung in der internationalen Diskussion, in: Lanfermann, Josef (Hrsg.): Internationale Wirtschaftsprüfung – Festschrift zum 65. Geburtstag von Prof. Dr. Dr. h. c. Hans Havermann, Düsseldorf 1995, Seite 247-282.

Kapfer, Alexander (Börsenlandschaft):

Auf zu neuen Ufern! – Die Neugestaltung der deutschen Börsenlandschaft, in: GoingPublic 11/2002, Seite 32-33.

Karmann, Alexander (Principal-Agent-Modelle):

Principal-Agent-Modelle und Risikoallokation – Einige Grundprinzipien, in: WiSt 11/1992, Seite 557-562.

Kaserer, Christoph/Kempf, Volker (Underpricing-Phänomen):

Das Underpricing-Phänomen am deutschen Kapitalmarkt und seine Ursachen – Eine empirische Analyse für den Zeitraum 1983-1992, in: ZBB 1/1995, Seite 45-68.

Kaserer, Christoph/Kempf, Volker (Bookbuilding):

Bookbuilding: Das Underpricing-Phänomen, in: Die Bank 3/1996, Seite 184-186.

Keiber, Karl/Kronimus, André/Rudolf, Markus (Neuer Markt):

Bewertung von Wachstumsunternehmen am Neuen Markt, in: ZfB 7/2002, Seite 735-764.

Keitel, Reinhild (Aktienemissionen):

Zuteilung von Aktienemissionen – Die neuen „Grundsätze“ der BSK mit kritischen Anmerkungen, in: GoingPublic 8/2000, Seite 110-112.

Keitz, Isabel von/Grote, Rainer (Als-ob-Abschlüsse):

Die Erstellung von Als-ob-Abschlüssen im Sinne des Regelwerks Neuer Markt – Dargestellt am Fall des Erwerbs eines Tochterunternehmens kurz vor Börsengang –, in: KoR 1/2001, Seite 25-38.

Kersting, Mark Oliver (Der Neue Markt):

Der Neue Markt der Deutschen Börse AG, in: AG 5/1997, Seite 222-228.

Kiener, Stefan (Principal-Agent-Theorie):

Die Principal-Agent-Theorie aus informationsökonomischer Sicht, Heidelberg 1990.

Killat, Gerhard (Neuemissionen):

Bewertung und Preisfindung bei Neuemissionen, in: Volk, Gerrit (Hrsg.): Going Public – Der Gang an die Börse: Beratung, Erfahrungen, Begleitung, Neuer Markt, 3. überarbeitete und aktualisierte Auflage, Stuttgart 2000, Seite 215-228.

Klein, Hans-Dieter/Krämling, Markus/Andreas, Claudia (IPO-Bewertung):

IPO-Bewertung von Wachstumsunternehmen – Empirie, konzeptionelle Systematisierung und Entscheidungshilfe, in: Volk, Gerrit (Hrsg.): Going Public – Der Gang an die Börse: Beratung, Erfahrungen, Begleitung, Neuer Markt, 3. überarbeitete und aktualisierte Auflage, Stuttgart 2000, Seite 229-247.

Kleine, Andreas (Principal-Agent-Modelle):

Auswirkungen unterschiedlicher Aktionsmengen in Principal-Agent-Modellen, in: ZfbF 5/1996, Seite 475-491.

Knorr, Thomas H. (Emissionsberater):

Für die Zukunft am Parkett fit machen – Die Rolle des Emissionsberaters vor, während und nach dem Going Public, in: Börsen-Zeitung, Nr. 47, Sonderbeilage: Der Neue Markt, 10.03.1999, Seite B16.

Koch, Wolfgang (Due Diligence):

Die Due Diligence – Ein Muss für jede Börseneinführung, in: Koch, Wolfgang/Wegmann, Jürgen (Hrsg.): Mittelstand und Neuer Markt: Von erfolgreichen Börsenpraktikern lernen, Frankfurt am Main 1999, Seite 93-110.

Koch, Wolfgang/Wegmann, Jürgen (Going Public):

Going Public im Mittelstand – Erfahrungsberichte vom Neuen Markt, in: BFuP 3/1998, Seite 289-298.

Koch, Wolfgang/Wegmann, Jürgen (Due Diligence):

„Gut geprüft ist halb gewonnen" – Die Due Diligence – ein Muss für jede Börseneinführung, in: GoingPublic „Praxis" 1999, Seite 25-27.

Koch, Wolfgang/Wegmann, Jürgen (Branchenstudien):

Branchenstudien im Vorfeld eines IPO – Ein Muss für jede Due Diligence, in: GoingPublic 1/1999, Seite 62-65.

Koch, Wolfgang/Wegmann, Jürgen (Emissionspreisfindung):

Die Emissionspreisfindung im Zusammenhang mit der Börseneinführung von mittelständischen Unternehmen am Neuen Markt, in: DStR 12/1999, Seite 514-520.

Koch, Wolfgang/Wegmann, Jürgen (Emissionskurs):

Nagelprobe Emissionskurs – Die Messung des Unternehmenswertes, in: GoingPublic 1/2000, Seite 98-101.

Köhler, Annette (Comfort Letters):

Eine ökonomische Analyse von Comfort Letters, in: DBW 1/2003, Seite 77-91.

Korfsmeyer, Jochem (Lock-up agreements):

Die Bedeutung von lock-up agreements bei Aktienemissionen, in: Finanz Betrieb 8/1999, Seite 205-212.

Kort, Michael (Börsenprospekthaftung):

Neuere Entwicklungen im Recht der Börsenprospekthaftung (§§ 45 ff. BörsG) und der Unternehmensberichtshaftung (§ 77 BörsG), in: AG 1/1999, Seite 9-21.

Kortmann, Hans-W. (Berichterstattung):

Die Berichterstattung über die sonstigen finanziellen Verpflichtungen i.S. von § 285 Nr. 3 HGB in den Jahres- bzw. Konzernabschlüssen von Kapitalgesellschaften, Hamburg 1989.

KPMG (US-amerikanische Grundsätze):

Rechnungslegung nach US-amerikanischen Grundsätzen – Grundlagen der US-GAAP und SEC-Vorschriften – , 2. überarbeitete und erweiterte Auflage, Düsseldorf 1999.

Krämling, Markus (Bewertung von Wachstumspotential):

Realitätsnahe Bewertung von Wachstumspotential – Das DCF-Zyklusmodell stellt einen neuen Ansatz für die Cash-flow-Prognose dar, in: Börsen-Zeitung, Nr. 47, Sonderbeilage: Der Neue Markt, 10.03.1999, Seite B2.

Krumbholz, Marcus (Lageberichte):

Die Qualität publizierter Lageberichte – Ein empirischer Befund zur Unternehmenspublizität, Düsseldorf 1994.

Kühnberger, Manfred (Wirtschaftsprüfer):

Anmerkungen zum Argument vom „hohen Grad an Professionalisierung der deutschen Wirtschaftsprüfer als Garantie für vertrauenswürdige Jahresabschlussinformationen“ – Eine kritische Bestandsaufnahme –, in: ZfbF 6/1987, Seite 455-478.

Kühnel, Steffen-M./Krebs, Dagmar (Statistik):

Statistik für die Sozialwissenschaften – Grundlagen, Methoden, Anwendungen, Reinbek bei Hamburg 2001.

Küting, Karlheinz (Neuer Markt):

Möglichkeiten und Grenzen der Bilanzanalyse am Neuen Markt (Teil I), in: Finanz Betrieb 10/2000, Seite 597-605.

Küting, Karlheinz (Neuer Markt):

Möglichkeiten und Grenzen der Bilanzanalyse am Neuen Markt (Teil II), in: Finanz Betrieb 11/2000, Seite 674-683.

Küting, Karlheinz (Prüfungswesen):

Das deutsche Prüfungswesen in der Kritik – Die Haftung der Wirtschaftsprüfer muss auf den Prüfstand/ Einige Große dominieren den Markt, in: FAZ, Nr. 45, 23. Februar 2000, Seite 23.

Küting, Karlheinz (Neuer Markt):

Bilanzierung und Bilanzanalyse am Neuen Markt – Wege zur umfassenden Unternehmensanalyse, Stuttgart 2001.

Küting, Karlheinz (Rechnungslegung):

Die deutsche Rechnungslegung wird dynamischer – Der zu beobachtende Wandel ist selbst nur Spiegelbild eines sich zunehmend ändernden Selbstverständnisses der Unternehmen –, in: FAZ, Nr. 66, 19. März 2001, Seite 32.

Küting, Karlheinz/Hayn, Sven (Rechnungslegung):

Unterschiede zwischen den Rechnungslegungsvorschriften von IASC und SEC/FASB vor dem Hintergrund einer internationalisierten Rechnungslegung in Deutschland (Teil I), in: DStR 41/1995, Seite 1601-1604.

Küting, Karlheinz/Hayn, Sven (Rechnungslegung):

Unterschiede zwischen den Rechnungslegungsvorschriften von IASC und SEC/FASB vor dem Hintergrund einer internationalisierten Rechnungslegung in Deutschland (Teil II), in: DStR 42/1995, Seite 1642-1648.

Küting, Karlheinz/Hütten, Christoph/Lorson, Peter (Externe Berichterstattung): Shareholder-Value: Grundüberlegungen zu Benchmarks der Kommunikationsstrategie in der externen Berichterstattung (Teil I), in: DStR 46/1995, Seite 1805-1809.

Küting, Karlheinz/Hütten, Christoph/Lorson, Peter (Externe Berichterstattung): Shareholder-Value: Grundüberlegungen zu Benchmarks der Kommunikationsstrategie in der externen Berichterstattung (Teil II), in: DStR 47/1995, Seite 1846-1851.

Küting, Karlheinz/Weber, Claus-Peter (Rechnungslegung):

Handbuch der Rechnungslegung – Kommentar zur Bilanzierung und Prüfung, 3. Auflage, Stuttgart 1990 (§ 265 HGB).

Kunz, Roger M. (Underpricing):

Underpricing beim Going Public, in: Die Unternehmung 3/1990, Seite 202-221.

Kunz, Roger M. (Going Public):

Going Public in der Schweiz, in: Finanzmarkt und Portfolio Management 4/1991, Seite 288-304.

Kunz, Roger M. (Going Public in der Schweiz):

Going Public in der Schweiz, in: WWZ NEWS 9/1991, Seite 3-9.

Kunz, Roger M./Studer, Tobias (Going Public):

Zur Bestimmung des Emissionspreises beim Going Public – Empirische Modelle zur Prognose des Eröffnungskurses bei Neuemissionen schweizerischer Aktiengesellschaften, in: Die Unternehmung 6/1989, Seite 472-490.

Kunz, Rolf/Tiede, Ulrich (Neuer Markt):

Erste Belastungsprobe mit Bravour überstanden – Die Schaffung des Neuen Marktes brachte bisher eine Vielzahl positiver Effekte, in: Börsen-Zeitung, Nr. 47, Sonderbeilage: Der Neue Markt, 10.03.1999, Seite B3.

Lanfermann, Georg/Maul, Silja (Sarbanes-Oxley Act):

Auswirkungen des Sarbanes-Oxley Acts in Deutschland, in: DB 34/2002, Seite 1725-1732.

Lanfermann, Georg/Maul, Silja (Sarbanes-Oxley Act):

SEC-Ausführungsregelungen zum Sarbanes-Oxley Act –Auswirkungen auf Rechnungslegung und Abschlussprüfung europäischer Unternehmen –, in: DB 7/2003, Seite 349-355.

Lang, Mark/Lundholm, Russell (Corporate Disclosures):

Cross-Sectional Determinants of Analyst Ratings of Corporate Disclosures, in: JoAR 1993, Vol. 31, No. 2, Seite 246-271.

Lenz, Hansrudi (Low-balling-Effekt):

Der Low-balling-Effekt und die Unabhängigkeit des handelsrechtlichen Abschlussprüfers, in: WiSt 4/1991, Seite 181-184.

Lenz, Hansrudi (Abschlussprüfer):

Die Wahl des handelsrechtlichen Abschlussprüfers – Eine theoretische und empirische Analyse, unveröffentlichte Habilitationsschrift, Berlin 1993.

Lenz, Hansrudi (Abschlussprüfungsmandate):

Die Struktur des Marktes für Abschlussprüfungsmandate bei deutschen Aktiengesellschaften (Teil I), in: WPg 7/1996, Seite 269-279.

Lenz, Hansrudi (Abschlussprüfungsmandate):

Die Struktur des Marktes für Abschlussprüfungsmandate bei deutschen Aktiengesellschaften (Teil II), in: WPg 8/1996, Seite 313-318.

Lenz, Hansrudi (Prüferkonzentration):

Zusammenschlüsse zwischen Wirtschaftsprüfungsgesellschaften, EG-Wettbewerbsrecht und Prüferkonzentration auf dem deutschen Markt, in: WPK-Mitt. 3/1998, Seite 189-197.

Lenz, Hansrudi (Haftung): Haftung unzureichend – Wirtschaftsprüfer müssen sich Qualitätswettbewerb stellen, in: Süddeutsche Zeitung, Nr. 254, 3. November 1999, Seite 27.

Lenz, Hansrudi (Wirtschaftsprüfung):

Entwicklungstendenzen in der Wirtschaftsprüfung, in: WPg 14/1999, Seite 540-549.

Lenz, Hansrudi (Sarbanes-Oxley Act):

Sarbanes-Oxley Act of 2002 – Abschied von der Selbstregulierung der Wirtschaftsprüfer in den USA, in: BB 44/2002, Seite 2270-2275.

Lenz, Hansrudi/Bauer, Michael (Rechnungslegungsnormen):

Die Durchsetzung von Rechnungslegungsnormen bei kapitalmarktorientierten Unternehmen, in: BFuP 3/2002, Seite 246-261.

Lenz, Hansrudi/Ostrowski, Markus (Abschlussprüfungen):

Der Markt für Abschlussprüfungen bei börsennotierten Aktiengesellschaften, in: DBW 59/1999, Seite 397-411.

Leopold, Günter (Venture Capital):

Venture Capital – Das Eigenkapitalgeschäft mit kleinen und mittleren Unternehmen, in: DStR 11/1999, Seite 470-476.

Letschert, Jörg (Innovationen):

Innovationen dem Kapital näher gebracht – Neues Börsensegment ist eine starke Ergänzung zum Markt für Venture Capital, in: Börsen-Zeitung, Nr. 47, Sonderbeilage: Der Neue Markt, 10.03.1999, Seite B8.

Leuz, Christian/Verrecchia, Robert E. (Increased Disclosure):
The Economic Consequences of Increased Disclosure, in: Working Paper Series: Finance & Accounting, Universität Frankfurt am Main, No. 41, Juli 1999.

Leven, Franz-Josef (Aktienkultur):
Aktienkultur in Deutschland – auf dem richtigen Weg, in: Frei, Norbert / Schlienkamp, Christoph (Hrsg.): Aktie im Fokus – Von der Analyse zum Going Public, Wiesbaden 1999, Seite 3-21.

Leven, Franz-Josef (Gang an die Börse):
Der Gang an die Börse – eine Entscheidung von grundsätzlicher Bedeutung, in: Harrer, Herbert / Heidemann, Dieter (Hrsg.): Der Gang an die Börse – Herausforderung für Emittent und Berater, Düsseldorf 2001, Seite 1-27.

LG Frankfurt am Main („Penny Stocks“):
Änderung des Regelwerks “Neuer Markt”: Ausschluss sog. „Penny Stocks“ ist nur bei Einhaltung einer Karenzzeit von sechs Monaten zulässig, Urteil vom 16. August 2001, (3-13 0 110/01), in: BB 39/2001, Seite 1969-1973.

Link, Rainer (Investor Relations):
Investor Relations im Rahmen des Aktienmarketing von Publikumsgesellschaften, in: BFuP 2/1993, Seite 105-132.

Löhr, Andreas (Neuer Markt):
„Geburtstagskind“ beschenkt sich und andere – Trotz der Erfolgsstory des Neuen Marktes – von politischer Seite ist noch einiges zu tun, in: Börsen-Zeitung, Nr. 47, Sonderbeilage: Der Neue Markt, 10.03.1999, Seite B10.

Ludewig, Rainer (Qualitätssicherung):
Qualitätssicherung und Peer Review – Eine Chance für den Mittelstand –, in: WPg 7/2001, Seite 388-392.

Lutz, Harald (Unternehmensbewertung):
Zum Konsens und Dissens in der Unternehmensbewertung, in: BFuP 2/1981, Seite 146-155.

Makridakis, Spyros/Wheelwright, Steven C. (Interactive Forecasting):
Interactive Forecasting – Univariate and multivariate methods, 2. Auflage, San Francisco/California 1978.

Malone, David/Fries, Clarence/Jones, Thomas (Corporate Financial Disclosure): An Empirical Investigation of the Extent of Corporate Financial Disclosure in the Oil and Gas Industry, in: Journal of Accounting, Auditing & Finance, Summer 1993, Vol. 8, Seite 249-273.

Mandler, Udo (Wirtschaftsprüfung):

Wirtschaftsprüfung im Umbruch – Harmonisierung der Rechnungslegung und Globalisierung der Unternehmensstrukturen, in: ZfB 2/1994, Seite 167-188.

Mandler, Udo (Wirtschaftsprüfungsorganisationen):

Theorie internationaler Wirtschaftsprüfungsorganisationen: Qualitätskonstanz und Reputation, in: DBW 55/1995, Seite 31-44.

Mandler, Udo (Wirtschaftsprüfer):

Kundenbindung und Vertrauen in der Beziehung zwischen Wirtschaftsprüfer und Mandant (Ko-Referat), in: Richter, Martin (Hrsg.): Theorie und Praxis der Wirtschaftsprüfung – Abschlussprüfung – Interne Revision – Kommunale Rechnungsprüfung, Berlin 1997, Seite 97-108.

Manske, Steffen (Peer Group Analyse):

Die Wirkung eines Branchenvergleiches – Eine kurze Betrachtung der Peer Group Analyse, in: GoingPublic „Praxis“ 1999, Seite 59-60.

Marks, Peter/Schmidt, Stefan (Externe Qualitätskontrolle):

Externe Qualitätskontrolle nach dem Regierungsentwurf eines Wirtschaftsprüferordnungs-Änderungsgesetzes (WPO ÄG), in: WPg 9/2000, Seite 409-425.

Marten, Kai-Uwe (Abschlussprüfer):

Der Wechsel des Abschlussprüfers – Ergebnisse einer empirischen Untersuchung des Prüfungsmarktes, Düsseldorf 1994.

Marten, Kai-Uwe (Prüferwechsel):

Empirische Analyse des Prüferwechsels im Kontext der Agency- und Signalling-Theorie, in: ZfB 7/1995, Seite 703-727.

Marten, Kai-Uwe (Wirtschaftsprüfer):

Entwicklungen und Herausforderungen für den Berufsstand der Wirtschaftsprüfer – Ergebnisse einer empirischen Prognosestudie –, in: WPK-Mitt. 1/1996, Seite 9-25.

Marten, Kai-Uwe (Qualität von Wirtschaftsprüferleistungen):

Erwartungen und Wahrnehmungen der Qualität von Wirtschaftsprüferleistungen durch die Vorstände deutscher Aktiengesellschaften, in: Möller, Hans-Peter / Schmidt, Franz (Hrsg.): Rechnungswesen als Instrument für Führungsentscheidungen – Festschrift für Adolf G. Coenenberg zum 60. Geburtstag, Stuttgart 1998, Seite 415-446.

Marten, Kai-Uwe (Externe Qualitätskontrolle):

Externe Qualitätskontrolle im Berufsstand der Wirtschaftsprüfer, in: DB 21/1999, Seite 1073-1076.

Marten, Kai-Uwe (Prüfungsleistungen):

Der Markt für Prüfungsleistungen – Ausgewählte Forschungsbeiträge, theoretische Grundlagen, nationale und internationale Einflüsse –, in: Richter, Martin (Hrsg.): Theorie und Praxis der Wirtschaftsprüfung II: Wirtschaftsprüfung und ökonomische Theorie – Prüfungsmarkt – Prüfungsmethoden – Urteilsbildung, Berlin 1999, Seite 101-165.

Marten, Kai-Uwe (Qualität von Jahresabschlussprüfungen):

Begriff und Messung der Qualität von Jahresabschlussprüfungen, in: Heinhold, Michael/Pasch, Helmut (Hrsg.): Qualitätsmanagement in Steuerberatung und Wirtschaftsprüfung, München/Wien 1999, Seite 29-70.

Marten, Kai-Uwe (Wirtschaftsprüferleistungen):

Qualität von Wirtschaftsprüferleistungen – Eine empirische Untersuchung des deutschen Marktes für Wirtschaftsprüferleistungen, Düsseldorf 1999.

Marten, Kai-Uwe/Köhler, Annette (Qualitätskontrollen):

Durchführung externer Qualitätskontrollen in der Wirtschaftsprüferpraxis – Vergleich deutscher und US-amerikanischer Normen –, in: WPg 5/2002, Seite 241-251.

Marten, Kai-Uwe/Köhler, Annette/Meyer, Stephanie (Sarbanes-Oxley Act): Umbruch im Peer-Review-System – Deutscher Status quo und der Sarbanes-Oxley Act of 2002 –, in: WPg 1-2/2003, Seite 10-17.

Marten, Kai-Uwe/Schultze, Wolfgang (Konzentrationsentwicklungen): Konzentrationsentwicklungen auf dem deutschen und europäischen Prüfungsmarkt, in: ZfbF 4/1998, Seite 360-386.

Martin, Thomas A. (Neuer Markt): Der Neue Markt an der Frankfurter Wertpapierbörse und die Probleme mittelständischer Unternehmen bei der Finanzierung über Eigenkapitalzuführung, in: AG 5/1998, Seite 221-226.

Matschke, Manfred Jürgen (Entscheidungswert): Der Entscheidungswert der Unternehmung, Wiesbaden 1975.

Matschke, Manfred Jürgen (Arbitriumwert): Funktionale Unternehmensbewertung, Band II: Der Arbitriumwert der Unternehmung, Wiesbaden 1979.

Maute, Hanspeter (Due Diligence): Due Diligence beim Going Public – Wesentliche Inhalte und Ablauf einer Due Diligence, in: GoingPublic 12/1999, Seite 138-141.

May, Axel (Informationsverarbeitung): Zum Stand der empirischen Forschung über Informationsverarbeitung am Aktienmarkt – Ein Überblick, in: ZfbF 4/1991, Seite 313-335.

McNally, Graeme M./Eng, Lee Hock/Hasseldine, C. Roy (Corporate Financial Reporting): Corporate Financial Reporting in New Zealand: An Analysis of User Preferences, Corporate Characteristics and Disclosure Practices for Discretionary Information, in: Accounting and Business Research, Winter 1982, Seite 11-20.

Meek, Gary K./Roberts, Clare B./Gray, Sidney J. (Annual Report Disclosures): Factors Influencing Voluntary Annual Report Disclosures By U.S., U.K. And Continental European Multinational Corporations, in: Journal of International Business Studies 1995, Third Quarter, Vol. 26, No. 3, Seite 555-572.

Meitner, Matthias/Hüfner, Felix/Kleff, Volker et al. (Bilanzskandale):
Bilanzskandale und Börsencrash: Neue Herausforderungen an die Aktienanalyse, in: Finanz Betrieb 9/2002, Seite 537-540.

Meyer, Dirk (Asymmetrische Information):
Asymmetrische Information – Der Einfluss alternativer Regelungssysteme, in: WiSt 1/1990, Seite 25-28.

Moore, Michael L./Buzby, Stephen (Corporate Financial Disclosure):
The Quality of Corporate Financial Disclosure: A Comment, in: The Accounting Review, July 1972, Seite 581-584.

Moos, Matthias von (Expectation Gap):
Expectation Gap – Phantom oder Wirklichkeit? – Eine Standortbestimmung, in: Der Schweizer Treuhänder 5/1998, Seite 437-446.

Müller, Christian (Agency-Theorie):
Agency-Theorie und Informationsgehalt – Der Beitrag des normativen Prinzipal-Agenten-Ansatzes zum Erkenntnisfortschritt der Betriebswirtschaftslehre, in: DBW 55/1995, Seite 61-76.

Müller, Stefan/Wulf, Inge (Jahresabschlusspolitik):
Jahresabschlusspolitik nach HGB, IAS und US-GAAP, in: BB 43/2001, Seite 2206-2213.

Müller, Wilfried (Zwischenberichtspublizität):
Die Zwischenberichtspublizität der deutschen Aktiengesellschaften, Düsseldorf 1976.

Naumann, Thomas K. (Neuer Markt):
Besondere Anforderungen an Rechnungslegung – Abschlüsse der Unternehmen des Neuen Marktes müssen den IAS oder den US-GAAP entsprechen, in: Börsen-Zeitung, Nr. 115, Sonderbeilage: „Neuer Markt“, 20. 06.1998, Seite B8-B9.

Nelles, Michael/Rojahn, Joachim/Berner, Christian (Unternehmensbewertungsverfahren): Unternehmensbewertungsverfahren im Rahmen von Börsengängen am Neuen Markt – Eine empirische Untersuchung und kritische Würdigung der gängigen Verfahren –, in: Finanz Betrieb 5/2001, Seite 322-327.

Neus, Werner (Agency Costs):
Die Aussagekraft von Agency Costs, in: ZfbF 6/1989, Seite 472-490.

Neus, Werner (Unterbewertung):
Unterbewertung beim Gang an die Börse – Ein Modell mit Informationsvorsprung eines Teils der Anleger, in: ZfbF 2/1994, Seite 145-170.

Newman, Paul/Noel, James (Auditing):
Error Rates, Detection Rates, and Payoff Functions in Auditing, in: APT, Vol. 8, No. 1, Suppl. 1989, Seite 50-63.

Niezold, Alf (Emissionspreisfindung):
Die Emissionspreisfindung – Anspruchsvolle Aufgabe des Konsortialführers, in: GoingPublic „Praxis" 1999, Seite 53-55.

Norušis, Marija J. (SPSS 10.0): SPSS 10.0 Guide to Data Analysis, Chicago 2000.

o. V. (Mehr Publizität): Mehr Publizität, in: ZfgK 4/1970, Seite 134.

o. V. (Bookbuilding): Bookbuilding – Mehr Transparenz für den Anleger, in: GoingPublic 12/1997, Seite 26.

o. V. (Going Public): Going Public 1997: Neuer Markt setzt neue Akzente, in: Die Bank 1/1998, Seite 38-40.

o. V. (Neuer Markt): Die schnelle Mark – „Neuer Markt": Paradies für Börsenzocker?, in: WISU 7/1998, Seite 754.

o. V. (Aktienemissionen): Der Greenshoe – das unbekannte Wesen – Die Zuteilungsreserve bei Aktienemissionen fördert eine stabile Kursentwicklung, in: GoingPublic 10/1999, Seite 120-121.

o. V. (Biotech-Aktien): Die Bewertung von Biotech-Aktien – Wieviel darf Zukunft kosten?, in: GoingPublic, Sonderausgabe „Biotechnologie" 2000, Seite 18-21.

o. V. (Massenhysterie am Neuen Markt):
Über Verbrenner und Brandstifter – Massenhysterie am Neuen Markt, in: GoingPublic 8/2000, Seite 82-83.

o. V. (Aktienmarkt): Abschied vom Neuen Markt – Umstrukturierung soll Imageschaden begrenzen – Radikalkur für den Aktienmarkt, in: Handelsblatt, Nr. 187, 27./28. September 2002, Seite 1.

o. V. (Deutsche Börse): Nach nicht ganz sechs Jahren: Neuer Markt wird geschlossen – Die Deutsche Börse sortiert die Aktienmärkte neu / Künftig „Prime“ und „Domestic“, in: FAZ, Nr. 225, 27. September 2002, Seite 1.

o. V. (Neuer Markt): Begräbnis erster Klasse für den Neuen Markt – Gespaltenes Echo auf die Auflösung / „Wachsende Volkswirtschaft braucht Börse für Wachstumstitel“, in: FAZ, Nr. 225, 27. September 2002, Seite 21.

OLG Frankfurt am Main (Penny-Stocks-Regelung):
Keine einstweilige Verfügung gegen Penny-Stocks-Regelung am Neuen Markt ohne Anzeichen für Kursunterschreitung des Emittenten, Urteil vom 29. Januar 2002, (5 U 189/01), in: ZIP 7/2002, Seite 303-306.

OLG Frankfurt am Main (Regelwerk Neuer Markt):
Befugnis der Deutschen Börse AG zur einseitigen Änderung des „Regelwerks Neuer Markt“? – Penny-Stocks-Regelung, Urteil vom 23. April 2002, (5 U 278/01), in: BB 26/2002, Seite 1335-1336.

Ostrowski, Markus (Wirtschaftsprüfer):
Kapitalmarkt und Wirtschaftsprüfer – Eine empirische Analyse der Wahl des Prüfers bei IPO-Unternehmen und der Kapitalmarktreaktionen auf die Prüferwahl, Frankfurt am Main 2003.

Ostrowski, Markus/Söder, Björn H. (Unabhängigkeit):
Der Einfluss von Beratungsaufträgen auf die Unabhängigkeit des Jahresabschlussprüfers, in: BFuP 5/1999, Seite 554-564.

Ostrowski, Markus/Sommerhäuser, Hendrik (Going Public):
Wirtschaftsprüfer und Going Public – Eine explorative Studie über die Dienstleistungen von Wirtschaftsprüfern bei Börseneinführungen –, in: WPg 19/2000, Seite 961-970.

Papendick, Ulric (Nur die Wahrheit zählt):
Nur die Wahrheit zählt, in: mm 10/2002, Seite 152-165.

Peemöller, Volker H./Finsterer, Hans/Neubert, Martin (Neuer Markt):
Bilanzierung von Unternehmen des Neuen Markts nach IAS und US-GAAP – Analyse der Ergebnisse einer Umfrage, in: BB 21/1999, Seite 1103-1108.

Pellens, Bernhard (Informationswert):
Der Informationswert von Konzernabschlüssen – eine empirische Untersuchung deutscher Börsengesellschaften, Wiesbaden 1989.

Pfähler, Wilhelm/Wiese, Harald (Spieltheorie):
Eine einfache Einführung in die Spieltheorie, in: WISU 1/1990, Seite 52-57.

Pfaff, Dieter/Zweifel, Peter (Principal-Agent Theorie):
Die Principal-Agent Theorie – Ein fruchtbarer Beitrag der Wirtschaftstheorie zur Praxis, in: WiSt 4/1998, Seite 184-190.

Pfüller, Markus/Maerker, Sebastian (Zuteilung von Aktien):
Rechtliche Rahmenbedingungen bei der Zuteilung von Aktien, in: Die Bank 10/1999, Seite 670-674.

Platzer, Walter (Publizitätsverhalten):
Das Publizitätsverhalten österreichischer Aktiengesellschaften, in: JfB 2/1981, Seite 77-107.

Plewka, Harald/Aymans, Klaus (Die „Neuen Märkte"):
Die „Neuen Märkte" in Europa, in: DB 44/1996, Seite 2192-2195.

Popper, Karl R. (Erfahrungswissenschaft):
Die Zielsetzung der Erfahrungswissenschaft, in: Albert, Hans (Hrsg.): Theorie und Realität – Ausgewählte Aufsätze zur Wissenschaftslehre der Sozialwissenschaften, Tübingen 1964, Seite 73-86.

Popper, Karl R. (Historizismus): Das Elend des Historizismus, 6. Auflage, Tübingen 1987.

Popper, Karl R. (Logik): Logik der Forschung, 10. Auflage, Tübingen 1994.

Potthoff, Volker/Stuhlfauth, Jutta (Neuer Markt):
Der Neue Markt: Ein Handelssegment für innovative und wachstumsorientierte Unternehmen – kapitalmarktrechtliche Überlegungen und Darstellung des Regelwerks, in: WM Sonderbeilage Nr. 3 zu Heft 26/1997.

Quick, Reiner (Materiality): Der Grundsatz der Materiality in der Rechnungslegungsprüfung, in: WISU 11/1992, Seite 873-878.

Quick, Reiner/Kayadelen, Engin (Neuer Markt):
Zur Aussagefähigkeit von Prognosen in Emissionsprospekten am Neuen Markt, in: WPg 18/2002, Seite 949-965.

Rauen, Peter (Mittelstand): Der Mittelstand – Motor für die deutsche Wirtschaft, in: Koch, Wolfgang/Wegmann, Jürgen (Hrsg.): Mittelstand und Neuer Markt: Von erfolgreichen Börsenpraktikern lernen, Frankfurt am Main 1999, Seite 13-24.

Regionales Rechenzentrum für Niedersachsen/Universität Hannover und Fachrichtung Psychologie der Universität des Saarlandes, Saarbrücken (SPSS Fortgeschrittene): SPSS Fortgeschrittene – Durchführung fortgeschrittener statistischer Verfahren, 1. Auflage, Hannover 2000.

Regionales Rechenzentrum für Niedersachsen/Universität Hannover und Rechenzentrum der Universität des Saarlandes, Saarbrücken (SPSS Grundlagen): SPSS Grundlagen – Einführung anhand der Version 9.0 mit Hinweisen auf 10.0, 6. Auflage, Hannover 2000.

Robbins, Walter A./Austin, Kenneth R. (Disclosure Quality):

Disclosure Quality in Governmental Financial Reports: An Assessment of the Appropriateness of a Compound Measure, in: Journal of Accounting Research 1986, Vol. 24, No. 2, Seite 412-421.

Rock, Kevin (New Issues): Why new issues are underpriced, in: JoFE 15/1986, Seite 187-212.

Rocke, Roman/Nelles, Michael (Unternehmenswerte):

Neuer Markt: Optionaler Anteil bei Unternehmenswerten, in: Finanz Betrieb 10/2000, Seite 605-608.

Römer, Hans-Jürgen/Müller, Heinz (Going Public):

Going Public mittelständischer Unternehmen: Börsensegmentspezifische Anforderungen, in: DB 34/2000, Seite 1673-1679.

Rolvering, Andrea (Zwischenberichterstattung):

Zwischenberichterstattung börsennotierter Kapitalgesellschaften – Eine empirische Untersuchung zur Qualität der Unternehmenspublizität, Herne/Berlin 2002.

Rolvering, Andrea/Stahl, Anne B. (Zwischenberichte):

Die Aussagefähigkeit von Zwischenberichten ausgewählter DAX- und „Neuer-Markt"-Unternehmen, in: Kostenrechnungspraxis 5/1999, Seite 294-300.

Roßmann, Reiner Maria (Neuer Markt):

Besonderheiten bei Emissionen im Neuen Markt – Das neue Segment genießt bei Anlegern in Deutschland und international große Beachtung, in: Börsen-Zeitung, Nr. 115, Sonderbeilage: „Neuer Markt“, 20.06. 1998, Seite B1-B2.

Rudolf, Stefan (Transparenz):

Transparenz für Anleger ist Trumpf, in: Deutsche Börse Reporter – Der Informationsdienst für die Kunden der Gruppe Deutsche Börse, Juli 2000, Seite 5.

Ruhnke, Klaus (Prüfungspraxis):

Internationale Einflüsse auf die deutsche Prüfungspraxis, in: KoR 4/2002, Seite 155-165.

Ruhnke, Klaus/Deters, Eric (Erwartungslücke):

Die Erwartungslücke bei der Abschlussprüfung, in: ZfB 9/1997, Seite 923-945.

Sandweg, Kay (Neues Marktsegment):

Interesse an neuem Marktsegment – Investoren entdecken eine lohnende Anlagemöglichkeit, in: Börsen-Zeitung, Nr. 115, Sonderbeilage: „Neuer Markt“, 20. Juni 1998, Seite B4.

Saudagaran, Shahrokh M./Meek, Gary K. (Financial Reporting):

A review of research on the relationship between international capital markets and financial reporting by multinational firms, in: JoAL 1997, Vol. 16, Seite 127-159.

Scheffler, Eberhard (Internationale Rechnungslegung):

Internationale Rechnungslegung und deutsches Bilanzrecht, in: DStR 31/1999, Seite 1285-1292.

Schiereck, Dirk/Wagner, Christof (Kursentwicklung):

Kursentwicklung von Börsenneulingen am Neuen Markt und die Reputation des Konsortialführers, in: ZfB 8/2002, Seite 823-845.

Schiffmacher, Christian (Indexwelt):

Neue Indexwelt am deutschen Aktienmarkt – TecDax als Auswahlindex für Technologiewerte, in: GoingPublic 12/2002, Seite 14-15.

Schildbach, Thomas (Unternehmensbewertung):
Kölner versus phasenorientierte Funktionenlehre der Unternehmensbewertung, in: BFuP 1/1993, Seite 25-38.

Schildbach, Thomas (Wirtschaftsprüfer):
Die Glaubwürdigkeitskrise der Wirtschaftsprüfer – zu Intensität und Charakter der Jahresabschlussprüfung aus wirtschaftlicher Sicht, in: BFuP 1/1996, Seite 1-30.

Schildbach, Thomas (Rechnungslegung):
Harmonisierung der Rechnungslegung – ein Phantom, in: BFuP 1/1998, Seite 1-22.

Schildbach, Thomas (Externe Rechnungslegung):
Externe Rechnungslegung und Kongruenz – Ursache für die Unterlegenheit deutscher verglichen mit angelsächsischer Bilanzierung?, in: DB 36/1999, Seite 1813-1820.

Schindler, Joachim/Böttcher, Bert/Roß, Norbert (Neuer Markt):
Bestätigungsvermerke und Bescheinigungen zu Konzernabschlüssen bei Börsengängen an den Neuen Markt – Anmerkungen zu dem Prüfungshinweis IDW PH 9.400.4 –, in: WPg 9/2001, Seite 477-492.

Schlecht, Michael/Zinser, Thomas („Als-ob“-Jahresabschluss):
Der „Als-ob“-Jahresabschluss – Rechtsgrundlagen im Regelwerk des Neuen Marktes –, in: GoingPublic „Praxis“ 1999, Seite 39-41.

Schmid, Bernhard/Janssen, Ulli (Emissionskonzept):
Entscheidungsparameter bei der Entwicklung des Emissionskonzeptes, in: Harrer, Herbert / Heidemann, Dieter (Hrsg.): Der Gang an die Börse – Herausforderung für Emittent und Berater, Düsseldorf 2001, Seite 79-140.

Schmidle, Lothar (Publizitätsverhalten):
Das Publizitätsverhalten deutscher Aktiengesellschaften im Erläuterungsbericht gem. § 160 Abs. 2 Satz 2-5 AktG – Eine empirische Untersuchung –, Frankfurt am Main 1981.

Schmidt, Reinhard H./Dietz, Friedhelm/Fellermann, Stefan et al. (Underpricing): Underpricing bei deutschen Erstemissionen 1984/85, in: ZfB 11/1988, Seite 1193-1203.

Schmidt, Ulrich/Theilen, Bernd (Prinzipal- und Agententheorie):

Prinzipal- und Agententheorie, in: WiSt 9/1995, Seite 483-486.

Schmitz-Esser, Valerio/Stolz, Carsten (Bookbuilding):

Was kommt nach dem Bookbuilding – Entwicklungstendenzen im Going Public schweizerischer Gesellschaften, in: Der Schweizer Treuhänder 10/1998, Seite 1039-1046.

Schneider, Pia (Finanzwirtschaftliche Nebenrechnungen):

Finanzwirtschaftliche Nebenrechnungen – Eine empirische Untersuchung von Geschäftsberichten börsennotierter deutscher Aktiengesellschaften zum Publizitätsverhalten bei Kapitalfluss-, Umsatzüberschuss-, Wertschöpfungs- und Kapitalerhaltungsrechnungen, Frankfurt am Main 1985.

Schnell, Christian (Neuer Markt):

Indexneugewichtung lässt vieles von den alten Strukturen erkennen – Die Marke Neuer Markt verschwindet, in: Handelsblatt, Nr. 187, 27./28. September 2002, Seite 26.

Schulte, Karl-Werner (Börsenneulinge):

Das Publizitätsverhalten der Börsenneulinge – Ergebnisse einer empirischen Untersuchung von Geschäftsberichten, in: BB 12/1987, Seite 786-792.

Schulte, Karl-Werner (Publizitätspraxis):

Die Publizitätspraxis deutscher Aktiengesellschaften und die Ziele der Aktienrechtsreform, in: AG 2/1988, Seite 41-46.

Schulte, Karl-Werner/Müller, Stefan (Berichterstattung):

Berichterstattung über die Finanzlage in den Geschäftsberichten deutscher Aktiengesellschaften – eine empirische Untersuchung, in: AG 12/1994, Seite 540-559.

Schulze, Dennis (Berichterstattung):

Die Berichterstattung über Risiken der künftigen Entwicklung im Lagebericht nach dem KonTraG, Aachen 2001.

Schwarz, Rainer (Börseneinführungspublizität):

Die Börseneinführungspublizität neuemittierender Unternehmen, Frankfurt am Main 1988.

Schweinitz, Johann (Aktienemissionen):

Renditeentwicklungen von Aktienemissionen: Overpricing beim Going Public in Deutschland, Wiesbaden 1997.

Sengupta, Partha (Corporate Disclosure Quality):

Corporate Disclosure Quality and the Cost of Debt, in: The Accounting Review 1998, Vol. 73, No. 4, Seite 459-474.

Serfling, Klaus/Pape, Ulrich/Kressin, Thomas (Underpricing):

Emissionspreisfindung und Underpricing im Rahmen des Börsengangs junger Wachstumsunternehmen, in: AG 7/1999, Seite 289-298.

Singhvi, Surendra S./Desai, Harsha B. (Disclosure):

An Empirical Analysis of the Quality of Corporate Financial Disclosure, in: The Accounting Review, January 1971, Seite 129-138.

Spanheimer, Jürgen/Koch, Christian (Internationale Bilanzierungspraxis):

Internationale Bilanzierungspraxis in Deutschland – Ergebnisse einer empirischen Untersuchung der Unternehmen des DAX und MDAX sowie des Neuen Marktes –, in: WPg 7/2000, Seite 301-310.

Specht, Dirk/Weymann, Christina (Neuer Markt):

Denn sie wissen nicht, was sie tun? – Qualität am Neuen Markt, in: GoingPublic 2/2001, Seite 108-111.

Spremann, Klaus (Information):

Reputation, Garantie, Information, in: ZfB 5, 6/1988, Seite 613-629.

Spremann, Klaus (Asymmetrische Information):

Asymmetrische Information, in: ZfB 5, 6/1990, Seite 561-586.

Sprink, Joachim (Underpricing):

Underpricing bei deutschen Erstemissionen, in: Sparkasse 5/1996, Seite 202-205.

Sprißler, Wolfgang (Rechnungslegung):

Die Rechnungslegung von Einzelkaufleuten und Personenhandelsgesellschaften nach dem Publizitätsgesetz – Eine empirische Untersuchung –, München 1976.

Stanga, Keith G. (Disclosure):

Disclosure in Published Annual Reports, in: Financial Management, Winter 1976, Seite 42-52.

Stefani, Ulrike (Quasirenten):

Quasirenten, Prüferwechsel und rationale Adressaten, in: Working Paper Series: Finance & Accounting, Universität Frankfurt am Main, No. 39, Juni 1999.

Stefani, Ulrike (Forschungsmethoden im Prüfungswesen):

Vorgehen und Probleme bei Anwendung formalanalytischer Forschungsmethoden im Prüfungswesen, in: Richter, Martin (Hrsg.): Theorie und Praxis der Wirtschaftsprüfung III – Entwicklungstendenzen – Corporate Governance – E-Commerce, Berlin 2002, Seite 209-246.

Steffen, Kay (Aktienemissionen):

Das Zuteilungsprocedere bei Aktienemissionen – Auf dem Weg zur „Gläsernen Emission“, in: GoingPublic „Praxis“ 1999, Seite 61-62.

Stehle, Richard/Ehrhardt, Olaf (Börseneinführungen):

Renditen bei Börseneinführungen am deutschen Kapitalmarkt, in: ZfB 12/1999, Seite 1395-1422.

Strauch, Joachim/Lütke-Uhlenbrock, Christian (Unternehmensbewertungsverfahren): Unternehmensbewertungsverfahren beim Börsengang an den Neuen Markt – Eine empirische Analyse von Researchberichten –, in: Finanz Betrieb 6/2002, Seite 366-376.

Strebel, Heinz (Scoring-Methoden):

Scoring-Methoden als Entscheidungshilfen bei der Wahl von Forschungs- und Entwicklungsprojekten, in: Layer, Manfred/Strebel, Heinz (Hrsg.): Rechnungswesen und Betriebswirtschaftspolitik, Berlin 1969, Seite 251-278.

Strebel, Heinz (Scoring-Modelle):

Scoring-Modelle im Lichte neuer Gesichtspunkte zur Konstruktion praxisorientierter Entscheidungsmodelle, in: DB 46/1978, Seite 2181-2186.

Street, Donna L./Bryant, Stephanie M. (Disclosure Level):
Disclosure Level and Compliance with IASs: A Comparison of Companies With and Without U.S. Listings and Filings, in: The International Journal of Accounting 2000, Vol. 35, No. 3, Seite 305-329.

Sulzbach, Klaus/Ehsen, Thomas (Going Public):
Wirtschaftsprüfung und Going Public – Die neue Rolle des Prüfers als Corporate-Finance-Partner beim Gang an die Börse, in: Börsen-Zeitung, Nr. 47, Sonderbeilage: Der Neue Markt, 10.03.1999, Seite B15-B16.

Tai, Benjamin Y. K./Au-Yeung, Pak-Kuen/Kwok, Maurice C. M./Lau, Lawrence W. C. (Disclosure Requirements): Non-Compliance with Disclosure Requirements in Financial Statements: The Case of Hong Kong Companies, in: The International Journal of Accounting 1990, Vol. 25, No. 2, Seite 99-112.

Temporale, Ralf/Ismann, Bernhard (Zulassungsvoraussetzungen):
Zulassungsvoraussetzungen und Folgepflichten im Rahmen des IPO konkretisiert am Neuen Markt, in: Finanz Betrieb 9/1999, Seite 263-265.

Theissen, Erik (Der Neue Markt):
Der Neue Markt: Eine Bestandsaufnahme, in: Working Paper Series: Finance & Accounting, Universität Frankfurt am Main, No. 16, April 1998 (zugleich erschienen in: ZWS 4/1998, Seite 623-652).

Theissen, Erik (Underpricing):
Underpricing und Anlegerdiskriminierung bei Aktienemissionen, in: ZfB 10/2002, Seite 1025-1044.

Thiel, Olaf (Bookbuilding):
Preisfindung für Börsen-Neulinge – Bookbuilding, in: Bank Magazin 6/1996, Seite 30-31.

Tielmann, Sandra (Rechnungslegung):
Durchsetzung ordnungsmäßiger Rechnungslegung – Fortentwicklung der Vorschläge des IDW zur Umsetzung der Empfehlungen der Regierungskommission „Corporate Governance“ zur Schaffung eines deutschen Review Panel –, in: DB 31/2001, Seite 1625-1634.

Toutenburg, Helge (Statistik):
Induktive Statistik – Eine Einführung mit SPSS für Windows, 2. Auflage, Berlin 2000.

Tschugg, Michael/Gleisner, Jörn R. (Corporate Governance):
Mit den Anteilseignern sprechen – Vertrauen festigen – Corporate Governance erfordert dialogorientierte Finanzkommunikation, in: Börsen-Zeitung, Nr. 47, Sonderbeilage: Der Neue Markt, 10.03.1999, Seite B11.

Uhlir, Helmut (Underpricing-Phänomen):
Der Gang an die Börse und das Underpricing-Phänomen, in: ZBB 1/1989, Seite 2-16.

Veranneman, Peter (Neuer Markt):
Neuer Markt und SMAX – Nach internationalem Standard, in: Unternehmer-Magazin 4/1999, Seite 50-51.

Vogel, Friedrich (Statistik): Beschreibende und schließende Statistik – Formeln, Definitionen, Erläuterungen, Stichwörter und Tabellen, 11. Auflage, München 1999.

Voigt, Hans-Werner (Bookbuilding):
Bookbuilding – der andere Weg zum Emissionskurs, in: Die Bank 6/1995, Seite 339-343.

Volk, Gerrit (Informationsinteresse):
Das Informationsinteresse der Jahresabschlussadressaten, in: BB 11/1987, Seite 723-728.

Volk, Gerrit (Bewertung von Unternehmen):
Zur Bewertung von Unternehmen der New Economy, in: StuB 17/2000, Seite 870-875.

Voss, Markus (Wert): Wer schafft Wert? Wer vernichtet Wert?, in: Capital 10/1999, Seite 38-60.

Wagenhofer, Alfred (Informationspolitik):
Informationspolitik im Jahresabschluss – Freiwillige Informationen und strategische Bilanzanalyse, Heidelberg 1990.

Wagenhofer, Alfred (Agency-Modelle):
Anreizsysteme in Agency-Modellen mit mehreren Aktionen, in: DBW 56/1996, Seite 155-165.

Wagenhofer, Alfred/Ewert, Ralf (Agency Modelle):
Linearität und Optimalität in ökonomischen Agency-Modellen, in: ZfB 4/1993, Seite 373-391.

Wagenhofer, Alfred/Ewert, Ralf (Externe Unternehmensrechnung):
Externe Unternehmensrechnung, Berlin 2003.

Wallace, R. S. Olusegun (Corporate Financial Reporting):

Corporate Financial Reporting in Nigeria, in: Accounting and Business Research 1988, Vol. 18, No. 72, Seite 352-362.

Wallace, R. S. Olusegun/Naser, Kamal (Disclosure):

Firm-Specific Determinants of the Comprehensiveness of Mandatory Disclosure in the Corporate Annual Reports of Firms Listed on the Stock Exchange of Hong Kong, in: Journal of Accounting and Public Policy 1995, Vol. 14, No. 4, Seite 311-368.

Wallace, R. S. Olusegun/Naser, Kamal/Mora, Araceli (Corporate Annual Reports): The Relationship Between the Comprehensiveness of Corporate Annual Reports and Firm Characteristics in Spain, in: Accounting and Business Research 1994, Vol. 25, No. 97, Seite 41-53.

Wallmeier, Martin/Rösl, Rainer (Underpricing):

Underpricing bei der Erstemission von Aktien am Neuen Markt (1997-1998), in: Finanz Betrieb 7/1999, Seite 134-142.

Walter, Jörg (IPO-Markt): IPO-Markt reüssiert im Berliner Freiverkehr – Nutzen eines auf unterschiedliche Bedürfnisse eingehenden Finanzplatzes unverkennbar, in: Börsen-Zeitung, Nr. 115, Sonderbeilage: „Neuer Markt", 20.06. 1998, Seite B2.

Wasser, Gerd (Prognosepublizität):

Bestimmungsfaktoren freiwilliger Prognosepublizität – Eine empirische Untersuchung auf der Basis eines Modells zur Bewertung des Informationsgehalts veröffentlichter Unternehmensprognosen, Düsseldorf 1976.

Wegmann, Jürgen (Unternehmensbewertungsproblem):

Die Bestimmung des Emissionspreises als Unternehmensbewertungsproblem, in: BFuP 2/1996, Seite 149-163.

Wegmann, Jürgen (Emissionspreis):

Alles Verhandlungssache – Ein praktischer Leitfaden für die Ermittlung des Emissionspreises, in: Koch, Wolfgang/Wegmann, Jürgen (Hrsg.): Mittelstand und Neuer Markt: Von erfolgreichen Börsenpraktikern lernen, Frankfurt am Main 1999, Seite 191-208.

Wegmann, Jürgen (Going Public):

Going Public im Mittelstand – Neuer Markt und SMAX, in: BC 9/1999, Seite 201-205.

Wegmann, Jürgen (Bewertung):

Zahlen alleine zählen nicht – Die Bewertung von Biotechnologie-Unternehmen, in: GoingPublic, Sonderausgabe „Biotechnologie“ 2001, Seite 122-123.

Weiler, Lutz (Bookbuilding):

Bookbuilding – Die neue Platzierungsform beim Gang an die Börse, in: Volk, Gerrit (Hrsg.): Going Public – Der Gang an die Börse: Beratung, Erfahrungen, Begleitung, Neuer Markt, 3. überarbeitete und aktualisierte Auflage, Stuttgart 2000, Seite 267-278.

Weimann, Martin (Prospekthaftung):

Prospekthaftung, Bonn 1998.

Weißenberger, Barbara E. (Wirtschaftsprüfer):

Kundenbindung und Vertrauen in der Beziehung zwischen Wirtschaftsprüfer und Mandant: Eine informationsökonomische Analyse, in: Richter, Martin (Hrsg.): Theorie und Praxis der Wirtschaftsprüfung – Abschlussprüfung – Interne Revision – Kommunale Rechnungsprüfung, Berlin 1997, Seite 71-95.

Wenger, Ekkehard/Terberger, Eva (Agent und Prinzipal):

Die Beziehung zwischen Agent und Prinzipal als Baustein einer ökonomischen Theorie der Organisation, in: WiSt 10/1988, Seite 506-514.

Werner, Jürgen (Going Public):

Going Public – eine Übersicht, in: Frei, Norbert / Schlienkamp, Christoph (Hrsg.): Aktie im Fokus – Von der Analyse zum Going Public, Wiesbaden 1999, Seite 221-230.

Wild, Jürgen (Nutzenbewertung):

Zur Problematik der Nutzenbewertung von Informationen, in: ZfB 1971, Seite 315-334.

Wiley (International Accounting Standards):

Interpretation and Application of International Accounting Standards 1996/1997/1998/1999/2000, New York 1996/1997/1998/1999/2000 (diverse Auflagen).

Witte, Eberhard (Nutzungsanspruch):

Nutzungsanspruch und Nutzungsvielfalt, in: Witte Eberhard (Hrsg.): Der praktische Nutzen empirischer Forschung, Tübingen 1981, Seite 13-40.

Witte, Eberhard (Empirische Forschung):

Empirische Forschung in der Betriebswirtschaftslehre, in: Grochla, Erwin (Hrsg.): Handwörterbuch der Betriebswirtschaft (HWB), 4. Auflage, Stuttgart 1984, Sp. 1264-1281.

Witte, Jürgen/Rafiqpoor, Parwäz (Neuer Markt):

Die „Beerdigung" des Neuen Marktes – rechtliche Aspekte, in: BB 51, 52/2002, Seite 2615-2619.

Wittleder, Christian (Going Public):

Going Public: Die Publikumsöffnung deutscher Unternehmen, in: Finanzmarkt und Portfolio Management 2/1989, Seite 133-150.

Wittleder, Christian (Going Public (b)):

Going Public – Die Publikumsöffnung deutscher Aktiengesellschaften – Eine Untersuchung über das Preisverhalten erstmaliger Aktienemissionen auf dem deutschen Kapitalmarkt von 1961 bis 1987, Köln 1989.

Wolz, Matthias (Erwartungslücke):

Die Erwartungslücke vor und nach Verabschiedung des KonTraG – Zustandekommen, alte und neue Lösungswege vor dem Hintergrund des Gesetzes zur Kontrolle und Transparenz im Unternehmensbereich, in: WPK-Mitt. 2/1998, Seite 122-135.

Wüstemann, Jens (Abschlussprüfung):

Mängel bei der Abschlussprüfung: Tatsachenberichte und Analysen aus betriebswirtschaftlicher Sicht, in: Working Paper Series: Finance & Accounting, Universität Frankfurt am Main, No. 73, April 2001.

Wysocki, Klaus v. (Publizitätsverhalten):

Ergebnisse empirischer Untersuchungen über das Publizitätsverhalten deutscher Unternehmen, in: ZfbF 28/1976, Seite 744-755.

Zabel, Martin (Internationale Bilanzierungsgrundsätze):

Rechnungslegung nach internationalen Bilanzierungsgrundsätzen – Anforderungen und Erfahrungen in der Praxis, in: GoingPublic, Sonderausgabe „SMAX-Guide 2002", Seite 131-134.

Zangemeister, Christof (Nutzwertanalyse):

Nutzwertanalyse, in: Tumm, Günter W. / Bielowski, Heinz (Hrsg.): Die neuen Methoden der Entscheidungsfindung, München 1972, Seite 264-285.

Ziegenhain, Hans-Jörg/Helms, Dietmar (Going Public):

Der rechtliche Rahmen für das Going Public mittelständischer Unternehmen, in: WM 28/1998, Seite 1417-1429.

Zielke, Wolfgang/Kronner, Markus (Deutsche Börse):

Umstrukturierung der Deutschen Börse, in: Finanz Betrieb 1/2003, Seite 44-49.

Zschäpitz, Holger/Iken, Matthias (Neuer Markt):

Die meisten High-Techs unter Ausgabepreis – WELT-Analyse offenbart katastrophale Zwischenbilanz am Neuen Markt – Deutsche Börse will jetzt Regularien verschärfen, in: DIE WELT, 8. Dezember 2000, Seite 19.

Zwirner, Christian/Ranker, Daniel/Wohlgemuth, Frank (Neuer Markt):

Rechnungslegung am Neuen Markt – Grundlagen, Anforderungen und Auswertung –, in: StuB 10/2001, Seite 473-483.

FSC
www.fsc.org
MIX
Papier | Fördert gute Waldnutzung
FSC® C083411

Kolibri 360 GmbH
Ferdinand-Jühlke-Straße 7
99095 Erfurt, Deutschland
produktsicherheit@kolibri360.de

Druck:
CPI Druckdienstleistungen GmbH
im Auftrag der
Kolibri 360 GmbH
Ferdinand-Jühlke-Str. 7
99095 Erfurt